规划教材

Economics

经济学教程

原理与应用

黄泽民 王荧 主编

Economics

清华大学出版社
北京

内 容 简 介

本教程分上下两篇。上篇：微观部分，包括市场供求与市场均衡、消费者行为、生产与成本、市场结构、一般均衡理论与福利经济学、市场失灵与微观经济政策；下篇：宏观部分，包括国民收入核算与国民经济基本恒等式、国民收入决定：*Y-AE* 模型、国民收入决定：*IS-LM* 模型和 *AS-AD* 模型、开放经济下的国民收入决定：*IS-LM-BP* 模型、宏观经济运行基本问题、宏观经济政策及其效果。

本教程可供高等学校本科经济类各专业教学使用，亦可作为经济工作者和自学者的参考用书。

图书在版编目(CIP)数据

经济学教程：原理与应用/黄泽民，王荧主编. --北京：清华大学出版社，2015

应用型本科商科教育规划教材

ISBN 978-7-302-40171-1

Ⅰ. ①经…　Ⅱ. ①黄…　②王…　Ⅲ. ①经济学－高等学校－教材　Ⅳ. ①F0

中国版本图书馆 CIP 数据核字(2015)第 096818 号

责任编辑：刘士平
封面设计：傅瑞学
责任校对：刘　静
责任印制：何　芊

出版发行：清华大学出版社
网　　址：http://www.tup.com.cn，http://www.wqbook.com
地　　址：北京清华大学学研大厦 A 座　　**邮　　编**：100084
社 总 机：010-62770175　　**邮　　购**：010-62786544
投稿与读者服务：010-62776969，c-service@tup.tsinghua.edu.cn
质 量 反 馈：010-62772015，zhiliang@tup.tsinghua.edu.cn
课 件 下 载：http://www.tup.com.cn，010-62795764

印 刷 者：北京富博印刷有限公司
装 订 者：北京市密云县京文制本装订厂
经　　销：全国新华书店
开　　本：185mm×260mm　　**印　　张**：24.5　　**字　　数**：561 千字
版　　次：2016 年 1 月第 1 版　　**印　　次**：2016 年 1 月第1 次印刷
印　　数：1～2000
定　　价：39.50 元

产品编号：056791-01

前言 preface

一、本教程的编写背景与动机

经济学不是具体的真理本身，而是发现具体真理的工具——一代经济学宗师阿弗里德·马歇尔如是说。在深谙大师教诲的西方国家，经济学是大学里几乎所有专业都开设的一门普通课程，正是因为经济学教学如此普及，才造就了崇尚自由交易、讲求工作效率、热衷发明创造、锐意制度创新、勇于探索拓展的市场经济精神意识，从而使其经济兴旺发达、生活水平总是走在世界前列。

经济学专业一般不被人们看作是热门专业，但其毕业生在激烈的社会竞争中总体上表现突出。麦可思研究院和社科文献出版社于 2014 年 6 月 9 日联合发布的《就业蓝皮书》显示，在中国 2013 届本科学科门类中，毕业半年后月收入最高的是经济学毕业生①。这从一个侧面反映了这个群体的优势：有更宽阔的社会经济知识面，有更好的经济学理论基础，有更丰满的知识框架，装备更具针对性的经济学方法。他们手中握有发现真理的工具，当他们走出高校面对各种各样的社会职业时，不是“窄对口”，而是“宽对口”；不一定是以某项专门技能占优，而是以整体综合素质取胜。简言之，在经济类乃至管理、行政、高教类的职业中，他们具有更强的适应能力和更大的发展潜力。

从经济学系统训练中得益的并不只是经济学专业的学生，其他经济类专业乃至理工、农、医、艺术等专业的学生同样可以从中受益。经济学训练的具体经济知识能够帮助人们洞悉社会经济生活百态、提高自身生活质量，此外它也是一种心智的训练。在经济学的百宝箱里，不仅有随时可以取用的经济生活常识，还有世界观、方法论这样更高级的法宝。当然，要想从中获益，前提是对经济学有正确的认识②，对经济学真正感兴趣，真正投入时间精力、扎扎实实地学习，并有意识地将所学的经济学知识应用于社会经济生活实践中。

就经济学的教学实践而言，要达到好的教学效果实属不易，因为经济学教学是一个系

① 中国新闻网，2014 年 6 月 9 日，蓝皮书：大学生毕业三年后收入翻番，教育回报明显。编者无意以收入水平论英雄，更无意以金钱多寡评人品，仅仅是想说明受过专业训练的经济学专业毕业生的社会适应能力。

② 有些人从一开始就抱定“经济学无用”的成见来开始自己的经济学课程学习，其效果可想而知。

统，其教学效果，微观上受学生—教师—教材构成的小系统因素的影响，中观上受全体学生专业认知，学风、班风、校风以及教学管理水平等构成的校园系统因素的影响，宏观上受社会价值导向、人才选拔模式、绩效评价标准、社会风气等构成的大系统因素的影响①。

从经济学教学的微观层面看，一本好用的教材对提高教学效果意义重大。那么何为"好用"呢？编者以为"好用"应该体现在这样三个方面：一是教师好教，内涵丰富、体量适中、表述浅易、富于启发、不落俗套；二是学生好学，教材的阐释方式适应同学们的学习心理模式，同学们通过自行阅读能够理解教材内容的百分之六七十，并且产生更进一步的求知欲；三是实用，教材不应只是展现经济学形式之美，还应具有实用价值，启迪心智，教同学们怎样入手运用原理和方法解剖社会经济现象和问题。

本教程的编写动机就是试图为大学的经济学教学提供一本好用的教材。

二、本教程的编写方针与创新

经济学起源于西方国家，尽管长期以来我国已有许多教育权威、专家学者和普通教师在教学理念、教学模式、教材编撰、课堂教学上试图将其本土化，并取得了一定进展，但成果还比较青涩，种种迹象表明本土化还有很长的路要走。我国市场经济的发展也迫切需要中国化的经济学理论。从理论介绍，过渡到强化应用分析，再过渡到以中国市场经济为背景的经济学，这是我国经济学教材编写所依循的基本路径，本教程的编写旨在努力扩大应用分析的分量。

本教程的编写方针是：为同学们运用经济学分析社会经济问题介绍基本知识，阐释原理和方法，示范与指引应用。

比较现在通行的本科经济学教材，本教程有以下几个方面的改进与创新。

(1) 内容相对精练。全书包含微观和宏观两个部分，精选现今主流教材的核心内容。在各章内容上选择主要问题、关键原理、基本方法予以较深入、透彻的阐述。

(2) 契合学习心理。各章开始的学习目的给出对认知对象和领域的明确引导；大多数相对独立的教学内容都按"概念—原理—表达形式"三段式模式阐释，这一简单学习模式易于形成条件反射；表达形式遵循人们在认知事物过程中由易到难的"图形—语言—数据"顺序②。

(3) 表达准确浅显。尽量克服许多经济学教科书中存在的概念及原理表述过简、含混、歧义、缺漏或冗长、晦涩的问题。理清概念本意，浅显解释内涵周延；提示原理的假设前提和适用范围，清晰表达原理的内在逻辑；分解长链条，分步完成原理阐述。

(4) 强化原理到应用的过渡。在阐述基本概念、基本原理的过程中给出一些简单的举例，同学们可以直接模仿应用；在每章主体内容之后专门增添"应用示范与指引"教学内容，讲解应用分析的原则、模式、方法、要求、要点，专门示范如何将原理应用到对社会实际经济问题的分析，并指引应用的对象领域或具体社会经济问题，供老师教学借鉴和同学

---

① 黄泽民. 刍议改善西方经济学课程教学效果的基础性工作[J]. 福建江夏学院学报，2013(10)：98-105.

② 爱德华·里默. MBA宏观经济学：模型与故事[M]. 何华，谢志龙，蒋青，译. 北京：中国财政经济出版社，2010.

们模仿。

三、编者的话

在西方发达国家，应用性分析已经是经济学教材中很常见的教学元素；而在我国，到目前为止，主流经济学教科书基本停留在原理和方法的介绍上，从原理到应用过渡的教学是个薄弱环节。这一教学内容的目的是让同学们觉得经济学是有用的，值得学的。让同学们通过亲自动手应用原理分析，弄清楚一些自己感兴趣的社会经济问题，从中获得智慧带来的乐趣。编者希望教师教得轻松，同学学得有趣。编者虽然在这方面尽了很大努力，但自知能力有限，所给的示范难度较大、指引较为简单、趣味性不够。希望使用本教材的老师编出更简单、更好的示范和指引，把笑声引进课堂，把乐趣植入同学们的心底，把更多的经济学知识转化为同学们自己的思想。

编者参考了大量的国内外教材和文献资料，获益匪浅，每一段精辟论述都在更新编者自己的经济学知识储备。在编写教材过程中，编者仍然以权威教材为圭臬，以众多规划教材、精品教材为主要参考，在引用、改编时都注明了出处，但恐有遗漏，若有涉及版权，敬请有关作者善意提醒，编者一定予以改正。

本教程由黄泽民提出编写思路、拟定写作纲要、确定篇章结构、选择入编内容、最后统稿核校，并撰写前言、编写导论和宏观部分；王荧编写微观部分。

限于编者的经济学涵养及教学经历，本教程难免有疏漏和不足之处，望广大教师、同学、读者不吝赐教指正！

编者

2015 年 8 月

目录 contents

下篇　宏观部分

导论

学习目的

1. 了解经济学的研究对象和任务。
2. 了解本教程的主要内容和篇章结构。
3. 了解经济学的研究方法和分析工具。
4. 了解经济学分析重要假设和应避免的错误。
5. 经济学中不同性质的量。

一、经济学的研究对象和任务

通过图 0-1 所示的逻辑图形(分别从两边向中间推进)可以很直观地看出经济学的研究对象和任务。

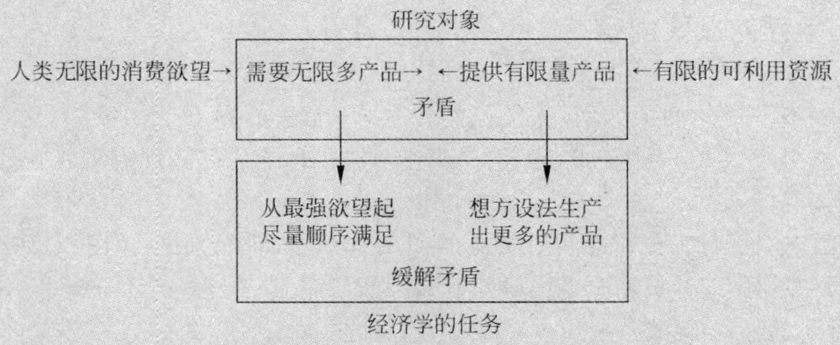

图 0-1　经济学的研究对象和任务

可以通过图 0-2 所示的生产可能性曲线了解稀缺资源、欲望满足、生产和消费的代价、经济效率,以及缓解矛盾的方法。

设一个国家只生产和消费两种产品 X 和 Y。

一个国家的人们在一定时期对自然界的认识能力是一定的,从而可利用的经济资源是有限的。假定这个国家的所有资源都用来生产两种产品,那么最大限度所能生产出来的产品组合在 PC_0 曲线上,PC_0 构成一个国家一定时期的"生产可能性曲线"。

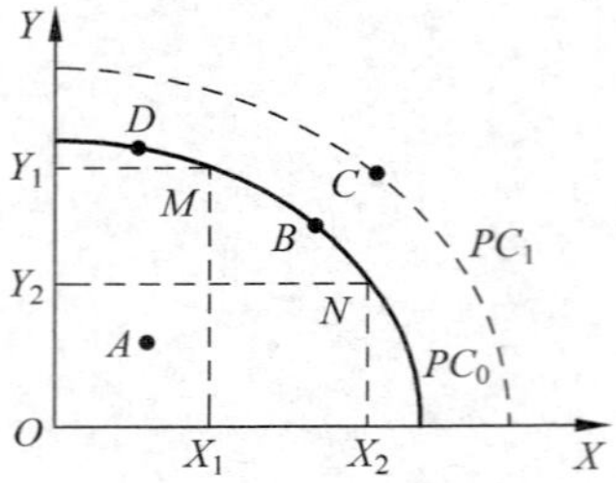

图 0-2 生产可能性曲线

人们的消费欲望是无限的，可能大大超出现有资源的产出能力，譬如图中 C 点的消费组合。在现有的资源条件下，至多能满足有如 B、D 点所在曲线上各点的消费欲望。换句话说，B 点既是最大产量点又是能够满足的最大消费量。

如果人们原先选择 M 点产量组合进行生产，后来改为 N 点产量组合进行生产（消费也是一样，如果人们原先选择 M 点消费组合，后来改为 N 点消费组合），增加了 X 产品的生产（消费）必然要牺牲 Y 产品的生产（消费），代价是增加（X_1-X_0）而必须减少（Y_1-Y_0）。经济学中称这种状况叫"机会成本"。[①]

如果一个国家能生产诸如 B 点、D 点此类的产品组合，而实际产出为 A 点，这里可能有两种情况：①只使用了全部资源的一个部分；②全部资源被浪费地使用掉了，结果是生产出了较少的产品。两种情况都可视为经济低效率，后一种情况更典型。若经济达到最大效率，则产量组合点应在 B、D 这样的点上。

在一个时期，C 点的消费是目前生产可能性曲线 PC_0 无法实现的，但不等于说永远都无法实现。只要人们的科学认识能力提高了，能够开掘出更多的经济资源，生产技术水平提高了，能够使生产更有效率，那么基本经济矛盾可以得到相对的缓解。

经济学的任务就是帮助人们进行正确的选择，使生活水平不断提高，社会文明不断进步。

二、本教程的主要内容

在基本经济矛盾的两个方面，人类虽然智慧，却无法节制自己的欲望，因而把缓和基本经济矛盾的努力放在尽量增加产品的产出上，主要途径是提高现有资源的使用效率和利用更多的资源。

人们的微观经济行为侧重在现有资源的使用效率上，即配置；人们的宏观经济行为侧重在闲置资源的利用或开发新资源上，即利用。配置和利用都是一个目的——增加产量。

1. 资源配置

资源配置问题，就是把资源合理分配到各种可供选择的用途中。所谓"合理"配置资源，就是要求人类理性地将资源按照欲望满足的主次先后、轻重缓急顺序予以配置，解决人类始终面临的经济基本问题。

（1）针对"生产什么与生产多少"的资源配置。例如，一个社会想要大炮和黄油两种物品，那么资源就不应安排生产水果和瓷器。如果想黄油多要一点，大炮少要一点，那么资源分配到黄油生产上就应该多一点，分配到大炮生产上应该少一点。

（2）针对"如何生产"的配置。假定一个社会已经决定生产 8 个单位的黄油和 2 个单位的大炮，并且认为劳动密集型的生产方式效果最好，那么资源配置会多用劳动，而少用

① 详见本教程第三章第二节。

资本；反之，如果认为资本密集型的生产方式效果最好，那么资源配置会多用资本，而少用劳动。

(3) 针对"为谁生产"的配置。这个配置问题涉及对分配公平的认识。如果一个得到社会普遍认可的分配方式造成了贫富两个阶层，那么8个单位的黄油和2个单位的大炮中的大部分是为富人生产的，因为富人比穷人有更多的货币收入，拥有更大的选择权利。

2. 资源利用

由于资源是稀缺的，所以就必须考虑资源的利用效率的问题。同样多的资源生产出更多的产品，这就是效率。资源利用效率的问题主要涉及以下三个方面。

(1) 稀缺性资源是否得到充分利用的问题。所谓"充分利用"，是指在现有的生产技术水平条件下，各类资源都得到了利用，没有闲置。在市场经济中，常常由于"有效需求不足"，资源没有得到充分的利用，有的青壮年劳动力长时间找不到工作，有的机器设备常常处于低负荷运转甚至闲置状态。

(2) 在资源既定的情况下社会生产起伏变动的问题。这就是产量不能始终保持在生产可能线上的问题，也就是一般所说的"经济波动与经济增长"的问题。市场经济运动呈现周期性波动，除了繁荣阶段，其余阶段资源利用都程度不等地偏离"充分利用"状态，这是资源利用的低效率状态。经济学就是要设法解决此类问题。

(3) 货币稳定性的问题。即一般所说的"通货膨胀与通货紧缩"的问题。市场经济不仅是商品经济，还是货币经济。货币运动取决于商品运动，又具有运动的相对独立性，在纸币制度下，纸币升值贬值起伏极大影响商品的运动，影响资源的利用效率。

经济学分别从微观和宏观两个角度研究人们的经济行为。人们的经济行为不能脱离所处的社会经济形态。因此经济学就是研究市场经济形态中的人们的经济行为。

人们的市场经济行为是多方面的，一本教科书无法涵盖它的全部。本教程选择了部分市场经济行为作为教学内容，篇章结构见目录。

三、经济学的研究方法与分析工具

(一) 实证研究与规范研究

实证研究，是指企图超脱一切价值判断，只是客观地反映经济事实，揭示经济变量之间的本质联系与经济过程运动规律的研究。

实证理论形成过程要经过图0-3所示的几个步骤。

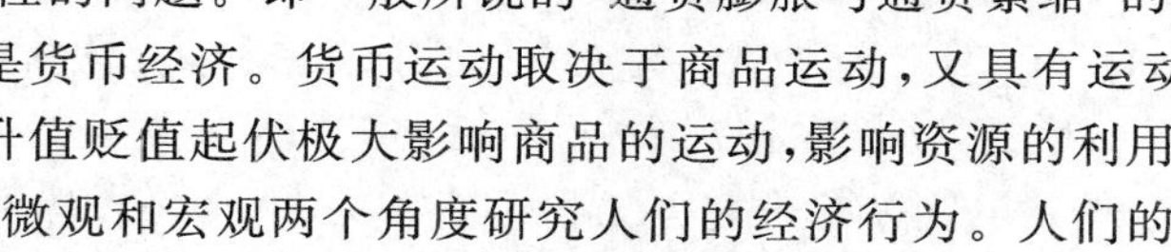

图0-3 实证理论形成过程

(1) 定义。对经济模型所包括的各种变量给出明确的含义。经济变量是构成经济模型的元素，其内含必须清楚明白，否则无法建立模型。

（2）假设。这是经济模型建立的前提，指某一种理论成立，或正确适用的条件、范围。任何一种原理、一条规律都是有条件的、相对的。

（3）假说。假说是根据一定的事实和理论对未知对象所做的推测性的、带假定意义的理论解释。这是理论思维的一种基本形式。

（4）预测。预测是根据假说提出对经济现象未来发展的看法，这种看法只是推测，不是从假说中得来的结论，有待事实验证。验证无误，假说即成为理论；有偏差，修改直至与事实相符，假说成为理论；若假说与事实之间存在本质方面的不符，则否定假说，抛弃。

规范研究，是指以一定价值准则作为判断经济事物的标准，作为制定经济政策的依据，并探讨如何才能符合这些标准的研究。

规范研究将“互惠”作为判断劳动力市场交易的行为“应不应该”、“好坏”的标准，或作为政府制定经济政策的依据。互惠，是指参与交易各方都受惠。如果交易符合以下三种情况之一，就认为是互惠的：①所有人都受益，没有人受损；②部分人受益，没有人受损；③部分人受益，部分人受损，但最终，受益者之益实际弥补了受损者之损。劳动力市场交易一般有两种基本形式：①自愿互惠交易，交易各方均无损失，劳动力市场的作用就是促进和发展这类交易；②政府强制交易，当交易存在障碍（信息障碍、制度障碍、成本障碍等）时，会使一方受益导致另一方受损或多方受损，对此，政府应当采取再分配政策强制进行交易，以平衡利益关系。无论哪种形式的交易，如果交易结果是“互惠”的，那么交易就是“好的”或“应该的”；反之，就是“坏的”或“不应该的”。

实证研究和规范研究虽然存在研究立场和研究方法上的差异，但两者又是相互联系、相互补充的。实证研究为规范研究提供事实根据，并客观检验规范研究结论；规范研究为实证研究提出研究任务，并利用实证研究结论，在这个意义上，实证研究和规范研究具有内在一致性。

（二）经济学的分析方法①

1. 边际分析方法

在函数关系中，自变量发生微量变动时，导致因变量在边际上变化，即总量的增加值发生变动，边际值实际表现为两个微增量的比。

边际分析的性质：①边际分析是一种数量分析、变量分析；②边际分析是最优分析，它要求解极大值或极小值，据此做出最优决策；③边际分析是现状分析，计算新增自变量所导致的因变量的变动量，这就是对新出现的情况进行分析。

2. 均衡分析方法

均衡，通常理解为一种状态，在这种状态下，各种对立的力量在某种条件下势均力敌，达到平衡或相对静止的状态。

均衡分析，是以均衡状态作为分析的切入点，寻找达成均衡所需要的条件、机理。这种分析方法能够很好地揭示经济事物内部主要变量之间的本质关系。

---

① 另外可阅读约翰·斯罗曼. 经济学[M]. 6版. 郭庆旺，赵志耕，译. 北京：经济科学出版社，2008：770-781.

均衡分析方法的分类，从范围上可以分为局部均衡分析与一般均衡分析；从是否含有时间因素分为静态均衡分析、比较静态均衡分析、动态均衡分析。另外，还有非均衡分析法。

静态均衡分析指的是在静态模型中，根据既定的外生变量值来求内生变量值的方法。比较静态均衡分析指在静态模型中，分析和比较在不同数值的外生变量下，内生变量的不同数值。这两种分析方法并未考虑到时间的因素。动态均衡分析指在动态模型中，通过研究不同时间点上的变量之间的相互关系，可用于跨时期的分析。

3. 模型分析方法

科学研究从形式来看，就是对通过观察与实验得到的经验数据材料，加以概括和抽象，建立相应理论模型的过程，即通常所说的"建模"。模型分析法的主要任务是：①抽象化，将客观经济事物对象转化为科学分析所要求的思维形式；②简单化，抓住现实对象最主要的本质特征，忽略其他非本质的细枝末节；③理想化，构建普遍适用的理论模型，作为解释现实的知识体系，或作为理论进一步推进的基础和节点。

4. 理想状态法

在对某一领域的某一问题进行分析时，首先建立一个理想模式，作为参照体和评价标准，然后再将一个或多个现实情形与之比较，由此认识现实情形的本质属性及其运动规律。这种分析方法在经济学中十分常见，如在评判市场结构的效率时，先建立完全竞争市场结构，这是经济学家们非常推崇的市场结构，具有最高水平的市场效率，然后再将其他类型的市场结构与之比较，对比评价后者的市场效率；又如，先建立充分就业的预算盈余指标，然后将现实财政政策的实际预算盈余与之比较，以此判断财政政策是扩张性的还是收缩性的。

5. 系统分析法

市场经济是一个系统，无论是微观系统还是宏观系统，其内部都包含着许多功能单元，它们的功能和运动方式是各不相同的，它们相互依存、相辅相成，构成一个有机体。这个经济有机体的运动会产生出各种各样的经济效应，如价格变动效应，规模经济效应，乘数效应，加速数效应等。当我们试图探究形形色色的效应发生机理时就必须在系统的视角下研究，只有这样才能准确地了解效应的发生机理。

6. 因素分析法

许多经济事物的本质都不像它表面所反映出来的那样直观，我们要想真正了解这一经济现象而不被它的表象所蒙蔽，就必须深入内部，看看它到底受到哪些因素的影响。因此，因素分析法是经济学分析最重要最常用的分析方法。譬如在研究需求时，要尽可能地找出影响它的因素，弄清楚哪些因素是重要因素哪些因素是次要因素，这些因素都分别以什么样的方式产生影响。

经济学的分析方法还包括：辩证分析法、历史文献分析法、逻辑分析法、统计分析法，等等。近年来，博弈论分析方法的应用取得了突飞猛进的发展，成为越来越重要的分析方法，也是值得高度重视的研究方法。

（三）经济学的分析工具

1. 逻辑

逻辑是经济现象或经济问题定性分析的强大工具。在经过观察与实验获取了足够多的信息资料以后，就可以利用逻辑的归纳演绎、判断推理等手段，对经济现象和经济问题进行由表及里、由形式到本质、由浅入深的分析，把握事物的内在规律。然后，利用这些规律性认识来解决经济问题。

2. 表格

在给定的前提条件下，表格通过二维形式，以一一对应样式，直接反映两个经济变量之间的表面关系或本质关系。表格在经济数据的收集、统计、整理、挖掘、研究成果的表达等方面都具有重大的、基础性的作用。根据实用需要，它可大可小；变量可灵活转换或替换而构成新的表格；在同一定义下的各个层次表格可以相互链接，以此来反映复杂的经济现象，有着非常广泛的应用性。正因如此，表格的设计需要很高的经济学功底和艺术素养。

3. 曲线

大学里教授的经济学又被称为“曲线的”经济学，用曲线来表达或演绎经济思想、经济原理，解决经济问题，是经济学最基本的手段。将经过观察与实验获取的信息资料转化为曲线，不仅能反映经济现实、体现经济学原理，其最大长处还在于使经济问题的特征一目了然，借助辅助线能够很便捷地解决经济问题。

4. 模型

模型可以是文字的、数学函数的，树形图或其他形式的模型。就数理经济模型而言，通常在一定的合理假设之下，提出假说，建立模型，载入信息或数据验证，反复修正（包括假设、假说、模型本身），最后形成在一定范围、一定限制条件下，具有较强解释力的模型。然后用模型去解析现实经济现象或问题。

四、经济学分析的预备知识

在展开本教程的学习之前有必要预先了解经济学分析的一些基本假设、常见错误，以使学习者不至于误解与混淆，便于正确理解和准确分析。

（一）基本假设

经济学是对客观社会经济现实的抽象反映，因此在经济学中有着大量的假设，其中某些假设适用于各种社会经济现象、过程、问题的分析，贯穿于经济学教材首尾，是基本假设，并且此类假设多为隐含假设，如果将它们抽去，经济学思维或经济学理论就不存在了。经济学中基本假设包括以下五项。

1. 经济资源稀缺假设

人类生产创造社会财富，没有资源是根本无法办到的。但是人们所使用的资源，有的可以从大自然中无偿获取，如种植水稻所需的阳光、水和自然环境；而有的则需要通过人类的劳动有代价地获得，如犁锄、役畜和水浇地，这种通过劳动才能获得的资源被称为经济资源。在一定时期、一定的科学认识水平下经济资源显然是有限的，由于生产要素投入的联合性，经济资源的有限性规定了前一类自然资源利用的限度，经济资源的数量和质量成为创造社会财富的决定性因素。试想，如若大自然同样慷慨地、无限度地为人类的生产活动提供犁锄、役畜和水浇地，人类可以随心所欲地使用它，甚至滥用，生产无限多的产品满足人类无限的欲望，那就不需要人们精打细算，就无须帮助人们优化投入产出的经济学了。同样的分析也可以推演在人们的生活消费上。事实上，经济资源稀缺是人类经济生活中的客观现实。这个假设是完全成立的。

2. 理性人假设

理性人，又称经济人，是经济生活中人的根本属性。理性人的一般表征主要有：明白自己是谁（社会角色），行动有目标（理智），凡事会比较（计算），趋利而避害（功利）。在从事经济活动时，理性人清楚自己拥有哪些资源，多少资源，手上的有限资源会使其行动受到哪些限制；也清楚自己需要什么，需要多少，每种需要至多能够满足多少；在有限资源与诸多需要之间能够进行比较选择，做出的选择能够反映个人的目的与偏好，总能按需要的轻重缓急顺序安排资源的使用；试图将有限资源用得恰到好处，尽可能不产生浪费；当面临二选一的处境，两利比较时选择利益最重的，两害比较时选择害处较小的；当投入一定时，总是追求效用最大，当能得到的效用一定时，尽可能使投入最少——这就是理性人的经济行为。现实经济生活中的人们并非时时处处都是"铁算盘"，精明到让人感到可怕，也会凭感觉行事，但一般情况下人们都会理性地去处理经济事务。因而这个假设也是成立的。

3. 激励反应假设

对于经济激励人们都会做出程度不等的反应，从而改变选择与行为。激励的发出引发选择的改变几乎是可以预期到的。在中国的市场上，iPad 4 的价格若从 3 500 元/台降到 3 000 元/台，几乎可以预计到下个月的销量一定大于这个月，价格降到一些购买者的心理价位以下时，他们肯定会打破观望而果断出手。2011 年 5 月中国颁行酒驾入刑法律，据报道，5 月 1 日至 10 月 31 日，全国酒驾较 2010 年同期下降了 47.9%。人们对于酒驾处罚信号做出了反应，改变了原先的不良驾驶行为。用经济学的语言来说就是：在其他情况不变的情况下，当个人从一项选择中得到的利益增加时，越愿意做出这项选择。相反，当个人与一项选择相关的成本增加时，也就越不愿意做出这项选择。[①]

4. 产权明晰假设

保护合法的财产权利、产权明晰是任何一个市场经济必须具备的法制基础。只有具备了这些基本条件，才能真正确立市场经济中交易相关当事人的平等地位，能够进行自愿性的互惠交易，实现等价交换，使市场经济活动井然有序，保证庞大的国民经济无摩擦地顺畅运行，保障市场机制给出准确的市场信号，使经济资源得到最合理的配置，准确地进行各种各样的经济统计，分清外部性的责任方以及外部性效应的大小。对于成熟的市场经济国家而言，产权明晰已经在法制层面及社会道德层面得到了充分的保障，而经济学的

---

① 詹姆斯·D.格瓦特尼，等.经济学——私人与公共选择[M].梁小民，等，译.北京：中信出版社，2003：11-12.

形成正是以成熟的市场经济为背景的。这一看似不言自明的事实，在经济学中作为一项重要的暗含假设，提示学习者经济学的研究对象是一个怎么样的研究对象。

5. 完全竞争市场条件假设

在现实社会经济中，完全竞争的市场结构并不存在。现实中存在的是一个从接近完全竞争到接近完全垄断的市场结构连续体。那么为什么经济学要将完全竞争市场作为其理论分析的一个重要假设呢？这是因为：①其他市场结构类型都是在完全竞争市场结构模型的基础上，通过改变形成条件而衍生出来的，理解了完全竞争市场结构，再去理解其他类型的市场结构就容易了许多；②完全竞争市场结构是经济学家心目中的理想结构，其效率可作为其他各类市场结构效率比较评价的基准，有了这个基准就能分出不同类型市场结构效率的高下；③完全竞争市场结构不仅具有基础性，它还具有简单性，比较容易为初学者所理解和接受。因此，除特别指明是在其他市场结构条件下进行分析之外，经济学中的分析大多数是在完全竞争市场结构条件下展开的。由此该假设成为经济学的基本假设和隐含假设。

（二）进行经济学思考时应注意避免的错误

1. 不能保持“其他条件不变”

大多数经济问题都涉及同时发生相互影响的许多因素。例如，在某一年中，家用轿车的购买量取决于家用轿车的价格、消费者的收入和汽油的价格等因素。如何准确了解汽油价格对家用轿车购买量的影响呢？很显然要把其他因素的影响隔离开来，也就是说“假定其他条件不变”，否则其他因素的影响也加入进来，就不能得到正确的分析结果了。

2. “后此谬误”

这是一个常见的错误。如果仅仅因为一件事发生在另一件事之前，就认定前者是后者的原因，那么，就犯下了后此谬误。这一谬误又称“前因后果谬误”。譬如，有人观察到经济周期的扩张阶段物价上升走在总产出增加之前，于是就认为克服经济萧条的有效对策是提高工资和价格，这是十分错误的。

3. “合成谬误”

“对于部分来说是对的事情，对于整体来说也是对的”——这就是合成谬误。其实，总体并不总是等于部分之和。譬如，在足球比赛中，球迷为了看得更清楚而站起来。不过，一旦每个人都站起来，大家都没法看得清楚了。在这个例子中，对于个人来说是对的事情，对其他人不一定是对的。

4. 主观性

掌握经济学的最大障碍或许产生于人们在对周围世界的研究中所带入的主观性。在人的一生中，从幼儿开始，到在校读书，再到走向社会，总是不断接受新知识、新思想、接受周遭人物的各种各样观点的影响，逐渐形成自己的世界观和知识体系。但是，当开始了解周围的世界时，很快就成为自己知识的俘虏。人们理解所观察到的事实的方式也取决于他们所戴的理论眼镜。

（三）经济学中不同性质的量

经济学的许多原理、模型都会涉及某些因数的量，而这些量不仅类型不同，属性也可能有差异，学习者在理解和使用时应多加注意。

1. 变量

变量，是指大小可变的量。由于其可变，必须用数学符号而不是具体数字来表示。譬如，某产品的市场价格，由于它会随产品供求关系的变动而变化，通常用符号 P 来表示，而不是用具体数字；再譬如产品的生产成本，它会随生产批量的大小等条件的变化而变化，通常用 C 来表示。

2. 常数与参数

常数与变量相反，是不变的量，可以用具体数字来表示。常数可以单独存在，也可以与变量相连，与变量相连的常数叫该变量的系数。参数指可变的常数。譬如，无论某商品的拍卖价格会是怎样的，竞拍品的底价是给定的，在成交的竞拍品的价格构成中，这个底价是一个具体的数字，这是常数。再譬如，赛马赌的赔率和赌注是不同的，赔率和赌注相连，其中赔率是可调整的一个常数，相当于倍数，是一个参数，而赌注是赌资，是入赌的金额。

3. 自变量与因变量

当两个或更多变量之间相互关联，即具有函数关系，在前提条件不变的情况下，某一个变量或几个变量变化之后，另一个变量以确定的值与之对应，那么，前者称为自变量，后者称为因变量。譬如，夏季里，冷饮的价格受消费者人数、气温的高度等要素的影响，冷饮的价格是因变量，消费者人数、气温高度等是自变量。

4. 流量与存量

流量，是一个时间段里发生过的量。譬如，某车展某日自早上8点钟到晚上8点钟进来参观的人数。存量，是截至某一时点上累积的量。譬如，某商场某月底滞销的某品牌彩电的台数。这两个量是可以转换的，譬如，本月底存量－上月底存量＝本月流量；上月底存量＋本月流量＝本月底存量。

5. 内生变量与外生变量

在一个特定的模型中，由该模型本身所决定的未知变量，叫内生变量；由该模型以外所决定的已知变量，叫外生变量。一般地，就一个给定方程而言，自变量是外生变量，因变量是内生变量。但是，一个方程的因变量，可能成为另一个方程的自变量，一个模型的内生变量，也可能成为另一个模型的外生变量。

6. 名义经济量与实际经济量

现代市场经济国家实行纸币制度，通货膨胀成为经济生活的一种常态，从而使某些经济变量发生了名义量与实际量的差别。譬如，名义工资与实际工资，前者是以货币数量来表示的工资收入，后者是以实际购买力表述的工资收入。设在某公司就职的王某月薪3 000元，正好可购买1台 iPad 4，半年时间里每月领到的工资数额不变，然而通货膨胀率达到10％，这意味着半年后每月领到的3 000元工资只能购买9/10台 iPad 4，此即为实际工资。在纸币制度下，经济生活中此类现象很多，如名义利率和实际利率、名义货币供给量和实际货币供给量、名义汇率和实际汇率等，将名义量和实际量区别开来有重大意义。

7. 效用与使用价值

在经济学中，效用是一个极其重要的概念，然而却又常常与使用价值相混淆。其实，这两个概念既有联系又有区别。使用价值，是指能够满足人们某种欲望的物品。效用，是指人们对物品满足其欲望的主观评价。前者是客观性的，后者是主观性的。譬如，3 个馒头，这是客观存在的。饥饿的张三食用后对其解除饥饿感的效果的评价是 8 分（若以 10 分为满分），而不怎么饥饿的李四食用后对其解除饥饿感的效果的评价是 4 分（其同样以 10 分为满分），亦即同样 3 个馒头对于两人的效用是不同。解除饥饿感离不开馒头，但馒头本身并不等于饥饿感的解除。

8. 边际量与平均量

在经济学中，边际概念是另一个极其重要的概念。“边际”，是“额外的”、“追加”的意思，指处在边缘上的“已经追加上的最后一个单位”，或“可能追加的下一个单位”，是“增量”的意思。譬如，现有 10 名工人，第 10 名工人即为边际；或者已有 9 名工人，再添 1 名工人，这名工人即为边际。但使得边际量有意义的是两个边际量的比较，如原先已有 10 名工人，他们在一段时间里的总产量是 100 个单位，后来新增了 2 名工人，在同样长的一段时间内总产量增加了 30 单位，将两个边际量相比较（即相除），我们说此时的边际产量为 15 单位。如果计算平均产量的话，等于 130 除以 12，人均产量为 10.8 单位。

上篇

微观部分

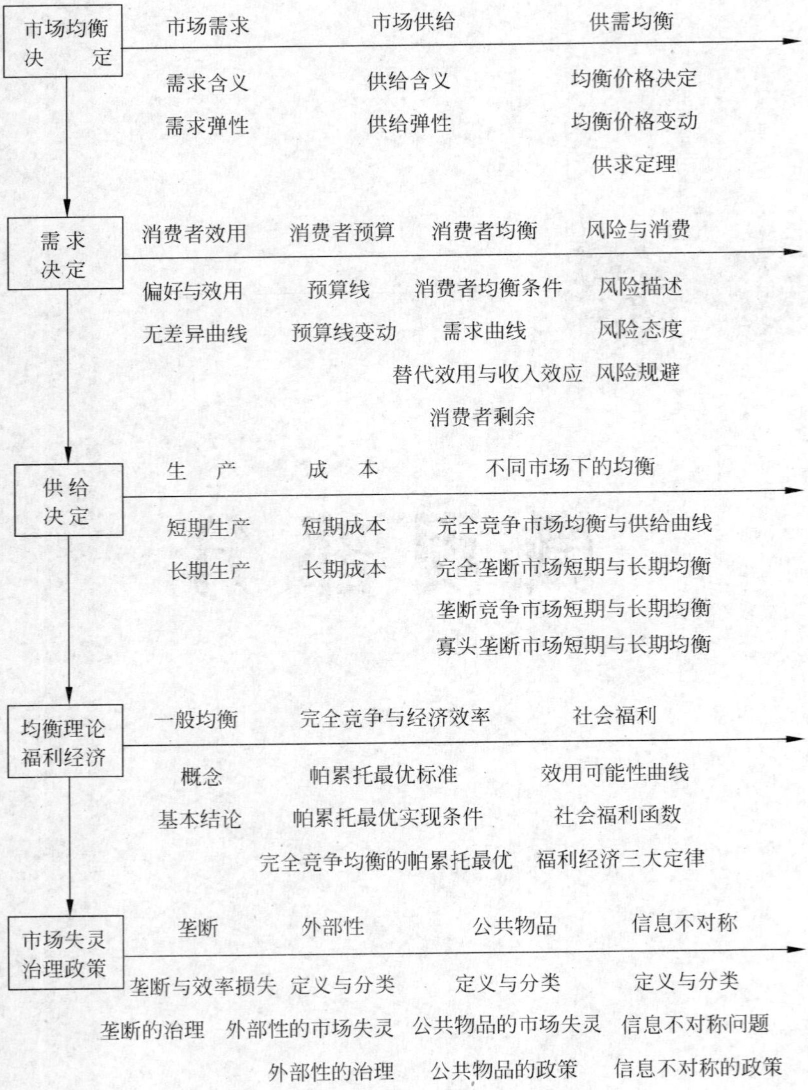
市场均衡
决　　定
市场需求
市场供给
供需均衡
需求含义
需求弹性
供给含义
供给弹性
均衡价格决定
均衡价格变动
供求定理
需 求
决定
消费者效用
消费者预算
消费者均衡
风险与消费
偏好与效用
无差异曲线
预算线
预算线变动
消费者均衡条件
需求曲线
替代效用与收入效应
消费者剩余
风险描述
风险态度
风险规避
供给
决定
生　产
成　本
不同市场下的均衡
短期生产
长期生产
短期成本
长期成本
完全竞争市场均衡与供给曲线
完全垄断市场短期与长期均衡
垄断竞争市场短期与长期均衡
寡头垄断市场短期与长期均衡
均衡理论
福利经济
一般均衡
完全竞争与经济效率
社会福利
概念
基本结论
帕累托最优标准
帕累托最优实现条件
完全竞争均衡的帕累托最优
效用可能性曲线
社会福利函数
福利经济三大定律
市场失灵
治理政策
垄断
外部性
公共物品
信息不对称
垄断与效率损失
垄断的治理
定义与分类
外部性的市场失灵
外部性的治理
定义与分类
公共物品的市场失灵
公共物品的政策
定义与分类
信息不对称问题
信息不对称的政策

微观部分导图

第一章 市场供求与市场均衡

学习目的

1. 掌握需求函数、需求曲线、需求定理及需求弹性等。
2. 掌握供给函数、供给曲线、供给定理及供给弹性等。
3. 理解供求怎样决定均衡价格及销量。
4. 掌握供求定理。
5. 学会应用供求定理及弹性理论分析现实经济问题。

第一节 市场需求

一、需求的基本内容

（一）需求的定义

经济学研究市场经济中的各种经济行为，而在市场经济中，消费者和企业的经济行为的相互联系表现为商品市场和生产要素市场供求关系的相互作用，而正是这种供求关系的相互作用形成市场均衡价格。换言之，任何商品的价格都是由需求和供给两方面的因素共同决定的。

需求，是指在一定时期内，在各可能的价格水平下，消费者愿意并且有能力购买的商品的数量。

从这个定义可以看出，需求必须同时满足两个条件：①愿意购买；②有能力购买。在判断需求时这二者缺一不可。人的欲望是无止境的，但人的消费能力却受各种因素的限制。在现实经济生活中，有的人有购买能力，但没有购买欲望；而有的人却是有购买的欲望，没有购买的能力，像这样的情况都不是需求。

对于需求，还应该区分个人需求与市场需求。个人需求是单个消费者对某一商品的需求，而市场需求主要是指所有消费者对这一商品的需求。在微观经济学中以研究市场需求为主。

（二）需求的三种表示方法

为了适应不同分析的需要，需求可以用以下三种方法予以表示，通过这三种表示方法可以更直观地看出价格变动如何影响需求量的变化。

1. 需求表

需求表，指表示某种商品的各种价格水平与各种价格水平相对应的需求量之间关系的数字序列表。

如表 1-1 所示，某商品的需求量随价格的变化用表格的形式表示出来。从表 1-1 可知，这五种价格与需求量之间的组合分别是：当商品的价格为 1 元时，需求量为 500；当商品的价格为 2 元时，需求量为 400；当商品的价格为 3 元时，需求量为 300；当商品的价格为 4 元时，需求量为 200；当商品的价格为 5 元时，需求量只剩下 100。可见，一般情况下，商品的需求量与价格是呈反向变动关系。

表 1-1　某商品的需求量

价格-需求量组合	A	B	C	D	E
价格（元）	1	2	3	4	5
需求量（单位数）	500	400	300	200	100

2. 需求曲线

需求曲线，是商品的不同价格-需求量组合在平面坐标图中所绘制的一条曲线。如图 1-1 所示某商品的需求曲线，曲线向右下方倾斜。

图 1-1 中，横轴表示商品的需求量（Q），纵轴表示商品的价格（P）。图 1-1 中的需求曲线就是根据需求表 1-1 中的价格-需求量组合绘制而成的。它体现了随着商品价格的上涨，商品的需求量下降的趋势。需求曲线为何向右下方倾斜将在消费者行为理论中予以解释。

需要说明的是，在图 1-1 中的需求曲线是假设了价格与需求量之间的变动是连续的。这也是微观经济学中一个重要的假定条件，即在论述需求函数时，一般假定商品的价格与对应的需求量的变动是具有无限分割的连续性。另外，在图 1-1 中的需求曲线是一条线性的需求曲线，故它对应的需求函数也是线性需求函数。同样的，如果需求函数是非线性的，那么需求曲线也是非线性的，即曲线上各点的斜率是不相等的，如图 1-2 所示，非线性需求函数与非线性需求曲线。

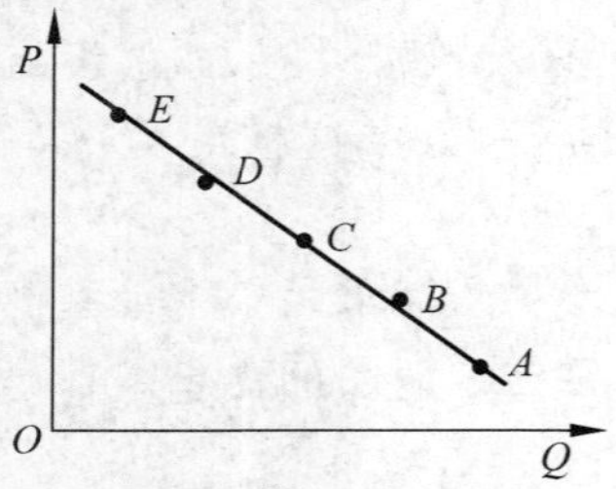

图 1-1　某商品的需求曲线

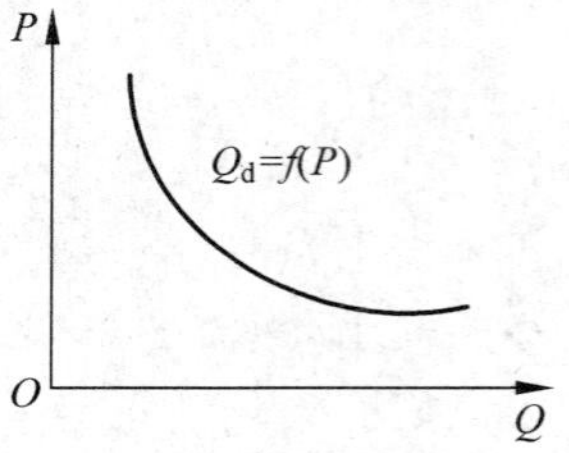

图 1-2　非线性需求函数与非线性需求曲线

3. 需求函数

需求函数，是表示一种商品的需求量和影响该商品需求量的各种因素之间相互关系的数学表达形式。

前面指出，影响一种商品需求量的因素很多，可以将这些因素对需求量的影响表述为如下需求函数：

$$Q_d = f(P, P_c, P_s, I, \cdots) \tag{1-1}$$

式中：Q_d代表某一商品的需求量；P 表示该商品的自身价格；P_c表示该商品的互补品的价格；P_s表示该商品的替代品的价格；I 表示消费者的收入以及其他影响因素。

在众多的影响因素中，要同时把每一个因素与需求量的关系都分析到位是很复杂的问题。因此，为了方便分析与理解，可以在假定其他因素不变的情况下，分析一种因素对需求量的影响。因为商品的价格是影响商品需求量最基本也是最直接的因素，所以只选择商品的价格作为自变量来分析它对商品需求量的影响。这样，需求函数就表示为一种商品的需求量和该商品的价格之间的一一对应关系。用公式表示为

$$Q_d = f(P) \tag{1-2}$$

图 1-1 中绘制的需求曲线直观地体现了商品的需求量与价格呈反向的变动关系。需求函数只是用函数的形式把几何形式的需求曲线表示出来，也即需求曲线 $Q_d = f(P)$。它表示了在不同的价格水平下消费者愿意并且能够购买的商品数量。

为了简化分析，在微观经济学中大多使用线性需求函数分析问题。线性需求函数通常可以用公式表示为

$$Q_d = a + b \cdot P \tag{1-3}$$

式中：Q_d代表商品的需求量；P 代表该商品的价格；a、b 为常数，且一般情况下，$a>0$，$b<0$。

（三）影响需求的因素

1. 商品自身的价格

一般情况下，在假定其他相关商品的价格保持不变时，商品自身的价格上升了，消费者会选择其他替代品来购买，这时商品的需求量就会下降；反之，这种商品的需求量会增加。

2. 相关商品的价格

一种商品的需求量不仅取决于这种商品的价格，还取决于相关商品的价格走势。相关商品一般包括替代品和互补品。如果替代品的价格上涨了，那么该商品的需求量会上升；反之，需求量会下降。如果互补品的价格上涨了，那么该商品的需求量会下降；反之，需求量会上升。

3. 消费者的偏好

根据需求量的定义可知需求量主要指的是消费者在某一价格下希望购买的某种商品的数量。既然是消费者希望购买的商品，那么它一定会受消费者个人偏好的影响。如果消费者对商品 1 的偏好胜过对商品 2 的偏好，那么商品 1 的需求量就会比商品 2 大。

4. 消费者的收入

商品的需求量受消费者个人收入水平的制约。一般情况下，当消费者的收入提高时，

消费需求也会有所增加，因而一些商品的需求量会上升。这符合凯恩斯消费理论原理。

5. 消费者对商品的预期

这里的预期主要是相对于现期而言。一般情况下，如果消费者预测下一期商品的价格是上涨的，那么当下对该商品的需求会上升；反之，则需求会下降。

6. 其他影响需求量的因素

除了以上谈到的影响需求量的因素外，还受到诸如消费者的人数、社会的收入分配状况等因素的影响。因此，在讨论需求量的时候应当充分考虑各种因素的相互作用。

（四）需求量的变动与需求的变动

在其他条件不变的情况下，由商品价格变化所引起的商品需求数量的变动，称为需求量的变动，在图形上表现为需求曲线上点的移动，如图 1-3 所示，在其他条件不变情况下，商品价格由 P_A变化为 P_B，则需求量由 Q_A变化为 Q_B，需求量的变动表现为需求曲线上 A 点移动到 B 点。

当商品价格不变时，其他条件发生变化引起商品需求数量的变化称为需求的变动，在图形上表现为需求曲线的整体移动，如图 1-4 所示，商品价格不变时，其他条件发生变化（例如人们的收入增加），同样的价格下需求量增加，即引起需求曲线整体向右移动。

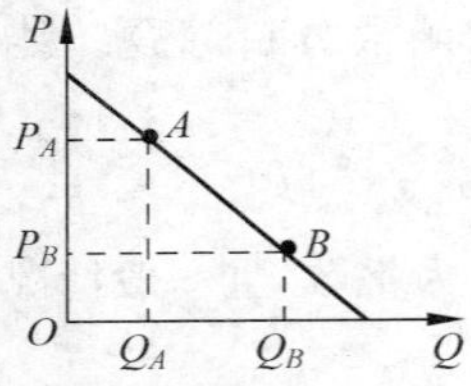

图 1-3　需求量的变动

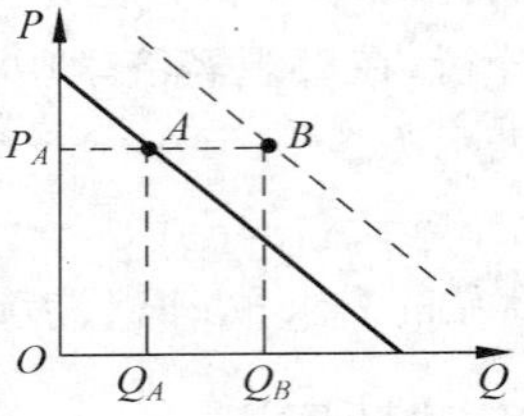

图 1-4　需求的变动

理解需求量的变动与需求的变动时，特别注意的是，这里“需求量的变动”与“需求的变动”应该是两个完整的名词。

（五）需求定理

根据以上对需求表和需求曲线的分析可以看出，某种商品的需求量和其价格是呈反方向变动的，这种现象被称为需求定理（或需求规律）。简单地讲，需求定理指的是：在其他条件不变的情况下，一种商品的需求量与其本身价格之间呈反方向变动。

当然，需求定理仅代表一般商品的规律，并不排除例外情况。典型的需求定理例外情况有以下几种。

(1) 吉芬商品。吉芬商品指的是随着商品价格的上升，其需求量也跟着上升的那些商品。例如，1845 年在爱尔兰出现的土豆价格上升引起人们对其购买量上升的现象。这种现象的出现一般需要特定的历史背景，如爱尔兰出现这一现象很大一部分原因是处在经济萧条时期，普通居民生活水平普遍下降，虽然土豆是一种低档商品，但却是人们生活的必需品，且土豆价格虽然上升，但其价格比其他食物还是低得多，所以，当时大多数穷人为了维持生活只能吃土豆，而减少其他食物的购买。因为土豆价格上升使得消费者的收入相对降低了，这时人们预期土豆的价格可能再涨，就会增加当前土豆的购买量。第二章将会对吉芬商品展开更为详细的分析。

(2) 炫耀性商品。炫耀性商品是体现人们社会身份和地位的、带有炫耀性质的商品，比如各种名牌服装、名牌首饰等。这类商品的购买本身带有很强的个人满足感，且这种满足感与身份地位密切相关。价格越高就越能够彰显出高贵，因此，这类商品的需求量与价格之间呈同方向变动。因为只有商品的价格较高时，才能满足购买者炫耀自己社会身份和地位的心理需求。

(3) 投机性商品。投机性商品指的是消费者以投机套利为目的而购买的商品。这种商品的需求很大程度上取决于当前商品的价格与其未来预期价格的比较。如果中间的套利空间大的话，投机性商品的需求量就会上升；反之，则需求量会下降。

二、需求弹性

通过前面的介绍可知，商品的需求量会因价格的变化而发生相应的变化，但并没有具体地说明当价格变化一个单位或一个百分点时，需求量会随之变动多少。为此，下面展开进一步分析。

（一）弹性的基本知识

1. 弹性的一般含义

在经济学中，弹性理论用于研究因变量变化对自变量变化的反应敏感程度，或者说，自变量的变化所引起的因变量的变化程度——考察当自变量发生1%的变动时，因变量会随之变动的比率。用公式表示弹性如下：

$$\text{弹性系数} = \frac{\text{因变量的变动百分比}}{\text{自变量的变动百分比}} \tag{1-4}$$

2. 弧弹性和点弹性

根据自变量变动的范围，可以将弹性区分为弧弹性和点弹性。其中，点弹性是需求曲线上某一点的弹性，即自变量变化量趋向于无穷小时的弹性；弧弹性是需求曲线上较大一段区间之间的弹性。

如果已知某一需求曲线上的两点($A(X_A,Y_A)$，$B(X_B,Y_B)$)，可用下列公式求得两点之间弧线上的弹性：

$$e = \frac{\frac{\Delta Y}{Y}}{\frac{\Delta X}{X}} = \frac{\Delta Y}{\Delta X} \cdot \frac{X}{Y} \tag{1-5}$$

式中：e 代表弹性系数；ΔX、ΔY 分别为变量 X、Y 的变动量$(X_B - X_A)$，$(Y_B - Y_A)$。式(1-5)也被称为弧弹性公式，是用来测量两点之间一段弧线上的弹性的。

如果已知两个变量之间的函数关系为 $Y=f(X)$，当经济变量 X 和 Y 的变化趋于无穷小时，可以用下式求取点弹性。

$$e = \lim_{\Delta X \to 0} \frac{\frac{\Delta Y}{Y}}{\frac{\Delta X}{X}} = \frac{\frac{dY}{Y}}{\frac{dX}{X}} = \frac{dY}{dX} \cdot \frac{X}{Y} \tag{1-6}$$

注意式(1-6)与式(1-5)的区别，式(1-5)求差分，式(1-6)求微分，用来测量某一点上的弹性。

由以上推导的弹性公式可知，弹性是两个变量各自变动百分比的一个比值，不考虑度量单位。

经济学中的弹性理论主要是需求弹性理论和供给弹性理论。本节主要介绍的是与需求有关的弹性问题，而关于供给弹性问题将在下一节介绍。

（二）需求的价格弹性

1. 需求的价格弹性定义

需求弹性，指商品的需求量相对于其影响因素变动的反应程度。经常用到的需求弹性有三种：需求的价格弹性、需求的交叉价格弹性和需求的收入弹性。

需求的价格弹性，指的是在一定时期内，一种商品的需求量变动对于该商品的价格变动的反应程度。即在一定时期内，当一商品的价格变化1%时，这一商品的需求量会相应变化几个百分点。其计算公式为

$$\text{需求的价格弹性系数} = -\frac{\text{需求量变动率(相对变动)}}{\text{价格变动率(相对变动)}} \tag{1-7}$$

在这里需要指出，上述式子右边加了一个负号是因为在一般情况下，商品的需求量和价格是呈反向变动的，即需求量变动率比价格变动率是负值，所以，为了方便分析和比较，习惯上加一个负号，以保证弹性系数为正值。如无特别说明，本书中有关弹性系数的数值一律取正值。

例如，假定某种商品的价格上涨了20%，销售量下降25%，则可求得需求的价格弹性系数为

$$\text{需求的价格弹性系数} = -\frac{-25\%}{20\%} = 1.25$$

上述例子求出的需求的价格弹性系数是1.25，即表示该商品需求量变动的比例是价格变动比例的1.25倍，也可以说当价格变动1个百分点时，需求量会变动1.25个百分点。

弹性有弧弹性和点弹性之分，同样的，需求的价格弹性可分为需求的价格弧弹性和需求的价格点弹性。

2. 需求的价格弧弹性

需求的价格弧弹性指的是某种商品需求曲线上两点之间的需求量的变动对于价格变动的反应程度。简单讲，它指需求曲线上两点之间的弹性，需求的价格弧弹性的计算公式可以表示为

$$e_d = -\frac{\frac{\Delta Q}{Q}}{\frac{\Delta P}{P}} = -\frac{\Delta Q}{\Delta P} \cdot \frac{P}{Q} \tag{1-8}$$

式中：e_d表示需求的价格弧弹性系数；ΔQ 和 ΔP 分别表示需求量和价格的变化量。

计算弧弹性时，要特别区分起始点。如图 1-5 所示，假定图中需求曲线所描述的需求函数为：$Q_d=1\,200-300P$。需求曲线上的 M 点有 $P_M=2$ 和 $Q_M=600$，N 点有 $P_N=1$ 和 $Q_N=900$。现在要求 M、N 两点之间的需求的价格弧弹性。这时应该要分成两种情况解答，即由点 M 到点 N 的降价阶段和由点 N 到点 M 的涨价阶段。

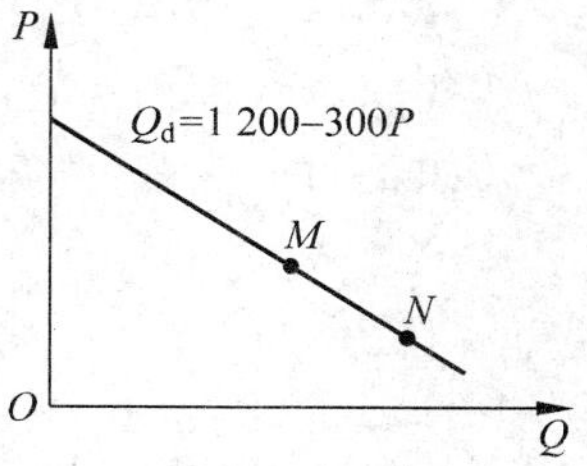

图 1-5 需求的价格弧弹性

由点 M 到点 N（即降价时）的需求弧弹性为

$$e_d=-\frac{\Delta Q}{\Delta P}\cdot\frac{P}{Q}=-\frac{Q_N-Q_M}{P_N-P_M}\cdot\frac{P_M}{Q_M}=-\frac{900-600}{1-2}\times\frac{2}{600}=1$$

由点 N 到点 M（即涨价时）的需求弧弹性为

$$e_d=-\frac{\Delta Q}{\Delta P}\cdot\frac{P}{Q}=-\frac{Q_M-Q_N}{P_M-P_N}\cdot\frac{P_N}{Q_N}=-\frac{600-900}{2-1}\times\frac{1}{900}=\frac{1}{3}$$

从计算结果可知，由点 M 到点 N（即降价时）和由点 N 到点 M（即涨价时）的需求价格弧弹性的系数值是不相同的。这是因为：尽管在上面两个计算中，ΔQ 和 ΔP 的绝对值相同，但由于 P 和 Q 所取的基数值不同，所以两种计算的结果也不同。可见，在同一条需求曲线上，涨价和降价两种不同情况下产生的需求价格弧弹性的数值是不同的。

因此，如果只是要一般地计算需求曲线上某两点之间的需求的价格弧弹性，而不是具体地要强调这种需求的价格弧弹性是作为降价还是涨价的结果时，为了避免不同的计算结果，通常取两点之间的平均值来代替公式中的 P 和 Q 的数值，即这时需求的价格弧弹性的计算公式可以写成：

$$e_d=-\frac{\Delta Q}{\Delta P}\cdot\frac{\frac{P_1+P_2}{2}}{\frac{Q_1+Q_2}{2}}=-\frac{\Delta Q}{\Delta P}\cdot\frac{P_1+P_2}{Q_1+Q_2}$$

因为上式是通过取两点之间的平均值得到的，所以上式为需求的价格弧弹性的中点公式。根据这个公式可以得到上面所举例中，M、N 两点之间的需求价格弧弹性为

$$e_d=\frac{300}{1}\times\frac{\frac{1+2}{2}}{\frac{600+900}{2}}=300\times\frac{3}{1\,500}=\frac{3}{5}$$

综上可知，计算需求的价格弧弹性需要分三种情况：

(1) 涨价（由点 N 到点 M）时，$e_d=-\frac{\Delta Q}{\Delta P}\cdot\frac{P}{Q}=-\frac{Q_M-Q_N}{P_M-P_N}\cdot\frac{P_N}{Q_N}$；

(2) 降价（由点 M 到点 N）时，$e_d=-\frac{\Delta Q}{\Delta P}\cdot\frac{P}{Q}=-\frac{Q_N-Q_M}{P_N-P_M}\cdot\frac{P_M}{Q_M}$；

(3) 通过中点公式计算的需求弧弹性，$e_d=-\frac{\Delta Q}{\Delta P}\cdot\frac{\frac{P_1+P_2}{2}}{\frac{Q_1+Q_2}{2}}=-\frac{\Delta Q}{\Delta P}\cdot\frac{P_1+P_2}{Q_1+Q_2}$。

在这三个计算方法中具体选择哪一种视具体情况而定。

3. 需求的价格点弹性

当需求曲线上两点之间的变化量都趋于无穷小的情况下，要用需求的价格点弹性表示。需求的价格点弹性表示的是需求曲线上某一点上需求量变动对于价格变动的反应程度。用公式表示为

$$e_d = \lim_{\Delta P \to 0} -\frac{\Delta Q}{\Delta P} \cdot \frac{P}{Q} = -\frac{dQ}{dP} \cdot \frac{P}{Q} \tag{1-9}$$

式中：e_d表示的是需求的价格点弹性系数；ΔQ 和 ΔP 分别表示需求量和价格的变化量。需求的价格点弹性与需求的价格弧弹性之间的区别是，前者表示的是价格变动量无穷小时需求曲线上某一点的弹性，而后者则表示价格变动量较大时需求曲线上两点之间的弹性。例如，求需求曲线 $Q_d = 1\,200 - 300P$ 上位于 $P=2$ 的点的需求弹性：

$$e_d = -\frac{dQ}{dP} \cdot \frac{P}{Q} = -(-300) \times \frac{2}{600} = 1$$

4. 需求的价格弹性的几何解

需求的价格弹性也可以用图形来计算。当需求曲线为线性曲线时，如图 1-6(a)所示，求图中需求曲线 AB 上 C 点的价格弹性：

$$e_d = -\frac{dQ}{dP} \cdot \frac{P}{Q} = \frac{GB}{CG} \cdot \frac{CG}{OG} = \frac{GB}{OG} = \frac{BC}{AC} = \frac{OF}{AF}$$

当需求曲线为非线性曲线时，如图 1-6(b)所示，求图中需求曲线上 C 点的价格弹性，则只需要过 C 点做需求曲线的切线 AB，将该切线视为线性需求曲线，然后利用线性需求曲线点弹性的几何求解公式。

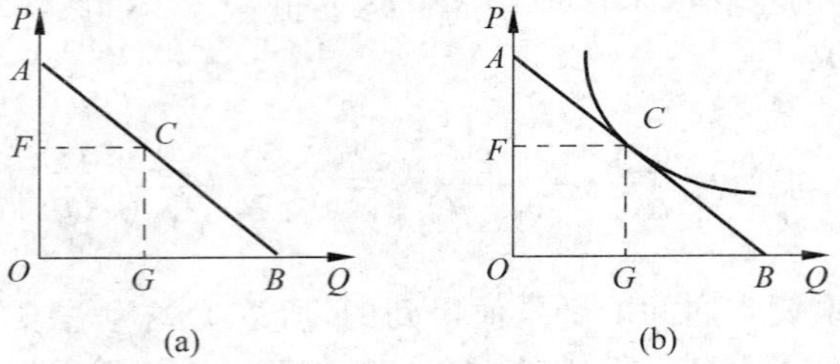

图 1-6　需求的价格弹性的几何解

5. 需求价格弹性的五种类型

(1) 不同种类商品的需求价格弹性。

根据弹性系数值的大小，可以把需求价格弹性分成五种类型，如图 1-7 中所示的五种图形(在线性需求曲线情况下)。

图 1-7(a)为富有弹性：即 $e_d > 1$，表示需求量的变化率大于价格的变化率，也即需求量对价格变动的反应敏感。

图 1-7(b)为单一弹性或称单位弹性：即 $e_d = 1$，表示需求量的变化率等于价格的变化率，也即需求量的变动与价格的变动完全一致。

图 1-7(c)为缺乏弹性：即 $e_d < 1$，表示需求量的变化率小于价格的变化率，也即需求量对价格变动的反应不敏感。

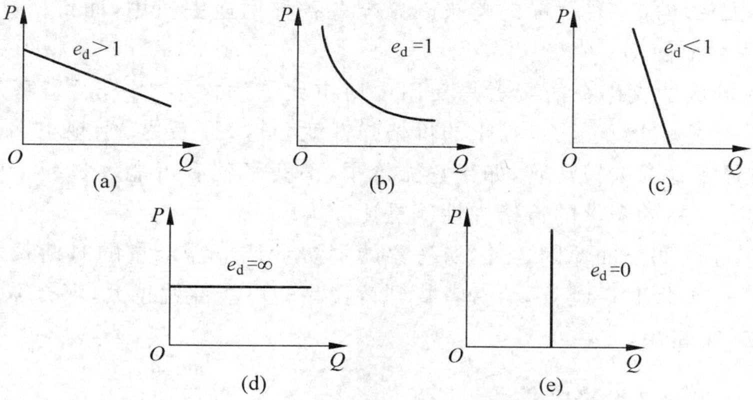

图 1-7　不同种类商品的需求的价格弹性

图 1-7(d)为完全弹性：即 $e_d=\infty$，表示只要价格发生微小的变化，需求量就会发生无穷大的变化，且它在图中表现为水平的需求曲线。

图 1-7(e)为完全无弹性：即 $e_d=0$，表示无论价格发生多大的变化，商品的需求量都不会发生任何变化，且它在图中表现为垂直的需求曲线。

(2) 同一商品需求曲线上不同点的需求价格弹性。

假定需求曲线为线性的。根据需求的价格弹性的几何解原理，可以得知线性需求曲线上各点的价格点弹性。在图 1-8 中，一般性的线性需求曲线 AE 上有 A、B、C、D、E 五点，其中，C 点为需求曲线 AE 的中点($AC=CE$)。根据需求的价格弹性的几何解，可以推算出 A 处的点弹性为无穷大，C 处的点弹性为 1，E 处的点弹性为 0，介于点 A 和点 C 之间的任何一点如点 B 的点弹性均大于 1，介于点 C 和点 E 之间的任何一点如点 D 的点弹性均小于 1。

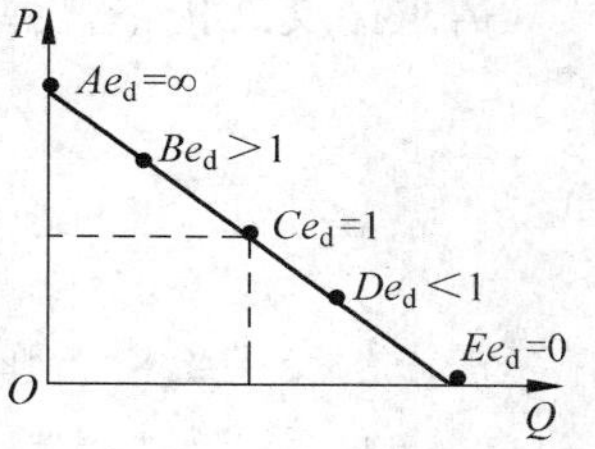

图 1-8　同一商品需求曲线上不同点的需求价格弹性

6. 影响需求价格弹性的主要因素

影响需求价格弹性的因素有很多，因此，在分析需求价格弹性时应综合考虑各种因素。主要包括以下几方面。

(1) 相关商品的数量。这里的相关商品主要指的是替代品，即如果一种商品的可替代品越多，相近程度越高，则该商品的需求的价格弹性则越大。相反，替代品越少，相近程度越低，则需求的价格弹性越小。例如德芙巧克力、奥利奥等品牌商品的需求要比一般商品的需求更有弹性。

(2) 商品对消费者的重要程度。一般而言，生活必需品的需求价格弹性较小，而非必需品或奢侈品的需求价格弹性较大。因为作为生活必需品，在人们生活中相当重要且必不可少，尽管价格上升或下降，人们仍必须购买，如粮食。而非必需品如果价格高了，人们可以选择不买，如汽车。

(3) 商品用途的广泛性。一般来说，一种商品的用途越广，它的需求弹性就可能越大；相反，用途越窄，它的需求价格弹性就可能越小。这是因为，当用途很广的商品降价时，消费者会大量增加这种商品的购买以分配在各种用途中使用，而价格高时，只会将该商品在重要用途上使用。

(4) 商品的消费支出在消费者总支出中所占比重的大小。一般而言，某商品的消费支出在总支出中所占比重越大，需求的价格弹性就会越大；反之，则越小。因为支出比重大的商品，消费者越会去关注它，如果它涨价了，消费者就有可能大量减少购买。如对住宅、汽车等昂贵商品的需求的价格弹性就是比较大的。

除以上描述的四方面原因之外，所考察的消费者调节需求量的时期长短也会影响需求的价格弹性。如果时期越长，消费者找到替代品的可能性就越大，那么需求的价格弹性就越大；反之，则越小。

（三）需求的交叉价格弹性

需求的交叉价格弹性，也称为需求的交叉弹性，表示在一定时期内一种商品的需求量的变动相对于它的相关商品的价格变动的反应程度，也即该商品的需求量的变动率和它的相关商品价格的变动率的比值。

需求的交叉价格弹性同样分为弧弹性和点弹性。若假定商品 X 的需求量是 Q_X，且 Q_X 是其相关商品 Y 的价格 P_Y 的函数，则有如下两个公式存在：

需求的交叉价格弧弹性：

$$e_{XY}=\frac{\frac{\Delta Q_X}{Q_X}}{\frac{\Delta P_Y}{P_Y}}=\frac{\Delta Q_X}{\Delta P_Y}\cdot\frac{P_Y}{Q_X} \tag{1-10}$$

需求的交叉价格点弹性：

$$e_{XY}=\lim_{\Delta P_Y\to 0}\frac{\frac{\Delta Q_X}{Q_X}}{\frac{\Delta P_Y}{P_Y}}=\frac{\frac{dQ_X}{Q_X}}{\frac{dP_Y}{P_Y}}=\frac{dQ_X}{dP_Y}\cdot\frac{P_Y}{Q_X} \tag{1-11}$$

根据需求的交叉弹性的正负值，两种商品的相关关系可以分为三种：

一种是替代关系，当两种商品之间的相关关系不同时，得到的需求的交叉价格弹性的正负是不一样的。例如，当两种商品是互为替代的，即两种商品可以相互替代满足消费者的某一种需求，则 $e_{XY}>0$，因为此时这种商品的需求量是随其替代品的价格的上升而上升的。

一种是互补关系，当两种商品是互补关系时，即两种商品必须同时使用才能满足消费者某一种需求，则 $e_{XY}<0$，因为此时这种商品的需求量是随其互补品的价格上升而下降的。

还有一种是独立关系。当两种商品是相互独立的，即两者之间不存在任何关系，则 $e_{XY}=0$，因为此时商品 X 的需求量不受 Y 的价格的影响。

（四）需求的收入弹性

需求的收入弹性，表示的是在一定时期内消费者对某种商品的需求量的变动相对于消费者收入量变动的反应程度，即等于商品的需求量的变动率与消费者收入变动率的比值。不同的商品的需求量相对于消费者的收入的变动的反应也是不同的，也即需求的收入弹性同样会有正负值。

另外，需求的收入弹性也同样可分为弧弹性和点弹性，现假定某商品的需求量 Q 是消费者收入水平 M 的函数：$Q=f(M)$，则存在以下两个公式。

需求的收入弧弹性：

$$e_M = \frac{\frac{\Delta Q}{Q}}{\frac{\Delta M}{M}} = \frac{\Delta Q}{\Delta M} \cdot \frac{M}{Q} \tag{1-12}$$

需求的收入点弹性：

$$e_M = \lim_{\Delta M \to 0} \frac{\frac{\Delta Q}{Q}}{\frac{\Delta M}{M}} = \lim_{\Delta M \to 0} \frac{\Delta Q}{\Delta M} \cdot \frac{M}{Q} = \frac{\mathrm{d}Q}{\mathrm{d}M} \cdot \frac{M}{Q} \tag{1-13}$$

根据收入弹性值的大小，可将商品分为两大类。

当 $e_M>0$ 时，即商品的需求量的变动与消费者收入的变动同向，则称该商品为正常品，另外，还要说明的是 $e_M>0$ 还可以进一步分为 $0<e_M<1$ 和 $e_M>1$，即正常品可以再分成缺乏弹性的必需品（如粮食等）和富有弹性的奢侈品（如高档手表等）。

当 $e_M<0$ 时，即商品的需求量的变动与消费者收入的变动反向，则称该商品为劣等品，如粗麻布等。

第二节　市场供给

一、供给的基本内容

如前面所述，一种商品的价格高低会影响消费者的购买意愿，同样也会影响厂商的生产意愿。本节介绍供给的相关知识。

（一）供给的定义

供给，指生产者即厂商在某一特定时期内，在任一价格水平上，愿意并且能够提供的该商品的数量。

从定义中可知，判断有效的供给必须同时满足两个条件：①厂商愿意，即供给的意愿；②厂商能够做得到，即供给的能力。否则，就不能算是有效的供给。

同需求类似，供给也可以分成单个厂商供给和市场供给。前者指单个生产者对某种商品的供给，后者指整个社会所有厂商的供给。

（二）供给的三种表示方法

为了适应不同分析的需要，供给可以用以下三种方法予以表示，通过这三种表示方法可以更直观地看出价格变动如何影响供给量的变化。

1. 供给表

供给表，指表示某种商品的各种价格水平与各种价格水平相对应的厂商愿意提供并且能够提供的该商品数量的数字序列表。如表 1-2 所示，某商品的供给量随价格的变化用表格的形式表示出来。从表 1-2 可知，这五种价格与供给量之间的组合分别是：当商品的价格为 1 元时，供给量为 10；当商品的价格为 2 元时，供给量为 20；当商品的价格为 3 元时，供给量为 30；当商品的价格为 4 元时，供给量为 40；当商品的价格为 5 元时，供给量为 50。可见，一般情况下，商品的供给量与价格是呈正向变动关系。

表 1-2　某商品的供给量

价格-供给量组合	A	B	C	D	E
价格(元)	1	2	3	4	5
供给量(单位数)	10	20	30	40	50

2. 供给曲线

供给曲线，是商品的不同价格-供给量组合在平面坐标图中所绘制的一条曲线。一般情况下供给曲线是向右上方倾斜，如图 1-9 所示，图中横轴表示商品的供给量(Q)，纵轴表示商品的价格(P)。图 1-9(a)描述的是线性供给曲线，它是根据需求表 1-2 中的价格供给量组合绘制而成的，并且假设价格与供给量之间的变动是连续的。图 1-9(b)描述的是非线性供给曲线。

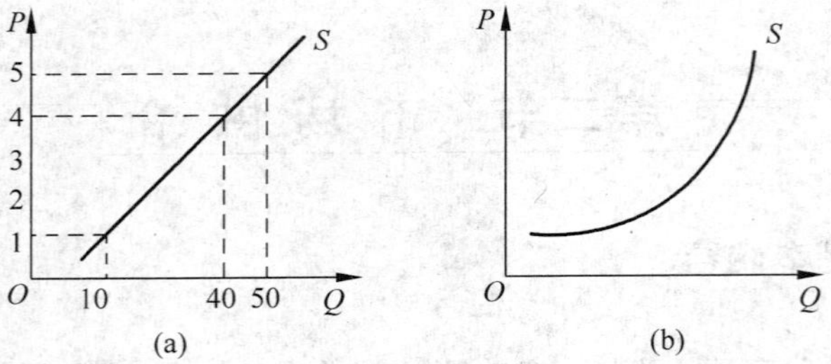

图 1-9　某商品的供给曲线

3. 供给函数

供给函数，是表示一种商品的供给量和影响该商品供给量的各种因素之间相互关系的数学表达式。供给函数公式可以表示为

$$Q_s = f(P, P_c, P_s, C, T, \cdots) \tag{1-14}$$

式中：Q_s代表某一商品的供给量；P 表示该商品的价格；P_c表示该商品的互补品的价格；P_s表示该商品的替代品的价格；C 表示生产成本；T 表示技术水平。

在众多的影响因素中，要同时把每一个因素与供给量的关系都分析到位是很复杂的问题。因此，为了方便分析与理解，可以在假定其他因素不变的情况下，分析一种因素对供给量的影响。因为商品的价格是影响商品供给量最基本也是最直接的因素，所以我们只选择商品的价格作为自变量来分析它对商品供给量的影响。这样，供给函数就表示为

一种商品的供给量和该商品的价格之间的一一对应关系。用公式表示为

$$Q_s = f(P) \tag{1-15}$$

如在图 1-9 中绘制的供给曲线直观地体现了商品的供给量与价格呈正向的关系。供给函数只是用函数的形式把几何形式的供给曲线表示出来,即供给曲线 $Q_s=f(P)$。它表示在不同的价格水平下生产者愿意并且能够提供的商品数量。

为了简化分析,这里使用线性供给函数分析问题。线性供给函数通常可以用公式表示为

$$Q_s = -c + d \cdot P \tag{1-16}$$

式中:Q_s代表商品的供给量;P 代表该商品的价格;c、d 为常数,且一般情况下,c、$d>0$。

(三)影响供给的因素

1. 商品自身的价格

一般情况下,在假定其他相关商品的价格保持不变时,商品自身的价格上升了,生产者就会增加生产量即增加供给量,以获得更多的利润;反之,这种商品的供给量会减少,以避免更大的损失。因此,商品的供给量与价格之间是正向关系。

2. 相关商品的价格

一种商品的供给量不仅取决于这种商品的价格,还取决于相关商品的价格走势。相关商品一般包括替代品和互补品。如果替代品的价格上涨了,那么该商品的供给量会下降,如生产猪肉和牛肉的厂商,若猪肉的价格上涨了,那么厂商会减少生产牛肉而多生产猪肉;反之,则多生产牛肉而少生产猪肉。如果互补品的价格上涨了,那么该商品的供给量会上升;反之,则供给量会下降。如手机和手机壳为互补品,当手机壳的价格不变而手机的价格下降了,那么手机壳的供给也会随着手机的供给减少而减少。

3. 生产成本

生产成本关系企业利润空间的大小,因此生产成本是影响厂商供给量的一个重要因素。通常情况下,在商品自身价格不变的条件下,由于技术进步或管理水平的提高等因素引起的生产要素价格下降,都将使单位商品的生产成本下降,进而增加厂商的利润,从而促使厂商扩大生产,导致商品供给量的增加;反之,则供给量会下降。

4. 对商品价格的预期

对商品价格的不同预期会对当前和将来的商品供给造成不同的影响。如果生产者预期其商品价格要上涨,则会产生两种不同的结果,一种是厂商会扩大生产规模,增加未来的商品供给;一种是厂商会囤积居奇,待价而售,从而使当前的供给减少。如果生产者预期未来的商品价格下降也会造成两种不同的结果,一种是厂商会缩小生产规模,减少商品未来的供给;一种是厂商会将生产的与储存的商品全部投放市场,使得当前的供给增加。因此,预期价格与供给呈反方向变动关系。

5. 政府的经济政策

政府主要通过财政政策和货币政策等对国家经济发展进行宏观调控,进而影响厂商的生产决策和消费者选择。财政政策通常通过税收、发行政府债券等方式进行,如果政府增加对某种商品的课税将使该商品售价提高,在一定条件下会通过需求的减少使供给减

少；反之，如果政府为刺激消费，降低商品税负或给予补贴，会促使商品价格降低而增加需求，从而使供给增加。

除以上因素外，还有许多因素影响商品供给量，如厂商的销售目的、厂商的数量、销售季节、销售时间等。

（四）供给量的变动与供给的变动

在其他条件不变的情况下，由商品价格变化所引起的商品供给数量的变动，称之为供给量的变动，在图形上表现为供给曲线上点的移动，如图 1-10 所示，在其他条件不变情况下，商品价格由 P_A变化为 P_B，则供给量由 Q_A变化为 Q_B，供给量的变动表现为供给曲线上 A 点移动到 B 点。

当商品价格不变时，其他条件发生变化引起商品供给数量的变化称为供给的变动，在图形上表现为供给曲线的整体移动，如图 1-11 所示，商品价格不变时，其他条件发生变化（例如生产要素的价格下降），同样的价格下供给量增加，即引起供给曲线整体向右移动。

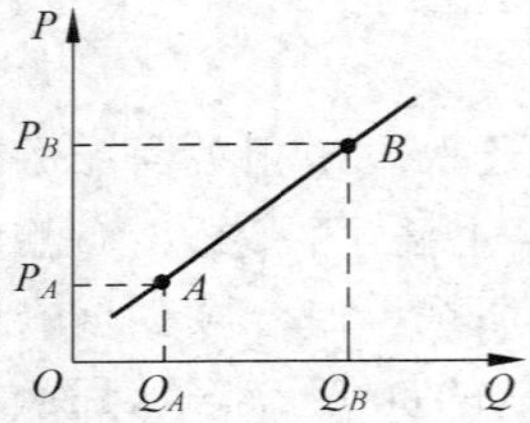

图 1-10　供给量的变动

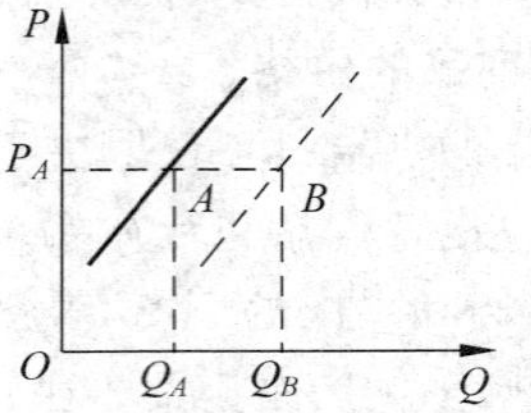

图 1-11　供给的变动

理解供给量的变动与供给的变动时，特别注意的是，这里“供给量的变动”与“供给的变动”应该是两个完整的名词。

（五）供给定理

根据以上对供给表和供给曲线的分析可以看出，某种商品的供给量和其价格是呈同方向变动的，这种现象被称为供给定理（或供给规律）。简单地讲，供给定理指的是：在其他条件不变的情况下，一种商品的供给量与价格之间呈同方向变动。

这一定义要注意几点。一是其他条件不变是指在假定影响供给的其他因素不变的前提下分析供给与商品自身价格的关系。因为如果存在技术进步，则商品本身的价格与供给量就不一定呈同方向变动。二是供给定理仅代表一般商品的规律，并不排除例外情况。例如土地、古董、劳动力等特定商品。

二、供给弹性

通过前面的介绍可知，商品的供给量会因价格的变化而发生相应的变化，但并没有具体地说明当价格变化一个单位或一个百分点时，供给量会随之变动多少。因此需要进一步地分析。

（一）供给的价格弹性

1. 供给的价格弹性的定义

前面关于弹性的基本知识可以运用到供给弹性分析上。下面以介绍供给价格弹性为主。

供给的价格弹性指的是在一定时期内，一种商品的供给量变动对于该商品的价格变动的反应程度。也即在一定时期内，当一商品的价格变化 1%时，这一商品的供给量会相应变化几个百分点。用公式表示为

$$\text{供给的价格弹性系数} = \frac{\text{供给量变动率（相对变动）}}{\text{价格变动率（相对变动）}} \tag{1-17}$$

例如，假定某种商品的价格上涨了 20%，供给量增加 25%，则可求得供给的价格弹性系数为

$$\text{供给的价格弹性系数} = \frac{25\%}{20\%} = 1.25$$

上述例子求出的供给的价格弹性系数是 1.25，即表示该商品供给量变动的比例是价格变动比例的 1.25 倍，也可以说当价格变动 1 个百分点时，供给量会变动 1.25 个百分点。

正如需求的价格弹性分为弧弹性和点弹性，同样的，供给的价格弹性也可分为供给的价格弧弹性和供给的价格点弹性。

2. 供给的价格弧弹性

供给的价格弧弹性指的是某种商品供给曲线上两点之间的供给量的变动对于价格变动的反应程度。简单讲，它指供给曲线上两点之间的弹性。所以，若假定供给函数为 $Q=f(P)$则供给的价格弧弹性的计算公式可以表示为

$$e_s = \frac{\frac{\Delta Q}{Q}}{\frac{\Delta P}{P}} = \frac{\Delta Q}{\Delta P} \cdot \frac{P}{Q} \tag{1-18}$$

式中：e_s表示供给的价格弧弹性系数；ΔQ 和 ΔP 分别表示供给量和价格的变化量。

计算弧弹性时，要特别区分起始点。如图 1-12 所示，假定图中供给曲线所描述的供给函数为：$Q_s=-100+300P$。供给曲线上的 M 有 $P_M=2$ 和 $Q_M=500$，N 点有 $P_N=1$ 和 $Q_N=200$。现在要求 M、N 两点之间的供给的价格弧弹性。类似于求需求的价格弧弹性，这里也应该分两种情况解答，即由点 M 到点 N 的降价阶段和由点 N 到点 M 的涨价阶段。

由点 M 到点 N（即降价时）的需求弧弹性为

$$e_s = \frac{\Delta Q}{\Delta P} \cdot \frac{P}{Q} = \frac{Q_N - Q_M}{P_N - P_M} \cdot \frac{P_M}{Q_M} = \frac{200-500}{1-2} \times \frac{2}{500} = 1.2$$

由点 N 到点 M（即涨价时）的需求弧弹性为

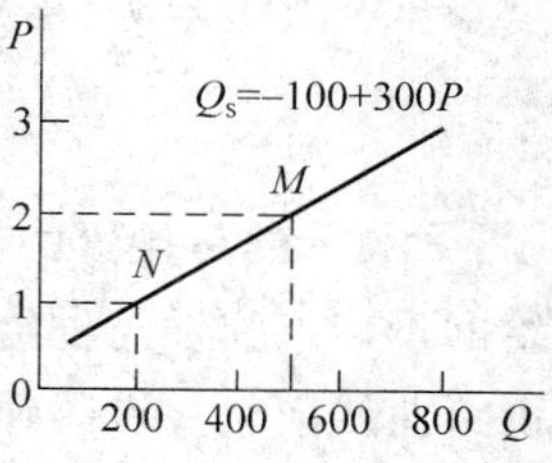

图 1-12　供给的价格弧弹性

$$e_s = \frac{\Delta Q}{\Delta P} \cdot \frac{P}{Q} = \frac{Q_M - Q_N}{P_M - P_N} \cdot \frac{P_N}{Q_N} = \frac{500 - 200}{2 - 1} \times \frac{1}{200} = 1.5$$

从计算结果可知，由点 M 到点 N（即降价时）和由点 N 到点 M（即涨价时）的供给价格弧弹性的系数值是不相同的。这是因为：尽管在上面两个计算中，ΔQ 和 ΔP 的绝对值相同，但由于 P 和 Q 所取的基数值不同，所以两种计算的结果也不同。可见，在同一条供给曲线上，涨价和降价两种不同情况下产生的供给价格弧弹性的数值是不同的。

因此，如果只是要一般地计算供给曲线上某两点之间的供给的价格弧弹性，而不是具体地要强调这种供给的价格弧弹性是作为降价还是涨价的结果时，为了避免不同的计算结果，通常取两点之间的平均值来代替公式中的 P 和 Q 的数值，即这时供给的价格弧弹性的计算公式可以写成：

$$e_s = \frac{\Delta Q}{\Delta P} \cdot \frac{\frac{P_1 + P_2}{2}}{\frac{Q_1 + Q_2}{2}} = \frac{\Delta Q}{\Delta P} \cdot \frac{P_1 + P_2}{Q_1 + Q_2}$$

因为上式是通过取两点之间的平均值得到的，所以称上式为供给的价格弧弹性的中点公式。根据这个公式可以得到上面所举例中，M、N 两点之间的供给价格弧弹性为

$$e_s = \frac{300}{1} \times \frac{\frac{1+2}{2}}{\frac{200+500}{2}} = 300 \times \frac{3}{700} = \frac{9}{7}$$

综上可知，计算供给的价格弧弹性需要分三种情况：

(1) 涨价（由点 N 到点 M）时，$e_s = \frac{\Delta Q}{\Delta P} \cdot \frac{P}{Q} = \frac{Q_M - Q_N}{P_M - P_N} \cdot \frac{P_N}{Q_N}$；

(2) 降价（由点 M 到点 N）时，$e_s = \frac{\Delta Q}{\Delta P} \cdot \frac{P}{Q} = \frac{Q_N - Q_M}{P_N - P_M} \cdot \frac{P_M}{Q_M}$；

(3) 通过中点公式计算的供给弧弹性，$e_s = \frac{\Delta Q}{\Delta P} \cdot \frac{\frac{P_1 + P_2}{2}}{\frac{Q_1 + Q_2}{2}} = \frac{\Delta Q}{\Delta P} \cdot \frac{P_1 + P_2}{Q_1 + Q_2}$。

在这三个计算方法中，具体选择哪一种视具体情况而定。

3. 供给的价格点弹性

当供给曲线上两点之间的变化量都趋于无穷小的情况下，要用供给的价格点弹性来表示。供给的价格点弹性表示的是供给曲线上某一点上供给量变动对于价格变动的反应程度。用公式表示为

$$e_s = \lim_{\Delta P \to 0} \frac{\Delta Q}{\Delta P} \cdot \frac{P}{Q} = \frac{dQ}{dP} \cdot \frac{P}{Q} \tag{1-19}$$

式中：e_s表示的是供给的价格点弹性系数；ΔQ 和 ΔP 分别表示供给量和价格的变化量。供给的价格点弹性与供给的价格弧弹性之间的区别是，前者表示的是价格变动量无穷小时供给曲线上某一点的弹性，而后者则表示价格变动量较大时供给曲线上两点之间的弹性。例如，求供给曲线 $Q_s = -100 + 300P$ 上位于 $P = 2$ 的点的供给弹性：

$$e_s = \frac{dQ}{dP} \cdot \frac{P}{Q} = 300 \times \frac{2}{500} = 1.2$$

（二）供给价格弹性的五种类型

类似于需求价格弹性，根据供给价格弹性系数值的大小，可以把供给价格弹性分成五种类型，如图 1-13 中所示的五种图形（在线性供给曲线情况下）。

图(a)为富有弹性：即 $e_s>1$，表示供给量的变化率大于价格的变化率，也即供给量对价格变动的反应敏感；

图(b)为单一弹性或称单位弹性：即 $e_s=1$，表示供给量的变化率等于价格的变化率，也即供给量的变动与价格的变动完全一致；

图(c)为缺乏弹性：即 $e_s<1$，表示供给量的变化率小于价格的变化率，也即供给量对价格变动的反应不敏感；

图(d)为完全弹性：即 $e_s=\infty$，表示只要价格发生微小的变化，供给量就会发生无穷大的变化，且它在图中表现为水平的供给曲线；

图(e)为完全无弹性：即 $e_s=0$，表示无论价格发生多大的变化，商品的供给量都不会发生任何变化，且它在图中表现为垂直的供给曲线。

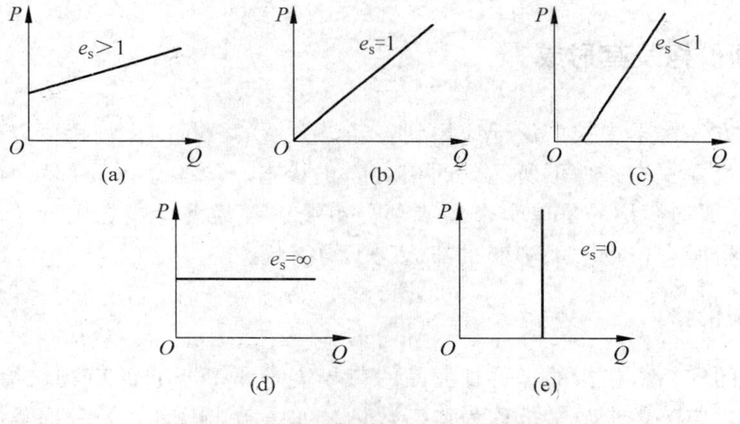

图 1-13　供给的价格弧弹性的五种类型

（三）影响供给弹性的主要因素

1. 时间

当商品价格发生变化时，厂商对产量的调整需要一定的时间。在短期内，厂商只能在现有的规模下改变某种或某些生产要素的数量来调整产量，所以产量变化不会很大，即短期内的供给弹性一般较小；但是，在长期内，厂商可以通过改变生产规模来调整产量，所以产量变化会很大，即长期内供给弹性一般比较大。

2. 生产成本和生产周期

如果边际成本的提高幅度小于产量增长的幅度，即厂商的供给曲线是比较平坦的，供给弹性就可能比较大；反之，则供给弹性就可能比较小。生产周期短的商品供给弹性大；

反之，生产周期长的商品供给弹性小。例如，农商品的生产周期较衣服的生产周期长，所以衣服的供给弹性大，而农商品的供给弹性较小。

3. 技术水平

对于技术密集型的商品，增加供给较难，商品的供给弹性较小；劳动密集型的商品，增加供给相对容易，商品的供给弹性较大。因为技术密集型商品不是简单的提高价格就会使产量增加，还要考虑技术所能达到的水平，而劳动密集型商品就不需要。典型的例子是汽车的供给弹性要小于服装的供给弹性。

当然，除了以上的原因，还有一些其他因素会影响供给弹性，如投入品的替代程度、自然条件、对未来价格的预期等因素的影响。

第三节　市场均衡

前面分析需求和供给受商品自身价格的影响，并得到了需求定理和供给定理。这两个定理都体现了供求量是随商品价格的变化而变化的，但却没能说明商品价格本身是怎么得来的。本节探讨的就是市场如何实现均衡以及均衡价格的问题。

一、均衡价格及其形成

均衡在西方经济学中被广泛地应用到各经济变量的分析中。均衡可以理解为经济事物中有关的变量在一定条件下所达到的相对静止状态。均衡分为局部均衡和一般均衡。在经济学中，局部均衡指的是单个市场或部分市场中各经济变量之间处于均衡状态；而一般均衡则是指所有市场中经济变量都达到了均衡状态。

（一）均衡价格

某一商品的均衡价格指的是这种商品的市场需求量等于它的市场供给量时的价格。与均衡价格相对应的供求数量被称为均衡数量。如图 1-14 所示，一种商品的均衡价格出现在该商品的市场需求曲线和市场供给曲线相交的交点上，该交点被称为均衡点。市场上的需求量和供给量相等的状态，被称为市场出清的状态。在图 1-14 中，曲线 D 为市场需求曲线，曲线 S 为市场的供给曲线。需求曲线和供给曲线相交于点 E，点 E 为均衡点。在均衡点时，消费者的购买量和生产者的销售量是相等的，即均衡数量为 Q_e，均衡价格为 P_e。任何偏离 P_e 的价格都不能出现市场出清的状态，例如 P_1 价格偏高，体现了供给过剩而需求不足的现象；P_2 价格偏低，则体现了需求过剩而供给不足。

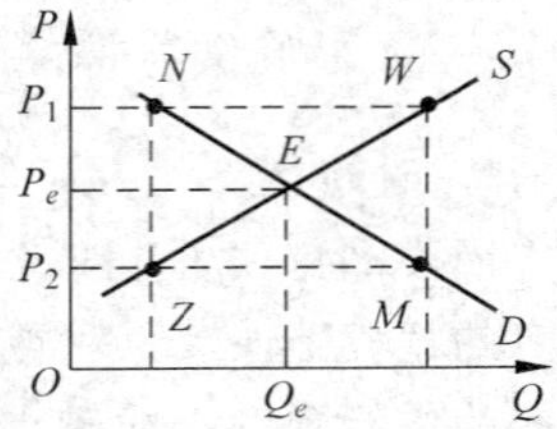

图 1-14　均衡价格和均衡数量

（二）均衡价格的形成

商品的均衡价格表现为商品市场上需求和供给共同作用的结果，它是在市场供求力量的自发调节下形成的。当价格偏离均衡价格时，市场上会出现需求量和供给量不相等的非均衡状态。如图 1-14 中，价格 P_1 高于均衡价格时，即 $P_1>P_e$ 时，市场就会出现商品过剩或超额供给的状况，这时一方面会引起供给方内部的竞争，供给者会竞相降价销售并逐步减少商品的供给量；另一方面需求者在压低价格购买时会逐步增加购买量。最终竞争的结果将使价格不断下降，供求数量趋于一致，达到均衡价格和均衡数量。相反，如图中的价格 P_2 低于均衡价格，即 $P_2<P_e$，则会出现商品短缺或超额需求的市场状况，这时必然会引起购买方内部的竞争，一方面购买者竞相购买会使价格上升并逐步减少购买量，另一方面供给方会因为价格上升愿意增加供给量，最终竞争的结果将使市场价格上升，供求数量趋于一致，达到均衡价格和均衡数量。因此，当实际价格偏离均衡价格时，市场上总存在变化的力量，使其达到市场均衡或市场出清状态。除了以上的供求曲线可以体现均衡价格的形成外，从供求表和供求函数也可以求出均衡价格。

二、均衡价格的变动

从上面的分析可知，均衡价格的形成是由需求和供给同时决定的，即由该商品的市场需求曲线和市场供给曲线所决定的，需求曲线或供给曲线的位置发生移动都会使均衡价格水平和均衡数量发生变动。结合第一、第二节的内容，可以知道引起需求曲线和供给曲线位置发生移动的是需求的变动和供给的变动。这种影响表现为三个方面：需求的变动对均衡价格的影响、供给的变动对均衡价格的影响以及需求和供给同时变动对均衡价格的影响。

（一）需求的变动对均衡价格的影响

先前已经区分了需求量的变动和需求变动，只有需求的变动才会引起需求曲线的移动，进而引起均衡价格的变动。需求的变动指在某商品价格不变的条件下，由于其他原因变化引起的该商品的需求数量的变动。如图 1-15 所示，在供给不变的情况下，由于某种原因使得商品的需求上升，需求的变动引起了需求曲线 D_0 向右移动到了 D_1，进而导致均衡价格由 P_0 提高到 P_1，均衡数量由 Q_0 提高到了 Q_1。反之，在供给不变的情况下，由于某种原因使得商品的需求下降，需求的变动引起了需求曲线 D_0 向左移动到了 D_2，进而导致了均衡价格由 P_0 下降为 P_2，均衡数量由 Q_0 下降为 Q_2。

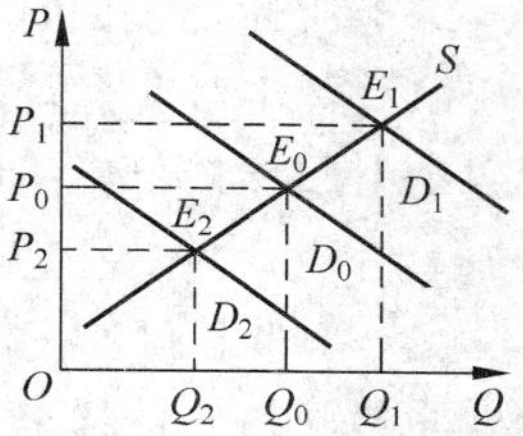

图 1-15　需求变动对均衡价格的影响

通过上述分析，可以得出结论：需求的增加引起均衡价格和均衡数量的上升，需求的减少引起均衡价格和均衡数量的下降。需求的变动引起均衡价格和均衡数量的同方向变动。

（二）供给的变动对均衡价格的影响

只有供给的变动才能引起供给曲线的移动，进而导致均衡价格变动。供给的变动指某商品的价格不变，由于其他原因引起的商品的供给发生变化。如图 1-16 所示，在需求

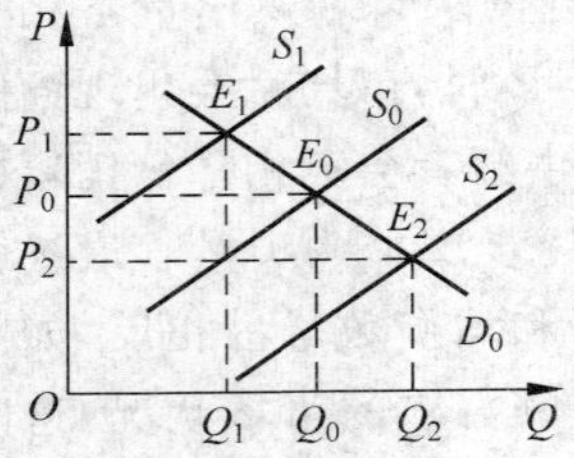

图 1-16　供给变动对均衡价格的影响

保持不变时，由于其他原因导致厂商减少其供给，即图中供给曲线 S_0 向左移动到 S_1，使得市场均衡价格提高到了 P_1，均衡数量由 Q_0 下降为 Q_1。反之，在需求不变的情况下，由于其他原因使得厂商增加其供给，即图中供给曲线由 S_0 向右移动 S_2，则此时商品的均衡价格就下降为 P_2，而均衡数量则由 Q_0 提高到了 Q_2。

通过上述分析，可以得出结论：供给的减少引起均衡价格的上升和均衡数量的减少，供给的增加引起均衡价格的下降和均衡数量的增加。供给的变动引起均衡价格的反方向变动，而引起均衡数量的同方向变动。

（三）需求和供给同时变动对均衡价格的影响

上面的两种情况均是考虑单方面发生变动时（纯需求变动或纯供给变动情况），均衡价格和均衡数量的变化情况。当我们把需求变动和供给变动结合起来，即某商品的需求和供给同时发生变化时，均衡价格和均衡数量又会呈现什么样的变化呢？

要注意的是，当需求和供给同时发生变动时，均衡价格和均衡数量是难以确定的。如图 1-17 所示，假定因为收入增加，导致需求增长，需求曲线由 D_1 移至 D_2；另外，假定生产成本下降，则厂商就会扩大商品的生产，从而使得供给增加，供给曲线由 S_1 移至 S_2。当保持供给 S_1 不变，需求由 D_1 移到 D_2 时，均衡价格上升了。当保持需求 D_1 不变，供给由 S_1 移到 S_2 时，均衡价格下降了。如果需求和供给同时增加，即两者同时变动时，均衡价格是增长还是下降取决于这两者各自增长的幅度。在图 1-17 中，由于需求增长的幅度大于供给增长的幅度，所以从原有的均衡点 E_1 移动到新的均衡点 E_2 时，均衡价格是提高的。

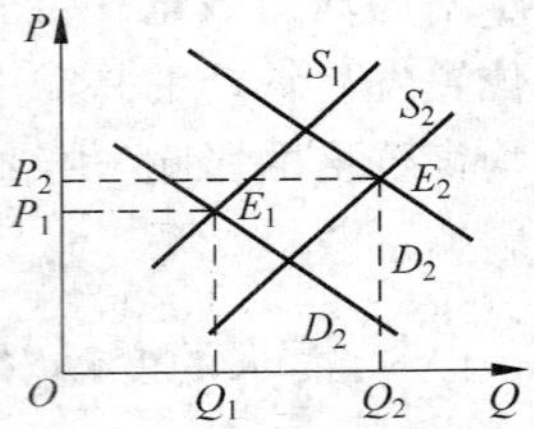

图 1-17　供求变动对均衡价格的影响

综上所述，需求和供给同时变动对均衡价格的影响可以分为以下四种情况。

(1) 需求和供给同时增加：当需求的变动引起均衡价格上升和均衡数量增加，供给的变动引起均衡价格下降和均衡数量增加时，则最终均衡价格的变动无法确定，均衡数量增加。

(2) 需求和供给同时减少：当需求的变动引起均衡价格下降和均衡数量减少，供给的变动引起均衡价格上升和均衡数量减少时，则最终均衡价格的变动无法确定，均衡数量减少。

(3) 需求增加和供给减少：当需求的变动引起均衡价格上升和均衡数量增加，供给的变动引起均衡价格上升和均衡数量减少时，则最终均衡价格上升，均衡数量无法确定。

(4) 需求减少和供给增加：当需求的变动引起均衡价格下降和均衡数量减少，供给的变动引起均衡价格下降和均衡数量增加时，则最终均衡价格下降，均衡数量无法确定。

三、供求定理

从上述关于需求与供给变动对均衡价格和均衡数量的影响分析，可以得出供求定理：需求的变动引起均衡价格和均衡数量同方向变动；供给的变动引起均衡价格反方向变动和均衡数量的同方向变动；需求和供给同方向变动引起均衡数量同方向变动，但均衡价格的变动无法确定；需求和供给反方向变动时，均衡价格与需求的变动方向一致，但均衡数量无法确定。

供求定理的作用除了可以用图形形象地加以表述外，还可以用表格的形式予以概括，见表 1-3。供给、需求单方变化时会出现 4 种情形；双方同时变动时，由于变动方向、幅度的不同会出现 12 种情形。各种情形对市场均衡价的影响如表所示。“↑”表示增加、上升，“↓”表示减少、下降；“—”表示不变。

表 1-3　供求变动对市场均衡的影响

序号	假设条件			供求变动状况	P 趋势	Q 趋势
1	单方变动	供给不变		需求增加	↑	↑
2				需求减少	↓	↓
3		需求不变		供给增加	↓	↑
4				供给减少	↑	↓
5	双方变动	反向	幅度相等	需求增加等于供给减少	↑	—
6				需求减少等于供给增加	↓	—
7				需求增加大于供给减少	↑	↑
8			幅度不等	需求增加小于供给减少	↓	↓
9				需求减少大于供给增加	↓	↓
10				需求减少小于供给增加	↓	↓
11		同向	幅度相等	需求增加等于供给增加	—	↑
12				需求减少等于供给减少	—	↓
13			幅度不等	需求增加大于供给增加	↑	↑
14				需求增加小于供给增加	↓	↑
15				需求减少大于供给减少	↓	↓
16				需求碱少小于供给减少	↑	↓

本章经济学原理应用示范

“谷贱伤农”的解释

“谷贱伤农”是经济学的一个经典命题，又叫“丰收悖论”，意思是说粮食丰收后，粮价下跌，出现增产不增收的局面，使农民利益受损。运用需求价格弹性理论可以很容易解释“谷贱伤农”的现象。

假设粮食的价格为 P，粮食的销售量为 Q，则农民的总收益为 $TR=P\cdot Q$，将总收益对价格 P 求导得

$$\frac{dTR}{dP}=Q+P\cdot\frac{dQ}{dP}=Q\times\left(1+\frac{P}{Q}\right)\cdot\frac{dQ}{dP}=Q\cdot(1-e_d) \quad (1\text{-}20)$$

根据式(1-20)，可以很容易得出表1-4中的需求的价格弹性和销售收入的关系。

表1-4　需求的价格弹性和销售收入

销售收入 \ e_d \ 价格变化	$e_d>1$	$e_d=1$	$e_d<1$	$e_d=0$	$e_d=\infty$
降价	增加	不变	减少	同比例于价格的下降而减少	既定价格下，收益可以无限增加，因此企业不会降价
涨价	减少	不变	增加	同比例于价格的上升而增加	收益减少为零

粮食作为一种必需品，粮食需求对价格的变化不是很敏感，换言之，它的需求缺乏弹性，即粮食的需求弹性 $e_d<1$。如图1-18所示，农产品的丰收使供给曲线向由 S_1 移动为 S_2，市场的需求曲线不变依然为 D，因此，农产品的价格将由 P_1 下降为 P_2。但是由于粮食需求缺少弹性，根据表1-4需求的价格弹性和销售收入，可以知道，粮食价格下降导致农民的粮食销售收入减少，从而产生了“谷贱伤农”的情况。

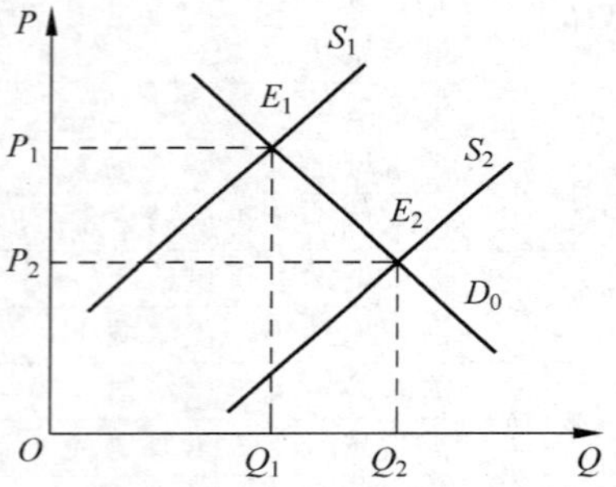

图1-18　粮食供给变动引起的粮食价格变动

本章经济学原理应用指引

1. 需求曲线与需求弹性

(1) 用需求表、需求曲线、需求函数来描述某商品的市场需求状况。

(2) 用需求弹性的原理分析商品的定价策略。

2. 供给曲线与供给弹性

(1) 用供给表、供给曲线和供给函数来描述某商品的市场供给状况。

(2) 用供给弹性的原理分析商品的竞价策略。

3. 市场均衡

(1) 用市场均衡原理来理解商品的价格形成机制。

(2) 用供求定理分析商品的价格走势。

本章小结

供求理论是微观经济学的核心理论，本章节围绕供给和需求展开，分析需求表、需求曲线、需求函数，还分析了供给表、供给曲线、供给函数等。需求曲线是指根据需求表中商品的不同价格-需求量组合在平面坐标图中所绘制的一条曲线。需求函数是把需求曲线用数学的公式表示出来。供给曲线是指商品的不同价格-供给量组合在平面坐标图中所绘制的一条曲线。供给函数是把供给曲线用数学的公式表示出来。

需求的变动和需求量的变动是不同的，前者是需求曲线的移动，后者是需求曲线上点的移动。供给的变动和供给量的变动也是不同的，前者是供给曲线的移动，后者是供给曲线上点的移动。

通过需求问题的分析得到了需求定理，即在其他条件不变的情况下，一种商品的需求量与其本身价格之间呈反方向变动。通过供给问题的分析则得到了供给定理，即某种商品的供给量和其价格是呈同方向变动的。结合需求和供给曲线分析均衡价格和均衡数量时，我们可以得到完整的供求定理，即需求的变动引起均衡价格和均衡数量的同方向变动；供给的变动引起均衡价格的反方向变动和均衡数量的同方向变动；需求和供给的同方向变动引起均衡数量的同方向变动，但均衡价格的变动无法确定；需求和供给反方向变动时，均衡价格与需求的变动方向一致，但均衡数量无法确定。

弹性需求理论在经济分析中占有很重要的地位。本章介绍了弹性的基本知识，并结合需求和供给问题分析了需求弹性和供给弹性。需求弹性指商品的需求量相对于其影响因素变动的反应程度。需求弹性主要以需求的价格弹性理论为重点。供给弹性指商品的供给量相对于其影响因素变动的反应程度。供给弹性主要以供给的价格弹性理论为重点。

关键概念

需求函数，是指表示一种商品的需求量和影响该商品需求量的各种因素之间的相互关系的数学表达式。

供给函数，是指表示一种商品的供给量和影响该商品供给量的各种因素之间的相互关系的数学表达式。

均衡价格，指的是这种商品的市场需求量等于它的市场供给量时的价格。

均衡产量，与均衡价格相对应的供求数量被称为均衡数量，也称之为均衡产量。

供求定理，即需求的变动引起均衡价格和均衡数量的同方向变动；供给的变动引起均衡价格的反方向变动和均衡数量的同方向变动；需求和供给的同方向变动引起均衡数量的同方向变动，但均衡价格的变动无法确定；需求和供给反方向变动时，均衡价格与需求的变动方向一致，但均衡数量无法确定。

弹性，弹性理论是用于研究因变量对自变量变化的反应敏感程度，也即自变量的变化所引起的因变量的变化程度。这里的变量都是指经济变量。因此，弹性即表示因变量的相对变化对自变量的相对变化的灵敏度。它是考察当自变量发生1%的变动时，因变量会随之变动百分之几。

需求的价格弹性，指的是在一定时期内，一种商品的需求量变动对于该商品的价格变动的反应程度。**供给的价格弹性**，指的是在一定时期内，一种商品的供给量变动对于该商品的价格变动的反应程度。

复习思考

选择题

1. 需求曲线是一条倾斜的曲线，其倾斜的方向为(　　)。

A. 右下方　　B. 右上方　　C. 左下方　　D. 左上方

2. 当汽油的价格上升时，在其他条件不变的情况下，对小汽车的需求量将(　　)。

A. 减少　　B. 不变　　C. 增加　　D. 难以确定

3. 建筑工人工资提高将使(　　)。

A. 新房子供给曲线左移并使房子价格上升

B. 新房子供给曲线左移并使房子价格下降

C. 新房子供给曲线右移并使房子价格上升

D. 新房子供给曲线右移并使房子价格下降

4. 需求的变动引起(　　)，而供给的变动引起(　　)。

A. 均衡价格和均衡数量的同方向变动

B. 均衡价格的反方向变动，均衡数量的同方向变动

C. 均衡价格与均衡数量的反方向变动

D. 均衡价格的同方向变动，均衡数量的反方向变动

5. 当某种商品的需求和供给出现同时减少的情况时，那么(　　)。

A. 均衡价格下降，均衡产量减少　　B. 均衡价格下降，均衡产量无法确定

C. 均衡价格无法确定，均衡产量减少　　D. 均衡价格上升，均衡产量减少

6. (　　)的需求价格弹性最大。

A. 面粉　　B. 大白菜　　C. 手表　　D. 化妆品

简答题

1. 如何区分需求量的变动和需求的变动、供给量的变动和供给的变动？

2. 需求的价格弹性有哪些类型？它们是根据什么划分的？

3. 试用供求图形分析以下三种情况对均衡价格的影响。

(1) 消费者收入的增加。

(2) 相关替代商品的价格下降。

(3) 预期商品的价格上升。

计算题

1. 一城市乘客对公共汽车票价需求的价格弹性为0.6，票价1元，日乘客量为55万人。市政当局计划将提价后净减少的日乘客量控制为10万人，新的票价应为多少？

2. 设汽油的需求价格弹性为－0.15，其价格现在为每加仑1.2美元，试问汽油价格上涨多少才能使其消费量减少10％？

3. 已知某商品的需求函数为$Q_d=60-2P$，供给函数为$Q_s=30+3P$。

(1) 求均衡点的需求弹性和供给弹性。

(2) 如果政府对每一件商品课以5元的销售税，政府的税收收入是多少，其中生产者和消费者各分摊多少？

思考题

1. 试运用需求弹性理论解释“薄利多销”的含义。

2. “蒜你狠”和“豆你玩”，是人们戏谑2010年大蒜价格疯涨百余倍、2012年绿豆价格大幅上涨的流行用语。试运用供求定理分析为什么会出现此类现象。

3. 分析以下两个问题：

(1) 为什么1990年秋天伊拉克侵占科威特造成了油价的上升？

(2) 为什么天然气的价格也上升？

第二章 消费者行为

学习目的

1. 掌握无差异曲线、预算线相关概念。
2. 理解消费者最优选择(消费者均衡)是如何决定的。
3. 理解如何从消费者均衡条件推导消费者需求曲线。
4. 理解风险的概念,了解消费者的风险态度。
5. 学会运用本章原理分析社会消费问题。

第一节 消费者的选择与效用

一、消费者的选择

上一章介绍了商品市场上的需求和供给如何决定商品的均衡价格和均衡产量。其中,商品市场上的需求是由消费者的消费行为决策决定的,本章将对消费者行为展开深入分析,推导出需求曲线。

消费者消费行为的最终目的是为了实现消费者的效用最大化,即消费者如何在自身有限资金的约束下,在不同的商品间进行消费选择,最终使自己的效用最大化。从这个意义上看,消费者行为理论也被称为效用论。

下述三个独立的步骤是理解消费者选择行为的最佳方法:

(1) 消费者消费选择的收益描述——偏好与效用。第一步是找到一种实际可行的方法描述人们偏好一种商品而不是另一种商品的原因,并在此基础上引申出效用的概念,描述消费者消费选择的收益。本章将详细说明消费者对千差万别的商品的偏好以及相应的效用是如何被图解和代数的方法说明的。

(2) 消费者消费选择的成本描述——预算约束。消费者也必须得考虑价格,因此在第二步,需要考虑消费者的收入限制了他们所能购买的商品数量,在这样的情形下,消费者要想多消费某一商品数量则要减少其他商品的数量,即要付出所谓的机会成本。

(3) 消费者的“利润最大化”——消费者最优选择。在偏好、效用和收入预算给定的条件下，消费者消费选择的收益和成本也给定了，消费者可以比较收益与成本，最终选择购买能使其满足效用最大化(“利润最大化”)的商品组合。这些组合将取决于各种商品的价格和这些商品对消费者的效用。换句话说，商品的价格和效用决定了消费者的商品需求量。

这三个步骤是消费者行为理论的基础，本章的前三节中将对它们进行详细探讨。

二、偏好与效用

(一) 欲望、偏好与效用

欲望也叫需要，是指人们想要得到又没有得到某种东西的心理状态，效用则是指消费者在消费商品时所感受到的满足程度，是消费者对商品满足自己的欲望的能力的一种主观心理评价。效用与偏好密切相关。所谓偏好，就是爱好或者喜欢的意思。对于各种不同的商品组合，消费者的偏好程度是有差别的，正是这种偏好程度的差别，反映了消费者对这些不同的商品组合的效用水平的评价。例如，有 A、B 两种商品组合，如果某消费者对 A 商品组合的偏好程度大于 B 商品组合，就可以认为，这个消费者认为 A 商品组合的效用水平大于 B 商品组合，A 商品组合给该消费者带来的满足程度大于 B 商品组合。

(二) 效用的度量

效用的度量方法通常有两种：基数效用和序数效用。其中，基数效用认为，效用如同长度、重量等概念一样，可以用基数(如 1,2,3,…)衡量、比较和计算，具体的效用量之间的比较是有意义的。序数效用认为，效用是一种主观感受，无法用具体的数字加以衡量，效用之间的比较只能通过顺序或等级(如第一、第二、第三)表示。

基于不同的效用度量方法，发展出了不同的效用理论：基数效用论和序数效用论。在 19 世纪和 20 世纪初期，西方经济学家普遍使用基数效用的概念，采用边际效用分析方法进行分析。到了 20 世纪 30 年代，序数效用的概念为大多数西方经济学家所使用，其分析方法是无差异曲线分析方法。在现代微观经济学里，通常使用的是序数效用的概念，因此，本章的重点是介绍序数效用论者如何运用无差异曲线的分析方法来研究消费者行为。

(三) 偏好的假定

消费者行为理论提出了关于消费者偏好的三个基本的假定。这些假定在绝大多数的情况下是成立的。

1. 偏好的完备性

偏好的完备性指消费者对任何两种不同商品组合的偏好程度，都是可以比较的。换言之，消费者总是可以比较和排列所给出的不同商品组合。例如，设有 A、B 两种可以选购的商品组合，消费者对它们的偏好关系无非有 3 种情况：$A>B$，即，对 A 的偏好大于对 B 的偏好；或者 $A<B$，即，对 B 的偏好大于对 A 的偏好；或者 $A=B$，即，对 A 和对 B 的偏好相同。偏好的完备性使得消费者总是可以把自己的偏好评价准确地表达出来。

2. 偏好的可传递性

偏好的可传递性指给定三个商品组合 A、B 和 C，如果 $A \geqslant B$，$B \geqslant C$，则一定有：$A \geqslant C$。即，如果，消费者对 A 的偏好大于等于对 B 的偏好，对 B 的偏好大于等于对 C 的偏好，则，对于 A 和 C 的比较中，消费者必定对 A 的偏好大于等于对 C 的偏好。偏好的可传递性假定保证了消费者的一致性，因而也是理性的。

3. 偏好的非饱和性

偏好的非饱和性指给定 $X=(X_1, X_2, X_3, \cdots, X_n)$ 和 $Y=(Y_1, Y_2, Y_3, \cdots, Y_n)$ 两种商品组合，如果 $X_i = Y_i$，但 $X_j > Y_j$，$i, j = 1, 2, 3, \cdots, n$，$i \neq j$，则必然有 $X > Y$。即如果两个商品组合的区别仅在于其中一种商品的数量不相同，那么，消费者总是偏好于含有这种商品数量较多的那个商品组合。换言之，这个假定意味着，消费者认为值得拥有的商品都是“好东西”，而不是诸如空气污染、噪声等只能给消费者带来负效用的“坏东西”，因为绝大多数的消费者不会选择购买这些“坏东西”。

三、无差异曲线与效用函数

（一）无差异曲线与效用函数的概念

效用函数可以用来描述某一商品组合给消费者所带来的效用水平。假定消费者只消费两种商品 X 和商品 Y，X 和 Y 分别表示商品 X 和商品 Y 的消费数量，用 U 表示效用水平，则效用函数为

$$U = f(X, Y) \tag{2-1}$$

当效用水平保持不变时，假设 U_0 为一个常数，则相应的效用函数为

$$U = f(X, Y) = U_0 \tag{2-2}$$

该效用函数有时也被称为等效用函数，描述了给消费者带来固定效用水平或者满足程度的两种商品的所有组合的函数。与等效用函数相对应的曲线则称为无差异曲线，或者称为等效用曲线，描述消费者偏好相同的两种商品的所有组合的轨迹。

（二）无差异曲线的性质

在消费者偏好的三个基本的假定下，无差异曲线具有以下四个基本性质如下。

(1) 无差异曲线是向右下方倾斜的。

从几何意义上讲，无差异曲线的斜率为负值。其经济含义为，在保持效用水平不变的情况下，要想增加一种商品的消费则必须减少另外一种商品的消费。假设存在向右上方倾斜的无差异曲线，如图 2-1(a)图所示。由于商品组合 A、B 在同一条无差异曲线上，因而它们的效用水平相等。但是，很明显，商品组合 B 中的每一商品数量均大于商品组合 A 中的每一种商品的数量。根据偏好的非饱和性假定，商品组合 B 的效用水平应该高于商品组合 A 的水平，与假定矛盾，因此，无差异曲线应该向右下方倾斜。

(2) 同一坐标平面上，具有无数条无差异曲线，并且离原点距离远的无差异曲线比离原点距离近的无差异曲线效用水平高。在同一坐标平面上的任何两条无差异曲线之间，可以有无数条无差异曲线，以致覆盖整个平面坐标图。所有这些无差异曲线之间，离原点

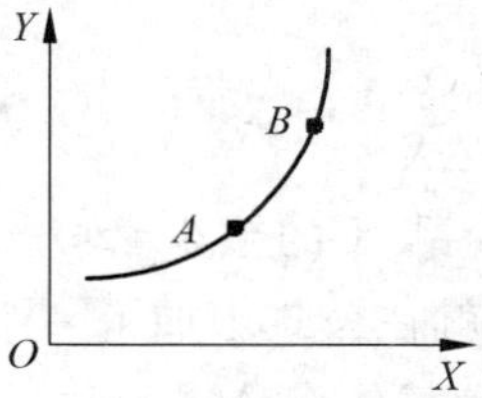

(a) 右上方倾斜

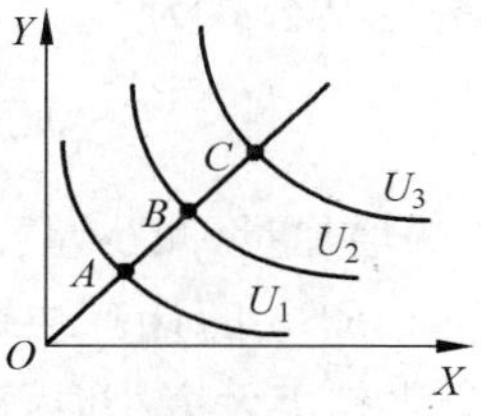

(b) 右下方倾斜

图 2-1 无差异曲线向右下方倾斜

越远的无差异曲线代表的效用水平越高，离原点越近的无差异曲线代表的效用水平越低。如在图 2-1(b)中，无差异曲线 U_3 代表的效用水平最高，无差异曲线 U_2 次之，无差异曲线 U_1 则最低。因为，无差异曲线 U_3 上的商品组合 C 中的每一商品数量都最多，无差异曲线 U_2 上的商品组合 B 中的每一商品数量则次之，无差异曲线 U_1 上的商品组合 A 中的每一商品数量都最小，根据偏好的非饱和性假定，则无差异曲线 U_3 代表的效用水平高于无差异曲线 U_2 代表的效用水平，无差异曲线 U_2 代表的效用水平高于无差异曲线 U_1 代表的效用水平。

(3) 在同一坐标平面图上，任何两条无差异曲线不会相交。图 2-2 中，根据无差异曲线的定义，无差异曲线 U_1 上的 A、C 两点的效用水平是相等的，无差异曲线 U_2 上的 A、B 两点的效用水平是相等的。根据偏好的可传递性假定，则 B、C 两点的效用水平也是相等。但是，从图上可以看出，商品组合 C 中的每一种商品数量均大于商品组合 B 中的每一种商品数量，根据偏好的非饱和性假定，则必然有 C 的效用水平高于 B 的效用水平。这样一来，则产生矛盾：消费者认为，商品组合 C 的效用水平与商品组合 B 的效用水平相等，同时又有商品组合 C 的效用水平高于商品组合 B 的效用水平的结论，从而违背了偏好完备性假设。

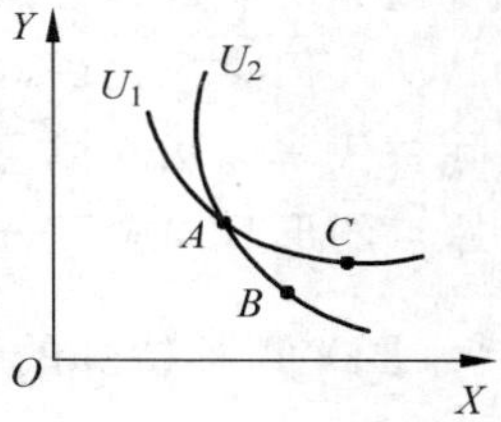

图 2-2 无差异曲线不能相交

(4) 无差异曲线是凸向原点。这就是说，随着一种商品的消费量的日益增加，消费者为了获得一种商品的额外消费而愿意放弃另外一种商品的数量会越来越少。从几何意义上讲，无差异曲线的斜率的绝对值是递减的。这一性质取决于商品的边际替代率递减规律。

(三) 边际替代率及其递减规律

1. 商品的边际替代率

在维持效用水平不变的前提下，两种商品的消费数量之间存在替代关系。以苹果和梨为例，现在要增加一个苹果的消费，维持消费者效用不变，肯定要减少梨的消费，因为如果梨的消费也增加，这会变成，两种商品数量都增加，但效用不变，这不符合非饱和性假定。

商品的边际替代率(MRS)指的是在维持效用水平不变的前提下，消费者增加(减少)一单位某种商品的消费数量时所减少(增加)的另外一种商品的消费数量。商品 X 对商

品 Y 的边际替代率的定义公式为

$$MRS_{XY}=-\frac{\Delta Y}{\Delta X} \tag{2-3}$$

式中：ΔY 为商品 Y 的增加量(减少量)；ΔX 为商品 X 的减少量(增加量)。由于二者符号相反，所以，为了使 MRS_{XY} 的计算结果为正值，就在公式中加了一个负号。

当商品数量的变化趋于无穷小时，商品的边际替代率公式为

$$MRS_{XY}=\lim_{\Delta X\to 0}-\frac{\Delta Y}{\Delta X}=-\frac{\mathrm{d}Y}{\mathrm{d}X} \tag{2-4}$$

由此可见，无差异曲线上某一点的边际替代率就是无差异曲线在该点斜率的绝对值。

2. 商品的边际替代率递减规律

商品的边际替代率递减规律是指：在维持效用水平不变的前提下，随着一种商品的消费数量的连续增加，消费者为获得 1 单位这种商品所愿意放弃的另一种商品的消费量是递减的。其原因在于：随着一种商品的消费数量的逐步增加，消费者想获得更多的这种商品的愿望就会递减；随着另一种商品的消费数量的逐步减少，消费者想获得更多的另一种商品的愿望就会增加，因此，消费者为了多获得一单位的这种商品而愿意放弃的另一种商品的数量就会减少。

从几何意义上讲，商品的边际替代率就是无差异曲线的斜率的绝对值，因此，商品的边际替代率递减规律意味着无差异曲线的斜率的绝对值是递减的，即无差异曲线是以凸向原点的形状向右下方倾斜。

(四) 两种特殊的无差异曲线

由边际替代率递减规律决定的无差异曲线的形状是凸向原点的，但在完全替代品和完全互补品情况下，无差异曲线则有特殊形状。

1. 完全替代品的无差异曲线

所谓的完全替代品是指两种商品之间的替代比例是固定不变的情况。

在完全替代的情况下，两种商品的效用函数通用形式为

$$U(X,Y)=aX+bY \tag{2-5}$$

式中：X 和 Y 分别表示两种商品的数量；常数 a、$b>0$。由此可见，完全替代品的无差异曲线是一条直线，其边际替代率 MRS_{XY} 是一个常数，即均有 $MRS_{XY}=a/b$，如图 2-3(a)所示。

2. 完全互补品的无差异曲线

完全互补品是指两种商品必须按固定不变的比例同时被使用的情况。例如，一只左鞋必须和一只右鞋同时配合，才能构成一双可供使用的鞋子。

在完全互补的情况下，两种商品的效用函数通常形式为

$$U(X,Y)=\min\{aX,bY\} \tag{2-6}$$

式中：X 和 Y 分别表示两种商品的数量；常数 a、$b>0$；符号 min 表示效用水平由括号中最小的一项决定。

完全互补品的无差异曲线为直角形状。在直角点之外的边际替代率均为 0。因为，对于一只左鞋而言，只需要一只右鞋即可，任何超量的右鞋都是多余的。换言之，消费者

不会放弃任何一只左鞋换取额外的右鞋，所以，相应的 $MRS_{XY}=0$。只有在直角点上，两种互补品刚好按固定比例被消费，所以，完全互补品的任何一条无差异曲线的直角点上，都有 $U=aX_1=bX_2$，因此，直角点的边际替代率 $MRS_{XY}=a/b$，如图 2-3(b)所示。

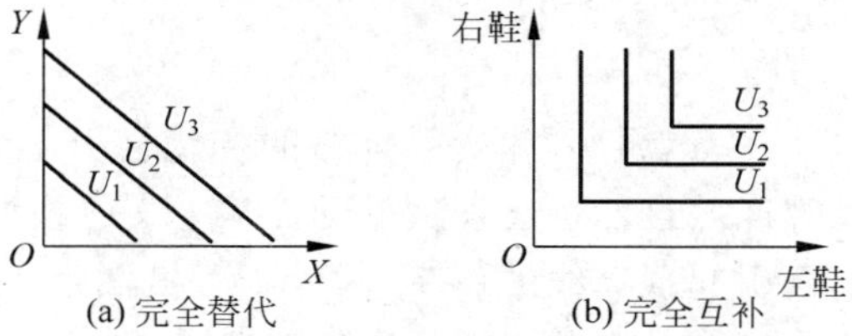

图 2-3　完全替代品和完全互补品的无差异曲线

第二节　消费者收入约束

无差异曲线描述了消费者对不同的商品组合的偏好，它仅表示了消费者的消费愿望，也就是回答了消费者消费商品希望得到什么，能获得什么样的收获的问题。另一方面，消费者在购买商品时，必然会受自己收入水平和市场上商品价格的限制，这就是预算约束，也就是消费者消费商品时的"成本"约束。

一、预算约束和预算线

消费者的预算约束要求花费在商品购买上的金钱总数不超过消费者的总收入。假定某消费者的既定收入为 M 元，全部用来购买商品 X 和商品 Y，X 和 Y 分别表示商品 X 和商品 Y 的数量，P_X 和 P_Y 分别表示商品 X 和商品 Y 的价格，那么消费者的预算约束可以表示为

$$P_X X + P_Y Y \leqslant M \tag{2-7}$$

式中：$P_X X$ 是消费者花费在商品 X 上的钱数；$P_Y Y$ 是消费者花费在商品 Y 上的钱数。从几何意义上讲，消费者预算约束可以表示为图 2-4 中的阴影部分 OAB 的预算区域，消费者能够购买到的商品 X 和商品 Y 的组合点必须在预算区域内，如图 2-4 中的 C 点。而在预算区域外的点，如图 2-4 中的 D 点所代表的商品组合，是消费者无法在现有收入与商品价格的水平下所能购买到的。

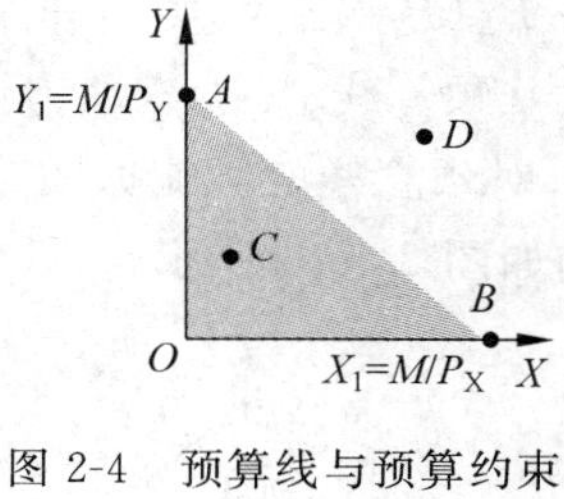

图 2-4　预算线与预算约束

预算线是预算区域的边界，它表示在消费者的收入和商品的价格给定的条件下，消费者的全部收入所能购买到的两种商品的各种组合的轨迹，即图中的线段 AB。相应的预算等式为

$$P_X X + P_Y Y = M \tag{2-8}$$

式(2-8)表明，预算线 AB 的斜率为 $-P_X/P_Y$，横截距和纵截距分别为 M/P_X 和 M/P_Y，它们分别表示全部收入仅购买商品 X 或商品 Y 的数量。

二、预算线的变动

从预算等式可以看出，消费者收入和商品价格的变化会引起预算等式和预算约束不等式的变化，预算线和预算区域自然也会发生变动。从上文的预算等式可以看出，消费者收入和商品价格的变化，会引起预算线的斜率 $-P_X/P_Y$、横截距 M/P_X 和纵截距 M/P_Y 发生变化，进而引起预算线的变动。本节以四种特殊情况为例，具体说明预算线的变动。

1. 商品价格 P_X 和 P_Y 不变，消费者收入 M 变化

这种情况下，预算线的斜率 $-P_X/P_Y$ 保持不变，如图 2-5(a)所示，但是，横截距和纵截距分别为 M/P_X 和 M/P_Y 均发生变化：如果 M 变大，则横截距和纵截距则与 M 同比例变大，在图形上表现为预算线 A_0B_0 右移为预算线 A_1B_1；如果 M 变小，则横截距和纵截距则与 M 同比例变小，在图形上表现为预算线 A_0B_0 左移为预算线 A_2B_2。

2. 消费者收入 M 不变，商品价格 P_X 和 P_Y 同比例同方向发生变化

这种情况下，预算线的斜率 $-P_X/P_Y$ 保持不变，如图 2-5(a)所示，但是，横截距和纵截距分别为 M/P_X 和 M/P_Y 均发生变化：如果 P_X 和 P_Y 同比例变大，横截距和纵截距与商品价格同比例变小，在图形上表现为预算线 A_0B_0 左移为预算线 A_2B_2；如果 P_X 和 P_Y 同比例变小，横截距和纵截距与商品价格同比例变大，在图形上表现为预算线 A_0B_0 右移为预算线 A_1B_1。

3. 消费者收入 M、商品价格 P_X 和 P_Y 同比例同方向发生变化

这种情况下，预算线的斜率 $-P_X/P_Y$ 保持不变，横截距和纵截距分别为 M/P_X 和 M/P_Y 也保持不变，因此，预算线保持不变。

4. 消费者收入 M 不变，商品价格 P_X(P_Y)发生变化而商品价格 P_Y(P_X)不变

这种情况下，纵截距 M/P_Y(横截距 M/P_X)保持不变，预算线的斜率 $-P_X/P_Y$ 和横截距 M/P_X(纵截距 M/P_Y)发生变化：如果 P_X(P_Y)变小，预算线的斜率绝对值变小(变大)，横截距 M/P_X 变大(纵截距 M/P_Y 变小)，预算线 A_0B_0 变动为预算线 A_0B_1(预算线 A_1B_0)；如果 P_X(P_Y)变大，则预算线的斜率绝对值变大(变小)，横截距 M/P_X 变小(纵截距 M/P_Y 变大)，预算线 A_0B_0 变动为预算线 A_0B_2(预算线 A_2B_0)。商品价格 P_X 发生变化而商品价格 P_Y 对预算线的影响如图 2-5(b)所示，商品价格 P_Y 发生变化而商品价格 P_X 对预算线的影响如图 2-5(c)所示。

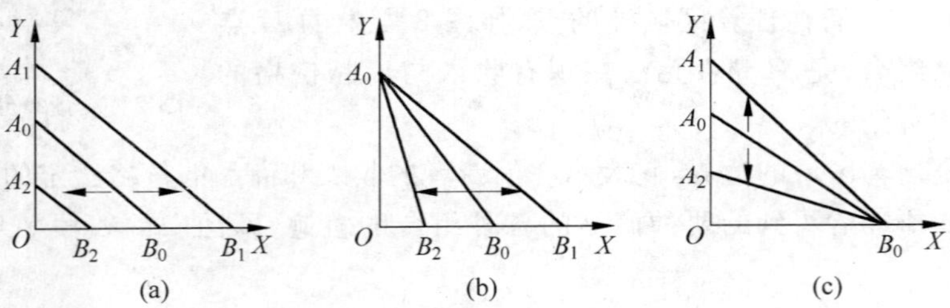

图 2-5　预算线的变动

第三节　消费者最优购买选择

一、消费者均衡条件

消费者最优购买选择问题，也称为消费者均衡问题。消费者均衡是指在一定的价格水平下，消费者用一定的收入购买与消费各种物品，使自己的总效用达到最大时的一种相对静止的状态。因此，消费者均衡问题也就是在消费者偏好、商品价格与消费者收入约束已知情况下，选择最优的商品组合，使得自己的总效用达到最大，在这样状态下消费者实现了自己追求的目标，因而没有经济诱因要改变现有的消费行为，即消费者不想再增加、也不想再减少任何商品的购买数量，从而保持相对稳定的消费组合，也就是处在经济学上所谓的“消费均衡”状况。

消费者的最优购买行为必须满足两个条件：①最优的商品购买组合必须是消费者最偏好的商品组合，是能够给消费者带来最大效用的商品组合；②最优的商品购买组合必须在给定的预算区域内。

可以将消费者最优购买选择问题转化为图形表示。首先，消费者偏好已知，意味着无差异曲线的形状特征给定；其次，商品价格与消费者收入约束已知，意味着消费者预算线以及消费者预算区域给定；第三，坐标图上任何一点描述了一个商品组合；最后，消费者效用达到最大，意味着经过消费者最优商品购买组合点的无差异曲线位置达到最高。因此，消费者最优购买选择问题用图形描述为：在给定的消费者预算区间内，寻找一个最优的商品组合点，使得经过该商品组合点的无差异曲线的位置尽可能最高。

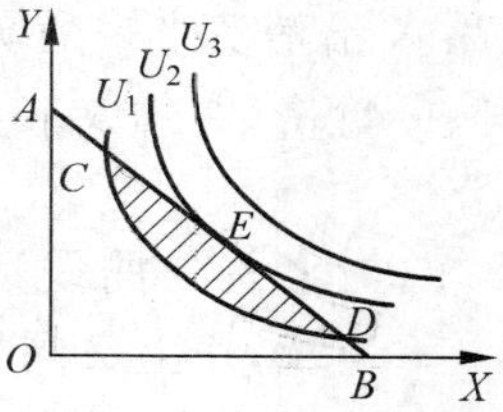

图 2-6　消费者均衡

将消费者均衡问题转化为图形描述后，我们可以用图形方法求解消费者均衡问题。无差异曲线与预算线的关系只有三种：相交、相切、相离。在图 2-6 中，无差异曲线 U_1、U_2、U_3 分别与预算线 AB 相交（交点为 C 和 D）、相切（切点为 E）、相离（没有任何交点）。首先，在相交情况下，如无差异曲线 U_1 中，两个交点之间的 CD 段处于消费者可消费区域 OAB 内，即无差异曲线 U_1 上 CD 段内的任何一点的商品组合都是可购买到且又能实现 U_1 的效用水平。但是，无差异曲线 U_1 与预算线 AB 围成的阴影部分（无差异曲线 U_1 上 CD 段，但包括预算线）内的任何一点商品组合都是可购买到且又能实现大于 U_1 的效用水平，由此可见，相交的情况未能实现消费者效用水平最大化的目标。其次，在相离情况下，如无差异曲线 U_3 上任何一点的商品组合的确可以给消费者带来更高的效用水平，但 U_3 处于消费者可消费区域 OAB 之外，U_3 上任何一点的商品组合，消费者无法在现有价格和收入约束下购买到。只有在相切情况下，切点 E 处的商品组合，既在消费者可消费区域 OAB 内，并且经过 E 点的无差异曲线位置也尽可能达到最高（即消费者效用达到最大化）。因此，E 所描述的商品组合为消费者最优的商品组合。

在 E 点有无差异曲线的斜率绝对值（边际替代率 MRS_{XY}）等于预算线的斜率绝对值（两种商品价格比 P_X/P_Y），即

$$MRS_{XY} = P_X/P_Y \tag{2-9}$$

这就是消费者效用最大化的均衡条件。它表示：在消费者偏好、商品价格与消费者收入约束给定情况下，为了实现最大的效用，消费者应该选择的最优商品组合，使得两商品的边际替代率等于两商品的价格之比。MRS_{XY}表示增加一单位商品 X 消费所要放弃的商品 Y 的消费数量，或者说是一单位商品 X 给消费者带来的效用相当于多少单位的商品 Y 带来的效用，也就是以商品 Y 为单位表示的商品 X 给消费者带来的实际效用（实际收益）。P_X/P_Y表示一单位商品 X 的价格相当于多少单位商品 Y 的价格，也就是以商品 Y 为单位表示的商品 X 的实际价格（实际成本）。因此 $MRS_{XY}=P_X/P_Y$，意味着消费者实现效用最大化的条件是：使得消费每单位任何商品的实际效用（实际收益）要等于购买该单位商品的实际价格（实际成本）。

二、特殊情况下的消费者均衡

（一）完全替代品

根据无差异曲线斜率与预算线斜率之间的相互关系，两种完全替代商品情况下的消费者均衡问题，又可以进一步区分为三种情况：无差异曲线边际替代率小于预算线斜率绝对值、无差异曲线边际替代率大于预算线斜率绝对值、无差异曲线边际替代率等于预算线斜率。

（1）无差异曲线边际替代率小于预算线斜率绝对值，即 $MRS_{XY} < P_X/P_Y$ 情况，如图 2-7 所示，AB 为预算线，U_1、U_2、U_3 为完全替代品的三条无差异曲线。用上文同样的图示分析可知，消费者最优的商品组合点应该在 A 点，也就是以商品 Y 为单位来表示的商品 X 给消费带来的实际效用（实际收益）MRS_{XY} 总是小于商品 Y 为单位表示的商品 X 的实际价格（实际成本）P_X/P_Y，因此，消费者最优的选择是将所有收入用于购买并消费商品 Y。

（2）无差异曲线边际替代率大于预算线斜率绝对值，即 $MRS_{XY} > P_X/P_Y$ 情况，如图 2-8 所示，用上文同样的图示分析可知，消费者最优的商品组合点应该在 B 点，也就是以商品 Y 为单位表示的商品 X 给消费带来的实际效用（实际收益）MRS_{XY} 总是大于商品 Y 为单位表示的商品 X 的实际价格（实际成本）P_X/P_Y，因此，消费者最优的选择是将所有收入用于购买并消费商品 X。

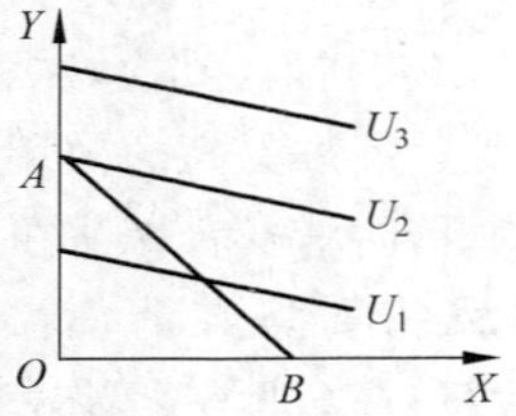

图 2-7　无差异曲线边际替代率小于预算线斜率绝对值

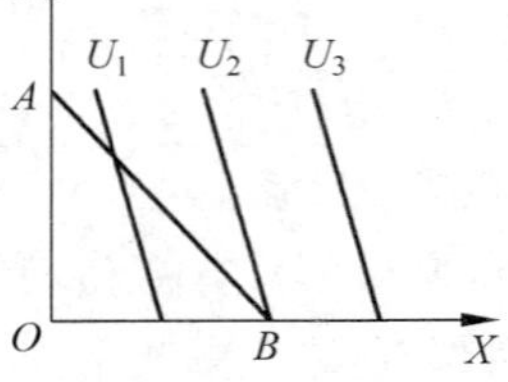

图 2-8　无差异曲线边际替代率大于预算线斜率绝对值

(3) 无差异曲线边际替代率等于预算线斜率绝对值，即 $MRS_{XY}=P_X/P_Y$ 情况，如图 2-9 所示，用上文同样的图示分析可知，消费者最优的商品组合点应该是预算线 AB（也就是与之重合的无差异曲线 U_2）上任何一点，也就是以商品 Y 为单位表示的商品 X 给消费者带来的实际效用（实际收益）MRS_{XY} 总是等于以商品 Y 为单位表示的商品 X 的实际价格（实际成本）P_X/P_Y，因此，消费者最优的选择是将所有收入用于购买并消费 X 和 Y 的任意组合。

（二）完全互补品

用上文同样的图示分析可知，如图 2-10 所示，消费者最优的商品组合点应该在 U_2 无差异曲线与预算线 AB 交点 E 点。消费者最优的选择是将所有收入按照商品 X 和商品 Y 的固定使用比例购买两种商品数量。

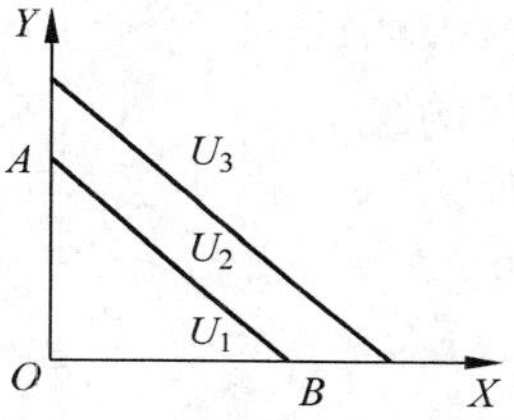

图 2-9　无差异曲线边际替代率等于预算线斜率绝对值

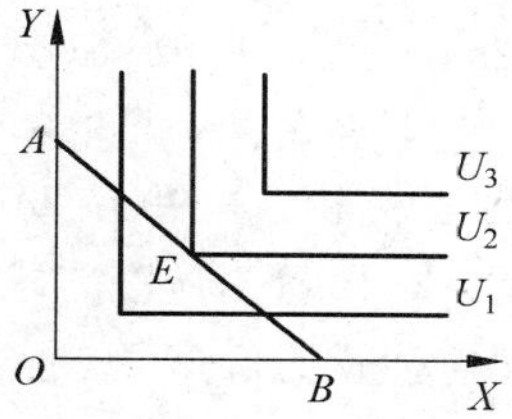

图 2-10　完全互补品的消费者均衡

第四节　需求曲线与消费者剩余

一、价格对消费者均衡的影响

本节将利用上节的消费者均衡条件，考察商品价格变化对消费者均衡的影响，并在此基础上推导出单个消费者的需求曲线。

价格-消费曲线是在消费者的偏好、收入以及其他商品价格不变的条件下，与某一种商品的不同价格水平相联系的消费者效用最大化的均衡点的轨迹。如图 2-11(a) 所示，假设其他条件不变，只有商品 X 的价格发生变化，其初始价格为 P_1，相应的预算线为 A_0B_0，它与无差异曲线 U_1 切于效用最大化的均衡点 E_1。如果商品 X 的价格下降为 P_2，预算线则由 A_0B_0 变动为 A_0B_1，新的预算线 A_0B_1 与另一条较高的无差异曲线 U_2 相切于均衡点 E_2。如果商品 X 的价格继续下降为 P_3，预算线则由 A_0B_1 变动为 A_0B_2，新的预算线 A_0B_2 与另一条更高的无差异曲线 U_3 相切于均衡点 E_3。同样，随着商品 X 价格的不断变化，可以找出无数个诸如 E_1、E_2 和 E_3 那样的均衡点，这些均衡点的轨迹就是价格-消费曲线。

根据消费者的价格-消费曲线，可以推导出消费者的需求曲线。在图 2-11(a) 中的价格-消费曲线上的三个均衡点E_1、E_2和E_3，每个均衡点上都存在商品X的价格与商品X的需求量之间的一一对应的关系。例如，在均衡点E_1处，商品X的价格为P_1，在该价格水平下，商品X的需求量为X_1。而在均衡点E_2处，商品X的价格由P_1下降为P_2，则商品X的需求量由X_1上升为X_2。在均衡点E_3处，商品X的价格下降为P_3，则商品X的需求量上升为X_3。同理，价格—消费曲线上的其他均衡点，也同样存在商品X的价格与商品X的需求量之间的一一对应关系。因此，依据价格—消费曲线确定出商品X的不同的价格条件下消费者对商品X的购买量。然后在图2-11(b)中，以纵轴表示商品X的价格，以横轴表示商品X的需求量，在这个坐标图上标出和商品X不同价格对应的需求量，便形成一条对商品X的需求曲线$X=f(P)$。它反映的是商品不同价格与消费者最优购买量之间的关系，因此，可以得出一个结论：需求曲线上的每一点都是消费者均衡点。而消费者均衡点均是消费者最优选择点，因此，需求曲线上每一点所对应的商品价格都是消费者购买该点所对应的商品数量的最后一单位商品所愿意支付的最高价格，也就是该最后一单位商品给消费者带来的效用的货币描述。以图2-11(b)中的需求曲线$X=f(P)$上的点(P_1, X_1)为例，该点对应的价格P_1是消费者为购买第X_1个商品愿意支付的最高价格，也是第X_1商品给消费者带来的收益。因为，如果第X_1个商品给消费者带来的收益不等于P_1，那么只有两种情况，一种是第X_1个商品给消费不带来的收益小于P_1，那么在这种情况下，消费者就不会购买第X_1个商品，因此，X_1就不是P_1下最优商品购买数量，这与需求曲线上的每一点都是消费者均衡点相矛盾；反之亦然。因此，只有第X_1个商品给消费者带来的收益等于P_1的情况下，点(P_1, X_1)才是消费者最优选择的均衡点。

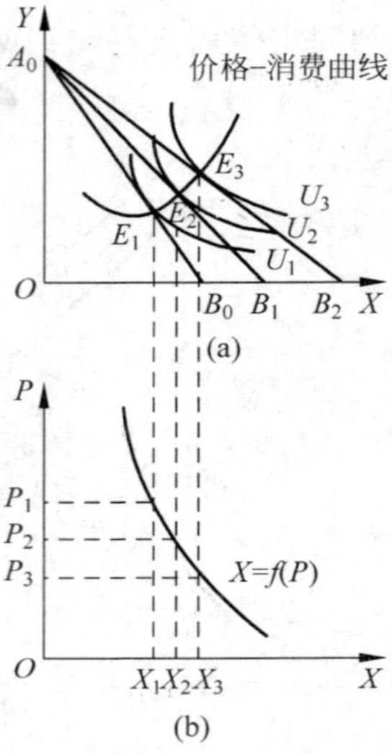

图 2-11　价格-消费曲线和消费者的需求曲线

根据价格-消费曲线推导出的需求曲线一般是向右下方倾斜的，表示商品的价格和需求量呈反方向变化。

二、替代效应与收入效应

一种商品价格发生变化会引起该商品的需求量的变化，这种变化可以被分解成替代效应和收入效应两个部分。通过对这两种效应的分析，可以更好地理解为什么需求曲线一般是向右下方倾斜的，以及在什么情况下需求曲线是向右上方倾斜的。

（一）替代效应和收入效应的含义

一种商品价格变动所引起的该商品需求量变动的总效应可以分解为替代效应和收入效应两个部分，即总效应＝替代效用＋收入效应。其中，由商品的价格变动所引起的实际收入水平变动，进而由实际收入水平变动所引起的商品需求量的变动，称为收入效应。由商品的价格变动所引起的商品相对价格的变动，进而由商品的相对价格变动所引起的商品需求量的变动，称为替代效应。

图 2-12 中横轴 OX 和纵轴 OY 分别表示商品 X 和商品 Y，U_1 和 U_2 为无差异曲线。现在假设其他条件保持不变，仅有商品 X 的价格发生变化。商品 X 的初始价格为 P_1，此时预算线为 AB_0，其与无差异曲线 U_1 的切点 a 是消费者均衡点，因此，在价格 P_1 下消费者对商品 X 的需求量为 OX_1。现在假设商品 X 的价格由 P_1 下降为 P_3，新的预算线为 AB_1，其与无差异曲线 U_2 的切点 b 是新的消费者均衡点，因此，在价格 P_3 下消费者对商品 X 的需求量为 OX_3。消费者对商品 X 的需求量则增加了 X_1X_3，便是商品 X 的价格由 P_1 下降为 P_3 的总效应。这个总效应可以被分解为替代效应和收入效应两个部分，图中 X_1X_2 为替代效应，X_2X_3 为收入效应，X_1X_3 为总效应。

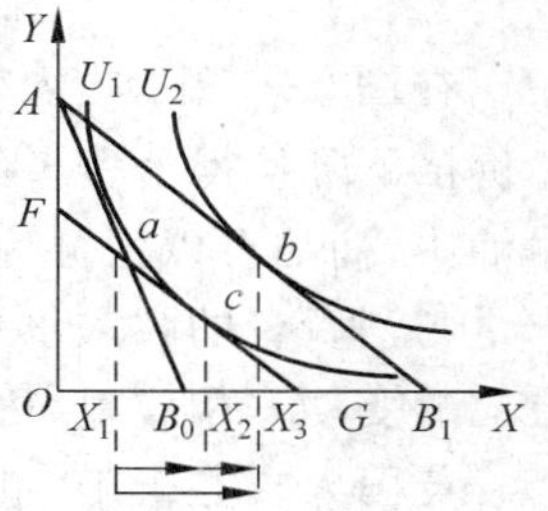

图 2-12　正常品的替代效应和收入效应

1. 替代效应

在消费者收入、偏好以及其他商品价格不变的情况下，当商品 X 的价格下降时，会对消费者产生两种影响：①消费者能够购买到的实际商品数量增加了；②商品 X 与商品 Y 的相对价格降低了。这两种影响都将改变消费者的消费选择，其中，商品 X 的相对价格下降，消费者可以减少商品 Y 的购买而增加商品 X 的消费，从而在维持效用水平不变的情况下可以减少总的费用，这一选择中，引起商品 X 的购买量增加，则为替代效应。具体的图形分析如图 2-12 所示，作一条平行于预算线 AB_1 且与无差异曲线 U_1 相切的线段 FG，FG 被称为补偿预算线，表示在商品价格发生变化时消费者维持原先效用水平不变所需的最少费用。由于补偿预算线 FG 与预算线 AB_1 平行，即这两条预算线的斜率相等，因此补偿预算线 FG 代表的相对价格是商品 X 价格下降后的相对价格。同时，补偿预算线 FG 与 U_1 相切于均衡点 c，因此，均衡点 c 是消费者在商品 X 价格下降后维持原先效用水平不变的最优选择点。均衡点 c 与均衡点 a 相比，需求量的增加量为 X_1X_2，这个增加量纯粹是由于商品 X 相对于商品 Y 变得更便宜而增加的消费量，此即替代效应。当商品 X 价格下降时，商品 X 相对于商品 Y 变得更便宜，消费者会增加商品 X 的消费量，因此，替代效应为正；反之，当商品 X 价格上升时，商品 X 相对于商品 Y 变得更昂贵，消费者会减少商品 X 的消费量，因此，替代效应为负。商品的替代效应与价格呈反方向的变动。

2. 收入效应

在商品 X 价格下降时，消费者只需要补偿预算线 FG 所代表的实际收入即可维持原先效用水平不变。然而，在商品 X 价格下降时，消费者总的实际收入是预算线 AB_1 代表的收入水平。这就相当于，消费者在保持效用水平不变的情况下多出了一笔实际收入，消费者将多出来的实际收入购买各种商品以追求更高的效用水平：把补偿预算线 FG 再推回到 AB_1 的位置上去，于是，消费者的均衡点就会由无差异曲线 U_1 上的 c 点回复到无差异曲线 U_2 上的 b 点，实现了效用最大化的目标，相应的需求量的变化量 X_2X_3 就是收入效应。收入效应纯粹是由于消费者多余出的实际收入而引起的消费量的变化，整个过程中商品的相对价格都保持不变。在商品 X 价格上升时，则有与上述过程相反的收入效应。

（二）正常物品、低档物品和吉芬物品

在图 2-12 中，收入效应 X_2X_3 是一个正值。这是因为，商品 X 是正常物品，即当商品 X 价格下降使得消费者的实际收入水平提高时，消费者必然增加商品 X 的购买量。现实生活中，商品可以区分为正常物品和低档物品两大类。二者的区别在于：正常物品的需求量与消费者的收入水平呈同方向的变动；低档物品的需求量与消费者的收入水平呈反方向的变动。相应地，可以推知，低档物品的收入效应与价格呈同方向的变动。

英国人吉芬于 19 世纪发现，1845 年爱尔兰发生灾荒，土豆价格上升，但是土豆需求量反而增加了。这一现象在当时被称为“吉芬难题”。这类需求量与价格呈同方向变动的特殊商品被称为吉芬物品。事实上，吉芬物品是一种特殊的低档物品。作为低档物品，吉芬物品的替代效应与价格呈反方向的变动，收入效应则与价格呈同方向的变动。吉芬物品的特殊性就在于：它的收入效应作用很大，以至于超过替代效应的作用，从而使得总效应与价格成同方向的变动。因此，吉芬物品的需求曲线向右上方倾斜。运用该结论可以很容易解释“吉芬难题”：在 19 世纪中叶的爱尔兰，购买土豆的消费支出在大多数的贫困家庭的收入中占一个较大的比例，于是土豆价格的上升导致贫困家庭实际收入水平大幅度下降。在这种情况下，变得更穷的人们不得不大量地增加对低档物品土豆的购买，即收入效应很大，超过了替代效应，造成土豆的需求量随着土豆价格的上升而增加的特殊现象。

本节区分的正常物品、低档物品和吉芬物品的替代效应和收入效应所得到的结论综合于表 2-1 中。

表 2-1　商品价格变化所引起的替代效应和收入效应

商品类别	替代效应与价格的关系	收入效应与价格的关系	总效应与价格的关系	需求曲线的形状
正常物品	反方向变化	反方向变化	反方向变化	向右下方倾斜
低档物品	反方向变化	同方向变化	反方向变化	向右下方倾斜
吉芬物品	反方向变化	同方向变化	同方向变化	向右上方倾斜

三、从单个消费者的需求曲线到市场需求曲线

根据单个消费者的均衡条件，推出价格-消费曲线，再由价格-消费曲线推导出单个消费者对某种商品的需求曲线。本节将在此基础上进一步推导市场需求曲线。

一种商品的市场需求是指一定时期内在各种不同的价格下市场中所有消费者对某种商品的需求数量。假设在某一商品市场上有 n 个消费者，他们都具有不同的个人需求函数 $Q_i^d=f_i(P)$，$i=1,2,\cdots,n$，则该商品市场的需求函数为

$$Q^d = \sum_{i=1}^{n} Q_i^d = \sum_{i=1}^{n} f_i(P) \tag{2-10}$$

因此，一种商品的市场需求量是每一个价格水平上的该商品的所有个人需求量的加总，或者说，市场需求曲线是单个消费者的需求曲线的水平加总。因此，市场需求曲线上的每个点都表示在相应的价格水平下可以给全部消费者带来最大效用水平的市场需求量；由于单个消费者的需求曲线一般情况下均是向右下方倾斜，所以市场需求曲线一般也是向右下方倾斜的。假设某商品市场只有 A、B 两名消费者，A 消费者的需求曲线如图 2-13(a)所示，B 消费者的需求曲线如图 2-13(b)所示，则将 A 消费者的需求曲线与 B 消费者的需求曲线的水平加总即可得到图 2-13(c)中的市场需求曲线。

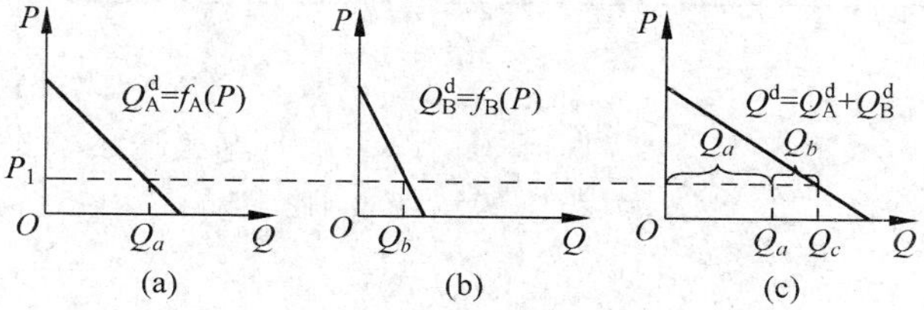

图 2-13　从单个消费者的需求曲线到市场需求曲线

四、消费者剩余

（一）消费者剩余的定义

消费者剩余，是消费者在购买一定数量的某种商品时愿意支付的最高总价格与实际支付的总价格的差额。消费者剩余可以用消费者需求曲线以下、市场价格线之上的面积来表示。如图 2-14 所示，曲线 AB 为需求曲线，需求曲线上每一点所对应的价格表示消费者对每一单位商品所愿意支付的最高价格。因此，当市场价格为 P_0 时，消费者购买量为 Q_0，为此消费者需要支付 P_0Q_0 的总金额，等于图中 OP_0BQ_0 的面积，而消费者愿意为这 Q_0 个商品支付的最高总金额为 $OABQ_0$，因此，根据消费者剩余的定义，消费者剩余应该等于图中阴影部分 P_0AB 的面积。

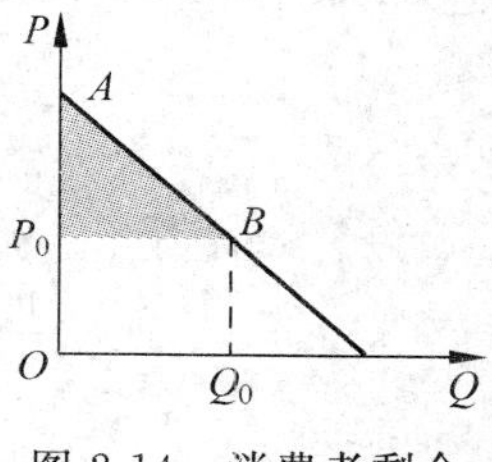

图 2-14　消费者剩余

消费者愿意为 Q_0 个商品支付的最高总金额也就是这 Q_0 个商品给消费带来的收益，而消费者为 Q_0 个商品支付的实际总金额也就是消费者为获得这 Q_0 个商品而付出的成本，因此，从这个意义上理解，消费者剩余等于从 Q_0 个商品中获得的净利润。因此，消费者剩余通常被用来度量和分析社会福利问题。

（二）消费者剩余的计算

消费者剩余的计算可以区分为离散型和连续型两种情况。

1. 离散型情况

在调查中，某消费者对毛巾所愿意支付的价格和实际支付的价格如表 2-2 所示，进而可以根据定义计算消费者剩余。

表 2-2　消费者对毛巾所愿意支付的价格、实际支付的价格以及消费者剩余

商品数量	愿意支付的价格	实际支付的价格	消费者剩余
第 1 单位	15	5	10
第 2 单位	11	5	6
第 3 单位	8	5	3
第 4 单位	6	5	1
第 5 单位	5	5	0
合计	45	25	20

2. 连续型情况

假设某产品的需求函数 $P=P(Q)$，其中 P、Q 分别表示商品价格与需求量。当市场价格为 P_0，消费者的需求量为 Q_0，则相应的消费者剩余为

$$CS = \int_0^{Q_0} P(Q)\mathrm{d}Q - P_0 Q_0 \tag{2-11}$$

式中：CS 为消费者剩余的英文简写；$P(Q)\mathrm{d}Q$ 表示消费者愿意支付的最高总金额；P_0Q_0 表示消费者实际支付的总金额。

第五节　风险与消费行为

本章至此之前的内容都是分析确定情况下的消费者行为，但是，现实生活中消费者在做选择时，却是面临各种不确定因素，在这种情况下该如何分析消费者的选择问题则是本节将要讨论的内容。

一、风险的定义和描述

根据消费者对自己经济行为的了解程度，可分为以下几种情况：①消费者对自己经济行为后果的了解是确切无误的，即不存在不确定性，称为确知情况；②消费者对自己经济行为的后果一点都不知悉或者无法确定究竟会有几种后果的情况，称为无知情况；③消费者对自己经济行为产生的几种后果是知悉的，但是各种后果出现的概率无法确定的情况，称为不确定性情况；④消费者对自己经济行为产生的几种后果是知悉的，并且各种后果出现的概率也可以确定的情况，称为风险情况。无知情况和不确定性情况，由于缺乏必要的信息而较难进行量化分析，风险情况可以借助数理概率理论予以量化分析。

一般而言，若某个事件有 n 个结果，分别为 $X_1, X_2, X_3, \cdots, X_n$，它们的概率相应地为 $P_1, P_2, P_3, \cdots, P_n$，则该事件结果的期望值为

$$E(X) = P_1X_1 + P_2X_2 + P_3X_3 + \cdots + P_nX_n \tag{2-12}$$

相应地，该事件的方差 σ^2 的计算公式为

$$\sigma^2 = P_1[X_1 - E(X)]^2 + P_2[X_2 - E(X)]^2 + \cdots + P_n[X_n - E(X)]^2 \tag{2-13}$$

方差是指某事件每一种可能结果所取数值与期望值之差的平方的加权平均数，描述

了事件各种结果偏离期望值的总体情况。风险情况下，存在消费者对自己行为的后果判断失误而偏离最优结果的可能性，这种偏离最优结果的可能性越大，则风险越大。因此，某事件的方差越大，表示该事件风险越大；方差越小，则表示该事件风险越小。

二、消费者对风险的态度

根据个人面对风险的态度不同，可以把人们对风险的态度分为三类：风险厌恶者、风险偏好者和风险中性者。

（一）风险厌恶者

风险厌恶者认为风险是个“坏东西”，风险会给他带来负效用，风险越大则效用越小。因此，风险厌恶者对于给定同一期望值的不同风险收入，更偏好风险小的收入。风险厌恶者的无差异曲线的形状如图 2-15 所示。图 2-15 中，横轴表示风险收入的方差（即风险），纵轴表示风险收入的期望值。风险厌恶者的无差异曲线是向右上方倾斜的，这是因为：风险厌恶者认为风险是个“坏东西”，风险越小越好，因此风险越大则需要越高的收入期望值才能使效用保持不变。

（二）风险偏好者

风险偏好者认为风险是个“好东西”，风险会给他带来正效用，风险越大则效用越大。因此，风险偏好者对于给定同一期望值的不同风险收入，更偏好风险大的收入。风险偏好者的无差异曲线的形状如图 2-16 所示。图中，横轴表示风险收入的方差（即风险），纵轴表示风险收入的期望值。风险偏好者的无差异曲线是向右下方倾斜的，和一般的无差异曲线一样。这是因为：风险偏好者认为风险是个“好东西”，风险越大越好，因此风险越大可以用越低的收入期望值就能使效用保持不变。

（三）风险中性者

风险中性者认为风险是个“无所谓的东西”，风险不会给他带来任何效用。因此，风险中性者只偏好期望值大的风险收入。风险中性者的无差异曲线的形状如图 2-17 所示。图中，横轴表示风险收入的方差（即风险），纵轴表示风险收入的期望值。风险偏好者的无差异曲线是一条水平直线。这是因为：风险偏好者认为风险是个“无所谓的东西”，风险不会给他带来任何效用，因此同一期望值的各种风险收入给消费者带来的效用是一样的。

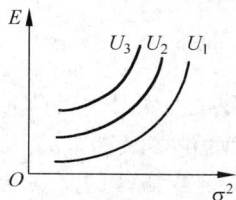

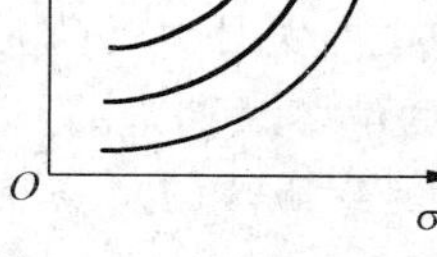

图 2-15　风险厌恶者的无差异曲线

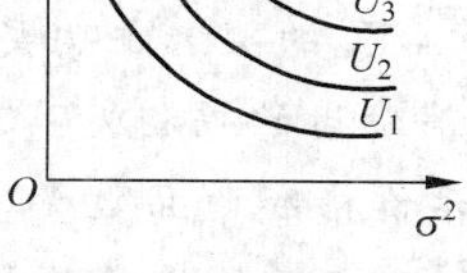

图 2-16　风险偏好者的无差异曲线

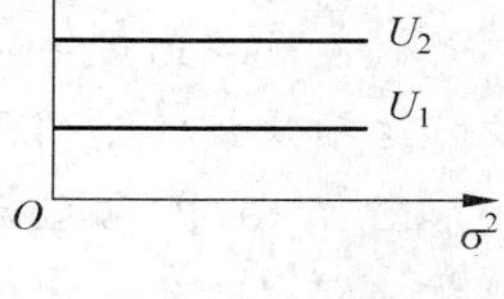

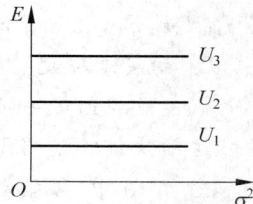

图 2-17　风险中性者的无差异曲线

三、风险的规避

对于风险厌恶者来说有三种途径降低风险：

（1）多样化。多样化是指风险存在的情况下，人们可以采取多样化的行动以降低风险。“把鸡蛋放在不同的篮子里”就体现了通过多样化来降低风险的思想。

（2）购买保险。消费者可以通过购买保险的方式降低风险。向保险公司支付一定的保险费，无论未来不确定性事件是否发生，都可以获得$(w-h)$的收入，其中w表示消费者拥有的财产，h表示保费。购买保险降低风险是指是通过转移风险，将不确定性变为确定性。

（3）获得更多的信息。在风险情况下，消费者的决策是建立在有限信息基础上。如果消费者可以获得更多信息，将会降低决策风险。

本章经济学原理应用示范

税收对消费者的福利影响

征税会对消费者的福利造成多大影响呢？可以通过消费者剩余的变化分析这一问题。政府可能是对卖者征税，也有可能是对买者征税，因此，需要区分这两种情况。

1．向卖者征税

假设政府通过了一项法规，要求商品X的卖者每卖一个商品X向政府支付t元的税收。这项法规将如何影响商品X的消费者的福利呢？可以通过图2-18解答该问题。

图2-18中，纵轴和横轴分别表示价格和商品数量，AB为商品X的需求曲线，S_1为征税前的供给曲线。因此，征税前商品X市场的均衡价格和均衡数量分别是P_1和Q_1，消费者剩余等于AP_1E_1的面积。

在对卖者征税情况下，税收对商品X的卖者产生了直接影响，卖者每卖一个商品X获得的实际收益——卖者有效价格——是商品X价格P减去税收t，即$P-t$元，卖者是以有效价格（实际收益）来确定供给量的，因此，只有市场价格上升t元，才能使卖者供给与原先相等的商品X数量。表现在图形上，是供给曲线向上平移幅度等于税收量t的距离，即由原先的S_1向上平移为S_2。由于并没直接向买者征税，每购买一个商品X的实际支付——实际成本并没有变化，买者是根据购买商品的实际支付（实际成本）来确定需求量的，因此，买者的需求曲线不变，还是AB。所以征税后商品X市场的均衡价格和均衡数量分别是P_2和Q_2，消费者剩余等于AP_2E_2的面积。与征税前相比，消费者剩余减少了$P_1P_2E_2E_1$，也就是消费者福利减少了$P_1P_2E_2E_1$。

2．向买者征税

假设政府通过一项法规，要求商品X的买者每购买一个商品X向政府支付t元的税收。这项法规将如何影响商品X的消费者的福利呢？可以通过图2-19解答该问题。

图2-19中，纵轴和横轴分别表示价格和商品数量，S为商品X的供给曲线，D_1为征税前的需求曲线。因此，征税前商品X市场的均衡价格和均衡数量分别是P_1和Q_1，消费者剩余等于AP_1E_1的面积。

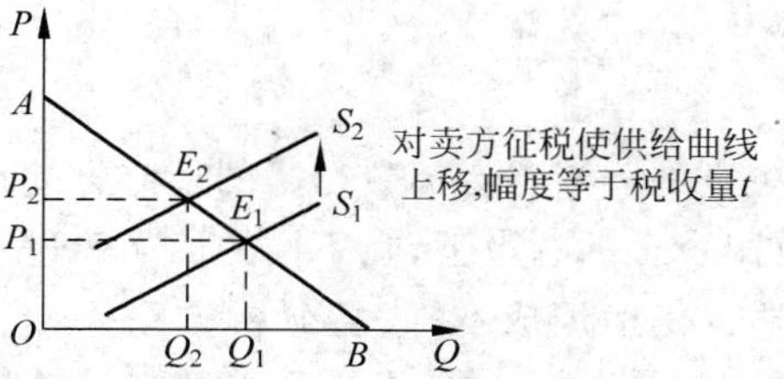

图 2-18　对卖者征税

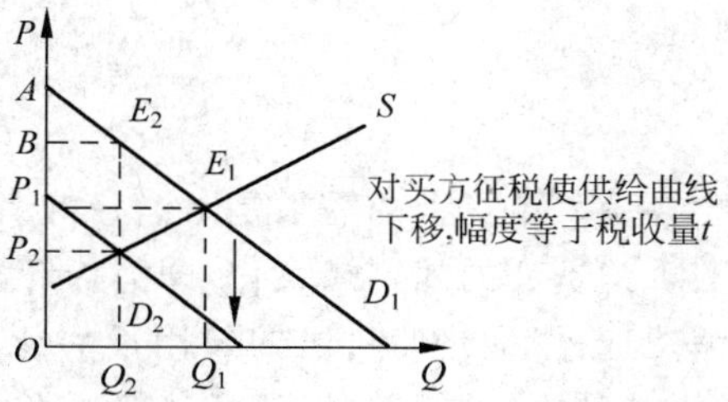

图 2-19　对买者征税

在对买者征税情况下,税收对商品 X 的买者产生了直接影响,买者每购买一个商品 X 的实际支付,即实际成本,是商品 X 价格 P 加上税收 t,即 $P+t$ 元。买者是根据购买商品的实际支付(实际成本)确定需求量的,因此,只有市场价格下降 t 元,才能使买者购买与原先相等的商品 X 数量。表现在图形上,则是需求曲线向下平移幅度等于税收量 t 的距离,即由原先的需求曲线 D_1 向下平移为 D_2。由于并没直接向卖者征税,卖者每卖一个商品 X 的实际收入——有效价格并没有变化,卖者是根据销售商品获得的实际收入来确定供给量,因此,卖者的供给曲线不变,还是 S。所以征税后,商品 X 市场的均衡价格和均衡数量分别是 P_2 和 Q_2,消费者每购买一个商品 X 的实际支付为 P_2+t,因此,消费者剩余等于 ABE_2 的面积。与征税前相比,消费者剩余减少了 $P_1BE_2E_1$,也就是消费者福利减少了 $P_1BE_2E_1$。

本章经济学原理应用指引

1. 消费者的选择与效用

(1) 用偏好、效用理解消费者行为的目的。

(2) 用无差异曲线描述各种选择组合给消费者(投资者)带来的收益状况。

2. 消费者收入约束

(1) 运用图示法描述消费者可选择区域。

(2) 运用图示法描述价格变动对消费者实际收入的影响。

3. 消费者最优购买选择

(1) 运用消费者均衡条件分析收入对需求量的影响。

(2) 运用消费者均衡条件分析完全互补品、完全替代品的需求曲线。

4. 需求曲线与消费者剩余

(1) 运用消费者剩余分析政策的效果。

(2) 运用消费者剩余评估环境等非市场产品的价格。

(3) 根据单个消费者需求曲线到市场需求曲线原理分析各种产品的市场需求状况。

5. 风险与消费行为

(1) 分析风险的定义、需求曲线。

(2) 分析保险、信息等特殊产品的价格。

本章小结

商品市场上的需求是由消费者消费行为决策决定的。消费者消费行为的最终目的是实现消费者的效用最大化，即消费者如何在自身有限资金的约束下，在不同的商品间进行消费选择，最终使自己的效用最大化。微观经济学也是运用成本-收益分析方法探究这样的问题，即要弄清消费者消费选择中获得的收益、付出的成本，最终结合消费者消费选择的收益与成本分析消费者如何选择才能实现"利润最大化"，只有实现了"利润最大化"才是一个理性消费者的最优选择。

效用是一个重要的概念，它描述了消费者购买商品的收益。消费者对于各种不同的商品组合的偏好程度是有差别的，正是这种偏好程度的差别，反映了消费者对这些不同的商品组合的效用水平的评价。无差异曲线是描述消费者偏好、效用水平的重要工具。

消费者在购买商品时，必然会受自己的收入水平和市场上商品价格的限制，这就是预算约束，也就是消费者消费商品时的"成本"约束。预算线与预算区域是描述消费者收入约束的重要工具。

消费者最优购买选择问题，也被称为消费者均衡问题。消费者均衡是指在一定的价格水平下，消费者用一定的收入购买与消费各种物品，使自己的总效用达到最大时的一种相对静止的状态。$MRS_{12}=P_1/P_2$是消费者效用最大化的均衡条件。它表示：在消费者偏好、商品价格与消费者收入约束给定情况下，为了实现最大的效用，消费者应该选择的最优商品组合，使得两商品的边际替代率等于两商品的价格之比。

利用消费者均衡条件，可以推导出价格-消费曲线，并在此基础上推导出单个消费者的需求曲线。一种商品价格发生变化会引起该商品的需求量的变化，这种变化可以被分解成替代效应和收入效应两个部分。通过对这两种效应的分析，可以更好地理解为什么需求曲线一般是向右下方倾斜的，以及在什么情况下需求曲线则是向右上方倾斜的。在单个消费者对某种商品的需求曲线的基础上进一步推导出市场需求曲线：一种商品的市场需求量是每一个价格水平上的该商品的所有个人需求量的加总，或者说，市场需求曲线是单个消费者的需求曲线的水平加总。根据需求曲线可以获得消费者剩余的概念以及计算方法：消费者剩余可以用消费者需求曲线以下、市场价格线之上的面积来表示。

现实生活中消费者在做选择时，面临着各种不确定因素，在这种情况下需要运用风险理论分析消费者的选择问题。

关键概念

效用，是指消费者在消费商品时所感受到的满足程度，是消费者对商品满足自己的欲望的能力的一种主观心理评价。效用又与偏好密切相关，所谓**偏好**，就是爱好或者喜欢的意思。对于各种不同的商品组合，消费者的偏好程度是有差别的，正是这种偏好程度的差别，反映了消费者对这些不同的商品组合的效用水平的评价。**无差异曲线**，描述消费者偏好相同的两种商品的所有组合的轨迹。在维持效用水平不变的前提下，消费者增加（减少)一单位某种商品的消费数量时所减少(增加)的另外一种商品的消费数量,被称为商品的**边际替代率**。**商品的边际替代率递减规律**:在维持效用水平不变的前提下,随着一种商品的消费数量的连续增加,消费者为获得1单位这种商品所愿意放弃的另一种商品的消费量是递减的。

完全替代品是指两种商品之间的替代比例是固定不变的情况。**完全互补品**是指两种商品必须按固定不变的比例同时被使用的情况。

预算线是预算区域的边界,它表示在消费者的收入和商品的价格给定的条件下,消费者的全部收入所能购买到的两种商品的各种组合轨迹。

消费者均衡是指在一定的价格水平下,消费者用一定的收入购买与消费各种物品,使自己的总效用达到最大时的一种相对静止的状态。

一种商品价格变动所引起的该商品需求量变动的总效应可以分解为替代效应和收入效应两个部分,即总效应=替代效用+收入效应。其中,由商品的价格变动所引起的实际收入水平变动,进而由实际收入水平变动所引起的商品需求量的变动,称为**收入效应**。由商品的价格变动所引起的商品相对价格的变动,进而由商品的相对价格变动所引起的商品需求量的变动,称为**替代效应**。**补偿预算线**,表示在商品价格发生变化时消费者维持原先效用水平不变所需的最少费用。**吉芬物品**是一种特殊的低档物品,它的收入效应作用很大,以至于超过了替代效应的作用,从而使得总效应与价格成同方向的变动。**消费者剩余**,是消费者在购买一定数量的某种商品时愿意支付的最高总价格与实际支付的总价格的差额。

消费者对自己经济行为产生的几种后果是知悉的,并且各种后果出现的概率也可以确定的情况称为**风险情况**。

复习思考

选择题

1. 无差异曲线的形状取决于(　　)。

A. 消费者偏好　　B. 消费者收入

C. 所购商品的价格　　D. 商品效用水平的大小

2. 需求曲线斜率为正的充要条件是(　　)。

A. 低档商品　　B. 替代效应超过收入效应

C. 收入效应超过替代效应　　D. 低档商品且收入效应超过替代效应

3. 当吉芬物品的价格上升时,应该有(　　)。

A. 替代效应为正值,收入效应为负值,且前者的作用小于后者

B. 替代效应为负值,收入效应为正值,且前者的作用小于后者

C. 替代效应为负值,收入效应为正值,且前者的作用大于后者

D. 替代效应为正值,收入效应为负值,且前者的作用大于后者

4. 预算线反映了(　　)。

A. 消费者的收入约束　　B. 消费者的偏好

C. 消费者人数　　D. 货币的购买力

5. 在消费者均衡点上的无差异曲线的斜率(　　)。

A. 大于预算线的斜率　　B. 小于预算线的斜率

C. 等于预算线的斜率　　D. 以上者都不三对

6. 若小王的 MRS_{XY} 小于小张的 MRS_{XY}，对小王来说，要想得到更大的效用，就可以(　　)。

A. 放弃 X，用以与小张交换 Y　　B. 放弃 Y，从小张处换取 X

C. 同时减少 X 和 Y　　D. 以上者都不三对

简答题

1. 如何解释“吉芬难题”?

2. 为什么无差异曲线向右下方倾斜，凸向原点?

3. 为什么说边际替代率等于价格的比率是消费者的均衡条件?

计算题

1. 若某人效用函数为 $U=4X+Y^2$，原先他消费 4 单位 X、4 单位 Y，现在 Y 降到 3 单位，问他需消费多少单位 X 才能达到与原效用相同的水平?

2. 消费 X、Y 两种商品的消费者的效用函数为：$U=XY$，X、Y 的价格均为 4，消费者的收入为 144。

(1) 求该消费者的需求及效用水平。

(2) 若商品 X 的价格上升为 9，消费者对两种商品的需求有何变化?

(3) 商品 X 的价格上升为 9 后，若要维持当初的效用水平，消费者的收入最少应达到多少?

(4) 求商品 X 的价格上升为 9 所带来的替代效应和收入效应。

3. 某人生活在仅有 X、Y 两种商品的社会里，每一时期他的效用函数为：$U=50X-0.5X^2+100Y-Y^2$，X 的价格为 4，每一时期他的收入为 672。试求：

(1) 导出他对商品 Y 的需求函数。

(2) 若商品 X 的价格为 14，他将买多少商品 X?

(3) 在这种均衡状态下，计算他对商品 X 的需求收入弹性。

(4) 此人得到一个加入某协会的机会，此协会的会员以价格 5 购买 Y，并且这是唯一的好处，问他进入协会而愿意付出的最大代价是多少?

(5) 若会费为每期 222，他会加入吗? 此时货币对他的边际效用是多少?

思考题

1. 许多消费者愿意多付钱购买名牌产品，你怎么看待这个问题?

2. 两条无差异曲线的交点所表示的商品组合，对于同一个消费者来说具有不同的效用。

3. 我国许多大城市水资源严重不足，自来水供应紧张，请用经济学的原理为此设计一种简单有效的解决方案，并回答以下问题。

(1) 该方案对消费者剩余有何影响?

(2) 该方案对生产资源配置有何影响?

(3) 该方案对城市居民的收入有何影响?

第三章 生产与成本

学习目的

1. 了解企业的概念与本质。
2. 掌握短期生产和长期生产中的最优要素投入的决定方法。
3. 掌握成本和利润的相关概念。
4. 掌握短期成本和长期成本相关概念与图形。
5. 学会运用本章原理和方法分析企业的生产行为。

第一节 企业的组织形式及经营目标

一、企业的组织形式

现代经济对企业提出可持续发展的要求，新形势下，尽管企业的目标有了新的定义和内涵，如追求市场占有率、企业价值最大化、客户满意度、社会责任和社会效益等，但是成本与收益是在信息不对称情况下比较客观的评价标准，是决定企业生存的根本指标、根本目的，“盈利”是企业发展的“原动力”，利润最大化依然是企业生产决策的根本出发点。

传统的微观经济学理论，认为企业是为一定目的从事某种经营活动的独立的经济单位。美国经济学科斯在1937年发表的《企业的性质》一文中提出，企业之所以存在是因为企业交易内部化可以减少交易成本，企业的规模应该扩张到这样一点，即在这一点上再多增加一次内部交易所花费的成本与通过市场进行交易所花费的成本相等。

企业的组织形式主要有三种：个人企业、合伙制企业和公司制企业。

个人企业，是指单个人独资经营的企业，或者说是只有一个所有者的企业。个人企业家往往同时就是所有者和经营者，因此，个人企业往往决策自由、灵活，易于管理。但是，个人企业的企业主要以自己的全部财产对企业的所有债务承担法律上的责任，即所谓的无限连带责任。

合伙制企业，是指两个或两个以上具有无限连带责任的所有者组成的企业。合伙制企业的规模较大，分工和专业化得到加强，但由于多人所有和参与管理，不利于协调和统一。合伙制企业的每个合伙人对企业的全部债务承担无限责任，这又被称为“联合的无限责任”。

公司制企业，是指一个或多个有限责任股东所共同拥有的企业。有限责任是指所有者只以其最初的投资承担法律责任。公司制企业资金雄厚，有利于实现规模生产，也有利于进一步强化分工和专业化。但是，公司制企业往往所有权和经营权分离，这带来一系列委托—代理的问题。

二、企业的经营目标

在微观经济学里，一般假设企业的唯一目标是追求利润最大化。根据竞争性生产的原则，只有以利润最大化为目标的企业才可能得以生存和发展，否则最终将因亏本而被淘汰。

但是，现实经济中企业往往会偏离利润最大化的目标。首先，在信息不完全的情况下，企业对市场需求和生产成本缺乏正确的判断，于是，企业长期生存的经验做法可能就是销售收入最大化而不是利润最大化。其次，在现代公司制度中，企业所有者与经营者相分离，如果委托—代理的契约关系没能理顺，往往会导致企业所有者与经营者目标分歧，例如企业经营者可能追求个人效用最大化，而不是追求企业利润最大化。

尽管现实经济中存在企业偏离利润最大化目标的情况，但是，一个不以利润最大化为目标的企业终将被市场竞争所淘汰。因此，利润最大化是一个企业竞争生存的基本准则，这也是微观经济学的一个基本假设。

第二节　生产理论

一、生产函数

（一）生产

生产，就是企业投入生产要素生产出对消费者或其他生产者具有经济价值的物品和劳务的过程。企业在生产过程中投入的生产要素主要有资源、劳动、资本和企业家才能四种。资源是生产所必需的一切可以开发利用的自然资源，包括土地、矿藏、木材、空间、海域等，资源的价格称为租金；劳动是生产所需的一切体力与智力的消耗，包括体力劳动、脑力劳动，劳动的价格即为工资；资本是生产者具备生产经营条件与能力的凭证，包括物质资本、货币资本，物质资本是指生产过程中使用的厂房、设备、原材料等，资本的价格称为利息；企业家才能是指企业家对整个生产过程的组织能力、管理能力及创造能力，它是重要的生产要素之一。现代经济学的分析更加考虑经营者的管理才能，认为企业家才能是组织劳动、资源、资本进行生产的关键因素，企业家才能的价格为利润。

（二）生产函数

自然条件对生产者施加的限制就是技术约束：企业只有投入某些要素组合时，才能生产出既定数量的产出，或者说企业必须选择技术可行的生产方案。技术可行的投入和产出的所有组合构成的集合称为生产集。企业关心的往往是在既定要素投入下的最大可能产出，也就是生产集的边界，描述这个生产集边界的函数称为生产函数，生产函数表示一定时期内，在物质技术水平不变的情况下，生产中所使用的各种生产要素与所能生产的最大产量之间的关系。通常用 Q 表示产量，$X_1,X_2,X_3,\cdots,X_n$ 分别表示企业生产中使用的 n 种生产要素，则生产函数的一般形式可以写作

$$Q = f(X_1,X_2,X_3,\cdots,X_n) \tag{3-1}$$

在分析生产要素与产量的关系时，为方便起见，这里先只考虑劳动和资本两种生产要素，L 代表劳动要素，K 代表资本要素，此时生产函数可以写为

$$Q = f(L,K) \tag{3-2}$$

生产函数有以下基本性质：首先，生产函数是在既定的生产技术水平下的生产，如果生产技术水平变化，原有生产函数将改变，从而形成新的生产函数；其次，生产函数为增函数，如果每种生产要素的投入数量增加，产量也将随之增加；最后，在既定的物质技术水平下，生产函数表示的是投入同样的生产要素所得到的最大产量。

生产函数的具体形式可以多种多样，这里介绍一个经典的生产函数：柯布—道格拉斯生产函数。该生产函数的一般形式为

$$Q = AL^{\alpha}K^{\beta} \tag{3-3}$$

式中：Q 代表产量；L 代表劳动投入量；K 代表资本投入量；参数 A 代表技术水平，即表示当每种生产要素投入量都是一单位时的产量，技术水平越高，每种生产要素投入量都是一单位时的产量越高，反之，则越低；参数 α 和 β 衡量产量如何随着生产要素投入量的变动而变动。α 和 β 分别衡量了劳动产出弹性和资本产出弹性。因此，$\alpha+\beta$ 可以判断规模报酬情况如下。

第一种情况，$\alpha+\beta>1$，意味着劳动投入量和资本投入量分别变动 1%引起的产量变动超过 1%，规模报酬递增；

第二种情况，$\alpha+\beta=1$，意味着劳动投入量和资本投入量分别变动 1%引起的产量变动也等于 1%，规模报酬不变；

第三种情况，$\alpha+\beta<1$，意味着劳动投入量和资本投入量分别变动 1%引起的产量变动小于 1%，规模报酬递减。

（三）短期生产、长期生产

微观经济学在考察生产领域时，将生产要素分为固定要素和可变要素两种。固定要素，是指一定时期内无法进行数量调整的那部分要素，如厂房、设备等；可变要素，是指一定时期内生产者可以进行数量调整的那部分要素投入，如原材料、劳动等。同时依据生产者调整全部的生产要素的投入量来实现整个产量目的所需要的时间跨度将生产分为短期生产与长期生产。短期生产是指企业来不及调整全部生产要素，只能通过调整可变要素

来调整产量，生产只能在原有固定要素和调整后的可变生产要素的条件下进行，产量的变化完全是可变要素投入变化的结果。长期生产是指企业可以调整全部生产要素，以满足生产的需要。

宏观经济学的视角是关注价格指数，如果价格是黏性的，则认为它反映的生产周期是短期的；如果价格是弹性的，可以使市场随时达到出清状态，则它反映的生产周期是长期的。

二、使用一种可变生产要素的生产

微观经济学通常以一种可变生产要素的生产函数考察短期生产理论。在分析生产要素投入量与产量之间的关系时，先从简单的短期生产开始，一般只考虑劳动和资本两种生产要素的情况，假设表示的劳动投入量 L 是可变的，资本的投入量是固定的，用 $\overline{K}$ 表示，则生产函数可以写成：

$$Q = f(L, \overline{K}) \tag{3-4}$$

由于 $\overline{K}$ 表示固定的生产要素投入量，可以看作一个常量，此生产函数也可以表示为

$$Q = f(L) \tag{3-5}$$

这就是通常采用的一种可变生产要素的生产函数的一般形式，它也被称为短期生产函数。

（一）总产量、平均产量和边际产量

当生产中只有劳动要素的投入量可变，资本要素保持不变时，企业要思考劳动要素的使用量为多少时才是最优的投入。

1. 总产量、平均产量和边际产量的概念

总产量（Total Product），是指某一个给定时期一定量的生产要素所能生产出来的全部产量。在短期内，总产量可以看作是可变生产要素的函数，用公式表示为

$$Q = f(L)$$

平均产量（Average Product），是指平均每单位生产要素投入所生产的产量。一种生产要素的平均产量等于总产量除以该生产要素的投入量。用公式表示为

$$AP = Q/L = f(L)/L \tag{3-6}$$

边际产量（Marginal Product），是指增加一单位的生产要素投入量所带来的产量增加量。一种生产要素的边际产量等于总产量对该生产要素投入量的求导。用公式表示为

$$MP = \mathrm{d}Q/\mathrm{d}L \tag{3-7}$$

2. 边际报酬递减规律

现实生活中，对于任何产品的短期生产，可变要素投入和固定要素投入之间都存在一个最优投入比例。整个短期生产内，固定要素投入量不变。开始阶段，可变要素投入量较少，生产要素之间的投入比例未达到最优的投入比例，因此，随着可变要素投入量的逐渐增加，生产要素的投入比例逐步接近最优的投入比例，相应的可变要素的边际产量呈现递增的趋势；一旦生产要素的投入比例达到最优后，如果进一步增加可变要素投入量，会导

致生产要素投入比例远离最优水平，相应的可变要素的边际产量呈现递减的趋势。

在理解边际报酬(收益)递减规律时，还应注意以下几点。

(1) 有两个条件需要保持不变：①物质技术水平不变，当物质技术水平变动时，边际报酬(收益)递减规律将不再适用；②其他的不变生产要素的投入量不能变化，当其他投入要素同时变化时，该规律也不再适用。

(2) 随着可变要素投入量的增加，边际产量要经过递增、不变、递减，甚至成为负数的过程。即可变要素的边际报酬(收益)并不是一开始就呈现递减的趋势，当可变要素投入超过了一定量时，边际产量才开始递减。

(3) 边际报酬(收益)递减规律是以生产中的实践经验总结的一条普遍规律，对生产中绝大多数领域都是适用的。

3. 总产量曲线、平均产量曲线和边际产量曲线之间的关系

可以用图形说明总产量曲线、平均产量曲线和边际产量曲线之间的关系，如图 3-1 所示，横轴表示劳动投入量，纵轴表示产量，TP 为总产量曲线，AP 为平均产量曲线，MP 为边际产量曲线。

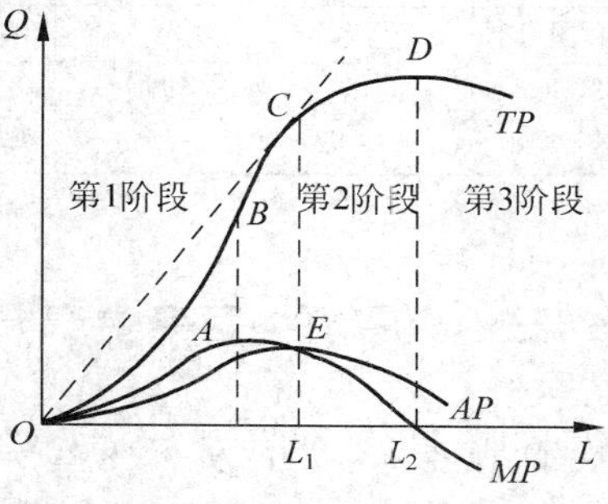

图 3-1　一种可变要素的产量曲线

(1) 总产量曲线和边际产量曲线之间的关系。

从函数关系看，边际产量是总产量对生产要素投入量的一阶导数。从几何意义上看，边际产量值是总产量曲线上任何一点处切线的斜率。因此，二者间的关系可以归纳为以下两点：

① 边际产量为正时，总产量增加；边际产量为负时，总产量是减少的；当边际产量为零时，总产量达到最大值。

② 在总产量达到拐点 B 点前，总产量加速增加；在总产量拐点 B 点后，总产量减速增加。

(2) 总产量曲线和平均产量曲线之间的关系。

从函数关系看，平均产量等于总产量除以生产要素投入量，它与总产量的变化速率一致。从几何意义上看，平均产量就是连接总产量曲线上任何一点和坐标原点的线段的斜率。因此，当平均产量曲线在 E 点达到最大值时，则总产量曲线必然有一条从原点出发的最陡的切线 OC，其切点为 C 点。

(3) 平均产量曲线与边际产量曲线之间的关系。

当边际产量大于平均产量时，平均产量递增；当边际产量小于平均产量时，平均产量递减，边际产量等于平均产量时，平均产量曲线处于最高点，如图 3-1 中的 E 点。这是因为，只要新增加一单位要素投入引起的总产量的增加量(即边际量)大于增加这单位投入要素之前的平均产量，增加这一单位投入要素后的平均量就大于原来的平均量。反之，若新增加一单位要素投入所引起的总产量增量(边际量)小于增加这单位要素投入之前的平均量，要素投入增加后的平均产量必小于原来的平均量。

（二）短期生产的三个阶段

总产量曲线、平均产量曲线和边际产量曲线之间的关系，可以将短期生产划分为三个阶段，如表 3-1 和图 3-1 所示。第一阶段，是 AP 曲线与 MP 曲线相交于 E 点之前，即劳动投入范围为$(0,L_1)$，这一阶段反映了相对于固定要素，可变要素投入不足，所以增加可变要素可以增加总产量和平均产量，因此，生产者不会在这一阶段停止生产，而是连续增加可变要素劳动的投入量，以增加总产量。第二阶段，劳动投入范围为(L_1,L_2)。第三阶段，是总产量达到最大值后的阶段，即劳动投入范围为(L_2,∞)，这一阶段无论怎样增加可变要素，都不会带来总产量和平均产量的增加，因此，生产者不会选择停留在这一阶段。综上所述，第二阶段是理性生产者的决策区间，称之为经济区域。

表 3-1　短期生产的三个阶段

阶段划分	特　征			劳动投入范围	企业选择
	总产量	平均产量	边际产量		
阶段 1	一直上升	一直上升	为正，先上升后下降	$(0,L_1)$	不会选择停留
阶段 2	增加，在 L_2 处达到最大	开始递减	为正，一直递减	(L_1,L_2)	选择停留
阶段 3	一直下降	一直下降	为负且继续下降	(L_2,∞)	不会选择停留

三、使用两种可变生产要素的生产

微观经济学以两种可变生产要素的生产函数考察长期生产理论，长期内，不仅劳动要素可变，资本要素也可以变动，那么新的生产函数就是

$$Q = f(L,K) \tag{3-8}$$

式中：L 为劳动要素的投入量；K 为资本要素的投入量。

两种生产要素的最优投入组合问题，与消费者行为理论中效用最大化的商品购买组合问题十分类似，只要将等产量曲线替换无差异曲线、将等成本曲线替换预算线即可。

（一）等产量曲线

等产量曲线，表示在其他条件不变时，生产同一产量的各种生产要素的不同数量的组合的轨迹。等产量曲线具有和无差异曲线类似的形状和性质，如图 3-2 所示。

（1）等产量曲线是一条向右下方倾斜的曲线，其斜率为负值。这说明了，在生产者技术条件既定的情况下，为了达到相同的产量，在增加一种生产要素时，必须减少另一种生产要素。两种生产要素的同时增加是资源既定时无法实现的；两种生产要素的同时减少，则不能保持相同的产量水平。

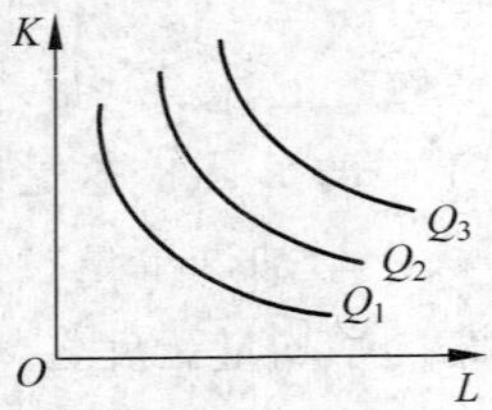

图 3-2　等产量曲线及其特征

（2）同一坐标图上任何两条等产量曲线都不相交。

（3）在坐标图上可以画出无数条等产量曲线，且离原点越远，表明产量越高；离原点越近，表明产量越低。

(4) 等产量曲线不仅向右下方倾斜,而且凸向原点,即其斜率的绝对值递减。这是由边际技术替代率递减规律决定的。

(二) 边际技术替代率

在等产量曲线的分析中,边际技术替代率可以描述生产要素之间的替代关系。在保持产量不变的条件下,增加(减少)一种要素的投入量时相应地能减少(增加)另一种生产要素的投入量,称为边际技术替代率(Marginal Rate of Technical Substitution),用MRTS代表边际技术替代率。其计算公式为

$$MRTS_{LK} = -\Delta K/\Delta L \tag{3-9}$$

式中:ΔK 和 ΔL 分别表示资本投入量的变化量和劳动投入量的变化量;$MRTS_{LK}$表示劳动对资本的边际技术替代率,即在保持产量不变的条件下,增加一单位劳动可以减少的资本投入量。在分析边际技术替代率时,通常会取其绝对值。从该计算式可以看出,等产量曲线上某点的边际技术替代率是等产量曲线上该点的斜率绝对值。

在同一等产量曲线上,劳动投入量增加 ΔL 带来的产量增量,应该等于资本投入量减少 ΔK 带来的产量减少量。用 MP_L 表示劳动的边际产量,当劳动投入量增加 ΔL,则产量增量为 $\Delta L \cdot MP_L$;用 MP_K 表示资本的边际产量,当资本投入量减少 ΔK,则产量增量为 $-\Delta K \cdot MP_K$。在保持产量不变的情况下,则有

$$\Delta L \cdot MP_L = -\Delta K \cdot MP_K \tag{3-10}$$

整理则有

$$MRTS_{LK} = -\Delta K/\Delta L = MP_L/MP_K \tag{3-11}$$

由此可见,边际技术替代率可以表示为两要素的边际产量之比。例如,劳动对资本的边际技术替代率可以等于劳动的边际产量与资本的边际产量之比。在保持产量不变的前提下,当一种生产要素的投入量不断增加时,每一单位的这种生产要素所能替代的另一种生产要素的数量是递减的,这一现象称为边际技术替代率递减规律。

(三) 等成本曲线

生产者的成本约束要求花费在要素购买上的金钱总数不超过生产者的总成本投入。假定某生产者的既定成本投入为 C 元,全部用来购买劳动要素和资本要素,L 和 K 分别表示劳动购买量和资本购买量,w 和 r 分别表示劳动要素和资本要素的价格,那么生产者的成本约束可以表示为

$$w \cdot L + r \cdot K \leqslant C \tag{3-12}$$

式中:$w \cdot L$ 是生产者花费在劳动要素上的金钱数;$r \cdot K$ 是生产者花费在资本要素上的金钱数。

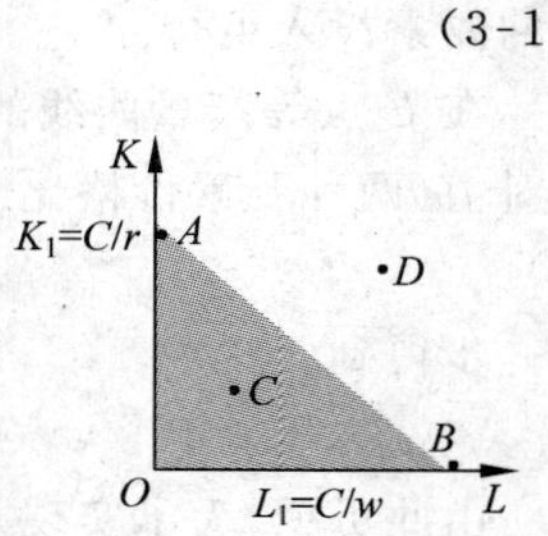

图 3-3 等成本曲线与预算约束

从几何意义上讲,生产者成本约束可以表示为图 3-3 中的阴影部分 OAB 的要素可购买区域,生产者能够购买到的劳动要素和资本要素的组合点必须在要素可购买区域内,如图中的 C 点,而在要素可购买区域外的点,如图中的 D 点所代表的要素组合是生产者无法在成本投入与要素

价格的前提条件下所能够购买到的。

等成本曲线，是要素可购买区域的边界，它表示在生产者的成本投入和要素的价格给定的条件下，生产者的全部投入所能购买到的两种生产要素的各种组合轨迹，即图中的线段 AB。相应的预算等式为

$$w \cdot L + r \cdot K = C \tag{3-13}$$

该式表明，等成本曲线 AB 的斜率为 $-w/r$，横截距和纵截距分别为 C/w 和 C/r，它们分别表示全部成本投入仅购买劳动要素或资本要素的数量。

（四）最优的生产要素组合

将等产量曲线和等成本曲线结合在一起，可以研究生产者最优的生产要素组合问题。生产者最优的生产要素组合问题可以区分为两种情况：①如何选择生产要素投入组合，才能实现既定成本条件下的最大产量；②如何选择生产要素投入组合，才能实现在既定产量下的最小成本。

可以将生产者最优生产要素组合的决定问题转化为图形表示。既定产量，意味着给定生产者等产量曲线。既定成本条件，意味着给定生产者的等成本曲线以及要素可购买区域。

1. 既定成本条件下的最大产量

如图 3-4 所示，既定的成本由等成本曲线 AB 描述，等产量曲线 Q_1、Q_2、Q_3 分别与等成本曲线 AB 相交（交点为 C 和 D）、相切（切点为 E）、相离（没有任何交点）。首先，在相交情况下，如等产量曲线 Q_1 中，只有两个交点之间的 CD 段处于生产要素可购买区域 OAB 内，但是，等产量曲线 Q_1 与等成本曲线 AB 围成的阴影部分（不包括等产量曲线 Q_1 上 CD 段，但包括等成本曲线）内的任何一点的生产要素组合都是可购买到且又能实现大于 Q_1 的产量水平，由此可见，相交的情况未能实现产量水平最大化的目标。其次，在相离情况下，如等产量曲线 Q_3 上任何一点的生产要素组合的确可以给生产者带来更高的产量水平，不过，Q_3 处于生产者要素可购买区域 OAB 之外，生产者无法在现有要素价格和成本约束下购买到。最后，只有在相切情况下，切点 E 处的生产要素组合，既在生产者生产要素可购买区域 OAB 内，并且经过 E 点的等产量曲线位置也尽可能达到最高（即生产者产量达到最大化）。因此，E 点所描述的生产要素组合为生产者最优的要素投入组合。

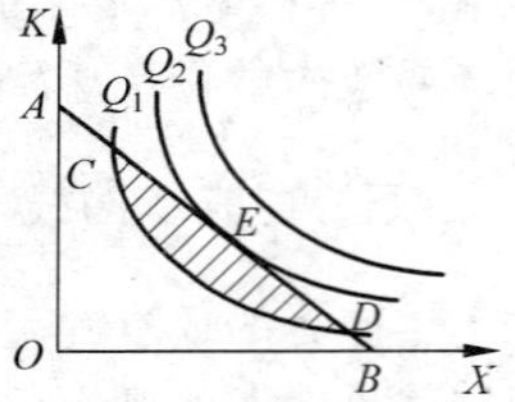

图 3-4 既定成本条件下的最大产量

在 E 点等产量曲线的斜率绝对值（边际技术替代率 $MRTS_{LK}$）等于等成本线的斜率绝对值（两种要素价格比 w/r），即

$$MRTS_{LK} = w/r = MP_L/MP_K \tag{3-14}$$

进一步得到

$$MP_L/w = MP_K/r$$

由此可见，为了实现既定成本条件下的最大产量，生产者必须选择最优的生产要素组合，使得两要素的边际技术替代率等于两要素的价格比例。

2. 既定产量下的最小成本

如图 3-5 所示，既定的产量由等产量曲线 Q_1 描述，等成本曲线 AB、FG、HI 分别与等产量曲线相交（交点为 C 和 D）、相切（切点为 E）、相离（没有任何交点）。首先，在相交情况下，如在等成本曲线 AB 情况下，等产量曲线 Q_1 中的两个交点之间的 CD 段处于生产要素可购买区域 OAB 内，CD 段内任何一点的生产要素组合点均能实现既定产量 Q_1，并且还可以实现更低的成本，因此，相交的情况不可能实现既定产量下的最小成本的目标。其次，在相离情况下，如等成本曲线 HI 上任何一点的生产要素组合的确可以给生产者带来更低的成本水平，不过，等产量曲线 Q_1 处于生产者要素可购买区域 OAB 之外，生产者无法在现有要素价格和 HI 成本约束下购买到。最后，只有在相切情况下，切点 E 处的生产要素组合，既能实现既定的产量 Q_1，并且经过 E 点的等成本曲线位置也尽可能达到最低（即生产者成本达到最小化）。因此，E 点所描述的生产要素组合则为生产者最优的要素投入组合。在 E 点同样也有等产量曲线的斜率绝对值（边际替技术代率 $MRTS_{LK}$）等于等成本线的斜率绝对值（两种要素价格比 w/r），因此，为了实现既定产量条件下的最小成本，生产者必须选择最优的生产要素组合，使得两要素的边际技术替代率等于两要素的价格比例。

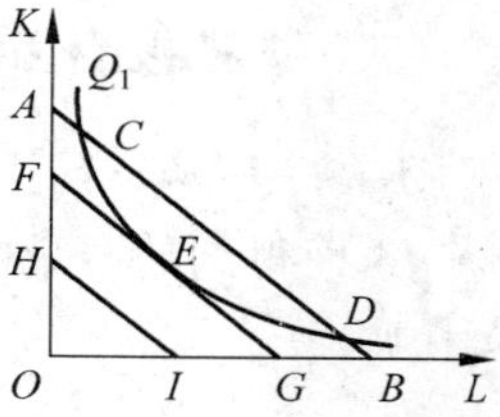

图 3-5 既定产量下的最小成本

四、规模报酬

现在考察这样一种情况，当所有的生产要素按照固定比例同时增加，产量会增加多少？由于企业只有在长期内才能变动所有的生产要素，进而引起生产规模的变化，因此，企业规模报酬分析仅适用于长期生产理论问题，通常会有以下三种情况。

（一）规模报酬不变

最常想到的一种情况，产量随各种生产要素同比例增加，这种情况叫作规模报酬不变，用函数来表达就是所有投入按比例增加为原来的 λ 倍，得到的产量等于原先产量的 λ 倍。对于所有的 $n=1$，则有

$$f(\lambda L, \lambda K) = \lambda^n f(L, K) \tag{3-15}$$

生产者在规模报酬递增的因素吸收完毕后，只能依靠复制正在进行的生产方式进行扩大规模生产，这是最"自然"的现象。

（二）规模报酬递增

也有可能是这种情况，当把所有投入按比例增加为原来的 λ 倍时，得到的产量大于原先产量的 λ 倍，这种情况叫作规模报酬递增。对于所有的 $n>1$，则有

$$f(\lambda L, \lambda K) = \lambda^n f(L, K) \tag{3-16}$$

规模报酬递增一般出现在企业最初的很小的生产规模开始逐步扩大的时候，随着生产规模的扩大，生产要素投入的增加，提高了生产要素的专业化程度，同时企业也采用现

代管理方式，从而形成一种新的生产力，进一步发挥生产要素的组合功能，带来更高的效率和更大的效益。

（三）规模报酬递减

还有一种情形是生产者不愿意看到的情况，那就是每种生产要素投入量增加为原来的 λ 倍，而得到的产量的增加少于原来的 λ 倍，这种情况叫作规模报酬递减。对于所有的 $n<1$，则有

$$f(\lambda L, \lambda K) = \lambda^n f(L, K) \tag{3-17}$$

在生产规模不断扩大的过程中，生产要素的投入比例超过了最优的配合比例，同时，规模不断扩大，管理机构也不断扩大，管理成本也会不断增加，从而使得规模报酬递减。这样的扩大生产规模的方式是存在问题的，从理性经济人的角度看，生产者至少可以按照复制的方式扩大生产规模来使得规模报酬保持不变，而不会使自己的规模报酬递减。

第三节　成本理论

一、成本的概念

从最基本的形式上看，成本就是当资源进行交换或转换时所形成的牺牲。企业的成本，是企业进行生产经营活动所必须付出的代价，是企业对所购买的生产要素的货币支出，主要包括企业为获得劳动、资本、土地、企业家才能等而支出的费用。然而，在经济分析中，仅从这个角度来理解成本概念是不够的，为此，经济学家提出机会成本的概念。

（一）机会成本

微观经济学是研究稀缺资源如何在各种用途中进行最优配置的学科。从生产角度看，一定的资源可以用于生产各种不同的产品，例如，某汽车企业拥有 1 000 万元的闲置资金，面对这 1 000 万元的闲置资金，该汽车企业有三种选择：可以用于生产 100 辆经济型的小轿车，可以用于生产 50 辆中高档的商务车，可以用于生产 10 辆豪华的跑车。当一定的资源用于其中一种产品生产时，需要放弃用同样的经济资源来生产其他产品作为代价。生产者所放弃的使用相同的生产要素在其他生产用途中所能得到的最高收入称为机会成本。在上述例子中，如果 100 辆经济型的小轿车销售总额为 1 500 万元，50 辆中高档的商务车的销售总额为 2 000 万元，10 辆豪华的跑车的销售总额为 2 500 万元，则生产 100 辆经济型的小轿车的机会成本为其他两种车型生产中所得到的最高收入 2 500 万元，生产 50 辆中高档的商务车的机会成本为其他两种车型生产中所得到的最高收入 2 500 万元，生产 10 辆豪华的跑车的机会成本为其他两种车型生产中所得到的最高收入 2 000 万元。正是由于资源的稀缺性和多功能性，经济学在研究各种资源配置选择时，都是从机会成本的角度去解释企业的生产成本。

（二）显成本、隐成本与经济成本

根据企业生产要素的来源，企业的生产成本可以分为显成本和隐成本两个部分。

企业生产的显成本，是指企业在生产要素市场上购买或租用所需要的生产要素的实际支出。例如企业雇用雇员、购买原材料、租赁设备等所支付的费用。从机会成本的角度理解，企业生产的显成本必须等于这些相同的生产要素使用在其他最好用途上所能得到的收入，不然这些生产要素的所有者就不会将这些生产要素出售或者租赁给企业使用，而应该是用在其他最好用途上，以获得更高的收入。企业生产中的显成本事实上就是会计成本，指购买或生产某种物品过程中过去或现在发生的财务费用或历史成本，是购买所有权归他人的生产要素形成的成本，包括工资、利息、租金和原材料等费用。

企业生产的隐成本，是指企业本身拥有的且被用于该企业生产过程中的那些生产要素的总价格。该费用应该支付但并没有实际支出，不反映在账目上，例如，企业自有资金的利息、自有土地的租金等。从机会成本的角度理解，企业生产的隐成本是按照企业自有生产要素在全部用途中所能获得的最高收入支付的，否则，企业不会将这些自身拥有的生产要素用于该企业生产过程，而应该是用于能够获得最高收入的用途中。

经济学认为，企业生产的总成本（即经济成本），应该等于显成本与隐成本的加总。

（三）经济利润、会计利润、正常利润

企业的经济利润，是企业的总收益与总成本之差，简称为企业的利润，生产者追求的最大利润是经济利润。经济利润的计算公式如下：

$$\begin{aligned}\text{经济利润} &= \text{总收益} - \text{总成本} = \text{总收益} - \text{经济成本} \\ &= \text{总收益} - \text{显成本} - \text{隐成本} \end{aligned} \tag{3-18}$$

企业的会计利润，是企业的总收益与会计成本之差。会计利润的计算公式如下：

$$\begin{aligned}\text{会计利润} &= \text{总收益} - \text{会计成本} = \text{总收益} - \text{显成本} \\ &= \text{经济利润} + \text{隐成本} \end{aligned} \tag{3-19}$$

经济学中，还要区分经济利润和正常利润，正常利润是企业对自己所提供的企业家才能的报酬的支付。从机会成本的角度看，正常利润是隐成本的一个组成部分。正常利润是让一个企业所有者继续留在原产业从事生产经营必需的最低报酬。经济利润不包括正常利润。当企业的经济利润为 0 时，企业仍然得到了全部的正常利润。经济利润也被称为超额利润。

显成本、隐成本、会计成本、经济成本、经济利润、会计利润等相关概念的区别可以用表 3-2 的例子说明。某企业的销售收益为 300 000 元，会计成本主要由四个部分组成共 200 000 元：原材料费用 130 000 元，水电费 10 000 元，工资费用 50 000 元，银行贷款利息 10 000 元，因此，会计利润为 100 000 元。事实上，企业还动用了自己拥有的厂房、资本和企业家自身的劳动，这些生产要素的市场价格分别为 50 000 元、10 000 元和 40 000 元，因此，企业的隐成本为 100 000 元，企业的经济成本为 300 000 元，企业的经济利润为 0 元。

表 3-2 各种成本与利润 单位：元

会计师的算法		经济学家的算法	
项　目	数　量	项　目	数　量
销售收益	300 000	销售收益	300 000
原材料费用	130 000	原材料费用	130 000
水电费	10 000	水电费	10 000
工资	50 000	工资	50 000
银行利息	10 000	银行利息	10 000
		隐含租金	50 000
		隐含利息	10 000
		隐含工资	40 000
会计成本	200 000	经济成本	300 000
会计利润	100 000	经济利润	0

（四）成本函数

成本函数用于表示成本与产量之间的函数关系，其公式为

$$C = f(Q) \tag{3-20}$$

企业的成本，是企业进行生产经营活动所必须付出的代价。有怎样的生产选择，就有怎样的成本构成。成本理论建立在生产理论的基础之上。生产理论分为短期生产理论和长期生产理论，相应地，成本理论也区分为短期成本理论和长期成本理论。由于企业的生产函数区分为短期生产函数和长期生产函数，因此，成本函数也有短期和长期之分。

二、短期成本

（一）短期成本的分类

1. 短期总成本、短期总固定成本、短期总可变成本

由企业短期生产函数出发，可以得到相应的短期成本函数。企业的短期生产函数为

$$Q = f(L, \overline{K}) \tag{3-21}$$

式中：L 为可变要素劳动的投入量；$\overline{K}$ 为固定要素资本的投入量；Q 为产量。由于 $\overline{K}$ 表示固定的生产要素投入量，可以看作一个常量，此生产函数也可以表示为

$$Q = f(L) \tag{3-22}$$

该短期生产函数表明，在短期内可变要素 L 与产量 Q 之间存在相互依存关系，企业可以根据不同的产量水平，来确定相应的劳动投入量，由此可见，短期内，劳动投入量是产量的函数，可以用 $L(Q)$ 表示。w 和 r 分别表示劳动要素和资本要素的价格。企业的成本是企业对所购买的生产要素的货币支出，因此，可以得出企业短期生产的总成本函数：

$$STC(Q) = w \cdot L(Q) + r \cdot \overline{K} \tag{3-23}$$

式中：STC 是短期总成本，也可以用 TC 表示总成本；$wL(Q)$ 是对可变要素劳动投入量所支付的总成本，是一种可变成本；短期总可变成本用 TVC 表示；$r\overline{K}$ 是对不变要素资

本投入量所支付的总成本，是一种固定成本。短期总固定成本用 TFC 表示。因此，短期总成本函数亦可表示为

$$STC(Q) = TVC(Q) + TFC(Q) \tag{3-24}$$

2. 短期平均总成本、短期平均可变成本、短期平均固定成本

平均成本是企业平均每生产一单位产品所耗费的成本，等于总成本除以产量。因此，只要将相应的短期总成本、短期总可变成本、短期总固定成本分别除以产量，即可得到相应的短期平均总成本、短期平均可变成本、短期平均固定成本。其计算公式分别为

$$\begin{aligned} SAC(Q) &= STC(Q)/Q = TVC(Q)/Q + TFC(Q)/Q \\ &= AVC(Q) + AFC(Q) \end{aligned} \tag{3-25}$$

式中：SAC 是短期平均总成本；AVC 是短期平均可变成本；AFC 是短期平均固定成本。由此可见，短期平均总成本等于短期平均可变成本与短期平均固定成本之和。

3. 短期边际成本

短期边际成本是指企业在短期内增加一单位产量时所增加的总成本，它等于总成本对产量的求导，其计算公式为

$$MC(Q) = \mathrm{d}TC/\mathrm{d}Q \tag{3-26}$$

由于固定成本不随产量变化，因此，边际成本也可以表示为

$$MC(Q) = \mathrm{d}TVC/\mathrm{d}Q \tag{3-27}$$

（二）短期生产与短期成本的关系

1. 边际产量和边际成本之间的关系

根据边际成本和边际产量的计算公式可以得到

$$MC(Q) = \mathrm{d}TC/\mathrm{d}Q = \mathrm{d}TVC/\mathrm{d}Q = w \cdot \mathrm{d}L/\mathrm{d}Q = w \cdot (1/MP_{\mathrm{L}}) \tag{3-28}$$

由此可见，边际产量 MP_{L} 与边际成本 MC 两者的变动方向是相反的。由边际报酬递减规律可知，边际产量 MP_L 是先上升后下降，所以，边际成本曲线是先下降，达到一个最低点后再上升，如图 3-6 所示。其次，由边际成本与边际产量之间的关系可知，总产量曲线下凸时，总成本曲线和总可变成本曲线则是下凹；总产量曲线下凹时，总成本曲线和总可变成本曲线则是下凸；总产量曲线处于拐点时，总成本曲线和总可变成本曲线则也处于拐点。

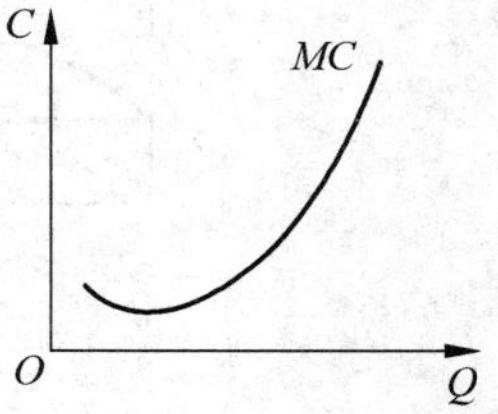

图 3-6　边际成本曲线

2. 平均产量和平均可变成本之间的关系

根据平均可变成本和平均产量的计算公式可以得到

$$AVC = TVC/Q = w \cdot L/Q = w \cdot (1/AP_{\mathrm{L}}) \tag{3-29}$$

由此可见，平均产量 AP_{L} 和平均可变成本 AVC 两者的变动方向是相反的。前者递减时，后者递增；反之，前者递增时，后者递减。前者最高点对应着后者的最低点。根据平均固定成本的计算公式、平均产量的曲线形状、边际量与平均量之间的关系可知，平均固定成本曲线、平均可变成本曲线和平均总成本曲线的形状分别如图 3-7 中的(a)～(c)图所示。图中横轴为产量，纵轴为成本。平均固定成本曲线是一条向两轴渐进的双曲

线。平均可变成本曲线和平均总成本曲线均是先下降、后上升，呈现 U 形的特征。

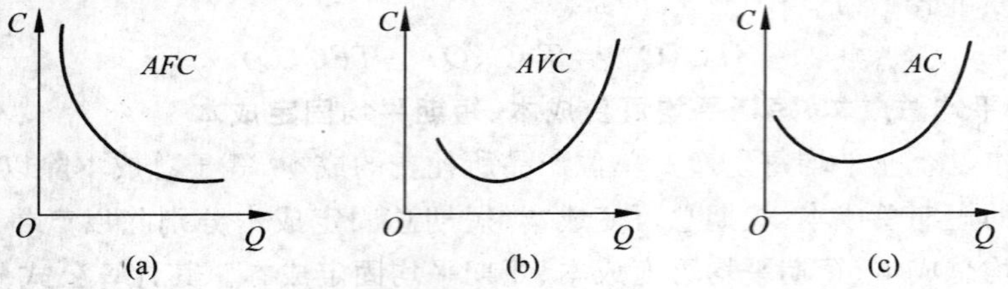

图 3-7　平均成本曲线

根据总固定成本的定义，总可变成本与平均可变成本、边际成本之间的关系，总成本与总可变成本、总固定成本之间的关系可知，总固定成本曲线、总可变成本曲线、总成本曲线的形状如图 3-8 所示。图 3-8 中，横轴为产量，纵轴为成本。总成本曲线可以由总可变成本曲线形状上移一个总固定成本的距离获得，因此，总成本曲线的纵截距等于总固定成本。

（三）短期成本之间的关系

根据边际量、平均量以及总量之间的关系可知，总成本曲线、平均成本曲线和边际成本曲线之间的关系，如图 3-9 所示，图中，横轴表示产量，纵轴表示成本，*MC* 为边际成本曲线，*AC* 为平均总成本曲线，*AVC* 为平均总可变成本曲线，*AFC* 为平均总固定成本曲线。

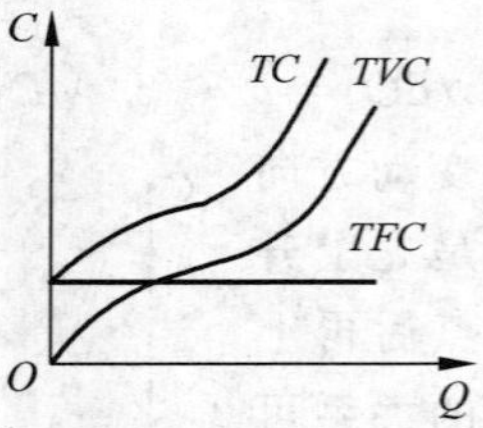

图 3-8　总成本曲线

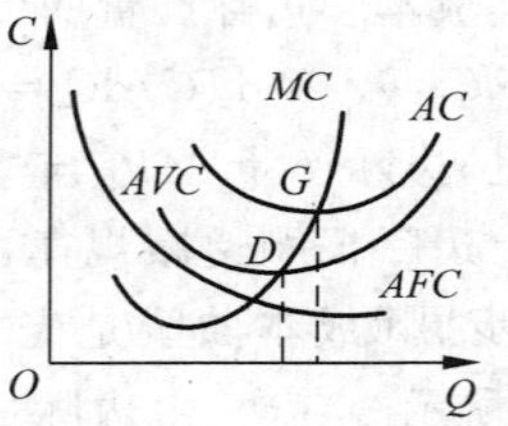

图 3-9　短期成本曲线关系

1. 总成本曲线和边际产量曲线之间的关系

从函数关系来看，边际成本是总成本对产量的一阶导数，也是总可变成本对产量的一阶导数。从几何意义上看，边际成本值是总成本曲线和总可变成本曲线上相应点处的切线的斜率。

2. 总成本曲线和平均成本曲线之间的关系

从函数关系看，平均总成本等于总成本除以产量，平均可变成本等于总可变成本除以产量，平均固定成本等于总固定成本除以产量。从几何意义上看，平均总成本就是连接总成本曲线上任何一点和坐标原点的线段的斜率，平均可变成本就是连接总可变成本曲线上任何一点和坐标原点的线段的斜率，平均固定成本就是连接总固定成本曲线上任何一点和坐标原点的线段的斜率。

3. 平均产量曲线与边际产量曲线之间的关系

当边际值大于平均值时，平均值递增；当边际值小于平均值时，平均值递减；当边际值等于平均值时，平均值曲线处于最值处。因此，如图 3-9 所示，边际成本曲线 MC 与平均总成本曲线 AC 交于平均总成本曲线 AC 的最低点 G 点。边际成本曲线 MC 与平均可变成本曲线 AVC 交于平均可变成本曲线 AVC 的最低点 D 点。

三、长期成本

长期内，企业可以根据产量的要求调整全部的生产要素投入量，甚至进入或退出一个行业。因此，企业的所有成本都是可变的。企业的长期成本曲线区分为长期总成本曲线、长期平均成本曲线、长期边际成本曲线，分别用相应的英文缩写 LTC、LAC、LMC 表示。

（一）长期总成本曲线

1. 短期成本曲线与生产规模

不同的短期成本曲线都有不同的纵截距，也就是有不同的固定成本。固定成本主要是厂房、设备等固定要素的总支付，拥有不同的固定成本意味着拥有不同规模的厂房、设备等固定要素，因此，每条短期成本曲线都代表着不同的生产规模。固定成本越多，即短期成本曲线的纵截距越大，则该短期成本曲线代表的生产规模越大。如图 3-10 所示，STC_1、STC_2、STC_3 三条短期成本曲线中，STC_1 纵截距最小，则固定成本最少，生产规模最小，所以在产量低的时候，总成本相对也最小，但随着产量不断增加，由于生产规模的限制，总成本迅速上升为最高；STC_3 纵截距最大，则固定成本最多，生产规模最大，所以在产量低的时候，总成本相对也最大，但随着产量不断增加，逐步显现规模效应，总成本迅速降为最低；STC_2 纵截距居中，则固定成本居中，生产规模居中，所以在产量低的时候，总成本也居中，随着产量不断增加，总成本处于居中位置。

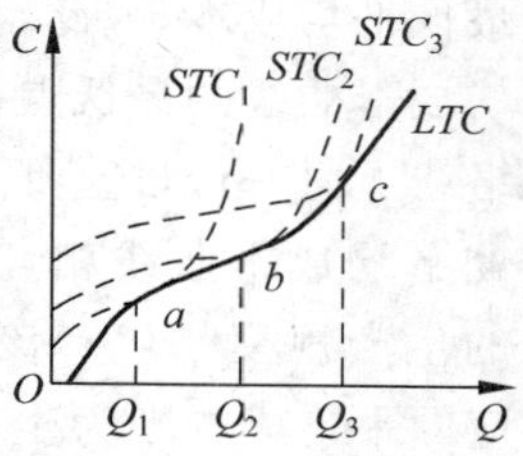

图 3-10　长期总成本曲线

2. 长期总成本函数与长期总成本曲线

在长期内，企业可以根据产量的要求选择最优的固定要素和可变要素投入量，进而实现每个产量下的最低成本。以图 3-10 为例，假设某企业可选择的生产规模总共有 n 种，每种生产规模可以用一条短期成本曲线描述，图中只画出三条短期成本曲线 STC_1、STC_2、STC_3 分别表示小型生产规模、中型生产规模、大型生产规模。长期内，当企业要生产 Q_1 的产量时，企业会比较所有规模下生产 Q_1 产量的成本，选择最小总成本的那种规模进行生产，即 STC_1 代表的小型生产规模进行生产，可以实现 Q_1 产量下的最小总成本 a。同样地，当企业要生产 Q_2 的产量时，企业会选择 STC_2 代表的中型生产规模进行生产，可以实现 Q_2 产量下的最小总成本 b。当企业要生产 Q_3 的产量时，会选择 STC_3 代表的大型生产规模进行生产，可以实现 Q_3 产量下的最小总成本 c。每个产量下企业均可以进行类似的规模选择，从而实现最低的总成本。所有类似 a、b、c 的每个产量下的最低总成本点的轨迹则为长期总成本曲线。由此可见，长期总成本 LTC 是指企业长期生产中在每一个产量水平上通过选择最优的生产规模所能达到的最低总成本。因此，长期成本函数形式为

$$LTC = LTC(Q) \tag{3-30}$$

长期成本曲线是无数条短期总成本曲线的包络线，在这条包络线上每一产量上都有一条短期成本曲线与长期成本曲线相切，该短期成本曲线所代表的生产规模是生产该产量的最优生产规模，切点所对应的总成本则为生产该产量的最低总成本。长期总成本曲线是一条从原点出发的向右上方倾斜的曲线，而且是先以递减速率上升，后以递增的速率上升。

（二）长期平均成本曲线

1. 长期平均成本函数与长期平均成本曲线

长期平均成本 LAC 表示企业长期内在每一个产量水平所能够实现的最小的平均成本。如果企业长期内，在一个产量水平上通过选择最优的生产规模所能达到的最低总成本，则该生产规模下生产该产量的平均成本也是最小的。因此，长期平均成本函数可以表述为

$$LAC = LTC(Q)/Q \tag{3-31}$$

每一条短期总成本曲线都有对应的一条短期平均总成本曲线，长期平均成本是每一个产量水平上最优生产规模的平均成本，因此，长期平均成本是该产量上所有生产规模中的最低平均成本，因此，长期平均成本曲线上的每一点都是该点对应的产量上，所有短期平均成本曲线的最低点，即长期平均成本曲线是无数短期平均成本曲线的包络线，在这条包络线上每一产量上都有一条短期平均总成本曲线与长期平均成本曲线相切，该短期平均总成本曲线所代表的生产规模是生产该产量的最优生产规模，切点所对应的平均成本则为生产该产量的最低平均成本。如图 3-11 所示，LAC 曲线呈现 U 形特征，而且，在 LAC 曲线的左边，LAC 曲线相切于所有相应的 SAC 曲线最低点的左边；在 LAC 曲线的右边，LAC 曲线相切于所有相应的 SAC 曲线最低点的右边；在 LAC 曲线的最低点，LAC 曲线相切于相应的 SAC 曲线的最低点。

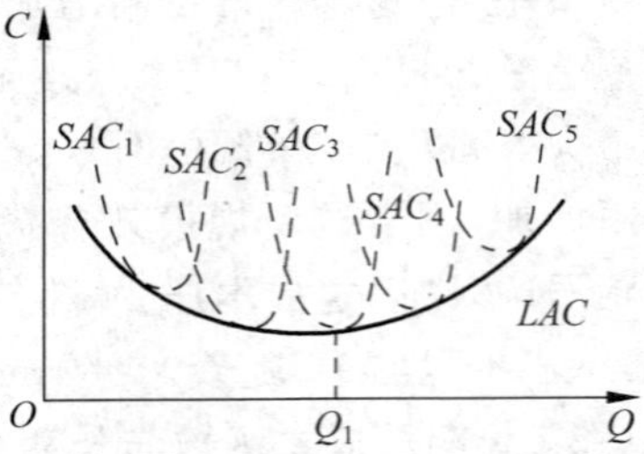

图 3-11 长期平均成本曲线

2. 规模经济与规模不经济——长期平均成本曲线形状的原因

企业在扩张的开始阶段，随着规模扩大，劳动分工越来越细、专业化程度越来越高，劳动生产率也大大提高，从而降低了企业的长期平均成本。这种企业在扩张的开始阶段，由于扩大生产规模而使经济效益得到提高，这叫作规模经济，又称为内在经济。生产规模扩张到一定阶段后，如果企业继续扩大规模，会造成管理费用增加、生产效率降低，从而导致长期平均成本增加。这种企业生产扩张到一定的规模后，继续扩大生产规模，导致经济效益下降，这叫作规模不经济，又称为内在不经济。规模经济与规模不经济决定了长期平均成本呈现 U 形特征。

3. 外在经济和外在不经济——长期平均成本曲线移动的原因

企业的外在经济是由于企业的生产活动所依赖的外界环境得到改善而产生的。例如，由于上游行业的技术发展使得企业长期平均成本整体下降，即长期平均成本曲线整体下移；企业的外在不经济是由于企业的生产活动所依赖的外界环境恶化而产生的，例如，由于上游行业的产量下降使得企业长期平均成本整体上升，即长期平均成本曲线整体上移。

（三）长期边际成本曲线

长期边际成本 LMC 是长期总成本对产量的求导，即

$$LMC(Q)=\lim\Delta LTC/\Delta Q=\mathrm{d}LTC/\mathrm{d}Q \tag{3-32}$$

由此可见，每一产量水平上的 LMC 值都是相应 LTC 曲线的斜率。长期边际成本曲线不是无数短期边际成本曲线的包络线。根据边际值与平均值的关系可知，如图 3-12 所示，LMC 曲线也是呈先下降后上升的倒 U 形，并且 LMC 小于 LAC 的阶段对应 LAC 曲线下降阶段；LMC 大于 LAC 的阶段对应 LAC 曲线上升阶段；LMC 曲线与 LAC 曲线相交于 LAC 曲线的最低点，如图中 E 点所示。

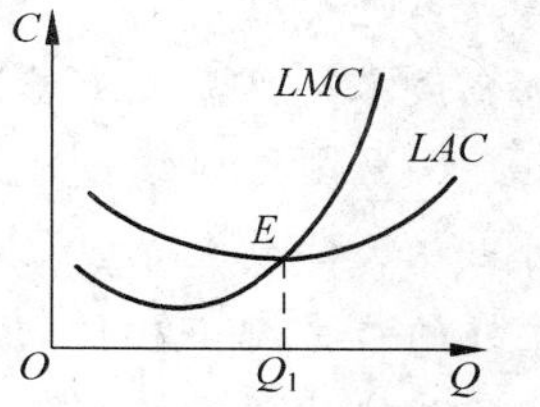

图 3-12　长期边际成本曲线

本章经济学原理应用示范

公司管理者对一些成本的考虑

对于边际收益等于边际成本这一准则的运用，取决于管理者对边际成本的估算能力，为获得有用的成本估算，管理者应在心里牢记以下四条指导原则。

(1) 除了条件有限，平均可变成本不应用来替代边际成本。当边际成本和平均成本几乎是常数时，它们之间几乎没有差别。但边际成本和平均成本都迅速增加时，要决定生产多少数量，用平均可变成本则会产生误导。

举例来说，假设一个公司有以下成本构成。

当前产量：每天 100 单位，其中 80 单位属于正常生产，20 单位属于加班生产。

材料成本：每单位产量 8 美元。

人工成本：正常工作时间 30 美元/单位；加班时间 50 美元/单位。

我们先计算前 80 单位产量的平均可变成本和边际成本，然后再看如果再加班多生产 20 单位，这两种成本会如何变化。对前 80 单位，平均可变成本很容易计算，为劳动成本(2 400 美元＝30 美元/单位×80 单位)与材料成本(640 美元＝8 美元/单位×80 单位)之和除以产量(80 单位)，即(2 400 美元＋640 美元)/80 单位＝38 美元/单位。因为每单位产品的平均可变成本是相同的，所以边际成本也等于 38 美元/单位。

如果产量增加到 100 单位/天，则平均可变成本和边际成本都会发生变化。可变成本现在增加了，包括增加的材料成本 160 美元(20 单位×8 美元/单位)和增加的劳动成本 1 000 美元(20 单位×50 美元/单位)。因此平均可变成本为劳动成本加材料成本(2 400

美元＋1 000 美元＋640 美元＋160 美元)除以产量 100 单位，即 42 美元/单位。

边际成本如何变化呢？边际材料成本不发生变化(8 美元/单位)，而边际劳动成本现在增加到 50 美元/单位，所以加班时间生产的产品单位边际成本为 58 美元/单位。因为边际成本高于平均可变成本，依靠平均可变成本决策的管理者可能会生产过多的产品。

(2) 企业的会计分类账的单独科目可能有两个组成部分，但只有其中一个部分涉及边际成本。假如管理者想削减生产，他将裁员，但是现在的公司企业制度要求企业支付被裁员工的部分工资。此时，因产量增加而增加的边际成本将不同于产量下降而节约的边际成本，后者等于节省的劳动成本减去所需支付给被裁员工的部分工资的差额。

(3) 决定边际成本时应包括所有的机会成本。假设一家百货商店想出售儿童家具，管理者决定利用商店三楼本来摆放电器的一部分空间来摆放家具，而不是建一个新的销售点。这部分空间的边际成本为假如商店继续销售电器而赚得的利润，这样测算出来的机会成本可能要比商店实际为这部分建筑所支付的成本大得多。

(4) 在短期经营时必须要区分好固定成本与可变成本。例如，某旅行社在旅游淡季打出从天津到北京世界公园一日游 38 元(包括汽车和门票)的特价旅游产品，很多人看到这样的广告都不相信，认为这是旅行社的促销手段，或者担心在旅游过程中还会被旅行社收取其他额外的费用。事实上，这是旅行社管理者在认真区分短期固定成本与可变成本后的一种定价策略。因为旅行社在淡季游客不足，而旅行社的大客车、旅行社的工作人员这些生产要素是不变的，一个游客都没有，汽车的折旧费、工作人员的工资等固定费用也要支出。从长期看如果收益大于成本就可以生产。更何况就是 38 元票价旅行社也还是有钱赚的。一个旅行社的大客车载客 50 人，共 1 900 元，高速公路费和汽油费假定是 500 元，门票价格 10 元共 500 元，旅行社净赚 900 元。在短期不经营也要损失固定成本的支出，因此只要收益弥补可变成本，就可以维持下去，即每位乘客支付费用等于平均可变成本，就可以经营。

这四条准则可以帮助管理者正确地衡量边际成本。如果做不到这一点，将会导致产量过高或过低，从而减少利润。

本章经济学原理应用指引

1. 企业的本质

(1) 用交易成本概念理解企业的规模。

(2) 理解企业的各种行为的最终目的。

2. 生产理论

(1) 运用生产函数描述企业的投入产出状况。

(2) 运用最优的生产要素组合理论管理企业的生产。

3. 成本理论

(1) 运用机会成本理解各种决策的成本与收益。

(2) 运用成本函数描述企业的成本状况。

本章小结

商品市场上的供给是由生产者供给行为决策决定的。市场上最主要的供给者是企业，尽管现实经济中企业存在各种偏离利润最大化目标的情况，但是，一个不以利润最大化为目标的企业终将被市场竞争所淘汰。因此，利润最大化是一个企业竞争生存的基本准则，这也是微观经济学的一个基本假设。

考察企业的生产过程，将利润最大化问题分为两阶段分析：①要分析企业的成本，这其实上是企业如何生产的问题。企业的成本和企业的生产决策密切相关，有怎样的生产要素投入组合，就有相应的生产成本。②要分析企业的收益，这是企业决定要生产多少的问题。

企业的生产可以区分短期生产和长期生产，微观经济学通常以一种可变生产要素的生产函数考察短期生产理论。短期生产理论是在其他生产要素不变的情况下，考察一种生产要素的变化对产量变化的影响，以及这种可变的投入要素量以多少为宜。以两种可变生产要素的生产函数考察长期生产理论。长期理论通过等产量曲线、等成本曲线，分析生产者最优的生产要素组合问题。这个问题可以区分为两种情况：①如何选择生产要素投入组合，才能实现既定成本条件下的最大产量；②如何选择生产要素投入组合，才能实现在既定产量下的最小成本。

成本理论是生产理论的延续和深化。经济学中，成本的概念主要有机会成本、显成本和隐成本。在此基础上可以引申出经济利润、会计利润、正常利润等概念。

企业的成本，是企业进行生产经营活动所必须付出的代价，有怎样的生产选择，就有怎样的成本构成，成本理论建立在生产理论的基础之上。生产理论分为短期生产理论和长期生产理论，相应地，成本理论也区分为短期成本理论和长期成本理论。由于企业的生产函数区分为短期生产函数和长期生产函数，因此，成本函数也有短期和长期之分。

短期成本理论以一种要素投入的生产理论为基础分析了短期总成本、短期总固定成本、短期总可变成本、短期平均总成本、短期平均可变成本、短期平均固定成本、短期边际成本等概念、计算方法与图形状况。在长期内，企业可以根据产量的要求调整全部的生产要素投入量，甚至进入或退出一个行业。因此，企业的所有成本都是可变的。企业的长期成本曲线可区分为长期总成本曲线、长期平均成本曲线、长期边际成本曲线。

关键概念

生产函数表示，在一定时期内，在物质技术水平不变的情况下，生产中所使用的各种生产要素与所能生产的最大产量之间的关系。**固定要素**是指一定时期内无法进行数量调整的那部分要素，如厂房、设备等；**可变要素**是指一定时期内生产者可以进行数量调整的那部分要素投入，如原材料、劳动等。

总产量，是指某一个给定时期内一定量的生产要素所能生产出来的全部产量。**平均产量**，是指平均每单位生产要素投入所生产的产量。**边际产量**，是指增加一单位的生产要素投入量所带来的产量的增加量。

在技术水平和其他生产要素的投入量保持不变的条件下，在连续等量地把某种可变要素增加到一种或几种数量不变的生产要素上的过程中，当这种可变要素投入量小于某一特定值时，增加该要素投入所带来的边际产量是递增的；当这种可变要素的投入量连续增加并超过这个特定值时，增加该要素投入所带来的边际产量是递减的。这就是**边际报酬递减规律**。**等产量曲线**表示在其他条件不变时，生产同一产量的各种生产要素的不同数量的组合的轨迹。在保持产量不变的条件下，增加（减少）一种要素的投入量时相应地所能减少（需要增加）另一种生产要素的投入量，称为**边际技术替代率**。

等成本曲线是要素可购买区域的边界，它表示在生产者的成本投入和要素的价格给定的条件下，生产者的全部收入所能购买到的两种生产要素的各种组合轨迹。产量随各种生产要素同比例增加，这种情况叫作**规模报酬不变**。当把所有投入按比例增加为原来的 λ 倍时，得到的产量大于原先产量的 λ 倍，这种情况叫作**规模报酬递增**。每种生产要素投入量增加为原来的 λ 倍，而得到的产量的增加少于原来的 λ 倍，这种情况叫作**规模报酬递减**。

生产者所放弃的使用相同的生产要素在其他生产用途中所能得到的最高收入称为**机会成本**。企业生产的**显成本**是指企业在生产要素市场上购买或租用所需要的生产要素的实际支出。企业生产的**隐成本**是指企业本身拥有的且被用于该企业生产过程中的那些生产要素的总价格。企业生产的总成本也称为**经济成本**，应该等于显成本与隐成本的加总。企业的**经济利润**是企业的总收益与总成本（经济成本）之差，简称为企业的利润。企业的**会计利润**是企业的总收益与会计成本之差。**正常利润**是企业对自己所提供的企业家才能的报酬的支付。

企业在扩张的开始阶段，由于扩大生产规模而使经济效益得到提高，这叫作**规模经济**，又称为内在经济。企业生产扩张到一定的规模后，继续扩大生产规模，导致经济效益下降，这叫作**规模不经济**，又称为内在不经济。

复习思考

选择题

1. 经济学中的短期与长期是指（　　）。
   A. 1 年之内
   B. 10 年之内
   C. 全部生产要素是否能随着产量的调整而调整的时期
   D. 只能根据产量调整可变成本的时期
2. 边际收益递减规律发生作用的前提条件是（　　）。
   A. 连续地投入某种生产要素而保持其他生产要素不变
   B. 物质生产技术既定不变
   C. 按同比例同时增加各种生产要素
   D. A 和 B

3. 在边际收益递减规律作用下，边际产量会发生递减，在这种情况下，如果要增加相同数量的产出，应该(　　)。

A. 停止增加可变生产要素　　B. 减少可变生产要素的投入量

C. 增加可变生产要素的投入量　　D. 减少固定生产要素

4. 某人有 10 万元资金，可供选择的用途及各种用途可获得收入如下，那么如选择了期货投资的机会成本是(　　)。

A. 开商店获利 2 万元　　B. 开饭店获利 3 万元

C. 炒股票获利 3.5 万元　　D. 进行期货投机获利 4 万元

5. 下列因素中属于固定成本的是(　　)。

A. 土地的租金　　B. 折旧费

C. 财产税　　D. 营业税

6. 利润最大化的原则(　　)。

A. 边际成本＝边际收益　　B. 边际成本＞边际收益

C. 边际成本＜边际收益　　D. 边际收益＝0

简答题

1. 规模报酬变动有哪些类型？举例说明。

2. 为什么边际技术替代率会出现递减？

3. 生产要素最优组合是如何确定的？

计算题

1. 已知生产函数 $Q=21L+9L^2-L^3$，试讨论生产过程中三个阶段的劳动投入量范围。

2. 厂商的生产函数为 $Q=24L^{\frac{1}{3}}K^{\frac{2}{3}}$，生产要素 L 和 K 的价格分别为 $P_L=4$ 和 $P_K=8$，求厂商的长期成本函数。

3. 已知 $MC=9Q^2+4Q+5$，$Q=10$，$TC=3\,000$。分别求 TC、AC、VC 和 AVC 的函数形式。

思考题

1. 假定老王家宅前有一块空地，附近一所学校的校长愿意每年出 250 元的租金租下以供学生进行体育锻炼。对老王来说，他也可以用这块地种植蔬菜。如果种子、肥料和其他费用总和是 200 元，而老王预计卖掉全部蔬菜的年收入是 500 元。请问老王种蔬菜的显性成本和隐性成本分别是多少？他将选择种蔬菜还是出租土地？

2. 短期平均成本曲线和长期平均成本曲线都呈 U 形，请解释它们形成 U 形的原因有何不同？

3. 为什么会产生规模经济？导致规模不经济的原因主要是什么？

第四章 市场结构

学习目的

1. 掌握企业的利润最大化条件。
2. 理解企业和市场的短期均衡与长期均衡。
3. 理解完全竞争企业的均衡条件。
4. 理解各种非完全竞争企业的均衡条件。
5. 学会运用本章原理和方法分析企业的市场行为。

第一节 企业的利润最大化条件

一、企业的收益与利润

企业进行生产的目的是为了追求最大化的利润，那么，企业实现利润最大化的原则是什么？或者说，企业应该具备怎样的条件才能实现利润最大化呢？本节将对这一内容展开探讨。

（一）企业的收益

第三章分析了企业如何在技术制约下选择最优的生产要素投入组合，实现既定成本下的产量最大化或者既定产量下的成本最小化，并在此基础上分析了企业的成本状况。但是，分析企业的最终供给行为还必须知道企业的收益状况，才能进一步分析企业的利润最大化决策。

企业的收益就是企业的销售收入。企业的收益可以分为总收益（TR）、平均收益（AR）和边际收益（MR）。

总收益，是指企业按一定价格销售一定量产品时获得的全部收入，它等于产品价格 P 乘以产品销售量 Q，其计算公式为

$$TR(Q) = P \cdot Q \tag{4-1}$$

平均收益，是指企业在平均每一单位产品销售上获得的收入，它等于总收

益除以产品销售量，其计算公式为

$$AR(Q) = TR(Q)/Q \tag{4-2}$$

边际收益，是指企业增加一单位产品销售所获得的总收入的增量，它等于总收益对产品销售量的求导，其计算公式为

$$MR(Q) = \Delta TR(Q)/\Delta Q = \mathrm{d}TR(Q)/\mathrm{d}Q \tag{4-3}$$

（二）企业的利润及利润最大化条件

企业的利润 π 等于总收益减去总成本 TC，其计算公式为

$$\pi = TR(Q) - TC(Q) \tag{4-4}$$

根据极值的一阶条件：

$$\mathrm{d}\pi/\mathrm{d}Q = \mathrm{d}TR(Q)/\mathrm{d}Q - \mathrm{d}TC(Q)/\mathrm{d}Q = MR - MC = 0 \tag{4-5}$$

由此可见，利润最大化条件：

$$MR = MC \tag{4-6}$$

由式 4-6 可知，当增加一单位产量所增加的收益等于增加的成本时，企业利润达到最大。这个利润最大化条件无论对于什么类型的企业都是成立的。

根据上述的定义可以得知，企业的收益是由企业的产品价格以及企业的产品销售量共同决定的。企业所处的市场竞争状况、企业对市场的控制能力以及企业的定价能力共同影响着企业产品的价格以及相应的产品销售量，进而影响企业的收益，影响企业利润最大化的决策，以及企业的产品定价和产品供给状况。为此，首先要对企业所处的市场类型进行区分。

二、行业及市场类型

（一）市场类型

市场，是物品买卖双方相互作用并得以决定其交易价格和交易数量的一种组织形式或制度。任何一种交易物品都有一个市场。经济领域中有多少种交易物品，就相应地有多少个市场。例如小麦市场、汽车市场、股票市场、外汇市场。市场可以是一个有形的买卖物品的交易场所，例如小麦市场、汽车市场等；也可以是利用现代通信工具进行物品交易的无形市场，例如股票市场、外汇市场等。

根据不同的市场结构特征，可以将市场分为完全竞争市场、垄断竞争市场、寡头垄断市场和完全垄断市场，如表 4-1 所示。

表 4-1　不同市场类型的特征

市场类型	企业数量	产品差别程度	对价格的控制程度	竞争程度	进入市场的难易度	较接近的产品市场
完全竞争	极多	无差别	没有	非常激烈	很容易	农产品
垄断竞争	很多	有差别	较小	较为激烈	比较容易	零售业
寡头垄断	很少	有或无差别	较大	一般	比较困难	汽车制造
完全垄断	一家	不可替代	极大	完全无竞争	不可能	公用事业

市场结构的特征主要体现在市场的竞争程度、企业对产品价格和产品销售量的控制能力上。其中市场的竞争程度，又可以通过市场上企业的数量、企业的产品差别程度以及企业进入市场的难易度来反映。因此，决定市场类型划分的四大主要因素分别是：市场上企业的数量、企业的产品差别程度、企业进入市场的难易度以及企业对产品价格的控制能力。

（二）企业、行业与市场的区别与联系

企业是为一定目的从事某种经济活动的独立的经济单位。在微观经济学中，企业是产品生产供给者，企业从事生产的目的就是追求利润最大化。

行业是为同一产品市场生产和提供产品的所有企业的总体，不同的产品则对应着不同的行业。行业是由一定量的企业构成的，企业是行业的一部分。

市场和行业的类型是一致的。比如，完全竞争市场对应的是完全竞争行业，垄断市场对应的是垄断行业。行业与市场也有区别：行业更多地强调生产和供给，市场则包括供求双方的关系。

第二节　完全竞争市场

一、完全竞争市场概述

完全竞争市场，是指市场是完全非个人化的市场。在这样的市场中，竞争非常激烈，市场上任何一个企业都很容易被其他企业所取代，单个企业的供给行为对市场毫无作用，每个企业只能是市场价格的接受者，即他们都只能按照同一价格——现行的市场价格——决定自己的产量、销售自己的产品。

完全竞争市场有以下四个条件：

(1) 市场中存在大量的买者和卖者。在这样的市场中，每一个经济主体都只占微小的市场份额，每个经济主体对市场价格没有任何的影响，他们都是价格的接受者而不是决定者。

(2) 产品是同质的、无差别的。由于产品是同质的、无差别的，所以任何一个卖者单独提价的话，他的产品就会完全卖不出去，同样，卖者也不会单独降价，因为其行为无法改变市场价格，单独降价只会减少自己的收入。这个条件，进一步强化了完全竞争市场上的买者和卖者都是被动地接受既定的市场价格的状况。

(3) 生产要素可以自由流动。这意味着任何买家和卖家进入或退出市场是完全自由和毫无困难的，不会受到来自生产要素配合方面的阻力。

(4) 信息是充分完全对称的。这意味着，消费者知道产品的真正价格，不会在不同水平上购买，这使得任何同类产品在市场价格上是完全一致的。同理，企业对其产品的成本和售价也具有充分的信息和知识，都会在最佳生产规模上从事生产。

符合上述四个假设条件的市场才是完全竞争市场，现实生活中几乎找不到完完全全

符合这四个假设条件的市场，只有农产品市场可以近似认为是完全竞争市场。

二、完全竞争企业的收益

（一）完全竞争企业的需求曲线

不同类型的市场中，企业对产品市场价格以及产品销售量的掌控能力，影响企业的收益状况。可以用企业面对的需求曲线阐明产品价格与企业的产品销售量（也就是需求量）之间的关系，或者说，企业面对的需求曲线表示企业对产品的定价与市场对企业产品的需求量（也就是企业的销售量）之间存在的一一对应关系。用 P 表示企业对产品的定价，Q 表示在价格 P 下市场对该企业产品的需求量，则企业的需求函数可以表示为

$$P = P(Q) \tag{4-7}$$

根据企业的平均收益计算公式：

$$AR(Q) = TR(Q)/Q = P(Q) \cdot Q/Q = P(Q) \tag{4-8}$$

可见，企业面对的需求曲线和企业的平均收益曲线重合。

第一章已经指出，市场需求曲线是由许许多多消费者的需求所形成的，市场供给曲线是由许许多多企业的供给所形成的，市场需求与市场供给共同决定了市场均衡价格和市场均衡交易量，如图 4-1(a)所示。

完全竞争市场中，单个企业对市场价格没有任何的掌控能力，它只能是市场价格的接受者，在既定市场价格上供给销售产品，因此，完全竞争企业面对的需求曲线是一条从既定市场价格水平出发的水平线。如图 4-1(b)所示，横轴是产品数量，纵轴是价格，如果，当前整个市场的需求曲线 D_1 与整个市场的供给曲线 S_1 共同决定了市场的均衡价格为 P_1，则完全竞争企业面对的需求曲线则是市场均衡价格 P_1 处的一条水平线 d_1。

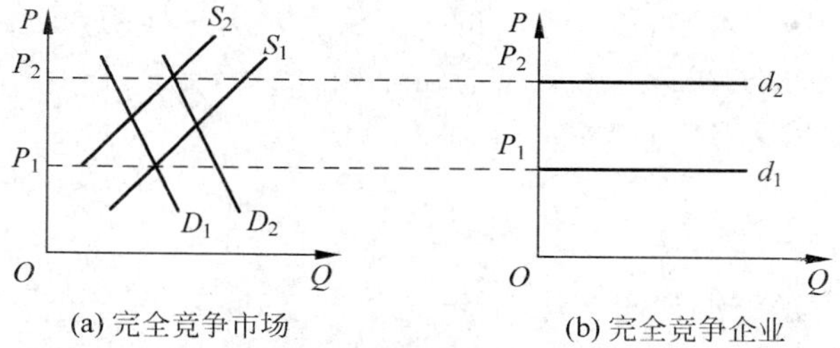

图 4-1 完全竞争市场价格的变动和企业面对的需求曲线

假设，由于经济发展，人们的收入增加，引起整个市场需求增加，需求曲线由 D_1 移动为 D_2。同时，由于原材料价格上升，引起整个市场的供给减少，供给曲线有 S_1 移动为 S_2，此时，市场均衡价格变为 P_2，完全竞争企业的需求曲线则变为 P_2 处的一条水平线 d_2。

（二）完全竞争企业的收益

根据完全竞争企业的需求曲线描述的完全竞争企业对产品市场价格以及产品销售量的掌控能力，可以分析企业的收益状况。

总收益。完全竞争企业是市场价格的接受者，企业只能在既定市场价格 P 下销售产品。用 Q 表示相应的产品销售量，则总收益 TR 的计算公式为

$$TR = P \cdot Q \tag{4-9}$$

图 4-2(a)描述了完全竞争企业总收益曲线 TR。

平均收益。完全竞争企业的平均收益的计算公式为

$$AR = TR/Q = P \tag{4-10}$$

图 4-2(b)描述了完全竞争企业平均收益曲线 AR。

边际收益。完全竞争企业的边际收益的计算公式为

$$MR = \mathrm{d}T/\mathrm{d}Q = P = AR \tag{4-11}$$

可见，完全竞争企业的需求曲线、平均收益曲线和边际收益曲线重合，均是在既定市场价格下的一条水平线，如图 4-2(b)所示。

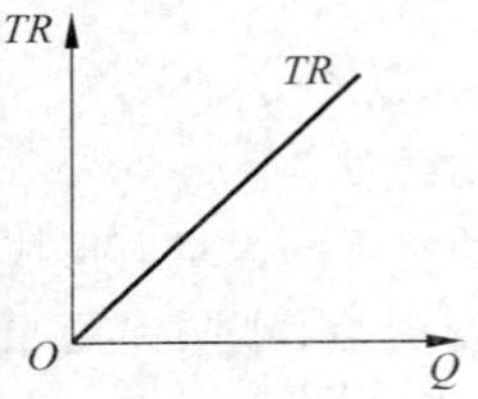

(a) 总收益曲线

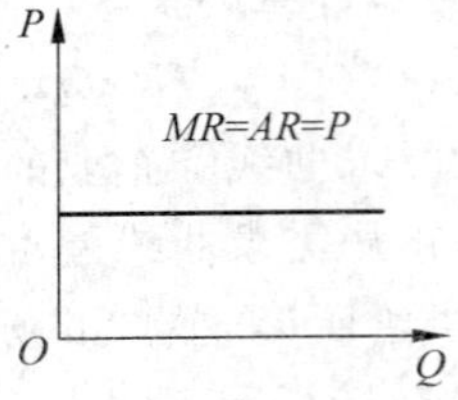

(b) 平均收益曲线和边际收益曲线

图 4-2 完全竞争企业的收益曲线

三、完全竞争的短期均衡及短期供给曲线

企业在短期和长期生产中，可以变动的生产要素是不一样的，相应地也会有不同的成本构成，最终利润最大化的决策自然也会有所不同，因此，分析企业的利润最大化的均衡问题也要区分为短期均衡和长期均衡。

（一）短期均衡

1. 完全竞争企业的短期均衡条件

无论什么类型的企业，利润最大化条件均为

$$MR = MC \tag{4-12}$$

又由于完全竞争企业有

$$MR = AR = P$$

因此，完全竞争企业短期利润最大化条件可以进一步表示为

$$MR = AR = P = SMC \tag{4-13}$$

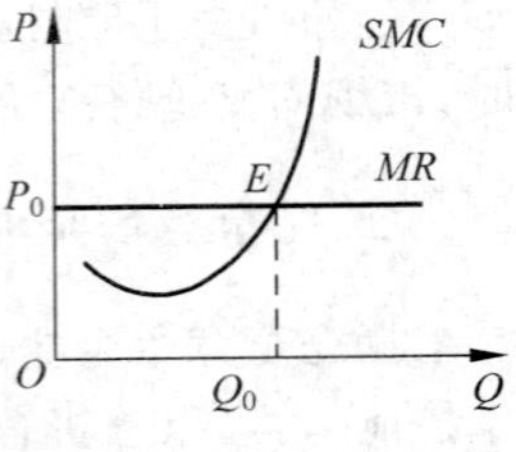

图 4-3 利润最大化

如图 4-3 所示，完全竞争市场的价格为 P_0，则完全竞争企业的边际收益曲线为 MR。根据前面章节的分析可知，SMC 为完全竞争企业的短期边际成本曲线，边际收益曲线与边际成本

曲线交点 E 处，则有边际收益等于边际成本。因此，完全竞争企业短期内最优的产量为 Q_0。

2. 短期均衡的几种情况

当企业实现 $MR=MC$ 时，有可能获得利润，也有可能亏损。具体的情况可以区分为以下五种。

(1) 经济利润大于零的短期均衡。

在图 4-4(a)中，边际收益曲线 MR 和边际成本曲线 SMC 相交于 E 点，企业的均衡产量为 Q_0，而此时市场价格 P_0 大于企业的平均总成本 FQ_0，企业获得经济利润 $Q_0 \cdot (P_0 - FQ_0)$，即图 4-4 中阴影部分面积。

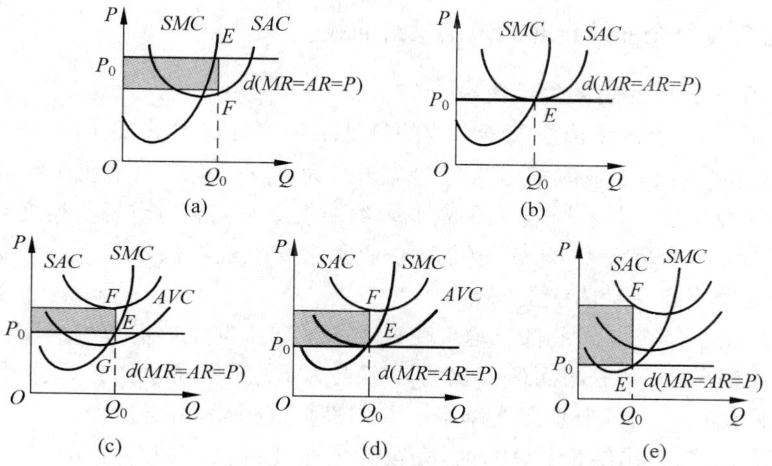

图 4-4　完全竞争厂商短期均衡的各种情况

(2) 经济利润等于零(即仅获得正常利润)的短期均衡。

在图 4-4(b)中，边际收益曲线 MR 和边际成本曲线 SMC 相交于 E 点，企业的均衡产量为 Q_0，此时市场价格 P_0 等于企业的平均总成本 EQ_0，企业获得的经济利润为零，即企业既无利润也无亏损，把该均衡点称为企业的收支相抵点。不过，虽然此时没有获得经济利润(超额利润)，但可以获得正常利润。

(3) 亏损但继续生产经营的短期均衡。

在图 4-4(c)中，边际收益曲线 MR 和边际成本曲线 SMC 相交于 E 点，企业的均衡产量为 Q_0，而此时市场价格 P_0 小于企业的平均总成本 FQ_0，但大于企业的平均可变成本 GQ_0，这种情况下，企业亏损 $Q_0 \cdot (FQ_0 - P_0)$，即图 4-4 中阴影部分面积。尽管亏损，但是企业的收益在弥补全部可变成本后还有剩余，以弥补部分固定成本，因此，在这种亏损情况下，生产要比不生产强。

(4) 亏损并停止或也可以继续生产经营的短期均衡(停止营业点)。

在图 4-4(d)中，边际收益曲线 MR 和边际成本曲线 SMC 相交于 E 点，均衡点刚好为平均可变成本曲线最低点，企业的均衡产量为 Q_0，而此时市场价格 P_0 小于企业的平均总成本 FQ_0，但等于企业的平均可变成本，这种情况下，企业亏损 $Q_0 \cdot (FQ_0 - P_0)$，即图 4-4

中阴影部分面积。在这种情况下，企业的收益刚好弥补全部可变成本，固定成本没有得到任何的弥补，此时，企业生产和不生产一样，所以，该均衡点也被称作停止营业点或关闭点。

(5) 亏损并停止生产经营的短期均衡。

在图 4-4(e)中，边际收益曲线 MR 和边际成本曲线 SMC 相交于 E 点，企业的均衡产量为 Q_0，而此时市场价格 P_0 小于企业的平均总成本 FQ_0，而且也小于企业的平均可变成本，这种情况下，企业亏损 $Q_0 \cdot (FQ_0 - P_0)$，即为图 4-4 中阴影部分面积。在这种情况下，企业的收益无法弥补全部可变成本，更无法弥补固定成本，此时，企业不生产比生产更合算，所以，企业停止生产经营。

（二）完全竞争企业及行业的短期供给曲线

1. 完全竞争企业的短期供给曲线

如图 4-5 所示，当市场价格大于企业的最低平均可变成本 E_0Q_0（相当于价格 P_0）时，例如市场价格为 P_1 时，企业利润最大化的均衡点为 E_1 点，相应地企业愿意并且能够供给的产品数量为 Q_1，可见 E_1 是完全竞争企业供给曲线上一点；当市场价格变化为 P_2 点，则企业利润最大化的均衡点为 E_2 点，相应地企业愿意并且能够供给的产品数量为 Q_2，可见 E_2 点是完全竞争企业供给曲线上一点。

当市场价格小于企业的最低平均可变成本 E_0Q_0 时，例如市场价格为 P_3，根据企业的利润最大化均衡条件，企业利润最大化的均衡点为 E_3 点，但是，由于 E_3 点小于企业平均可变成本的最低点，此时，企业会选择停止生产营业，企业的供给量为 0。

综上所述，可以得出结论：短期内，完全竞争企业的供给曲线为 SMC 曲线上大于和等于 AVC 曲线最低点的部分，即 SMC 曲线大于和等于停止营业点的部分，如图 4-5 中 SMC 曲线实线部分所示。

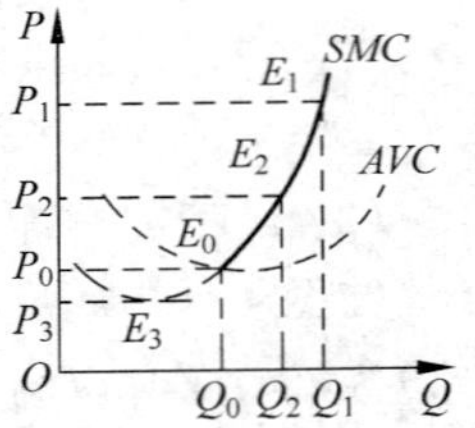

图 4-5 完全竞争企业的短期供给曲线

供给曲线具有以下三个性质：

(1) 由于边际报酬递减规律，企业的边际成本最终是不断递增，也就是企业的边际成本曲线是向右上方倾斜，由此可见完全竞争企业的短期供给曲线是向右上方倾斜，它表示产品的价格和供给量之间呈同方向变动的关系。

(2) 根据上文的分析，供给曲线上的每一点都代表不同价格水平下最大利润的最优产量。

(3) 供给曲线上任何一点对应的价格，都是企业供给该点对应的供给量最后一个产品愿意接受的最低价格，例如，供给曲线上 E_1 点对应的价格为 P_1，对应的供给量为 Q_1，P_1 为企业供给第 Q_1 个产品愿意接受的最低价格。这是因为，由于供给曲线是企业的边际成本曲线，生产第 Q_1 个产品，企业的边际成本为 P_1，如果市场价格低于 P_1，则企业亏损，企业将不会生产第 Q_1 个产品，只有市场价格大于或等于 P_1，企业才会供给第 Q_1 个产品。

2. 完全竞争行业的短期供给曲线

完全竞争行业上的所有企业均是利润最大化者，因此，它们的供给曲线均是 SMC 曲线上大于和等于 AVC 曲线最低点的部分。在任何价格水平上，一个行业的供给量等于行业内所有企业的供给量的总和。因此，如果生产要素的价格不变，则一个行业的短期供给曲线由该行业内所有企业的短期供给曲线的水平加总而得到。因此，可以得出行业供给曲线的两大性质：①行业供给曲线上与每个价格水平相对应的供给量都是可以使全部企业获得最大利润或最小亏损的最优产量；②由于单个企业的供给曲线一般情况下均是向右上方倾斜，所以市场供给曲线一般也是向右上方倾斜的。不过，较之个别企业的供给曲线，市场供给曲线更加平坦。

四、生产者剩余

生产者剩余，是企业在提供一定数量的某种产品时实际接受的总支付和愿意接受的最小总支付之间的差额。生产者剩余可以用市场价格线以下、企业供给曲线之上的面积表示。图 4-6(a)中，企业的供给曲线 $S(P)$ 其实就是企业的边际成本曲线 SMC。当市场价格为 P_0 时企业的供给量为 Q_0，此时，企业可以获得 P_0Q_0 的总销售收入，可以用图 4-6 中矩形 P_0EQ_0O 面积描述。企业为生产这个产品的总可变成本为边际成本曲线（供给曲线）G 到 E 点下方的不规则图形 GEQ_0O 面积来描述。当企业销售收入小于总可变成本时，企业会停止生产，即不愿意供给任何产品。只有当企业销售收入大于总可变成本时，企业的销售收入弥补完总可变成本后，还有剩余用于弥补固定成本，企业才愿意供给。可见，企业供给一定数量的产品愿意接受的最小总支出等于生产一定数量产品的总可变成本。因此，根据定义，生产者剩余即为图 4-5(a)中阴影部分不规则图形 P_0EG 的面积。此外，企业生产 Q_0 数量的产品的总可变成本亦可用图中矩形 HFQ_0O 的面积表示，因此，可以推知，生产者剩余也等于图 4-6(b)中阴影部分矩形 P_0EFH 的面积。

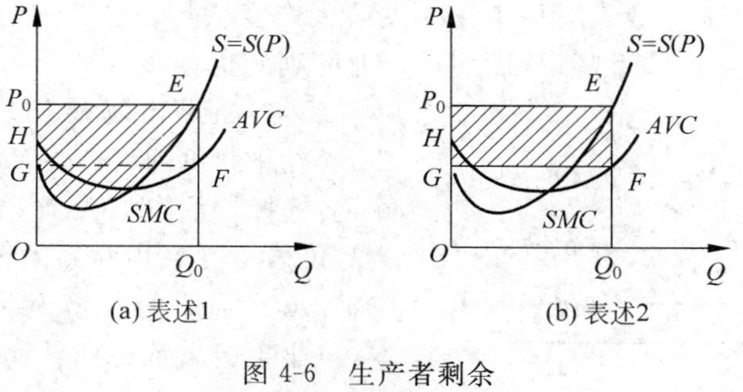

图 4-6　生产者剩余

企业提供一定数量的某种产品时实际接受的总支付等于销售收入总额，企业愿意接受的最小总支付为生产该数量的产品的总可变成本，因此，从这个意义上理解，生产者剩余描述了企业从一定数量的产品供给中获得的净利润。因此，生产者剩余通常被用来度量和分析企业的福利问题。

五、完全竞争的长期均衡及长期供给曲线

在长期内，完全竞争企业可以变动所有要素，实现 $MR=MC$ 的利润最大化的均衡条件，并使自己不会出现亏损。企业在长期内变动全部生产要素可以表现在两个方面：①表现为对最优生产规模的选择；②表现为进入或退出一个行业的决策。

（一）最优生产规模的选择

图 4-7 可以说明企业最优生产规模的选择问题。假设市场价格为 P_1，刚开始企业在 SMC_1 曲线和 SAC_1 曲线描述的生产规模下生产。短期内，企业只能在既定生产规模下生产。根据 $MR=P_1=SMC_1$ 均衡条件，选择均衡点 E_1 下生产 Q_1 数量的产品，实现的利润 P_1E_1GF（图中深色矩形面积）。长期内，企业可以选择最优生产规模，根据 $MR=P_1=LMC=SMC_2$ 均衡条件，企业最终选择 SMC_2 曲线和 SAC_2 曲线描述的生产规模的均衡点 E_2 下生产 Q_2 数量的产品，实现的利润 P_1E_2IH（图中浅色矩形面积）。

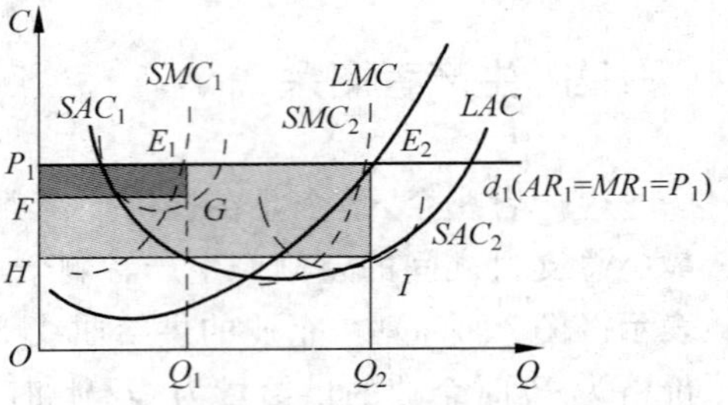

图 4-7 最优生产规模的选择

（二）进入或退出一个行业的决策

在长期生产中，完全竞争市场中各种生产要素是可以自由流动的，企业进入或退出一个行业没有任何的障碍，这实际上是生产要素在各个行业之间的调整，生产要素总是从低利润行业流向高利润行业。如果市场价格较高，如图 4-8 中的 P_1，企业根据 $MR=P_1=LMC$ 的利润最大化条件，会选择均衡点 E_1 生产，供给 Q_1 数量的产品，此时价格 P_1（平均收益）高于企业的长期平均成本 FQ_1，企业获得大于零的经济利润，这会吸引其他行业的企业进入该行业，从而导致该产品市场的供给大幅度增加，在市场需求不变的情况下，最终市场的均衡价格会逐步下降，从而使得企业的利润也逐步减少。

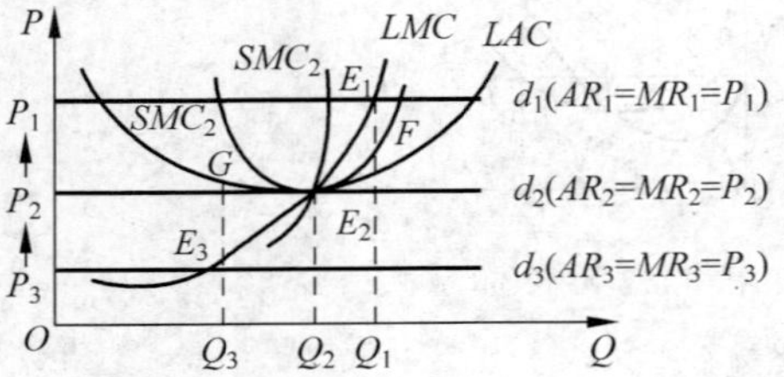

图 4-8 进入或退出一个行业的决策

反之，如果市场价格较低，如图 4-8 中的 P_3，企业根据 $MR=P_3=LMC$ 的利润最大化条件，会选择均衡点 E_3 生产，供给 Q_3 数量的产品，此时价格 P_3（平均收益）低于企业的长期平均成本 GQ_3，企业的经济利润小于零，即企业亏本，企业会退出该行业转而进入其他行业，从而导致该产品市场的供给大幅度减少，在市场需求不变的情况下，最终市场的均衡价格会逐步上升，企业也逐步扭亏为盈。这样的过程会一直进行，最终市场价格停留在 P_2，此时企业根据 $MR=P_2=LMC$ 的利润最大化条件，会选择均衡点 E_2 生产，是企业长期边际成本曲线与长期平均成本曲线的交点，也就是企业长期平均成本最低点，此时产品价格、平均收益均等于最低的长期平均成本，企业的经济利润为零，不过企业还是获得正常利润。

综上所述，完全竞争企业长期均衡的条件应该为

$$P = MR = LMC = LAC \tag{4-14}$$

（三）完全竞争行业的长期供给曲线

长期内，企业可以进入或退出一个行业，因此，在行业均衡状态下，行业内究竟有多少数量的企业无从得知。所以，长期供给曲线不能像短期供给曲线那样直接由行业内所有企业的供给曲线水平加总而得到。此外，在长期内，由于企业的进入或退出，整个行业的产量变动较大，这可能会影响生产要素市场的供求状况，进而影响生产要素价格和企业的成本状况。完全竞争行业可区分为成本不变行业、成本递增行业和成本递减行业。

1. 成本不变行业

行业的产量变化引起生产要素需求的变化，但是不对生产要素的价格产生影响，这样的行业称为成本不变行业。这种情况可能是因为完全竞争行业的生产要素需求只占生产要素市场总需求量的很小一部分。在这种情况下，行业的长期供给曲线是一条水平线，如图 4-9 所示。

刚开始，在图 4-9(a)中，市场需求曲线 D_1 与短期供给曲线 S_1 相交于市场均衡点 A，市场价格为 P_1。在该价格水平上，市场中所有完全竞争企业都在长期成本曲线 LAC 最低点 E 实现长期均衡，每个企业的经济利润为零，第 i 个企业的供给量为 Q_{i1}，则整个市场的总供给量 Q_1 等于此时所有企业的供给量加总。

现在，假设市场需求增加，需求曲线由 D_1 移动为 D_2，短期内，没有企业进入或退出该行业，因此市场的供给曲线还是 S_1，新的需求曲线 D_2 与短期供给曲线 S_1 相交决定了新的市场价格为 P_2。在该价格下，第 i 个完全竞争企业根据利润最大化的条件，最终生产 Q_{i2} 数量的产品，并获得经济利润，如图 4-9(b)所示。

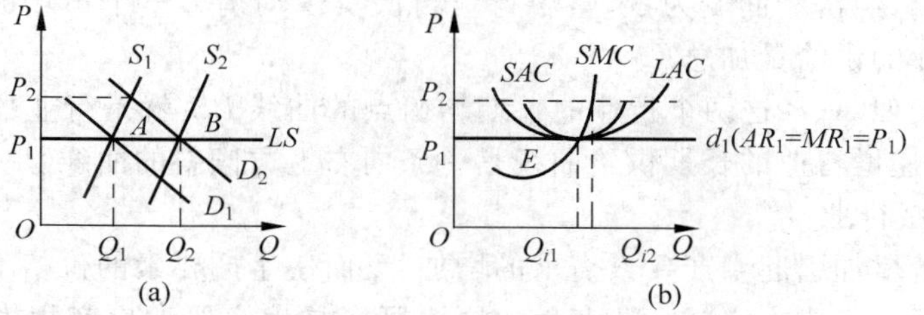

图 4-9　成本不变行业的长期供给曲线

从长期看，在图 4-9(a)中，由于经济利润的存在，大量的企业将进入到该行业。最终行业的供给增加，供给曲线由 S_1 移动为 S_2。虽然整个行业的供给增加了，但是，由于该行业为成本不变行业，因此，行业内每个完全竞争企业的生产成本并没有发生变化，即成本曲线不变。新的市场供给曲线 S_2 与需求曲线 D_2 相交于市场均衡点 B，市场价格恢复为 P_1。此时，完全竞争企业的均衡点又恢复到 E 点，供给量又恢复到 Q_{i1}，经济利润变为零，整个行业再次实现均衡。整个市场的总供给量 Q_2 等于此时所有企业的供给量加总，增加的 Q_1Q_2 总供给量则是新进的企业提供的。

连接 A、B 这两个行业长期均衡点的直线 LS 就是行业的长期供给曲线。由此可见，成本不变行业的长期供给曲线是一条水平线。

2. 成本递增行业

行业的产量增加引起生产要素需求的增加，会导致生产要素的价格上升，这样的行业称为成本递增行业。成本递增行业在现实生活中较为普遍。在这种情况下，行业的长期供给曲线是一条向右上方倾斜的曲线，下面以图 4-10 为例进行分析。

刚开始，市场需求曲线 D_1 与短期供给曲线 S_1 相交于市场均衡点 A，市场价格为 P_1。在该价格水平上，市场中所有完全竞争企业都在长期成本曲线 LAC_1 最低点 E_1 实现长期均衡，每个企业的经济利润为零，第 i 个企业的供给量为 Q_{i1}，则整个市场的总供给量 Q_1 等于此时所有企业的供给量加总。

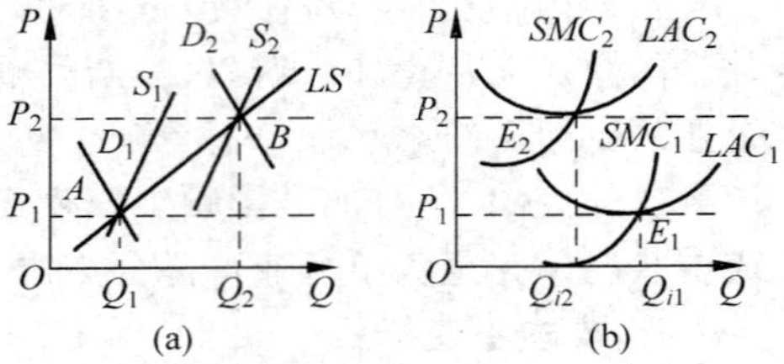

图 4-10　成本递增行业的长期供给曲线

现在，假设市场需求增加，需求曲线由 D_1 移动为 D_2，短期内，引起市场价格上升，行业内的完全竞争企业还是以原有的生产规模进行生产，因而获得经济利润。

从长期看，由于经济利润的存在，大量的企业将进入该行业。最终行业的供给增加，供给曲线由 S_1 向右移动。随着整个行业的产量增加，由于该行业为成本递增行业，因此，行业内每个完全竞争企业的生产成本都上升，即长期平均成本曲线由 LAC_1 向上移动为 LAC_2（LAC_2 有可能在 LAC_1 正上方，LAC_2 也有可能在 LAC_1 右上方，LAC_2 也有可能在 LAC_1 左上方）。整个过程会一直进行，最终，新的市场供给曲线 S_2、企业的长期平均成本曲线 LAC_2 会一直移动到图中的位置：新的市场供给曲线 S_2 与需求曲线 D_2 相交于市场均衡点 B，市场价格变为 P_2。此时，完全竞争企业的最低长期平均成本也为 P_2，完全竞争企业实现了均衡，第 i 个企业的供给量为 Q_{i2}（Q_{i2} 可能大于 Q_{i1}，Q_{i2} 也可能小于 Q_{i1}，Q_{i2} 还有可能等于 Q_{i1}），经济利润变为零，整个行业再次实现均衡。整个市场的总供给量 Q_2 等于此时所有企业的供给量加总。

连接所有类似 A、B 这两个行业的长期均衡点的曲线 LS 就是行业的长期供给曲线。由此可见，成本递增行业的长期供给曲线是一条向右上方倾斜的曲线。

3. 成本递减行业

行业的产量增加引起生产要素需求的增加，反而使生产要素的价格下降，这样的行业称为成本递减行业。成本递减行业产生的原因可能是生产要素生产规模扩大，产生规模经济，最终反而使生产要素的价格下降。通过类似上文的推导方法，可以得出结论：成本递减行业的长期供给曲线是一条向右下方倾斜的曲线。

第三节　完全垄断市场

一、完全垄断市场概述

（一）完全垄断的含义

完全垄断，又称垄断，是指整个行业中只有唯一一个企业的市场组织。完全垄断分为买方垄断和卖方垄断两种。本书主要介绍卖方垄断。

（二）完全垄断市场的特征

完全垄断市场是经济中的一种特殊情况，“纯粹”的垄断是很少见的，除了无法找到替代品的古董字画外，一般存在于政府支持的公用事业中。形成完全垄断具有以下三个特征：

（1）市场上只有一家企业生产和销售某种产品，即这家企业垄断了整个行业的供给量。

（2）垄断企业的产品是独一无二的，没有任何替代品，产品的交叉弹性为零。

（3）完全垄断行业存在着进入的壁垒，其他企业几乎不可能进入该行业。

完全垄断市场产生的原因。主要有以下几个：

（1）对关键性原料的独家占有，对专门的生产技术知识的独家占有。

（2）拥有专利的保护。拥有一种产品或加工过程的专利权，在其有效期内其他人不能生产。

（3）政府特许权。拥有政府颁发的特许经营权，允许独家经营，以排除其他企业的竞争。

（4）自然垄断。自然垄断行业的大规模生产优势使得只要一家企业就能以比几个企业共同生产还要低的成本生产整个市场的需求量。例如电力、天然气、通信、自来水等公用事业。

二、完全垄断企业的收益

由于市场中只有一个卖方，该企业的供给量就是整个市场的供给量，那么该完全垄断企业所能得到的价格直接取决于其投放到市场的产量，完全垄断企业对市场价格有完全的控制权，不用担心会有其他的竞争者通过较低的价格来抢夺市场份额。

在完全垄断市场上，整个市场的需求曲线就是完全垄断企业的需求曲线，一般情况下市场的需求曲线是一条向右下方倾斜的曲线。这意味着，垄断企业可以通过改变供给量来控制市场价格，以减少供给量来抬高市场价格，或增加供给量压低市场价格。垄断企业的供给量与市场价格呈反方向变动。

假设，垄断市场上的需求函数为 $Q=f(P)$，相应地，反需求函数为 $P=P(Q)$。则垄断企业的总收益 TR 的计算公式为

$$TR(Q)=P(Q)\cdot Q \tag{4-15}$$

由前面章节分析可知，企业的需求曲线和企业的平均收益曲线重合，因此，垄断企业的需求曲线和垄断企业的平均收益曲线重合，即 $AR(Q)=P(Q)$。

垄断企业的边际收益 MR 的计算公式为

$$MR=\mathrm{d}TR/\mathrm{d}Q=P+Q\cdot(\mathrm{d}P/\mathrm{d}Q) \tag{4-16}$$

为了简化分析，本书假设反需求函数为线性，即

$$P=a-b\cdot Q \tag{4-17}$$

进而求出相应的总收益函数为

$$TR(Q) = a \cdot Q - b \cdot Q^2 \tag{4-18}$$

相应的边际收益函数为

$$MR = a - 2b \cdot Q \tag{4-19}$$

垄断企业的总收益曲线 TR、平均收益曲线 AR、边际收益曲线 MR，如图 4-11 所示。

这些曲线之间的关系特征是：

（1）垄断企业的平均收益曲线 AR 与需求曲线 d 相重叠，它们是同一条向右下方倾斜的曲线。这说明在每一个销售量上，垄断企业的平均收益都等于产品的价格。

（2）垄断企业的边际收益曲线 MR 也是向右下方倾斜的，且位于平均收益曲线 AR 的左下方。这表示在每一个销售量上，垄断企业的边际收益都小于平均收益。

（3）垄断企业的总收益曲线 TR 是先上升，达到最高点之后再下降，且最高点与边际收益等于 0 的点相对应。

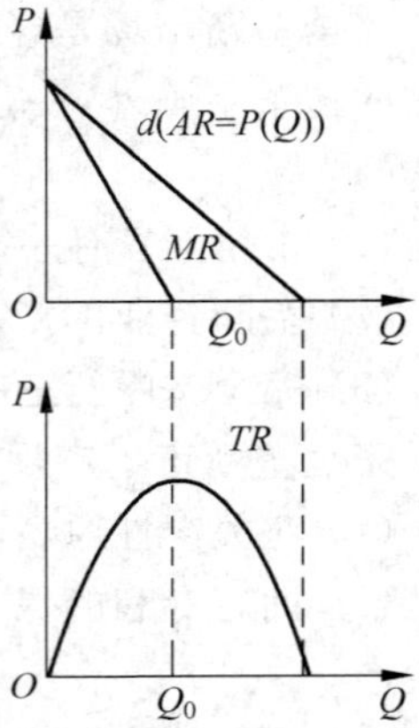

图 4-11　垄断企业的收益曲线

三、完全垄断企业的均衡

（一）垄断企业的短期均衡

1. 垄断企业的短期均衡条件

垄断企业的短期均衡条件为

$$MR = SMC \tag{4-20}$$

如图 4-12 所示，垄断市场的需求曲线 d 也就是垄断企业的需求曲线和平均收益曲线 AR。根据 $MR=SMC$ 的利润最大化条件，垄断企业会将产量定在 Q_1，相应的产品的市场价格为 P_1。垄断企业在 $MR=SMC$ 的利润最大化的均衡点上，可以获得最大的利润，也有可能亏损（尽管亏损最小化）。和完全竞争企业一样可以区分为五种情况。

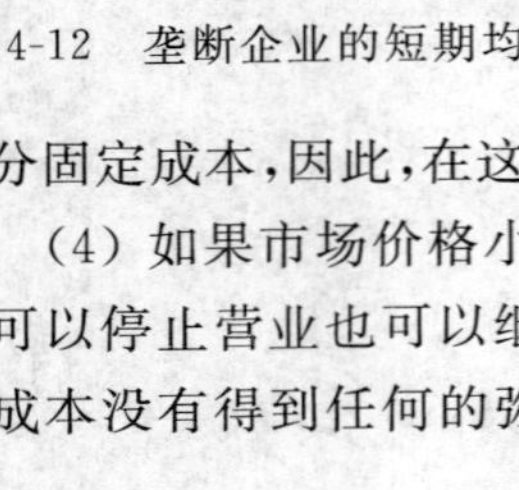

图 4-12　垄断企业的短期均衡

（1）如果市场价格大于平均总成本，则垄断企业获得经济利润，如图 4-12 所示，最终垄断企业获得图中阴影部分 P_1FGH 的利润。

（2）如果市场价格等于平均总成本，则垄断企业的经济利润为零，但垄断企业仍然可以获得正常利润。

（3）如果市场价格小于平均总成本，但大于平均可变成本，则垄断企业亏损，但垄断企业仍然会继续生产。尽管亏损，但是企业的收益在弥补全部可变成本后还有剩余，以弥补部分固定成本，因此，在这种亏损情况下，生产要比不生产强。

（4）如果市场价格小于平均总成本，等于平均可变成本，则垄断企业亏损，但垄断企业可以停止营业也可以继续生产。在这种情况下，企业的收益刚好弥补全部可变成本，固定成本没有得到任何的弥补，此时，企业生产和不生产一样。

(5) 如果市场价格小于平均可变成本，则垄断企业亏损并停止生产经营。在这种情况下，企业的收益无法弥补全部可变成本，更无法弥补固定成本，此时，企业不生产比生产更合算。

（二）垄断企业的供给曲线

前面的分析指出，完全竞争企业是市场价格接受者，它只能在给定的市场价格下，根据 $MR=P=SMC$ 的利润最大化均衡条件来确定唯一的产量，因此完全竞争企业的产量和市场价格之间存在一一对应关系，在这样的基础上，可以构建完全竞争企业的供给曲线和完全竞争市场的供给曲线。然而，在垄断市场下，垄断企业完全控制了产品价格和产品销售量，垄断企业可以通过对产量和价格的调整实现利润最大化。因此，垄断企业的价格和产量之间不存在确定的一一对应关系，有可能出现一个价格水平对应几个不同的产量水平，如图 4-13(a)所示，或一个产量对应几个不同的价格水平如图 4-13(b)所示的情形。

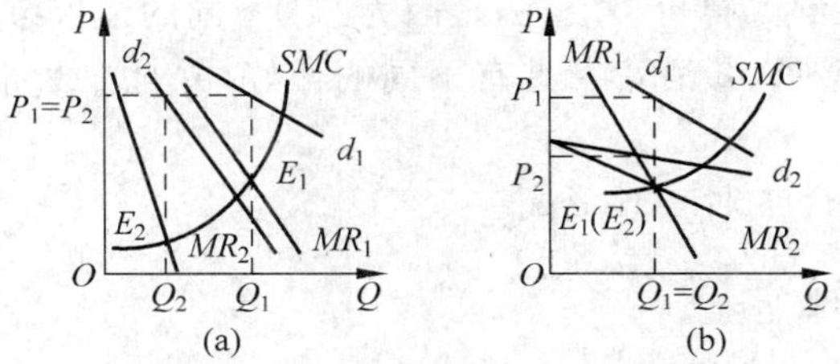

图 4-13　垄断企业的产量与价格

图 4-13(a)中，刚开始市场的需求曲线为 d_1（也就是垄断企业的平均收益曲线），相应的垄断企业的边际收益曲线为 MR_1，垄断企业的短期均衡点为 E_1，相应的产量为 Q_1，产品的市场价格为 P_1。市场需求发生变化，市场需求曲线变为 d_2（也就是垄断企业的平均收益曲线），相应的垄断企业的边际收益曲线变为 MR_2，垄断企业的短期均衡点变为 E_2，相应的产量变为 Q_2，产品的市场价格仍然为 P_1。这就出现同一价格水平对应几个不同的产量水平的情形。

图 4-13(b)中，刚开始市场的需求曲线为 d_1，相应的垄断企业的边际收益曲线为 MR_1，垄断企业的短期均衡点为 E_1，相应的产量为 Q_1，产品的市场价格为 P_1。市场需求发生变化，市场需求曲线变为 d_2，相应的垄断企业的边际收益曲线变为 MR_2，垄断企业的短期均衡点为 E_2，相应的产量变依然为 Q_1，产品的市场价格为 P_2。这就出现了一个产量对应几个不同的价格水平的情形。

（三）垄断企业的长期均衡

垄断企业在长期内可以调整所有生产要素的投入量即生产规模，从而实现最大的利润。其利润最大化的均衡条件：

$$MR = LMC \tag{4-21}$$

如图 4-14 所示，按照 $MR=LMC$ 的利润最大化的均衡条件，垄断企业的长期均衡点为 E 点，相应的向市场供给 Q_1 数量的产品，产品的价格为 P_1，垄断企业获得矩形 P_1FGH 面积的利润。垄断企业之所以能在长期内获得更大的利润，是因为在长期内企业的生产规模是可调整的，且市场对新加入企业是完全关闭的。

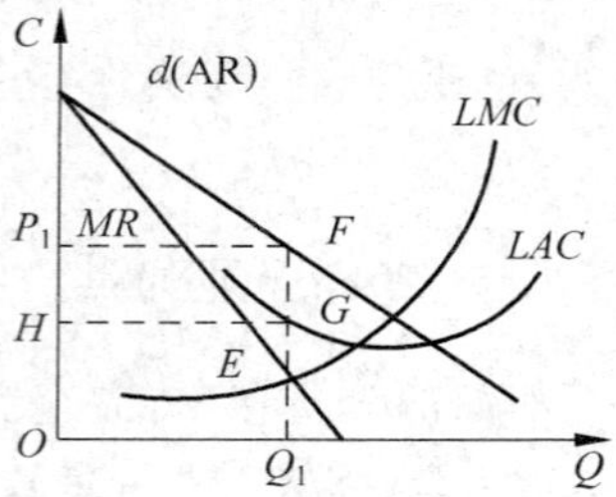

图 4-14　垄断企业的长期均衡

四、价格歧视

垄断企业完全控制了市场的价格和销售量，垄断企业可以采取各种定价策略赢得更大的利润。在之前的分析中，均假定垄断企业根据市场需求状态和自身的成本状况确定市场的销量和价格，并对所有的购买者都统一定价。在现实生活中，垄断企业为了最大限度地获取利润，以不同价格销售同一种产品，称为价格歧视。

垄断企业之所以能够实行价格歧视，是因为：①不同的销售市场是相互分割的，从而排除了不同市场间的套利；②消费者具有不同的偏好，并且垄断企业有办法区分这些不同的偏好。

价格歧视具体有以下三种表现形式。

（一）一级价格歧视

一级价格歧视，又称为完全价格歧视，即垄断企业对每一个单位产品按照消费者愿意支付的最高价格定价销售。例如，一个医术高超的医生对每一位患者收取不同的诊疗费用，这就是完全价格歧视。此时消费者剩余将全部转化为垄断者的超额利润。

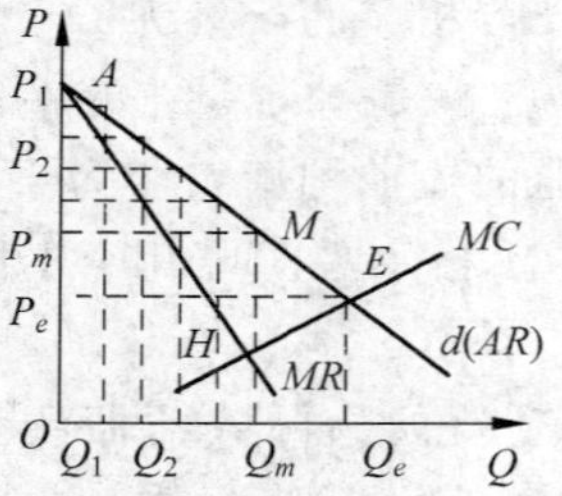

图 4-15　一级价格歧视

用图 4-15 说明一级价格歧视的效应。图 4-15 中，d 为市场需求曲线，在没有实行一级价格歧视时，垄断企业向市场供给 Q_m 数量的产品，相应地，产品的市场价格为 P_m，消费者剩余为 AMP_m，垄断企业获得 P_mMQ_mO 的总收益。

垄断企业实行一级价格歧视后，对第一个产品收取消费者愿意支付的最高价格 P_1，对第二个产品收取消费者愿意支付的最高价格 P_2，以此类推，直到生产并销售完 Q_e 数量产品为止。因为，垄断企业对每一个单位产品按照消费者愿意支付的最高价格定价销售，一直到需求曲线与垄断企业边际成本曲线 MC 交点的 E 点所对应的产品数量 Q_e，垄断企业才实现了利润最大化。此时，消费者剩余为零，垄断企业增加了 AMP_m+MEH 的利润。此外，市场的需求曲线 d 事实上是整个社会的边际收益曲线，由于垄断市场中只有唯一一个企业，因此，垄断企业的边际成本曲线 MC 则是整个社会的边际成本曲线。从整个社会角度看，社会边际收益曲线与社会边际成本曲线交点 E 则是整个社会的最优配置点，即 $P=MC$，由此可见，垄断企业实行一级价格歧视后，资源配置实现的是社会最优配置。

（二）二级价格歧视

二级价格歧视，只要求对不同的消费数量段规定不同的价格。例如，商家在消费者购买第二件衣服时打八折，第三件衣服时打七折。二级价格歧视不如一级价格歧视那么严格。

图 4-16 中，在没有实行二级价格歧视时，垄断企业供应 Q_3 数量的产品，相应地，产品市场价格为 P_3，消费者获得 ADP_3 的消费者剩余，垄断企业获得 P_3DQ_3O 的销售收入。

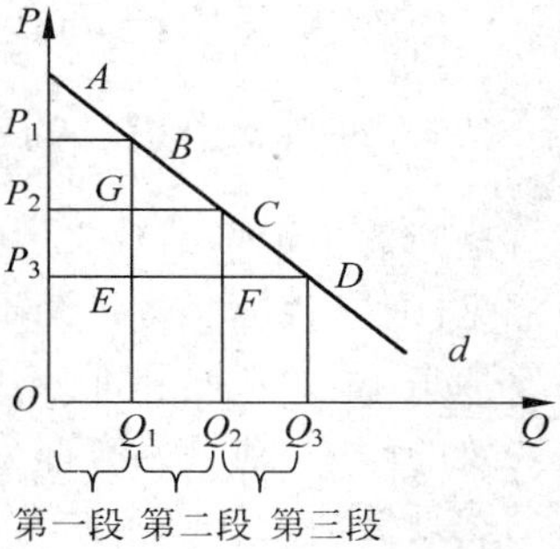

图 4-16 二级价格歧视

实行二级价格歧视后，垄断企业在第一个消费段上（OQ_1）规定产品价格为 P_1，在第二个消费段上（Q_1Q_2）规定产品价格为 P_2，在第三个消费段上（Q_2Q_3）规定产品价格为 P_3，此时，消费者剩余为 $ABP_1+BCG+CDF$，减少了 P_1BEP_3+GCFE，减少的消费者剩余变为垄断企业的销售收入，因此，垄断企业销售收入为 $P_3DQ_3O+P_1BEP_3+GCFE$。此外，在二级价格歧视中，垄断企业会达到或接近 $P=MC$ 的最优资源配置状态。

（三）三级价格歧视

三级价格歧视，是指垄断企业对同一种产品在不同的市场上（或对不同的消费群）收取不同的价格。比如铁道部门对学生团体的火车票普通硬座收取半价，对普通乘客收取全价。三级价格歧视可以给垄断企业带来更高的收益。

假设垄断企业在两个分割的市场上出售同种产品，用 MR_1 和 MR_2 分别表示垄断企业第 1 个市场和第 2 个市场上的边际收益，MC 表示垄断企业的边际成本。

首先，在两个市场实现利润最大化的条件是

$$MR_1=MR_2=MC \tag{4-22}$$

其次，根据边际收益的定义式：

$$\begin{aligned}MR&=\mathrm{d}TR/\mathrm{d}Q=P+Q\cdot(\mathrm{d}P/\mathrm{d}Q)\\&=P\cdot(1+(Q/P)\cdot(\mathrm{d}P/\mathrm{d}Q))=P\cdot(1-1/e_{\mathrm{d}})\end{aligned} \tag{4-23}$$

式中：e_{d} 为需求的价格弹性。

因此，在市场 1 有

$$MR_1=P_1\cdot(1-1/e_{\mathrm{d1}}) \tag{4-24}$$

在市场 2 有

$$MR_2=P_2\cdot(1-1/e_{\mathrm{d2}}) \tag{4-25}$$

根据 $MR_1=MR_2$，则有

$$P_1\cdot(1-1/e_{\mathrm{d1}})=P_2\cdot(1-1/e_{\mathrm{d2}}) \tag{4-26}$$

整理得到

$$P_1/P_2=(1-1/e_{\mathrm{d2}})/(1-1/e_{\mathrm{d1}}) \tag{4-27}$$

由此可见，三级价格歧视要求企业对同一种产品在不同的市场上（或对不同的消费群）收取不同的价格，在需求的价格弹性小的市场上收取较高的价格，在需求的价格弹性大的市场上收取较低的价格。这样，企业可以获得更大的利润。

第四节　垄断竞争市场

一、垄断竞争市场概述

（一）垄断竞争市场的定义

垄断竞争市场的含义。在许多行业中，各个企业供给的产品是有差异的，这种情况更为常见，消费者也会将各个不同的品牌的产品看作是有差异的。例如佳洁士牙膏与高露洁牙膏是不同的，差别部分在于气味、稠度、成分、知名度——如消费者对佳洁士的相对防蛀功效的印象，结果是有部分的消费者愿意支付较高的价格去购买佳洁士牙膏。宝洁公司虽然是佳洁士的唯一企业，有垄断势力，但是这种垄断势力是非常有限的。因为如果佳洁士的价格提高，消费者可以很容易地用其他品牌来代替它。对于大多数消费者来说，不同品牌之间的区别是不大的。所以，佳洁士牙膏的需求曲线弹性是相当大的。

类似牙膏市场这样的拥有许多企业生产和销售有差别的同种产品的市场就是垄断竞争市场。它是一种既有垄断又有竞争，既不是完全垄断又不是完全竞争的市场结构。在垄断竞争中，把市场上存在的大量的生产非常接近的同种产品的企业的总和称为生产集团。

（二）垄断竞争市场的特征

一个垄断竞争的市场具有三个关键的特征：

(1) 企业之间通过销售有差别的产品进行竞争，这些产品相互之间是高度可替代的但不是完全可替代的。产品间需求的交叉弹性大但不是无穷大。

(2) 企业可以比较自由地进入或者退出市场。赚取利润的潜力会吸引有竞争品牌的新企业进入，现有企业发现他们的产品无利可图时也能比较容易地退出市场。因此，长期内，由于企业的自由进出，垄断竞争企业的经济利润为零。

(3) 垄断竞争市场中企业的数量非常多、企业的规模往往都比较小。

二、垄断竞争企业的需求曲线

垄断竞争市场既有垄断又有竞争，既不是完全垄断又不是完全竞争的特点，决定了垄断竞争企业对产品的价格有一定的控制能力，这种控制能力可以用垄断竞争企业的需求曲线来描述。

垄断竞争企业面临的需求曲线有两种，如图 4-17 所示，图中需求曲线 d 表示一家企业价格变动而其他企业价格保持不变的需求曲线，又称为主观需求曲线。这其实上反映了，垄断竞争企业可以在一定程度上控制自己产品的价格，通过改变自己所生产的有差别

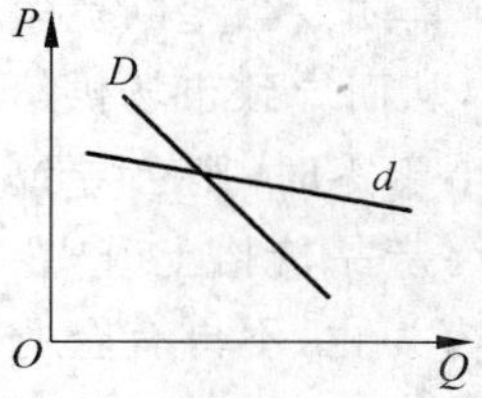

图 4-17　垄断竞争企业的需求曲线

的产品的销售量来影响产品的价格。图中需求曲线 D 表示垄断竞争企业价格变动，而其他企业也随之变动价格时的需求曲线，称为客观需求曲线。这其实上反映了，垄断竞争企业还要受到其他竞争对手的影响，不能完全控制产品价格。

主观需求曲线和客观需求曲线之间的关系：

(1) 当垄断竞争生产集团内的所有企业都以相同方式改变产品价格时，整个市场价格的变化使得单个垄断竞争企业的 d 需求曲线的位置沿着 D 需求曲线发生平移。

(2) d 需求曲线的弹性大于 D 需求曲线，即前者较之于后者更平坦一些。

(3) d 需求曲线和 D 需求曲线相交表示垄断竞争生产集体内的所有企业相互间博弈均衡状态。因为，如果某一个垄断竞争企业采取单独降价扩大销售收入夺取了其他垄断竞争企业的市场份额，其他的垄断竞争企业也会相继降价来扩大销售收入夺回市场份额，最终的结果是垄断竞争生产集体内的所有企业均采取降价，市场竞争又回到一种竞争均衡状态。反映在图形上，就是市场均衡点又回到 D 需求曲线上。

三、垄断竞争企业的均衡

(一) 短期均衡

垄断竞争企业的短期均衡条件有两个：①垄断竞争企业间的竞争均衡，即在短期均衡的产量上，必定存在一个 d 曲线和 D 曲线的交点；②垄断竞争企业利润最大化的均衡，即 $MR=SMC$。

图 4-18 中，主观需求曲线 d 描述的是垄断竞争企业主观认定的对市场价格的控制能力，因此，垄断竞争企业是将主观需求曲线 d 的边际收益曲线 MR 与短期边际成本曲线 SMC 交点 E 作为自身利润最大化的均衡点，因此，向市场供应 Q_1 数量的产品，相应地，产品的市场价格为 P_1。同时，短期内客观需求曲线 D 是垄断竞争企业所无法控制，因此，短期内不会变动，而主观需求曲线 d 则会受到垄断竞争企业间的竞争状况而不断移动。最终，(P_1, Q_1) 的坐标点 F 是客观需求曲线 D 与某条主观需求曲线 d 的交点，此时，垄断竞争企业间也实现了竞争均衡。最终，垄断市场实现了短期均衡。此时，垄断竞争企业可能获得最大利润，也可能利润为零，也可能蒙受最小损失。

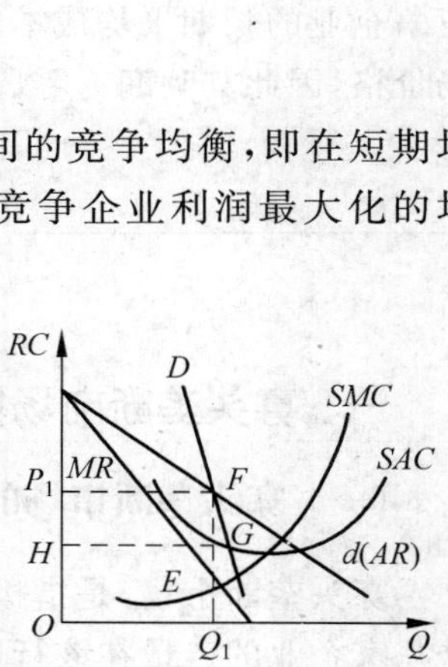

图 4-18　垄断竞争企业的短期均衡

(二) 长期均衡

垄断竞争企业的长期均衡条件包括以下三个：①垄断竞争企业间的竞争均衡，即在短期均衡的产量上，必定存在一个 d 曲线和 D 曲线的交点；②垄断竞争企业利润最大化的均衡，即 $MR=LMC$；③垄断竞争企业的经济利润必定为零，即 $AR=LAC$，换言之，在垄断竞争企业的长期均衡点上，主观需求曲线 d 必定与 LAC 曲线相切。这是因为，在长期内，垄断竞争企业不仅可以调整生产规模，还可以加入或退出生产集团。当垄断竞争企业经济利润大于零时，则会吸引其他行业的企业加入垄断竞争行业，从而导致市场供给增加，最终产品价格下降，企业利润减少；当垄断竞争企业经济利润小于零时，则会导致亏损的垄断竞争企业退出垄断竞争行业，从而导致市场供给减少，最终产品价格上升，企业扭亏为盈；这样的过程会一直进行，直到垄断竞争企业经济利润为零为止，不再有企业进入或退出，从而实现垄断竞争行业的长期均衡。

长期内，由于企业的进入或退出行业以及垄断竞争企业间的竞争，所以客观需求曲线 D 和主观需求曲线 d 不断移动。最终移动到图 4-19 所示的状态下，上述的三个条件都同时满足，垄断竞争企业实现了长期均衡。图 4-19 中，首先，垄断竞争企业是按照主观需求曲线 d 的边际收益曲线 MR 与长期边际成本曲线 LMC 交点 E 作为自身利润最大化的均衡点，因此，向市场供应 Q_1 数量的产品，相应地，产品的市场价格为 P_1。其次，(P_1, Q_1) 的坐标点 F 是客观需求曲线 D 与某条主观需求曲线 d 的交点，此时，垄断竞争企业间也实现了竞争均衡。第三，主观需求曲线 d（也就是垄断竞争企业的平均收益曲线）一定会与垄断竞争企业的长期平均成本曲线 LAC 相切于 F 点，此时，垄断竞争企业的平均成本等于市场价格，因此其利润为零。

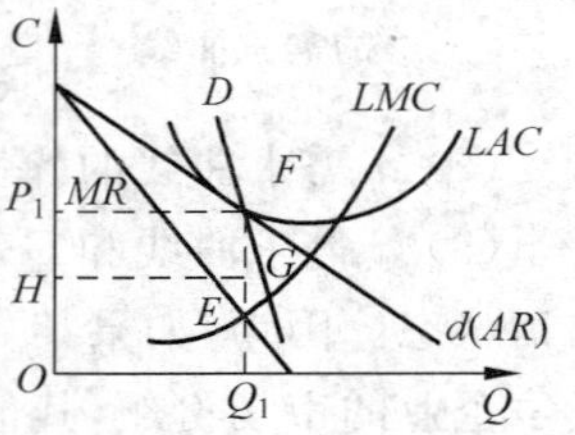

图 4-19　垄断竞争企业的长期均衡

第五节　寡头垄断

一、寡头垄断市场概述

（一）寡头垄断市场的定义

寡头垄断市场，是指极少数几家企业控制整个市场的产品生产和销售的市场组织。这几家企业的产量在该行业总产量中各占较大的市场份额，每家企业都有举足轻重的作用。垄断竞争市场和寡头垄断市场都是介于完全竞争市场与完全垄断市场之间的一种中间型市场，垄断竞争市场更偏向于完全竞争市场，而寡头垄断市场更偏向于完全垄断市场。

在寡头垄断市场上，产品差别可有可无，关键是看有几个企业占有大部分或全部的市场份额。在寡头垄断市场中，部分或全部企业在长期中都可赚到可观的利润，因为存在进入壁垒，使得新的企业进入该市场很困难，或者完全不可能。寡头垄断市场是很普遍的市场结构形式。如汽车、石油化工、电子设备、计算机行业等。

（二）寡头垄断市场的特征

寡头垄断市场的成因和完全垄断市场相似，具有以下两个基本特征：

(1) 少数几家企业控制整个市场。这少数的几家企业的规模足够大，可以影响市场的价格和总产量。

（2）寡头企业之间的关系兼有竞争和串谋的两面性。寡头垄断市场上，一家企业做出产量的决策时，必须要权衡其竞争者的反应。更进一步地，决策、反应、对反应的反应，如此动态的、演进的过程不断反复。寡头垄断市场上，企业对市场控制力的大小和利润高低，取决于它们之间行为的相互反应。如果它们更多地采取合作和串谋而不是竞争方式，寡头们有可能在显著高于边际成本的水平上定价，从而获得丰厚的利润；另一方面，寡头之间也可能为了争夺市场而发生激烈的竞争，特别是价格竞争，从而降低它们获得的利润；还有的情况是，刚开始寡头们是合作串谋的，后来为争夺更大的市场占有率，而解散合作关系变为激烈竞争的关系。

二、寡头垄断市场的均衡

研究寡头垄断市场时，也需要确定这个市场的均衡价格和均衡产量。在寡头垄断市场中，一个企业的价格制定和产量部分地取决于对竞争者行为的策略性考虑。与此同时，竞争者的决策也取决于这个企业的决策。前面章节分析了垄断竞争的企业是如何在给定竞争者行为之后将做最好的决策，企业需提前假设竞争对手的行为，这是一个在寡头垄断市场中确定均衡的基础。这个概念是 1951 年由数学家约翰·纳什首先解释清楚的，所以经济领域将它描述的均衡称为纳什均衡。纳什均衡是指在给定企业的竞争对手的行为以后，各个企业都采取他能采取的最好的行为。寡头企业之间的这种相互影响的关系，使得寡头理论非常复杂。一般来说，不知道竞争对手相互之间的反应方式，就无法建立寡头厂商的模型。本章节仅从寡头企业间是否会有串谋合作进行区分，介绍几个具有代表性的模型。

（一）非合作模型

寡头垄断市场的非合作模型，又称为无串谋模型，也称为无形寡头垄断，是指寡头企业均没有达成正式协议或建立正式组织。非合作模型又可以区分为产量竞争模型（例如古诺模型、斯塔克尔伯格模型等）、价格竞争模型（例如伯兰特模型等）、空间竞争模型、拐折需求曲线模型，等等。本章节主要介绍古诺模型。

法国数理经济学家奥古汀·古诺 1838 年提出了第一个简单的双寡头模型。他假设两个企业生产同样的产品并都知道市场需求量，各企业必须决定生产多少，并且是同时做出决策，在做出决策时，各企业需要考虑其竞争对手。他知道他的竞争对手也正在决定生产多少，而他能得到的价格将取决于两个企业的总产量。

古诺模型的本质是各企业将他的竞争者的产出水平看作不变的，然后决定自己生产多少。古诺力图回答每家产量多少、市场价格怎样、两个寡头所赚取的利润各为多少三个问题。

如果将古诺模型推而广之，这一模型的基本假设如下：

（1）市场中只有两家以利润最大化为目标的企业 A 和 B，销售同一种产品。

（2）为了简化讨论，假定它们的生产成本为零。

(3) 整个市场的需求函数为一阶线性函数。

(4) 企业A首先进入市场，B随后进入，但每家企业在假定对方保持产量不变的情况下决定其最佳产量。

由于生产成本为零，所以企业的收益就等于利润。如图4-20所示，在第一轮中A企业面临D的市场需求曲线，将产量定为整个市场总容量的1/2，即产量为$OQ_1=1/2\ OQ_0$，相应的，价格为P_1，A企业的利润为OP_1FQ_1。随后，B企业进入市场，它面对的市场容量为剩下的1/2 OQ_0，它也按照相同的利润最大化决策，将产量定为它面对的市场容量的1/2，即产量$Q_1Q_2=1/4\ OQ_0$，相应的，价格为P_2，B企业的利润为Q_1HGQ_2，而A企业的利润则下降为OP_2HQ_1。

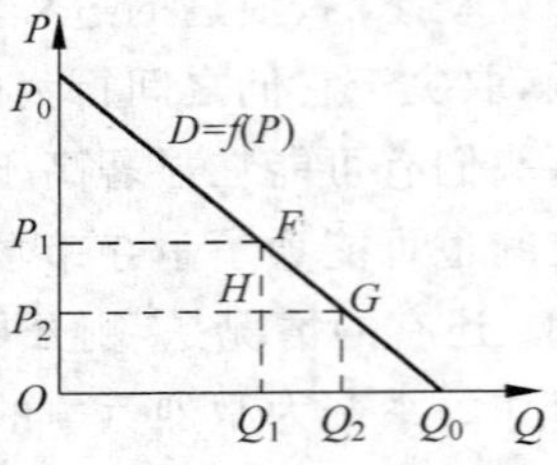

图 4-20　古诺模型

第二轮，A企业知道B企业在本轮中留给它的市场容量$3/4OQ_0$，它又进行了相同的利润最大化决策，将产量定为它面对的市场容量的1/2，即产量为3/8 OQ_0，与上一轮相比，A企业的产量减少了1/8 OQ_0。随后，B企业再次进入市场，它面对的市场容量为剩下的$5/8OQ_0$，于是B企业将产量定为它面对的市场容量的1/2，即产量为5/8 OQ_0，与上一轮相比，B企业将产量增加了1/16 OQ_0。如此反复下去。因此，最终，A企业的均衡产量为

$$OQ_0(1/2-1/8-1/32-\cdots)=1/3\ OQ_0 \tag{4-28}$$

B企业的均衡产量为

$$OQ_0(1/4+1/16+1/64+\cdots)=1/3\ OQ_0 \tag{4-29}$$

行业的均衡总产量为

$$1/3\ OQ_0+1/3\ OQ_0=2/3\ OQ_0 \tag{4-30}$$

以上是双寡头古诺模型，假定寡头企业的数量为m，则可以得到一般的结论：

(1) 每个寡头企业的均衡产量＝市场总容量·$1/(m+1)$。

(2) 行业的均衡总产量＝市场总容量·$m/(m+1)$。

(二) 合作模型

卡特尔串谋

卡特尔是独立的企业之间有关价格、产量和市场划分等事项事先达成明确协议而建立的组织。该组织的形式是由于寡头企业们具有获取高额利润的共同愿望。卡特尔在市场需求缺乏弹性时可以将价格提高到大大高于竞争的水平以攫取高额利润。例如，欧佩克卡特尔就是产油国政府间的一个国际协定，它在过去的二十多年间成功地将世界石油价格提高到远远高于本来应有的水平。卡特尔根据边际收益等于边际成本的原则确定利润最大化的价格和产量，再将总产量分配给各卡特尔成员。但是这种勾结有时是暂时的，当各寡头的实力发生变化后，就会要求重新确定产量或瓜分市场，从而引起激烈的竞争。为什么有些卡特尔会成功而一些会瓦解呢？一个稳定的卡特尔成功需要两个条件：①卡特尔组织必须在其成员对价格和生产水平达成协定并遵守该协定的基础上形成；②垄断势力是潜在的可能。潜在垄断势力是促使它们组成合作并形成共同的利益的最重要的条件。

三、博弈论与竞争策略

前面两节已经学习了企业如何做出关于产量和价格的决策，一家企业在做决策时会把其竞争对手的可能的反应考虑进去。然而还有很多问题没有深究，比如为什么有些市场的企业倾向于共谋而另一些市场的企业趋于激烈的竞争？有些企业是如何阻止新的企业进入，或者当有新的竞争者进入市场时，现存的各个企业将如何重新对价格和产量做出自己的决策？为了理解这些问题，可以用博弈论来分析企业的策略性决策。

（一）博弈论的几个基本概念

博弈是指个人或组织面对一定的环境条件，在一定的规则下，同时或先后、一次或多次，从各自允许的选择的行为或策略中进行选择并加以实施，各自取得相应结果的过程，这种过程如同下棋，因此称为博弈。博弈论就是关于博弈的理论，是描述和研究行为者之间策略相互依存和相互作用的一种决策理论。博弈论关注的是对策略互动的一般性分析，可以用于分析寡头垄断市场中的经济行为，博弈论对于研究寡头垄断市场具有重要的作用。博弈论中有四个基本的概念。

（1）参与者，是指博弈中的决策主体，可以是个人，也可以是团体。

（2）策略，是指参与者选择行为的规则，也就是指参与者应该在什么条件下选择什么样的行动，以保证自身利益最大化。

（3）行动，是指参与者的决策变量，如生产者最优生产要素组合决策中各种生产要素的投入量。

（4）支付矩阵，描述了博弈的参与者采取的各种策略组合的结果或收益。

本章节将以一个例子简单介绍博弈论，关于博弈论的详细分析，读者可参看其他相关微观经济学或者博弈论的书籍。

（二）博弈论的囚徒困境

博弈论中有一个称为“囚徒困境”的例子说明了寡头垄断企业所面临的决策问题。例子是这样的：两名囚徒被指控是一宗罪案的同案犯。他们被分别关在不同的牢房进行单独审讯。各囚徒都被要求坦白罪行。如果两个都坦白，则各判入狱 5 年；如果两人都抵赖，则难以对他们提起诉讼，因而两囚徒就被从轻发落为入狱 2 年；如果一个囚徒坦白而另一个囚徒抵赖，坦白的囚徒只需入狱 1 年，而抵赖的囚徒则被判 10 年。现在的问题是，如果你是其中一个囚徒，在不相互商量的前提下，你是选择坦白还是抵赖？

该例子中，两名囚徒则是博弈的参与者。表 4-2 的支付矩阵反映了各种可能的结果（负数表示的是他们需要判刑）。正如表 4-2 反映的，这两名囚徒面临一种困境。如果他们均同意抵赖，那么各人只需入狱 2 年，但是他们不能共谋，事先假设了他们被单独关押起来并进行单独审讯。即使他们能够共谋，他们能够相互信任吗？如果囚徒 A 抵赖，他就冒被同伴利用的危险。无论囚徒 A 怎么做选择，囚徒 B 坦白总是最优的方案。同样，囚徒 A 坦白也是最优方案，所以囚徒 B 必须担心要是抵赖，他就会被利用。因此，两名囚徒大概都会选择坦白并入狱 5 年。

表 4-2　囚徒困境的支付矩阵

囚徒及其选择		囚徒 B	
		坦白	抵赖
囚徒 A	坦白	(−5,−5)	(−1,−10)
	抵赖	(−10,−1)	(−2,−2)

寡头垄断企业常常发现自己就处于囚徒困境中，它们必须决定是攻击性的竞争，试图以竞争者的损失为代价夺取更大的市场份额，还是“合作”性较温和的竞争——与竞争对手共存并安于当前各自拥有的市场份额，甚至公开共谋。如果企业之间竞争不激烈，定高价并限制产量，此时的结果将比它们竞争激烈时赚到更高的利润。

可是，就像困境中的囚徒一样，各个企业都有一种“背叛”和削价与竞争对手竞争的冲动。虽然合作是很吸引人，但它们都担心当自己是温和竞争时，对手将会激烈竞争，从而失去部分市场的份额。囚徒困境反映的是企业可以通过“合作”制定一个较高的价格从而得到较高的利润，但是任何一个企业都不能相信和指望它的竞争对手会定较高的价格。

本章经济学原理应用示范

价格歧视的应用示范

1. 机票的定价

旅客常常会对从福州到北京的往返机票价格种类之多感到惊讶。例如，最近这段时间，临近清明节，福州到北京往返的特价经济舱 1 613 元，头等舱大约 3 079 元。就算平常非节假日时期，经济舱是 1 313 元，头等舱 2 486 元。虽然头等舱的服务与经济舱的服务是不一样的，但其差距似乎不会这么大。那么航空公司为什么要制定这样的价格呢？

理由是这些不同的票价给航空公司提供了一种有利可图的价格歧视形式。这种歧视的得益是巨大的，因为需求弹性差别很大的不同类型的顾客会分别购买不同类型的机票。表 4-3 参考了美国境内的三种服务的需求价格（和收入）弹性：头等舱票、无限制二等舱票和特价票（折扣票常常有限制且可能是退票时不全额退款的）。

表 4-3　空中旅行的需求弹性

弹　性	票价类别		
	头等舱	无限制二等舱	特价机票
价格	−0.3	−0.4	−0.9
收入	1.2	1.2	1.8

注意对特价票的需求的价格弹性是头等舱和无限制二等舱的 2～3 倍。理由是特价票通常是家庭或其他有休假的旅行者购买的，而头等舱和无限制二等舱常常是商务旅客购买，商务旅客往往很少选择何时乘坐飞机，而且由他们的公司负担机票费用。当需求弹性差距如此巨大时，就难怪航空公司对不同的服务制定如此不同的价格了。

机票价格歧视变得越来越复杂。有多种票价可供选择，这取决于提前多久买票、旅行改变或取消时退款的百分比，以及旅行中是否包含一个周末的晚上。航空公司的目标是更好地在具有不同保留价格的旅客中实行歧视。正如一位业内经理人士指出的："当某人愿付400美元时，你不会以69美元卖给他一个座位。"与此同时，航空公司是愿意以69美元卖掉一个座位，也不愿意让它空着。

2. 捆绑销售

将相关的产品做成产品包，一起销售，这就是所谓的捆绑销售。将洗面奶和润肤霜打包进行销售，就是一个典型的例子。

企业选择捆绑销售可以实现更大的利润。以洗面奶和润肤霜为例，假设消费者可以区分为两类A和B，A类消费者对洗面奶和润肤霜的支付意愿分别为50元和100元，B类消费者对洗面奶和润肤霜的支付意愿分别为60元和80元，如表4-4所示。

表4-4　不同消费群体对洗面奶和润肤霜的支付意愿　　单位：元

消费者	洗面奶	润肤霜
A类消费者	50	100
B类消费者	60	80

按照正常的定价，则洗面奶只能定价50元，企业的销售总额为100元；润肤霜只能定价80元，企业的销售总额为160元，因此，企业洗面奶和润肤霜的销售总额为260元。

企业实行捆绑销售情况。A类消费者对洗面奶和润肤霜的总支付意愿为150元，B类消费者对洗面奶和润肤霜的总支付意愿为140元。企业可以对洗面奶和润肤霜进行捆绑销售，定价为140元，最终，企业洗面奶和润肤霜的销售总额为280元。

本章经济学原理应用指引

1. 完全竞争市场

(1) 用单个企业的供给曲线到市场供给曲线的原理分析各种市场的供给曲线。

(2) 用生产者剩余原理分析政策的社会福利效应。

2. 垄断市场

(1) 运用价格歧视原理理解企业的定价策略。

(2) 运用垄断市场的均衡原理，理解现实垄断市场的无效率。

3. 垄断竞争市场

(1) 分析现实生活中垄断竞争市场的价格波动。

(2) 分析垄断竞争企业的定价与销售策略。

4. 寡头垄断市场

(1) 运用博弈论原理分析各种经济原理。

(2) 分析汽车、石油等寡头垄断企业的定价与销售策略。

本章小结

根据不同的市场结构的特征，可以将市场分为完全竞争市场、垄断竞争市场、寡头垄断市场和完全垄断市场。

完全竞争市场是配置资源最有效的市场结构，但完全竞争市场的形成必须满足四个条件：买者与卖者都是价格的接受者；产品同质、无差别；企业可以自由地进入或退出此行业；信息充分。完全竞争市场的企业面对的需求曲线、平均收益曲线及边际曲线三者是同一条水平线。企业利润最大化的均衡条件是：$P=SMC$。短期供给曲线是 MC 曲线上高于 AVC 曲线最低点一段。长期均衡的条件是企业所面临的需求曲线与其长期平均成本曲线最低点相切，即 $P=MR=LMC=LAC$。完全竞争行业的长期供给曲线可将完全竞争行业区分为成本不变行业、成本递增行业和成本递减行业。

完全垄断企业完全控制市场的产量和价格。完全垄断企业面临的需求曲线就是市场需求曲线，即一条向右下方倾斜的曲线。短期均衡条件是：$MR=SMC$。长期均衡条件是：$MR=LMC$。垄断企业为了最大限度地获取利润，以不同价格销售同一种产品，这被称为价格歧视。价格歧视具体有三种表现形式：一级价格歧视、二级价格歧视和三级价格歧视。

垄断竞争是指一种既有垄断势力又存在竞争因素的市场结构。在这种市场结构下，垄断竞争企业面临的需求曲线有两种：主观需求曲线 d 和客观需求曲线 D。垄断竞争企业的短期均衡条件有两个：①垄断竞争企业间的竞争均衡，即在短期均衡的产量上，必定存在一个 d 曲线和 D 曲线的交点；②垄断竞争企业利润最大化的均衡，即 $MR=MC$。垄断竞争企业的长期均衡条件除了包括短期均衡的两个条件之外还包括垄断竞争企业的经济利润必定为零，即 $AR=LAC$。

寡头垄断是指少数几个企业完全控制一个行业的市场结构。古诺模型分析了各个企业相互独立时寡头之间的竞争行为，卡特尔串谋模型则分析了寡头企业的串谋行为。

关键概念

企业的需求曲线，表示企业对产品的定价与市场对企业产品的需求量（也就是企业的销售量）之间存在的一一对应关系。

生产者剩余，是企业在提供一定数量的某种产品时实际接受的总支付和愿意接受的最小总支付之间的差额。

行业的产量变化引起生产要素需求的变化，但是不对生产要素的价格产生影响，这样的行业则为**成本不变行业**。行业的产量增加引起生产要素需求的增加，会导致生产要素的价格上升，这样的行业则为**成本递增行业**。行业的产量增加引起生产要素需求的增加，反而使生产要素的价格下降，这样的行业则为**成本递减行业**。

完全垄断，又称垄断，是指整个行业中只有唯一一个企业的市场组织。企业为了最大限度地获取利润，以不同价格销售同一种产品，这被称为**价格歧视**。**一级价格歧视**，又称为完全价格歧视，即垄断企业对每一个单位按照消费者愿意支付的最高价格定价销售。**二级价格歧视**，只要求对不同的消费数量段规定不同的价格。**三级价格歧视**，是指垄断企业对同一种产品在不同的市场上（或对不同的消费群）收取不同的价格。

拥有许多企业生产和销售有差别的同种产品的市场组织，就是**垄断竞争市场**。**寡头垄断市场**，是指极少数几家企业控制整个市场的产品的生产和销售的市场组织。

复习思考

选择题

1. 完全竞争条件下，如果企业把产量调整到平均成本曲线最低点所对应的水平，（　　）。
   A. 它将获得最大利润　　B. 它没能获得最大利润
   C. 它是否获得最大利润仍无法确定　　D. 它一定亏损
2. 完全竞争市场的企业短期供给曲线是指（　　）。
   A. $AVC \geqslant MC$ 中的那部分 AVC 曲线　　B. $AC > MC$ 中的那部分 AC 曲线
   C. $MC \geqslant AVC$ 中的那部分 MC 曲线　　D. $MC \geqslant AC$ 中那部分 MC 曲线
3. 完全垄断发生于（　　）。
   A. 某一种产品只有一个卖者
   B. 卖者至少可以在某种程度上控制价格
   C. 卖者获得的利润超过了所投资的资金的利息
   D. 卖者通过成功的广告设法维持其地位
4. 对于完全垄断企业来说，（　　）。
   A. 提高价格一定能增加收益
   B. 降低价格一定会减少收益
   C. 提高价格未必能增加收益，降低价格未必会减少收益
   D. 以上都不对
5. 寡头垄断和垄断竞争之间的主要区别是（　　）。
   A. 企业的广告开支不同　　B. 非价格竞争的数量不同
   C. 企业之间相互影响的程度不同　　D. 以上都不对
6. 在囚徒困境中，（　　）。
   A. 双方都独立依照自身利益行事，结果却是最不利的局面
   B. 双方都独立依照自身利益行事，导致最好的选择
   C. 双方进行合作，得到了最好的结果
   D. 以上说法均不正确

简答题

1. 为什么完全竞争市场上企业利润最大化条件既可表示为 $MR = MC$，也可以表示为 $MC = P$？
2. 为什么在垄断竞争市场上，供给曲线是一条向右上方倾斜的直线？
3. 为什么完全垄断市场上的企业不能将价格任意提高？

计算题

1. 一个企业在完全垄断市场上区分了两个市场，这两个市场的需求曲线分别是 $P_1=105-Q_1$ 和 $P_2=60-0.2Q_2$，企业的边际成本为 $MC=15$。

(1) 如果企业实行价格歧视，试求两个市场上的价格、销售量与相应的利润，此时企业的总利润是多少？

(2) 如果企业实行统一价格，此时利润最大化的价格、产量与利润分别是多少？

2. 某完全竞争的成本固定不变行业包含多家厂商，每家的长期总成本函数为 $LTC=0.1q^3-4q^2+50q$（q 是厂商年产量）。产品的市场需求函数是 $Q=9\,000-100P$（Q 是该行业年销售量，P 是产品价格）。

(1) 计算厂商长期平均成本为最小时的产量和销售价格；

(2) 求该行业的长期均衡产量；

(3) 该行业长期均衡时有多少家厂商？

3. 已知某完全竞争行业中的单个厂商的短期成本函数为 $STC=0.1Q^3-3Q^2+10Q+200$。当市场上产品价格 $P=100$ 时，求厂商的短期均衡产量和利润。

思考题

1. 完全竞争、垄断竞争、寡头垄断、完全垄断的条件各是什么？

2. 完全竞争和完全垄断条件下，企业的收益曲线有何不同？

3. 为什么说根据价格等于边际成本决定其生产是有效率的。

第五章　一般均衡理论与福利经济学

学习目的

1. 了解一般均衡理论的含义。
2. 掌握帕累托最优概念以及“帕累托最优状态”的实现条件。
3. 了解社会福利函数的含义和最优化的条件。
4. 掌握福利经济学的相关定理。
5. 学会运用本章原理和方法分析市场效率问题。

第一节　一般均衡理论概述

一、局部均衡和一般均衡

前面的章节孤立地研究单个经济主体和单个市场的均衡，这些都属于局部均衡。局部均衡是在其他市场和经济主体的行为既定条件下分析研究单个的市场、居民或企业的行为。

现实生活中，市场是相互依存的。譬如，当汽油价格下降，不仅使汽油销量增加，家用轿车的销量也可能跟着增加，因为汽油和家用轿车是互补的；也有可能使电动车的销量减少，因为汽油和电能在功能上是替代的，家用轿车和电动车两者在功能上也是替代的。家用轿车使用的增加，又进一步增加了汽油的需求，汽油价格因此又有所上升。不过，家用轿车使用量增加导致交替拥堵，可能使一部分轿车车主改用便捷灵活的电动车，家用轿车使用量或家用轿车销量有所减少，对汽油需求量减少又重新使汽油价格回落……由此可见，各种产品的价格、供给、需求都是相互作用、彼此影响的，一个产品的均衡价格和均衡交易量不仅取决于它本身的供求状况，而且也要受到其他产品的价格和供求状况的影响，是在所有产品市场都均衡的条件下决定的。为此，经济学引入了一般均衡分析：考察所有的居民、企业和市场如何同时相互作用，以解决如何生产、生产什么和为谁生产的问题。

二、一般均衡理论的基本结论

一般均衡理论的基本思想由法国经济学家瓦尔拉斯最早提出来。瓦尔拉斯及其以后的一些经济学家经过严格论证，得出结论：在相对严格的假设条件下，所有产品(包括生产要素)市场的一般均衡论是存在的，而且均衡可以处于稳定状态，并且这样的均衡结果满足经济效率的要求。

关于瓦尔拉斯一般均衡理论中所隐含的假设前提是比较多的。例如，完全竞争、完全信息、市场上所有的需求者与供给者同时都到市场上共同决定产品的市场价格、产品的生产是由价格决定的，等等。一般均衡的存在性和稳定性问题的分析论证，需要较为复杂的数理知识，这已经超出了本书的论述范围，因此，本章只是对其主要的三个假设前提进行说明，有兴趣深入了解的同学可以参看其他高级微观经济学的教材。一般均衡理论三个基本的假设前提如下所述。

(1) 所有的产品市场和要素市场是处在完全竞争中的。在完全竞争市场中，所有的消费者和生产者都是价格的接受者，产品或要素的价格由市场供求决定，如果供过于求，价格就下降；如果供不应求，价格就上升，直到供求达到均衡状态为止。

(2) 消费者偏好、技术状况和要素供给都是固定不变的，不存在技术进步，没有投资和负投资，也没有储蓄和负储蓄。因此，生产系数不变，即生产一个单位产品所需要的生产要素及其数量都不发生变化。

(3) 生产规模收益不变。

一般均衡理论着重分析经济效率，所用的分析工具主要是无差异曲线和埃奇沃思盒状图。无差异曲线在前面章节就已接触过，埃奇沃思盒状图是由英国经济学家埃奇沃思(Edgeworth)提出的，本章将予以介绍。在后面几节将运用无差异曲线及埃奇沃思图探讨经济效率、交换的帕累托最优、生产的帕累托最优、交换和生产的帕累托最优等问题。这两种工具的结合可以帮助我们更加直观地理解一般均衡的实现与效率。

第二节　经济效率与帕累托最优标准

一、实证经济学和规范经济学

经济学可以分为实证经济学和规范经济学。其中，实证经济学研究实体经济是怎样运行的，回答的是"是什么"的问题，例如，"如果在特定的情形之下，X 发生了，那么 X 对 Y 意味着什么"。实证经济学对经济行为做出有关的假定，根据假定分析和陈述经济行为及其后果，并试图对结论进行检验。如果我们的视野仅限于实证经济学，那么，回答的问题是非常有限的。规范经济学则试图突破这样的局限，回答"应当是什么"的问题，即试图基于一定的社会价值判断标准，对一个经济体系的运行进行评价，并进一步说明一个经济体系应当怎样运行，以及为此提出相应的经济政策。，实证经济学的基本原理告诉我们各种资源配置方式的一般均衡是存在的，但是这种一般均衡状态是否是一种“最优”状况呢，或者说从整个社会价值标准来看是否是“最优”的呢？在这样的状态下，是否还存在其他更好的经济状态，每个人乃至整个社会认为的“福利”会更大一些呢？因此，研究每种资源的合理配置问题，必须要有一个效率判断标准。

二、帕累托最优和帕累托改进

在瓦尔拉斯提出一般均衡理论后，虽然他也试图说明依靠完全自由竞争资本主义经济可以实现一般均衡状态，并且该状态实现了资源的最优配置，但瓦尔拉斯并未对这一内容进行深入分析。意大利经济学家维尔弗雷多·帕累托在瓦尔拉斯的研究基础之上，进行了补充和发展，并提出了资源配置最适度标准的概念，被称为“帕累托最优”或“帕累托标准”。

当资源配置到这样一种状态，在该状态上，任意改变都不能使至少有一个人的福利状况变好而又不使任何人的状况变坏，则这种资源配置状态即为帕累托最优状态，在这样的状态下资源得到了最有效的配置，即实现了帕累托效率。这就是所谓的资源配置的帕累托标准。

而如果既定的自由配置状态的改变在没有使任何人的福利状况变坏情况下使得至少有一个人的福利状况变好，则这样的状态改变称为帕累托改进，帕累托改进是达到帕累托最优状态的路径和方法。

三、帕累托最优标准的拓展

虽然，帕累托效率是经济学家普遍接受的效率标准，但是使用帕累托原则有一个缺陷，它无法评估判断，一个有人受益而同时亦有人受损的变动对整体社会而言是否为一种改进，但这种情况却是现实中许多政策执行后的常见现象。正是这个局限性，使得帕累托标准在现实中的应用范围十分狭小。因而，有必要对帕累托标准进行拓展，找到一种能判断政策的实施是否对社会整体有所改进的准则。

经济学家卡尔多和希克斯对此进行了深入研究，提出希克斯-卡尔多补偿原则。该原则认为，大多数的资源配置变动将会使一部分人获利而使一部分人受损，但是这并不一定是无效率的，如果一些人从资源配置变动中获得的收益大得足以补偿利益受损者，那么这样的资源配置变动将会使社会总体效益更大化，因而是更有效率的。希克斯-卡尔多补偿原则强调的是所有获利者的利得总和，大于受损者的损失总和，但并不强调获利者一定要补偿受损者。如果获利者真的有补偿受损者，则资源配置变动会带来帕累托改进，这种情况下也就实现了帕累托最优，即资源配置的变动不会有人受损。然而，如果没有进行真正的补偿，则资源配置的变动带给社会的效益将只是一种潜在的改善，称为潜在帕累托改善。

将希克斯-卡尔多补偿原则作为政策制定的依据需要满足一个很重要的前提条件：

福利是可以进行计量与比较的。这一前提条件极大制约了希克斯-卡尔多补偿原则的实际运用。当前，经济学家依然把帕累托最优的标准作为从理论上制定或评价有关资源配置和收入分配等政策的一个准绳，并且在效用序数论和无差异曲线、等产量曲线的基础上，运用埃奇沃思盒状图的方法来探求满足帕累托最优的条件。帕累托最优条件是指达到帕累托最优状态所必须满足的条件。这些条件包括交换的帕累托最优条件、生产的帕累托最优条件以及生产和交换的帕累托最优条件。

第三节　交换的帕累托最优

为了方便理解和掌握交换的帕累托最优条件，依据由易至难的顺序，先讨论两个消费者两种产品的情况，即两种既定数量的产品在两个消费者之间的分配问题，然后再将所得的结论推广到一般的情况。

假设两个消费者分别为A和B，两种产品分别为X和Y，两种产品的既定数量分别为$\overline{X}$和$\overline{Y}$，X_A和Y_A分别表示消费者A拥有的X和Y产品的数量，X_B和Y_B分别表示消费者B拥有的X和Y的产品的数量。那么，两种产品应该在两个消费者之间分配到什么样的状态才能实现帕累托最优呢？可以用埃奇沃思盒子(Edgeworth box)来分析这一问题。如图5-1中长方形的盒子代表一个埃奇沃思盒子，长度代表了产品X的既定数量$\overline{X}$，高度代表了产品Y的既定数量$\overline{Y}$，消费者A的坐标原点是O_A，其坐标方向分别为向右和向上，消费者B的坐标原点是O_B，其坐标方向分别为向左和向下。

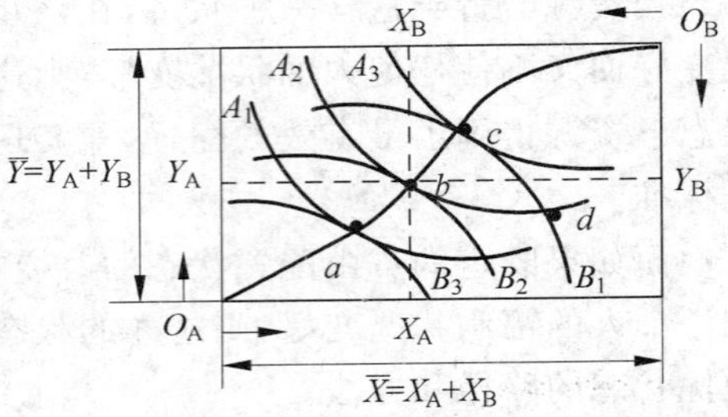

图5-1　交换的帕累托最优

埃奇沃思盒子中的任何一点都代表着一种产品的分配状况，任何一种分配状况均可以用埃奇沃思盒子中的某一点表示。例如b点，相对于坐标原点O_A，b点的坐标值为(X_A, Y_A)，这意味着b分配点下A消费者分配到X_A的X产品和Y_A的Y产品；相对于坐标原点O_B，b点的坐标值为(X_B, Y_B)，这意味着b分配点下B消费者分配到X_B的X产品和Y_B的Y产品。并且，$X_A+X_B=\overline{X}$，$Y_A+Y_B=\overline{Y}$。因此，交换的帕累托最优问题可以用图形来描述：在埃奇沃思盒子中寻找一个产品分配点，在该分配点上，任意改变都不能使至少有一个人的福利状况变好而又不使任何人的状况变坏。

为了分析既定的产品如何在两个消费者间交换分配才能实现帕累托最优，需要在埃奇沃思盒子中加入两个消费者的无差异曲线。图5-1中，凸向原点O_A的A_1、A_2、A_3为消费者A的无差异曲线，凸向原点O_B的B_1、B_2、B_3为消费者B的无差异曲线，离各自原点越远的无差异曲线则表示效用水平越高。埃奇沃思盒子中的所有分配点可分为两种：一种是消费者A的无差异曲线与消费者B的无差异曲线的交点，如图中的d点；另一种是消费者A的无差异曲线与消费者B的无差异曲线的切点，如图中的a、b、c点。

通过图形分析可以得出以下结论。首先，消费者 A 的无差异曲线与消费者 B 的无差异曲线的交点处的产品分配没能实现交换的帕累托最优，如图中 d 点，在 d 点消费者 A 和消费者 B 的效用水平分别为 A_2 和 B_1，如果将 d 点的产品分配改变成 c 点的分配状况，在 c 点消费者 A 和消费者 B 的效用水平分别为 A_3 和 B_1，可见这种分配的改变，实现了消费者 B 效用水平不变的情况下消费者 A 的效用水平得到提高，即存在帕累托改进，两个消费者无差异曲线的交点处的分配状况都存在类似的帕累托改进，因此交点处的分配状况不是帕累托最优。其次，消费者 A 的无差异曲线与消费者 B 的无差异曲线切点处的产品分配则实现了交换的帕累托最优，如图中 a、b、c 点，在这三点分配状态下，找不到一种分配的改变，能够在不使任何一个消费者效用水平不下降的情况下使至少一个消费者效用水平得到提高，即不存在帕累托改进。

在埃奇沃思盒状图中，将所有无差异曲线的切点连接起来而形成的一条曲线称为交换的契约曲线（或效率曲线），图 5-1 中的曲线 O_AO_B。交换的契约曲线 O_AO_B 上的每一个点都代表交换的帕累托最优状态，它表示了两种产品在两个消费者之间的所有最优分配。必须说明的是，在交换的契约曲线上的每一个点之间不具有可比性，即不能说在这条曲线上的某一点比曲线上的其他任一点好，也不能说曲线上的某一点比曲线上的其他任一点坏。例如图 5-1 中，点 a 和点 b 都是帕累托最优的点，但如果从 a 点移到 b 点的话，显然消费者 A 的福利增加而消费者 B 的福利减少了，尽管最终的均衡配置仍是帕累托最优。在这种情况下，究竟应该选择何种分配取决于社会福利分配的偏好。

在讨论完交换的帕累托最优状态后，可以得到交换的帕累托最优条件。正如前面所得到的交换的帕累托最优状态是无差异曲线的切点，而无差异曲线的切点上必有两条无差异曲线的斜率相等。在本书的第二章已有说明无差异曲线的斜率的绝对值也称作两种产品的边际替代率（MRS）。因此，交换的帕累托最优状态的条件可以用边际替代率的术语表示，也即两消费者的边际替代率要相等。用公式表示交换的帕累托最优条件为

$$MRS_{XY}^{A} = MRS_{XY}^{B} \tag{5-1}$$

用同样的分析方法，可以把两个消费者两种既定产品的情况下交换的帕累托最优条件推广到一般情况下交换的帕累托最优条件：任意两种商品，所有消费者的边际替代率都相等。用公式表示为

$$MRS_{XY}^{A} = MRS_{XY}^{B} = MRS_{XY}^{C} = MRS_{XY}^{D} = \cdots \tag{5-2}$$

第四节　生产的帕累托最优

生产的帕累托最优条件的分析类似于交换的帕累托最优条件分析，只要简单地将前述分析框架设定的两种商品改成是两种既定数量的要素在两个生产者之间的分配就可以了。

仿效第三节的分析方式，为方便理解和掌握生产的帕累托最优条件，依据由易至难的顺序，先讨论两个生产者两种要素的情况即两种既定数量的要素在两个生产者之间的分配问题，紧接着再将所得的结论推广到一般的情况。

假设两个生产者分别为C和D，生产中共有两种生产要素分别为L和K，两种生产要素的既定数量分别为$\overline{L}$和$\overline{K}$，L_C和K_C分别表示生产者C拥有的L和K生产要素数量，L_D和K_D分别表示生产者D拥有的L和K生产要素数量。那么，两种生产要素应该在两个生产者间分配到什么样的状态才能实现帕累托最优呢？依然可以用埃奇沃思盒子来分析这一问题。如图5-2中长方形的盒子代表一个生产的埃奇沃思盒子，长度代表了生产要素L的既定数量$\overline{L}$，高度代表了生产要素K的既定数量$\overline{K}$，生产者C的坐标原点是O_C，其坐标方向分别为向右和向上，生产者D的坐标原点是O_D，其坐标方向分别为向左和向下。

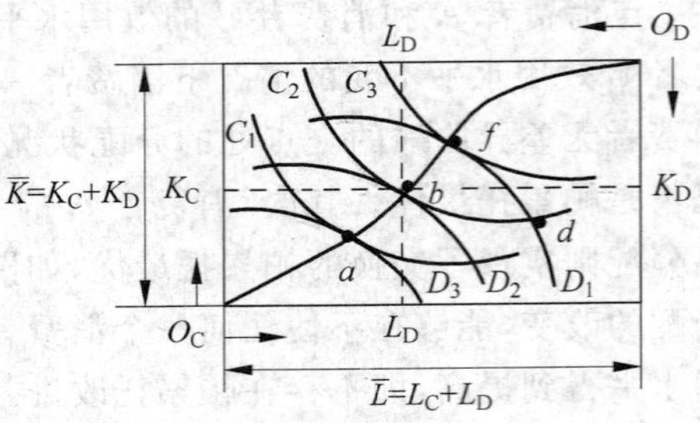

图5-2　生产的帕累托最优

埃奇沃思盒子中的任何一点都代表着一种生产要素的分配状况，任何一种分配状况均可以用埃奇沃思盒子中的某一点表示。例如b点，相对于坐标原点O_C，b点的坐标值为(L_C, K_C)，这意味着b分配点下C生产者分配到L_C的L生产要素和K_C的K生产要素；相对于坐标原点O_D，b点的坐标值为(L_D, K_D)，这意味着b分配点下D生产者分配到L_D的L生产要素和K_D的K生产要素。并且，$L_C+L_D=\overline{L}$，$K_C+K_D=\overline{K}$。因此，生产的帕累托最优问题可以用图形来描述：在埃奇沃思盒子中寻找一个生产要素分配点，在该分配点上，任意改变都不能使至少有一个生产者的产量增加而又不使任何生产者的产量减少。

为了分析既定的生产要素如何在两个生产者间交换分配才能实现帕累托最优，需要在埃奇沃思盒子中加入两个生产者的等产量曲线。图5-2中，凸向原点O_C的C_1、C_2、C_3为生产者C的等产量曲线，凸向原点O_D的D_1、D_2、D_3为生产者D的等产量曲线，离各自原点越远的等产量曲线则表示产量水平越高。埃奇沃思盒子中的所有分配点可分为两种：一种是生产者C的等产量曲线与生产者D的等产量曲线的交点，如图5-2中的d点；另一种是生产者C的等产量曲线与生产者D的等产量曲线的切点，如图5-2中的a、b、f点。

通过图形分析可以得出以下结论。首先，生产者C的等产量曲线与生产者D的等产量曲线的交点处的生产要素分配没能实现生产的帕累托最优，如图5-2中的d点，在d点生产者C和生产者D的产量水平分别为C_2和D_1，如果将d点的生产要素分配改变成f点的分配状况，在f点生产者C和生产者D的产量水平分别为C_3和D_1，可见这种分配的改变，实现了生产者D产量水平不变的情况下生产者C的产量水平得到提高，即存在帕累托改进，两个生产者等产量曲线的交点处的分配状况都存在类似的帕累托改进，因此交点处的分配状况不是帕累托最优。其次，生产者C的等产量曲线与生产者D的等产量曲线的切点处的生产要素分配则实现了生产的帕累托最优，如图中a、b、f点，在这三点分配状态下，找不到一种分配的改变，能够在不使任何一个生产者生产水平不下降的情况下使至少一个生产者产量水平得到提高，即不存在帕累托改进。

在埃奇沃思盒状图中，将所有等产量曲线的切点连接起来而形成的一条曲线称为生产的契约曲线（或效率曲线），图5-2中的曲线O_CO_D。生产的契约曲线O_CO_D上的每一个点都代表生产的帕累托最优状态，即它表示了两种生产要素在两个生产者之间的所有最优分配。必须说明的是，在生产的契约曲线上的每一个点之间不具有可比性，即不能说在这条曲线上的某一点比曲线上的其他任一点好，也不能说曲线上的某一点比曲线上的其他任一点坏。例如图 5-2 中，点 a 和点 b 都是帕累托最优的点，但如果从 a 点移到 b 点的话，显然生产者 A 的产量增加而生产者 B 的产量减少了，尽管最终的均衡配置仍是帕累托最优。在这种情况下，究竟应该选择何种分配取决于社会福利分配的偏好。

在讨论完生产的帕累托最优状态后，可以得到生产的帕累托最优条件。正如前面所得到的生产的帕累托最优状态是等产量曲线的切点，而等产量曲线的切点上必有两条等产量曲线的斜率相等。在本书的第二章已有说明等产量曲线的斜率的绝对值也称作两种生产要素的边际技术替代率（$MRTS$）。因此，生产的帕累托最优状态的条件可以用边际技术替代率的术语表示，即两生产者的边际技术替代率要相等。用公式表示生产的帕累托最优条件为

$$MRTS_{\mathrm{LK}}^{\mathrm{C}} = MRTS_{\mathrm{LK}}^{\mathrm{D}} \tag{5-3}$$

用同样的分析方法，可以把两个生产者两种既定生产要素的情况下生产的帕累托最优条件推广到一般情况下生产的帕累托最优条件：任意两种生产要素，所有生产者的边际技术替代率都相等。用公式表示为

$$MRTS_{\mathrm{LK}}^{\mathrm{C}} = MRTS_{\mathrm{LK}}^{\mathrm{D}} = \cdots \tag{5-4}$$

第五节　生产和交换的帕累托最优

在前面两节中，分别阐述了交换的帕累托最优和生产的帕累托最优两个方面的问题，但是，二者的简单并列，只能说明消费和生产分开来看时各自独立地达到了最优，并不能说明，将二者综合起来看时，也达到了最优。因此，有必要把交换和生产放在同一个框架下分析帕累托最优的条件。

一、生产可能性曲线与边际转换率

（一）从生产的契约曲线到生产可能性曲线

生产可能性曲线，也称为产品转换曲线，是最优产出量集合的轨迹，它可以从本章第四节中的生产的契约曲线推导得到。为了分析方便，现在在第四节的假设条件上再加上一个条件：假设生产者 C 专门生产 X 产品，生产者 D 专门生产 Y 产品。

本章第四节图 5-2 中所示的曲线 $O_{\mathrm{C}}O_{\mathrm{D}}$ 为生产的契约曲线，它表示了两种生产要素在两个生产者之间的所有最优分配。同时，它也提供了另一个信息，即在该曲线上的每一点也表示了一定量投入要素在最优配置时所能生产的一对最优 X 和 Y 的产出。因为曲线上的每一点均为两个生产者的等产量线的切点，故它同时处在两条等产量线上，从而代表了两种产品的产量，且这两种产出还是帕累托最优产出。现在可以将生产的契约曲线上每一点的最优产量组合画到图 5-3 中的生产可能性曲线上。如生产的契约曲线上的 a 点，处于生产者 C 的 C_1 等产量曲线上，假设 C_1 的产量水平为 X_a，同时，a 点处于生产者 D

的 D_3 等产量曲线上，假设 D_3 的产量水平为 Y_a，由此得到，a 点的最优产量组合（X_a，Y_a），将该最优产量组合画到图 5-3 的坐标图中（横轴为 X 产品，纵轴为 Y 产品），即图中 E_a 点。用同样的方法，也可以将图 5-2 中的 b 点的最优产量组合（X_b，Y_b）画到图 5-3 中的坐标中的 E_b 点。用同样的方法将图 5-2 中的生产的契约曲线上每一点的最优产量组合画到图 5-3 中所形成的曲线 MN，即为生产可能性曲线。

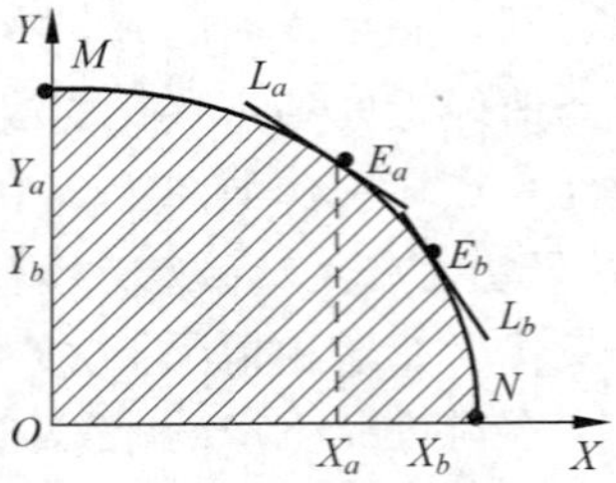

图 5-3　生产可能性曲线

生产可能性曲线表示社会使用既定生产资源所能生产的各种产品的最大数量组合的轨迹。在生产可能性曲线以内的区域，即图中阴影部分是生产可能集，表示在现有资源及技术条件下可能达到的产出组合，但在这个区域里的产出组合并不是有效率，因为资源没有得到充分利用，属于生产无效率。而超过生产可能性曲线的区域是生产不可能的区域，即现有的资源及技术水平根本达不到这样的生产组合。只有在生产可能性曲线上，生产才是有效的。

生产可能性曲线具有以下两个特点。

第一，生产可能性曲线向右下方倾斜。这就是说，从几何意义上讲，生产可能性曲线的斜率为负值。其经济含义可表述为，在资源总量既定并且充分利用的情况下，要想增加一种产品的生产则必须减少另外一种产品的生产。

第二，生产可能性曲线是凹向原点的。这就是说，随着一种产品产量的日益增加，为了获得一种产品的额外产出而需要放弃另外一种产品的数量会越来越多。从几何意义上讲，生产可能性曲线的斜率的绝对值是递增的。这一性质取决于产品的边际转换率递增规律。

（二）边际转换率

根据第一部分所阐述的生产可能性曲线是向右下方倾斜且凹向原点的曲线如图 5-3 中所示。对于第一个特点我们可以这样理解，即在资源既定的情况下，增加一种产品的产量就会导致另一种产品产量的减少。例如，在图 5-3 中，当我们从点 E_a 移动到点 E_b 时，X 的产出增加了，但 Y 的产出却下降了，这说明了这两种产品之间存在着“转换”的关系。这种转换关系就称为“产品的边际转换率”。产品的边际转换率是指在资源总量既定并且充分利用的情况下，增加一单位某种产品而必须放弃的另一种产品的产量。

假定产出 X 的变动量为 ΔX，产出 Y 的变动量为 ΔY，用 MRT 表示产品的边际转换率，产品 X 对产品 Y 的边际转换率 MRT_{XY} 的计算公式为

$$MRT_{XY} = \lim_{\Delta X \to 0} \left| \frac{\Delta Y}{\Delta X} \right| = \left| \frac{dY}{dX} \right| \tag{5-5}$$

从该定义式可以看出在生产可能性曲线上某一点的边际转换率等于在该点处生产可能性曲线的斜率的绝对值。

边际转换率呈现递增的趋势，即产品的边际转换率表明的是随着一种产品生产数量的增加，多生产一单位这种产品所需要减少的另一种产品的边际转换率逐渐递增。例如，在图 5-3 中，当产品 X 处在 X_a 的位置，产品 Y 处在 Y_a 的位置时，相应的边际转换率就等

于点 E_a 处的切线 L_a 的斜率的绝对值。而当产品 X 从 X_a 增加到 X_b，产品 Y 从 Y_a 降到 Y_b 时，相应的边际转换率就等于点 E_b 处的切线 L_b 的斜率的绝对值。从图形中可清楚地看出，L_b 的斜率的绝对值比 L_a 的斜率的绝对值大。也就是说，随着产品 X 的产出量的增加，X 转换为 Y 的边际转换率也是在增加的，即边际转换率递增。

但是，这里分析的边际转换率仅是从生产可能性曲线的直观图上得到的，应该进一步分析为什么边际转换率是递增的，即应该从更本质的地方去解释为什么生产可能性曲线会是凹向原点的形状？在这个问题上可以通过两种方式进行说明。

在这里先采用第一种来说明。边际转换率之所以递增，一个很重要的原因是要素的边际报酬在递减。首先，将生产的埃奇沃思盒状图中的两种生产要素 L 和 K 看成是一种 $(L+K)$ 要素。图 5-3 E_a 点向 E_b 点变化过程中，X 产量越来越多，Y 产量越来越少，由于生产要素的边际报酬递减，所以，增加一单位 X 产品的生产所需要的生产要素越来越多，而减少一单位 Y 产品的生产所释放出来的生产要素越来越少，因而，整个移动过程中 X 产品替换 Y 产品的边际转换率也越来越高，即边际转换率递增。因此，可以得出这样的结论：要素的边际报酬递减趋势引起了产品的边际转换率递增，而在产品的边际转换率递增即 MRT 递增趋势的作用下生产可能性曲线呈凹向原点的形状。

第二种说明生产可能性曲线凹向原点的方法是建立在不存在外部性条件的经济体的基础上，同时要考虑技术相对优势因素的运用。不存在外部性即说明该经济体不受其他经济体选择的影响。为便于说明问题，我们通常需要设定一些前提。假设条件：①在这个经济体中只有两个生产者 C 和 D，两种产品 X 和 Y；②生产者 C 最多可以生产 20 个 Y 或 30 个 X；(3)生产者 D 最多可生产 50 个 Y 或 25 个 X。两者的比较优势如图 5-4(a)和图 5-4(b)所示。

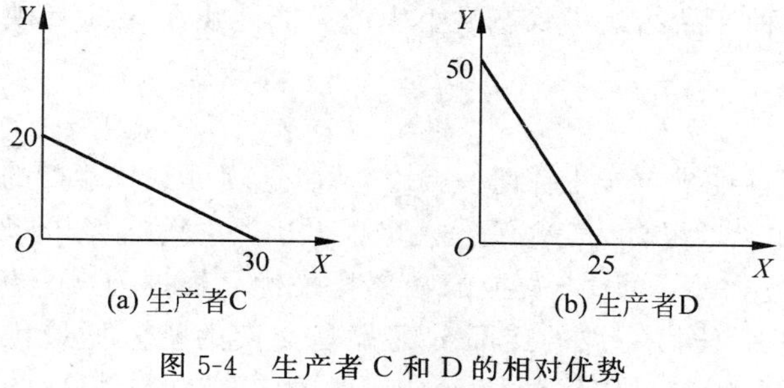

图 5-4　生产者 C 和 D 的相对优势

由图 5-4 可知，生产者 C 生产产品 X 的机会成本为 2/3(20/30)个产品 Y；生产者 D 生产产品 X 的机会成本为 2(50/25)个产品 Y，故生产者 C 在生产 X 上具有比较优势。同理，可知生产者 B 在生产 Y 上具有比较优势。在考虑了二者的相对优势后，想要使该经济体达到最优效率的生产，就会先安排生产者 C 生产 X 及先安排生产者 D 生产 Y，这样可以使用较低的机会成本进行生产，进而使生产可能性边界为凹向原点形，如图 5-5 所示。

这里这种解释生产可能性曲线凹向原点的方式是从机会成本的递增角度来说明的。机会成本递增是由于某些资源适用于生产某种产品，当把它用于生产其他产品时其效率会下降，即单位资源的产出量会减少，这就意味着生产单位某产品，必须要越来越多地减

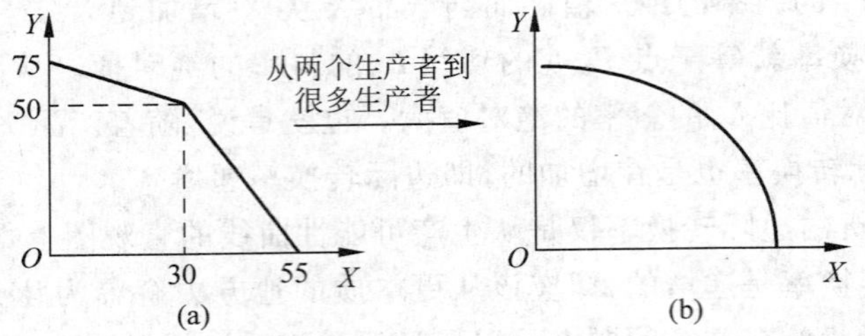

图 5-5　生产可能性边界

少另一种产品的产量，以获得生产第一种产品的资源。生产可能性曲线上点的斜率就代表了该点的边际转换率，随着机会成本的递增，边际转换率也会越来越大，所以在机会成本递增的条件下，生产可能性边界是凹向原点的。

二、生产和交换的帕累托最优条件

本节将以生产可能性曲线和交换的埃奇沃思盒子为基础，分析同时满足交换和生产的帕累托最优条件。

（一）假定条件说明

为了分析方便，假定经济活动的参与者 A 和 B 既是产品的生产者，同时也是经济活动中的消费者（现实中每个经济行为人都充当着生产者也充当着消费者）。社会使用既定的资源生产两种产品 X 和 Y，消费者消费这两种产品的满足程度是由消费无差异曲线来反映的，而生产这两种产品的最优状态是由生产可能性线 MN 来反映的。

（二）图形分析

图 5-6 中生产可能性线 MN 上任何一点的产品组合都是最优生产的结果，例如图 5-6(a)中的 Q_B 点，此时最优产量组合为（X_1，Y_1）。可以做出 $Q_A\ X_1 Q_B\ Y_1$ 的交换的埃奇沃思盒子来分析在既定产品组合（X_1，Y_1）下交换的帕累托最优。根据前文分析，图 5-6(a)中的交换的契约曲线 $Q_A\ Q_B$ 上任何一点的产品分配都是交换的帕累托最优。交换的契约曲线 $Q_A\ Q_B$ 上任何一点都是无差异曲线的切点，则每一点都有一个相应的消费者边际替代率（MRS_{YX}）。可以得出生产和交换的帕累托最优条件是，任何两种产品的边际替代率等于它们的边际转换率。如果这个条件不满足，就不可能同时达到生产和交换的帕累托最优。该条件的公式为

$$MRS_{XY} = MRT_{XY} \tag{5-6}$$

式中：MRS_{XY} 代表 X 产品对产品 Y 的边际替代率；MRT_{XY} 代表生产产品 X 与生产产品 Y 之间的边际转换率。

当边际替代率不等于边际转换率时，则存在两种情况。①边际替代率大于边际转换率，即 $MRS_{XY} > MRT_{XY}$。例如，在图 5-6(a)图所示，切线 L_1 的斜率代表了 MRS_{XY}，切线 L_2 的斜率代表了边际转化率 MRT_{XY}，且有 $MRS_{XY} > MRT_{XY}$。MRS_{XY} 是一单位 X 产品给

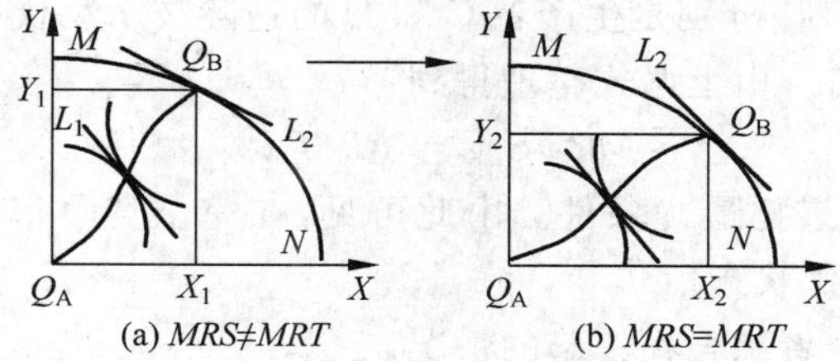

图 5-6　生产和交换的一般均衡

消费者带来的效用相当于多少单位 Y 产品的给消费者带来的效用。MRT_{XY}是生产一单位 X 产品所需要的要素可以生产多少单位的 Y 产品。社会可以少生产 MRT_{XY}数量的 Y 产品，将相应的生产要素用于生产一单位的 X 产品，一单位的 X 产品给社会带来的效用相当于 MRS_{XY}个 Y 产品的效用，因此，在这一改变过程中，整个社会增加了（$MRS_{XY}-MRT_{XY}$）个 Y 产品的效用。②边际替代率小于边际转换率，即 $MRS_{XY}<MRT_{XY}$。这种情况下，社会可以少生产一数量的 X 产品，将相应的生产要素用于生产 MRT_{XY}单位的 Y 产品，只要将其中 MRS_{XY}单位的 Y 产品弥补少生产一单位 X 产品的效用损失，因此，在这一的改变过程中，整个社会增加了（$MRT_{XY}-MRS_{XY}$）个 Y 产品的效用。

第六节　完全竞争市场下帕累托效率的实现

瓦尔拉斯及其以后的一些经济学家经过严格论证，在相对严格的假定条件下，完全竞争市场的一般均衡是存在的，而且均衡可以处于稳定状态。这节将运用帕累托最优的实现条件来分析论证，完全竞争市场的一般均衡实现了帕累托最优状态。

首先，消费者的情况。

在完全竞争市场中，任意一个消费者进行消费品组合选择最终要实现效用最大化，对于消费者来说，任意两种商品的边际替代率等于这两种商品的价格比率时，才能实现效用最大化目标。即对于任意的消费者 A 和 B 均有

$$MRS_{XY}^{A}=P_X/P_Y,\quad MRS_{XY}^{B}=P_X/P_Y \tag{5-7}$$

式中：MRS_{XY}^{A}和 MRS_{XY}^{B}分别是消费者 A 和 B 的边际替代率；P_X和 P_Y分别为任何两种产品 X 和 Y 的价格。由上两式整理得到

$$MRS_{XY}^{A}=MRS_{XY}^{B} \tag{5-8}$$

上式即为交换的帕累托最优条件。由此可见，在完全竞争市场中，产品的均衡价格实现了交换的帕累托最优状态。

其次，生产者的情况。

在完全竞争市场中，任意一个生产者进行生产决策的最终目标就是要实现利润最大化，对于生产者来说，任意两种要素的边际技术替代率等于这两种要素的价格比率时，才能实现利润最大化目标。即对于任意的生产者 C 和 D 均有

$$MRTS_{LK}^{C}=w/r,\quad MRTS_{LK}^{D}=w/r \tag{5-9}$$

式中：$MRTS_{LK}^{C}$和$MRTS_{LK}^{D}$分别是生产者C和D的边际技术替代率；w和r分别为任何两种要素L和K的价格。由上两式整理得到：

$$MRTS_{LK}^{C} = MRTS_{LK}^{D} \tag{5-10}$$

式(5-10)即为生产的帕累托最优条件。由此可见，在完全竞争市场中，要素的均衡价格实现了生产的帕累过最优状态。

最后，消费者和生产者综合在一起的情况。

X产品对Y产品的边际转化率MRT_{XY}，表示在资源总量不变的情况下，要增加ΔX就必须减少ΔY，或者，要增加ΔY就必须减少ΔX。由此可见，ΔY是X的边际机会成本，ΔX是Y的边际机会成本，用MC_X表示X的边际机会成本，用MC_Y表示Y的边际机会成本，则有$MC_X=\Delta Y$，$MC_Y=\Delta X$，因此边际转化率又可以表示为

$$MRT_{XY} = \left|\frac{\Delta Y}{\Delta X}\right| = \left|\frac{MC_X}{MC_Y}\right| \tag{5-11}$$

而在完全竞争市场中，生产者要实现利润最大化就要使得产品的价格等于边际成本，即$MC_X=P_X$，$MC_Y=P_Y$，由此可以推导出：

$$MRT_{XY} = \left|\frac{\Delta Y}{\Delta X}\right| = \left|\frac{MC_X}{MC_Y}\right| = \frac{P_X}{P_Y} \tag{5-12}$$

再结合消费者效用最大化的条件为，最终可以推导出：

$$MRT_{XY} = \left|\frac{\Delta Y}{\Delta X}\right| = \left|\frac{MC_X}{MC_Y}\right| = \frac{P_X}{P_Y} = MRS_{XY}^{A} = MRS_{XY}^{B} = MRS_{XY} \tag{5-13}$$

式中：MRS_{XY}表示每一个消费者的共同的边际替代率，上式说明了完全竞争市场均衡下，能够实现生产和交换的帕累托最优条件。总而言之，在完全竞争市场中，均衡价格都能实现帕累托最优状态所要求的三个边际条件，完全竞争市场对资源的配置结果是可以实现帕累托效率，也就是帕累托最优状态。因此，任何竞争均衡都是帕累托最优状态，同时，任意帕累托最优状态也都可以由一套竞争价格来实现。这也就是所谓的“看不见的手”的定理：给定一些理想条件，单个家户和单个厂商在完全竞争市场经济中的最优化行为将导致整个经济的帕累托最优状态。

第七节　福利经济学

前面章节分析了完全竞争经济在一定假定条件下可以达到帕累托最优状态，即满足帕累托最优的三个条件。同时，应该注意到的是满足所有三个帕累托最优条件的经济状态是有无穷多个的，在这无穷多个的最优配置里哪一个才是整个社会想要达到的最优状态呢？这一问题的分析需要用到福利经济学的相关理论。

一、效用可能性曲线和社会福利函数

（一）福利经济学的产生

福利经济学产生于20世纪初期的英国，后来在美国、法国和北欧国家得到广泛传播

与发展，其理论奠基人是英国剑桥大学政治经济学教授庇古。福利经济学之所以出现是为了寻求最大化的社会经济福利。福利经济学主要研究以下三个问题：如何进行资源配置，以提高效率；如何进行收入分配，以实现公平；如何进行集体选择，以增进社会福利。福利分为个人福利和社会福利。个人福利指的是一个人获得的满足，它既包括个人物质生活需要的满足，也包括精神生活需要的满足。社会福利指一个社会全体成员的个人福利的总和或个人福利的集合。

（二）效用可能性曲线

本章第五节分析了交换和生产的帕累托最优状态，在图 5-6(b)中，生产可能性曲线上 MN 上的任意一点均代表着生产的帕累托最优状态。在曲线 MN 上给定一点如点 Q_B，则 Q_B 点代表了一对最优产出组合(X_2,Y_2)。以该产出组合可以构造出一个消费的埃奇沃思盒状图并得到一条交换的契约曲线如图中的曲线 Q_AQ_B，曲线 Q_AQ_B 上的任一点均代表了交换的帕累托最优状态，在曲线 Q_AQ_B 上还存在一点 E 使得在该点上两条相切的无差异曲线的共同斜率恰好等于生产可能性曲线上点 Q_B 的斜率，即满足生产和交换的帕累托最优状态。所以，点 E 同时满足所有三个帕累托最优状态。又因为点 E 是两条无差异曲线的切点，所以点 E 处的效用水平组合(U_A^E,U_B^E)也就代表了"最优"的效用水平组合，将点 E 处的效用水平组合(U_A^E,U_B^E)画在图 5-7 的坐标图中(横轴为消费者 A 的效用水平，纵轴为消费者 B 的效用水平)。用同样的方法，可以在生产可能性曲线上任何一点找到同时满足所有三个帕累托最优条件的效用组合点，将得出的无穷多个的最优效用组合点画在图 5-7 的坐标图中，则可以得到 UU' 的效用可能性曲线。

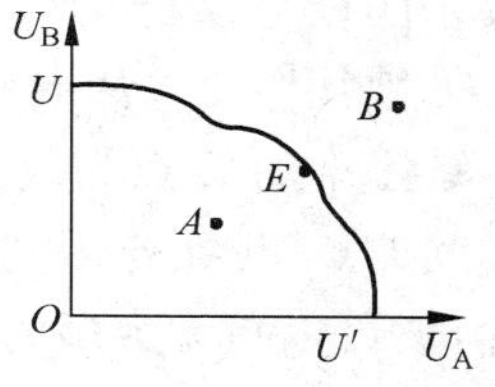

图 5-7　效用可能性曲线

由于这些最优效用组合都是帕累托最优，要提高某个消费者的效用水平，就必须降低另一个消费者的效用水平，因此，在满足全部帕累托最优条件的情况下，消费者 A 与 B 的效用水平的变化方向是相反的。否则，就会存在帕累托改进的余地。由此可以推测效用可能性曲线 UU' 的大概形状如图 5-7 中所示的向右下方倾斜。另外，根据本书第二章涉及的消费者效用的分析可知，效用水平的高低本来就是一个序数概念，而不能用基数来测量，故用来表示效用水平的数值是人为给定的，也即带有一定的随意性。因此在图 5-7 中的效用可能性曲线的位置和凹凸性都不是一定的，同样具有随意性。换言之，只能确定效用可能性曲线 UU' 是向右下方倾斜的。效用可能性曲线代表了消费者所能达到的所有最优效用水平组合的集合。在效用可能性曲线的右上方区域是既定资源和技术条件所无法达到的，称为"效用不可能"区域，如图中点 B；效用可能性曲线左下方区域是既定资源和技术条件下，经济没有达到它可能达到的最优效用水平组合，为"无效率"区域，如图中点 A；只有效用可能性曲线上的点，如图中点 E，代表的是刚好实现帕累托最优效用组合。由于无效率区域也是可能实现的经济状态，因此把无效率区域和效用可能性曲线统称为效用可能性区域。

在得出了效用可能性区域后，就可引入福利经济学的相关理论进行分析。福利经济学的目的是寻求社会福利最大化，而社会福利最大化的点就是在效用可能性区域当中寻得的。

（三）社会福利函数

上一部分分析了效用可能性区域，但是，在这个区域内哪一点或哪些点才是社会想要的最优状态呢？解决这一问题，需要引入社会福利函数用以代表效用可能性区域中每一点所代表的社会福利的大小。社会福利函数是社会所有个人的效用水平的函数。

与前面的分析模式类似，为了方便理解，先用简单的社会福利函数，即两人社会中的社会福利函数来说明最大社会福利问题。假定社会中有两个消费者 A 和 B，U_A代表消费者 A 的效用水平，U_B代表消费者 B 的效用水平，则用公式表示的社会福利函数 W 可以写成如下形式：

$$W = W(U_A, U_B) \tag{5-14}$$

因此，当给定社会福利函数时，只要知道一个效用水平组合就可以求得一个社会福利水平。同样，当给定一个社会福利水平如 W_1时，可由公式 $W_1 = W(U_A, U_B)$求得 U_A和 U_B之间构成的多种组合方式，并依此可画出社会无差异曲线如图 5-8 所示，社会无差异曲线与消费者无差异曲线类似，每条社会无差异曲线上不同的点代表着不同的效用组合，但所表示的社会福利一样。

把社会无差异曲线同效用可能性曲线结合可以得到最大化的社会福利，如图 5-9 所示。图中的 E 点为效用可能性曲线 UU'与社会无差异曲线 W_1的切点，是代表最大社会福利的点，也叫作限制条件下的最大满足点，因为它受既定生产资源、技术等的限制。这样，就可以在无穷多的帕累托最优状态中找出真的使社会福利最大化的点，但是，这些都以可以确定社会福利函数为前提。社会福利函数的确定涉及个人偏好能否“加总”为社会偏好的问题。

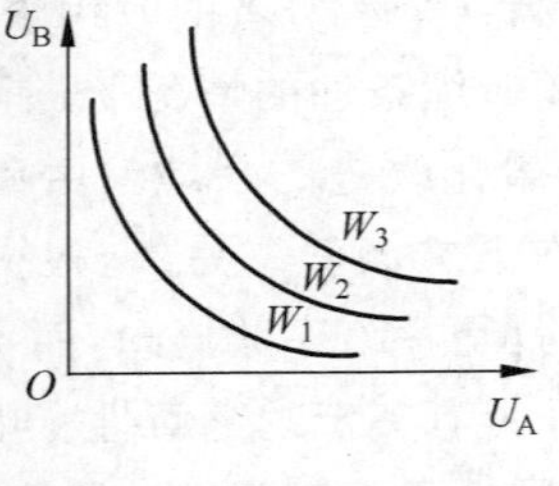

图 5-8 社会无差异曲线

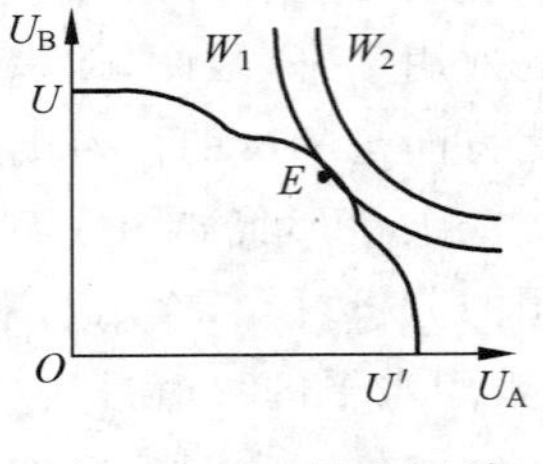

图 5-9 最大社会福利

关于社会福利函数是否存在的问题，也即个人偏好能否加总为社会偏好的问题，著名经济学家阿罗于 1951 年在宽松的条件下证明是不存在的，即“阿罗不可能性定理”。阿罗认为，在已知社会所有成员的个人偏好次序的情况下，把各种各样的个人偏好次序归结为单一的社会偏好次序是不可能的。假定每个人的偏好都是严格的，且偏好具有传递性，若用 X、Y、Z 代表不同的经济状态，三个个体行为人 A、B、C。如表 5-1 所示，假设 A 对 X 的偏好大过对 Y 的偏好，对 Y 的偏好又大过对 Z 的偏好；B 对 Y 的偏好大过 Z 的偏好，对 Z 的偏好大过对 X 的偏好；C 对 Z 的偏好大过对 X 的偏好，对 X 的偏好大过对 Y 的偏好。现在使用简单多数表决机制进行投票，则在这种投票情况下，结果会是 A 选择了 X，

B选择了Y,C选择了Z,这样就没有全社会的最优选择,即多数表决制无法将具有可传递性的个人偏好加总为具有可传递性的社会偏好。这样就不能得出合理的社会偏好次序,也即不存在社会福利函数。

表 5-1　偏好次序

A	B	C	偏好次序
X	Y	Z	更优偏好
Y	Z	X	↑↓
Z	X	Y	更劣偏好

阿罗的不可能性定理的成立有着严格的假设前提,因而不能说在任何情况下都不能从个人偏好次序形成社会偏好次序。如果重新给定个人的偏好类型,或者改变大多数规则,则完全有可能形成社会的偏好次序。例如,假设有三个性质:一是给定具有完备性、反身性和传递性的个人偏好的任一集合,社会决策机制应该能够产生具有相同性质的社会偏好;二是假如所有人对选择X的偏好超过Y,那么社会的偏好应该将X排在Y的前面;三是人们对X和Y的偏好应该仅取决于人们如何对X和Y进行排序,而不应该受到其他选择的影响。当一个社会满足这三条性质,则它就是"独裁"的,而不是由大多数规则决定,即独裁者的偏好就成了社会的偏好。所以,在非独裁的情况下,根据阿罗不可能性定理,不存在适用于所有个人偏好的类型的社会福利函数;而当改变一些规则,例如有"独裁"的存在时,就存在社会福利函数。一般情况下的社会福利函数可以定义为

$$W = W(U_1, U_2, \cdots, U_n) \tag{5-15}$$

式中:W代表社会福利水平;$U_1, U_2, \cdots, U_n$代表个体的偏好。

(四) 社会福利函数的类型

此前,我们已经分析了当存在社会福利函数时,就可以根据社会无差异曲线与效用可能性曲线得到社会的最优状态。但是,这种分析是在假设其他条件不变的情况下得到的社会福利最大化的点。现实中社会福利函数也应当是受到诸多其他社会因素的影响,如环境、制度、文化、风俗等的影响。当这些因素发生变化时,社会福利函数也就可能跟着发生变化。因此,社会福利函数的具体表述也就有了不同的形式,事实上,不同形式的社会福利函数反映了不同的公平标准。下面是社会福利函数的几种典型形式。假设前提:$U_i(x)$是总体配置x对个体i的效用,$i=1,2,3,\cdots,n$,则有以下几种社会福利函数。

加法型社会福利函数:$W=\sum_{i=1}^{n} U_i(x)$。它适用于当一个社会强调的是所有成员的效用总和而与其分配无关的情况。也就是说,无论是穷人还是富人,其效用的增加对社会福利的贡献都是一样的。加法型的社会福利函数形成的是直线型的社会无差异曲线。

乘法型的社会福利函数,也称为伯努利-纳什社会福利函数:$W=U_1(x)\cdot U_2(x)\cdot \cdots \cdot U_n(x)$。这种社会福利函数适用于一个社会比功利主义更加重视收入的分配和平等问题,当社会成员的效用总量给定时,分配越是平等,社会福利就越大;反之,分配越不平等,社会福利就越小。乘法型的社会福利函数形成的是双曲线型的社会无差异曲线。

罗尔斯社会福利函数：$W=\min\{U_1(x),U_2(x),\cdots,U_n(x)\}$。它适用于当社会重视提高社会上那些状况最差的人的生活水平的情况。社会福利水平要提高，关键就是要提高那些状况最差的人的生活水平，这样整个社会的福利水平才会提高。罗尔斯社会福利函数形成的社会无差异曲线呈直角 L 形。

二、福利经济学的三大定理

在分析了福利经济学及社会福利函数之后，再来进一步介绍有关福利经济学的三大定理。福利经济学试图对以下三个问题做出回答。第一，在竞争性的经济中，最终是否存在共同利益？资源配置能否达到最优状态？第二，由一个明智的统治者来做出收入分配的决策的经济中，是通过市场机制的改善来取得共同利益，还是将市场机制废除？第三，是否存在一个符合个人利益和真正的社会利益的可信赖的财富分配方式？对这三个问题的回答，构成了福利经济学的三个定理。

福利经济学的第一定理：完全竞争的市场经济的一般均衡都是帕累托最优的。福利经济学认为，一个完全竞争的、一般均衡的市场会有资源配置效率。这样的市场体系使得一切产品的价格等于其边际成本，一切生产要素的价格等于其边际产品价值，并且不存在外部性。在这种经济中，当每一个生产者出自自我利益追求效用最大化时，则整个经济将是有效率的，也就是社会不可能使任何一个人变得更满意而不伤害别人的利益。

这一定理的缺陷是，帕累托最优的分配方式可以是极度不均的。例如，社会资源总量为 10 000 元，可能当 A 分得 9 000 元，B 分得 1 000 元时是帕累托有效的配置，但却是不公平的。因此，才有了福利经济学的第二定理。

福利经济学的第二定理：在一定的条件下，每一个帕累托有效率的配置均能达到竞争性均衡，它表明了分配与效率是可以分开来考虑的，任何帕累托有效率的配置都能得到市场机制的支持。

福利经济学的第三定理：一般指的是阿罗不可能性定理，即不可能通过综合个人偏好达到社会偏好。

本章经济学原理应用示范

小岛上的一般均衡

1. 问题

假设在一个岛屿上居住着两个部落：西方人部落和东方人部落，他们分别住在该岛的一端，每年只在年市上互相见面，两部落与外界都没有任何联系。他们靠种植甘薯、捕捉野猪为主，甘薯和野猪都被储存起来以供整年消费。在年市上甘薯和野猪都在完全竞争下进行物物交易。该岛共有 1 000 户西方人家庭和 2 000 户东方人家庭，每户西方人家庭生产 30 只野猪、200 袋甘薯，每户东方人家庭生产 25 只野猪、300 袋甘薯。每户西方人家庭和东方人家庭的效用函数分别为 $u_\omega=X_\omega^{0.5}Y_\omega^{0.5}$，$u_\theta=X_\theta^{0.75}Y_\theta^{0.25}$，其中，$X_\omega$ 和 X_θ 分别为每户西方人家庭和东方人家庭野猪的年消费只数，Y_ω 和 Y_θ 分别为其甘薯的年消费袋数。在年市上达到了均衡状态。试问均衡时：

(1) 一只野猪与多少袋甘薯相交换？

(2) 每户西方人家庭野猪和甘薯的年消费量各为多少？

(3) 每户东方人家庭野猪和甘薯的年消费量各为多少？

2. 辨识

(1) 问题性质：一般均衡状态下的交换与消费问题。

(2) 所涉原理：一般均衡模型。

(3) 分析工具：效用可能曲线、生产可能性曲线。

(4) 重要假设：完全竞争。

3. 分析

令每袋甘薯的价格为1，每只野猪的价格为 P。于是，每户西方人家庭的收入约束为

$$PX_{\omega} + Y_{\omega} = 30P + 200 \tag{1}$$

每户东方人家庭的收入约束为

$$PX_{\theta} + Y_{\theta} = 25P + 300 \tag{2}$$

野猪、甘薯的总量约束分别为

$$1\,000X_{\omega} + 2\,000X_{\theta} = 1\,000 \times 30 + 2\,000 \times 25 = 80\,000 \tag{3}$$

$$1\,000Y_{\omega} + 2\,000Y_{\theta} = 1\,000 \times 200 + 2\,000 \times 300 = 800\,000 \tag{4}$$

由效用函数及 $MRS_{XY}=P$，有

$$\frac{0.5X_{\omega}^{-0.5}Y_{\omega}^{0.5}}{0.5X_{\omega}^{0.5}Y_{\omega}^{-0.5}} = \frac{Y_{\omega}}{X_{\omega}} = P$$

可得

$$Y_{\omega} = PX_{\omega} \tag{5}$$

$$\frac{0.75X_{\theta}^{-0.25}Y_{\theta}^{0.25}}{0.25X_{\theta}^{0.75}Y_{\theta}^{-0.75}} = \frac{3Y_{\theta}}{X_{\theta}} = P$$

可得

$$Y_{\theta} = \frac{1}{3}PX_{\theta} \tag{6}$$

将(5)代入式(1)，得 $2PX_{\omega}=30P+200$ ，故有

$$P(2X_{\omega} - 30) = 200 \tag{7}$$

将式(6)代入式(2)，得 $(4/3)PX_{\theta}=25P+300$

故有

$$P(4X_{\theta} - 75) = 900 \tag{8}$$

由式(3)，得

$$X_{\omega}=80-2X_{\theta}$$

将式(3)代入式(7)，得到

$$P(130 - 4X_{\theta}) = 200 \tag{9}$$

由式(8)和式(9)，得 $X_{\theta}=30$

将 $X_{\theta}=30$ 代入式(8)，得 $P=900/45=20$

将 $P=20$ 代入式(7)，得 $X_{\omega}=(10+30)/2=20$

将 $P=20$、$X_{\omega}=20$ 代入式(5)，得 $Y_{\omega}=20\times20=400$

将 $P=20$、$X_{\theta}=30$ 代入式(6)，得 $Y_{\theta}=(20\times30)/3=200$

于是，有

(1) $P=20$，即均衡时1只野猪与20袋甘薯相交换；

(2) $X_{\omega}=20$，$Y_{\omega}=400$，即每户西方人家庭每年消费野猪20只、甘薯400袋。

(3) $X_{\theta}=30$，$Y_{\theta}=200$，即每户东方人家庭每年消费野猪30只、甘薯200袋。

本章经济学原理应用指引

1. 一般均衡理论概述

(1) 用局部均衡和一般均衡原理来理解关联产业间的相互作用。

(2) 用一般均衡原理理解某个产品市场的波动。

2. 经济效率与帕累托最优标准

(1) 运用帕累托最优标准来衡量各种组合分配的效率。

(2) 运用帕累托改进来改进资源分配的效率。

3. 交换和生产的帕累托最优

(1) 运用埃奇沃思盒状图来分析最优的资源配置状态。

(2) 正确运用生产可能性曲线描述各种决策的状态。

4. 福利经济学

(1) 从最大社会福利角度理解各种市场改革的政策取向。

(2) 通过福利经济学的三大定律理解各种政策的效率与公平。

本章小结

一般均衡分析是指同时决定所有市场的价格和数量，也即经济中所有的市场同时处于均衡的一种状态的分析方法。在一般均衡分析中，不仅要分析影响该产品价格变动的供求关系，还要考虑影响该产品生产的生产要素市场、消费者收入等多种因素的影响，即把经济中所有相关的经济单位和市场联系起来考虑。一般均衡分析与局部均衡分析的区别是，局部均衡分析是在假设其他条件不变的情况下，孤立地考察某一产品、某一种资源、某一个消费者或是某一个生产者的均衡状态，而一般均衡分析则是从相互联系的角度来考察各种产品、各种资源、各个消费者及各个生产者都同时达到均衡的状态。

经济学中的效率问题就是资源的配置效率问题。判断经济效率的标准是帕累托最优。帕累托最优状态的标准是指不可能通过资源的重新配置使得经济社会在不影响其他成员情况的条件下改善某些人的情况。用帕累托的说法就是，当一种资源的任何重新配置已经不可能使任何一个人的处境变好，而不使另一个人的处境变坏；换言之，社会已经达到这样一种情况，即任何变革都不可能使任何人的福利有所增加，而不使其他人的福利减少。

帕累托改进指的是在资源既定的情况下，如果经济社会通过资源重新配置可以在不使得他人境况受到损害的条件下使得某些人的境况得到改善，则社会福利得到了增进。当存在帕累托改进时，也就说明了当前资源配置状态不是帕累托最优的状态。

帕累托最优状态需要满足三个条件，即交换的最优条件、生产的最优条件及交换和生产的最优条件。交换的最优条件 $MRS_{12}^{A}=MRS_{12}^{B}$，即对于任意两个消费者来说，任意两种产品的边际替代率相等；生产的最优条件 $MRTS_{LK}^{C}=MRTS_{LK}^{D}$，即对于任意两个生产者来说，任意两种要素（或产品）的边际技术替代率相等；交换和生产的最优条件 $MRS_{YX}=MRT_{YX}$，即任意两种产品的边际替代率与边际转换率相等。在假设完全竞争的情况下，这三个条件均能得到满足。

福利经济学的目的是为了寻求最大化的社会经济福利。由于一般均衡理论框架下的帕累托最优状态是建立在一定假设条件基础上的，因此，我们需要找寻真正的社会福利最优点。福利经济学帮助我们引入了社会福利函数，即社会上所有个人的效用水平的函数。如果存在社会福利函数，则可从中得到社会的无差异曲线，进而由社会无差异曲线和效用可能性曲线相切得到代表最大社会福利的点。福利经济学涉及了三大定理，其中第一、第二定理在一定程度上说明了竞争性均衡与帕累托效率的关系，第三定理通常也称为阿罗不可能性定理，证明了在非独裁的情况下，不可能存在适用于所有人偏好类型的社会福利函数。

关键概念

帕累托最优状态，是指不可能通过资源的重新配置使得经济社会在不影响其他成员境况的条件下改善某些人的情况。**帕累托改进**，指的是在资源既定的情况下，如果经济社会通过资源重新配置可以在不使得他人境况受到损害的条件下使得某些人的境况得到改善，则社会福利得到了增进。

交换的帕累托最优，也称为交换的一般均衡，指的是当社会生产和收入分配状况既定的条件下，通过消费者之间按一定比例进行交换使得交换者达到效用最大化的均衡状态。生产的帕累托最优，也称为生产的一般均衡，指的是当社会生产和收入分配状况既定的条件下，通过生产者之间按一定比例交换使得生产者达到产量最大化的均衡状态。

生产和交换的帕累托最优，指的就是对于某些社会资源来讲，在具有多种用途的情况下，即可以用以生产，也可以用以消费，在这种情况下，通过生产与交换的相互均衡，就可以实现帕累托最优状态。

边际技术替代率，等产量线的斜率的绝对值也称作两种要素的边际技术替代率（$MRTS$），即要素 L 代替要素 K 的边际技术替代率。

边际替代率，无差异曲线的斜率即边际替代率（MRS）表示的是在维持效用水平不变的前提下，消费者增加一单位某种产品的消费数量时所需要放弃的另一种产品的消费数量。

边际转换率，生产可能性曲线的斜率即产品的边际转换率，是指在既定的社会资源条件下，增加一单位某种产品而必须放弃的另一种产品的产量。假定产出 X 的变动量为 ΔX，产出 Y 的变动量为 ΔY，则它们的比率的绝对值为 $|\Delta Y/\Delta X|$ 可以用于衡量 1 单位

X 产品转换为 Y 产品的比率。当对该比率取极限时就可称作是产品 X 对产品 Y 的边际转换率，可缩写为 MRT_{XY}。

复习思考

选择题

1. 研究市场之间的相互作用的分析被称为（　　）分析。

A. 局部均衡　　B. 相互作用均衡

C. 不均衡　　D. 一般均衡

2. 与一般均衡分析不同，局部均衡分析（　　）。

A. 集中考虑市场和市场参与者相互依赖的性质

B. 在经济中其他因素固定的情况下，考虑一个单个市场、居民户和企业的行为

C. 分析所有居民户、企业和市场同时相互作用怎样解决基本经济问题

D. 以上都是

3. 如果对于消费者甲来说，以产品 X 替代产品 Y 的边际替代率等于 3；对于消费者乙来说，以产品 X 替代产品 Y 的边际替代率等于 2。那么有可能发生下述情况（　　）。

A. 乙用 X 向甲交换 Y　　B. 乙用 Y 向甲交换 X

C. 甲和乙不会交换产品　　D. 以上均不正确

4. 在两个人（甲和乙）、两种产品（X 和 Y）的经济中，达到交换的全面均衡的条件为（　　）。

A. 对甲和乙，$MRT_{XY}=MRS_{XY}$　　B. 对甲和乙，$MRS_{XY}=P_X/P_Y$

C. $MRS_{XY}^{甲}=MRS_{XY}^{乙}$　　D. 上述所有条件

5. 在两种产品（X 和 Y）、两种生产要素（L 和 K）的经济中，达到生产的全面均衡的条件为（　　）。

A. $MRTS_{LK}=P_L/P_K$　　B. $MRTS_{LK}=MRS_{XY}$

C. $MRT_{XY}=MRS_{XY}$　　D. $MRTSX_{LK}=MRTSY_{LK}$

6. 边际转换率是（　　）的斜率。

A. 需求曲线　　B. 生产函数

C. 边际产品曲线　　D. 生产可能性曲线

简答题

1. 简述瓦尔拉斯一般均衡理论的基本思想。

2. 简述帕累托最优的三个条件。

3. 简述阿罗不可能性定理及其原因。

计算题

1. 一个由两种产品和固定要素供给组成的经济体系。假设以产品空间定义的社会福利函数为 $W=(q_1+1)q_2$，隐含的生产函数为 $q_1+2q_2-5=0$。试求社会福利函数达最大时 q_1、q_2之值。

2. 某偏僻之地仅有两个相邻的小村，与外界没有联系。两村之间通过一年一度的完

全竞争条件下的物物交换获得更多的食品和牲畜。假定甲村有 1 000 个农户，每户饲养 30 头猪及种植 200 担粮食，每个农户的效用函数是 $U_{甲}=X_{甲}^{\frac{1}{2}}Y_{甲}^{\frac{1}{2}}$，其中 $X_{甲}$ 是每年消费猪的头数，$Y_{甲}$ 是每年消费的粮食担数。设乙村有 2 000 个农户，每户饲养 25 头猪和种植 300 担粮食。每户的效用函数是 $U_{乙}=X_{乙}^{\frac{3}{4}}Y_{乙}^{\frac{1}{4}}$。问均衡时：

(1) 一头猪与多少担粮食交换？

(2) 甲村每农户各消费多少头猪和多少担粮食？

(3) 乙村每农户各消费多少头猪和多少担粮食？

3. 如果决定两个人的效用可能性曲线的公式是 $U_A+2U_B=100$，试求：

(1) 若要使社会福利最大时的 U_A 和 U_B 分别是多少？

(2) 若把社会福利函数定义为 $W(U_A,U_B)=\min(U_A,U_B)$，当社会福利函数最大时，U_A 和 U_B 分别是多少？

(3) 若社会福利函数是 $W(U_A,U_B)=U_A^{\frac{1}{2}}U_B^{\frac{1}{2}}$，社会福利最大时的 U_A 和 U_B 是多少？

思考题

1. 为什么说完全竞争市场可以处于帕累托最优状态？

2. 假设经济社会中有甲、乙、丙三个成员，他们将分别对三种经济安排 A、B、C 进行投票用以确定社会对这三种经济安排的偏好。进一步假定甲对 A、B、C 三种经济安排的偏好顺序是 A＞B＞C，乙对 A、B、C 三种经济安排的偏好顺序是 B＞C＞A，丙对 A、B、C 三种经济安排的偏好顺序是 C＞A＞B。试说明如果按照民主投票的方式，依少数服从多数的原则是否能够得到经济社会的偏好顺序？

3. 在日常生活中，消费者拥有不同的产品组合，为了获得更大的效用，消费者之间常进行产品交换。例如张三和李四两人共有 10 本书和 6 片磁盘，其中张三有 7 本书和 1 片磁盘，而李四有 3 本书和 5 片磁盘，假定两人之间进行交换不存在交易成本，并且两人的偏好已知。如果在现有的资源配置状态下，张三对两产品的边际替代率为 3；李四对两产品的边际替代率为 1。那么张三和李四两人互相交换书和磁盘是否有利？

第六章 市场失灵与微观经济政策

学习目的

1. 理解市场失灵概念。
2. 掌握垄断造成的效率损失及治理对策。
3. 掌握外部性造成的效率损失及治理对策。
4. 区分公共物品与私人物品，并理解公共物品的市场失灵以及相应政策。
5. 掌握信息不对称及解释逆向选择、道德风险问题及委托代理问题。

第一节 垄断

一、垄断与效率损失

前面章节经过严密的论证得出了两个非常重要的结论：完全竞争市场可以实现整个经济的一般均衡，并且这种一般均衡状态达到了资源配置的帕累托最优标准；反过来，给定一个帕累托最优配置，它可以通过完全竞争的市场机制来达到这一配置。然而，基于一系列理想化假定条件的完全竞争市场并不是现实经济的真实写照，现实的市场机制在很多场合不能导致资源的有效配置，这种情况就是“市场失灵”。当前现实经济中普遍存在的市场失灵情况有垄断、外部影响、公共物品、不完全信息。“市场失灵”是市场机制的内在缺陷，必须由政府采取相关政策加以纠正，才能最终实现资源市场配置的帕累托最优状态。

下面首先分析垄断及其纠正。

垄断，是指一个或少数企业对某种产品的生产或销售实行完全的或某种程度的控制。垄断会造成经济效率的损失，引发寻租问题，甚至有时会阻碍技术的发展。

（一）垄断造成经济效率的损失

可以用图 6-1 来说明垄断造成的经济效率的损失。为了分析方便，以完全

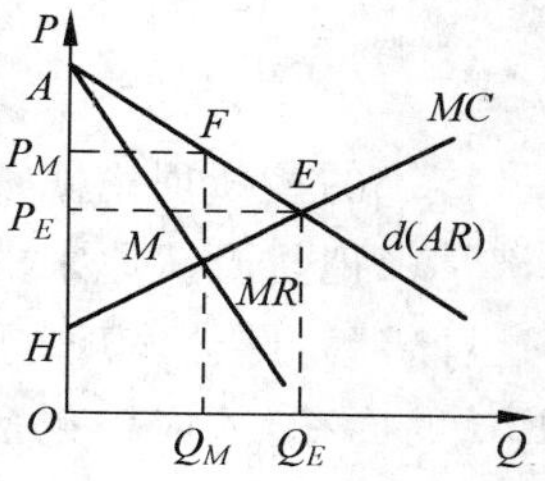

图 6-1 垄断与经济效率损失

垄断市场为例。图中，市场需求曲线 d 就是完全垄断企业面对的需求曲线和平均收益曲线 AR。根据完全垄断企业的平均收益曲线 AR，可以得出垄断企业的边际收益曲线 MR。MC 为垄断企业的边际成本曲线。

1. 社会最优的资源配置状态

根据前面章节分析，市场需求曲线上每一点对应的价格描述了产品给消费者带来的价值，因此，市场需求曲线 d 其实就是社会的边际收益曲线。由于整个市场中只有垄断企业唯一一个企业，因此，垄断企业的边际成本曲线 MC 就是社会边际成本曲线。根据利润最大化条件 $MR=MC$，从整个社会角度看，社会最优的均衡点，应该是社会的边际收益曲线 d 与社会边际成本曲线 MC 的交点 E，相应地，社会最优的产量为 Q_E，产品价格为 P_E，此时，消费者剩余为 P_EAE，生产者剩余为 P_EEH，整个社会的总福利为 AEH。

2. 垄断市场的均衡状态

根据利润最大化条件 $MR=MC$，垄断企业的边际成本曲线 MC 与垄断企业的边际收益曲线 MR 的交点 M 则是垄断企业的均衡点，相应地，垄断市场上的供给量量为 Q_M，产品价格为 P_M，此时，消费者剩余为 P_MAF，生产者剩余为 P_MFMH，整个社会的总福利为 $AFMH$，比社会最优状况少了 FEM。

3. 完全竞争市场的均衡状态

完全竞争市场的均衡是市场需求曲线与市场供给曲线的交点。根据前文分析，完全竞争企业的供给曲线其实就是企业的边际成本曲线，而完全竞争市场的供给曲线是单个企业供给曲线的水平加总，因此，完全竞争市场的供给曲线其实就是整个社会的边际成本曲线。因此，完全竞争市场的均衡点为 E 点。相应地，社会最优的产量为 Q_E，产品价格为 P_E，此时，消费者剩余为 P_EAE，生产者剩余为 P_EEH，整个社会的总福利为 AEH，实现了社会最优配置。

4. 垄断市场、完全竞争市场的效率比较

垄断市场、完全竞争市场的效率比较可以从价格、产量、消费者剩余、生产者剩余和社会总福利几个方面进行，如表 6-1 所示。

表 6-1 垄断市场、完全竞争市场的效率比较

项　目	社会最优配置	完全垄断市场	完全竞争市场	比较分析
价格 P	P_E	P_M	P_E	$P_E<P_M$
产量 Q	Q_E	Q_M	Q_E	$Q_E>Q_M$
消费者剩余	P_EAE	P_MAF	P_EAE	$P_EAE>P_MAF$
生产者剩余	P_EEH	P_MFMH	P_EEH	$P_EEH<P_MFMH$
社会总福利	AEH	$AFMH$	AEH	$AEH>AFMH$

从中可以看出，垄断企业通过限制产量，抬高价格，使价格高出产品的边际成本，借以获得超额利润，从而丧失市场效率。

（二）寻租

传统的垄断理论侧重对垄断造成的结果进行分析。20 世纪 60 年代后期以来，很多经济学家把目光从原来的侧重垄断结果的分析转移到获得和维持垄断的过程。而一旦出现这种转移，则会发现，垄断所造成的社会福利的损失不仅仅包括图 6-1 当中小三角形 FEM 的面积，还应该包括图 6-1 中垄断企业的经济利润 P_MFMH 面积的全部或者一部分。这是因为一些垄断企业常常使用以下方式达到垄断行为，如用贿赂或变相贿赂的方式把垄断高额利润的一部分塞进有关行政部门相关领导人的腰包，以及为了争取有利的立法和处置出现的间谍活动。这些为获得或者维持垄断地位的行为所付出的代价与图 6-1 中三角形 FEM 的面积一样属于无谓损失，它不是直接用于生产，没有创造出有益的产出。以上这种非生产性的寻利活动统称为“寻租”活动。因此，垄断还有一个后果，就是会导致寻租行为。一般情况下，垄断企业倾向于将资源用于阻止其他企业的进入以维持其垄断地位，垄断企业获得的利润被称为垄断租金。寻租是指垄断企业通过寻求或维持其在某行业的垄断地位业以获取已存在的租金。

经济活动中寻租行为导致的经济损失到底有多大呢？如果就单个寻租者而言，他用于寻租活动的费用不会超过垄断者的经济利润，否则就没有必要进行寻租。这意味着考虑到单个寻租者时，寻租带来的损失也大于传统理论上理解垄断带来的三角形 FEM 面积的损失。如果寻租者不止一个，而是很多，那么整个市场的寻租活动的全部经济损失就等于所有单个寻租者寻租活动带来损失的总和。这个损失将随着寻租活动竞争程度的不断加强而不断增大。这样看来，不管是市场存在一个寻租者，还是多个寻租者，整个寻租活动的经济损失也会超过三角形 FEM 面积。这种寻租破坏了市场公平竞争，干扰了市场秩序，不利于建立竞争企业的立法条例。

（三）技术改进的低效率

在竞争市场上，竞争能够推动企业改进生产技术和研究更低成本的生产方法，提高产品质量来获取更多的利润。相比之下，垄断市场的价格要高于完全竞争市场，而垄断企业生产的产量却低于完全竞争市场下企业的产量。垄断行业的进入障碍使得其他企业无法进入垄断行业，在缺失竞争的情况下，这使垄断企业更愿意依仗其垄断地位坐享现有利润，而不愿采用新技术进行生产，其改进技术管理的动力大大下降。

以我国电信市场为例，当前的中国电信市场是一个由技术进步所驱动的市场。一些学者的研究表明技术进步以平均每年 20%以上的速度推进着我国电信市场的发展，技术进步因素对我国电信市场的相对贡献份额达 61%以上。但技术进步对我国的电信市场并没有充分发挥作用，具体来说是由于电信市场的产权结构仍然是典型的国有经济，私人的进入仍然受到严格的禁止。因此电信市场的竞争仍然是不充分的，垄断在一定程度上阻碍了技术进步的发展。

以上都是垄断损失效率的表现。为了保护市场公平竞争，增进效率，减少垄断的危害和损失，国家需要实行反垄断政策。

二、反垄断政策

垄断造成市场资源配置低下，因此需要靠市场机制以外的手段进行干预，有必要对垄断实行政府干预。总的来说，政府对垄断的干预方法有以下两种。

（一）反垄断法

反垄断法就是反托拉斯法，是政府运用法律手段反对垄断及垄断行为的具体体现。西方发达资本主义国家制定了反垄断法，其对于规范市场各经济主体的行为起着重要的作用，该法成为西方发达资本主义国家经济领域的根本法律。下面以美国为例，对反垄断法进行介绍。

美国自19世纪末以来，面临着日益增多的垄断企业与垄断行为在国内愈演愈烈的形势，美国国会通过一系列重要的反托拉斯法案，包括1890年美国国会通过的《谢尔曼法》，规定以托拉斯或其他形式出现的，目的在于限制州际间的贸易、对外贸易和一般商业贸易的合同为非法合同。其中心思想是为了保护竞争，防止和反对过大的垄断企业，这也是当时立法者普遍的观念。该法定义了在垄断情形下出现的兼并和勾结行为为非法行为。每个人如果将要垄断，或者企图垄断或与他人联合或勾结起来垄断了州际贸易、国际贸易或一般商业贸易往来，那么他的行为均属于非法行为。《谢尔曼法》尽管对垄断的非法行为做了一系列规定，但作为美国第一部反垄断法，内容上难免存在漏洞和不足，该法只是禁止了那些当时看起来不合理的行为，而对于不合理的行为没有清晰的界定。

美国国会于1914年通过《克莱顿法》。克莱顿法主要是通过建立一个联邦贸易委员会来执行。该法规定，一律严格禁止价格歧视，禁止买卖交易时附带购买其他商品的合同等。同时联邦委员会，负责调查采取不正当竞争的企业和企业兼并的行为，并在报纸媒体揭露这些企业的非法行为。

《克莱顿法》弥补了《谢尔曼法》的漏洞与不足，进一步反对削弱竞争的行为，规定了包括价格歧视、排他性或者限制性企业在内的一系列行为皆为非法行为。同年建立的联邦贸易委员会作为一个独立机构存在，防止不公平竞争及禁止伪造广告和商标等商业欺骗行为。

继该法之后，美国国会于1936年通过了《罗宾逊-帕特曼法》，主要内容是禁止不公平的价格竞争，消除生产者以不同价格销售同一种产品的行为，除非是由于生产成本不同造成的价格不一致。

1938年美国国会又通过了《惠勒-李法》，1950年通过了《塞勒-凯弗维尔法》。以上的法律条文和修正条款总称为反垄断法，经过法律条文的一系列修正与完善，美国基本上形成了一个比较完整的反垄断的法律体系。

（二）管制

反对垄断的另一种可供选择的手段是对垄断企业实行管制。在垄断企业的成本递增和递减的不同情况下，管制措施的效果也有所不同。

1. 成本递增的垄断企业的管制

图 6-2 中，$d(AR)$既是市场需求曲线又是垄断企业的平均收益曲线，MR 是垄断企业边际收益曲线，MC 是垄断企业边际成本，AC 是垄断企业平均成本。图中垄断企业的边际成本和平均成本具有向右上方倾斜的部分，即具有一般的形状。

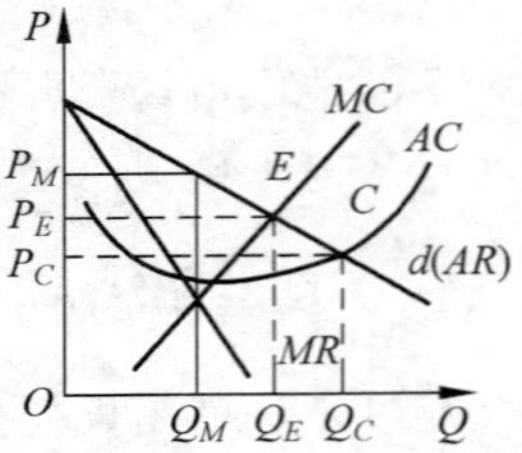

图 6-2 成本递增的垄断企业的管制

在没有管制的情况下，作为利润最大化的追求者，垄断企业会选择边际成本与边际收益的交点 M 进行生产，相应地，市场上的产品供给量为 Q_M，产品市场价格为 P_M。这种垄断均衡，一方面，有市场价格高于边际成本而缺乏效率；另一方面，有市场价格高于平均成本——垄断企业获得超额利润而缺乏“公平”。

现在考虑政府对垄断企业进行价格管制。

(1) 边际成本定价法。政府的目标是提高效率，按照边际成本定价法即 $P=MC$，则政府应该将市场价格定在 P_E，此时，垄断企业的供给量为 Q_E，从而实现了帕累托最优配置。此时，产品价格——垄断企业的平均收益大于垄断企业的平均成本，因此，垄断企业依然可以获得超额的经济利润。

(2) 平均成本定价法。政府的目标是追求“公平”以消除经济利润，按照平均成本定价法即 $P=AC$，则政府应该将市场价格定在 P_C，此时，垄断企业的供给量为 Q_C。此时，产品价格——垄断企业的平均收益等于垄断企业的平均成本，因此，垄断企业的经济利润为零。但是，由于此时市场价格低于垄断企业的边际成本，意味着，价格太低导致产量太高，违反了帕累托最优的标准。

2. 成本递减的垄断企业的管制

图 6-3 中，$d(AR)$既是市场需求曲线又是垄断企业的平均收益曲线，MR 是垄断企业边际收益曲线，MC 是垄断企业边际成本，AC 是垄断企业平均成本。图中垄断企业的边际成本和平均成本具有向右下方倾斜，这往往是自然垄断的现象——企业存在规模经济，所以平均成本在很高的产量水平上仍然随着产量的增加而递减，例如，供水行业、供电行业等固定成本非常大，而可变成本相对很小，所以平均成本在很高的产量水平上仍然下降。

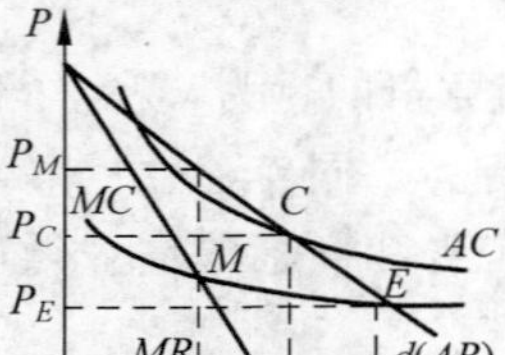

图 6-3 成本递增的垄断企业的管制

在没有管制的情况下，作为利润最大化的追求者，垄断企业会按照 $MR=MC$ 的原则进行生产，相应地，市场上的产品供给量为 Q_M，产品市场价格为 P_M。这种垄断均衡，一方面，有市场价格高于边际成本而缺乏效率；另一方面，有市场价格高于平均成本——垄断企业获得超额利润而缺乏“公平”。

现在考虑政府对垄断企业进行价格管制。

(1) 边际成本定价法。政府的目标是提高效率，按照边际成本定价法即 $P=MC$，则政府应该将市场价格定在 P_E，此时，垄断企业的供给量为 Q_E，从而实现了帕累托最优配置。此时，产品价格——垄断企业的平均收益小于垄断企业的平均成本，从而垄断企业是亏本的，垄断企业将不愿意继续生产经营。为了使企业能够进行经营，此时政府需要对垄断企业进行补贴。

（2）平均成本定价法。政府的目标是追求"公平"以消除经济利润，按照平均成本定价法即 $P=AC$，则政府应该将市场价格定在 P_C，此时，垄断企业的供给量为 Q_C。此时，产品价格——垄断企业的平均收益等于垄断企业的平均成本，因此，垄断企业的经济利润为零。但是，由于此时市场价格高于垄断企业的边际成本，意味着，价格太高导致产量太低，违反了帕累托最优的标准。

第二节　外　部　性

一、外部性及其分类

一般来说，经济行为主体中消费者的消费行为或生产者的生产行为给他人带来非自愿的成本或收益，而经济行为主体却并没有因为这一成本而向他人支付赔偿或不能从这受益中得到补偿时，则存在的"外部影响"，即经济活动的外部性。

根据不同的区分标准，外部性有不同的分类。

（一）正外部性和负外部性

按照外部性的作用成果，外部性可以分为正外部性和负外部性。正外部性是指某个经济行为主体的活动使他人或社会受益，而该经济行为主体却没有从中得到报酬。负外部性是指某个经济行为主体的活动使他人或社会受损，而该经济主体却没有为此承担成本。

进一步按经济主体的不同，外部性可以分为生产的正外部性与生产的负外部性、消费的正外部性与消费的负外部性。

1. 生产的正外部性

生产的正外部性是指生产者实施的经济行为对除了他自己之外的其他人产生了有利影响，而该生产者却没能够从中得到报酬，也称生产外部经济。如一个养蜂场使近邻的果园丰收了，获得更多丰收的果园主并没有给养蜂人支付报酬，养蜂人没有从更多丰收中获取任何补偿；美味餐馆传出的美味让过路人感到舒服，而过路人并没有付出任何代价。

2. 生产的负外部性

生产的负外部性是指生产者实施的经济行为对除了自身之外的其他人带来损害，而自己却并没有为此付出任何代价。生产的负外部性例子很多，如工厂向附近河里排污造成河水污染，工厂并没有给予附近受污染的居民任何赔偿；养猪大户所养的猪产生的猪粪臭味令邻居感到不舒服等，以上行为使社会和附近的人们遭受损失，是生产负外部性的体现。

3. 消费的正外部性

消费的正外部性是指消费者的消费行为对他人产生了有利的影响，而该消费者并没有从中得到任何补偿。例如，某个家庭对自己的孩子选择优质良好的教育，花费更多的时间与金钱把他们培养成社会的良好公民，这显然会给整个社会带来好处。事实上社会不需支付任何费用便享受了这个好处。

4. 消费的负外部性

消费的负外部性是指消费者的消费行为给他人带来不利影响，并使他人付出代价，而此消费者并没有给他人补偿。与生产者的生产行为类似，消费者的消费行为在某些时候也会给其他人带来损害。比如，在公交车上，有人乱扔果皮或者塑料瓶，使后面上车的乘客因为不小心踩到果皮或塑料瓶摔倒，乱扔果皮者并未支付任何东西给摔倒乘客作为补偿。此外，私人汽车增加造成空气污染日益严重，而开车人却没有为空气质量变差承担任何责任等。

（二）技术外部性和货币外部性

按照外部性是否会对资源的价格和资源的配置产生实质性影响，外部性可以分为技术外部性（Technological Externalities）和货币外部性（Pecuniary Externalities）。货币外部性产生于经济活动中的价格变化。如A购买者的土地需求量增加会导致土地的价格上升，因此影响其他土地相关利益者的福利。货币外部性是市场机制运作的结果，不会导致资源配置不当，因此这是一种“假”的外部性。与货币外部性相对应的技术外部性则为“真”的外部性，往往会导致资源配置不当。

（三）公共外部性和私人外部性

按照外部性是否具有非竞争性，外部性又可以分为公共外部性（Public Externalities）和私人外部性（Private Externalities）。非竞争性指的是，公共物品一旦被提供，一个人对该公共物品的消费不会减少其他人对该物品的消费机会与消费数量，增加更多的消费者也不会影响其他人在此物品消费中获得的收益。其中，公共外部性是指经济主体都同时承受某项具有非竞争性的外部性影响，即当其中某个经济主体增加（减少）外部性的承受量时，并不会减少（增加）其他经济主体的承受量。例如，当前的气候变暖问题，由于企业排放过多的温室气体引起温室效应，导致全球范围内的平均气温上升，气候变暖的影响不会因为某些人承受了而导致其他人不会受到影响。私人外部性是指经济主体都同时承受某项具有竞争性的外部性影响，即当其中某个经济主体增加（减少）外部性的承受量时，同时会减少（增加）其他经济主体的承受量。例如，某片工业园区的企业排放了大量二氧化硫，在空中产生了酸雨，如果产生的酸雨主要在工业园区的周边城市A城市落下，则另一个周边的B城市受的影响就小了，甚至不受影响。

二、外部性对资源配置的影响

无论是正外部性还是负外部性，即使在完全竞争的条件下，最终将造成资源配置的不合理，不能达到资源配置的帕累托最优。

(一)正外部性对资源配置的影响

产生正外部性的企业的总收益可以分为私人收益和外部收益,其中,外部收益是企业的外部性给受影响的人带来的收益,而私人收益则是企业生产经营中外部收益之外的纳入企业成本收益分析的其他所有收益,包括企业销售收入等。为了与私人收益相区分,企业的总收益又称为社会收益。

$$社会收益=私人收益+外部收益 \tag{6-1}$$

正外部性对资源配置的影响可以用图6-4来说明。*MC*曲线表示企业的边际私人收益曲线。*MR*为企业的边际私人收益曲线,*ME*表示企业的边际外部收益,则*MR*+*ME*表示企业的边际社会收益。从社会角度看,企业的真正收益应该是社会收益,因此,企业的最优产量应该是Q_E,市场价格应该是P_E。但是,由于正外部性的存在,企业没有获得为他的正外部影响的任何补偿,因此,企业是根据私人收益来进行利润最大化决策,最终向社会供给Q_0数量的产品,市场价格为P_0。由此可见,正外部性意味着生产者私人生产的产量小于社会最优水平下的产量,导致正外部性产品的供应不足。

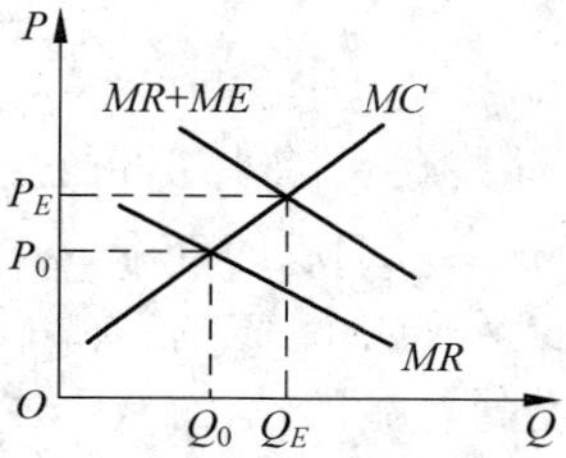

图6-4 正外部性的资源配置失当

(二)负外部性对资源配置的影响

产生负外部性的企业的总成本可以分为私人成本和外部成本,其中,外部成本是企业的外部性给受影响的人造成的损失,而私人成本则是企业生产经营中外部成本之外的纳入企业成本收益分析的其他所有成本,包括企业购买各种生产要素的成本。为了与私人成本相区分,企业的总成本又称为社会成本。

$$社会成本=私人成本+外部成本 \tag{6-2}$$

负外部性对资源配置的影响可以用图6-5来说明。在完全竞争市场下,完全竞争企业的需求曲线是市场价格P_0出发的一条水平线*D*,同时该水平线也是完全竞争企业的边际收益曲线和平均收益曲线。该完全竞争企业的生产经营会引起负外部性,用*ME*表示完全竞争企业的边际外部成本,*MC*曲线表示完全竞争企业的边际私人成本,则*MC*+*ME*表示完全竞争企业的边际社会成本。从社会角度看,企业的真正成本应该是社会成本,因此,企业的最优产量应该是Q_E。但是,由于负外部性的存在,企业没有为他的负外部影响承担任何的成本,因此,企业是根据私人成本来进行利润最大化决策,最终向社会供给Q_0数量的产品。由此可见,负外部性意味着生产者的产量超过了社会最优水平。

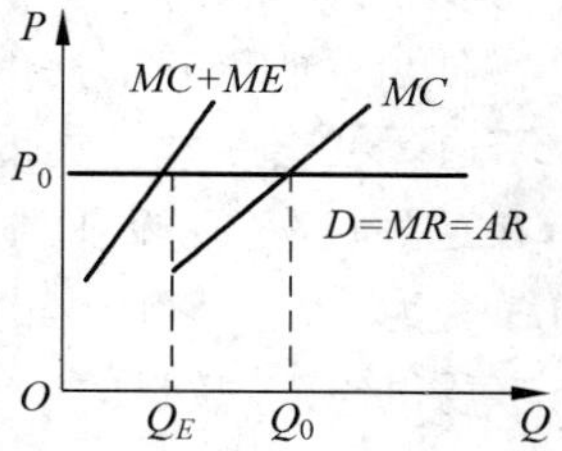

图6-5 负外部性的资源配置失当

从以上的分析可以得到:正外部性使得私人生产或消费水平的数量小于社会最优的生产数量;而负外部性使得私人生产或消费水平高于社会要求的最优水平。因此,外部性导致资源配置失调，即便是在完全竞争市场条件下，也不能完全实现资源配置的帕累托最优。

三、解决外部性的政策

以上分析中表明，外部性的存在，使市场机制不能有效率地配置资源。解决外部性对资源配置的影响的政策之一是实行政府干预，所有解决外部性的政策都是为了使资源得到最优配置。概括起来主要有以下几种。

（一）征税或补贴

政府可以通过征税或补贴两种方法来解决外部性问题。向那些存在负外部性的企业或个人进行征税，使负外部性的制造者承担外部成本，把企业或者个人造成的外部成本内部化，从而减少或消除负外部性的影响。向那些存在正外部性的企业或个人进行补贴，使正外部性的制造者获得外部收益，把企业或者个人造成的外部收益内部化，从而减少或消除正外部性的影响。

1. 庇古税

英国经济学家阿瑟·庇古认为，对于引起负外部性影响的行为征税，就可以实现外部性的内部化，这种政策建议后来被称为"庇古税"。庇古税的具体内容为：对那些造成负外部性的企业，应该对其征税，税额等于该企业给其他社会成员造成的损失，也就是边际外部成本，从而使该企业的私人成本等于社会成本。如图 6-6 所示，对造成负外部性的企业的每个产品征收庇古税，税额为 T，在这种情况下，企业的总成本应该等于私人成本加上税收 T，因此，企业的边际总成本曲线变为 $MC+T$（图中虚线表示），在新的成本下，企业重新进行利润最大化的选择，最终向市场供给 Q_E 数量的产品，从而实现了社会最优配置。

2. 补贴

对于生产正外部性的企业或个人，政府应该对其进行补贴，使得企业的边际私人收益等于边际社会收益。如图 6-7 所示，对造成正外部性的每个产品进行补贴，补贴金额为 S，在这种情况下，企业的总收益应该等于私人收益加上补贴 S，因此，企业的边际总收益曲线变为 $MR+S$（图中虚线表示），在新的收益下，企业重新进行利润最大化的选择，最终向市场供给 Q_E 数量的产品，从而实现了社会最优配置。

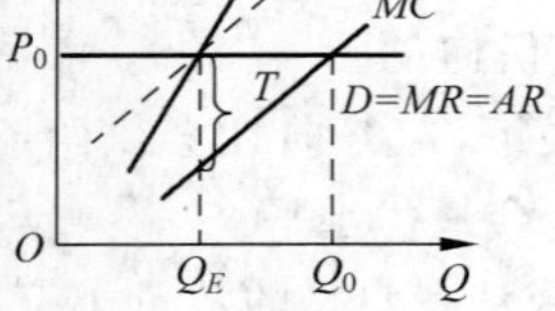

图 6-6　负外部性与庇古税

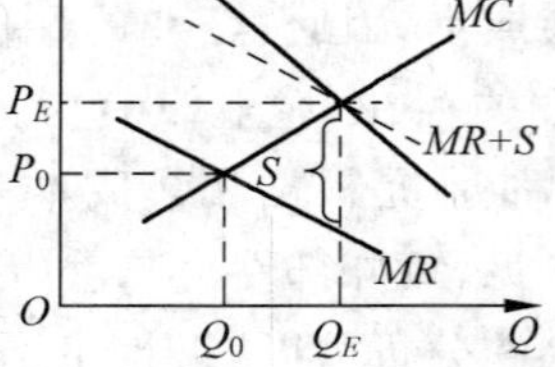

图 6-7　正外部性与补贴

在具体的实施过程中，补贴的形式是多样的，可以直接给企业现金、免税或优惠券。例如，对于那些生产有利于环境保护产品的企业，生产新的机器，如处理废水、废气机器，这样生产过程中就不仅可以提供产品，相应地可以提高生态环境，甚至可以有利于人们的身心健康，因此为了最大限度地发挥这种外部性，可以设计一种优惠券，鼓励其他企业购买这种机器生产，从而避免直接补贴现金不能保证消费者用于购买指定商品的短处。

（二）明晰产权

解决外部性对资源配置的另一种政策是明晰产权。这种政策是由经济学家科斯提出来的，其理论被称为科斯定理。在科斯看来，外部性之所以导致资源配置失当，最根本的原因是无法建立具有排他性和竞争性的财产权的适当的市场，供外部性的制造者与承受者进行自愿性的交易。因此如果能够明晰财产权，则可以使外部性影响通过市场机制得以消除。这可以看成是更加一般化的科斯定理。税收和补贴也可以看成是科斯定理的一个具体运用。科斯第一定理描述如下：只要财产权是明确的，并且其交易成本为零或者很小，则无论财产权的初始配置如何，市场均衡的最终结果都是有效率的。当交易成本不为零的情况下，不同的财产权界定和分配，则会带来不同效益的资源配置，并且通过明确分配已界定财产权所实现的效率改善，可能优于通过交易实现的效率改善，因此，应该选择提供最优效率的财产权初始配置。由此可见，通过合理规定财产权的政策，可以有效解决外部性问题实现资源的有效配置。

当然，这仅仅只是一种理论上的分析，科斯定理在实际应用上还面临一系列问题，由于实际经济活动的交易成本的存在，有时交易成本甚至很大，即便是明晰产权，市场仍然无法有效解决外部性问题。此外，在许多情况下，有些资源在产权上难以界定，例如大海里的渔业资源就不好定夺。

（三）直接管制

必要的时候，政府可采用行政或法律手段，要求企业进行停厂整治。政府可以通过直接禁止经济主体的某些行为来解决外部性问题。如某些化工厂或者塑料厂等排放的废水中含有大量的有毒物质，政府可以直接下令禁止这些工厂生产，或者进行厂址的搬迁。这种消除外部性的方法简单易行，见效快，同时也会牺牲一部分经济主体的利益。

（四）企业的合并

当生产中出现一个企业影响另一个企业的情形，如果影响是正的，则第一个企业的生产就会低于社会最优水平；如果影响是负的，则第一个企业的生产就会高于社会最优水平。如果把这两个企业合并为一个企业，则此时的外部影响就被内在化了。合并后的企业为了实现利益最大化，会将其生产定在边际成本等于边际收益的水平上，由于此时外部性被内在化了，因此合并企业的成本与收益等于社会的成本与收益，资源配置就达到了帕累托最优水平。

第三节　公共物品

一、公共物品的定义

公共物品是与私人物品相对应的一个概念。公共物品是每个人对这种物品的消费不会造成任何其他人对该物品消费的减少的物品，如国防、教育、消防和公共卫生等。判断公共物品有两个标准：消费的非排他性和消费的非竞争性。消费的非排他性指的是，众多的受益者共同消费一种物品，要将其中的任何人排除在对该物品的消费之外是技术上的不可能或是经济上的无效率。消费的非竞争性指的是，公共物品一旦被提供，一个人对该公共物品的消费不会减少其他人对该物品的消费机会与消费数量，增加更多的消费者也不会影响其他人在此物品消费中获得的收益。

同时具有消费的排他性和竞争性的物品则为私人物品，如超市出售的饮料、水果和电器等。同时具有消费的非排他性和非竞争性的物品则为纯公共物品，例如，国防，新生人口一样享受国防提供的安全服务，但原来人口对国防的"消费"水平不会因此降低，即国防具有非竞争性；要想把任何合法的公民拒绝在国防安全服务的享受之外也不可能，即国防具有非排他性。不能同时满足消费的非竞争性和非排他性的物品称为准公共物品，这又进一步分为两种情况：一是不存在消费的竞争性但存在消费的排他性的物品称为俱乐部物品，例如，不拥挤的高速路，完全有办法拒绝不缴费的汽车上高速路，即不拥挤的高速路不具有非排他性，不拥挤的情况下一辆汽车正常行使基本不影响其他汽车的正常行使，即不拥挤的高速路具有非竞争性；二是存在消费的竞争性但不存在消费的排他性的物品称为公共资源（有些文献中也称为可拥挤物品），例如，海里的渔业资源，如果一个国家大量的捕捞海里的鱼会减少其他国家的捕捞，即海里的渔业资源具有竞争性，但是很难阻止一个国家自由地在公海上捕捞海鱼，即海里的渔业资源具有非排他性。

二、纯公共物品的市场失灵

（一）纯公共物品的最优数量

假设社会上只有A和B两个消费者。图6-8中，D_A为A消费者对纯公共物品的需求曲线，D_B为B消费者对纯公共物品的需求曲线。由于纯公共物品的非竞争性——每个消费者的消费量都一样，都与总消费量相等，因此，消费者对这个总消费量的总愿意支付总额，应该等于所有消费者愿意支付的价格总和。由此可见，与私人物品的市场需求曲线是由所有个人需求曲线的水平加总不同的是，具有非竞争性物品的市场需求曲线是个人需求曲线的垂直加总。图中，消费者A和消费者B

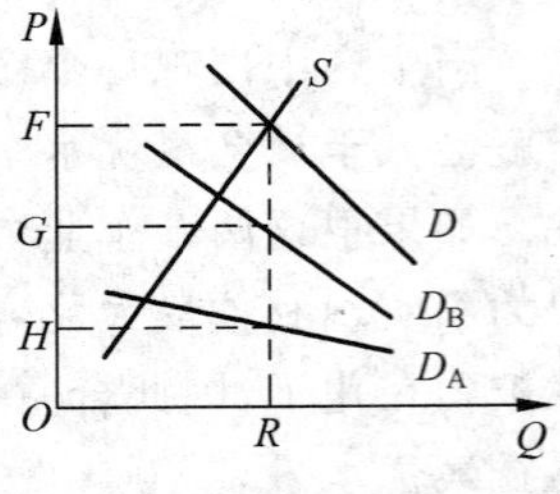

图6-8　纯公共物品的供给曲线

对纯公共物品的消费量均为 R，他们各自愿意支付的价格分别是 H 和 G，因此，当消费量为 R 时，社会的总愿意支付总额应该是 $H+G=F$，图中 D 为纯公共物品的需求曲线。又由于图中 S 为纯公共物品的供给曲线，因此纯公共物品的最优数量应该是 R，这个时候有社会的边际成本（供给曲线 S）等于社会的边际收益（需求曲线 D）。

（二）纯公共物品的市场失灵和政策

公共物品的存在将会导致市场失灵：市场本身提供的公共物品通常将低于最优数量，即市场机制常常导致公共物品的供给不足。在完全竞争的市场中，如果是私人物品，市场均衡时的资源配置是帕累托最优。消费者消费一单位商品时，他也失去了在市场上以市场价格卖给其他消费者同样一单位商品获得的收入，因此消费者消费一单位商品的机会成本等于该商品的市场价格。由于，消费者在既定的商品产量上展开竞争，故没有哪个消费者会得到低于市场价格而买到商品的好处。不过，如果是公共物品，即使它具有排他性，情况也将完全不同。由于非竞争性，即消费者对公共物品的消费不会减少其他人对该物品的消费机会与消费数量，这意味着，没有任何消费者要为它所消费的公共物品与其他任何人竞争，市场不再是竞争的，任何一个消费者消费一单位公共物品的机会成本总是为 0。当认识到这一点，消费者就会尽量少支付给公共物品供给者以换取消费公共物品的权利。如果每个消费者均如此行事，则最终所有消费者支付的总数量将无法弥补公共物品的生产成本，进而导致公共物品的供给量低于最优供给量，甚至是零供给。

为了纠正这种市场失灵，政府将取代市场来提供公共物品。政府可以把公共物品的供给看成是一个项目，并运用成本-收益分析方法加以讨论：如果公共物品的收益大于或等于其成本，则政府将提供公共物品，否则不提供。不过政府在供给公共物品过程中将面临两大难题：消费者的搭便车和政府获得准确的支付意愿的信息障碍。所谓搭便车，就是指一些消费者参与了公共物品的消费，但却不愿支付公共物品的生产费用，依赖他人对公共物品的消费而享受其中的好处的行为。首先，政府为了能给公共物品定价就必须了解人们对公共物品的边际利益。由于公共物品的非竞争性和非排他性，每个消费者都认为自己的需求相对于公共物品的总供给或总需求都是微不足道的，不管是否付费或者支付多少，都能享受到同样数量的公共物品，每个消费者可以通过使政府错误地了解他们的需求或边际利益，而使他们各自对公共物品的支付价格降至最小。每个消费者都这么想，都没真正反映他们对公共物品的偏好，大家都成了“搭便车者”，结果导致公共物品的供给水平远低于最优水平，即公共物品的无效率供给。而另外一个极端，如果事先表明满足公共物品偏好的代价与消费者所陈述的支付意愿无关，他们的陈述只与公共物品的供给数量相关，那么，每个消费者就会夸大各自的支付意愿，结果将导致公共物品的过度供给。这些难题的解决，不能靠政府的强制力，也不能靠消费者的自觉。建立民主制度，通过公共选择机制，以政治市场的竞争，让消费者表达真实偏好，进而改善公共物品的供给效率。

三、俱乐部物品的市场失灵

俱乐部物品的问题较为复杂，这里仅以一个具体例子来说明俱乐部物品的市场失灵情况，如表 6-2 所示。

表 6-2 俱乐部物品的情况说明

	供给				不供给
企业定价范围选择	[0,1]	(1,2]	(2,5]	(5,∞)	—
消费者消费情况	A、B、C 均消费	B、C 消费	C 消费	没有人消费	—
企业最优定价	1	2	5	任意	
企业最优定价下企业收益	3	4	5	0	0
企业最优定价下消费者剩余	5	3	0	0	0
企业最优定价下生产者剩余（企业利润）	0	1	2	−3	0
社会总福利	5	4	2	−3	0

假设一个俱乐部物品的建设成本为 3，社会上总共有 A、B、C 三个消费者，他们对该俱乐部物品愿意支付的价格分别为 1、2、5。在市场机制下，该俱乐部物品的企业、消费者决策情况见表 6-2。从分析结果可以看出，企业的最优决策是供给该俱乐部物品，并且将该俱乐部物品的价格定为 5，在这种情况下，只有 C 消费者购买该俱乐部物品，消费者剩余为 0，企业利润达到最大，社会的总福利为 2。但是，这样的市场结果却不是最优的。从社会角度看最优的选择应该是：企业供给该俱乐部物品，并且将该俱乐部物品的价格定为[0,1]，则 A、B、C 三个消费者均消费该俱乐部物品，在这种情况下，社会的总福利为 5。考虑到，如果价格定为小于 1，企业由于亏损将不愿意供给该俱乐部物品，因此，更可行的选择是将该俱乐部物品的价格定为 1，在这种情况下，A、B、C 三个消费者均消费该俱乐部物品，消费者剩余为 5，企业利润达到最大为 0，社会的总福利为 5。

四、公共资源的问题

公共资源由于不具有排他性，则每个人出于自己的利益考虑，就会尽量多地去利用它，最终的结果往往会造成资源的过度使用。例如一个乡村拥有一块公共的草地，村民们在这块公地上放牧奶牛，如果每一个村民都能够毫无限制地使用该公共草地，则实际的均衡奶牛数量将远远超过它的最优水平，最终的结果是：公地将由于长期的超载使用而日益衰落，发生“公地的悲剧”。“公地的悲剧”的分析原理和负外部性类似，由于非排他性，每个村民不要为其过度放牧给草地造成破坏支付任何的成本——外部成本，根据上文的分析，负外部性将会导致资源的过度配置使用。解决公共资源市场失灵问题，最好的解决方法是界定公共资源的产权。

五、公共选择

对公共物品的处理涉及与政府行为有关的“集体选择”。集体选择，就是所有的参加者依据一定的规则通过相互协商来确定集体行动方案的过程。

(1) 一致同意规则，即一项决策只有在所有当事人都同意或至少没有任何一个人反对的情况下才能实施的一种表决方式。

(2) 多数投票规则,即一项集体行动方案必须得到所有参加者中的多数认可才能实施。多数投票规则又分为简单多数规则(即超过当事人半数同意)和比例多数规则(即必须达到一个相当大的比例以上如 2/3,3/4 等)两种。这种表决方式比较可行,通常被采用,但这种表决方式难以照顾少数人的需求,允许了多数人把自己的意愿强加给少数人。

(3) 加权规则,一个集体行动方案对不同的参加者会有不同的重要性,于是,可以按照重要性的不同分配选票——相对重要的拥有较多的票数,最后按照实际得到的赞成票数(非人数)的多少来决定集体行动方案。

(4) 否决规则,首先让每个参加投票的成员提出自己认可的行动方案,再让每个成员从中否决掉自己反对的那些方案,则最后的方案是所有参与者都接受的方案,如果不止一个方案留下来,可以再借助其他的规则进行选择。

第四节　信息不对称

一、信息不对称的含义及其分类

信息不对称,是指在市场经济活动中,经济活动主体双方对有关信息了解和掌握得不一样多;掌握信息比较充分的市场主体,往往处于比较有利的地位,而信息贫乏的市场主体,则处于比较不利的地位。信息不完全和不对称理论已经成为现代信息经济学的核心,被广泛应用到从传统的农产品市场到现代金融市场等各个领域,为很多经济现象如股市的沉浮、就业与失业、信贷配给、商品促销等提供了解释。

在前面章节里,一般都假定消费者与生产者对于他们面临的可供选择的有关经济变量拥有完全的信息。但事实并非如此,在几乎所有的市场上,信息不完全和信息不对称是相当普遍的。在现实生活中,经常会遇到信息不对称问题:在产品市场或在要素市场上,总是存在某些经济主体在价格、数量和质量上比其他人知道得更多,如企业对于产品的质量比居民要知道得多,企业对于居民而言处于信息优势;在劳动力市场上,应聘者对于其自身的能力比招聘者清楚得多,应聘者对于招聘者而言处于信息优势。在保险市场上,保险公司对投保人本身的身体健康状况、安全意识和投保意图无法准确掌握,因而保险公司相对于投保人而言处于信息劣势。此外,生活中人们对品牌的崇拜和追逐,这种名牌效应也折射这一理论,从某种程度上恰恰说明了较一般商品而言,名牌商品提供了更完全的信息,降低了买卖双方之间的交易成本。

根据经济活动中参与主体的不同,信息不对称市场可划分为以下三种:第一,买主和买主之间的信息不一致而产生的信息不对称;第二,买主和卖主之间的信息不一致而产生的信息不对称;第三,卖主和卖主之间的信息不一致而产生的信息不对称。信息不对称的存在使得完全竞争效率不能实现,导致市场失灵,主要表现在逆向选择和道德风险等方面。

二、逆向选择问题

在商品市场上，由于存在信息不对称，往往伴随着逆向选择等问题。

实际生活中，在信息不对称的情况下，市场竞争会导致劣胜优汰，使得资源趋于流向低质量的产品或要素，这种逆淘汰现象就是逆向选择。逆向选择是合同签订前的信息不对称所导致的，也叫隐瞒信息，交易的一方具有完整的信息，而另一方则没有。在信息不对称理论中，常常把处于信息不对称环境中的次品市场称为“柠檬市场”。该市场容易产生逆向选择问题。

逆向选择问题在大多数市场都会发生。逆向选择的危害主要在于不仅使市场发生劣质品驱逐优质品，而且还会使商品市场交易规模萎缩，甚至导致商品市场的消失。

为了说明逆向选择问题，下面引入一个二手车市场的例子。在二手车市场上无论所卖的车的质量如何，卖家总比买家精明，如果买家不能够辨别汽车的质量，不管是好车还是坏车，他们都会支付同样的钱，这会使销售好车成为一种毫无吸引力的交易。假如你去买某种型号的汽车，市场上正好有两辆汽车，外观一样但价位不同，一辆价位是 10 万元，另一辆价位是 7 万元。那么你会愿意支付多少钱买这款型号的车呢？你可能会以平均价值 8.5 万元买这款车，但 10 万元的车主因为自己的车质量高不会以 8.5 万元卖给你，而 7 万元的车主愿意卖给你。这样看来，好的车不一定都能卖出去，这就是次品充斥市场，质量好的车被驱逐出了市场。

从本案例可以看出，在信息不对称的情况下，好东西不一定都能够卖得出去，买家在二手车市场上有可能买到质量差但价格高的汽车，从而出现了逆向选择问题，也叫“劣币驱逐良币”。

三、道德风险问题

道德风险不同于逆向选择，是指交易双方签约以后交易一方的行为不容易被另一方察觉，而导致另一方利益受损的现象。之所以称为道德风险，是因为受损者的风险是交易合同成立后，由于隐藏行动造成一些参与人的行为变得不道德、不合理所引起的。道德风险的出现会使市场监督的成本提高。例如，一些公务员就职时发誓为公众利益服务，就职后却可能出现违法乱纪，以权谋私等行为；雇员在被雇佣时签订了劳动协议后可能出现偷懒，不努力工作的行为；买了车险的车主不再非常仔细保管车子的行为等。实际生活中，保险市场是很容易产生道德风险的一种市场。

保险是一种特殊的商品，由专门的保险公司提供，而这种特殊商品的价格就是保险费用。由于信息不对称情况的存在，保险公司事前并不知道投保人的风险程度，保险公司只能按照危险事故发生的平均概率确定保单费率，当保险费处于一定水平时，若低风险类型的消费者投保后得到的效用低于他不参加保险时的效用，那么这类消费者会退出保险市场，因此只有高风险类的消费者才会愿意投保。假如你买了汽车保险，你会不会因此更不担心自己的车与别人的汽车发生刮擦呢？如果是，那么这就是道德风险，买保险的这一行为使你的道德变“坏”了。在存在道德风险的情况下，保险公司如果提高保险价格，会使那些低风险类型的投保人因为价格高而不再继续参保，而剩下的就是那些高风险类型的投保人，他们愿意买高价格的保险。这样一来，高风险类型的投保人把低风险类型的投保人“驱逐”出保险市场，最终可能导致保险市场的逐渐萎缩及整个保险行业的亏损。

四、委托-代理问题

信息不对称也会导致委托-代理问题的出现。生活中当一方授权另一方代表其利益而行动时，委托代理关系就产生了。授权的一方称为委托人，行动的一方称为受委托人，即代理人。委托代理问题普遍存在于现实生活中，如国有企业及现代股份制企业，由于其经营权及所有权的分离，公司的所有权人为股东是委托人，而公司董事、经理一般作为代理人管理企业。由于信息不对称的存在，利用委托代理关系成立的信托、信贷公司、投资咨询公司及会计代理公司等都是委托代理关系的具体体现。

委托人及代理人作为两个不同的经济主体，具有不同的目标利益函数。委托人的目标利益是追求内部组织利润最大化，这种利润最大化依赖于代理人的努力；而代理人的目标利益则是追求个人利益最大化。他们在追求各自利益最大化的过程中，就可能发生利益冲突，代理人可能为了达到自己的利益最大化而牺牲委托人的利益，做出有损于委托人利益的事情。

产生委托-代理问题的主要原因在于委托代理双方的信息是非对称的。代理人付出多大努力，花费多少精力与金钱就能够完成委托事项，代理人自己最清楚，代理人处于信息优势，委托人处于信息劣势。代理过程中委托人无法判断代理人是否尽职尽责，很难对代理人做出对自己不利的行为进行监督。

五、信息不对称的经济决策

信息不对称是市场经济的弊病之一，出现信息不对称导致的一系列问题，就有可能偏离利润最大化目标，就不可能达到资源的有效配置。要想减少信息不对称对经济产生的危害，政府应在市场体系中发挥强有力的作用。

（一）信息传递

为了解决信息不对称所引起的逆向选择问题，其中一种可行的方法是信息传递，即信息较多的一方向信息较少的一方提供有关信息。占据信息优势的一方为了把自己的某些优质的物品或自身的某些优秀特性显示出来，不被埋没，就会通过某种方式向处于劣势的人发出市场信号，以表明自己的物品或自身与众不同，这种行为称为“信号显示”。例如，旧车市场高质量卖主乐意买主试车，优质产品设置防伪标记，或者向消费者作产品质量有问题可包退、包修和包换的“三包”承诺，另外，品牌与声誉等也是重要的信号显示。

（二）信息甄别

信息甄别是解决市场信息不对称的另一种可行的方法。有时候可以通过生活中的一些常识来对信息进行甄别，如买二手车，买车之前会要求先试开，或者请有经验的汽车司机进行检验。信息的甄别还体现在求职市场上，雇主如何才能更好地鉴定求职者的能力呢？雇主通过甄别求职者所投的简历及学历证书来决定是否雇佣。

（三）风险共担

保险公司在指定保险费率时，必须面临这样一个问题：如何让投保人买了保险后依然努力将损失的概率和损失的后果降到最低呢？如果保险公司提供全额保险，这样是达不到目的的，原因在于：投保后的车主没有动力采取任何防护措施，即使汽车被盗，保险公司将如数赔偿。因此要解决这个问题的方法之一是风险共担，保险公司对投保人造成的损失只按照一定的百分比进行赔偿，投保人和保险公司共同承担损失。

（四）声誉及产品标准化

一些高质量产品的销售者要想按较高的价格销售产品就必须树立自己产品的信誉，使消费者相信这些产品确实是高质量的，如格兰仕微波炉、国美、苏宁电器与耐克、阿迪达斯服装品牌等。不过这种情况在有些场合并不适用，比如对于车站附近的零售店，饭店和旅馆等，对许多人来说，仅仅只是偶尔光顾一次，谈不上什么声誉。为了让人们相信他们提供的产品和服务的质量是好的，明智的做法是出售那些标准化的产品和服务，如肯德基、麦当劳快餐店实行标准化生产，提供的产品和服务在全球任何地方都一样，你到任何地方在该快餐店都能够买到自己预期的产品和服务。

（五）设计“参与约束”与“激励相容约束”机制

针对委托-代理问题，从委托人的角度看，是要解决如何使代理人努力为自己工作。通过设计参与约束，即设立代理人参与工作的最低条件，这个最低条件是指代理人接受代理获得的收益大于不接受代理获得的收益。但是参与工作的代理人不一定竭尽全力工作，他可能会偷懒。而委托人又无法直接观察到代理人工作的努力程度。因此，委托人需要设计出另一种激励机制，让代理人努力工作获得的收益大于偷懒工作获得的收益。这一约束称为激励相容约束。从理论上说，满足了参与约束与激励相容约束机制两个条件，委托-代理问题就能得到解决。

本章经济学原理应用示范

股权激励——运用“木马计”解决委托-代理问题

委托-代理问题可以看成是一种“外部影响”：代理人不按合同规定尽力尽责而偷懒或“干私活”的行为对委托人造成了损害，但他却没有对这种损害支付任何的成本或者受到任何的惩罚；反之，代理人尽力尽责给委托人带来额外的收益，但他也没有获得任何的额外补偿。正是这样的外部影响造成低效率的结果。

解决委托-代理问题的一个方法是采用“木马计”：委托人把自己的利益“植入”到代理人的利益之中。这样，代理人为自己的利益而采取行动时，他同时也就是为委托人的利益服务了。“木马计”中最为典型的例子就是公司治理中，利用股权激励解决所有权与经营权相分离的问题。

现代公司的所有权与经营权往往都是分离的，这种情况下就会出现委托-代理问题：如何确保公司经营者的行为符合公司所有者的利益呢？

股权激励(Stockholder's Rights Drive)是一种使经营者获得公司一定的股权，让其能够享受股权带来的经济效益与权利，能够以股东的身份参与企业决策、分享利润、承担风险，从而激励其勤勉尽责地为公司长期发展服务的激励方法。这也是吸引特殊人才和专业人才的人力资源配置方法之一。股权激励计划对企业经营者具有两个方面的作用。①报酬激励，经营者如果对企业认真，通过不断地改善经营管理来实现公司资产的不断增值，最终也会使经营者的报酬随之增加；反之，则减少。这样通过报酬激励机制把经营者的行为引导到与公司所有者的利益相一致的轨道上来。②所有权激励，通过让经营者入股的方式，使经营者与公司所有者处于同样的地位，最终使他们的目的和公司所有者一致，实现公司的利润最大化。

常用的股权激励工具如下。

现金入股，现金入股是指投资方在公司创建之初或在公司增资扩股时，以现金的形式取得的股权，具有股权所赋有的全部权利。现金入股是最简单且通用的一种获取股权的方式。现金入股由20年前的强制式、任务式，发展到今天成为一种权利，没有一定的资历或者公司背景，是很难真正拥有公司的原始股的。

期股，期股是指获得股权的人员，可以不以现金的形式取得股权，而是以约定的价格由专门的部门托管，以该股权每年获取的红利作为购买股权的资金，直到购买完成，获得完全的权利。期股在资金到位前只拥有分红权、表决权，资金到位后方可转为普通股。期股是具有中国特色的股权激励方式，兼有期权和干股(赠送股)的特点，是在干股的基础上吸收期权的优点而采用的一种模式，是一种制度创新。期股主要是公司对高级管理人员以股票替代现金的一种激励措施。

期权，又叫购股权，是指公司给予员工在未来时期内以预先约定的价格购买一定数量本公司普通股票的权利，是一种未来权利，而非义务。有行权期、约定价和行权价三个要素组成。期权只赋予员工成为公司股东的权利，在行使购买权利之前没有成为公司的股东。期权仅是企业给予骨干、核心人员的一种选择权，是不确定的、要在市场中实现的预期收入。企业没有任何现金支出，有利于企业降低激励成本。管理层持股是指企业高中级管理人员以各种方式持有本公司的股票，即管理层成为股东，这主要是为了解决所有权与经营权分离而带来的问题。

本章经济学原理应用指引

1. 垄断

(1) 用垄断的均衡原理分析垄断的高价格行为。

(2) 用垄断效率损失原理分析垄断企业的寻租、技术改进的低效率的现象。

(3) 用垄断治理原理理解各种反垄断政策。

2. 外部性

(1) 运用外部性原理分析各种污染的成因。

(2) 运用外部性原理分析各种生态保护无效的成因。

(3) 应用外部性原理理解各种环境保护的政策。

3. 公共物品

(1) 运用公共物品原理分析政府公共物品的供给效率。

(2) 运用公共选择理论分析各种选举问题。

(3) 应用公共选择理论分析政府的低效率问题。

4. 信息不完全和不对称

(1) 应用信息的定价原理分析信息产业的利润模式。

(2) 分析各种委托-代理问题。

(3) 分析各种逆向选择问题。

(4) 分析各种道德败坏问题

本章小结

基于一系列理想化假定条件的完全竞争市场并不是现实经济的真实写照，现实的市场机制在很多场合不能导致资源的有效配置，这种情况就是“市场失灵”。当前现实经济中普遍存在的市场失灵情况有垄断、外部影响、公共物品、不完全信息。“市场失灵”是市场机制的内在缺陷，必须由政府采取相关政策加以纠正，才能最终实现资源市场配置的帕累托最优状态。

垄断是指一个或少数企业对某种产品的生产或销售实行完全的或某种程度的控制。垄断会造成经济效率的损失，引发寻租问题，甚至有时会阻碍技术的发展。垄断造成市场资源配置低下，因此需要靠市场机制以外的手段进行干预，有必要对垄断实行政府干预。总的来说，政府对垄断的干预方法有反垄断法和价格管制两种，其中价格管制又区分为平均成本定价和边际成本价格两种，在垄断企业的成本递增和递减的不同情况下，管制措施的效果也有不同。

外部性是现实生活中常遇到的情景。根据不同的区分标准，外部性有不同的分类：①正外部性和负外部性；②技术外部性和货币外部性；③公共外部性和私人外部性。无论是正外部性还是负外部性，即使在完全竞争的条件下，最终将造成资源配置的不合理，不能达到资源配置的帕累托最优：负外部性意味着生产者生产的产量超过了社会最优水平；正外部性意味着生产者私人生产的产量小于社会最优水平下的产量。解决外部性对资源配置的影响的政策之一是实行政府干预，所有解决外部性的政策都是为了使资源得到最优配置。概括起来主要有以下几种：征税或补贴、明晰产权、直接管制和企业的合并。

公共物品是与私人物品相对应的一个概念。公共物品是每个人对这种物品的消费不会造成任何其他人对该物品消费的减少的物品。公共物品又可进一步区分为纯公共物品、俱乐部物品和公共资源。不同的公共物品导致的市场失灵情况不一样，相应的治理政策也不一样。对公共物品的处理涉及与政府行为有关的“集体选择”。

现实经济生活中，市场信息并非完全的或者对称的。信息不对称会产生逆向选择、道德风险等问题。解决信息不对称的主要方式有：信息传递、风险共担、声誉及产品标准化等。

关键概念

市场失灵，是指现实的市场机制在很多场合不能导致资源的有效配置。

垄断，是指一个或少数企业对某种产品的生产或销售实行完全的或某种程度的控制。

经济活动的外部性，是指经济行为主体中消费者的消费或生产者的生产行为给他人带来非自愿的成本或收益，而经济行为主体却并没有因为这一成本而向他人支付赔偿或不能从这受益中得到补偿时的一种外部影响。**科斯定理**：只要财产权是明确的，并且其交易成本为零或者很小，则无论财产权的初始配置如何，市场均衡的最终结果都是有效率的。

公共物品，是每个人对这种物品的消费不会造成任何其他人对该物品消费的减少的物品。消费的**非排他性**指的是，众多的受益者共同消费一种物品，要将其中的任何人排除在对该物品的消费之外是技术上的不可能或是经济上的无效率。消费的**非竞争性**指的是，公共物品一旦被提供，一个人对该公共物品的消费不会减少其他人对该物品的消费机会与消费数量，增加更多的消费者也不会影响其他人在此物品消费中获得的收益。同时具有消费的非排他性和非竞争性的物品称为**纯公共物品**。不存在消费的竞争性但存在消费的排他性的物品称为**俱乐部物品**，存在消费的竞争性但不存在消费的排他性的物品称为**公共资源**。**搭便车**，就是指一些消费者参与了公共物品的消费，但却不愿支付公共物品的生产费用，依赖他人对公共物品的消费而享受其中的好处的行为。**集体选择**，就是所有的参加者依据一定的规则通过相互协商来确定集体行动方案的过程。

信息不对称，是指经济活动主体双方对有关信息了解和掌握得不一样多。**逆向选择**，是指在信息不对称的情况下，市场竞争会导致劣胜优汰，使得资源趋于流向低质量的产品或要素这种逆淘汰现象。**道德风险**，是指交易双方签约以后交易一方的行为不容易被另一方察觉，而导致另一方利益受损的现象。**委托代理**，是在生活中当一方授权另一方代表其利益而行动时所产生的。在信息不对称理论中，常常把处于信息不对称环境中的次品市场称为**柠檬市场**。

复习思考

选择题

1. 随着使用数目的增加，电话对消费者的效用变得越来越大。以下（　　）最好地说明了这一点。

A. 专利　　B. 网络外部性

C. 控制关键资源　　D. 自然垄断

2. 以下属于垄断的影响的是(　　)。

A. 垄断导致消费者剩余的减少　　B. 垄断带来生产者剩余的增加

C. 垄断导致经济效率的降低　　D. 以上都是

3. 旨在促进企业间竞争的法律叫(　　)。

A. 合谋法　　B. 反托拉斯法

C. 关于相对优势的法律　　D. 合并法

4. 以下四种示例(　　)可应用公共资源的概念。

示例 1：肯德基汉堡、衣服

示例 2：海洋鱼类、公共草地

示例 3：有线电视、收费公路

示例 4：国防、司法

A. 示例 1　　B. 示例 2

C. 示例 3　　D. 示例 4

5. 公地悲剧指的是(　　)。

A. 一些人不支付而从中获益的事实

B. 某些商品被公共消费中排除的趋势

C. 商品可以是竞争性的和非排他性的事实

D. 公共资源被过度使用的趋势

6. 信息不对称存在的原因是(　　)。

A. 当人们购买保险以后改变其行为就出现了信息不对称

B. 当交易的一方拥有的信息少于另一方的情况下就出现了信息不对称

C. 当交易双方必须支付不同价格以获取相同信息的情况下就出现了信息不对称

D. 当逆向选择导致道德风险的情况下就出现了信息不对称

简答题

1. 什么叫市场失灵？哪些情况会导致市场失灵？

2. 垄断是什么？为何说垄断不能实现帕累托最优？

3. 外部性如何干扰市场对资源的配置？

计算题

1. 设某公共牧场上养牛的成本是 $C=5X^2+2\,000$，X 是牧场上养牛的数量。每头牛的市场价格是 $P=1\,000$ 元。

(1) 求牧场净收益最大时的养牛数。

(2) 若该牧场有 5 户牧民，牧场成本由他们平均分摊，这时牧场上将会有多少头牛？若有 10 户牧民分摊成本，养牛的数量又是多少？

(3) 从中可以得出什么结论？

2. 假设某产品的市场需求函数为 $Q=1\,000-10P$，成本函数为 $C=40Q$，计算以下几个问题。

(1) 由垄断厂商生产这种产品，利润最大时的产量、价格以及利润。

(2) 达到帕累托最优时的产量和价格。

（3）由垄断生产造成的社会福利净损失。

3. 如果从私人角度看，某企业每多生产1单位产品可多得12元，从社会角度看，每多生产1单位产品可多得16元，成本函数 $C=Q^2-40Q$，计算：帕累托最优状况下，用政府补贴办法可以增加的产量。

思考题

1. 夏天是西瓜销售的旺季，经常有整个村庄的农户同时开着各自的拖拉机，浩浩荡荡进城卖瓜的景象，张三和李四就在其中。进城后，他们碰巧在同一个社区卖瓜，分别把持了社区两个经常使用的出口。这个社区的人口密集，收入水平也比较可观。天气特别热，忙碌了一天，他们连午饭也没有好好吃。到了傍晚要收拾回家，他们发现张三的瓜基本上买完了，而李四的西瓜还剩下不少。李四一边夸张三，一边问他剩下的西瓜是怎么回事。张三的回答是退回来的不好的瓜。李四琢磨，自己卖瓜只是在收款之前给瓜开一个三角的口子，让买瓜的人看一看瓜的好坏。如果允许买回家切开后再退货，虽然自己的瓜总体还可以，但是这样太不划算。张三和李四卖的瓜是类似的，瓜的价格基本上也是相同的，可是为什么结果却不一样？

2. 当前，在中国的农村，电视和广播的信号被无数的收听者接收而不会降低其他信号消费者的接收质量，但向任何一个信号的消费者收费是不可能的。

（1）电视和广播信号是哪一种物品（私人物品、公共物品、公共资源、由自然垄断生产的物品）？为什么？

（2）私人行业提供的通常是这种类型的物品吗？为什么？

（3）自从媒体发明以来，私人公司提供电视和广播。如果他们不向信号接收者收费，他们如何使自己有利可图？

3. 什么是激励机制？其设计目标是什么？

下篇

宏观部分

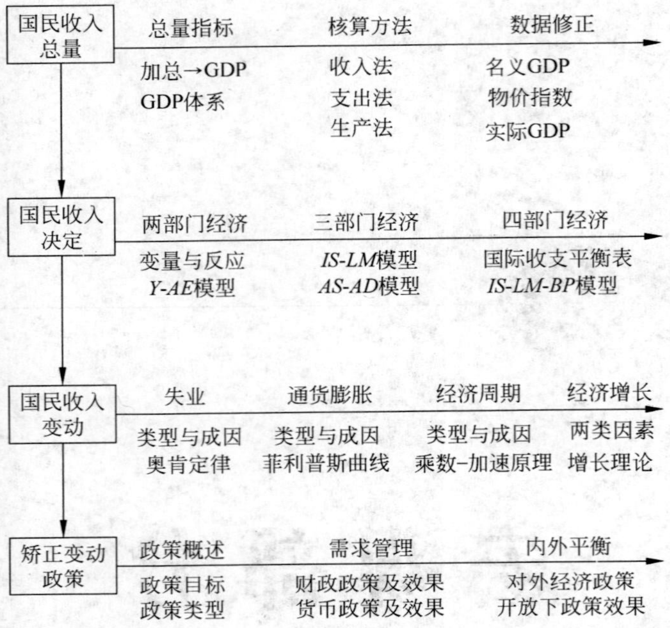

国民收入总量
总量指标
加总→GDP
GDP体系
核算方法
收入法
支出法
生产法
数据修正
名义GDP
物价指数
实际GDP
国民收入决定
两部门经济
变量与反应
Y-AE模型
三部门经济
IS-LM模型
AS-AD模型
四部门经济
国际收支平衡表
IS-LM-BP模型
国民收入变动
失业
类型与成因
奥肯定律
通货膨胀
类型与成因
菲利普斯曲线
经济周期
类型与成因
乘数–加速原理
经济增长
两类因素
增长理论
矫正变动政策
政策概述
政策目标
政策类型
需求管理
财政政策及效果
货币政策及效果
内外平衡
对外经济政策
开放下政策效果

宏观部分导图

第七章 国民收入核算与国民经济基本恒等式

学习目的

1. 了解国民经济核算体系与国内生产总值 GDP 概念。
2. 掌握 GDP 的核算方法和 GDP 的相关指标。
3. 了解名义 GDP、实际 GDP 和三种物价指数。
4. 掌握国民收入基本恒等式和主要宏观经济变量的性质。
5. 学会运用本章原理分析国民收入核算相关问题和辨识宏观经济变量的性质。

第一节 国内生产总值概念与国民收入核算方法

一、国民收入核算在国民经济核算体系中的功能

国民账户体系(The System of National Account,简称 SNA),又称国民核算体系、国民经济核算体系[①],是全面反映国民经济运行状况的一整套统计方法、概念、指标和账户表格。它是在国民收入核算的基础上产生的。

国民经济核算体系,依据常住单位和非常住单位划分国内账户和国外账户,运用会计账户方法对一定时期一个国家或地区国民经济活动的全部内容进行系统的统计核算,为宏观经济分析、决策和管理提供客观依据。

对国民经济核算体系做出重大贡献的是两位诺贝尔经济学奖得主:美国经济学家西蒙·库兹涅茨(Simon Smith Kuznets)和英国著名国民经济核算专家理查德·斯通(Richard Stone)。

国民经济核算体系迄今为止已经产生了 SNA(1953)、SNA(1968)、SNA(1993)、

① 国民经济核算体系内容庞大复杂,可参阅《国民账户体系(2008)》,中国统计出版社,2012 年 11 月 1 日第 1 版。联合国、欧盟委员会、经济合作与发展组织、国际货币基金组织等编撰。中国国家统计局国民经济核算司、中国人民大学国民经济核算研究所翻译。

SNA(2008)四个版本，每个版本都在力图反映社会经济新进展的过程中得到不断的改进。

国民经济核算体系大体可以概括为五个子系统，每个子系统有其独特的统计核算功能。国民收入核算是其中的一个子系统，其功能如表 7-1 阴影部分所示。

表 7-1　国民经济核算体系的构成与功能

国民经济核算体系（SNA）	国民收入核算	考察流量（生产和收入）
	部门联系平衡表	考察产品的流动
	资金流量表	考察资金的流动
	国民资产负债表	考察存量（资产和负债）
	国际收支平衡表	考察与外国的经济往来

中国国民经济核算体系的建立、变化和完善大体经历了以下阶段。

第一阶段为 1952 年至 1984 年。这一阶段采用的是物质产品平衡表体系（The System of Material Product Balance，简称 MPS），这一阶段我国实行高度集中的计划经济管理体制。

第二阶段为 1985 年至 1992 年。这一阶段 MPS 和 SNA 两种核算体系共存、并用，立足于我国实行有计划的商品经济现实。1992 年制定了《中国国民经济核算体系（试行方案）》。

第三阶段为 1993 年至今。这一阶段为适应发展社会主义市场经济体制的要求，建立起了与联合国 SNA(1993)接轨的新版本《中国国民经济核算体系(2002)》，完全取消了 MPS。中国国民经济核算体系在实践中继续完善。

二、国内生产总值 GDP 概念

宏观经济是总量经济，宏观经济的运行结果集中体现在总产出或总收入上，总产出或总收入的统计核算是展开宏观经济分析的前提，而统计核算需要有一套定义和计量的方法。

国内生产总值就是国民收入核算中最重要的定义之一，在宏观经济的诸多总量指标中占据着核心地位，集中地反映着一个经济体的总产出或总收入。

国内生产总值（Gross Domestic Product，简称 GDP），是指在一定时期内、一个国家或地区之内所有常住单位（又称经济主体）运用生产要素所生产的全部最终产品与劳务的市场价值总和。

理解 GDP 这一概念时应特别注意把握下列几个限定词。

第一，“在一定时期内”。首先，GDP 是一个流量，即在某个时段里发生的量。因此，在进行国民收入核算时，要先确定时段，通常为一年（也可以为半年、一个季度）。其次，必须是当年的（当期的），上年（上期）已被核算过的，不应再计算，预计来年（下期）的也不该算到当年 GDP 中来，前者如旧商品房的交易额，后者如下期计划建设的商品房预付款。GDP 核算的是新创造出来的产品和劳务的价值。

第二，“一个国家或地区之内”。GDP 是按照国土原则来统计核算的总量指标。只要是在考察的国家或地区的主权或行政管辖范围内，无论本国（本地）居民还是外国（外地）居民，凡是常住者，其生产要素（劳动、资本、土地、企业家才能）的产出都予以统计核算。

所谓常住者，通常指拥有一定的经营场所(厂房或住宅)，从事一定规模的经济活动，并持续经营一年以上的经济单位(含住户)。

第三，"所生产的"。GDP是生产性的经济指标，换句话说，以实际生产出来的产品和劳务为核算对象。这样计算出来的总量指标能更准确地反映经济景气变化。将与生产无关、不提供产品和劳务的市场交易所带来的价值排除在GDP核算之外，如二级市场上股票债券的转售收益、政府的各类转移支付、慈善捐款，这类所得本质上是收入转移而不是价值创造。

第四，"产品与劳务"①。不仅包含有形的产品，也包含无形的劳务；不仅包含通常的生产性消费和生活性消费的产品和劳务，也包含教师、医生、公务员、部队官兵、家政服务(区别于家务劳动)等提供的服务，在核算时以他们的当年(或核算期)收入数额计入GDP。

第五，"最终的"。在各阶段总产值中要把中间产品的价值去掉，以避免重复计算，再将各阶段的增加值加总便得到最终产品的价值，总而言之，只计算当年(核算期)新增价值部分(中间产品、最终产品的定义见下面的国民收入核算"生产法"内容)。

第六，"市场价值"。GDP是一个价值指标，由于价值是形形色色的产品和劳务的共同属性，便于统计、加总与核算，因而，宏观经济学中对社会总财富的统计核算采用价值指标。这些产品和劳务的价值是按市场价格来计算的。

第七，"全部的"。这些产品和劳务，只要是当年(核算期)为交换目的而新生产出来的，无论其是否经过市场交换，都要核算，经过市场交换的，以市场价格计算其价值，为社会所购买；未经市场交换的(如企业未能销售出去而形成的库存)，按照市场价格计算价值，算是企业自己购买。家务劳动、义务劳动、自给自足劳动所创造的产品和劳务则不属于这个"全部"范围，即不计算入GDP之内。

三、国民收入核算方法

(一) 导出国民收入核算方法的思路

面对一个经济社会在一定时期(核算期)内陆陆续续创造出来的、以最终产品和劳务体现的社会财富，在统计核算其总价值量时需要有一定的核算方法。

导出国民收入核算方法的思路是：在不考虑物价水平变动和不发生储蓄的情况下，(当年的或核算期的)最终产品产值≡要素供给者收入≡生产生活总支出≡最终产品产值，这是一个价值恒等循环。根据这个价值恒等循环可以获得国民收入核算的三种方法：收入法、支出法、生产法。这三种方法通过收入流量循环模型可以得到更直观的理解，如图7-1所示。

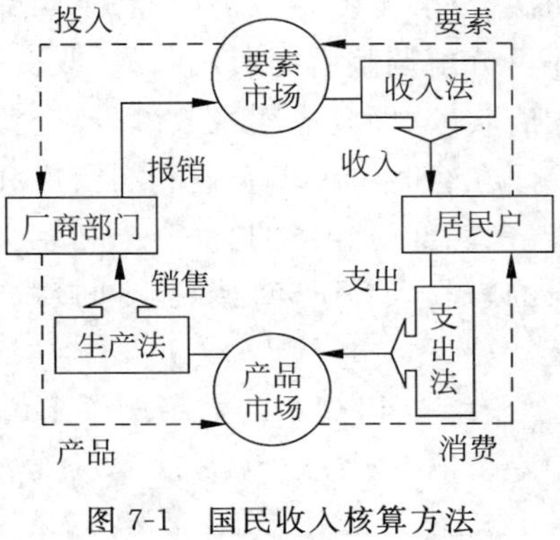

图7-1　国民收入核算方法

① 在宏观经济学中，产品与劳务有时简称"产品"，有时统称"商品"。

这是一个基于收入流量循环模型的国民收入核算方法形成图。图中，外圈虚线箭头为"要素-投入-产品-消费"物质流量循环，内圈实线箭头为"销售-报酬-收入-支出"价值流量循环，即收入流量循环[①]。在图中阴影处对所流经的价值量进行加总统计便可得到相应方法下的 GDP：收入法 GDP、支出法 GDP、生产法 GDP。

（二）国民收入核算三种方法

1. 收入法

收入法（Income Approach），又称所得法，从收入角度出发，将一国一定时期投入的生产要素（劳动、资本、土地和企业家才能）所取得的收入加总而得出 GDP。这些收入从生产角度看是生产过程中投入的成本（包括固定资本磨损），因而此核算方法又名成本法。

在两部门经济的基础上，加入政府部门扩展到三部门经济、再加入国外部门扩展到四部门经济，可以形成三部门、四部门经济的核算方法。

两部门经济 GDP ＝工资＋利息＋租金＋利润＋折旧 (7-1)

三部门经济 GDP ＝工资＋利息＋租金＋利润＋折旧
＋直接税＋间接税－转移支付 (7-2)

四部门经济 GDP ＝工资＋利息＋租金＋利润＋折旧＋直接税
＋间接税－转移支付＋外国人净收入 (7-3)

式中：直接税＋间接税＝毛税收；毛税收－政府转移支付＝净税收；政府转移支付＋企业转移支付＝（对居民的）转移支付；外国人净收入[②]是指外国人在本国投入要素获得的收入减去本国人在国外投入要素获得的收入的余额，亦即在本国领土范围内的企业使用外国要素净投入量所付出的生产成本。

注意：收入法的计算公式中，两部门经济同三部门经济、四部门经济的"工资＋利息＋租金＋利润"表述相同，但数量不同。

两部门经济的"工资＋利息＋租金＋利润"由于未经过政府的税收和政府转移支付再分配的调整、企业的利润留成和企业转移支付再分配的调整，因此保持"初始分配"（或称初次分配）不变。三部门经济、四部门经济的"工资＋利息＋租金＋利润"是经过政府和企业再分配调整后的居民收入，改变了"初始分配"的数量。原始总收入的另一部分转化为政府收入（即政府净税收）以及企业发展基金。

在暂时不考虑企业利润留成和企业转移支付影响的情况下，从计算过程来看，三部门经济、四部门经济的"工资＋利息＋租金＋利润"，即"居民收入"包含了转移支付，因而政府的净收入等于"直接税＋间接税－转移支付"，在等式右端要减去"转移支付"，以避免重复计算。

表 7-2 以简单的数字例子来说明上述差别。为了简便，假设某国某年的 GDP 为 105，扣除折旧 5，余下 100 进入收入分配，另假定企业利润留成和转移支付为 0。从表中可以

① 以后各章中的图形，凡涉及价值流动的，将一律以带箭头的实线来表示。

② 参见约翰·B. 泰勒. 宏观经济学[M]. 5 版. 李绍荣，李淑玲，译. 北京：中国市场出版社，2003：36.

看出，两部门经济时的“初始分配”和三、四部门经济中“居民收入”在“工资＋利息＋租金＋利润”项目下的差别。

表 7-2　政府参与分配后 GDP 核算各因子量的变化

<table>
<tr><th colspan="2">项　目</th><th>工　资</th><th>利　息</th><th>租　金</th><th>利　润</th><th>合　计</th></tr>
<tr><td colspan="2">初始分配</td><td>70</td><td>10</td><td>15</td><td>5</td><td>100</td></tr>
<tr><td colspan="2">税收</td><td>7</td><td>1</td><td>1.5</td><td>0.5</td><td>10</td></tr>
<tr><td colspan="2">税后收入</td><td>63</td><td>9</td><td>13.5</td><td>4.5</td><td>90</td></tr>
<tr><td colspan="2">转移支付</td><td>6</td><td>0.8</td><td>1.2</td><td>0.3</td><td>8.3</td></tr>
<tr><td colspan="2">居民收入</td><td>69</td><td>9.8</td><td>14.7</td><td>4.8</td><td>98.3</td></tr>
<tr><td rowspan="2">政府净收入
1.7</td><td>税收</td><td colspan="4">＋10</td><td>108.3</td></tr>
<tr><td>转移支付</td><td colspan="4">－8.3</td><td>100</td></tr>
</table>

表 7-3 是某国某年的收入法 GDP 核算实例，其中的具体项目名称与前述收入法核算一般公式中的项目名称略有不同，但实质是一致的。

表 7-3　收入法 GDP 的核算　　单位：百万元

雇员报酬(工资和薪金)	639 050
营业盈余(企业、政府和其他机构的毛利润)	259 500
混合收入	73 820
对生产征的税收减去补贴(不含对产品的税收和补贴)	11 450
统计误差	6 530
GDP：990 350	

2. 支出法

支出法(Expenditure Approach)，又称产品流量法，从最终产品角度出发，将一国一定时期内购买的各种最终产品和劳务支出加总而得出 GDP，此核算方法因而又名最终产品法。

两部门、三部门、四部门经济的支出法 GDP 计算公式分别如下。

两部门经济 GDP ＝ 消费支出 ＋ 投资支出　　(7-4)

三部门经济 GDP ＝ 消费支出 ＋ 投资支出 ＋ 政府购买支出　　(7-5)

四部门经济 GDP ＝ 消费支出 ＋ 投资支出 ＋ 政府购买支出 ＋ 净出口　　(7-6)

式中：消费支出是指个人消费支出，即居民户用于购买企业生产和销售的全部产品和劳务的支出；投资支出是指私人国内总投资，包含固定资产投资和存货投资；政府购买支出包含各级政府的购买支出，这一部分支出不是按市场价值，而是根据政府提供的劳务成本来计算的，譬如，政府通过雇请公务员(即购买公务员的服务能力)来为社会提供公共服务，政府给公务员支付的工资即为提供公共服务的成本。

注意：支出法中，两部门经济同三部门经济、四部门经济的“消费支出＋投资支出”表述相同，但数量不同，这同样是由于税收与转移支付再分配造成的。两部门经济中的“消费支出＋投资支出”是没有税赋下的支出，三、四部门经济下则是完税后的支出，名目相同而数量有异。

表 7-4 是某国某年的支出法 GDP 核算实例，其中的具体项目与支出法 GDP 核算的一般计算公式中的项目几乎一一对应。

表 7-4　支出法 GDP 的核算　　单位：百万元

家庭和非营利机构	760 680
资本形成(含资本性投资和库存性投资)	194 800
政府的最终消费	246 820
商品和服务的出口	289 960
商品和服务的进口	−382 400
统计误差	580
GDP：1 110 440	

3. 生产法

生产法(Product Approach)，又称部门法，从生产角度出发，将一国一定时期内生产物质产品和提供劳务的各个部门的增加值加总而得出 GDP，其计算公式如下。

$$\begin{aligned}\text{生产法 GDP} &= \sum \text{各部门(总产值}-\text{中间产品价值)} \\ &= \sum \text{各部门增加值} \end{aligned} \tag{7-7}$$

生产法 GDP 的核算涉及的各相关概念：①总产值，指包含生产过程各阶段上中间产品投入的产品价值；②中间产品(Intermediate Goods，中间产品价值的简称)，是指用于再出售而供生产别种产品用的产品价值；③增加值(Value Added，又称附加值)，指生产各环节上的总产值减去中间产品的价值后的价值剩余；④最终产品(Final Goods)，是指在一定时期内生产的并由其最后使用者购买的产品和劳务，通常情况下“最终产品”是指其价值量。

生产法 GDP 的计算涉及两个层次：单一产品层次和全社会生产部门层次。

第一个层次，单一产品层次的最终产品价值的计算，以一件成衣为例，如表 7-5 所示。

表 7-5　单一产品最终产品价值的计算　　单位：元

各阶段名称	各阶段总价值	中间产品价值	各阶段增加值
第一阶段：棉农的棉花	10	—	10
第二阶段：纺织厂的布匹	15	10	5
第三阶段：服装厂的成衣	23	15	8
第四阶段：服装店的成衣	25	23	2

从中可以看出各阶段的总价值、中间产品价值、各阶段的增加值。最终产品“成衣”的价值与各阶段增加值之和相等(25＝10＋5＋8＋2)。

第二个层次，全社会生产部门层次的最终产品价值的计算。将所有社会产品按部门归类(譬如，归类到经济部门层级，或三大产业层级)，然后计算它们的最终产品价值之和(譬如，对各经济部门或三大产业的增加值求和)，便可以得到用生产法核算出来的 GDP。

表 7-6 是某国某年的生产法 GDP 核算实例，从中可以很明显看出，生产法 GDP 的核算是按照具体的经济部门来统计的。

表 7-6　生产法 GDP 的核算　　单位：百万元

产　业	增加值	产　业	增加值
农业、林业、渔业	9 400	采矿、能源、供水业	46 200
制造业	154 600	建筑业	67 620
批发和零售业、修理业	128 380	旅店、餐饮业	33 760
交通、通信业	78 280	金融机构	20 800
房屋出租(商用、居住)	254 670	公共管理、国防	53 480
教育、保健、社会工作	131 920	其他服务	54 240
GDP：1 033 350			

中国对外公布按照收入法、支出法、生产法计算的 GDP，以按照生产法和收入法混合计算的 GDP 为标准。全国 GDP 年度数据由国家统计局统一对外发布(数据在次年发布)，分为初步核算数(次年二月份)、初步核实数、最终核实数(次年十月份)。

(三) 三面等值原理及差误校准

国民收入核算的三种方法从不同角度反映了国内生产总值，从理论上讲三种方法核算出来的结果应该是相等的，称为三面等值，如图 7-2 的等边三角形所示。

图 7-2　国民收入核算方法三面等值原理

在实际核算中三种方法的核算结果会有所差异，如上面表 7-3、表 7-4、表 7-6 三个实例是同一个国家同一个核算年度分别用收入法、支出法、生产法统计出来的 GDP，结果有较大差异。导致差异的原因众多，有核算制度方面的，有核算技术方面的，有核算过程纰漏方面的。

实践中，一般来说，支出法能够说明最终产品的使用去向，资料收集较易；收入法能够说明收入的分配情况；生产法能够说明经济中各个部门对最终产品的价值的贡献，三种方法各有其分析价值和意义。三种方法的核算结果若有出入，一般以支出法核算结果为准，而利用统计误差调整收入法和生产法的核算数字。

第二节　GDP 相关总量指标与国民收入核算体系的缺陷

一、GDP 相关的五个总量指标及其相互关系

GDP 是一个经济体在一定时期内生产成果的体现，当对其进行初次分配和再分配后，就派生出来相关内部总量指标，包括 GDP 本身在内，有以下五个总量指标。

(1) 国内生产总值(GDP)，如前所述，是指一个国家(或地区)在一定时期内所有常住单位新创造出来的产品和劳务的价值总和，即全部最终成果的市场价值总和。GDP 是所有生产要素的毛收入总额。

(2) 国内生产净值(Net Domestic Product,简称 NDP),是一个国家在一定时期内新创造的产值总和[①],等于国内生产总值减去固定资产折旧。NDP 是要素收入总和,构成初次分配的源泉。从要素收入这个意义上说,是广义的国民收入[②]。

国内生产净值 = 国内生产总值 − 折旧 (7-8)

(3) 国民收入(National Income,简称 NI),是指一个国家经过政府间接税再分配后、留在企业层面,可供企业和个人分配的各种生产要素(劳动力、土地、资本、企业家才能)的收入之和,也就是间接税后的工资、地租、利息、正常利润之和。

国民收入 = 国内生产净值 − 间接税 = 工资 + 利息 + 地租 + 正常利润 (7-9)

(4) 个人收入(Personal Income,简称 PI),是指个人在一定时期内从各种来源所得到的全部收入。从国民收入中减去那些不会成为个人收入的项目(如公司所得税、公司未分配利润、社会保险金),再加上那些不是来自个人要素收入的项目(如政府转移支付、企业转移支付等)就是个人收入。

个人收入 =国民收入 −(公司所得税 + 公司未分配的利润 + 社会保险金)
+(政府转移支付 + 企业转移支付) (7-10)

(5) 个人可支配收入(Personal Disposable Income,简称 PDI),是指一个国家的所有个人在一定时期内实际得到的个人可以支配的全部收入。从个人收入中减去个人所得税,就成为个人可以自由支配的收入。个人可支配收入按其使用去向可以分为个人消费和个人储蓄两部分。

个人可支配收入= 个人收入 − 个人所缴纳的税收净额(如所得税、财产税等)
= 个人消费 + 个人储蓄 (7-11)

GDP 内部五个总量之间的关系大体如图 7-3 所示(虚线框表示减掉；间接税净额=间接税总额−从间接税中分割出来的政府转移支付额；所得税净额=所得税总额−从所得税中分割出来的政府转移支付额；转移支付=从间接税中分割出来的政府转移支付额+从所得税中分割出来的政府转移支付额+从公司未分配利润中分割出来的企业转移支付额)。

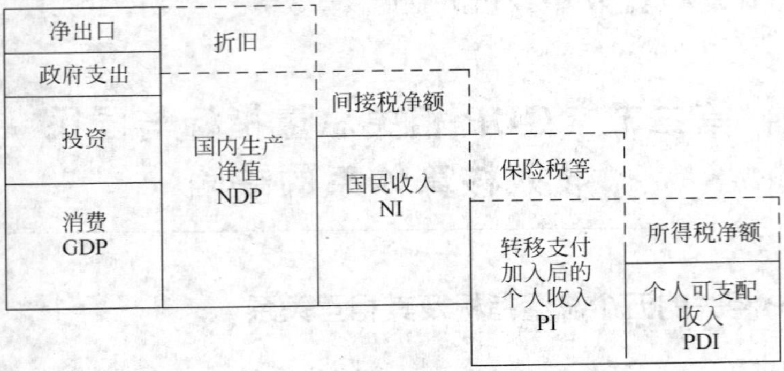

图 7-3 GDP 内部五个总量指标之间的关系

① 新创造的产品和劳务的价值总和与新创造的价值总和的区别是,前者包含折旧,后者不含折旧。

② 国民收入是一个广泛的概念,有时指 GDP(或 GNP),有时指不含折旧的 NDP(或 NNP),有时指进一步减掉间接税后的 NI,有时指均衡条件下的总产出(或总收入),在理解和使用时需注意其语境。

图中,"保险税等"指公司所得税、公司未分配的利润、社会保险金诸项。

二、国民生产总值 GNP 和人均 GDP

(一) 国民生产总值 GNP

除了国内生产总值,同属国民经济核算体系的宏观经济总量指标还有"国民生产总值"。1990 年之前,国民生产总值指标被世界各国广泛采用,如今已被国内生产总值指标所取代。在进行经济发展历史分析时,为了对接以往国民经济数据,需要了解 GNP 和 GDP 之间的数据转换关系。

国民生产总值(Gross National Product,简称 GNP),是指一个国家(地区)的所有国民(包括本国或本地区的公民以及常住外国或其他地区但未加入外国国籍的居民)在一定时期内(通常是一年)拥有的生产要素所生产的最终产品价值,不管是否发生在国内或本地区,都要计入本国或本地区的 GNP。

GNP 也可以理解为,一个国家或地区范围内的所有国民,在一定时期内实际收到的原始收入(指劳动者报酬、生产税净额、固定资产折旧和营业盈余等)的价值总和。

与 GDP 的指标体系很类似,GNP 体系包括:国民生产总值 GNP、国民生产净值 NNP、国民收入 NI、个人收入 PI、个人可支配收入 PDI。

GDP 与 GNP 的主要区别:①统计的经济主体对象不同,GDP 的经济主体对象是"国土"范围内的,GNP 的经济主体对象是"国民"范围内的;②GDP 强调的是创造的增加值,是"生产"的概念,GNP 强调的则是获得的原始收入,是"收入"的概念;③GDP 概念比较适合输入性经济增长模式,GNP 比较适合内源性经济增长模式;④GDP 比较有利于经济周期景气分析,GNP 较利于收入分配的分析;⑤在分析各国的经济增长时采用 GDP,在分析各国贫富差异程度时更关注 GNP。

GDP 与 GNP 的换算。本国常住者通过在国外投资或到国外工作所获得的收入(称之为从国外得到的要素收入),应计入本国国民生产总值;而非本国国民在本国领土范围内的投资或工作所获得的收入(称之为支付给国外的要素收入),则不应计入本国的国民生产总值中去;这两者收入抵消之后的余额构成本国国民的"国外要素净收入"。

$$\text{国民生产总值} = (\text{国内生产总值} - \text{支付给国外的要素收入}) + \text{从国外得到的要素收入} \tag{7-12}$$

重组后为

$$\begin{aligned}\text{国民生产总值} &= \text{国内生产总值} + (\text{从国外得到的要素收入} - \text{支付给国外的要素收入}) \\ &= \text{国内生产总值} + \text{国外要素净收入}\end{aligned} \tag{7-13}$$

$$GNP = GDP + \text{国外要素净收入}$$

(二) 人均 GDP

人均 GDP(Real GDP per capita),在发展经济学中常作为衡量经济发展状况的指标,是重要的宏观经济指标之一。人均 GDP 的计算方法是,将一个国家或地区核算期内(通常是一年)实现的国内生产总值与这个国家的常住人口(目前使用户籍人口)相比,计算得出人均 GDP。

$$人均\ GDP = \frac{GDP\ 总额}{总人口} \tag{7-14}$$

式中：总人口=(年初人口+年末人口)/2,也可以用7月1日的人口数作为总人口数。

GDP与人均GDP这两个概念的侧重点有所不同。通常,用GDP指标反映一个国家或地区的经济实力,用人均GDP衡量一个国家或地区人民的生活水平(常结合购买力平价、基尼系数等指标分析,以评估人均GDP指标反映“人均收入”的有效性)。

对于人均GDP指标,需要客观、科学的理解,既要警惕人均GDP的误导[①],也不要完全否定它的意义[②]。人均GDP指标的意义在于：首先,除资源国以外的绝大多数工业化国家,人均GDP比较客观地反映了一个国家社会经济的发展水平和发展程度；其次,人均GDP本身具有社会公平和平等的含义,人均GDP虽然不能直接等同于居民的人均收入和生活水平,但构成了一国居民人均收入和生活水平的主要物质基础,是提高居民人均收入水平、生活水平的重要参照指标；再次,人均GDP与工业化进程和社会稳定具有一定的内在联系,据亨廷顿分析,在一定阶段,人均国内生产总值增长与社会安定、社会和谐成正比。

三、国民收入核算体系中的缺陷

通过国民收入核算可以使人们了解一个国家的总体经济情况,但经济学家认为,这个体系并不能完全准确地反映出一个国家的真实经济情况,因为在现行的国民收入核算体系中还存在着一些缺陷,主要体现在以下几个方面。

首先,经济中的一些数字无法真实计算。一些非法经济活动(如地下经济)的成果没有计入国民生产总值GNP；一些非市场经济活动(如家庭工作和生产、义务劳动)的成果没有计入GNP；某些市场经济活动的成果因偷税、漏税而少计入GNP；还有些经济活动(如尚未进入法定职业体系的“金币农夫”[③])的劳动成果根本没有被纳入核算范围；有些则因核算的技术上原因难以精确计算；无法反映产品质量的改进带来的真实社会财富的增加；只计算最终产品的市场价值或者说私人成本,而没有考虑生产这些产品造成的社会成本。

其次,国民收入只反映经济情况,不能反映经济福利。GDP总量里不包含闲暇,因而不能反映闲暇给人们带来的享受与舒适；GDP体现了物质财富数量上的变动,生活质量提高却未必与之同步,更大量的产品生产与消费往往伴随愈益严重的环境污染与“雾霾”；

---

① 参见阎学通.警惕人均GDP的误导. http://finance.huanqiu.com/roll/2011-02/1510010_2.html.

② 不能否定GDP的意义. http://observe.chinaiiss.com/html/20112/25/a346f7.html.

③ 金币农夫,是以领取报酬为目的、以打游戏为工作内容的廉价劳动力,在游戏中专门进行“杀怪”等活动以获取虚拟货币,并把这些虚拟货币上交给雇用他们的老板(中国50万金币农夫靠打网络游戏谋生.环球日报,2006-7-18)。英国Manchester(曼彻斯特)大学2006年调查表明,全球50万左右的玩家正在通过网上虚拟货物交易挣钱。并且,其中80%的产业都是在中国,大约有40万人从事该职业,其月平均工资水平在142美元左右。实际上,金币农夫至今并未正式列入我国的职业体系(2014年)。

GDP 总量的增加并不一定意味着人们健康指数的改善、教育水平的提高以及更高的公共服务质量；GDP 没有对犯罪和其他社会问题的变化做出调整，譬如，犯罪和吸毒的增加会减少福利，但也因此增加了 GDP——需要投入更多的警察人数和机构予以消除，GDP 这方面的增加其实是福利减少的映射，但 GDP 并不表明这一点；GDP 没有反映出社会产品在各类人群中的分配情况，是更加公平——福利增加？还是更加不公平——福利减少？GDP 总量的变动无从反映。

再次，用国民收入指标进行国际比较还存在某些局限性。各国运用的国民收入核算体系，在统计口径上的不同带来国际比较的困难；各国之间由于商品化程度与市场化程度的不同、产品结构与产品价格水平的不同带来国际比较的困难；各国经济统计历史资料的完备性不同带来国际比较的困难。换句话说，受种种国别因素差异的影响，利用国民收入核算体系进行国际比较还只能是比较粗略的。

国民收入核算问题的纠正。由于以上提到的在国民收入核算中存在的一些问题，20 世纪 70 年代，美国经济学家托宾和诺德豪斯提出了“经济福利尺度”(简称 MEW)的概念，萨缪尔森提出了“经济净福利”(简称 NEW)的概念。这两个概念内容大致相同，都是对国民生产总值指标进行的部分修改，以使其能反映出国民经济给人们带来的福利程度。

尽管国民收入核算体系与方法存在这样那样的缺陷，至今尚无成熟的新核算指标体系与方法取代它。国民收入核算体系与方法仍是世界各国国民经济核算的主流。

第三节　名义 GDP、实际 GDP 与物价指数

一、名义 GDP 与实际 GDP

纸币制度之下，现实经济生活中经常存在着通货膨胀。数据表明，美国 1960—2010 年间所有年份都存在着程度不等的通货膨胀，甚至在经济衰退阶段也是如此[①]。经济社会创造出来的最终产品和劳务的实际价值量被膨胀了的货币表现夸大了，因而必须区分名义 GDP 和实际 GDP，剔除名义 GDP 中的通货膨胀因素，还原 GDP 的真实价值量。

(一) 名义 GDP

名义 GDP(Nominal GDP)，是指按当年市场价格(即现期价格)计算的一年内所生产的全部最终产品和劳务的市场价值总和。

设某国生产 n 种产品与服务，Q_i 为第 i 种产品或劳务的产量，P_i 为第 i 种产品或劳务的价格，t 为当期(现期、本期、核算期、报告期，下同)，则有名义 GDP 的计算公式：

$$名义\ GDP = \sum_{i=1}^{n}(Q_{it} \times P_{it}) \tag{7-15}$$

因为各年价格是变动的，以上计算结果又称为“按可变价格计算的 GDP”。

① 见本教程第十一章第二节通货膨胀。

影响名义 GDP 变化的因素包括产品和劳务实际产出量的变化，以及物价水平的变化。前面一个因素反映了社会财富的实际变动，譬如，去年产螺纹钢 100 万吨，今年产螺纹钢 120 万吨，螺纹钢产量增加了 20 万吨，该数字是实的，于生产生活的改善是有意义的；后一个因素则(在通胀情况下)扩大或者(在通缩情况下)缩小了社会财富的实际变化状况，譬如，去年螺纹钢价格 3 400 元/吨，今年 3 600/吨，每吨涨价 200 元，该数字是虚的，于生产生活的改善是无意义的，通常要将其剔除。剔除物价水平变动因素后的 GDP 就是实际 GDP。

(二) 实际 GDP

实际 GDP(Real GDP)，是指按基期(基年)市场价格(即作为比较基准的那一年的市场价格)计算的某核算年所生产的全部最终产品和劳务的市场价值总和。

设某国生产 n 种产品与服务，Q_i 为第 i 种产品或劳务的产量，P_i 为第 i 种产品或劳务的价格，t 为当期，b 为基期，则有实际 GDP 的计算公式：

$$\text{实际}\ GDP = \sum_{i=1}^{n}(Q_{it} \times P_{ib}) \tag{7-16}$$

因为采用固定不变的基期价格，以上计算结果又称为“按不变价格计算的 GDP”。

由于不同年份的实际 GDP 按同一基年的不变价格计算得出，剔除了在不同年份中因价格变动对 GDP 的影响，从而反映了核算期内国内生产总值的真实变化情况，便于不同年份宏观经济运行结果的比较与分析。

表 7-7 中的数据是假设的。以 10 年前为基期，分析结果是：

(1) 10 年间面包产量增加(20－10)/10＝100%，但名义产出(值)增长(80－30)/30＝167%；

(2) 10 年间电影产量增加(50－30)/30＝67%，但名义产出(值)增长(250－105)/105＝138%；

(3) 10 年间名义 GDP 增长率＝(330－135)/135＝144%；

(4) 10 年间实际 GDP 增长率＝(235－135)/135＝74%，远小于名义增长率 144%。

表 7-7　名义 GDP 与实际 GDP 比较

项目	10 年前名义 GDP			当年名义 GDP			当年实际 GDP		
	产量	价格	产出	产量	价格	产出	产量	价格	产值
面包	10	3	30	20	4	80	20	3	60
电影	30	3.5	105	50	5	250	50	3.5	175
总产出			135			330			235

(三) 名义 GDP 和实际 GDP 的相对变化关系

从一个较长时间跨度来观察，名义 GDP 与实际 GDP 的关系在图中可以看得更清楚。一般情况下，在基期之前的年份名义 GDP 的值小于实际 GDP，在基期之后的年份名义 GDP 的值大于实际 GDP，前提是，在整个社会经济的发展过程中总是存在某种程度的通货膨胀(若总是存在通货紧缩,那么情形将是反过来的)。图 7-4 是美国 1930—2010 年的名义 GDP 与实际 GDP(以 2000 年为基期,即以 2000 年价格为不变价格来计算实际 GDP)。

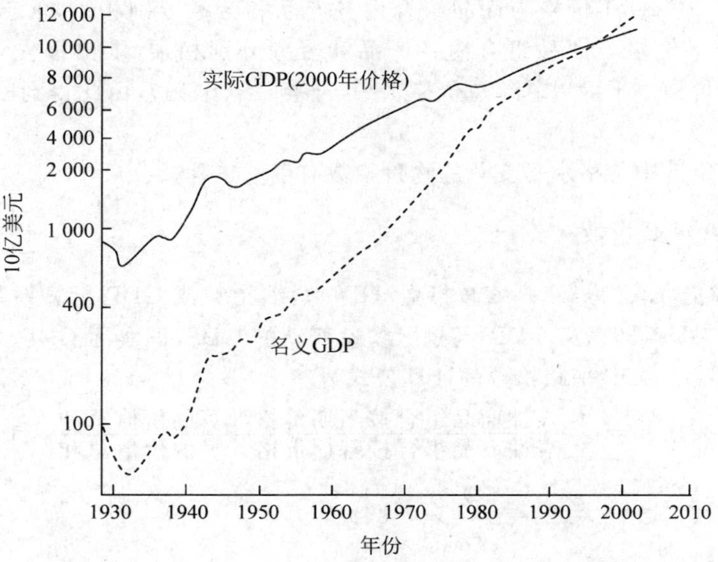

图 7-4 美国 1950—2010 年的名义 GDP 与实际 GDP①

从图中可见,基期是决定名义 GDP 和实际 GDP 相对变化关系的关键,基期设定在不同的年份,名义 GDP 和实际 GDP 的相对变化关系就会有不同的状态。

基期(基年)选择的不同,当期的实际 GDP 的数值随之不同,但并不改变当期总产出的使用价值量。譬如,2014 年当期大米 100 万吨(代表各类产品和劳务的产出量),2014 年每吨价格为 6 000 元,得名义 GDP 为 600 亿元;若以 2007 年为基期,这年大米每吨价格为 4 000 元,得实际 GDP 为 400 亿元;若以 2000 年为基期,这年大米每吨价格为 2 000 元,得实际 GDP 为 200 亿元。可见,基年选择的不同,实际 GDP 的数值也不一样,但 2014 年的大米产量 100 万吨是不变的。

名义 GDP 和实际 GDP 的用法。一般地,为了反映当年国民经济总量规模,通常用当年价格计算现价 GDP,即名义 GDP;为反映经济增长速度,通常用基期价格计算不变价 GDP,即实际 GDP。我国不变价 GDP 计算目前是以五年为一个周期,即五年更新一次基期年份。

二、物价指数

指数,是综合反映由多种因素组成的经济现象在不同时间或空间条件下平均变动的相对数。主要表现为动态相对数形式,实际上就是运用计算百分比的方法,以基期为 100 来表示报告期相对于基期的数值。

价格指数,是表示一组产品和劳务在各年的价格与它在某一基年价格的比率。基年

① 引自保罗·萨缪尔森,威廉·诺德豪斯.宏观经济学[M].18 版.萧琛,译.北京:人民邮电出版社,2012.

的指数定为100，若干年以后该产品和劳务的价格上涨，则以后各年的指数会相应上升[①]。

价格指数的计算，①确定一组代表性产品和劳务（简称商品组合，或称为一揽子商品、一篮子商品）；②以基年价格与商品组合内各产品和劳务分别相乘，求出基年总价格水平；③以报告年价格与商品组合内各产品和劳务分别相乘，求出报告年总价格水平；④将报告年总价格水平除以基年总价格水平，再乘以100（%），由此得到以百分数表示的物价指数。

反映宏观经济中价格水平变化的物价指数有以下三种。

（一）GDP平减指数[②]

GDP平减指数，又称GDP缩减指数、GDP紧缩指数或GDP折算系数，是指没有剔除物价变动的GDP（即名义GDP）与剔除物价变动的GDP（即实际GDP）之比，反映物价水平的变化程度。GDP平减指数的计算公式为

$$GDP\text{ 平减指数}=\frac{\text{代表性商品组合按当期价格计算的价值总和}}{\text{代表性商品组合按基期价格计算的价值总和}}\times 100\% \qquad (7\text{-}17)$$

$$GDP\text{ 平减指数}=\frac{\sum P_i\times Q_i}{\sum P_b\times Q_i}\times 100(\%)$$

式中：Q_i为代表性商品组合；P_i为当期价格；P_b为基期价格。

GDP平减指数的计算基础（通俗的说，指核算篮子中的产品和劳务的品种）比后面要介绍到的消费者物价指数CPI广泛得多，理论上涉及全部商品和服务，包括消费品、资本品等。因此，这一指数能够更加准确地反映一般物价水平变动的走向。

（二）消费者物价指数

消费者物价指数（Consume Price Index，简称CPI），是反映与居民生活有关的产品及劳务物价水平变动的指标，通常作为观察通货膨胀水平的重要指标。CPI的计算公式为

$$\text{消费者物价指数}=\frac{\text{代表性消费品组合按当期价格计算的价值总和}}{\text{代表性消费品组合按基期价格计算的价值总和}}\times 100\% \qquad (7\text{-}18)$$

$$CPI=\frac{\sum P_i\times Q_i}{\sum P_b\times Q_i}\times 100\%$$

式中：Q_i为代表性消费品组合，P_i为当期价格，P_b为基期价格。

CPI虽然是一个滞后性的数据，但它往往是了解市场经济活动与政府制定宏观经济政策的一个重要参考指标。

所谓核心消费物价指数（Core CPI），是指将受气候和季节因素影响较大的产品价格剔除之后的居民消费物价指数。目前，我国对核心CPI尚未明确界定，美国是将燃料和

① 引自罗伯特·E.霍尔，戴维·H.帕佩尔.宏观经济学：经济增长、波动和政策[M].6版.沈志彦，译.北京：中国人民大学出版社，2007：45.

② 在GDP平均指数、CPI指数、PPI指数等指数类的计算公式中，在化为百分数表达形式时，许多教科书上都是乘上100，似乎乘上100（%）更准确些——编者。

食品价格剔后的居民消费物价指数为核心 CPI。

（三）生产者物价指数

生产者物价指数(Product Price Index，简称 PPI)，是反映与产品和劳务生产有关的投入品物价水平变动的指标。这项指数包括了原料、半成品和最终产品等三个生产阶段的物价资讯。PPI 的计算公式为

$$\text{生产者物价指数} = \frac{\text{代表性投入品组合按当期价格计算的价值总和}}{\text{代表性投入品组合按基期价格计算的价值总和}} \times 100\% \qquad (7\text{-}19)$$

$$PPI = \frac{\sum P_i \times Q_i}{\sum P_b \times Q_i} \times 100\%$$

式中：Q_i为代表性投入品组合；P_i为当期价格；P_b为基期价格。

PPI 是一个先导性的数据，生产过程中所面临的投入品物价波动终将反映到最终产品的价格上，因此观察 PPI 的变动情形将有助于预测未来物价的变化状况，PPI 是超前数据，这项指标受到市场的极大重视。

所谓核心消费物价指数(Core PPI)指数，是将食物及能源剔除之后的生产者物价指数。这是由于食物及能源价格受到季节及供需的明显影响，波动较大，剔除后可以更为准确地判断生产投入品价格的真正走势。

价格指数数字举例如表 7-8 所示①。

表 7-8　价格指数计算举例数据

代表性商品与劳务组合			数量（单位）	（基年）2000 年		2007 年		2014 年	
				价格	支出	价格	支出	价格	支出
全部产品与劳务	消费品	面包	20	2	40	4	80	5	100
		电影	5	40	200	60	300	100	500
		旅行	1	100	100	300	300	500	500
	合计				340		680		1 100
	投入品	原材料	40	100	4 000	150	6 000	200	8 000
		半成品	15	500	7 500	600	9 000	800	12 000
		能耗	20	50	1 000	70	1 400	90	1 800
	合计				12 500		16 400		21 800
合　计					12 840		17 080		22 900

计算结果：

(1) CPI 指数

$$CPI_{2007} = \frac{\text{2007 年代表性消费品组合支出}}{\text{2000 年代表性消费品组合支出}} = \frac{680}{340} = 200\%$$

$$CPI_{2014} = \frac{\text{2014 年代表性消费品组合支出}}{\text{2000 年代表性消费品组合支出}} = \frac{1\,100}{340} = 324\%$$

① 模仿 R.格伦·哈伯德，安东尼 P.奥布赖恩.经济学(宏观)[M].王永钦，丁菊红，许海波，译.北京：机械工业出版社，2007：194-195.

(2) PPI 指数

$$PPI_{2007}=\frac{2007\text{年代表性投入品组合支出}}{2000\text{年代表性投入品组合支出}}=\frac{16\,400}{12\,500}=131\%$$

$$PPI_{2014}=\frac{2014\text{年代表性投入品组合支出}}{2000\text{年代表性投入品组合支出}}=\frac{21\,800}{12\,500}=174\%$$

(3) GDP 平减指数

$$GDP\text{ 平减指数}_{2007}=\frac{2007\text{年全部代表性商品品组合总支出}}{2000\text{年全部代表性商品品组合总支出}}=\frac{17\,080}{12\,840}=133\%$$

$$GDP\text{ 平减指数}_{2014}=\frac{2014\text{年全部代表性商品品组合总支出}}{2000\text{年全部代表性商品品组合总支出}}=\frac{22\,900}{12\,840}=178\%$$

萨缪尔森的价格指数表述与上面的表述有所不同，表述为价格水平的变化量[①]

$$t\text{ 期 CPI 的变动百分比}=100\times\{\sum[\text{商品 }i\text{ 在}(t-1)\text{期权重}]\times[\text{从第}(t-1)\text{到第 }t\text{ 期商品 }i\text{ 的价格变动百分比}]\}\quad(7\text{-}20)$$

需要注意的是，以上三种物价水平指数都存在代表性商品组合的调整问题。社会生产力是不断向前发展的，人民的生活水平是在不断提高的，篮子中的商品组合需要进行适时、适当的调整。

（四）导致 CPI 高估真实通货膨胀率的四种偏误[②]

第一种，替代性偏误。构建 CPI 时，统计局假设消费者每月在代表性商品篮子中购买相同数量的商品。其实消费者对篮子中涨价的商品会减少购买，而对降价的商品会增加购买，消费者实际购买的一篮子商品的价格上涨幅度会比统计局的一篮子商品价格涨幅要小。

第二种，质量增加偏误。有些商品涨价，部分是因质量的改进，部分是纯粹因通货膨胀。然而，统计局要想把质量改进引起的涨价从纯粹通货膨胀中完全剔除出来是很困难的，换句话说，统计局把部分因质量改进的价格提高当作是纯粹的通货膨胀，因而高估了通胀率。

第三种，新产品偏误。统计局一般每 10 年更新一次篮子中的代表性商品组合。但有的新产品在更新前问世，没有进入篮子，经历了价格下行（特别是电子产品价格下滑很快），其价格下跌就没有计入 CPI。

第四种，店铺偏误。统计局一般是对全价零售商店的商品价格进行调查，但现在越来越多的网店、打折店也加入到商品的销售中来，这一部分商品低价信息没有被搜集，CPI 反映了比较高的物价水平。

---

① 保罗·萨缪尔森，威廉·诺德豪斯. 微观经济学[M]. 19 版. 萧琛，译. 北京：人民邮电出版社，2012：90-91.

② 改编自 R. 格伦·哈伯德，安东尼 P. 奥布赖恩. 经济学（宏观）[M]. 王永钦，丁菊红，许海波，译. 北京：机械工业出版社，2007：195-196.

（五）GDP 平减指数与消费者物价指数 CPI 的比较

GDP 平减指数和 CPI 基本上同时变化，但是两指数却不一定完全一致，这是因为：①GDP 指数和 CPI 指数各自篮子中的产品和劳务组合的范围大小不同，前者包含生活消费品和资本品，后者仅包含消费品；②GDP 的某些产品（如机器设备）卖给企业，（如办公用品、军品）卖给政府，或卖给外国人，而不是卖给（本国）消费者的，没有进入 CPI 指数的篮子；③CPI 指数篮子中的消费品有进口的外国消费品，GDP 指数篮子中的消费品只限于本土生产和销售的；简言之，CPI 核算篮子中的消费品只是 GDP 核算篮子里产品的一部分，而 CPI 核算篮子中的某些消费品却不在 GDP 核算篮子中，这样造成了两个指数的差异。

GDP 平减指数的优点是能够比较全面地反映全社会的供求关系、反映影响宏观经济运行的价格变动趋势。缺点是资料搜集范围大、搜集难度较大、搜集成本高。

CPI 的优点是能够及时反映消费品的供求关系、资料容易搜集、能够迅速直接反映影响居民生活的价格趋势。缺点是不足以说明物价水平的全面情况，有夸大物价上涨幅度的可能。

第四节　国民经济基本恒等式

一、两部门经济国民收入的储蓄-投资恒等式

以下两部门经济、三部门经济、四部门经济的有关讨论都是根据 GDP 三面等值原理产生出来的。如前所述，三面等值是指：

$$\text{支出法}\,GDP \equiv \text{生产法}\,GDP \equiv \text{收入法}\,GDP \tag{7-21}$$

$$\text{总支出}\,AE \equiv \text{总产出}\,Y \equiv \text{总收入}\,Y \tag{7-22}$$

两部门经济只包含家庭和厂商两个部门，没有政府自然就没有税收。为分析简便，将假定不存在折旧，物价水平不变，于是 GDP（用 Y 来表示）就等同于国民生产净值和国民收入。

对于同一个 Y，从支出角度看，分解为私人消费支出 C 和私人投资支出 I（企业库存被视为库存投资，属计划库存）：

$$Y = C + I \tag{7-23}$$

对于同一个 Y，从收入角度看，分解为工资、利息、租金、利润，它们可用于消费 C 和储蓄 S：

$$Y = C + S \tag{7-24}$$

于是得到两部门经济国民收入的基本恒等式：

$$\begin{aligned} C + I &= C + S \\ I &= S \end{aligned} \tag{7-25}$$

式中：S 为私人储蓄（记为 S_p），于是有两部门经济的"储蓄-投资恒等式"：

$$I = S_p \tag{7-26}$$

二、三部门经济国民收入的储蓄-投资恒等式

三部门经济包含家庭、厂商和政府三个部门，此时有了税收、政府购买和转移支付。同样，为分析简便将假定不存在折旧，不考虑物价水平变动。

对于同一个 Y，从支出角度看，分解为私人消费支出 C、私人投资支出 I 和政府购买支出 G。

$$Y = C + I + G \tag{7-27}$$

对于同一个 Y，从收入角度看，分解为工资、利息、租金、利润（这些可用于消费 C 和储蓄 S），以及政府净收入 T（净税收，等于政府原始税收 T_0－政府转移支付 TR）。

$$Y = C + S + T \tag{7-28}$$

于是得到三部门经济国民收入的基本恒等式：

$$\begin{aligned} I + G &= S + T \\ I &= S + (T - G) \end{aligned} \tag{7-29}$$

式中：$(T-G)$ 为政府储蓄（记为 S_G），于是有三部门经济的"储蓄-投资恒等式"：

$$I = S_p + S_G \tag{7-30}$$

三、四部门经济国民收入的储蓄-投资恒等式

四部门经济包含家庭、厂商、政府和国外四个部门，此时又有了进口、出口和本国居民对外国人的购买和转移支付。同样，为分析简便将假定不存在折旧，不考虑物价水平变动。

对于同一个 Y，从支出角度看，分解为私人消费支出 C、投资支出 I 和政府购买支出 G，净出口（$X-M$，即外国人对本国商品的购买支出）。

$$Y = C + I + G + (X - M) \tag{7-31}$$

对于同一个 Y，从收入角度看，分解为工资、利息、租金、利润（这些可用于消费 C 和储蓄 S），政府净收入 T（它等于政府税收 $T_0 - TR$），对外国进行转移支付 Kr。

$$Y = C + S + T + Kr \tag{7-32}$$

于是得到四部门经济基本恒等式：

$$\begin{aligned} I + G + (X - M) &= S + T + Kr \\ I &= S + (T - G) + (M - X + Kr) \end{aligned} \tag{7-33}$$

式中：S 为私人储蓄；$T-G$ 为政府储蓄；$M-X+Kr$ 为外国人的储蓄（记为 S_r），于是有四部门经济的"储蓄-投资恒等式"：

$$I = S_p + S_G + S_r \tag{7-34}$$

四、国民收入基本公式中变量的性质

（一）内部收入流①

家庭向厂商提供生产要素从而获得工资、利息、租金、利润等收入，当家庭将这些收入全部用于消费，购买本国厂商生产的产品和劳务，于是家庭的消费支出转化为厂商的销售收入，厂商再用其销售收入支付为获得生产要素而付给家庭的报酬，这样，就形成了一个经济体的家庭和厂商之间的内部收入流。此收入流不断循环。当循环速度不变，社会生产规模就能保持不变（或者说经济增长速度为零），物价水平保持不变（即不存在通货膨胀或通货紧缩），就业人数保持不变（反过来说，在劳动力人口总量一定的条件下失业人数的不变），不存在国际收支问题和外汇问题（因为收入流只在封闭的国内循环流动）。可以把内部收入流当作是蓄有一定容积水量的"蓄水池"，体现国民经济活动量。

在现实经济生活中，并非所有收入流都只在内部收入流中流动，有些收入会从内部流出（漏出、撤出），也会有收入从外部流入（或称注入）。宏观经济系统中各经济变量的属性归类如图 7-5 所示。

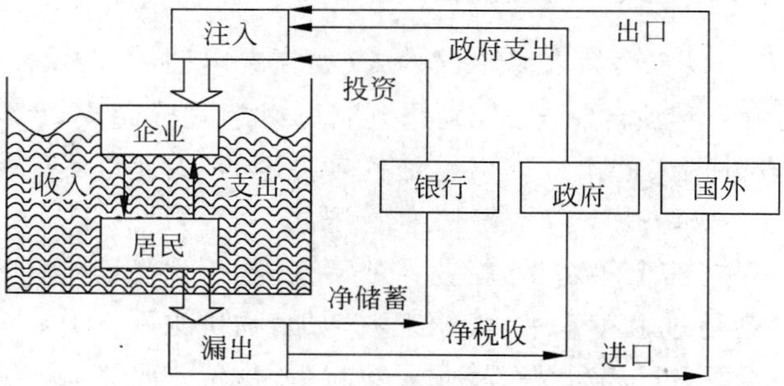

图 7-5　宏观经济变量的属性归类

（二）漏出

漏出 W（又称"撤出"），是指家庭的收入一部分在内部流动，而其余部分流到外部去了，漏出了"蓄水池"。以下变量构成漏出的出水口。

净储蓄 S。家庭的一部分收入储存到银行等金融机构，净储蓄等于储蓄减去借款或以前储蓄的提款，其值可正可负。

净税收 T。税收有个人所得税、社会保险税、增值税、货物税、公司税。净税收是从家庭和企业流向政府的净流量，等于税收总额减去福利金（即政府转移支付，又称负税收）。

进口 M。家庭和厂商并非总是将其收入用于国内消费，在开放经济条件下，家庭和厂商也会用一部分收入去购买外国产品和劳务，于是收入就漏出到国外去了。

漏出是净储蓄、净税收和进口的总和。

$$W = S + T + M \tag{7-35}$$

① 参考约翰·斯罗曼.郭庆旺，经济学[M].6 版.赵志耕，译.北京：经济科学出版社，2008：382-383.

（三）注入

注入 J，是指有一部分货币进入由本国家庭和厂商收入流构成的内部循环，流进“蓄水池”里来了。以下变量构成注入的进水口。

投资 I。厂商将以前的储蓄、贷款、发行新股筹集来的货币花销出去，用于购置厂房、设备，用于增加投入品、半成品、库存投资。

政府支出 G。政府用手中掌握的货币资源购买厂商生产的产品和居民的劳务，如花费在公立学校、公立医院、公共图书馆、城市公共设施、道路上的支出。政府转移支付的开支不在其中。

出口 X。这是外国消费者购买本国厂商生产的出口商品的支出，这样外国的货币就进入本国的内部收入循环体。

注入是投资、政府支出和出口的总和。

$$J = I + G + X \tag{7-36}$$

其实，消费是最重要的注入因素。为使表达简洁而未画在图中。

（四）注入与漏出相对关系的经济含义

由于储蓄决策者和投资决策者是不同的人（如家庭主妇，企业家），所以不能保证 $S=I$；虽然财政预算是由政府独自制定的，但是政府可以超收或超支，因而未必总有 $T=G$；本国人的进口支出和外国人的出口支出也是各自决定的，因此也不能保证 $M=X$。因此，国民经济可能处于 $J=W$，$J>W$，$J<W$ 三种情况之一。

当 $J=W$，GDP 保持在上年水平，就业人数不变，物价水平稳定；

当 $J>W$，GDP 会超过上年水平，就业人数增加，物价水平上升；

当 $J<W$，GDP 会低于上年水平，就业人数减少，物价水平下降。

本章经济学原理应用示范[①]

2007 年我国国民收入核算的数据提取与 GDP 的计算

这是一个简单的数据处理与计算示范，主要目的是帮助同学们学会接触和处理实际经济数据。一般分为以下几个步骤：

第一步，确定研究目的和结项标准。在进行经济数据收集、处理、分析之前先要明确研究的目的、研究的深度、瞄准哪个方向的原始数据来源、处理分析数据可能要用到的技术手段和数据分析工具、数据处理与分析结项标准。

本例的目的：运用国民收入核算方法亲自计算 2007 年我国的 GDP，看看计算结果是否与官方公布的结果一致，感受经济学原理应用到实际经济数据处理的过程。

数据来源一般选择权威的官方机构或民调机构的经济数据库，本例选择国家统计局

---

① 本章起各章应用示范，除另有注明，均为编者撰写，供教师参考。望使用本教材的教师根据授课对象和专业要求，编写出短小、贴切、易懂、实用的应用示范，引导和帮助同学们掌握应用技巧，提高经济分析能力。

的经济数据库。由于研究深度要求不高，无须动用最小二乘法或 Eviews 等分析手段或数据分析软件，只要获得 GDP 核算结果并进行简单的比较研究即告完成。

第二步，原理导向。核算要有一定的方法，本章提供了三种核算 GDP 的方法。

(1) 收入法。要点：用要素收入(亦即企业生产成本)核算国内生产总值。

四部门经济 GDP＝工资＋利息＋租金＋利润＋直接税＋间接税
－转移支付＋折旧＋外国人净收入

(2) 支出法。要点：用社会购买最终产品的总支出(亦即最终产品的总卖价)核算国内生产总值。

四部门经济 GDP＝消费支出＋投资支出＋政府购买支出＋净出口

(3) 生产法。要点：用所有生产部门新增价值核算国内生产总值。

全社会 GDP＝ $\sum$ 各部门(总产值－中间产品价值)

第三步，数据采集与初步处理。国家统计局的经济数据库中已有现成的收入法 GDP 和支出法 GDP 数据，但没有生产法 GDP 数据。若想了解它们是如何计算出来的，需要在经济年鉴中将有关的简称数据找出来。譬如，要用收入法来核算 GDP 就要把有关“收入”项目的数据找出来。

在着手搜集数据时，对照国民收入核算的计算项目有时会发现有些数据在经济统计年鉴中没有直接体现，这就需要处理了。

譬如，要采用收入法来核算 GDP，但在统计年鉴中，并没有完整的所得项目和“工资”、“利息”、“租金”等项目的直接数据。经观察，经济年鉴中的“劳动者报酬”反映了劳动力在初次分配中的所得，“生产税净额”反映了政府在总产出中取走的部分，“固定资产折旧”和“营业盈余”之和反映了资本所得，它们的总和就是核算方法中的“工资＋利息＋租金＋利润＋直接税＋间接税－转移支付＋折旧＋外国人净收入”，只不过在构成表述上有所不同。

上面提到的相关概念，统计年鉴解读如下。

劳动者报酬，指劳动者因从事生产活动所获得的全部报酬。它包括劳动者获得的各种形式的工资、奖金和津贴，既包括货币形式的，也包括实物形式的，还包括劳动者所享受的公费医疗和医药卫生费、上下班交通补贴、单位支付的社会保险费、住房公积金等。

生产税净额，指生产税减生产补贴后的余额。生产税指政府对生产单位从事生产、销售和经营活动以及因从事生产活动使用某些生产要素(如固定资产、土地、劳动力)所征收的各种税、附加费和规费。生产补贴与生产税相反，指政府对生产单位的单方面转移支出，因此视为负生产税，包括政策亏损补贴、价格补贴等。

固定资产折旧，指一定时期内为弥补固定资产损耗，按照规定的固定资产折旧率提取的固定资产折旧，或按国民经济核算统一规定的折旧率虚拟计算的固定资产折旧。它反映了固定资产在当期生产中的转移价值。各类企业和企业化管理的事业单位的固定资产折旧是指实际计提的折旧费；不计提折旧的政府机关、非企业化管理的事业单位和居民住房的固定资产折旧是按照统一规定的折旧率和固定资产原值计算的虚拟折旧。原则上，固定资产折旧应按固定资产的重置价值计算，但是目前我国尚不具备对全社会固定资产进行重估价的基础，所以暂时只能采用上述办法。

营业盈余，指常住单位创造的增加值扣除劳动者报酬、生产税净额和固定资产折旧后的余额。它相当于企业的营业利润加上生产补贴，但要扣除从利润中开支的工资和福利等。

为了便于计算和验证，构建表 7-9 所示的数据表，同学们可以仿照下表，将相关项目的经济数据查找出来，填入其中，然后按照国民收入核算方法，运用加减法即可求出 GDP 来，然后检验一下各种核算方法的结果是否一致，和官方的 GDP 是否一致。

表 7-9　中国 2007 年国内生产总值基础数据　　单位：亿元

序　号	生　　产	金　　额	序　号	支　　出	金　　额
(1)	一、国内生产总值	275 624.62	(8)	四、国内生产总值	266 599.20
(2)	1. 劳动者报酬	109 532.27	(9)	1. 最终消费	132 232.90
(3)	2. 生产税净额	40 827.52	(10)	1) 居民消费	96 332.50
(4)	3. 固定资产折旧	39 018.85	(11)	2) 政府消费	35 900.40
(5)	4. 营业盈余	86 245.97	(12)	2. 资本形成总额	110 943.20
(6)	二、总投入	818 858.97	(13)	1) 固定资本形成总额	103 948.60
(7)	三、中间投入	552 815.15	(14)	2) 存货增加	6 994.60
			(15)	3. 出口	93 563.60
			(16)	4. 进口	73 300.50
			(17)	5. 统计误差	3 159.60

资料来源：中华人民共和国国家统计局：国家数据 2007 年国内生产总值。

在这个示范的数据表中，相关数据是分别查找出来的。譬如，“生产”栏目下的“国内生产总值”数据(1)、“支出”栏目下的“国内生产总值”数据(8)是现成的，是统计年鉴给出的，但是这个数据并不是由它下面的数据算出来的。下面的相关数据(2)、(3)、(4)、…、(17)是从年鉴中另外分别查到的，是将要用以验证(1)和(8)，以及计算生产法 GDP。

第四步，计算与验证。以下计算中，括号内数字为表格中项目序号。

(1) 收入法国内生产总值

收入法 *GDP*(1)＝劳动者报酬(2)＋生产税净额(3)
＋固定资产折旧(4)＋营业盈余(5)
＝109 532.27＋40 827.52＋39 018.85＋86 245.97
＝275 624.61
[验证：与序号(1)275 624.62 几无差距]

(2) 生产法国内生产总值

生产法 *GDP*(1)＝总投入(6)－中间投入(7)
＝818 858.97－552 815.15
＝266 043.80
[验证：与序号(1)275 624.62 有较大差距]

(3) 支出法国内生产总值

支出法 *GDP*(8)＝最终消费(9)＋资本形成总额(12)
＋出口(15)－进口(16)
＝132 232.90＋110 943.20＋93 563.60－73 300.50
＝263 439.60
[验证：与其他两法的计算都有差距]

计算结果与官方数字比较。表中的(1)项目和(8)项目是官方在经济年鉴中公布的GDP数字。经用收入法计算，发现(2)、(3)、(4)、(5)之和与(1)出入不大；但用生产法计算，发现(6)、(7)之和与(1)有较大差距；用支出法计算，发现(9)、(12)、(15)、(16)、(17)之和与(8)也有较大差距。

三种核算方法计算结果之间比较。撇开与(1)或(8)的对比，用三种核算方法计算出来的GDP数值相互之间也有差异，收入法GDP与生产法GDP差距高达9 580.81；收入法GDP与支出法GDP差距竟达12 185.01；生产法GDP与收入法GDP差距也有2 604.20。

第五步，核算体会。第一，原理与实践之间存在一定的距离，这不表明原理的无效，恰恰证明原理对实践的终极支配，没有原理一切实践均无从展开。第二，原理到应用往往需要中间概念与方法过渡，许多情形下研究者不能得到现成可用的数据，需要一定的技术处理才能满足原理所要求的分析条件与程序。数据的处理加工是非常耗费时间和精力的，是数据分析的难点。第三，宏观经济分析最重要的是原理或模型的内在逻辑一致，与实际数据基本相符即可获得肯定，不必过于追求数字的精确度。

同学们也可以利用如表7-10的投入-产出简表来计算三种核算方法的GDP。读者可自行从统计年鉴中采集数据，填入表格，计算中间数据，最后获得三种核算方法的GDP。通过这张表还可以进行产业结构、收入分配结构、投入产出比等宏观经济层面分析。

表7-10　投入-产出简表

产出 投入	中间使用				最终使用					总产出
	第一产业	第二产业	第三产业	中间使用合计	总消费	资本形成	净出口	其他	合计	
第一产业										
第二产业										
第三产业										
中间投入										
合计										
固定资产折旧										
劳动者报酬										
生产税净额										
营业盈余										
增加值合计										
总投入										

本章经济学原理应用指引

1. 国民收入核算方法模型

(1) 用三种方法相互校对GDP统计值。

(2) 从收入法角度细化分析国民收入分配关系。

(3) 从支出法角度细化分析消费结构、投资结构、政府预算支出结构。

(4) 从生产法角度细化分析社会生产的经济效率、增加值规模-比例-速度、产业结构。

2. GDP(GNP)指标体系

(1) 分析社会生产成果 GDP 的分割去向。

(2) 分析国内、国外生产要素的使用情况。

3. 物价指数体系

(1) 区别国民经济名义增长与实际增长。

(2) 正确运用物价指数分析宏观经济运行。

4. 国民经济恒等式

(1) 分析国民经济扩张性均衡、萎缩性均衡、维持原状性均衡的条件。

(2) 从“三驾马车”构造探寻可行的宏观经济政策组合。

(3) 区别“注入”和“撤出”宏观经济变量，并正确运用于宏观经济调控。

本章小结

宏观经济学的研究对象不同于微观经济学的研究对象，宏观经济学研究的是社会经济的整体运行，是研究如何充分利用社会经济资源以创造出更多的社会财富。宏观经济学的任务就是针对主要宏观经济问题，揭示其形成机理，寻找政策对策。宏观经济学的核心理论是国民收入决定理论。

宏观经济学的理论起点是国民收入核算，通过对微观经济分析中的个量进行加总，形成宏观经济分析所必需的总量数据，从而在宏观经济层面上进行总量分析。在所有总量概念和指标中，国内生产总值 GDP(或国民生产总值 GNP)是最主要的核心概念与指标。GDP 可以通过生产法、支出法、收入法三种方法求得，理论上三种方法的结果是相等的，通常以支出法为基准，其他两者方法计算得到的结果与之产生的差异，用统计误差来调整。

GDP 派生出 NDP、NI、PI、DPI 等概念与指标。GDP 经过提取折旧、政府的间接税、企业利润留成、政府和企业的转移支付、个人所得税，逐次形成包含政府收入在内的社会收入、企业层面的国民收入、居民层面的个人收入，到了个人可支配收入便可以分解为私人消费与私人储蓄，由此进入宏观经济学的分析体系。

国民收入核算体系和 GDP 不是完美的，其主要缺陷：一是统计遗漏，最明显是的地下经济、非社会性劳动的经济成果没有被统计进去；二是不能反映社会成本，即没有体现外部性的经济影响；三是不能反映经济增长方式付出的代价，反而治理环境污染亦成为对 GDP 的贡献；四是不能反映经济增长的效率和效益，只要是有产值，而不论资源利用效率高低与可持续性长短；五是不能反映社会收入分配是否合理；六是不能反映人们的生活质量。人们已经注意到了 GDP 指标种种缺陷，正在探讨绿色 GDP 体系、居民幸福指数等新的指标体系。

在纸币本位制下，由于通货膨胀现象的长期存在，人们在运用 GDP 指标体系观察和分析宏观经济运行时必须清醒地将名义 GDP、实际 GDP 区分开来，为此就要弄清楚 GDP 平减指数、消费者物价指数、生产者物价指数等物价水平指标；另外，一些总量指标与 GDP 的变动有某种联动关系，如超前、滞后、同期变动，注意到这些有助于更好地理解 GDP 的运动；再有，当今世界上仍有许多国家采用国民生产总值 GNP 核算体系，在与反映收入分配差异的其他指标相配合的情况下，人均GDP能在一定程度上反映人们生活水平状况，这些概念和指标都值得注意。

有了总量概念与指标体系后，就可以进入宏观经济分析了，而分析的发端就是宏观经济的基本恒等式，两部门经济、三部门经济的恒等式是纯理论上的，四部门经济的恒等式就更加接近社会经济生活现实。宏观经济的基本恒等式左右两端包含一些最重要的宏观经济变量，如私人消费、私人投资、税收、政府购买、政府转移支付、进口、出口、净出口、居民对外转移支付等，了解它们的“注入”、“漏出”性质，对宏观经济分析有极大的帮助。

关键概念

国内生产总值GDP，是指在一定时期内，一个国家或地区之内所有常住单位(又称经济主体)运用生产要素所生产的全部最终产与劳务的市场价值。**国民生产总值GNP**，是指一个国家或地区范围内的所有常住单位，在一定时期内实际收到的原始收入(指劳动者报酬、生产税净额、固定资产折旧和营业盈余等)的价值总和。

中间产品，是指用于再出售而供生产别种产品用的产品。**最终产品**，是指在一定时期内生产的并由其最后使用者购买的产品和劳务。在宏观经济学中，这两个概念分别指中间产品价值、最终产品价值。

国内生产净值NDP，是一个国家在一定时期内新创造的产值，等于国内生产总值减去固定资产折旧。**国民收入NI**，是指一个国家各种生产要素(劳动力、土地、资本、企业家才能)的收入之和，也就是工资、地租、利息、正常利润之和。

名义GDP，是指按当年市场价格(即现期价格)计算的一年所生产的全部最终产品和劳务的市场价值总和。**实际GDP**，是指按基年(基期)市场价格(即作为比较基准的那一年的市场价格)计算的某年所生产的全部最终产品和劳务的市场价值总和。

GDP平减指数，是名义GDP除以实际GDP的计算结果，用以反映经济体总体物价水平的变动状况。**消费者物价指数CPI**，是用加权平均方法计算出来的、反映城市居民为购买一揽子市场消费品和服务而支付的平均价格的变动程度。**生产者物价指数PPI**，是用加权平均方法计算出来的、反映生产或批发环节的投入品的平均价格的变动程度。

注入变量，注入是指有一部分货币进入由本国家庭和厂商收入流构成的内部循环体系，流进“蓄水池”里来了，注入变量是投资、政府支出和出口的合称；**漏出变量**，漏出是指家庭收入一部分流到内部循环体系的外面去，漏出“蓄水池”了，漏出变量是净储蓄、净税收和进口支出的合称。

复习思考

选择题

1. 若把一国当年所有交易的产品与劳务价值加总，其数字将(　　)。

A. 大于GDP　　B. 小于GDP

C. 等于GDP　　D. 不确定

2. 下列计入 GDP 的是(　　)。
A. 政府转移支付　　B. 购买一辆二手家用轿车
C. 购买普通股票　　D. 购买一块地产
3. 下列不计入 GDP 的项目是(　　)。
A. 从公司债得到的利息　　B. 从政府债券得到的利息
C. 政府发给公务员的工资　　D. 股票交易员得到的佣金
4. 若一国的外资经济发达，则该国(　　)。
A. GDP＞NDP　　B. GDP＜GNP
C. 国外要素净收入＞0　　D. 国外要素净收入＜0
5. 实际 GDP 等于名义 GDP 除以(　　)。
A. 通货膨胀指数　　B. GDP 平减指数
C. 消费者物价指数　　D. 生产者物价指数
6. 长期存在通货膨胀的情况下，基期以前(　　)。
A. 名义 GDP 大于实际 GDP　　B. 名义 GDP 小于实际 GDP
C. 名义 GDP 等于实际 GDP　　D. 不能确定

简答题

1. 为什么说国民收入核算三种方法的计算结果在理论上是相等？
2. 为什么 GDP 平减指数在宏观经济分析十分重要？
3. 宏观经济分析的基本恒等式是什么？有什么分析价值？

计算题

1. 假设某年某国的国民收入统计资料如下表所示。

资本消耗补偿	342.5	红利	71.5
雇员酬金	1 758.7	社会保险税	284.3
企业支付的利息	253.5	个人所得税	412.5
间接税	270.1	消费者支付的利息	78.2
个人租金收入	52.6	政府支付的利息	115.3
公司利润	186.4	政府的转移支付	435.7
非公司企业主收入	115.2	个人消费支出	1 518.6

试计算：(1)国民收入；(2)国内生产净值；(3)国内生产总值；(4)个人收入；(5)个人可支配收入；(6)个人储蓄。

2. 设有以下统计资料(见下表)。

产　品	2004 年产量	价　格	2008 年产量	价　格	2012 年产量	价　格
A	30	2.00	90	3.00	120	3.50
B	55	7.00	68	9.00	80	9.50
C	45	6.00	60	7.50	85	8.00
D	120	5.00	150	6.00	170	8.00
E	80	1.50	100	2.50	130	3.50

试计算：

(1) 2004 年、2008 年、2012 年的名义 GDP。

(2) 若以 2004 年为基年，2008 年、2012 年的实际 GDP 是多少？若以 2008 年为基年，2004 年、2012 年的实际 GDP 是多少？若以 2012 年为基年，2004 年、2008 年的实际 GDP 是多少？

(3) 2004—2008 年的名义增长率和实际增长率是多少？2008—2012 年的名义增长率和实际增长率是多少？2004—2012 年的名义增长率和实际增长率是多少？

(4) 计算 2008 年的 GDP 平减指数，2012 年的 GDP 平减指数(以 2004 年为基期)。

3. 假设国内生产总值为 6 000，个人可支配收入是 4 500，政府预算赤字是 150，消费是 4 000，贸易赤字是 100。试计算：(1)储蓄；(2)投资；(3)政府支出(单位：亿元)。

思考题

1. 考虑下列各项交易对 GDP 的影响：

以下各项交易是增加了 GDP 的数量？还是对 GDP 的数量没有改变？是依据什么进行判断的？

(1) 你从果农那里购买了价值 100 元的苹果，回家加工成苹果酱。

(2) 一餐馆从果农那里购买了价值 1 000 元的苹果。

(3) 一房产推销员卖出去了 5 套单元房，价值 10 000 万元。

(4) 该房产推销员获得了 10 万元的薪金。

2. 测量 GDP 和真实 GDP。

假设你本想花 1 小时做晚餐，后来却决定再加班 1 小时，获得 30 元加班费。然后买了 20 元肯德基套餐。试回答以下问题。

(1) GDP 增加了多少？

(2) 真实 GDP 是增加了还是减少了？具体说明情况。

3. 测量 GDP。

在某季度，一家稀土矿开采公司的工人开采了 100 吨稀土矿，公司向个人支付了 20 万元工资，这些稀土矿随后以 30 万元卖给了一家航空设备制造商。

航空设备制造商向雇佣的工人支付了 15 万元的工资，然后将用稀土矿制作出来的航空设备以 50 万元的价格卖给民航维修公司。试回答以下问题。

(1) 用支付法计算，该社会经济体中 GDP 是多少？

(2) 各生产环节的增加值是多少？用生产法计算，GDP 是多少？

(3) 工资和所获得的利润是多少？用输入法计算，GDP 是多少？

第八章　国民收入决定：Y-AE模型

学习目的

1. 深入认识宏观经济系统中的主要变量。
2. 了解宏观经济变量反应的基本模式。
3. 掌握国民收入决定的最简单方法：Y-AE 模型。
4. 理解国民收入决定的均衡条件及其均衡产出。
5. 学会运用本章原理和方法分析各宏观经济变量变动的效应与国民经济均衡条件。

第一节　宏观经济系统中的主要变量

一、均衡国民收入的含义与主要宏观经济变量的位置

（一）均衡国民收入的含义

第七章阐释了国民收入核算，用三种方法得出的总产出可称为国民收入核算 GDP，即图 8-1 中的 Y'。从图中可以看出，这个总量主要是由社会总供给 AS 方面的因素确定的。而由市场经济中供求一致条件下所确定的总产出可称为均衡国民收入 GDP，即图 8-1 中的 Y^*，从图中可以看出这个总量是由社会总供给 AS 和社会总需求 AD[①] 两方面的因素共同决定的。

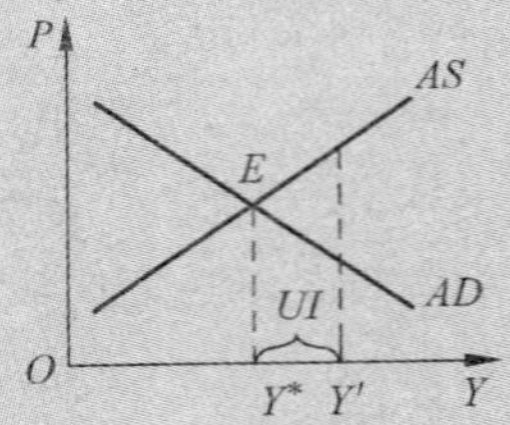

图 8-1　国民收入核算 GDP 与均衡国民收入 GDP

国民收入核算 GDP 与均衡国民收入 GDP 两者的区别在于，前者是已经生产出来的全部产品和劳务，既包含"计划库存"又包含"非计划库存"，后者只是生产出来的产品和劳务中被市场出清的那一部分，只包含"计划库存"却不包含"非计划库存"。

① 总供给，指经济社会所提供的总产量（或国民收入）。总需求，指经济社会对产品和劳务的需求总量（通常以支出水平来表示）。

计划库存与非计划库存是相对的概念，计划库存是企业为着生产经营周转的需要或投机性需要而安排的库存，非计划库存则是由于市场波动而造成的不在计划之内的库存。

非计划库存虽然没有在市场上售出，但作为当年新创造的产品和劳务应该核算到 GDP 中去，从而成为国民收入核算 GDP 的组成部分。由于非计划库存没有被市场出清，因而不进入到均衡国民收入 GDP 的核算中去。

图 8-1 中，AS 为总供给，AD 为总需求，P 为物价水平，E 为均衡点，Y^* 为均衡国民收入 GDP，Y'为国民收入核算 GDP，UI 为非计划库存（又称非意愿库存）。

（二）宏观经济变量在市场经济系统中的位置

均衡国民收入是由包含总供给和总需求两个方面众多宏观经济变量共同决定的。这些宏观经济变量在国民经济运行中承载不同的经济功能，它们相互依存、相互作用，共同影响着宏观经济的运行过程及其结果。

不同性质的宏观经济变量存在于宏观经济运行体系的不同环节和流程上，图 8-2 是一个开放性市场经济的收入流量循环模型，包含家庭、企业、政府、国外四个主体部门，包括要素市场、产品市场、金融市场、国际市场四个基本市场。从这个模型中可以看到有众多的宏观经济变量、各个变量在宏观经济系统中所处的位置、它们彼此之间的经济联系。

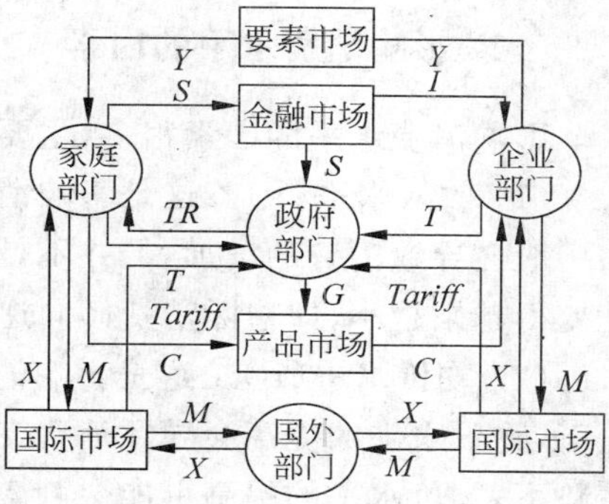

图 8-2　各宏观经济变量在开放性市场经济系统中的位置

图 8-2 中，Y 代表收入，C 代表消费，I 代表投资，S 代表储蓄，T 代表原始税收，$Tariff$ 为进出口关税，G 代表政府购买支出，TR 代表政府转移支付，M 代表进口，X 代表出口（模型中还应该包含国内对外国的转移支付 Kr，图中未体现）。实线箭头代表价值运动方向。

对宏观经济变量的性质、功能、特点、影响因素、作用方式、各变量之间关联的了解是宏观经济分析的基础，本节着重介绍封闭经济中的几个重要宏观经济变量。

二、消费 C

（一）消费的基本含义

宏观经济分析中的消费，是指一个经济社会私人部门的消费，是人们通过产品与劳务的使用来满足各种生活需要的经济行为和活动，这种消费是生活性消费而不是生产性消费，是全部居民的私人总消费。凯恩斯认为，消费的动机在于“享受、短见、慷慨、失算、浮华和奢侈”①。

消费的经济功能，从根本上说是保障人类的生存与发展，直接关系到人们的生存质

① 约翰·梅纳德·凯恩斯. 就业利息和货币通论[M]. 陆梦龙，译. 北京：中国社会科学出版社，2009：85.

量、生活水准的高低；从属性上说，消费是社会生产运动的原动力，推动着国民经济的运行；从过程上说，消费是社会再生产的一个重要环节，保障劳动力的生产和再生产，从而使社会生产过程往复循环、永远持续下去。消费激发投资，带动生产，影响就业。

就消费与 GDP 的关系来看，一方面，GDP 总量规定了消费水平的界限；另一方面，消费水平反过来极大地影响着 GDP。根据世界银行的统计报告显示，发达国家的最终消费支出占 GDP 的比例一般在 80%左右，发展中国家一般在 70%以上。可见，消费是宏观经济活动中举足轻重的变量。

中国近 30 年来经济增长较快，投资率较高，消费率(最终消费支出占 GDP 的比例，简称消费率)呈现出稳步下降的趋势，在 55%～65%之间波动。2001 年、2012 年，消费率则一直保持在 60%以下，全民消费在国民经济中所占比重大大低于国际平均水平。虽如此，消费仍然是必须予以最大限度重视的因素。[①]

消费，除了其中的自发消费部分，总体上是宏观经济中的一个内生变量。[②]

（二）影响消费水平的因素

影响消费水平的因素很多，主要有以下几种。

(1) 收入水平(Y)。这是影响消费水平的基本因素，两者呈同方向变化，即收入的增加一般会导致消费的增加，但并不是始终按比例增加，而是随着收入的增加消费增加的幅度变得越来越小，即边际消费倾向递减，两者呈非线性的同方向变化关系[③]。

(2) 物价水平(P)。这是影响消费水平的重要因素，两者呈反方向变化，即在正常情况下，物价水平的提高会导致消费支出的减少，反之则反是[④]；但是，在有较明显通货膨胀情势下，物价水平的提高可能会刺激消费支出的增加，变为同方向变化。

(3) 利率水平(r)。这是通过储蓄变化而影响消费支出的。一般情况下，当利率水平降低，人们的储蓄愿望下降，消费意愿增强；反之，当利率水平提高，人们的储蓄愿望上升，消费意愿减弱。也就是说，消费和利率水平呈反方向变化。

(4) 国民收入分配状况(D)。在国民收入一定的条件下，国民收入分配差距越大，基尼系数值越高，低收入阶层的消费总量趋于减少，如果高收入阶层消费量的增加不能抵补低收入阶层消费减少的数额，社会消费支出总额就会减少。在国民收入增长的条件下，情况复杂，对消费水平的影响具有不确定性。

(5) 消费者财富占有状况(W)。消费者的财富包括实际资产(如房屋、地产)和金融财富(如股票、债券)。如果消费者财富的实际价值较快增加，会促使人们将收入较少地用于储蓄，而更多地用于消费；反之，如果其财富的实际价值快速缩水，收入中用于储蓄的比例可能会增加，而用于消费的比例相应减少。

---

① 另参见 http://www.china.com.cn/news/txt/2013-11/02/content_30479912.htm。

② 所谓“自发消费”是指由经济系统以外的因素如人口变动、自然灾害等因素所决定的消费。所谓“内生变量”，是指由经济系统自身决定的变量。

③ 在宏观经济学中，为了分析的简便，常假设收入与消费两者之间的关系是线性的。在其他宏观经济变量的分析中也有类似情形，实际上更多的是非线性关系或其他复杂的函数关系，望学习者不要产生误解。

④ 反之则反是的含义是：若 A↑有 B↑，反之，A↓则有 B↓；或若 A↑有 B↓，反之 A↓则有 B↑。

(6) 消费者预期(E)。如果人们预期将来实际收入将会增加，就会增加当前消费，反之，如果预期收入将会减少，人们的当前消费就会减少；如果人们预期未来有令人担心的通货膨胀，会使人们增加当前购买，如果没有通货膨胀预期，可能不会影响人们的消费。

(7) 家庭负债。如果家庭的负债超过正常水平，人们就会减少当前消费支出，以便支付负债的利息和本金；如果家庭负债水平很低，人们就有可能会增加当前消费支出。

(8) 个人税赋。个税税率降低意味着人们可支配收入相对增加，人们消费支出就可能有所增加；反之，个税税率提高意味着人们可支配收入相对减低，人们消费支出就可能有所减少。

(9) 公司未分配利润在利润总额中所占的比重。公司未分配利润类似于储蓄，在利润总额一定的情况下，公司未分配利润所占比重越大，储蓄越多，消费被挤占的越多，即消费越少。

(10) 其他因素。如风俗习惯、宗教禁忌、文化传统、社会心理、政治运动等都会对消费产生影响。

以上各影响因素与消费水平的关系可以表述为下列一般消费函数：

$$C = f(Y, P, r, D, W, E\cdots) \tag{8-1}$$

假定其他因素的影响保持不变，只有收入水平(以下简称收入)一个因素对消费发生作用，那么消费函数可以写成：

$$C = f(Y) \tag{8-2}$$

一般而言，消费与收入呈同方向变化，但不一定按固定比例变动。

(三) 平均消费倾向与边际消费倾向

凯恩斯的消费理论认为，现期收入(当期收入)是影响消费的主要因素，因此，在他的基本消费函数中只考虑消费 C 与现期收入 Y 的关系。凯恩斯创立了平均消费倾向和边际消费倾向两个概念，用以研究和描述人们的消费行为。从表 8-1 某家户消费记录中的数据关系可以了解平均消费倾向和边际消费倾向的含义。

表 8-1 某家户消费

成员	收入 Y	消费 C	边际消费倾向 MPC	平均消费倾向 APC
A	9 000	9 110		1.01
			0.89	
B	10 000	10 000		1.00
			0.85	
C	11 000	10 850		0.99
			0.75	
D	12 000	11 600		0.97
			0.64	
E	13 000	12 240		0.94

平均消费倾向和边际消费倾向的数值可以通过表中数据计算出来。

平均消费倾向(Average Propensity to Consume，简称 APC)，指在任一收入水平上，消费在收入中所占的比率，即消费总量 C 与收入总量 Y 的比率。

$$APC = C/Y \tag{8-3}$$

$APC=1$ 表示收入与消费平衡，无剩余；$APC<1$ 表示消费有余，可储蓄；$APC>1$ 表示入不敷出，通过救济或借债过日子。理解时注意，在公式中，收入一般是当期收入，而消费的资金来源不必一定要出自当期收入，可以从他处获得，也可以从过去的储蓄中提取，宏微观上都是如此。当然，如果把消费的资金来源限定于当期收入，则 $APC\leqslant 1$。这些在表 8-1 中均有体现。

边际消费倾向(Marginal Propensity to Consume，简称 MPC)，指增加的一个单位收入中用于消费的增加部分所占的比率，即消费增量 ΔC 与收入增量 ΔY 的比率。

$$MPC = \Delta C/\Delta Y \tag{8-4}$$

由于消费增量必须出自于收入增量，因而只有 $MPC\leqslant 1$，而不会出现 $MPC>1$ 的情形。换句话说，MPC 的变动范围并不与 APC 变动范围一致、对称。

通过对表 8-1 中平均消费倾向与边际消费倾向的数字对比，可以看出平均消费倾向始终大于边际消费倾向。

（四）消费函数与消费曲线

1. 短期、长期[①]消费函数与曲线

短期消费函数表示，在短期里，消费由自发消费和引致消费两部分组成。

$$C = C_a + bY \tag{8-5}$$

式中：C_a 为自发消费[②](这一部分消费与有无收入无关，是一个不带 Y 的常数因子，是必须要有的基本消费)；bY 为引致消费[③](这部分消费是随收入变动而变化的消费，是一个带有 Y 的变化因子)，b 等于 $\Delta C/\Delta Y$，为一系数[④]，亦即边际消费倾向 MPC。

短期消费曲线，如图 8-3(a)所示。

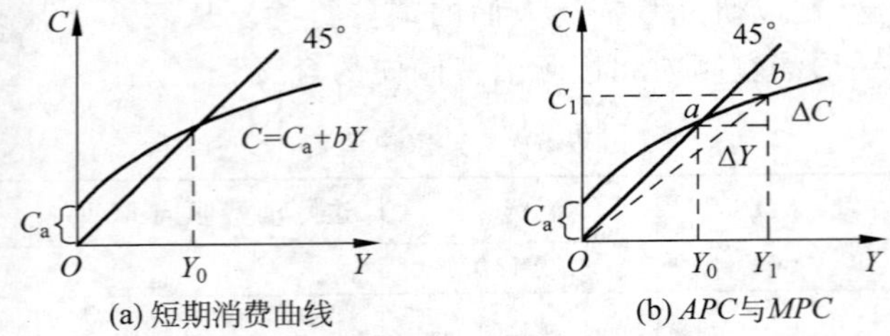

图 8-3　短期消费曲线及其斜率

---

① 区分短期、长期是宏观经济学分析的基本观念。人们同样的经济行为，如消费、投资，在短期和长期会呈现出不同的行为方式和结果。在宏观经济学中，短期是指价格机制不能够发挥作用的时间长度，长期是指价格机制能够发挥作用的时间长度。

② 自发变量，又称自主变量，它们是由经济系统外部因素决定的，或者说是外生性的，其总和记为 A。本教程约定：自发消费、自发储蓄、自发投资等加下标 a 来表示，记为 C_a、S_a、I_a；政府支出、政府转移支付、税收等本身就是外生变量，加下标 0 来表示，记为 G_0、TR_0、T_0 等。另外，加下标 0 有时也用来表示初始量，或图形分析中的起始量，与自发变量的含义有所不同，注意区别。

③ 引致变量，如引致消费、引致储蓄、引致投资等，是由经济系统内部因素决定的，它可以由国民收入、利率水平等因素单一地决定，也可以由多个此类因素共同来决定。

④ 在宏观经济学中，许多系数、比例、比率用小写英文字母表示，有的教材用小写希腊字母表示。

从图 8-3 中可以看出，当收入为 0 时，仍有消费发生 C_a；从 0 收入到 Y_0 收入区间，消费都是大于收入的，需要从外部借钱或者从自己以往的储蓄中取出来补贴消费；收入水平过了 Y_0 之后，才有剩余，才可能进行储蓄。从图中也可以看出，短期消费曲线的斜率就是边际消费倾向 $MPC(\Delta C/\Delta Y$，即短期消费函数中的系数 b)。

前面提到的平均消费倾向始终大于边际消费倾向结论在图 8-3(b)中也得到了反映。在收入为 Y_1 时，消费为 C_1，平均消费倾向为原点到 b 点连线的斜率 C_1/Y_1；收入从 Y_0 到 Y_1 时，边际消费倾向为 ab 连线的斜率 $\Delta C/\Delta Y$，显然小于平均消费倾向。

长期消费函数表示，在长期里，不存在自发消费，只有引致消费一项。

$$C = bY \tag{8-6}$$

长期消费曲线，如图 8-4(a)所示。长期消费曲线从原点出发，意味着在长期里，任何一个人、一个家庭、一个民族、一个国家，都必须自食其力，有收入才能进行消费，无收入就不能进行消费。

短期消费函数中的 b 值比长期消费函数的 b 值小。按照杜森贝利消费理论，由于棘轮效应和示范效应的存在，因受过去消费习惯和攀比消费的影响，当人们的短期收入减少时，人们并不会按比例减少消费，如图 8-4(b)中，过 c 点的短期消费倾向的 b 值(上面小三角形的斜率)小于过 c 点的长期消费曲线的 b 值(即 c 点上切线的斜率。为了对比说明，用下面大三角形的斜率代替)。从动态来看，随着收入的增加(c 点沿着长期消费曲线右移)，短期消费函数中的 b 值将会逐渐趋近于长期消费函数中的 b 值。

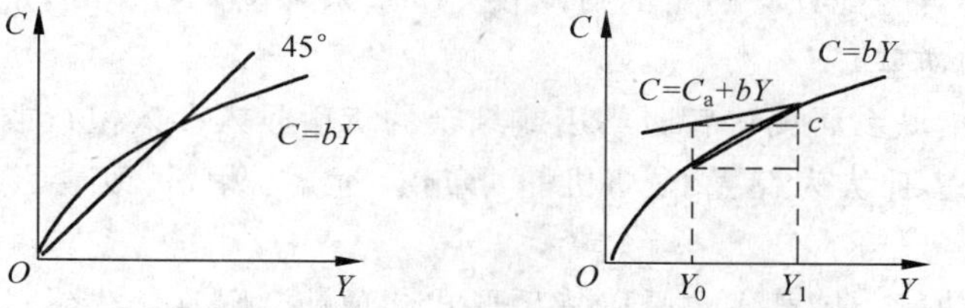

(a) 长期消费曲线　　(b) 长短期消费倾向b值比较

图 8-4　长期消费曲线及其长短期消费倾向 b 值比较

2. 边际消费倾向递减趋势

边际消费倾向递减趋势，是指在人们收入增加的时候，消费也随之增加，但消费增加的比例不如收入增加的比例大，新增消费在新增收入中所占的比例越来越小(不断增多的收入在满足基本生活消费需要之后可以有更多的收入剩余用于储蓄)。由此推论，富人的边际消费倾向通常低于穷人的边际消费倾向。

影响边际消费倾向变化的主要因素有以下四种。

第一，名义收入与货币幻觉①。在有货币幻觉的情况下，随着短期内名义收入的增

① 货币幻觉，是美国经济学家欧文·费雪(Irving Fisher)于 1928 年提出来的，是货币政策的通货膨胀效应。它是指人们只是对货币的名义价值做出反应，而忽视其实际购买力变化的一种心理错觉。譬如，某人因月工资涨了 10%而高兴，丝毫没有意识到身边的物价水平已上涨了 15%，以为工资多了生活将更好了，其实这是一种幻觉。

加，人们的边际消费倾向会变小。当不存在货币幻觉时，随着短期内名义收入的增加，人们的边际消费倾向便不容易变小。长期里，货币幻觉对消费没有影响。如果通货膨胀趋于严重，边际消费倾向还有增大的可能。

第二，全社会总体的生活水平。随着人们总体生活水平的提高，人们的商品消费量增加了，商品的边际效用随之递减，导致消费增加的速度下降，因此边际消费倾向有递减的趋势。不过，随着社会的发展，生活必需品的种类和数量也在增多，抵消了其中部分的递减趋势，因此边际消费倾向递减的趋势变得缓慢。

第三，社会保障水平。随着社会的发展，社会保障水平会越来越高，人们因而更敢于将收入的更大部分用于消费，从而边际消费倾向有递增的趋势。

第四，宏观经济政策。如果政府实行扩张性财政政策或货币政策，也会使得边际消费倾向不容易递减。政府支出的增加，意味着社会消费总量增大，边际消费倾向因而提高；货币供给的增加，造成人们的通货膨胀预期，会刺激人们增加当前消费，使得边际消费倾向有递增的趋势。

三、储蓄 S

（一）储蓄的基本含义

储蓄分为私人储蓄（即居民和企业的储蓄，来自于创造与消费社会财富的收支节余）、政府储蓄（来自于再分配社会财富的财政收支节余）、外国储蓄（外国角度的来自对外贸易的顺差，即本国的逆差）。

私人储蓄是指城乡居民将暂时不用或结余的货币收入存入银行或其他金融机构的一种存款活动。凯恩斯认为储蓄的动机是“谨慎、远虑、筹划、改善、独立、进取、骄傲与贪婪”。①

储蓄的经济功能。储蓄主要是以货币形式储藏社会财富，直接体现当前消费的减少，将当前消费转化为未来消费；具有调节收入丰歉，预防和缓冲经济生活波动的作用；同时储蓄又是投资的资金源泉，将当前的消费转变为新的生产力。

储蓄，除了其中的自发储蓄部分，总体上是宏观经济中的一个内生变量。

（二）影响储蓄水平的主要因素

影响储蓄水平因素主要有以下几种。

(1) 居民可支配收入(Y)。居民储蓄，就是居民把可支配收入中暂时不用于消费的部分存入银行或购买有价证券，所以说可支配收入是储蓄的源泉。居民可支配收入的多少对储蓄水平有极大的影响。一般而言，可支配收入增多储蓄也会增多，可支配收入减少储蓄也会减少，变动方向相同，但不一定成比例。

(2) 经济预期(E)。市场经济运行的不确定性，促使人们进行储蓄，以防不测。人们对市场经济运行的预期，直接影响当前储蓄的多少。一般而言，乐观预期（即认为不确定

---

① 约翰·梅纳德·凯恩斯.就业利息和货币通论[M].陆梦龙，译.北京：中国社会科学出版社，2009：85.

性减小）会使当前储蓄减少，悲观预期（即认为不确定性增大）则使当前储蓄增多。

（3）利率（r）。利率通常和储蓄成正比，因为利率的升降直接影响到存款的收益。利率高储蓄增加，利率低储蓄减少。不过，中国和西方发达国家有所不同，中国市场经济还不够成熟，人们偏重储蓄，利率调节储蓄的作用较弱。

（4）完善的社会保障制度（S）。完善的社会保障制度可以使得人们放心消费，放心投资，因为社会保障为他们筑起了最后一道防线：反之，如果养老、医疗这些最基本的生存需求得不到充分的社会保障，人们必须有足够的储蓄，即依赖私人保障来应对突发情况。

（5）消费理念（I）。对于同一个经济人来说，消费理念和储蓄理念是内在一致的，或者说，是可以互相解释的。消费理念成熟，储蓄率相对较低；消费理念保守，则储蓄率相对偏高。在消费理念或储蓄理念的背后往往有民族或社会的历史文化基因在起作用。

（6）通货膨胀率（π）。通货膨胀是指物价水平的持续上升，通货膨胀率则是这种物价水平的上涨幅度。通货膨胀率越高，实际利率也会越低，人们的储蓄愿望越弱，从而导致储蓄下降。

（7）证券市场的涨落（B）。如果股市指数持续攀高，就会吸引了大量的资金入市，导致储蓄减少；如果国债发行数量增多，在一定程度上也会分流部分居民储蓄；如果保险事业不断发展壮大，也会吸走部分储蓄存款。

（8）居民消费习惯的改变（b）。如果居民边际消费倾向明显增强，消费热点增多，在收入一定的情况下，消费支出增多，用于储蓄的数量就会相应减少。

（9）汇率变动（F）。当把外汇当作财富的保值手段时，在对外金融自由的条件下，汇率的波动将会对本币储蓄数量产生一定的影响。外汇走强，会吸走部分国内储蓄。

（10）其他因素的影响。影响储蓄的因素还有很多，如文化、居民对储蓄的心态、人口老龄化等，它们对储蓄都会产生一定的影响。但相对来说，这一类的影响比较稳定，不容易变化。

以上各影响因素与储蓄水平的关系可以表述为下列一般储蓄函数：

$$S = f(Y, E, R, S, P, B, b, \cdots) \tag{8-7}$$

假定其他因素的影响保持不变，只有收入水平（以下简称收入）一个因素对储蓄发生作用，那么储蓄函数可以写成：

$$S = f(Y) \tag{8-8}$$

一般而言，储蓄与收入呈同方向变化，但不一定成比例变动。

（三）平均储蓄倾向与边际储蓄倾向

平均储蓄倾向与边际储蓄倾向的分析同前面提到的平均消费倾向与边际消费倾向的分析相似，利用储蓄＝收入－消费这种互余关系，很容易得出平均储蓄倾向、边际储蓄倾向，如表 8-2 所示。

表 8-2　某家户储蓄

成员	收入 Y	消费 C	储蓄 S	边际储蓄倾向 MPS	平均储蓄倾向 APS
A	9 000	9 110	−110		−0.01
				0.11	
B	10 000	10 000	0		0.00
				0.15	
C	11 000	10 850	150		0.01
				0.25	
D	12 000	11 600	400		0.03
				0.36	
E	13 000	12 240	760		0.06

平均储蓄倾向和边际储蓄倾向的数值可以通过表中数据计算出来。

平均储蓄倾向(Average Propensity to Saving,简称 APS),指在任一收入水平上,储蓄在收入中所占的比率,即储蓄总量 S 与收入总量 Y 的比率。

$$APS = S/Y \tag{8-9}$$

边际储蓄倾向(Marginal Propensity to Saving,简称 MPS),指增加的一个单位收入中用于储蓄的增加部分所占的比率,即储蓄增量 ΔS 与收入增量 ΔY 的比率。

$$MPS = \Delta S/\Delta Y \tag{8-10}$$

（四）储蓄函数与储蓄曲线

对应于消费的短期和长期的划分,储蓄也划分为短期和长期。

短期储蓄函数表明,在短期里,储蓄由自发储蓄和引致储蓄两部分组成。

$$S = S_a + (1 - b)Y \tag{8-11}$$

式中：S_a 为自发储蓄,等于 $-C_a$；$(1-b)$ 为边际储蓄倾向,等于 $\Delta S/\Delta Y$,为一系数。

长期储蓄函数表明,在长期里,不存在自发储蓄,只有引致储蓄一项。

$$S = (1 - b)Y \tag{8-12}$$

类似于长期消费函数中 b 值与短期消费函数中 b 值的不同,长期储蓄函数中的 $(1-b)$ 与短期储蓄函数中的 $(1-b)$ 也不相同。

短期储蓄曲线、长期储蓄曲线分别如图 8-5 所示。

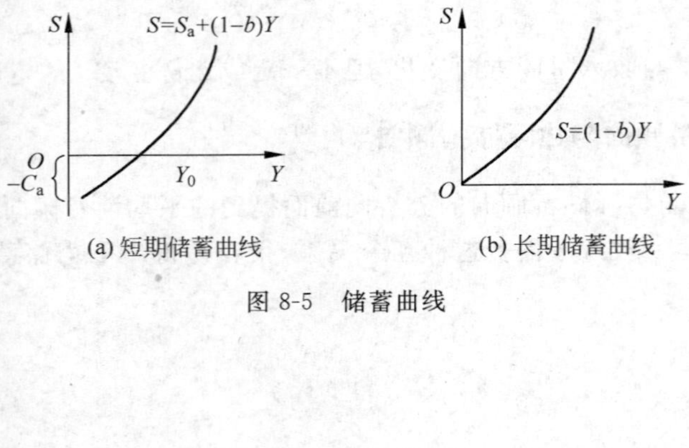

(a) 短期储蓄曲线　　(b) 长期储蓄曲线

图 8-5　储蓄曲线

（五）消费与储蓄的关系

由于收入＝消费＋储蓄，收入增量＝消费增量＋储蓄增量，于是在平均消费倾向、平均储蓄倾向，边际消费倾向、边际储蓄倾向之间存在如下关系：

$$\begin{aligned} Y &= C + S \\ C = Y - S; &\quad S = Y - C \end{aligned} \tag{8-13}$$

$$\begin{aligned} \Delta Y &= \Delta C + \Delta S \\ \Delta C = \Delta Y - \Delta S; &\quad \Delta S = \Delta Y - \Delta C \end{aligned} \tag{8-14}$$

$$APC + APS = 1 \tag{8-15}$$

即

$$\frac{C}{Y} + \frac{S}{Y} = 1$$

$$MPC + MPS = 1 \tag{8-16}$$

即

$$\frac{\Delta C}{\Delta Y} + \frac{\Delta S}{\Delta Y} = 1$$

四、投资 *I*

（一）投资的基本含义

投资，是一个含义广泛的经济概念。从投资主体角度看，投资可分为私人投资、政府投资、国外投资；从投资对象的形态上看，投资可分为在物质资本上的有形投资、在证券资本上的金融投资、在人力资本和知识进步上的无形投资。如果以投资主体为“经”，投资对象为“纬”，则有如表 8-3 所示的投资活动类型。

表 8-3　投资活动类型

投资活动	有形投资	金融投资	无形投资
私人国内投资	私人有形投资	私人金融投资	私人无形投资
政府公共投资	政府有形投资	政府金融投资	政府无形投资
国外私人投资	私人有形投资	国外金融投资	私人无形投资

一般来说，来自国外政府的投资大多是非经济性的，不计入经济学的研究范围；而来自国外私人的投资则对本国经济的发展具有重要影响，这种投资活动纳入经济学的研究范围而进入上述表格。

如果将投资定义为同时具备营利性和生产力形成的活动，那么，政府的非营利性的公共投资，以及私人在二级股票、债券市场上的金融性投资都将被排除在投资范围之外。

在经济学中，投资是指资本的形成，即能导致社会实际资本量的增加、生产能力的扩大的资本经营活动，体现为表 8-3 中的私人有形投资、无形投资等部分。

私人投资的主要类型是：固定资产投资，含企业购置机器设备、兴建厂房等，这是总投资的主要部分；住宅投资，建造新的住宅；存货投资，含企业原材料、半成品、已生产尚未销售的产品，这是所有投资中最易变动的部分；人力资本投资，增加企业人力资本存量。

私人投资的目的是为了利润。用凯恩斯的话来说，投资的动机是为了保证及时清偿债务而理性地增加投资，为了应付经济萧条和企业的意外变故，为了使企业逐步改善经营管理、增加收入，使企业得以稳健发展。

投资的经济功能主要在于扩大和增强社会生产能力，促使生产技术水平的提升，工艺流程的进步，劳动分工的改善，产业结构的高度化；投资往往能带来就业的增加，从而增加收入，刺激国民经济的发展。投资在国民经济生活中具有极其重要的作用。

从投资构成来看，投资区分为总投资、重置投资和净投资，其关系如下：

$$\text{总投资} = \text{重置投资} + \text{净投资} \tag{8-17}$$

在这里，净投资的结果是社会资本的净增加，是经济学意义上的投资。

像消费一样，除了自发投资部分，投资也是宏观经济的一个非常重要的内生变量。

（二）影响投资水平的主要因素

影响投资水平的因素主要有以下几种。

(1) 实际利率(r)。利息是企业向银行借款、使用资金的成本。实际利率上升将使投资成本增加，从而导致投资需求减少，实际利率下降将使投资成本下降，从而导致投资需求增加。实际利率与投资量呈反方向变化。

(2) 总产出(Y)。投资按是否受总产出影响来划分，可分为自发性投资和引致性投资。前一种投资不受总产出的影响，后一种则受总产出的影响。在引致性投资中，总产出的变动导致了投资的变动。两者之间变动方向相同。

(3) 对未来经营状况的预期(E)。如果企业对未来经营状况乐观，对当前投资有较高的回报率预期，企业就会增加当前的投资量，相反，如果企业对未来经营状况悲观，对当前投资有较低的回报率预期，企业就可能会减少当前的投资量。

(4) 生产技术的运用(Te)。如果新技术、先进技术能使企业获得更高的劳动生产率，使投资的预期回报率上升，企业就会增加投资。

(5) 生产能力的过剩情况(S)。如果存在过剩生产能力，企业就不会扩大购买设备，建新工厂，也就是说，当企业需要扩大产量时，利用闲置的生产能力即可，无须增加投资。

(6) 营业税(T)。营业税的增加将使投资的税后利润减少，企业会失去扩大生产规模的动力，对企业投资产生反方向的作用。

以上各影响因素与投资水平的关系可以表述为下列一般投资函数：

$$I = f(r, Y, E, Te, T, \cdots) \tag{8-18}$$

假定其他因素的影响保持不变，只有利率水平一个因素对投资发生作用，那么投资函数可以写成：

$$I = f(r) \tag{8-19}$$

一般而言，投资水平与利率高低呈反方向变化，但不一定成比例变动。

（三）资本边际效率曲线与投资边际效率曲线

1. 资本边际效率曲线

投资是有周期的，从最初资本投入到最终收回本金和取得利润要经过一段时间，因而企业家在进行一项投资决策时需要考虑时间价值的问题，也就是现值问题，而现值要通过符合某种经济要求的贴现率计算得出。

资本边际效率 *MEC*，是这样一种贴现率，正好使一项资本物品的使用期内各预期收益的现值之和等于这项资本品的供给价格（重置成本）[①]加上预期利润[②]。

举例见表 8-4。假定某企业家向银行借贷 30 000 元，年利率 5%，然后在资本品市场上购置了 1 台供给价格为 30 000 元的设备，设备使用寿命为 3 年。当年即投入生产，各年的预期收益如表中数据所示，上部是未加预期利润的各年收益最低值，其收益总额的现值仅够还贷；下部是加上预期利润后的各年收益最低值，其收益总额的现值不仅能够还贷，还能实现预期利润 3 000 元。

表 8-4　资本边际效率的计算　　单位：元

2000 年设备价格	项目	2001 年	2002 年	2003 年	总　额
30 000	收益	10 500	11 025	11 576	33 101
	除以	$(1+5\%)^1$	$(1+5\%)^2$	$(1+5\%)^3$	
	现值	10 000	10 000	10 000	30 000
30 000	收益	12 100	13 310	14 641	40 051
外加预期利润	除以	$(1+10\%)^1$	$(1+10\%)^2$	$(1+10\%)^3$	
3 000	现值	11 000	11 000	11 000	33 000

资本边际效率的计算公式如下：

$$C+\pi=\frac{R_1}{1+r}+\frac{R_2}{(1+r)^2}+\frac{R_3}{(1+r)^3}+\frac{R_n}{(1+r)^n}+\frac{J}{(1+r)^n} \tag{8-20}$$

式中：C 为资本品的供给价格，π 为预期利润总额，R_1、R_2、R_3 等为不同年份（或不同时期）的预期收益，n 为投资周期（单位：年），J 为资本品在 n 年年末的残值，r 为资本边际效率（注意，市场利率也用 r 表示，必须将它们在意义上进行分别）。

显然，在上例中，能够体现重置成本和预期利润的贴现率 10% 才是资本边际效率。资本边际效率曲线如图 8-6 中 *MEC* 所示。

2. 投资边际效率曲线

从代表企业的实际投资需求来说，资本边际效率曲线还不够准确，因为它没有考虑货币市场的市场利率变动、资本品市场的价格波动等情况。

当市场利率下降时，资金使用成本下降，会驱使企业纷纷向银行增加借贷来增加资本品的购买数量，从而引起了资本品价格的上涨，即上述等式左端的 C（资本品供给价格）的提高。如果预期收益不变，即各年的 R 值不变，右端分母中的贴现率 r 必然要缩小，预期

---

① 高鸿业. 西方经济学（宏观部分）[M]. 5 版. 北京：中国人民大学出版社，2001：410.

② 编者认为，资本边际效率是资本品供给价格加上预期利润之后所确定的贴现率。

利润率降低。这种下降了的贴现率即为投资边际效率。贴现率的下降会导致投资量的减少。投资边际效率曲线如图 8-6 中 *MEI* 所示。投资边际效率考虑了资本品市场中资本品价格的变动和货币市场上利率水平的变动，能够反映实际的投资需求。

令 $r_{市}$ 表示市场利率，$r_{贴}$ 表示贴现率，D_k 表示资本品的市场需求，C 表示资本品的供给价格，i 表示投资量，以上经济现象可表述为如下逻辑关系式：

如果 $r_{市}$ 不变 ——D_k 不变 ——C 不变 ——$r_{贴}$ 不变 ——i 保持　　(8-21)

如果 $r_{市}$ 降低 ——D_k 增多 ——C 上升 ——$r_{贴}$ 下降 ——i 减少　　(8-22)

$r_{市}$ 回升 ←

在第二种情况下，最初的 $r_{市}$ 下降引起 D_k 增多，企业向银行贷款增多，促使 $r_{市}$ 回升，假设最后的动态均衡 $r_{市}$ 下降了某一幅度。再看 $r_{贴}$，$r_{贴}$ 的下降程度与 $r_{市}$ 的下降程度不一定相同，这与资本品的市场结构有关，资本品的市场结构决定了 C 的上涨幅度。C 的上涨幅度决定了 $r_{贴}$ 的下降幅度。$r_{贴}$ 的下降幅度决定着投资需求 i 减少的数量。

在图 8-6 中，假设 $r_{市}$ 的下降幅度为 r_0r_1。如果 $r_{贴}$ 下降幅度大于 r_0r_1（双箭头下面那个箭头所示的情况）时，说明企业的贷款成本高于投资的预期收益率，企业家是不愿意投资的；如果 $r_{贴}$ 下降幅度小于 r_0r_1（双箭头上面那个箭头所示的情况）时，说明企业家贷款出来去投资尚有利可图，至少如图中所示的那样 $r_1 \leqslant r_b$，企业家才愿意投资 i_1，这个投资量肯定比市场利率变动前的 i_0 要小。

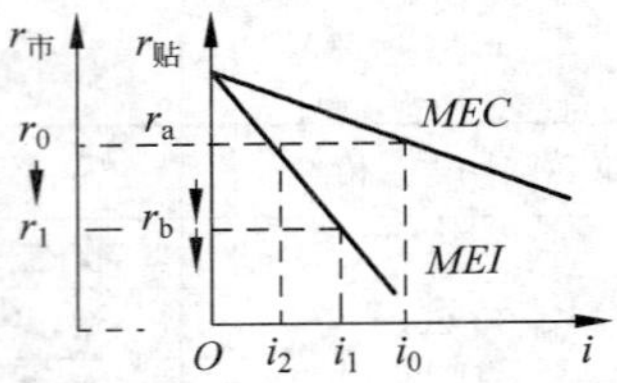

图 8-6　资本边际效率曲线 *MEC* 与投资边际效率曲线 *MEI*

将内含着 $r_1 \leqslant r_b$ 意义的、动态均衡后的市场利率 $r_{市}$ 和企业家愿意进行投资的投资量 i_1 联系起来就得到了投资边际效率曲线。投资边际效率曲线 *MEI* 低于资本边际效率曲线 *MEC*。换句话说，在市场利率水平相同的情况下，投资边际效率所决定的投资量总是少于资本边际效率决定的投资量。

在经济学中，通常都用 *MEI* 曲线来表示市场利率与实际投资量的关系，体现着投资需求函数 $i=i(r)$，函数中以小写英文字母 i 表示实际投资量（不存在物价水平变动的情况下也可以用大写英文字母 I 来表示）①。

五、税收 *T*

（一）税收的基本含义

在宏观经济学中，税收被视为外生变量，该变量的值是由经济系统之外的力量给定的。

税收，是政府通过国家机器以强制形式从社会经济活动主体的经济成果中直接收取货币性财富的一种国家行为。

现代国家征收税赋的功能，一是聚集维护国家机器的存在与运行所需的经济财力；

① 本教程关于资本边际效率曲线和投资边际效率曲线的图形解说与高鸿业主编的西方经济学教材的解说有所不同，见高鸿业. 西方经济学(宏观部分)[M]. 5 版. 北京：中国人民大学出版社，2010：412-413.

二是通过“减去”的方式调节收入分配结构和社会各阶级各阶层的经济利益关系；三是借助税收对社会经济秩序进行管理，四是作为国家干预和调控国民经济运行的工具和手段。

广义的税收实际上是一个体系，内含着税收结构。税收结构有两层含义，一是税赋制度，包含赋税权划分、应税商品范围与种类、征税要件规定、税赋起征点、税率、税赋计算等；二是指各种税赋的比例关系，譬如国税地税各自在总税收中所占比重、所得税与流转税占比等。狭义的税收一般是指各种具体的税赋。

宏观经济学的“税收”是泛指，并不涉及具体税种，不过，以下区别还是要注意到的。①原始税收和纯税收。原始税收，即毛税收，没有减除政府转移支付；而纯税收，即净税收，是从原始税收减去政府转移支付后的余额[①]。②固定税与比例税。固定税，是对应税项目征收一固定数额的税赋而不论该应税项目本身价值数额的大小（当然，应税项目价值数额是固定税的上限）；比例税，是对应税项目的价值总额按某个百分比征税，在经济学中又被称为边际税率。

（二）影响税收收入的主要因素

影响税收收入的因素主要有：

（1）经济发展水平（Y）。经济发展水平是制约税制结构的基本因素，两者之间的相关性主要表现为经济发展水平规定着税赋参与社会产品再分配的比例，决定着税制结构的选择。在人均国民收入较低的国家，企业和个人的所得在国民收入中的份额较小，税收只能实行以流转环节为主的商品劳务税模式；相反，在人均国民收入较高的国家，企业和个人的所得占国民收入的份额较大，从而为实行以所得税为主体的税制模式提供了可能[②]。

（2）经济结构（S）。经济结构即国民经济各部门、各环节相互联系的总体构成形式。它所包含的范围十分广泛，具体包括诸如部门结构、产业结构、产品结构、所有制结构、企业组织结构等。这些因素都可能对税制结构的形成产生影响。譬如，处于纺锤形产业结构状态的经济体，流转税比重较大；处于倒三角形产业结构的经济体，所得税比重较大。

（3）国家政策取向（P）。税收是国家聚财的主要手段，也是调控宏观经济的工具，国家政策目标需要通过税收来实现，为此税制结构会做出相应反应。发达国家早期以自由放任政策为主基调，奉行税收中性原则，将效率看作首要目标，目的在于加快商品经济的发展。此时，这些国家的主体税种为流转税[③]。

（4）政治和传统习惯（C）。税收具有再分配的性质，税收对于各利益主体（如社会各阶层、中央和地方政府、企业和消费者等）而言是利益消长的调节器。不同税种，由于其课

---

① 宏观经济学中，如果论域中含有政府转移支付，即政府转移支付与税收概念同时出现，税收指毛税收；如果论域中不含政府转移支付，即税收概念单独出现，则税收指净税收。总之，依语境而定。

② 世界银行曾对 86 个国家的税制结构与人均 GNP 之间的关系进行分析，结论是：所得税具有随人均 GNP 增长而上升的趋势，流转税具有随人均 GNP 增长而下降的趋势。这些都表明了经济发展水平和国民收入状况对税制结构具有决定性的影响。

③ 第二次世界大战以后，发达国家对税制加以改革，在政策导向上将公平原则置于重要地位。福利经济学此时也对税制结构变革产生影响，国家通过所得税实现收入分配均等化更加普遍。20 世纪 80 年代之后，发达国家在漫长的经济衰退中又重新审视经济政策，并将税收政策重要目标进行调整，即由公平转向效率。在这种情况下，发达国家对过大的所得税比重进行调整，适当增加流转税比重，使税制结构更加趋于优化。

征对象不同，作用力度不同，会对不同利益主体产生不同的影响。政治因素的考量对税制结构产生重要的影响。同时，传统习惯也会对税制结构产生影响。

(5) 其他因素。税制结构的正常运行，并达到设定的预期目标，还需要相关因素的配合。这些因素包括税务部门的税收征管水平、纳税人的纳税意识、国际税收协调等。

以上各影响因素与税收水平的关系可以表述为下列一般税收函数：

$$T = f(Y, S, P, C, \cdots) \tag{8-23}$$

税收作为一个宏观经济中的外生变量，仅仅受所列因素的影响，但并不为这些因素所决定，换句话说，并不能依据上述一般税收函数确定税收数量。

（三）拉弗曲线

拉弗曲线(Laffer Curve)理论是由供给学派代表人物、美国南加利福尼亚商学研究生院教授阿瑟·拉弗(Arthur B Laffer)提出的。产生拉弗曲线的命题是："总是存在产生同样收益的两种税率。"拉弗曲线的原理是：一般情况下，税率越高，政府的税收就越多，但税率的提高超过一定的限度时，企业的经营成本提高，投资减少，收入减少，即税基减小，反而导致政府的税收减少。拉弗曲线的政策主张是：政府必须保持适当的税率，才能保证较好的财政收入。描绘税收与税率关系的曲线即为拉弗曲线，见图 8-7。

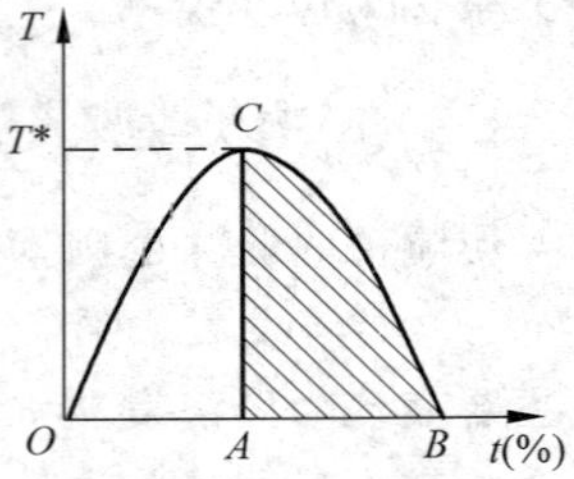

图 8-7 拉弗曲线

对于拉弗曲线，与拉弗同时代也同为供给学派经济学代表人物的裘德·万尼斯基(Jude Wanniski)对此做出了扼要解释："当税率为 100%时，货币经济(与主要是为了逃税而存在的物物交换不同)中的全部生产都停止了，如果人们的所有劳动成果都被政府所征收，他们就不愿意在货币经济中工作，因此，由于生产中断，没有什么可供征收 100%的税额，政府的收益就等于零。"

图中横轴 t 代表税率，纵轴 T 代表由税率和生产决定的税收收入。在税率与税收收入之间存在一种函数关系，采用高税率，不一定会得到高收入。从图中可以看出，当税率为零时的税收不干预生产，这时虽然可能会使生产扩大，但政府的税收收入却是零，结果会使政府的全部活动停止，整个社会生产处于无政府状态，对生产不利，所以，这种税率不足取。当税率由零点沿 t 轴向右推移亦即税率升高逐渐增加至 A 点时，曲线升至 C 点，税收收入增至 T^*，生产状态为最佳。因此，可以说 A 点是最佳税率。如果税率超过 A 点继续提高时，那么，因高税率阻碍经济主体的生产经营积极性，使税基缩小，税收收入不仅不会增加，反而会下降。如果税率提高到 B(100%)时，货币经济中所有的生产经营活动都会停止，人们会被迫转而采取以物易物或"地下活动"的方式从事生产经营活动，以逃避税收负担，这时税收收入也会降到零。因此拉弗认为图中的阴影部分 ABC 是税收的"禁区"范围。A 点不是一成不变的。

需要说明的是，拉弗曲线中的税率是指所得税类的税率，不包括流转税类税种(如烟税、酒税、奢侈品税等)的税率，因为对后者的税率有时规定为 100%，也会有税收收入。

拉弗曲线在理论和实证上都存有争议①，这些争议的存在正好说明它有不可低估的经济思想价值。

六、政府支出 G

（一）政府支出的基本含义

在宏观经济学中，政府支出被视为外生变量，常常看作是一个给定的量。

现代国家里政府支出的功能，一是维护国家机器的存在与运行；二是通过“加与”的方式调节社会各阶级各阶层的经济利益；三是为社会提供公共品；四是作为国家干预和调控国民经济运行的工具和手段。

具体来说，政府支出覆盖国家权力机构的建设与强化、重点国家经济建设、公共设施建设、国防建设、发展教育事业、社会保障与社会福利、防灾救灾、主持社会公平、消除不合理的社会经济差异、国民收入再分配等，常常与税收手段相结合用来调整经济周期。

（二）影响财政支出的主要因素

影响财政支出水平的因素主要有以下几种。

(1) 经济性因素(E)。经济性因素主要是指经济发展水平、经济体制以及中长期经济发展战略和经济政策。经济发展水平决定财政支出规模的明显例证是，经济发达国家的政府支出在 *GDP* 中的比重高于发展中国家政府支出在 *GDP* 中的比重。

(2) 政治性因素(P)。政治性因素对财政支出规模的影响主要体现在三个方面。一是政局是否稳定。当一国发生战争或重大自然灾害等突发事件时，财政支出规模必然会超常规地扩大，而且事后一般难以降到原来的水平。二是政体结构。就政治体制有而言，财政支出占 *GDP* 的比重，在倾向于集中的单一制国家比在倾向于分权的联邦制国家高一些，北欧各国由于政府包办高福利而导致财政支出规模最高。三是行政效率。就行政效率而言，涉及政府机构的设置问题，若一国的行政机构臃肿，人浮于事，效率低下，经费开支必然增多。

(3) 政府的经济干预政策(I)。政府通过法律和行政手段对经济活动的干预与通过财政等经济手段对经济活动的干预，具有不同的资源再配置效应和收入再分配效应。如果通过政府管制和政府法令进行经济干预，并未动用政府掌握的经济资源，这样财政支出规模将会不变。

(4) 社会性因素(S)。社会性因素包括人口、就业、医疗卫生、社会救济、社会保障以及城镇化等因素，这些因素都会在很大程度上影响财政支出规模。发展中国家人口基数大、增长快，相应的义务教育、卫生保健、社会保障、失业和贫困救济、生态环境保护以及城镇化等支出的增长压力就大。

(5) 其他因素。如公共品生产的微观效率、政治决策程序繁简程度、自然灾害的发生频率、总体人口的健康状态等，都会影响政府支出规模。

---

① 可参见深度分析：寻子员.拉弗曲线理论分析及其启示[J].山东财经学院学报，2003(4)：25-28.

以上各影响因素与政府支出水平的关系可以表述为下列一般政府支出函数：

$$G = f(E, P, I, S, \cdots) \tag{8-24}$$

（三）国际通行的政府支出分类

财政支出是政府为提供公共产品和服务，满足社会共同需要而进行的财政资金的支付。政府支出有许多分类标准，如按政府职能分类，按支出具体用途分类，按支出功能分类，按支出经济性质分类等，国际通行做法，同时使用支出功能和支出经济性质两种分类方法。

第一种，按支出功能分类。

政府支出按其功能分类，具体包括以下内容：一般公共服务支出、外交支出、国防支出、公共安全支出、教育支出、科学技术支出、文体广播支出、社会保障和就业支出、医疗卫生、环境保护支出、城乡社区事务支出、农林水事务支出、交通运输支出、工业商业金融等事务支出、其他政府支出，包括未划分到以上功能中的财政支出。这种分类方法，有利于体现政府各项支出在经济社会发展过程中所体现的功能、作用，可分析资源在不同领域的配置状况。

第二种，按支出经济性质分类。

购买性支出，是指政府以购买者的身份在市场上采购所需的商品和劳务，用于满足社会公共需要。政府购买性支出，遵循市场经济的基本准则，即实行等价交换。对市场运行而言，购买性支出，对消费和生产具有直接影响，可广泛用于调节各项经济活动。一定时期内政府购买性支出的规模与结构，对市场物价、有关产业发展有重要的调控作用；政府转移性支出，是指预算资金单方面无偿转移支出，如社会保障支出、财政补贴等。转移性支出，由于是价值单方面无偿转移支出，就不可能遵循等价交换的原则，而是为了实现政府特定的经济社会政策目标。与购买性支出相比，转移性支出的重点在于体现社会公平，而对市场经济运行的影响则是间接的。这种分类方法的优点是，以此可分析政府预算政策在公平与效率之间的权衡和选择，以及政府对市场运行干预的广度、深度。

从经济学角度来看，第一种分类方法有助于人们对公共资源的配置效率进行研究；第二种分类方法便利于政府进行宏观调控。

第二节　宏观经济变量反应的基本模式

一、宏观经济变量反应概述

（一）宏观经济是一个有机经济系统

图 8-2 显示了一个由许多宏观经济变量构成的宏观经济系统。在这个系统中，任何经济变量都不是孤立存在、自行变化的。就宏观经济的内生变量（如产出、消费、投资、储蓄、进口等）来说，它们直接相互依赖、相互作用、相互制约、相互决定；就宏观经济的外生变量（如政府税收、政府支出、出口等）来说，虽然它们是从系统外部给定的，但它们必须在

总体经济限定的范围内对内生变量施加影响，而总体经济规模是由内生变量决定的，从某种意义上说，外生变量与内生变量之间也存在着某种交互影响与限制的关系。宏观经济系统赋予了每一个经济变量（包括内生变量、外生变量）的存在意义、系统位置、功能角色、作用范围与变化限度。众经济变量之间形成错综复杂的有机联系。这种有机构造使得宏观经济系统具有了运动发展的生命力。

（二）宏观经济变量反应的基本模式

宏观经济作为一个系统具有一般系统的基本要素：系统目标、系统动力、系统环境，具有一般系统的基本特性：结构、反馈、交换。无论是宏观经济大系统本身，还是其中的子系统局部都有着自己独特的动态反应模式。

宏观经济变量反应有以下三种基本模式。

第一种，宏观经济变量两两反应模式。所谓宏观经济变量两两反应，是指由一个自变量和一个因变量组成的宏观经济单元，两个变量之间的反应。这里又分两种情况，一种是双向反应——两个内生宏观经济变量相互之间的反应；一种是单向反应——由一个自发变量引起另一个宏观经济变量的反应。前面讨论过的主要宏观经济变量与其影响因素之间的反应就是这种模式，这是经济生活中最基本的反应模式，也是理论分析所必需的抽象模式。譬如：扩大消费会使国民收入增加，国民收入增加反过来提高了消费水平；政府支出增加最终能使国民收入增加。这两种情况可记为

$$C \rightleftarrows Y \tag{8-25}$$

$$G \rightarrow Y \tag{8-26}$$

第二种，多个宏观经济变量的连锁反应模式。当宏观经济系统处于稳定状态条件下，任何一个经济变量的初始变动都会引起关联经济变量的连锁反应。这里也分两种情况，一种是同一个市场内部多个宏观经济变量之间的反应；一种是不同市场之间多个宏观经济变量的反应。多个宏观经济变量的连锁反应模式比前一种模式更加接近现实的经济生活。譬如：消费需求增多导致国民收入增多，国民收入增多使企业家有能力扩大机器设备采购，其中一部分机器设备从国外进口——这是产品市场内部的连锁反应；消费需求增多导致国民收入增多，国民收入增多导致货币需求增加，货币需求增加引起通货膨胀，通货膨胀导致物价水平上升，物价水平上升致使消费需求减少——这是产品市场和货币市场之间多变量的连锁反应。这两种情况可记为

$$C \rightarrow Y \rightarrow I \rightarrow M \tag{8-27}$$

$$C \rightarrow Y \rightarrow L \rightarrow \pi \rightarrow P \rightarrow C \tag{8-28}$$

第三种，宏观经济变量的倍增反应模式。当某一经济变量发生初始变动时，经过在宏观经济系统内的连锁反应后，最终导致另一宏观经济变量产生倍增（或倍减）变化。这种反应模式虽然也是建立在两个变量之间的，但重点是变量在量上的变化。连锁反应链条中的所有经济变量都有可能发生这样那样的倍增反应，各变量在宏观经济系统的不同位置上交互影响，其反应方向可能是同方向的、叠加的、复合的、相互加强的，也有可能是反方向的、独立的、分流的、相互抵消的，或者可能是交错混合型的。譬如，政府支出增加对

国民收入的倍增作用就属于这种反应模式，可记为

$$\Delta G \rightarrow \Delta Y(k \times \Delta G) \tag{8-29}$$

（三）宏观经济变量基本反应模式举例

1. 内生变量之间循环反应

投资与产出是两个内生变量。投资变动能够导致产出变动，而产出变动也能够引致投资变动，因而两个经济变量循环反应，其逻辑式为

$$I_0 \rightarrow Y_0 \rightarrow I_1(\rightarrow Y_1 \cdots) \tag{8-30}$$

式中：I 为投资；Y 为产出。

一个经济体中，在生产技术水平给定的情况下，投资的增加，意味着生产规模的扩大，从而导致总产出的增加；投资减少，意味着生产规模的缩小，从而导致总产出的减少。反过来，总产出的增加，为投资的增加提供了物质条件；总产出的减少，致使资本品供给紧张，限制了投资的增加的可能性。

在投资变量-产出变量的循环反应中，除了前述不同性质变量之间的反应，还存在着在不同循环链条上的量的倍增反应。譬如，初始投资量的变动，最终会导致总产出的倍数于初始投资量的变动（此为投资乘数效应），这是“投资→产出”方向的；而初始总产出量的微小变动，会导致投资量的较之于初始总产出量更大变动（此为加速数效应），这是“产出→投资”方向的。“投资→产出”方向的乘数效应与“产出→投资”方向的加速数效应进入循环反应，引起宏观经济周期性波动，见图 8-8，图中，Y 为总产出，T 为时间。

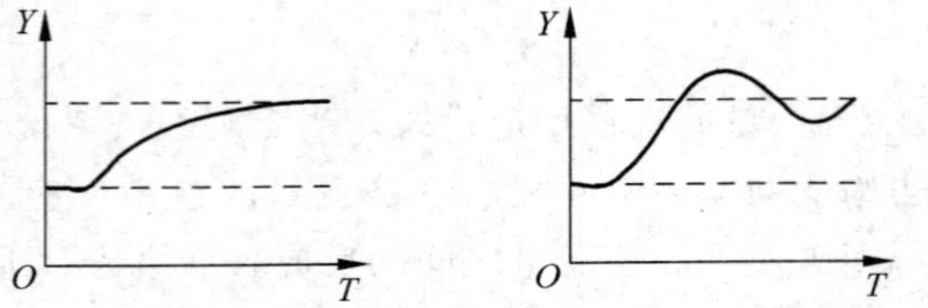

图 8-8　乘数效应与加速数效应循环反应

2. 经济过程惯性反应

经济过程惯性反应是上述循环反应的一种特殊形态，是经济变量相互间的循环反应进入一种正向反馈的状态，往往具有螺旋结构，除非受到外部冲击（如逆向的经济政策介入），其经济后果将不断加重。譬如，通货紧缩螺旋：

初始需求↓→物价水平↓→预期物价未来↓→购买推迟，需求进一步↓→物价水平进一步↓

(8-31)

以上是消费需求减少所形成的通货紧缩过程。其实在这个过程中，受需求减少的作用，企业投资会相应减少，雇佣减少，人们的收入减少，进而消费需求减少，这样又嵌入了一个经济紧缩循环。

如果经济中债务水平很高，由于债务价值不会因通货紧缩而减少，通货紧缩导致债务实际数量上升，促使人们加紧偿还债务，于是家庭将出售贷款抵押品（如房产等），致使资

产价格下跌，一般物价水平会进一步下降，此过程会一直持续下去。

当消费、投资、偿债方面的紧缩螺旋叠加在一起，经济将更加虚弱，难以从中走出①。

3. 产品市场与货币市场的复合反应

市场经济本来就是产品市场和货币市场的统一体，虽然产品市场和货币市场有着各自的运动规律，但它们在本质关系上是相通的，一个市场中某一经济变量的变动会引起另一市场中相关经济变量的变动，而另一市场的变化反过来又影响变化在先的那个市场。政府投资导致的"挤出效应"是产品市场与货币市场复合反应的典型例子。

$$G\uparrow \rightarrow \boxed{L\uparrow(\text{在 }M\text{ 不变情况下})\rightarrow r\uparrow} \rightarrow I\downarrow \rightarrow Y(\uparrow \text{ 或 } -) \tag{8-32}$$

式中：阴影部分为产品市场，方框部分为货币市场；G 为政府投资(或支出)；L 为货币的市场需求；M 货币的市场供给；r 为利率水平；I 为私人投资；Y 为总产出。G、I、Y 是产品市场中的经济变量，L、M、r 是货币市场的经济变量。↑表示"增加"，↓ 表示"减少"，—表示"不变"。

本来政府扩大投资(或支出)的意图是增加总需求，进而增加总产出，但经过产品市场和货币市场的复合反应，产生了"挤出效应"，可能将私人资本挤出生产领域，最终导致总产出增加量不确定(即总产出可能增加，也可能不变，具体要视挤出效应的强度大小而定)。

4. 多个宏观经济变量变动的复杂反应

上面的两个例子都是一个经济变量初始增量触发后续一连串其他经济变量的连锁反应，更多的情况是，多个经济变量初始增量同时触发(或先后集体触发)后续众多其他经济变量连锁反应，其中还包含着各种类型的循环反应类型，总体上呈现出复杂的反应态势，图 8-9 是一个基于凯恩斯主义的曲折的财政政策和货币政策的传导机制②，即多个宏观经济变量变动的复杂反应过程。

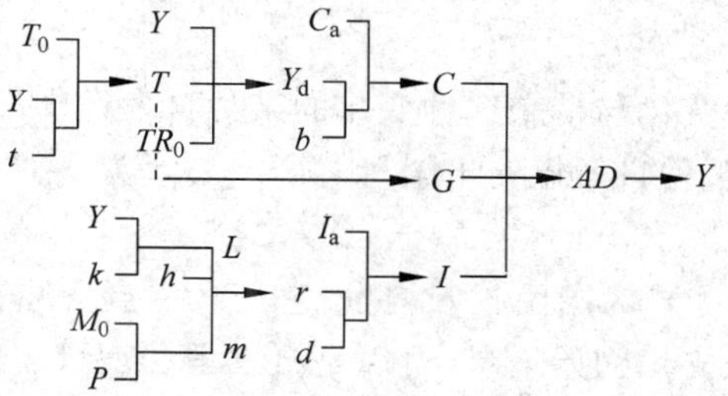

图 8-9 多个宏观经济变量变动的复杂反应

这是一个三部门经济的多宏观经济变量变动的复杂反应模型。上半部分体现了财政政策传导过程中的复杂反应，下半部分体现了货币政策传导过程中的复杂反应。经济政策实施的最终目标是影响总产出量。

---

① 改编自乔治·巴克利，苏米特·德赛.就是一本简单的经济学[M].王忻暘，译.北京：中信出版社，2014：40-41.

② 改编自张延.宏观经济学[M].北京：中国发展出版社，2010：148-149，186-187。原图右侧似多出自发消费 C_a 一项，却少了政府支出 G 一项。

财政政策传递过程显示，在国民收入 Y、初始税收 T_0 给定的情况下，当政府调整税率 t，将导致税收增量发生变化，初始税收加上税收增量得到毛税收 T，国民收入扣除掉折旧之后再扣除政府的净税收(即毛税收 T 减去转移支付 TR_0)，就得到居民可支配收入 Y_d，可支配收入乘上边际消费倾向 b 得到引致消费，引致消费加上自发消费 C_a，就产生总的消费需求 C。假定政府将全部净税收用于政府支出，于是有政府支出 G；假定政府只将一部分净税收用于政府支出，于是出现财政盈余，若政府支出透支时，将出现财政赤字，总之政府可调整税率 t 和政府支出量 G 的大小以影响总需求量。

货币政策传递过程显示，国民收入 Y 乘以货币需求的收入弹性 k，就形成交易性和预防性的货币需求量。国民收入 Y 乘以货币需求的利率弹性 h，就形成投机性的货币需求量。这两类货币需求就构成社会总的货币需求 L。$M_0$①是中央银行可掌控的货币供给量，由于存在通货膨胀，实际货币供给量为 M_0/P，这是社会总的货币供给量 m。在货币市场上，货币需求与货币供给决定了市场利率 r，自发投资 I_a 加上由于利率变动所引致的投资增量(d 为投资需求对利率变动的反应程度)，形成社会总投资量 I。

居民消费需求 C、私人投资需求 I、政府购买需求 G 之和便形成了社会总需求 AD，社会总需求最终决定了总产出 Y。

二、乘数效应

许多宏观经济变量都有这样一种特点：它的自发变量发生初始变动后能在经济系统中产生一系列连锁反应，最终引起国民收入发生倍数变化，这就是宏观经济学中的乘数效应。乘数效应是宏观经济运行中的一种基本效应，对此效应的研究成果即为乘数理论。

(一) 乘数的一般定义

乘数，指国民收入的变化与带来这种变化的某种自发性支出的变化的比率，即国民收入增量与引起其变化的某种自发性支出增量之商。公式为

$$K = \Delta Y/\Delta A \tag{8-33}$$

式中：K 为乘数或倍数；ΔY 为国民收入增量，它是某一自发性支出增量经过连锁反应之后的结果；ΔA 为自发性支出初始增量，可以是自发消费增量、自发投资增量、政府购买增量、政府税收增量等。

(二) 乘数效应过程

当自发性变量的初始增量注入宏观经济系统时，经济活动参与者按照某种“获得收入后的消费支出习惯”影响后面的参与者，前一参与者的消费支出成为后一参与者的收入，这一参与者的消费支出成为再后面参与者的收入，如此，每个关联环节上都有新的收入的产生，将所有新增的收入加总起来，就得到增加了的总收入。增加了的总收入可以是正值或负值，具体要视自发性变量在性质上是属于注入量还是属于漏出量而定。此时增加了

① 此 M_0 泛指中央银行掌控下的货币供给量，注意与后文提到的货币定义 M_0“通货”相区别。

的总收入往往是自发性变量初始增量的数倍。这就是乘数效应过程。

乘数效应过程可用下面这个例子加以说明。假设有一旅游小镇，该镇所有的人都有一个消费习惯：把获得的收入的 4/5 用于消费。设有一旅店要扩建一间休闲小木屋，为此付给建造商 1 000 元。建造商获得了这 1 000 元的收入后，消费了其中的 4/5 去购置加工工具和更新木工工具。建造商这些消费构成了工具商的收入 800 元，工具商消费了其中的 4/5 去购买面包和饮料。工具商的这些消费构成了食品商的收入 640 元，食品商消费了其中的 4/5 去……如此小镇的收入比起最初建小木屋的支出 1 000 元大出了 4 倍，达到了 5 000 元。这就是乘数效应。具体计算如表 8-5 所示。

表 8-5　乘数效应过程　　单位：元

最初支出	参与者	收入	消费	边际消费倾向
1 000	建造商	1 000	800	4/5
	工具商	800	640	4/5
	食品商	640	512	4/5
	…	…	…	4/5
	总额	$5\,000=\frac{1}{1-(4/5)}\times 1\,000$		

乘数效应也可用图形来表示，见图 8-10。

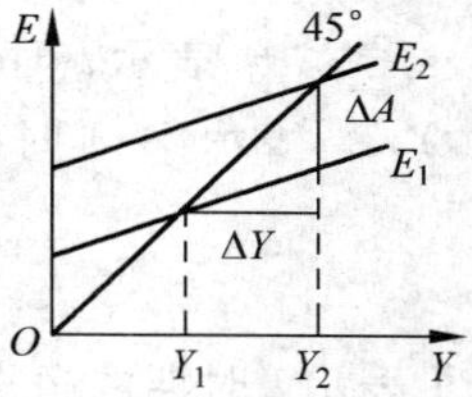

图 8-10　乘数效应

图中，E 代表支出，可以是消费支出、投资支出、政府购买支出，以及所有这类支出之和。A 代表各种自发支出，如自发消费支出 C_a、自发投资支出 I_a、政府购买支出 G_0，以及所有这类支出之和。ΔA 代表自发支出的初始变动量（相当于 E_1E_2 之间的距离）。总支出曲线 E_1、E_2 的斜率即为边际消费倾向 MPC（或 b）。

乘数效应对产出的影响：

$$\Delta Y=\frac{1}{1-b}\times\Delta A \tag{8-34}$$

（三）乘数效应发生的条件

乘数效应是有条件的：①在一系列经济部门或经济参与人之间存在产业关联或经济往来；②在关联产业的连锁反应过程中不存在瓶颈环节，否则将导致连锁反应中断；③经济体中存在可利用的闲置资源，否则仅有资金投入，没有资源支持，无法产生放大效应。

乘数效应具有正反两面的作用：初始自发性变量，能以倍数放大或缩小国民收入经济，因此乘数效应也被称为“双刃剑”。

宏观经济中许多因素或变量都能产生乘数效应，于是有不同的乘数，譬如投资乘数、政府购买乘数、政府转移支付乘数、税收乘数、平衡预算乘数、货币创造乘数、就业乘数等。

以上乘数效应过程的讨论都是只考虑了某一自发变量变动对国民收入的乘数作用，其实，该自发变量变动后可能同时触发了其他一个乃至多个宏观经济变量的反应，它们的反应可能也是乘数作用，反应方向可能一致而使乘数效应总效果增强，也可能相背而使乘数效应总效果不明显。

三、加速数原理

加速数理论亦称加速原则(或加速原理)，是宏观经济学中的一个重要理论。加速数理论是一种关于产量水平的变动与投资支出数量之间关系的投资理论，其中心内容是投资支出水平的变动取决于产量水平的变动。从本质上说，加速数依然归属于乘数。

加速数原理(Acceleration Principle)是根据现代机器大生产应用大量固定资本设备的技术特点说明收入或消费的变动所引起的投资变动的理论，即在没有多余的固定资本设备的情况下，收入或消费的增加，必然引起投资若干倍的增加，收入或消费的减少必然引起投资若干倍的减少。

(一) 加速系数

加速系数也叫加速数，是指增加一单位产量所导致资本量的增加量，即资本增加量与产量增加量之比，所以又叫资本产量比。

若以 Y 代表产量水平，K 代表资本存量；ω 代表资本-产出比率，有如下的关系式：

$$K=\omega Y \tag{8-35}$$

若以 K_t表示 t 时期的资本存量，Y_t表示 t 时期的产量，K_{t-1}表示 $t-1$ 时期的资本存量，Y_{t-1}，表示 $t-1$ 时期的产量，有如下关系式：

$$K_{t-1}=\omega Y_{t-1}$$

$$K_t=\omega Y_t$$

以 I_t表示 t 时期的净投资，有

$$I_t=K_t-K_{t-1}=\omega Y_t-\omega Y_{t-1}=\omega(Y_t-Y_{t-1}) \tag{8-36}$$

如果以投资总额表示，则在上式两边同时加上 t 时期的重置投资 D_t，则有

$$I_{gt}=I_t+D_t=\omega(Y_t-Y_{t-1})+D_t \tag{8-37}$$

式中：I_{gt}表示时期 t 的总投资，包括净投资和重置投资两部分；ω 为加速数，如果资本产出率为 2，本期产量比上期增加 200，则本期的净投资应为 400，加速数为 2，表明本期净投资支出额是产量变动的 2 倍。

根据上述的加速原则，如果某社会的现有资本存量已经生产其所能生产的最大产量(亦即不存在过剩生产能力)，如果资本-产量比率不变，则产量的任何扩大都需要资本存量的扩大。而且，只要加速数值大于 1，资本存量所需要的投资增加必须超过产量的增加，这样投资支出的增加就将大于引起它增加的产量的增加。同样，加速原理也可以向反方向发挥作用，如果某一时期的产量比上期下降，那么投资净额就将以加速数为倍数，较之产量的减少而更大量地减少。

(二) 加速原理发挥作用的限制条件

加速数效应的大小与下列影响因素有关。

第一，生产能力是否全部运转。在实际生活中，经常出现设备闲置现象，即使消费需

求提高了，也可以通过利用现有设备的过剩能力来解决，而不一定要增加投资，如果是这种情况，加速数效应会大为削弱。换句话说，要使加速原理充分发挥作用，只有在过剩生产力全部消除时才能实现。

第二，预期的影响。企业通常会出于对经济前景的预期而主动地增加或减少存货，在未来消费需求增加时，就不一定要通过扩张生产即增加投资的方式来应付，用企业预先安排好的库存就可以满足市场需求了。

第三，时滞的影响。考虑到生产新设备需要一定的时间，消费对投资的带动并非像加速数原理描述的那样立竿见影，这样会使加速数作用大打折扣。

第四，资本-产出比率的变动。资本-产出比率不是一成不变的，资本-产出比率概念本身是机器大工业的产物，随着经济增长模式由资本密集型向技术密集型和知识密集型转变，资本-产出比率也会发生一定的变化，从而影响加速数效应的效果。

（三）加速原理的经济含义

在理解加速原理时要注意其中包含的经济含义。

第一，投资并不是绝对收入量的函数，而是收入变化的函数。

第二，投资或者资本品生产的变动虽然是由收入（产量）的变动引起的，但前者的变动比后者要大得多，收入（产量）的轻微变动都会引起投资或资本品生产的剧烈波动。

第三，要想使投资增长率不下降，产量就必须持续按一定比率连续增长。如果产量的增长率放慢了，投资增长率就会停止或下降。这就意味着即使产量的绝对量并没有绝对地下降，而只是相对地放慢了增长速度，也可能会引起经济的衰退。

第四，加速的含义是双重的，也就是说加速原理在正反两方面都起作用，当产量或收入增加时，资本品的投入就要加速地增长，投资加速扩大；当收入或产量减少时，资本品的闲置就会变得严重，投资不增甚至迅速减少。

乘数原理和加速原理是从不同角度说明投资与收入、消费之间的相互作用。只有把两者结合起来，才能全面、准确地考察收入、消费与投资三者之间的关系，并从中找出经济依靠自身的因素发生周期性波动的原因。

第三节　国民收入决定的简单理论：*Y-AE* 模型

一、支出决定收入原理

在分别了解了各宏观经济变量的性质和特点以后，接下来就可以探讨国民收入是如何决定的了。

本教程的国民收入决定理论包含四个基本模型：①只考虑产品市场均衡且物价水平不变的收入-总支出模型——*Y-AE* 模型；②考虑产品市场和货币市场同时均衡且物价水平不变的模型——*IS-LM* 模型；③同时考虑产品市场、货币市场、劳动市场均衡且物价水平可变的模型——*AS-AD* 模型；④在考虑了国内市场均衡的基础上还考虑国际收支

均衡的 IS-LM-BP 模型。

显然，第一种模型是最简单的国民收入决定模型。本节首先介绍这种国民收入决定模型，下面通过图 8-11 来阐释。

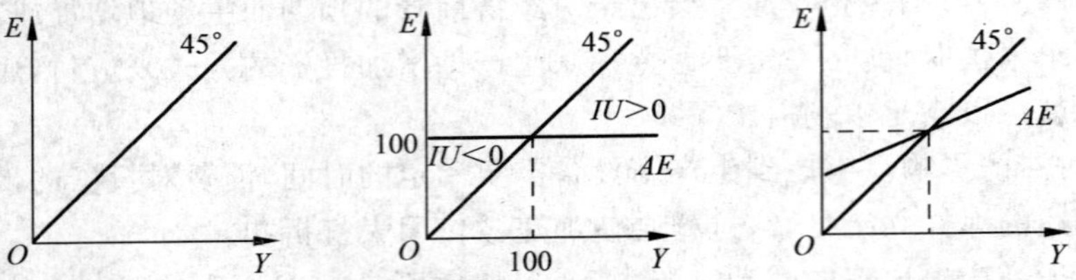

(a) 支出等于收入的45° 线　　(b) 支出决定收入　　(c) 倾斜的AE决定收入

图 8-11　简单的国民收入决定

(1) 在图 8-11(a)中 45°线即为均衡线，线上的任何一点都表示支出等于收入；

(2) 在图 8-11(b)中 AE 为总支出曲线，譬如代表消费支出＋投资支出；

(3) 假定总支出为 100，均衡点 E 之下对应的实际产出 100 即为均衡产出 Y^*，此时非意愿库存 IU 为 0；

(4) 当总支出 AE 曲线上下移动时，总支出曲线与 45°均衡线的交点 E 也在变动，对应的均衡产量随之发生变动。

总支出的变动决定了均衡产量的变动，这就是“支出决定收入原理”。

$$Y^* = AE(IU = 0) \tag{8-38}$$

当 AE 曲线呈水平线时，说明各类支出(如消费支出，投资支出、政府购买支出等)只含有自发因素。

当 AE 曲线呈向右上方倾斜线时，如图 8-11(c)所示，说明各类支出不仅含有自发因素，还含有引致因素(通常为某一系数与国民收入 Y 的乘积，如引致消费 bY)。

二、两部门经济国民收入的决定

(一) 必要假设

第一，假设所分析的经济体仅有两个部门。排除了政府与对外贸易，只有家庭部门(居民户，也可以称为家庭)和企业部门(也可以称为厂商)。消费行为和储蓄行为发生在家庭，生产行为和投资行为发生在厂商。厂商的投资行为不受利率和产量的影响，为自发投资。

第二，假设物价水平保持不变。在社会经济资源供给短缺发生之前，存在大量的闲置资源，短期内社会生产的扩大，不会导致经济资源价格上升，因此产品成本和产品价格基本上能够保持不变[①]。

第三，假设折旧和公司未分配利润为零。为了分析的简便，此一假设和不存在政府税收的假设，使得 GDP、NDP、NI、PI、DPI 都相等了。

---

① 这就是著名的凯恩斯定律。

（二）两部门经济的均衡条件

实际产出的构成：

$$实际产出 = 消费 + 储蓄（它们由要素总收入转化而来）$$

$$Y = C + S \tag{8-39}$$

实际支出的构成：

$$实际支出 = 消费 + 投资（它们是总支出的具体使用）$$

$$AE = C + I \tag{8-40}$$

于是有两部门国民收入的决定：

$$实际产出 = 实际支出$$

$$Y = AE \tag{8-41}$$

$$C + S = C + I$$

$$S = I \tag{8-42}$$

$S=I$ 就是两部门经济的均衡条件，它同时决定了均衡物价水平 P^* 和均衡国民收入 Y^*。

（三）两部门经济的均衡产出

由于

$$Y = C + I \tag{8-43}$$

$$C = C_a + bY，\quad I = I_a$$

有

$$Y^* = (C_a + I_a)/(1 - b) \tag{8-44}$$

图 8-12(a)和图 8-12(b)是两部门经济均衡国民收入决定的两种表达方法，在初始条件给定和消费（或储蓄）、投资量相同的情况下，最终决定的均衡产量 Y^* 是相同的。

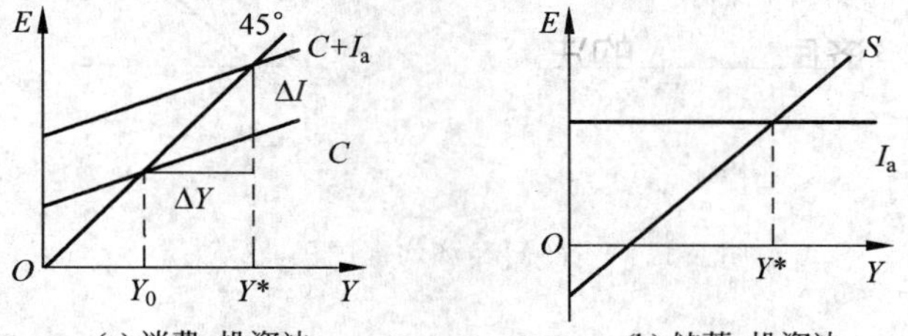

图 8-12　两部门经济均衡国民收入决定

三、三部门经济国民收入的决定

（一）三部门经济的均衡条件

实际产出的构成：

$$实际产出 = 消费 + 储蓄 + 税收（它们由要素总收入转化而来）$$

$$Y = C + S + T \tag{8-45}$$

实际支出的构成：

实际支出 = 消费 + 投资 + 政府支出(它们是总支出的具体使用)

$$AE = C + I + G \tag{8-46}$$

于是有三部门国民收入的决定：

实际产出 = 实际支出

$$Y = AE$$

$$C + S + T = C + I + G$$

$$S + T = I + G \tag{8-47}$$

$S+T=I+G$ 就是三部门经济的均衡条件，它同时决定了均衡物价水平 P^* 和均衡国民收入 Y^*。

(二) 三部门经济的均衡产出

由于

$$Y = C + I + G \tag{8-48}$$

$$C = C_a + bY, \quad I = I_a, \quad G = G_0$$

有

$$Y^* = (C_a + I_a + G_0)/(1 - b) \tag{8-49}$$

图 8-13(a)和图 8-13(b)是三部门经济均衡国民收入决定的两种表达方法，在初始条件给定和消费(或储蓄)、投资量相同的情况下，最终决定的均衡产量 Y^* 是相同的。

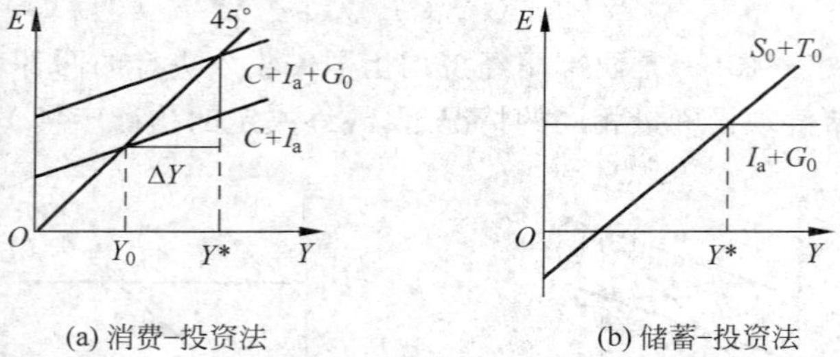

(a) 消费-投资法　　(b) 储蓄-投资法

图 8-13　三部门经济均衡国民收入决定

四、四部门经济国民收入的决定

(一) 四部门经济的均衡条件

国民经济中包含家庭、企业、政府、国外四个部门，是最接近现实的开放经济；四部门经济的总供给和总需求的原始构成受到政府部门和国外部门的影响，国外部门也受到政府部门的关税影响。这里，暂不考虑对外转移支付因素，并假定出口、进口都是外生变量。

实际产出的构成：

实际产出 = 消费 + 储蓄 + 税收 + 进口（它们由要素总收入转化而来）

$$Y = C + S + T + M \tag{8-50}$$

实际支出的构成：

实际支出 = 消费 + 投资 + 政府支出 + 出口（它们是总支出的具体使用）

$$AE = C + I + G + X \tag{8-51}$$

于是有四部门国民收入的决定：

实际产出 = 实际支出

$$Y = AE$$

$$C + S + T + M = C + I + G + X$$

$$S + T + M = I + G + X \tag{8-52}$$

$S+T+M=I+G+X$ 就是四部门经济的均衡条件，它同时决定了均衡物价水平 P^* 和均衡国民收入 Y^*。

（二）四部门经济的均衡产出

由于

$$Y = C + I + G + NX \tag{8-53}$$

$$C = C_a + bY,\quad I = I_a,\quad G = G_0,\quad M = M_0,\quad X = X_0$$

有

$$Y^* = (C_a + I_a + G_0 + NX)/(1 - b) \tag{8-54}$$

图 8-14(a)和图 8-14(b)是两部门经济均衡国民收入决定的两种表达方法，在初始条件给定和消费（或储蓄）、投资量相同的情况下，最终决定的均衡产量 Y^* 是相同的。

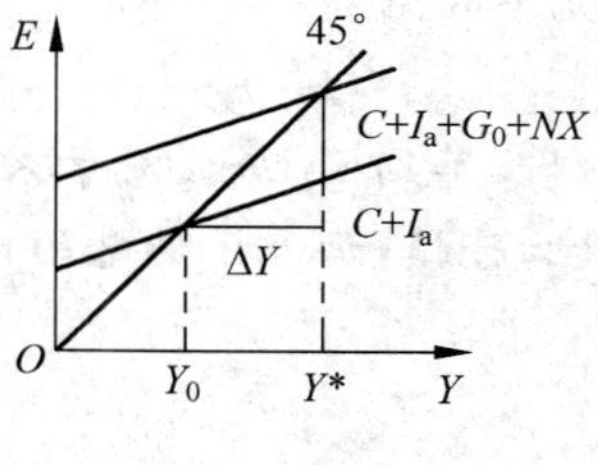

(a) 消费–投资法

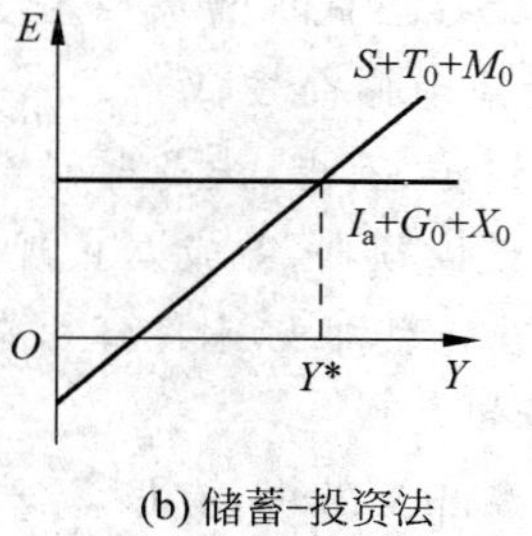

(b) 储蓄–投资法

图 8-14　四部门经济均衡国民收入决定

五、均衡国民收入的变动

当经济中自发消费、自发投资、政府购买支出、税收、出口、进口等变量发生变动，都会引起均衡点的移动，从而导致国民收入的变动。

下面仅以两部门经济为例来说明均衡国民收入的变动。可以用两种方法来表示均衡点的移动，下面以消费-投资法为例。假设投资增加了，从 I_1 增加到 I_2，结果导致国民收入从 Y_0 增加到 Y^*，如图 8-15 所示。

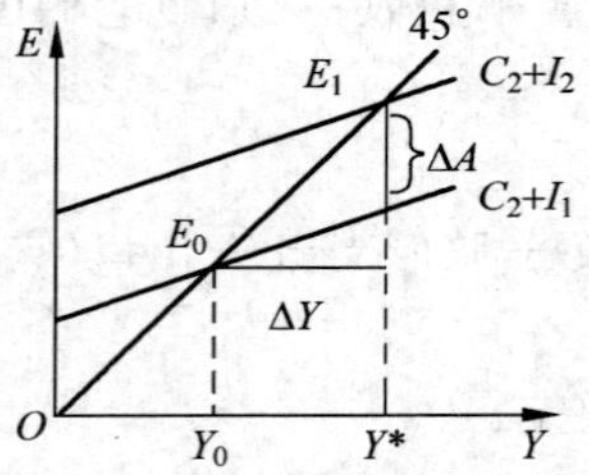

图 8-15 两部门经济均衡国民收入的变动(消费-投资法)

图中，自发变量的变动 ΔA 包含了自发消费的变动和自主投资的变动(消费和投资中的引致因素没有变化，故总支出曲线上移后斜率未发生改变)。

本章经济学原理应用示范

1994—2013 年我国投资乘数效应低下的原因

投资乘数的大小与居民边际消费倾向有极大的关系。经编者测算(数据见表 8-6)，我国的居民长期边际消费倾向为 0.48，由此可以计算出我国的长期投资乘数 $K=1/(1-b)=1.99$。著名发展经济学家钱纳里对 101 个国家相关资料的研究表明，一个国家在人均国内生产总值从 100 美元增加到 1 000 美元的过程中，其长期边际消费倾向为 0.611，即投资乘数为 2.57。我国人均国内生产总值已经超过 1 000 美元经济发展“标准结构”数据的上限，而我国的长期边际消费倾向远低于国际平均水平 0.611，长期投资乘数也远低于国际水平。

我国投资乘数效应低下的原因主要有以下几个方面①。

1. 居民边际消费倾向较低

教育、医疗、住房、养老、失业等社会保障体制改革期间，居民对于未来的收入和支出存在大量的不确定性预期，导致居民现期消费更加谨慎，加大了储蓄的比重，最终使全社会投资的乘数效应不能很好地发挥出来。

2. 边际投资倾向低

在我国现实经济生活中，有很多储蓄存款沉淀在银行中未被用于投资，这就使得投资占收入的比重比理论上计算的要低。

3. 次级消费循环中存在着除储蓄以外的非正常漏出

由于我国各种制度法规尚不健全，也就使次级消费循环中存在着除储蓄以外的非正常漏出。一是投资项目过程中的腐败问题比较突出，造成部分资金未进入生产领域，还有一些低水平的固定资产的重复性建设，使得沉淀成本过大。二是资本外逃规模膨胀，导致国内投资和生产萎缩。

4. 交易费用的不合理

交易费用过高，人们就倾向于自给自足，市场交易的链环就会被打破，资金、产品与服

① 保罗·萨缪尔森，威廉·诺德豪斯. 微观经济学[M]. 19 版. 萧琛，译. 北京：人民邮电出版社，2012：90-91.

务的流动就会被割断。目前，我国的市场制度并不完善，市场混乱，效率低下，比如，不健全的审批制度、某些商品地方价格的保护、一系列的寻租行为等，它们都将使得交易不畅。交易费用不以市场来定价，就会造成次级消费的循环速度减慢，从而对投资乘数产生不利的影响。

表 8-6　投资乘数与居民边际消费倾向[①]

年份	GDP（亿元）	ΔY	居民消费（亿元）	ΔC	短期边际消费倾向	短期投资乘数
1994	50 217.40		29 242.20			
1995	63 216.90	12 999.50	36 748.20	7 506.00	0.58	2.37
1996	74 163.60	10 946.70	43 919.50	7 171.30	0.66	2.90
1997	81 658.50	7 494.90	48 140.60	4 221.10	0.56	2.29
1998	86 531.60	4 873.10	51 588.20	3 447.60	0.71	3.42
1999	91 125.00	4 593.40	55 636.90	4 048.70	0.88	8.43
2000	98 749.00	7 624.00	61 516.00	5 879.10	0.77	4.37
2001	109 027.99	10 278.99	66 933.89	5 417.89	0.53	2.11
2002	120 475.62	11 447.63	71 816.52	4 882.63	0.43	1.74
2003	136 613.43	16 137.81	77 685.51	5 868.99	0.36	1.57
2004	160 956.59	24 343.16	87 552.58	9 867.07	0.41	1.68
2005	187 423.42	26 466.83	99 357.54	11 804.96	0.45	1.81
2006	222 712.53	35 289.11	113 103.85	13 746.31	0.39	1.64
2007	266 599.17	43 886.64	132 232.87	19 129.02	0.44	1.77
2008	315 974.57	49 375.40	153 422.49	21 189.62	0.43	1.75
2009	348 775.07	32 800.50	169 274.80	15 852.31	0.48	1.94
2010	402 816.47	54 041.40	194 114.96	24 840.16	0.46	1.85
2011	472 619.17	69 802.70	232 111.55	37 996.59	0.54	2.19
2012	529 399.20	56 780.03	261 993.60	29 882.05	0.53	2.11
2013	586 673.00	57 273.80	292 165.60	30 172.00	0.53	2.11

注：数据来自国家统计局网站。

本章经济学原理应用指引

1. 平均消费倾向-平均储蓄倾向等式，可用于：

（1）乘数效应大小分析。

（2）分析消费者行为。

（3）税赋设计。

（4）居民储蓄行为分析。

2. 乘数效应原理，可用于分析：

（1）居民消费乘数效应。

（2）国债投资乘数效应。

① 改编自李柏洲，朱晓霞. 我国投资乘数效应的计算与分析[J]. 经济研究导刊，2006(6)：12-14.

(3) 出口乘数效应。

(4) 科技创新乘数效应。

(5) 政府财政政策效果分析。

3. 简单国民收入决定原理，可用于分析：

(1) 储蓄与投资对关系对宏观经济运行的影响。

(2) 消费与投资对关系对宏观经济运行的影响。

(3) 物价水平-利率水平-汇率水平的动态变动关系。

本章小结

本章的分析是在以下基本假设下展开的：①物价水平不变。在达到充分就业状态之前的一个阶段上，无论需求量是多少，经济社会都能以不变的价格提供相应的供给量；②短期产品市场。短期内总需求可以灵活变动，总供给则在长期里才能发生变动。因此，本章侧重于短期需求分析。本章是国民收入决定的简单分析，即在物价水平不变条件下，只利用了 Y-AE(收入等于总支出)，或 $S=I$(国民收入决定的均衡条件)来确定均衡国民收入。

在考察国民收入决定之前，首先要对宏观经济中的主要变量进行深入的认识，准确把握其内涵、经济功能、相互间的关系与作用。本章介绍的宏观经济变量限于产品市场范围，主要有消费、投资、储蓄、税收、政府支出(含政府购买和政府转移支付)。部分其他产品市场的宏观经济变量，以及涉及货币市场、要素市场的宏观经济变量将在后面的章节予以介绍。

宏观经济变量之间存在着三种基本反应模式：宏观经济变量两两反应模式，多变量的连锁反应模式，导致相关变量发生倍数变化的倍增反应模式。乘数效应是宏观经济活动中的普遍现象，是初始自发变量的变动在关联部门内经过连锁反应而使国民收入呈倍数变动的效果，体现了宏观经济各要素彼此间的有机联系。乘数效应的条件是经济体中存在闲置资源、没有瓶颈环节打断连锁反应。乘数效应是一把“双刃剑”，可以从正负两方面影响国民收入。自发消费、自发投资、政府购买、政府转移支付、税收等的变动都可以产生乘数效应。

消费、平均消费倾向、边际消费倾向是本章乃至贯穿整个宏观经济学的重要概念。这是因为消费在国民收入决定中起着最主要的作用，在现代市场经济国家，消费对国民收入具有 70％以上的贡献率。边际消费倾向是决定着各类乘数大小的主要因素。边际消费倾向的变化具有递减趋势。在运用消费、平均消费倾向、边际消费倾向等概念和变量时要注意短期与长期的划分。

在国民收入决定理论中，均衡国民收入 Y 等于乘数 K 和自主变量 A 的乘积，国民收入增加量 ΔY 也可以通过乘数 K 和自主变量的增量 ΔA 的乘积计算出来。影响国民收入大小的关键因素是边际消费倾向 b 和自主变量 A，A 包括自发消费、自发投资、政府购买等。

在用消费-投资法图形来决定均衡国民收入的原理中，均衡国民收入实现条件除了 $Y=AE$ 之外，还有另一种表达：非意愿库存 $IU=0$。实际上，除了市场调节机制，非意愿

库存 IU 也是宏观经济的一种调节机制。两部门、三部门、四部门经济的均衡条件都是“储蓄＝投资”。

关键概念

自发变量，又称自主变量，是由经济系统外部因素决定的，或者说是外生性的变量，其总和记为 A，包括自发消费、自发储蓄、自发投资、政府支出、税收等。**引致变量**，是由经济系统内部因素决定的，或者说是内生性的变量，如引致消费、引致储蓄、引致投资等。

平均消费倾向，指在任一收入水平上，消费在收入中所占的比率，即消费总量与收入总量的比率。**边际消费倾向**，指在增加的收入中消费增加所占的比率，即消费增量与收入增量的比率。

储蓄，是城乡居民将暂时不用或结余的货币收入存入银行或其他金融机构的一种存款活动。**平均储蓄倾向**，指在任一收入水平上，储蓄在收入中所占的比率，即储蓄总量与收入总量的比率。**边际储蓄倾向**，指在增加的收入中储蓄增加所占的比率，即储蓄增量与收入增量的比率。

投资，指资本的形成，即社会实际资本的增加量。投资具体包括厂房、设备、房屋建设以及存货投资的增加量。**资本边际效率 *MEC***，它是这样一种贴现率，正好使一项资本物品的使用期内各预期收益的现值之和等于这项资本品的供给价格或者重置成本加上预期利润。

税收，是政府通过国家机器以强制形式从社会经济活动主体的经济成果中直接收取货币性财富的一种国家行为。**政府支出**，是政府为着维护国家机器的运转、调节社会各阶级各阶层的经济利益关系、为社会提供公共品、调控宏观经济运行的工具和手段。

乘数，指国民收入的变化与带来这种变化的某种自发性支出的变化的比率，即国民收入增量与引起其变化的某种自发性支出增量之商。**加速系数**，也叫加速数，是指增加一单位产量所导致资本量的增加量，即资本增加量与产量增加量之比，所以又叫资本产量比。

复习思考

选择题

1. 构成拉动国民经济的“三驾马车”是（　　）。

A. 消费、储蓄、投资　　B. 消费、储蓄、净出口

C. 消费、投资、净出口　　D. 储蓄、投资、净出口

2. 当消费函数为 $C=C_a+bY(C_a>0, 0<b<1)$，这表明，平均消费倾向（　　）。

A. 大于边际消费倾向　　B. 小于边际消费倾向

C. 等于边际消费倾向　　D. 以上三种情况皆有可能

3. 如果人们预期未来将发生较严重的通货膨胀，那么（　　）。

A. 当期消费将会增加　　B. 当期消费将会减少

C. 当期消费将稳定不变　　D. 不确定

4. 下列不是乘数效应的前提条件的是（　　）。

A. 存在产业关联　　B. 反应的过程中不存在瓶颈环节

C. 物价稳定　　D. 存在闲置资源

5. 四部门经济中（　　）。

A. 出口是内生变量　　B. 对外贸易乘数大于投资乘数

C. 进口是外生变量　　D. 进口是内生变量

6. 设 $C=100+0.8Y_d$，$I_0=50$，$G_0=200$，$TR=50$，$T=250$，下列错误的是（　　）。

A. $Y=950$　　B. $Y_d=750$

C. 引致消费＝750　　D. 引致消费＝600

简答题

1. 有哪些主要宏观经济变量？它们的经济功能是什么？相互间有什么关系？
2. 乘数原理的基本内容是什么？乘数效应的前提条件是什么？
3. 举例说明宏观经济变量反应的类型。

计算题

1. 在下表空白处填上数值（假设经济体中没有税赋，单位：亿元）。

总收入	消费	储蓄	边际消费倾向	平均储蓄倾向
9 000	8 000			
10 000	8 800			
11 000	9 650			
12 000	10 600			
13 000	11 500			

2. 根据下图回答问题（单位：亿元）。

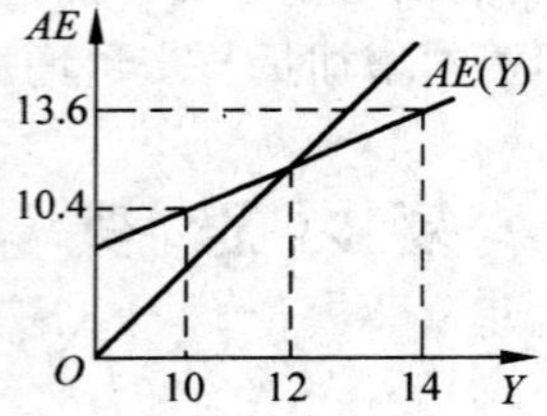

（1）均衡 GDP 是多少？

（2）MPC 是多少？

（3）当实际 GDP 为：

① 10

② 12

③ 14

时，非计划库存变动了多少？

3. 利用下表中信息回答问题（单位：亿元）。

实际	消费	投资	政府购买	净出口
8 000	7 300	1 000	1 000	−500
9 000	7 900	1 000	1 000	−500
10 000	8 500	1 000	1 000	−500
11 000	9 100	1 000	1 000	−500
12 000	9 700	1 000	1 000	−500

(1) 均衡 GDP 是多少？

(2) *MPC* 是多少？

(3) 若净出口增加了 400 亿元，新的均衡 GDP 是多少(利用乘数回答)？

思考题

1. 为什么说 *Y-AE* 模型是简单国民收入决定理论？
2. 如何以乘数效应来说明宏观经济是一个经济有机体？
3. 当国民收入增加后，物价水平、利率水平、汇率水平会发生怎样的变化？

第九章　国民收入决定：*IS-LM*模型和*AS-AD*模型

学习目的

1. 理解 *IS-LM* 曲线的推导过程和决定曲线斜率与位置的影响因素。
2. 理解 *AS-AD* 曲线的推导过程和决定曲线斜率与位置的影响因素。
3. 掌握国民收入决定模型的十字坐标系表示法与图形分析。
4. 深入了解 *LM* 曲线、总供给曲线、总需求变动效应和利率水平。
5. 学会运用本章原理和方法分析产品市场、货币市场和总体经济的各种状态。

第一节　国民收入决定：*IS-LM* 模型

一、产品市场均衡

前一章分析了当产品市场均衡时，国民收入是如何决定的。但市场经济是产品市场和货币市场的统一(暂时不考虑要素市场和国外市场)，两个市场相互依存、相互影响，均衡国民收入是在产品市场和货币市场同时均衡的条件下确定的。

可以按照下面的顺序依次分析产品市场均衡条件下的国民收入决定、货币市场均衡条件下的国民收入决定、两个市场同时均衡条件下的国民收入决定，以及均衡变动下的国民收入决定。分析两个市场同时均衡的模型称为 *IS-LM* 模型，又称希克斯-汉森模型①。

在本节中依旧假设物价水平不变(在表述时，所有的宏观经济变量无论大小写均为实际量)，国民经济是在封闭的经济条件下运行的。

以下 *IS* 曲线、*LM* 曲线、*IS-LM* 曲线的推导是两部门经济的情形。

(一) *IS* 曲线的推导

根据宏观经济的基本恒等式可知，在两部门经济中，产品市场的均衡条件

① IS-LM 模型是国民收入决定的核心理论。

是储蓄等于投资，即 $S=I$。在此，假定储蓄、投资各自只受一个最重要因素的影响，并且为了分析简便，假定其储蓄函数、投资函数都是线性的。

1. 推导产品市场均衡曲线所涉及的三条曲线

在推导产品市场均衡曲线时要涉及三个函数及三条曲线。

(1) 投资函数

在影响投资的诸因素中，利率的影响极大，若暂时假定其他因素不变，只考虑利率变动对投资变动的影响，则有

$$I=f(r)=I_a-dr \tag{9-1}$$

式中：I 为投资量；r 为利率水平；I_a 是自主投资；$-dr$ 是引致投资[①②](d 是投资变动对利率变动的反应系数[③]，等于 $\Delta I/\Delta r$)。

投资与利率之间是反向变动的函数关系，且可以互相决定，因而投资又是一个内生变量。其曲线在利率与投资构成的坐标系 r-I 中是向右下方倾斜的。

(2) 储蓄函数

在影响储蓄的诸因素中，收入[④]的影响极大，若暂时假定其他因素不变，只考虑收入变动对储蓄变动的影响，则有

$$S=f(Y)=S_a+(1-b)Y \tag{9-2}$$

式中：S 为储蓄；Y 为国民收入；S_a 是自主储蓄(等于 $-C_a$)；$(1-b)Y$ 是引致储蓄(其中的 b 是边际消费倾向 MPC，等于 $\Delta C/\Delta Y$)。

储蓄与收入之间是正向变动的函数关系，且可以互相决定，因而储蓄也是一个内生变量。其曲线在储蓄与收入构成的坐标系 S-Y 中是向右上方倾斜的。

(3) 产品市场均衡等式

两部门经济的均衡条件是投资等于储蓄，表示在投资与储蓄构成的坐标系 I-S 中，均衡条件曲线为从原点出发的 45°线。线上任何点表示投资量与储蓄量相等。

$$I(r)=S(Y) \tag{9-3}$$

以上与投资函数对应的投资曲线、与储蓄函数对应的储蓄曲线、表示产品市场均衡的 45°线分别标示在图 9-1 中的相应图形中。

2. 产品市场均衡曲线 *IS* 的推导

第一步，标示坐标系与相关曲线。标示 4 个坐标系，注意各坐标系相互间坐标轴的上下、左右对应关系与顺序；把储蓄曲线、投资曲线、表示均衡条件的 45°线标示在对应坐标

---

① 自主投资(又称自发投资)，是指与国民收入、利率水平变动无关的投资，如开发新产品和发明新技术的投资、公共投资，或社会因素、心理因素、政治因素所引起的投资。引致投资有两种情况，一是由国民收入 Y 或消费 C 的变动所引起的投资(加速理论)，一是因利率变动所导致的投资(*IS-LM* 模型)。

② 关于公式中引致投资的表述，一种是表述为 I_a+dr，这样在计算时要把计算 d 的 ΔI、Δr 的变动方向表示出来，两者是反方向变化的；另一种是 I_a-dr，已将反方向变动的符号提取出来，计算时 ΔI、Δr 取绝对值就可以了。大多数教材采用后一种表述方式。

③ 反应系数与倍数(乘数)含义相同，但不同于弹性。前者为固定值，如比例数$\frac{\Delta Q}{\Delta P}$，后者为变化值，如弧弹性$\frac{\Delta Q}{\Delta P}\times\frac{P_1+P_2}{Q_1+Q_2}$。

④ 按照凯恩斯的观点，是现期收入，即绝对收入。

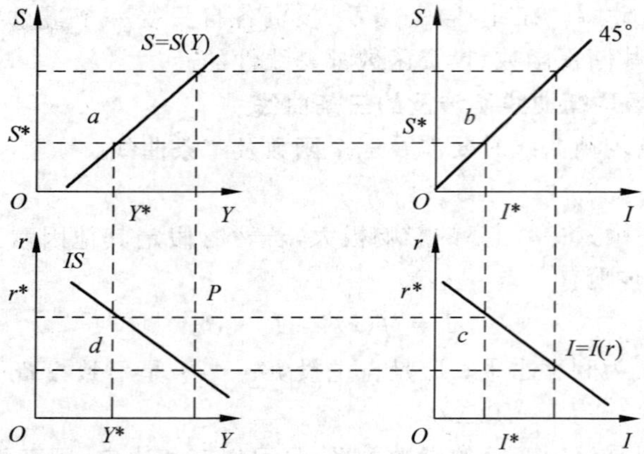

图 9-1　*IS* 曲线的推导

系的指定位置上，另一坐标系留待推导 *IS* 曲线。

第二步，确定均衡点。可以从给定的储蓄曲线或投资曲线上的任何一点开始，例如从储蓄曲线的 a 点开始。a 点与收入量 Y^* 对应的储蓄量是 S^*，在 b 点储蓄量 S^* 与投资量 I^* 相等，而投资量 I^* 在 c 点与利率水平 r^* 对应，利率水平 r^* 与收入量 Y^* 确定了 d 点，由于 $S=I$ 是均衡条件，故(Y^*，r^*)是均衡产量和均衡利率组合点。用同样的方法确定其他均衡点。

第三步，形成 *IS* 曲线。将各个均衡点连接起来便形成了 *IS* 曲线。*IS* 曲线上的点都是均衡点，代表着产品市场均衡。

利用这个图形可以判断 *IS* 曲线以外非均衡点的市场状况。如非均衡点 P，由 P 点向上在 S-Y 坐标系得到对应的 S，由 P 点向右在 r-I 坐标系得到对应的 I，它们再反射到 S-I 坐标系，没有汇合，比较两者的大小，可知 P 点上 $S>I$。其余非均衡的市场状况可用同样的方法推定。

3. 产品市场均衡时均衡产出和均衡利率的计算

根据产品市场的均衡条件，通过联立投资函数和储蓄函数，可以分别得到均衡收入 Y 和均衡利率 r 的计算公式如下：

$$Y = f(r) = \frac{C_a + I_a}{1-b} - \frac{d}{1-b} \times r \qquad (9\text{-}4)$$

$$r = f(Y) = \frac{C_a + I_a}{d} - \frac{1-b}{d} \times Y \qquad (9\text{-}5)$$

在 $S=I$ 条件下，产品市场的均衡状态可以用(Y^*，r^*)来标记。以上是两部门经济的 *IS* 曲线、均衡收入和均衡利率的计算公式。

三部门经济、四部门经济的产品市场均衡曲线 *IS*，可以依据上述原理，结合其具体均衡条件(如三部门经济均衡条件：$I+G=S+T$)，推导得出。

注意：产品市场均衡时的产出与货币市场均衡时的产出并不一定时时一致。

(二) *IS* 曲线斜率及其影响因素

1. *IS* 曲线的斜率

从图 9-1 中可以看出，*IS* 曲线是一条向右下方倾斜的曲线。从均衡利率的计算公式

$r=f(Y)$中可以看出，IS 曲线的斜率①的绝对值：$\frac{1-b}{d}$，它的大小取决于边际消费倾向 b 和投资需求对利率变动的反应程度 d：

$$b=\Delta c/\Delta y \tag{9-6}$$

$$d=\Delta I/\Delta r \tag{9-7}$$

由于 $1/(1-b)$是支出乘数 k，故斜率$(1-b)/d$ 也可以写为 $1/k\times 1/d$。

2. IS 曲线斜率的影响因素

（1）b 值变动的影响。在不考虑 d 值变动的情况下，b 值与 IS 曲线斜率的绝对值呈反方向变化关系。

其经济含义是：当 b 较大时，意味着支出乘数 $1/(1-b)$ 较大，从而当利率上下变动（即纵轴上 r 的变动）引起投资支出变动时，由于较大的支出乘数作用，收入（即横轴上的 Y）会以较大的幅度变动，在图形上 IS 曲线比较平坦，即 IS 曲线斜率的绝对值比较小；反之，当 b 较小时，IS 曲线斜率的绝对值比较大，IS 曲线比较陡直。

（2）d 值变动的影响。在不考虑 b 值变动的情况下，d 值与 IS 曲线斜率的绝对值呈反方向变化关系。

其经济含义是：当 d 较大时，意味着投资需求对利率变动的反应较大，一个小的利率变动（即纵轴上 r 的变动）会引起投资支出的较大变动，投资变动又通过给定的支出乘数致使收入（即横轴上的 Y）发生较大变动，在图形上 IS 曲线比较平坦，即 IS 曲线斜率的绝对值比较小；反之，当 d 较小时，IS 曲线斜率的绝对值比较大，IS 曲线比较陡直。

在同时考虑 b、d 变动的情况下，就要看二者的变动方向及其变动幅度大小的相对关系，它们的各种组合及对 IS 曲线的斜率与状态的影响如表 9-1 所示。

表 9-1　b、d 变动对 IS 曲线的影响

b	$b\uparrow$	$b\downarrow$	$b\uparrow$	$b\downarrow$
d	$d\uparrow$	$d\downarrow$	$d\downarrow$	$d\uparrow$
效应	叠加	叠加	相消	相消
IS 斜率绝对值	更小	更大	视变化幅度相对大小而定	
IS 曲线	更平	更陡		

（三）IS 曲线截距及其影响因素

1. IS 曲线的截距

从 $r=f(Y)$的公式中，可以看出确定 IS 曲线在 r-Y 坐标系中的位置是 IS 曲线在纵轴上的截距：$\frac{C_a+I_a}{d}$。

IS 曲线距离 r 轴的远近，取决于自发消费与自发投资之和(C_a+I_a)的大小，以及投资需求变动对利率变动的反应系数 d 的大小。

---

① 经济学中，关于斜率的判断是与所选择的坐标系设定有关，这里选择的坐标系设定是 $r=f(Y)$。

2. *IS* 曲线截距的影响因素

(1) 自发消费 C_a 的变动。在不考虑其他因素变动的情况下，C_a 增加得越多，IS 曲线距离 r 轴的位置越远；反之，C_a 减少得越多，IS 曲线距离 r 轴的位置越近。

(2) 自发投资 I_a 的变动。在不考虑其他因素变动的情况下，I_a 增加得越多，IS 曲线距离 r 轴的位置越远；反之，I_a 减少得越多，IS 曲线距离 r 轴的位置越近。

(3) 投资需求变动对利率变动的反应系数 d 的大小。在不考虑其他因素变动的情况下，由于 d 处在分母的位置上，是个缩小因素，因而 d 的值越大，IS 曲线距离 r 轴的位置越近；反之，d 的值越小，IS 曲线距离 r 轴的位置越远。

二、货币市场均衡

(一) *LM* 曲线的推导

在宏观经济中，货币市场的均衡条件是货币需求等于货币供给，即 $L=M$。为了分析简便，在此先假定货币需求函数和货币供给函数是线性的。

1. 推导货币市场均衡曲线所涉及的三条曲线

在推导货币市场均衡曲线时要涉及货币供给和货币需求的三个函数及三条曲线，它们分别是：货币供给函数、出于交易动机和预防动机的货币需求函数、出于投机动机的货币需求函数。三个函数与货币供给的特殊性和人们的货币需求动机有关。下面先分别论述货币供给量和货币需求量，然后再给出三个相关函数和曲线。

(1) 货币供给量

货币供给量等于流通的货币量乘以货币流通速度①；而流通的货币量②则由两部分构成，非商业银行系统持有的通货(含中央银行发行的货币)，以及由商业银行系统所吸收的原始活期存款③，流通的货币量是一个存量。

$$\text{货币供给量} = \text{流通的货币量} \times \text{货币流通速度} \tag{9-8}$$

$$\text{流通的货币量} = \text{非商业银行系统持有的通货} + \text{商业银行系统的原始活期存款} \tag{9-9}$$

非商业银行系统持有的通货存量是中央银行历年新发行货币积累形成的，货币创造乘数的大小④是由法定存款准备金率所确定的，这些都是中央银行货币政策实施的结果，而非国民经济系统内部决定的，因而货币供给量通常被视为是一个外生变量，记为 $M_0$⑤，其公式写为

$$M = M_0 \tag{9-10}$$

由于本节假定物价水平不变，即不存在通货膨胀，故 $M=M_0$(若存在通货膨胀，$M=$

① 为了研究简便，假设货币流通速度 $V=1$，即单位货币 1 年周转 1 次。

② 流通的货币是用来进行媒介商品交换的，包含哪些形式则与货币定义有关，货币定义见第十二章。

③ 见第十二章的商业银行体系的货币创造机制。

④ 货币创造乘数见第十二章。

⑤ 此处的 M_0 是指货币供给量，货币供给是一个自发变量，根据前文约定采用下标 0 来表示，与货币定义中 M_0 符号相同，但内涵完全不同，注意区别，切勿混淆。

$M_0/P=m$，其中，P 为物价指数，m 为实际货币供给量），在此假定之下 M 与 m 同义，即 M_0 可记为 m。实际货币供给量 m 中一部分用于满足人们出于交易动机和预防动机的货币需要，记为 m_1，另一部分用于满足人们出于投机动机的货币需要，记为 m_2，故 $m=m_1+m_2$；当 m 给定时，m_1 与 m_2 互为消长。

（2）货币需求量

在经济生活中，人们希望平时在手中掌握有一定数量的货币，体现了人们对货币流动性[①]的偏好，这主要是出于三种动机。

一是交易动机。这是人们为日常交易而持有的货币需求，如家庭应付每天吃穿住用行，厂商应付生产经营购置原材料和发工资，政府和事业单位应付机构功能运行的各种开销。出于交易动机的货币需求量主要受收入水平的影响，两者同方向变化。

二是预防动机。这是人们为了预防生产生活中的不测而持有的货币需求，人们身上放点钱以备意外事件发生，如骑自行车半路爆胎修理，路遇阔别多年老同学请客，企业为使生产经营正常运转而预备的钱款。出于预防动机的货币需求量也主要受收入水平的影响，两者同方向变化。

三是投机动机。这是人们为了进行投机活动而持有的货币需求，如人们购买彩票，企业在金融市场上进行买空卖空。出于投机动机的货币需求受许多因素影响，最主要的是利率，两者反方向变化。

在经济学中，把出于交易动机和预防动机的货币需求，即受收入影响的货币需求归为一类 L_1，把出于投机动机的货币需求，即受利率影响的货币需求另归一类 L_2，于是货币总需求 L 可写为

$$L=L_1+L_2=L_1(Y)+L_2(r)=kY-hr \tag{9-11}$$

[②]

总结以上关于货币供给量和货币需求量的论述，推导货币市场均衡的三个函数如下。

第一类货币需求函数：$$L_1=L_1(Y)=kY \tag{9-12}$$

第二类货币需求函数：$$L_2=L_2(r)=-hr \tag{9-13}$$

货币市场供求相等式：$$L=m \tag{9-14}$$

式中：k 为出于交易动机与预防动机的货币需求变动对收入变动的反应系数，$k=\Delta L_1/\Delta Y$；h 为出于投机动机的货币需求变动对利率变动的反应系数，$h=\Delta L_2/\Delta r$。

当货币供求均衡时 $m=L_1+L_2$，由于货币供给量给定，L_1 与 L_2 互为消长，在坐标系上，以 L_1 和 L_2 为邻轴，则分别在 L_1 和 L_2 轴上截距长度为 m 的等腰三角形的底边即为货币供求均衡线，这条线本身就是实际货币供给曲线。

第一类货币需求曲线、第二类货币需求曲线、货币供求均衡的等腰三角形底边线分别标记如图 9-2 中相应图形所示。

---

① 一般认为，货币具有生息性和流动性两大特性。

② $L=kY-hr$ 是一个不精确的表达方式，因为 $L_2=-hr$，意味着 r 为正值时，L_2 必为负值，这与现实不符。合理的表述应该是 $L_2=A-hr$，A 为数值为正的常数。不过大多流行的西方教材仍然使用 $L=kY-hr$。其原因可能是由于 kY 一般被认为是数值为正的量，可以避免 L_2 为负值的结果，故采用简化公式 $L=kY-hr$。——转引自高鸿业. 西方经济学（宏观部分）[M]. 5 版. 北京：中国人民大学出版社，2010：423。

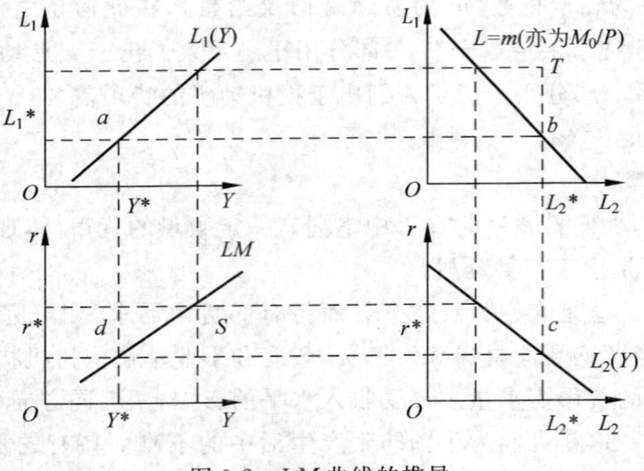

图 9-2 *LM* 曲线的推导

2. 货币市场均衡曲线 *LM* 的推导

第一步，标示坐标系与相关曲线。标示 4 个坐标系，注意各坐标系相互间坐标轴的上下、左右对应关系与顺序；把第一类货币需求曲线、第二类货币需求曲线、表示货币供求均衡条件的等边三角形底边线标示在对应坐标系的指定位置上，另一坐标系留待推导 *LM* 曲线。

第二步，确定均衡点。推导可以从第一类货币需求曲线 L_1 或第二类货币需求曲线 L_2 上的任何一点开始，例如从第一类货币需求曲线 L_1 的 a 点开始。a 点与收入量 Y^* 对应的第一类货币需求曲线是 L_1^*，在 b 点第一类货币需求量 L_1^* 加上第二类货币需求曲线 L_2^* 等于实际货币供给量 M_0/P，而第二类货币需求量在 c 点与利率水平 r^* 对应，利率水平 r^* 与收入量 Y^* 确定了 d 点，由于 $L=M$ 是均衡条件，故(Y^*,r^*)是均衡产量和均衡利率组合点。用同样的方法确定其他均衡点。

第三步，形成 *LM* 曲线。将各个均衡点连接起来便形成了 *LM* 曲线。*LM* 曲线上的点都是均衡点，代表着货币市场均衡。

利用这个图形可以判断 *LM* 曲线以外非均衡点的市场状况。如非均衡点 S，由 S 点向上在 L_1-Y 坐标系得到对应的 L_1，由 S 点向右在 r-L_2 坐标系得到对应的 L_2，其 L_1+L_2 的货币需求量为 T 点所示，超出货币供给线 M_0/P，可知 S 点上 $L>M$。其余非均衡的市场状况可用同样的方法推定。

3. 货币市场均衡时的均衡产出和均衡利率的计算

根据货币市场的均衡条件，通过联立货币供给函数和货币需求函数，可以分别得到均衡收入 Y 的计算公式和均衡利率 r 的计算公式[①]如下：

$$Y=f(r)=\frac{M_0}{k}+\frac{h}{k}\times r \tag{9-15}$$

① 根据前面关于 $L=kY-hr$ 的脚注，实际应为 $r=f(Y)=\frac{A-M_0}{h}+\frac{k}{h}\times Y$。

$$r = f(Y) = -\frac{M_0}{h} + \frac{k}{h} \times Y \tag{9-16}$$

以上是两部门经济的均衡收入公式。表明，在 $L=M_0(m=m_1+m_2)$ 条件下，决定了均衡产量 Y^*，货币市场的均衡状态可以用 (Y^*, r^*) 来标记。

上述均衡收入决定公式适用于二、三、四部门经济。

注意：货币市场均衡时的产出与产品市场均衡时的产出并不一定时时一致。

（二）*LM* 曲线斜率及其影响因素

1. *LM* 曲线的斜率

从图 9-2 中可以看出，*LM* 曲线是一条向右上方倾斜的曲线。从均衡利率的计算公式 $r=f(Y)$ 中可以看出，*LM* 曲线的斜率为 k/h。其绝对值的大小取决于第一类货币需求对收入变动的反应系数 k 和第二类货币需求变动对利率变动的反应系数 h：

$$k = \Delta L_1 / \Delta Y \tag{9-17}$$

$$h = \Delta L_2 / \Delta r \tag{9-18}$$

2. *LM* 曲线斜率的影响因素

（1）k 值变动的影响。在不考虑 h 值变动的情况下，k 值与 *LM* 曲线斜率的绝对值呈同方向变化关系。

其经济含义是：当 k 越大时，即出于交易与预防动机的货币需求对收入变动的敏感程度越高时，收入的微小变动就能引起出于交易与预防动机的货币需求的较大变动，在货币总需求一定的情况下，将导致出于投机动机的货币需求反方向相应较大幅度的减少，对应的利率水平有较大变动，因而 $r=f(Y)$ 函数的斜率较大，在 r-Y 坐标系中 *LM* 曲线比较陡峭；反之，当 k 较小时，*LM* 曲线比较平坦。

（2）h 值变动的影响。在不考虑 k 值变动的情况下，h 值与 *LM* 曲线斜率的绝对值呈反方向变化关系。

其经济含义是：当 h 较大时，意味着货币投机需求对利率变动反应较大，L_2 曲线斜率越小，反射过来 *LM* 曲线斜率小，*LM* 曲线比较平坦；反之，当 h 越小时，即货币投机需求对利率变动的敏感程度越低时，L_2 曲线斜率越大，反射过来 *LM* 曲线斜率大，*LM* 曲线比较陡峭。

在同时考虑 k、h 变动的情况下，就要看二者的变动方向及其变动幅度大小的相对关系，它们的各种组合及对 *LM* 曲线的斜率与状态的影响如表 9-2 所示。

表 9-2　k、h 变动对 *LM* 曲线的影响

k	$k\uparrow$	$k\downarrow$	$k\uparrow$	$k\downarrow$
h	$h\uparrow$	$h\downarrow$	$h\downarrow$	$h\uparrow$
效应	相消	相消	叠加	叠加
LM 斜率值	视变化幅度相对大小而定		更大	更小
LM 曲线			更陡	更平

通常，出于交易与预防动机的货币需求对收入变动的反应 k 比较稳定，从而 LM 曲线的斜率主要取决于出于投机动机的货币需求对利率变动的反应 h。

（三）LM 曲线截距及其影响因素

1. LM 曲线的截距

从 $r=f(Y)$ 的公式中，可以看出确定 LM 曲线在 r-Y 坐标系中的位置的是 LM 曲线在纵轴上的截距①：$-\dfrac{M_0}{h}$。

LM 曲线距离 r 轴的远近，取决于实际货币供给量 M_0 的大小，和投机性货币需求变动对利率变动的反应系数 h 的大小（根据 $L=kY-hr$ 的精确表述，还应考虑常数 A 的大小，在此不叙）。

2. LM 曲线截距的影响因素

（1）实际货币供给量 M_0 的变动。在不考虑其他因素变动的情况下，M_0 增加得越多，LM 曲线距离 r 轴的位置越远；反之，M_0 减少得越多，LM 曲线距离 r 轴的位置越近。

（2）投机性货币需求变动对利率变动的反应系数 h。在不考虑其他因素变动的情况下，由于 h 处于分母位置上，是个缩小因素，因而 h 变得越大，LM 曲线距离 r 轴的位置越近；反之，h 变得越小，LM 曲线距离 r 轴的位置则越远。

三、国民收入决定的 IS-LM 模型

（一）产品市场和货币市场的同时均衡与非同时均衡

1. 产品市场和货币市场的同时均衡

将以上分析得到的 IS 曲线、LM 曲合到一个坐标系中，就得到了国民收入决定的 IS-LM 模型。

两部门经济均衡的条件是同时实现：

$$\begin{aligned} S(Y) &= I(r) \\ M &= L_1(Y) + L_2(r) \end{aligned} \tag{9-19}$$

即联立

$$\begin{cases} Y = f(r) = \dfrac{C_a + I_a}{1-b} - \dfrac{d}{1-b} \times r \\ Y = f(r) = \dfrac{M_0}{k} + \dfrac{h}{k} \times r \end{cases}$$

或

$$。\begin{cases} r = f(Y) = \dfrac{C_a + I_a}{d} - \dfrac{1-b}{d} \times Y \\ r = f(Y) = -\dfrac{M_0}{h} + \dfrac{k}{h} \times Y \end{cases}$$

---

① 根据前面关于 $L=kY-hr$ 的脚注，精确的公式应为 $r=f(Y)=\dfrac{A-M_0}{h}+\dfrac{k}{h}\times Y$。$A$ 为固定值，不是一个变量，分析时可忽略。

就可以实现两部门经济产品市场和货币市场的同时均衡，如图 9-3(a)所示。图中，E 为产品市场和货币市场同时均衡的均衡点，决定了均衡产出和均衡利率(Y^*, r^*)。

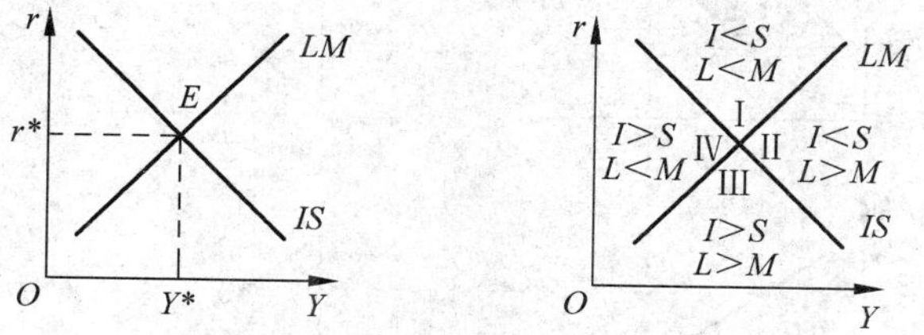

(a) 同时均衡　　(b) 非同时均衡

图 9-3　产品市场和货币市场的同时均衡与非同时均衡

2. 产品市场和货币市场的非同时均衡

在图 9-3(a)中，E 点是产品市场和货币市场两市场同时均衡的唯一均衡点，除此之外，分布在坐标系中的其他点(Y, r)，或者是在某一市场上均衡而在另一市场上不均衡(落在除 E 点外的 *IS* 曲线上或 *LM* 曲线上)，或者是在两个市场上都不均衡(落在由 *IS* 曲线和 *LM* 曲线分割开来的Ⅰ、Ⅱ、Ⅲ、Ⅳ四个区域内)，如图 9-3(b)和表 9-3 所示。

表 9-3　产品市场和货币市场的非同时均衡

均衡状况		产品市场	货币市场
一个市场均衡 另一市场不均衡		均衡	非均衡
		非均衡	均衡
两个市场都不均衡	Ⅰ	$I<S$ 有超额产品供给	$L<M$ 有超额货币供给
	Ⅱ	$I<S$ 有超额产品供给	$L>M$ 有超额货币需求
	Ⅲ	$I>S$ 有超额产品需求	$L>M$ 有超额货币需求
	Ⅳ	$I>S$ 有超额产品需求	$L<M$ 有超额货币供给

（二）产品市场-货币市场均衡的变动

从图形上看，*IS* 曲线、*LM* 曲线的移动都会导致产品市场-货币市场均衡的变动，而 *IS* 曲线、*LM* 曲线的移动又是由其背后的诸多因素所决定的。

1. 导致 *IS* 曲线移动的因素

在两部门经济情况下，自发消费 C_a 增多、自发投资 I_a 的增多、自发储蓄 S_a 的减少会导致 *IS* 曲线向右平移；反之，自发消费减少、自发投资的减少、自发储蓄的增多会导致 *IS* 曲线向左平移。在三部门经济情况下，政府支出 G_0 的增多、税收 T_0 的减少会导致 *IS* 曲线向右平移；反之，政府支出的减少、税收的增多会导致 *IS* 曲线向左平移。

从均衡收入计算公式的右端第一项看出，b、d 的变动也会影响 *IS* 曲线的移动。b 是边际消费倾向，与 T_0 相乘，表示被实际减少的注入量；d 是投资的利率系数，处于分母位置，是一个缩小因素，意味着分子因素导致的移动量被缩小到 d 分之一。

图 9-4 表示加入政府支出或加入税收因素后，*IS* 曲线的移动情况。

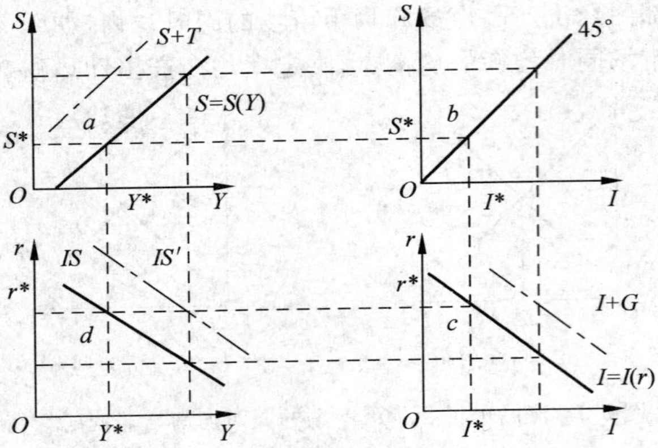

图 9-4　*IS* 曲线的移动

2. 导致 *LM* 曲线移动的因素

LM 曲线适用于两部门经济、三部门经济、四部门经济的货币市场分析。从图形上看，*LM* 曲线在坐标系中的位置可以体现为其在 r 轴的截距上，而 *LM* 曲线在 r 轴的截距的变动实际上就是 *LM* 曲线的移动。

从均衡收入决定公式的右端第二项看出，*LM* 曲线在 r 轴上的截距取决于实际货币供给量 m 和投机性货币需求的利率反应系数 h。m 增加会引起 *LM* 曲线向右平移，h 处于分母位置，因此是一个缩小因素，减小了 *LM* 曲线的水平移动幅度。

图 9-5 表示增加货币供给量之后，*LM* 曲线的移动情况。

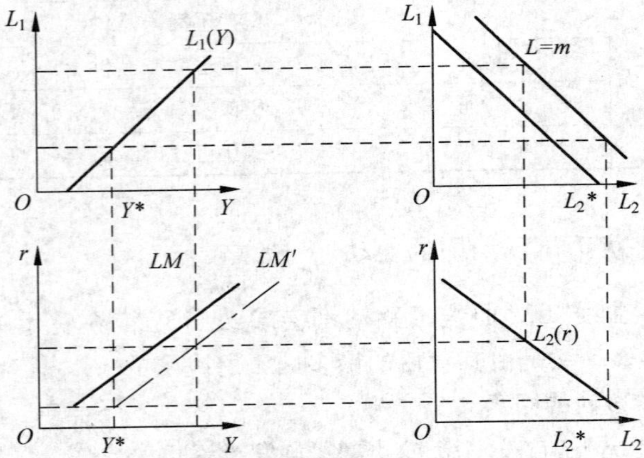

图 9-5　货币供给量变动导致 *LM* 曲线移动

3. 产品市场-货币市场均衡的变动

在图 9-6 中，IS_0，LM_0，E_0 分别为产品市场原始均衡曲线、货币市场原始均衡曲线、两市场同时均衡点。

在图 9-6(a)中，当产品市场均衡曲线保持不变，货币市场均衡曲线发生移动时（譬如，由于货币供给减少而向左移动到 LM_1，或货币供给增加而向右移动到 LM_2），均衡点便由 E_0 移动到 E_1 或 E_2。货币市场均衡曲线的移动方向与国民收入 Y 变动方向一致，与

利率水平 r 变动方向相反。

在图 9-6(b)中，当货币市场均衡曲线保持不变，产品市场均衡曲线发生移动时(譬如，由于政府购买减少而向左移动到 IS_1，或政府购买增加而向右移动到 IS_2)，均衡点便由 E_0 移动到 E_1 或 E_2。产品市场均衡曲线的移动方向与国民收入 Y 变动方向一致，与利率水平 r 变动方向也相同。

在图 9-6(c)中，当产品市场均衡曲线和货币市场均衡曲线同时发生移动时(譬如，由于政府购买减少而向左移动到 IS_1，由于货币供给减少而向左移动到 LM_1，政府购买增加而向右移动到 IS_2，货币供给增加而向右移动到 LM_2)，当它们两两同时变动时，均衡点便会移动(如 E_0 有移动到 E_1、E_2 等)。当产品市场均衡曲线与货币市场均衡曲线同时变动时，要根据变动方向是同向还是反向、相对变动幅度大小来具体确定它们对国民收入 Y 和利率水平 r 变化的影响。

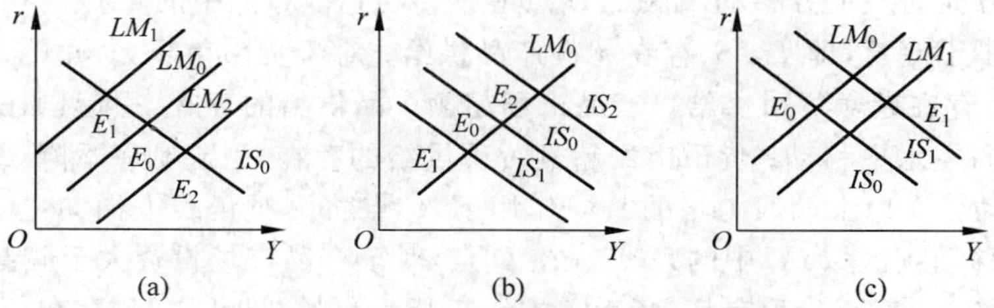

图 9-6　*IS-LM* 模型中均衡点的移动

4. 产品市场-货币市场的非均衡到均衡的调整过程

当市场状况处于非均衡点时，在价格规律的作用下，经过一段时间的调整，市场终将收敛于均衡状态，也就是产品市场和货币市场同时均衡的状态。

在从非同时均衡到同时均衡的调整过程中有两种基本调整姿势。

一是，当在某一市场上均衡而在另一市场上不均衡时，在图形中，调整姿势是从处于均衡状态的市场向非均衡市场方向做水平或垂直运动；

二是，当处于非均衡区域(Ⅰ、Ⅱ、Ⅲ、Ⅳ)时，在图形中，调整姿势是做两个分矢量的合力方向的市场运动，其分向如图 9-7(a)所示。

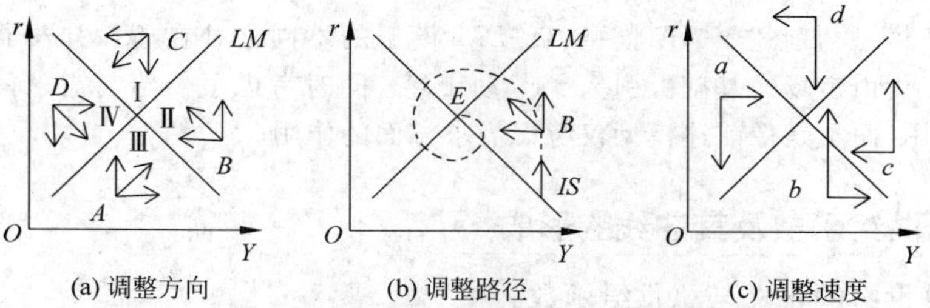

图 9-7　产品市场和货币市场非同时均衡点的调整过程

沿着合力方向不断运动，最终向均衡点收敛，其路径如图 9-7(b)中虚线运动轨迹所示。一般来说，处于非同时均衡点时，宏观经济向货币市场均衡方向调整速度较快，如图 9-7(c)中长箭头线所示；向产品市场均衡方向调整速度较慢，如图中短箭头所示，这意味着其合力矢量比较偏向货币市场均衡线方向。

举例：假定经济社会最初处于如图 9-7(a)中 A 点所表示的国民收入和利率组合的失衡状态(对照图 9-3(b))。A 点所处的区域Ⅲ中，对于产品市场，投资大于储蓄，即 $I>S$，存在超额产品需求；对于货币市场，货币需求大于货币供给，即 $L>M$，存在超额货币需求。产品市场超额产品需求的存在，引起国民收入增加，结果促使 A 点向右水平移动；货币市场超额货币需求的存在，引起利率上升，结果促使 A 点向上垂直运动。在以上两股力量的共同作用下，A 点将沿对角线方向向右上方移动。假定 A 点逐渐移到区域Ⅱ中的 B 点。在 B 点，对于产品市场，投资小于储蓄，即 $I<S$，存在超额产品供给；对于货币市场，货币需求大于货币供给，即 $L>M$，存在超额货币需求。产品市场超额产品供给的存在，引起国民收入减少，结果促使 B 点向左水平移动；货币市场超额货币需求的存在，引起利率上升，结果继续促使 B 点向上垂直运动。在以上两股力量的共同作用下，B 点将沿对角线方向向左上方移动。假定 B 点继续移动到区域 I 中的 C 点。在 C 点，对于产品市场投资小于储蓄，即 $I<S$，存在超额产品供给；对于货币市场，货币需求小于货币供给，即 $L<M$，存在超额货币供给。产品市场超额产品供给的存在，引起国民收入减少，结果促使 C 点向左水平移动；货币市场超额货币供给的存在，引起利率下降，结果促使 C 点向下垂直运动。在以上两股力量的共同作用下，C 点将沿对角线方向向左下方移动。假定 C 点继续移动到区域 IV 中的 D 点。在 D 点，对于产品市场投资大于储蓄，即 $I>S$，存在超额产品需求；对于货币市场，货币需求小于货币供给，即 $L<M$，存在超额货币供给。产品市场超额产品需求的存在，引起国民收入增加，结果促使 D 点向右水平移动；货币市场超额货币供给的存在，引起利率下降，结果继续促使 D 点向下垂直运动。在以上两股力量的共同作用下，D 点将沿对角线方向向右下方移动。

在 $A \to B \to C \to D$ 的调整过程中，是按照逐渐内敛的路径进行的，这种过程将继续下去，最后国民收入和利率都将趋向于 IS 曲线和 LM 曲线的交点 E，从而实现产品市场和货币市场的同时均衡。

第二节　国民收入决定：*AS-AD* 模型

AS-AD 模型与前述 *Y-AE* 模型、*IS-LM* 模型的不同之处在于：引入了物价水平[①]；在产品市场-货币市场的基础上引入了劳动市场；同时考虑了供给与需求两个方面对国民收入的作用，而不是像前述模型仅考虑需求方面的作用。

一、总供给函数及其曲线的形成

(一) 总供给的含义与总供给函数

总供给，是指全社会的总产量，即全社会在不同的物价水平上所提供的产品与劳务的

① 本节由于引入了物价水平，英文大写(价值类的)宏观经济变量均指名义量，如 W 代表名义工资水平；消除物价水平变动影响后，即为实际量，如 W/P 代表实际工资水平，有时用小写英文字母 w 来表示。

总量。总供给是一个价值量，一个流量，一个期望量。

总供给函数，表示社会产品与劳务的供给总量与物价水平之间的关系。以 AS 代表总供给水平，P 代表一般物价水平，有

$$AS = AS(P) \tag{9-20}$$

（二）总供给曲线的形成

总供给曲线，是表示社会产品与劳务的总产量与物价水平的各种不同组合的轨迹。总供给曲线的形成要涉及以下 3 个函数及曲线。

1. 生产函数

任何总产量都是由一定量的劳动力在某一给定的生产技术水平条件下生产出来的。设 Y 为总产量，L 为投入社会生产的劳动力的数量，于是有生产函数

$$Y = Y(L) \tag{9-21}$$

劳动力投入与总产出呈同方向变化。

2. 就业函数

投入社会生产的劳动力的数量是由劳动市场供求均衡决定的。劳动供给量与实际工资水平呈同方向变化，而劳动需求量与实际工资水平呈反方向变化。设劳动供给量为 L_S，劳动需求量为 L_D，名义工资水平为 W，物价水平为 P，均衡劳动量为

$$L_S(W/P) = L_D(W/P) \tag{9-22}$$

3. 工资函数

当名义工资总额一定时，实际工资水平与物价水平呈反方向变化，物价水平越高，实际工资水平越低；反之亦然。设 W_0 为名义工资总额，有

$$(W/P) = W_0/P \tag{9-23}$$

或者表达为

$$W_0 = (W/P) \times P \tag{9-24}$$

由于 W_0 为定值，(W/P) 和 P 是两个变量，因此其乘积为双曲线的一支。

以上生产函数、就业函数、工资函数的曲线如图 9-8 中相应位置的曲线所示。从这些曲线可推导出总供给曲线 AS。

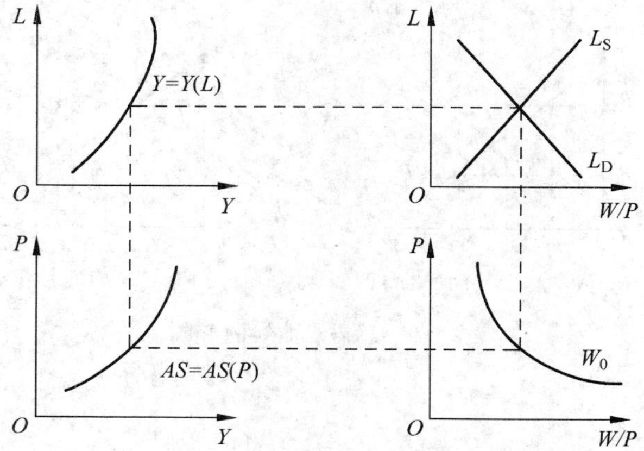

图 9-8　总供给曲线的形成

图中，L 为就业量，P 为物价水平，W 为工资率水平。生产函数曲线受边际报酬递减规律作用而弯曲。为了分析的简便，总供给曲线在许多分析中用向右上方倾斜的直线来表示。

二、总需求函数及其曲线的形成

（一）总需求的含义与总需求函数

总需求，是指全社会对产品和劳务需求的总量，即全社会在不同的物价水平上所愿意购买的产品与劳务的总量。总需求是一个价值量，一个流量，一个期望量。

总需求函数，表示社会对产品与劳务的需求总量与物价水平之间的关系。以 AD 代表总需求水平，以 P 代表一般物价水平，有

$$AD = AD(P) \tag{9-25}$$

（二）总需求曲线的形成

总需求曲线，是表示社会对产品与劳务的需求的总量与和物价水平的各种不同组合的轨迹。总需求曲线可以用两种方法推导出来。

第一种方法，从收入-支出曲线推导。设一个社会的消费支出和投资支出分别为 C、I，总支出 $AE=C+I$；有 3 种物价水平且其关系为 $P_1>P_2>P_3$，物价水平越高则其实际总支出越小，实际总产出 y（即 Y/P）也就越少，如图 9-9(a)所示。

第二种方法，从 IS-LM 曲线推导。在 IS-LM 模型中，设一个经济社会的实际财政支出为 IS/P，实际货币支出为 LM/P①。当有 3 种物价水平且其关系为 $P_1>P_2>P_3$ 时，$LM/P_1<LM/P_2<LM/P_3$。IS/P 与 LM/P 相等（在图中为交点）时产品市场和货币市场同时均衡，确定均衡产量 y（或 W/P）和均衡利率 r，如图 9-9(b)所示。

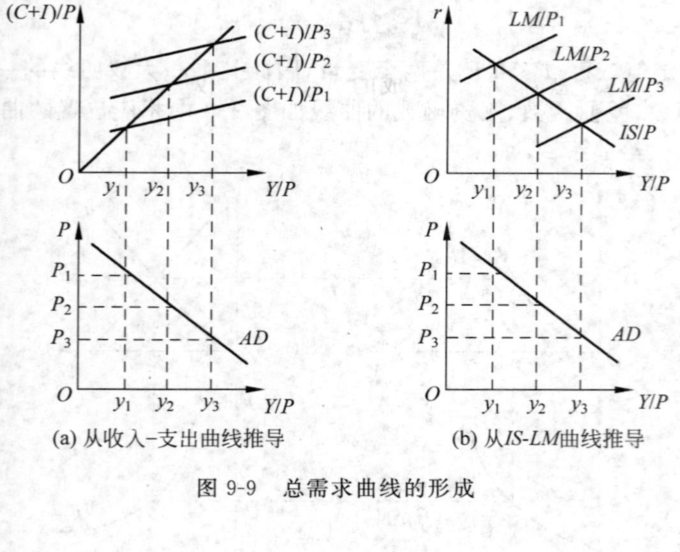

图 9-9　总需求曲线的形成

① IS/P、LM/P 不是表示 IS、LM 被 P 除，而是表示在物价水平 P 条件下产品市场、货币市场的均衡状态。

从图 9-9 中可以看出，总需求 AD 与物价水平 P 呈反方向变化，这种情况可以称之为物价水平变动效应，具体包含三种效应。下面以物价水平上升为例进行分析。

第一种，利率效应。如果物价水平上升，需要更多的货币从事交易，若货币供给量没有增加，利率水平必然上升，导致私人投资 I 少。

第二种，实际余额效应。当物价水平上升，使人们持有的货币和其他以货币衡量的具有固定价值的资产的实际价值减少，人们变得相对贫穷，消费水平 C 相应地减少。

第三种，税收效应。如若物价水平上升，会使人们的名义收入增多，由此而进入更高的纳税档次，使人们的税赋增加，进而消费水平 C 下降。

总结起来有逻辑式，$P\uparrow: C\downarrow + I\downarrow = AD\downarrow \rightarrow Y/P\downarrow$。所以实际产出 Y/P 与物价水平 P 是反方向变化的。

三、国民收入决定的 *AS-AD* 模型

（一）总供给和总需求均衡

将以上分析得到的 AS 曲线、AD 曲线合在一个坐标系中就得到了国民收入决定的 AS-AD 模型，如图 9-10 所示。

均衡条件是

$$AS(P) = AD(P) \qquad (9\text{-}26)$$

由此决定了均衡国民收入 Y^* 和均衡物价水平 P^*。E 是均衡点，当其他市场因素没有发生变动而物价水平暂时偏离均衡物价水平时，在市场机制的作用下，经济体将自动恢复到均衡状态。

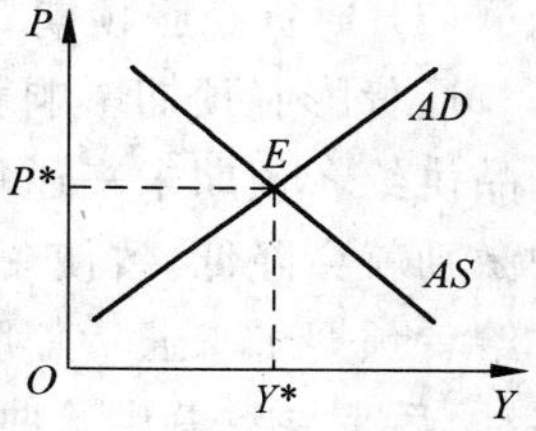

图 9-10　国民收入决定的 *AS-AD* 模型

（二）总供给和总需求均衡点的移动

在总供给曲线形成、总需求曲线形成的分析中，仅仅考虑了物价水平 P 一个因素的影响，当物价水平变动时，总供给量或总需求量会对应 AS 或 AD 曲线上点的“滑动”而变化。实际上，除了物价水平外，还有许多其他因素影响着总供给和总需求，当这些非物价水平因素变动时，就会发生 AS 或 AD 曲线的“移动”，进而使宏观经济的均衡点发生变动。

1. 影响总供给的因素

在分析总供给的影响因素时首先要区分短期总供给和长期总供给①，影响二者的因素有所差别。

导致长期总供给变动的因素都是对一国积累生产要素的能力以及投资于知识生产的能力产生影响的因素，如人口增长、贸易制度、收入分配、金融部门的影响力、一般宏观经济环境、政府规模、地理的影响，以及政治社会环境等，称为经济增长的基本因素。

① 宏观经济学中，短期可以理解为价格机制不能发挥作用的时间长度，长期可以理解为价格机制能够发挥作用的时间长度。

导致短期总供给变动的因素基本上是与劳动和资本的积累、规模经济、生产技术变化有关的因素，如劳动投入、资本存量、自然资源、知识储量等，称为经济增长的直接因素。

经济学中的“总供给”通常指短期总供给，涉及长期总供给时会加上“长期”限定词。以下是影响总供给的几个主要因素。

（1）生产要素价格

生产要素包括劳动要素、资本要素、土地要素、企业家才能要素，使用它们的价格分别是工资率、利息率、地租率、正常利润率（不是会计学意义上的利润率），这些共同构成社会产品的成本。生产成本升高了，企业家们就有可能缩小生产规模，产品供给就会减少，即总供给减少，导致总供给曲线向左移动。反之，生产成本降低了，企业家们就有可能扩大生产规模，产品供给就能增多，即总供给增多，导致总供给曲线向右移动。

（2）生产率变化

生产率＝总产出/总投入。生产率的提高降低了单位产品的生产成本，这会激发企业家们扩大生产的热忱。生产率的提高主要是采用先进的机器设备、生产工艺、生产流水线，以及使用更加优质且性价比更高的原辅材料、燃料、中间产品；增加人力资本，强化技能培训，提高团队协作效率；改进企业经营模式和提升企业组织体制。

（3）通货膨胀预期

通货膨胀预期影响着所有要素提供者和产品供给者的市场行为。如果要素提供者和产品供给者预期未来通货膨胀将上升，它们在现期以既定的价格出售自己的要素或产品的激励就会降低，致使现期要素供给减少，产品供给减少。反之，如果要素提供者和产品供给者预期未来通货膨胀将下降，那么将会出现相反的结果。前者导致总供给曲线向右移动，后者导致总供给曲线向左移动。

（4）汇率波动

汇率波动从三个方面影响总供给。如果本币对外币升值，那么，在进口资源的国外标价不变的情况下，进口资源以本币标价必然降低，从而引发企业家们大量从国外进口资源，进而总供给增加，总供给曲线向右移动。如果本币对外币升值，本国出口的产品在国外的外币标价必然昂贵，抑制出口，总产出减少，总供给曲线向左移动。如果本币对外币升值，本国居民会更多地购买外国产品，致使国内总供给减少，总供给曲线向左移动。

（5）法律制度环境

企业运行的法律制度环境对总供给状况有很大的影响，这类影响表现在法律制度环境的改变可能会改变产品的生产成本，如销售税、特许权税、工资税等此类营业税率的提高，以及各种手续程序和时间延误，都会增加产品的生产成本；反之，法律制度环境的改善，有利于降低产品的生产成本，这些最终都会影响总供给。

（6）供给冲击

供给冲击是指暂时增加或降低现期产量的突发事件。如不利的天气情况、自然灾害、社会动荡、进口资源国际价格的短期急剧波动等，这些并不直接影响经济体的生产能力，但会造成总供给的波动。

2．影响总需求的因素

影响总需求的因素可以从不同角度归纳。若从总需求的构成上看，影响总需求的因素主要有四个方面，每一个方面又包含着若干具体因素。

（1）消费支出的变化

导致消费支出变化的因素有：消费者财富，当消费者的财富实际价值快速增加时，就会促使人们将收入中的更大部分用于消费；消费者预期，消费者对未来实际收入变动的预期影响着当前的消费支出水平；家庭负债，每个家庭都有一个自身能够接受的正常负债水平，负债超过了这个正常负债水平，家庭将减少收入中用于消费的部分；个人税收。在个人收入一定的情况下，个人所得税税率高低，反向决定消费水平的大小。这些因素都会影响消费支出水平，从而引起总需求曲线的移动。

（2）投资支出的变化

投资支出变化的影响因素有：实际利率，当实际利率提高时，存款利率上升激发了人们的储蓄热情而降低了人们的投资意愿，而另一方面，贷款利率相应上升，使资金使用成本上升，降低了人们借款出来去投资实业的积极性；预期回报率，投资与预期回报率呈同方向变动，预期回报率高则投资支出增多，预期回报率低则投资支出减少。这些因素都会影响投资支出水平，从而引起总需求曲线的移动。

（3）政府支出的变化

政府支出主要由政府购买和政府转移支付两部分组成。在税收没有变化、利率没有变动的情况下，政府支出增加，将导致总需求曲线向右移动；政府支出减少，将导致总需求曲线向左移动。在政府支出增加导致利率变动的情况下，可能会出现挤出效应，即挤出私人资本投资，导致总需求较小变化，甚至没有变化，总需求曲线移动不明显。

（4）净出口支出的变化

出口、进口、汇率同时影响着净出口支出。一般来说，净出口增加导致总需求增加，从而总需求曲线向右移动；净出口减少导致总需求减少，从而使总需求曲线向左移动。当本币对外币贬值，外国商品用本币表示变得昂贵，致使进口缩小；反之，本国商品的外币价格下降，致使出口增加。当本币对外币贬值，情形正好反过来。它们都会导致净出口支出的变化，从而使总需求曲线发生移动。

3. *AS-AD* 模型中均衡点的移动

当影响总供给、总需求的非物价水平因素变动时，就会发生均衡点的移动，如图 9-11 所示。图中，AS_0、AD_0、E_0 分别为原始总供给曲线、原始总需求曲线、市场原始均衡点。

在图 9-11(a)中，当总需求曲线保持不变，总供给曲线发生移动时（譬如，由于就业人数减少引起总供给曲线向左移动到 AS_1，或就业人数增加导致总供给曲线向右移动到 AS_2），均衡点便由 E_0 移动到 E_1 或 E_2。总供给曲线的移动方向与国民收入 Y 变动方向一致，与物价水平 P 变动方向相反。

在图 9-11(b)中，当总供给曲线保持不变，总需求曲线发生移动时（譬如，由于利率水平上升导致投资减少而使总需求曲线向左移动到 AD_1，或利率水平下降导致投资增加而使总需求曲线向右移动到 AD_2），均衡点便由 E_0 移动到 E_1 或 E_2。总需求曲线的移动方向与国民收入 Y 变动方向一致，与物价水平 P 变动方向也相同。

在图 9-11(c)中，当总供给曲线和总需求曲线同时发生移动时（譬如，总供给由于就业人数减少而向左移动到 AS_1，同时总需求由于利率上升导致投资减少而向左移动到

AD_1)，均衡点便发生移动(如上面那种情况，由 E_0 移动到 E_1)。当总供给曲线与总需求曲线同时变动时，要根据变动方向是同向还是反向，以及相对变动幅度大小来具体确定它们对国民收入 Y 和物价水平 P 变化的影响。

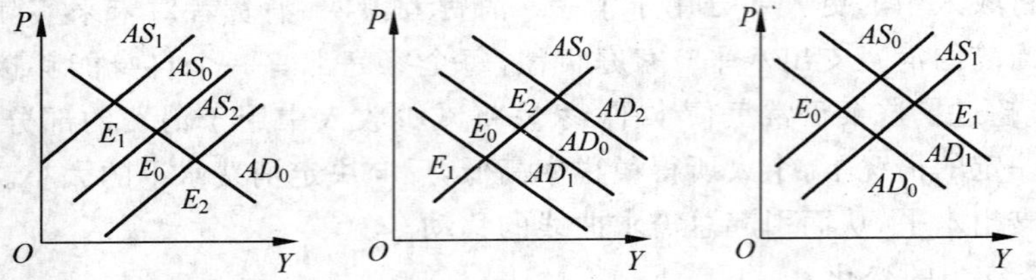

(a) (b) (c)

图 9-11 *AS-AD* 模型中均衡点的移动

第三节 国民收入决定模型的十字坐标表示法及其图形分析

一、*IS* 曲线的十字坐标表示法及其图形分析

IS 曲线的形成，除了可以用四图平列的方式来阐释，还可以用十字坐标的方式来阐释。所用的依旧是三个基本函数及其相应的曲线(见第一节 *IS* 曲线的形成)。

将 *S-Y* 坐标系、*I-S* 坐标系、*r-I* 坐标系的原点放在一起，按第二、第三、第四象限(以罗马数字表示)顺序排列，将储蓄曲线 $S(Y)$、储蓄-投资均等 45°线、投资曲线 $I(r)$标示在相应坐标系内，第一象限留给待推导的 *IS* 曲线，就得到了十字坐标系。

然后，分别设 Y_1、Y_2 为均衡收入，对于它们的储蓄分别是 S_1、S_2，根据产品市场均衡条件 $S=I$，经 45°均等线反射，分别得到等值的 I_1、I_2，它们对应的(均衡利率)分别是 r_1、r_2，由均衡收入-利率组合(Y_1，r_1)、(Y_2，r_2)确定均衡点 a、b，通过相同的方法得到其他均衡点，将所有均衡点连接起来最后得到 *IS* 曲线，如图 9-12 所示。

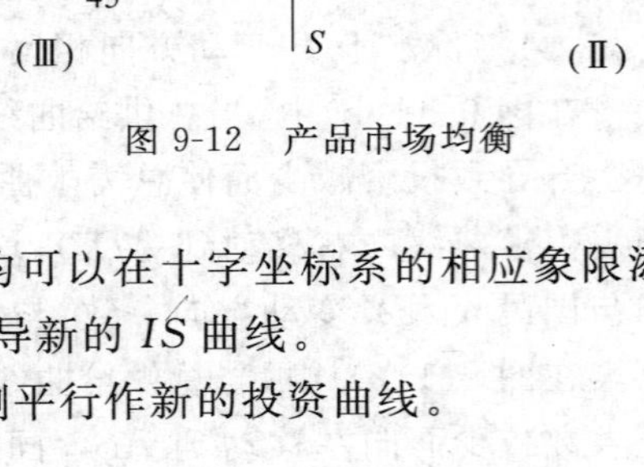

图 9-12 产品市场均衡

为便于理解，这里依旧假定相关经济函数是线性的，故 *IS* 曲线为直线。

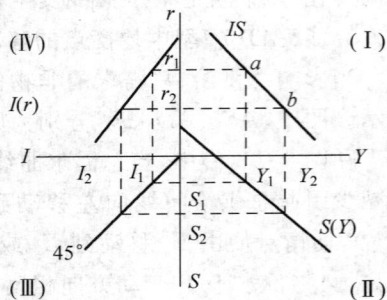

在十字坐标系中能够很直观地进行图形分析。当经济体的消费、储蓄、投资、政府支出、税收变动时，均可以在十字坐标系的相应象限添加新曲线，然后用前述的方法，得到新的均衡点进而推导新的 *IS* 曲线。

若自主投资增加，可在第四象限原投资曲线的左侧平行作新的投资曲线。

若自发储蓄减少，可在第二象限原储蓄曲线的右侧平行作新的储蓄曲线。

若政府支出增加，可在第四象限原投资曲线的左侧平行作新的"投资＋政府支出"曲线（此为变通表示法）。

若固定税增加，可在第二象限原储蓄曲线的左侧平行作新的"储蓄＋税收"曲线（此为变通表示法）。

需要注意的是，如果变动了的经济变量包含引致成分，新作的曲线可能不平行于原先的相关曲线；这里所谓"向左"或"向右"形成的新曲线是相对于十字坐标的，与第一节里的四图表示法中的表述有所不同（其实质是相同的）。

如此的图形分析可以非常直观地判断非均衡的市场状态、反映各种经济变量变动后的产品市场均衡情况。

二、LM 曲线的十字坐标表示法及其图形分析

作图方法同 IS 曲线十字坐标分析法。

LM 曲线的形成，除了可以用四图平列的方式来阐释，还可以用十字坐标的方式来阐释。所用的依旧是三个基本函数及其相应的曲线（见第一节 LM 曲线的形成）。

将 L_1-Y 坐标系、m-L 坐标系、r-L_2 坐标系的原点放在一起，按第二、第三、第四象限（以罗马数字表示）顺序排列，将第一类货币需求曲线 $L_1(Y)$、货币需求-货币供给均等线（等腰三角形底边）、第二类货币需求曲线 $L_2(r)$ 标示在相应的坐标系内，第一象限留给待推导的 LM 曲线，就得到了十字坐标系。

然后，分别设 Y_1、Y_2 为均衡收入，对于它们的第一类货币需求分别是 L_{11}、L_{12}，根据货币需求等于货币供给的限制条件 $L=M$，经等腰三角形底边线反射，分别得到互余值的 L_{21}、L_{22}，它们对应的（均衡利率）分别是 r_1、r_2，由均衡收入-利率组合（Y_1，r_1）、（Y_2，r_2）确定均衡点 a、b，通过相同的方法得到其他均衡点，将所有均衡点连接起来最后得到 LM 曲线，如图 9-13 所示。

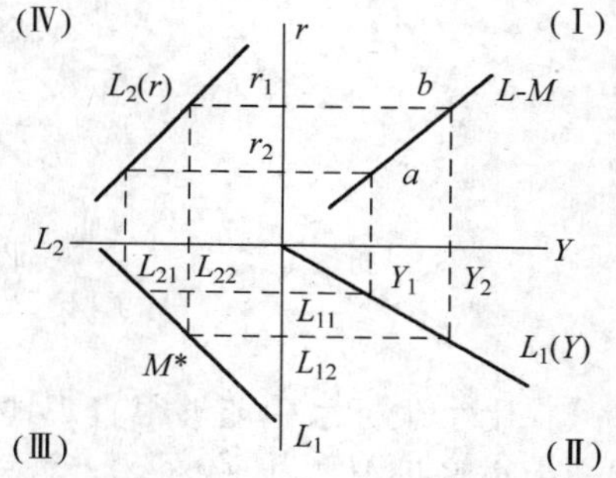

图 9-13 货币市场均衡

为便于理解，这里依旧假定相关经济函数是线性的，故 LM 曲线为直线。

在十字坐标系中能够很直观地进行图形分析。当经济体的出于交易动机、预防动机、投机动机的货币需求变动，实际货币供给量变动时，均可以在十字坐标系的相应象限添加新曲线，然后用前述的方法，得到新的均衡点进而推导新的 LM 曲线。

若出于交易动机、预防动机的货币需求增加，可在第二象限原第一类货币需求曲线的左侧平行作新的第一类货币需求曲线。

若出于投机动机的货币需求，可在第四象限原第二类货币需求曲线的左侧平行作新的第二类货币需求曲线。

若实际货币供给增加，可在第三象限原实际货币供给曲线的外侧平行作新的实际货

币供给曲线。

需要注意的是，这里所谓“向左”或“向右”形成的新曲线是相对于十字坐标的，与第一节里的四图表示法中的表述有所不同(其实质是相同的)。

如此的图形分析可以非常直观地判断非均衡的市场状态、反映各种经济变量变动后的货币市场均衡情况。

三、AS 曲线的十字坐标表示法及其图形分析

作图同 *IS*、*LM* 曲线十字坐标分析法。

AS 曲线的形成，除了可以用四图平列的方式来阐释，还可以用十字坐标的方式来阐释。所用的依旧是三个基本函数及其相应的曲线(见第二节 *AS-AD* 曲线的形成)。

将 *L-Y* 坐标系、*L-W/P* 坐标系、*W/P-P* 坐标系的原点放在一起，按第二、第三、第四象限(以罗马数字表示)顺序排列，分别将生产曲线 *Y*(*L*)、就业曲线、工资曲线(双曲线的一支)标示在相应的坐标系内，第一象限留给待推导的 *AS* 曲线，就得到了十字坐标系。

AS 形成过程的具体分析方法如 *IS* 曲线、*LM* 曲线形成过程的分析，读者可自行推演。*AS* 曲线的十字表示如图 9-14 所示。

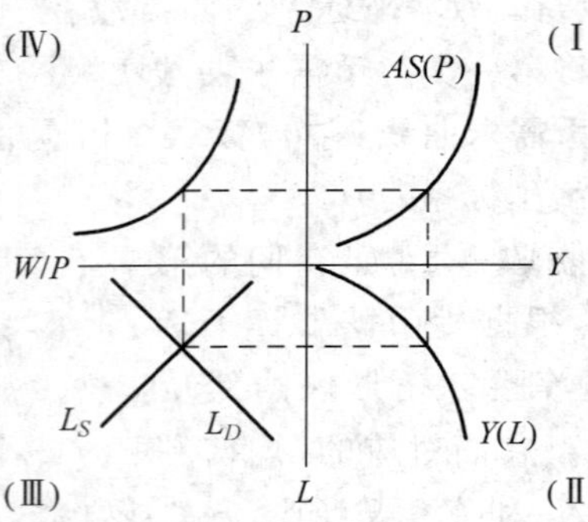

图 9-14　总供给曲线的形成(十字坐标表达)

在十字坐标系中能够很直观地进行图形分析。当经济体的由于生产技术水平变动、劳动力市场供求变动、物价指数变动时，均可以在十字坐标系的相应象限添加新曲线，然后用前述的方法，得到新的均衡点进而形成新的 *AS* 曲线。

生产技术水平提高了，意味着劳动生产率提高，在第二象限的生产曲线将更加向 *Y* 轴倾斜，*AS* 曲线同样会向 *Y* 轴倾斜。

劳动力市场供给或需求发生变动，那么在第三象限的劳动力市场均衡点都会随之移动，相应于劳动力市场均衡点的变动会形成新的 *AS* 对应点。

如果名义工资水平提高了，那么在第四象限的双曲线会向外水平移动；反之，就会向内水平移动，从而使 *AS* 曲线做向外或向内做同样的移动。

生产曲线、就业曲线、工资曲线可能只变动一个，也可能两两变动，或者三个同时变动，它们都会使 *AS* 曲线改变斜率或发生位移。

第四节 对 *LM* 曲线、总供给曲线、总需求扩张效应和利率水平的深入分析

一、*LM* 曲线的形状

（一）*LM* 曲线的三个区间[①]

前面的阐释中，为了理解的简便，在假设第一类货币需求和第二类货币需求都是线性的条件下，形成的 *LM* 曲线呈现为一条始终向右上方倾斜的直线，然而情形并不完全是这样的。下面先从货币市场均衡公式入手，分三种情形进行分析。

货币市场均衡公式为

$$m = L_1 + L_2 \quad 即 \quad m = kY - hr \tag{9-27}$$

下面的分析依据精确的 *LM* 函数：

$$r = \frac{A - m}{h} + \frac{k}{h} \times Y \tag{9-28}$$

第一种情形，宏观经济中不存在第一类货币需求 L_1，即不存在交易动机和预防动机货币需求 kY，于是所有货币供给量均用于满足第二类货币需求 L_2，即满足投机动机货币需求 $-hr$。在这种情形下由 $m=-hr$ 确定的货币市场均衡曲线 *LM* 与收入 Y 的变动无关，即 k 为 0，因此在 r-Y 象限中 *LM* 为一条平行于 Y 轴的直线，在 r 轴上的截距位置为 $(A-m)/h$，见图 9-15(a)。

第二种情形，宏观经济中既有第一类货币需求 L_1，即满足交易动机和预防动机货币需求 kY，也有第二类货币需求 L_2，即满足投机动机货币需求 $-hr$，这就是第一节中已分析过的 *LM* 曲线形成的情形。从下面公式中的斜率可以得出 *LM* 曲线在 r-Y 象限中是向右上方倾斜的，见图 9-15(b)。*LM* 曲线在 r 轴上的截距等于第一种情形 *LM* 曲线在 r 轴上的截距，*LM* 曲线的斜率 $k/h<1$ 与下面第三种情形 *LM* 曲线斜率 $k=1$ 不同。

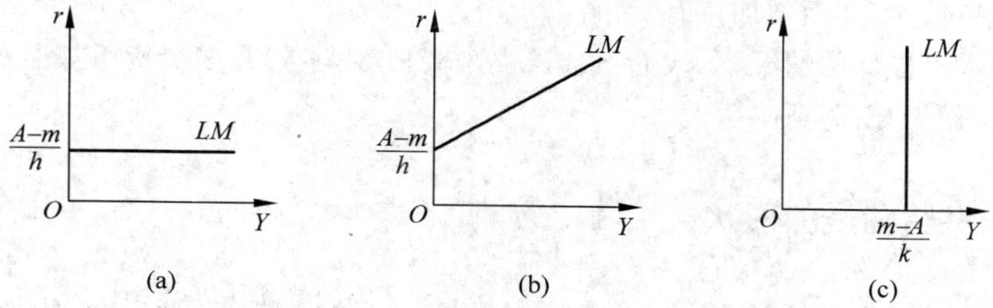

图 9-15 *LM* 曲线的三种情形

① 编者的阐释，供教学参考。

第三种情形，宏观经济中不存在第二类货币需求 L_2，即不存在投机性货币需求 $-hr$，于是所有货币供给量均用于满足第一类货币需求 L_1，即满足交易动机和预防动机货币需求 kY。在这种情形下由 $m=kY$ 确定的货币市场均衡曲线 LM 与利率 r 的变动无关，即 h 为 0，因此在 r-Y 象限中 LM 为一条垂直于 r 轴的直线，在 Y 轴上的截距位置为$\frac{m-A}{k}$，见图 9-15(c)。

凯恩斯认为，在理论上，在利率水平极低时，人们偏好货币流动性，货币市场均衡呈第一种情形；古典主义认为，人们需要货币，只是为了交易，并不存在投机需求，即投机性货币需求为零，货币市场均衡呈第三种情形；介于上述两者之间的观点认为，人们对货币同时有交易性货币需求和投机性货币需求，货币市场均衡呈第二种情形。

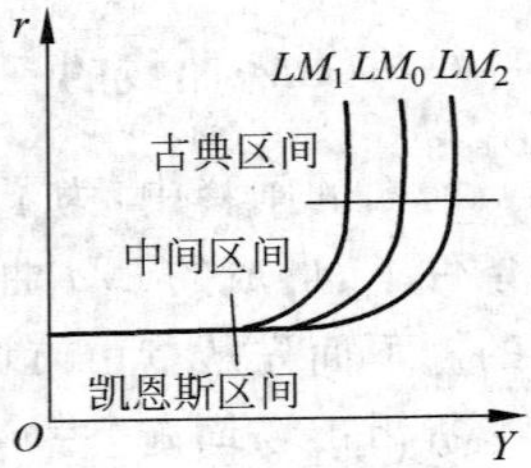

图 9-16　LM 曲线的三个区间

事实上，在宏观经济的运行过程的不同经济活动量区间上分别对应着上述三种情形，从而 LM 曲线被划分为“凯恩斯区间”、“中间区间”、“古典区间”，见图 9-16。

（二）凯恩斯的流动性陷阱观点

前面提到使 LM 曲线呈水平状的流动性陷阱，又称流动偏好陷阱，或简称凯恩斯陷阱，该观点是由凯恩斯首先提出来的。凯恩斯认为利率预期是人们调节货币和债券配置比例的重要依据。人们可以用下列公式进行判断：

$$债券价格 = \frac{债息}{市场利率} \tag{9-29}$$

当债息一定时，若利率水平极高，债券价格极低，人们预期利率水平不会再高上去，反而会跌下来，利率跌下来债券价格就会上升，为了获得未来债券升值的利益，于是人们就会放弃货币，转而增加持有债券。

当债息一定时，若利率水平极低，债券价格极高，人们预期利率水平不会再低下去，反而会升起来，利率升起来债券价格就会下跌，为避免未来持有债券可能遭受的损失，于是人们就会抛售债券，转而增加持有货币。

在利率水平极低的情况下，人们不会再去购买债券，不管有多少货币都愿意持有在手中，这种情况称为“凯恩斯陷阱”。

二、总供给曲线的形状

为了了解总需求变动对真实产出和物价水平的影响，需要了解总供给曲线的形状。前面的分析为了简便，总供给曲线都为向右上方倾斜的直线，然而总供给曲线的形状在西方经济学界是长期争论的问题。

在宏观经济学中，通常在有伸缩性工资和价格下，将实际工资调整到劳动力供求相等的水平，使劳动力市场处于的均衡状态称为“充分就业的状态”，此时的国民收入称为“充分就业状态的国民收入”。在古典学派看来，总供给曲线就是一条位于经济的潜在产量或充分就业产量水平上的垂线 Y_f。但是，货币工资和物价水平的调整需要充分的时间，因而 Y_f 可视为是长期调整的结果，Y_f 代表着长期总供给曲线，这就是古典总供给曲线，如图 9-17(a)所示。

然而，在短期里，工资水平由于工会势力的影响而不会迅速响应劳动力市场真实供求关系的变化，工会化行业的劳动合同通常三年一签，在合同有效期内工资率大体固定下来。同样，企业生产所需要的原材料和其他投入品的价格也可能因某些合同而被固定。如果货币工资和物价价格呈现为极端的刚性，那么总供给曲线将呈现为水平线，这就是凯恩斯总供给曲线（实际上应该是直角线），如图 9-17(b)所示。

现实生活中，短期里货币工资和物价水平既不是完全弹性也不是完全刚性，而是介于二者之间，是黏性，总供给曲线呈斜线状。当货币工资调整速度慢于产品价格调整速度，企业的供给变动相对较大——近似于凯恩斯总供给曲线，当货币工资调整速度快于产品价格调整速度，企业的供给变动相对较小——近似于古典总供给曲线，从而总供给曲线呈非线性的曲线状，这就是常规总供给曲线。从某种意义上说，它反映了货币工资和物价水平由刚性到黏性再到弹性的、由短期向长期的渐进变化过程，如图 9-17(c)所示。

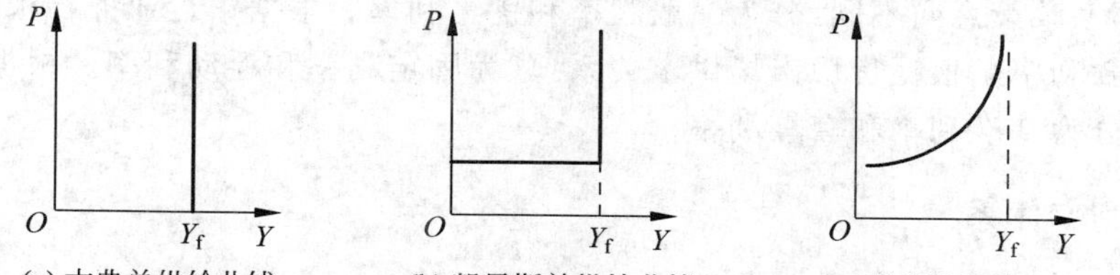

图 9-17　三种总供给曲线

三、总需求扩张对真实产出和价格水平的影响

如果把上述三种总供给曲线合为一体，如下图 9-18 所示，能够在一定程度上刻画经济周期的不同阶段产量 Y 与物价水平 P 的变化过程。

在总供给曲线的水平区间，经济处于不景气阶段，此时，与社会生产规模缩小相应，产量相对较少；与消费低落相应，物价水平也停留在低水平上。在总供给曲线的弯曲区间，经济处于复苏阶段，此时，与社会生产规模逐渐扩大相应，产量持续增加；与消费回升相应，物价水平逐渐上升。在总供给曲线的垂直区间，经济处于繁荣阶段，此时，与社会生产规模扩大至最大限度相应，产量最终达到充分就业的极限水平；与消费高涨相应，物价水平不断攀升。

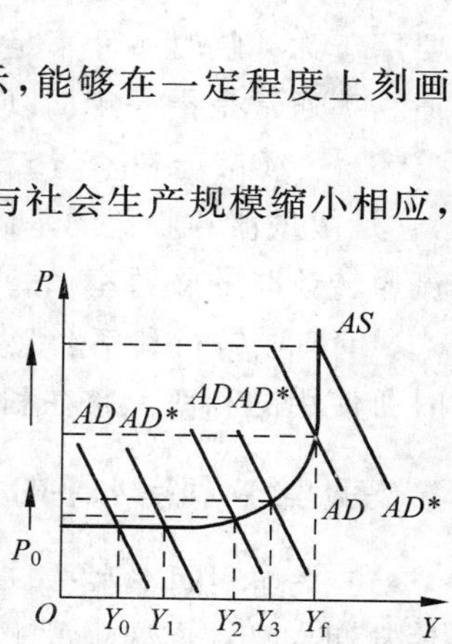

图 9-18　总需求扩张对真实产出和价格影响

从图中可以看出，对于相同幅度的总需求扩张 AD-AD^*，在经济周期的各阶段，所带来的产量增加和物价水平

上涨幅度是不一样的。在总供给曲线的水平区间，产量的增加 Y_0Y_1 并没有伴随物价水平的上升，基本停留在 P_0 水平上；在弯曲区间，产量继续增加 Y_2Y_3，但增加的幅度小于前一种情况，物价水平开始逐渐加速上升（短箭头所示）；进入垂直区间后，产量不再增加，停止在 Y_f 水平上，而物价水平却大幅度上升（长箭头所示）。

四、利率水平

（一）利率的含义与种类

利率（利息率的简称），利息是借款人需向放款人支付的借取金钱的代价，亦是放款人延迟其消费而放贷给借款人所获得的回报。利息与本金的百分比就是利率，通常以一年期进行计算。

利率是一个重要的金融变量，几乎所有的金融现象、金融资产均与利率有一定的联系。利率是政府调控宏观经济的重要货币杠杆之一。

利率的种类因分类方法不同而异。根据计算方法不同，分为单利和复利。根据与通货膨胀的关系，分为名义利率和实际利率。根据确定方式不同，分为法定利率和市场利率。根据国家政策意向不同，分为一般利率和优惠利率。根据银行业务要求不同，分为存款利率、贷款利率。根据货币市场供求关系，分为固定利率和浮动利率。根据利率之间的变动关系，分为基准利率和套算利率。

（二）利率体系

（1）中央银行再贴现率。中央银行再贴现率，是中央银行对商业银行和其他金融机构短期融通资金的基准利率。它在利率体系中占有特殊的重要地位，发挥着核心和主导作用，反映全社会的一般利率水平，体现一个国家在一定时期内的经济政策目标和货币政策方向。

（2）拆借利率与国债利率。拆借利率是银行及金融机构之间的短期资金借贷利率，主要用于弥补临时头寸不足，期限较短。拆借利率是短期金融市场中具有代表性的利率。国债利率通常是指一年期以上的政府债券利率，它是长期金融市场中具有代表性的利率。

（3）一级市场利率与二级市场利率。一级市场利率是指债券发行时的收益率或利率，它是衡量债券收益的基础，同时也是计算债券发行价格的依据。二级市场利率是指债券流通转让时的收益率，它真实反映了市场中金融资产的损益状况。

（4）商业银行利率。又称市场利率，是商业银行及其他存款机构吸收存款和发放贷款时所使用的利率。它在利率体系中发挥基础性的作用。

（三）影响利率水平的主要因素

（1）平均利润率水平。利息是平均利润的一个部分，因此利率为平均利润率所决定。平均利润率是利率变动的上限。利率水平的高低很大程度上体现了金融资本和产业资本在瓜分剩余价值上的博弈。

（2）资金的供求状况。一般而言，当借贷资本供不应求时，将促使利率上升；相反，当借贷资本供过于求时，必然导致利率下降。

(3) 物价水平变动幅度。从事经营货币资金的银行必须使吸收存款的名义利率适应物价上涨的幅度，否则难以吸收存款；同时也必须使贷款的名义利率适应物价上涨的幅度，否则难以获得投资收益。

(4) 国际经济环境。国际间资金的流动，通过改变国内的资金供给量影响国内的利率水平；国内的利率水平要受国际间商品竞争的影响；国内的利率水平还受国家的外汇储备量和利用外资政策的影响。

(5) 政策性因素。国家根据不同时期经济社会发展的需要实现不同的利率政策，如为稳定物价、稳定市场而实行的低利率政策；为鼓励、扶持，或限制某些产业发展而实行的差别利率政策；为反经济周期而实行的调控性利率政策。这些都会影响利率水平。

另外，经济运行周期、借贷风险、经济前景预期、国际利率水平等也都会影响利率水平。

(四) 利率水平与物价水平的关系

在信用货币流通的条件下，当由于种种原因而导致一般物价水平持续上升，发生通货膨胀时，币值下跌，货币购买力下降，国家为了稳定物价就会调高利率，收缩货币供应量，促使货币购买力上升。另外，当物价上涨、货币贬值时，存款人所得的实际利率低于名义利率，经济利益遭受损失，从而影响其存款积极性。因此，为了维持吸收社会存款的规模，名义利率也需要随着物价的上涨而上调。

相反，当由于种种原因而导致一般物价水平持续下跌，发生通货紧缩时，市场低迷，信用收缩，国家一般会采取降息的措施，引导商业银行扩大放款，刺激消费和投资。另外，通货紧缩时会使实际利率升高，这将有利于债权人而损害债务人的利益，而社会上的债务人大多是生产者和投资者，债务负担加重，会使他们的生产与投资活动受到影响，从而对经济增长带来负面影响，因此，为避免这种负面影响，名义利率需要随着物价的下降而下调。

由此可见，名义利率与物价水平一般具有同向变动的趋势。

本章经济学原理应用示范

2014 年宏观经济形势分析的 *AS-AD* 模型

对短期宏观经济形势，最常见的是用 *AS-AD* 模型进行分析。当然，*AS-AD* 模型分析有简单的因素分析，有复杂的数理模型分析，而后者分析必定要建立在前者分析的基础之上，也就是说，量的分析要以质的分析为前提。

下面看一下国家发改委宏观经济研究院经济形势课题组是如何分析和预测 2014 年宏观经济形势的。宏观经济形势分析是经济形势课题组每年的例行、常规分析。

经济形势课题组题在《宏观经济管理》2014 年第 2 期发表了《国内外总体环境改善经济发展基本面良好》[①]专栏文章，文章包含四个部分。

---

① 国家发改委宏观经济研究院经济形势课题组. 国内外总体环境改善　经济发展基本面良好[J]. 宏观经济管理，2014(2)：21-23，37.

第一部分，2013 年经济运行态势。经济数据表明：从供给面看，工农业生产基本稳定；从需求面看，消费和出口平稳增长，投资有所放缓；从价格方面看，价格总水平基本保持平稳；从市场预期看，出现了逐步好转的趋势。

第二部分，经济运行中的主要问题和矛盾。文中指出，经济增长动力总体偏弱；风险隐患依然较多；环境约束进一步加强；影响经济增长的不确定性因素依然较多。

第三部分，2014 年经济发展前景与主要指标预测。列举了供给面、需求面种种利好因素(包括要素供给、新型城镇化、4G 网络建设、高铁发展、消费、投资、出口、政策、国际经济政治环境等)。

第四部分，政策建议(略)。

这篇文章的分析是宏观经济运行的因素分析，是规范的总供给总需求分析。譬如，列举了涉及短期或长期总供给的产能过剩、企业成本、房地产动态、结构性就业等经济状况；列举了涉及总需求的消费、投资、出口等总体情况，几乎和本章介绍的“影响总供给的因素、影响总需求的因素”一一对应。

教材《经济学——私人与公共选择》的 *AS-AD* 因素分析[①]的框架如下：

1. 影响总需求的因素

(1) 实际财富增加(减少)。

(2) 实际利率降低(提高)。

(3) 企业和消费者对于未来经济形势乐观(悲观)情绪增加(减少)。

(4) 预期通货膨胀率提高(降低)。

(5) 实际国外收入增加(减少)。

(6) 该国货币的价值降低(上升)。

2. 下列因素将增加(减少)长期总供给(*LRAS*)

(1) 资源供给增加(减少)。

(2) 技术和生产率进步(退步)。

3. 下列因素增加(减少)短期总供给(*SRAS*)

(1) 资源价格——即生产成本——降低(增加)。

(2) 预期通胀率下降(增加)。

(3) 受欢迎的(不受欢迎的)供给冲击，如天气好(坏)、重要进口资源的价格升(降)。

本示范不准备展开具体的数字分析，仅将经济形势课题组对 2014 年宏观经济形势分析与预测的结论用 *AS-AD* 模型表示如图 9-19 所示，以此文引导同学们运用 *AS-AD* 模型进行分析。

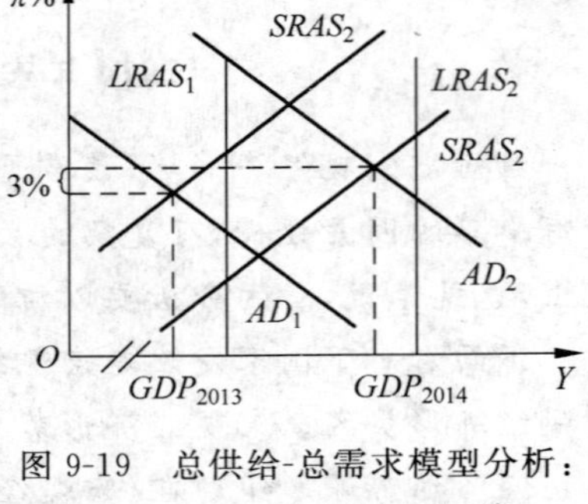

图 9-19　总供给-总需求模型分析：2013—2014 中国经济

预计 2014 年经济增长率为 $(GDP_{2014} - GDP_{2013})/GDP_{2013} = 7.8\%$，价格水平上涨 3%。图中，AD 为短

① 詹姆斯·D.格瓦特尼.经济学——私人与公共选择[M].9 版.梁小民，梁砾，译.北京：中信出版社，2004：228，234.

期总需求，*SRAS* 为短期总供给，*LRAS* 为长期总供给。

本章经济学原理应用指引

1. *IS-LM* 模型可应用于分析：

(1) 宏观经济运行状态。

(2) 经济政策设计。

(3) 经济政策传导机制。

(4) 经济政策有效性。

(5) 经济周期机理。

2. *AS-AD* 模型可用于分析：

(1) 社会经济宏观面。

(2) 经济政策目标关系。

(3) 经济冲击过程。

(4) 产品市场-货币市场-劳动市场。

(5) 潜在社会生产力。

本章小结

导出产品市场均衡曲线时要涉及三个函数及三条曲线，它们分别是：投资函数、储蓄函数、表示投资量与储蓄量相等的45°线。*IS* 曲线斜率的影响因素有边际消费倾向 b（当 b 较大时，*IS* 曲线比较平坦）、投资需求对利率变动的反应程度 d（当 d 较大时，*IS* 曲线比较平坦）；反之则反是。导致 *IS* 曲线移动的因素有自发消费 C_a、自发投资 I_a、政府支出 G、税收 T 等。

导出货币市场均衡曲线时要涉及货币供给和货币需求的三个函数及三条曲线，它们分别是：货币供给函数、货币需求函数（含出于交易动机和预防动机的货币需求函数、出于投机动机的货币需求函数）。它们与货币供给的特殊性和人们的货币需求动机有关。*LM* 曲线的斜率的大小取决于货币交易与预防需求的收入系数 k 和货币投机需求的利率系数 h，当 k 越大时，即货币需求对收入变动的敏感程度越高时，斜率越大，*LM* 曲线比较陡峭；反之，k 越小时，斜率越小，*LM* 曲线比较平坦；当 h 较大时，意味着货币投机需求对利率变动反应较大，斜率越小，*LM* 曲线比较平坦，反之则反是。导致 *LM* 曲线移动的因素取决于实际货币供给量 m 和货币投机需求的利率系数 h。

在经济生活中，人们希望平时在手中掌握有一定数量的货币，这主要是出于三种动机：一是交易动机，是人们为日常交易而持有货币；二是预防动机，是人们为了预防生产生活中的不测而持有货币；三是投机动机，是人们为了进行投机活动而持有货币。

LM 曲线三个区间的划分。凯恩斯认为：当利率很低，即债券价格很高时，人们觉得此后债券价格不会涨而只会跌，用货币购买债券亏损风险极大，人们宁可持币在手，这时投机性货币需求趋于无限大，从而使 *LM* 曲线呈水平状态，水平的 *LM* 区域称为“凯恩斯区间”。古典学派认为，长期里只有交易性货币需求而无投机性货币需求，*LM* 曲线的垂

直阶段，表示不论利率怎样变动，货币的投机需求均为零，垂直的 *LM* 区域称“古典区间”。介于 *LM* 曲线的垂直区域与水平区域之间的区域则称为“中间区间”。

总供给曲线的形成要涉及以下 3 条曲线：生产函数、就业函数、工资函数。在分析总供给的影响因素时首先要区分短期总供给和长期总供给，影响两者的因素有所差别。导致长期总供给变动的因素都是对一国积累生产要素的能力以及投资于知识生产的能力产生影响的因素，如人口增长、贸易制度、收入分配、金融部门的影响力、一般宏观经济环境、政府规模、地理的影响，以及政治社会环境等，称为经济增长的基本因素。导致短期总供给变动的因素基本上是与劳动和资本的积累、规模经济、生产技术变化有关的因素，如劳动投入、资本存量、自然资源、知识储量等，称为经济增长的直接因素。

总需求曲线可以用两种方法推导出来：从收入-支出曲线推导；从 *IS-LM* 曲线推导。影响总需求的因素包括：消费支出的变化(含消费者财富、消费者预期、家庭负债、个人税收)，投资支出的变化(含实际利率、预期回报率)，政府支出的变化(主要由政府购买和政府转移支付两个部分组成)，净出口支出的变化(出口、进口、汇率同时影响着净出口支出)，供给冲击(暂时增加或降低现期产量的突发事件，虽然并不直接影响经济体的生产能力，但会造成总供给的波动)。

关键概念

IS* 曲线**，是指在横轴表示收入，纵轴表示利率的平面坐标系统中，代表满足产品市场均衡条件的利率水平和产出水平组合点的连线，呈现为一条向右下方倾斜的曲线。LM* 曲线**，是指在与 *IS* 曲线相同的平面坐标系统中，代表货币需求与货币供给相等的利率水平和产出水平的组合点的连线，呈现为一条向右上方倾斜的曲线。

货币需求的交易动机，这是人们为日常交易而持有货币的需求，主要受收入水平的影响，二者同方向变化。**货币需求的预防动机**，这是人们为了预防生产生活中的不测而持有货币的需求，主要受收入水平的影响，二者同方向变化。**货币需求的投机动机**，这是人们为了进行投机活动而持有货币的需求，最主要受利率水平的影响，二者反方向变化。

充分就业状态的国民收入，在宏观经济学中，通常在有伸缩性工资和价格下，将实际工资调整到劳动力供求相等的水平，使劳动力市场处于的均衡状态称为“充分就业的状态”，此时的国民收入称为“充分就业状态的国民收入”。

流动偏好陷阱，又称灵活偏好陷阱或凯恩斯陷阱，是指当利息率极低时，有价证券的价格处于高点，这时人们就会纷纷出售有价证券而持有货币，以免证券价格下跌时蒙受损失，此时，人们对货币的需求量趋向于无穷的一种经济情况。

总供给，是指全社会的总产量，即全社会在不同的物价水平上所提供的产品与劳务的总量。总供给是一个价值量，一个流量，一个期望量。**总需求**，是指全社会对产品和劳务需求的总量，即全社会在不同的物价水平上所愿意购买的产品与劳务的总量。总需求是一个价值量，一个流量，一个期望量。

复习思考

选择题

1. 当边际消费倾向提高后 IS 曲线(　　)。

A. 保持不变　　B. 更加平坦

C. 更加陡峭　　D. 不确定

2. 当政府购买支出和货币供给同时增加时(　　)。

A. 利率将大幅上升　　B. 利率可能微小变动

C. 利率将大幅下降　　D. 不确定

3. 下列与总供给曲线的形成无关的是(　　)。

A. 生产函数　　B. 劳动市场均衡

C. 货币工资总额曲线　　D. 产品市场均衡曲线

4. 供给冲击(　　)。

A. 影响未来产出　　B. 长期影响产出

C. 影响经济体的生产能力　　D. 造成短期总供给波动

5. 增加货币供给在 *LM* 曲线(　　)区间产出增加最不显著。

A. 凯恩斯区间　　B. 中间区间

C. 古典区间　　D. 不确定

6. 总需求扩张对真实产出几乎不发生影响的是 *LM* 曲线的(　　)。

A. 凯恩斯区间　　B. 中间区间

C. 古典区间　　D. 不确定

简答题

1. 在经济生活中人们出于什么动机希望持有货币？

2. 当产品市场和货币市场无法同时均衡时社会经济将会出现什么情况？

3. 区分 *LM* 曲线三个区间有何经济意义？

计算题

1. 设有两部门经济，消费 $C=100+0.8Y$，投资 $I=150-6r$，实际货币供给 $m=l50$，货币需求$=0.2Y-4r$。

(1) 求 *IS*、*LM* 曲线；

(2) 求产品市场和货币市场同时均衡时的收入与利率。

2. 根据下列 *IS-LM* 模型：消费 $C=200+0.25Y_d$，投资 $I=1\,500+0.25Y-1\,000r$，政府购买支出 $G=250$，政府税收 $T=200$，实际货币供给 $m=1\,600$，货币需求$=2Y-8\,000r$。

(1) 求解产品市场和货币市场同时均衡时的收入与利率；

(2) 当政府购买支出增加到 400 时，对总产出 Y、消费水平 C、利率水平 r 有何影响；

(3) 当货币供给增加到 $m=1\,840$ 时，对总产出 Y、消费水平 C、利率水平 r 有何影响。

3. 假设总需求函数为 $Y=4\,500-1\,500P$。总供给函数为 $Y=1\,500+500P$。

（1）求解均衡状态下的价格水平和产出水平。

（2）如果总供给函数为 $Y=1\,000+500P$，则均衡状态如何变化？

（3）如果总需求函数变为 $Y=5\,000-1\,500P$，将如何影响均衡状态？

思考题

1. 影响 *IS-LM* 曲线的斜率、位置和均衡点变动的因素是什么？如何影响？
2. 影响 *AS-AD* 曲线的斜率、位置和均衡点变动的因素是什么？如何影响？
3. *IS-LM* 模型和 *AS-AD* 模型之间存在怎样的关系？

第十章 开放经济下的国民收入决定：*IS-LM-BP*模型

学习目的

1. 掌握经济开放度指标与国际收支平衡表。
2. 理解国际分工与贸易及其对国际经济利益的影响。
3. 了解外汇与汇率制度、汇率变动影响国际贸易的机理。
4. 掌握开放经济下国民收入决定的基本原理。
5. 学会运用本章原理和方法分析开放经济下宏观经济运行的各种问题。

第一节 经济开放度指标与国际收支平衡表

一、经济开放度指标

开放经济，指同世界其他国家之间存在着密切的产品、劳务、资本、技术等经济往来与经济合作的经济。在经济学中，开放经济是在封闭的三部门经济基础上增加一个“国外部门”而形成的四部门经济。

一国或地区同世界其他国家或地区[①]经济往来的活动水平可以通过经济开放度(简称开放度)指标体现出来。

(一) 开放程度的衡量

一个经济体的对外开放程度，是指该经济体的涉外经济活动在其全部经济活动中所占的比重，以及嵌入世界经济活动的深度。

对外开放度可以有两种理解。一种是广义的理解，从产品流动、资金流动、人力资本流动、对外经济体制、国际经济法规、商业惯例的国际化程度等层面全方位、综合地看待对外经济开放程度。一种是狭义的理解，从产品流动层面即国际贸易上看待对外经济开放程度，人们通常在这个意义上讨论对外经济开放度。

---

① 为了表述方便，有时将“一国或地区”简称为“一国”，将“国家或地区”简称为“国家”，或在涉及地区经济时特别冠名，如“香港地区”，以避免国际政治歧义。

由于对外经济开放首先是从商品市场开始，即相对稳定的外贸进出口，并且实际上外贸开放度在整个开放度中占有很大的权重，因而人们通常用外贸开放度（又称外贸依存度）来衡量一个经济体的开放程度。衡量公式如下：

$$外贸开放度=\frac{进出口总额（或出口额或进口额）}{GDP（或GNP）} \tag{10-1}$$

在外贸开放度的公式中，分母为一国总产出或总收入；若分子为进出口总额，外贸开放度体一方面现了对外贸易在全部国民经济活动中的分量，另一方面体现了本国经济对世界经济的依存度；若分子为出口额，则反映了一国经济对国外市场的依赖程度；若分子为进口额，体现了一国经济的发展对世界产业结构的依附程度。

外贸开放度是一个十分重要的经济指标，但指标覆盖面比较狭小、估算比较粗略，至少存在以下两个方面的不足：内容不够全面，因为仅考察了对外货物贸易领域，其他涉外经济活动领域均未涉及；加工贸易规模较大时可能导致计算结果高估，因为来料加工包含一进一出的贸易过程。

下面给出一个经济综合开放度体系，这个体系覆盖面相对较大，包含了贸易往来和资本流动两个领域，见图 10-1。

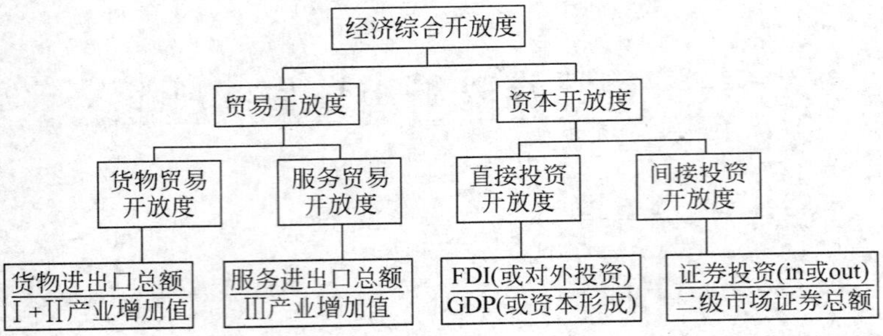

图 10-1　经济综合开放度体系

图中，Ⅰ、Ⅱ、Ⅲ分别表示第一产业、第二产业、第三产业。

这个综合开放度包含三个层次，最高层次：经济综合开放度；第二层次：贸易开放度和资本开放度：第三层次：货物贸易开放度、服务贸易开放度、直接投资开放度、间接投资开放度。第三层次指标的计算公式如图 10-1 中的阴影矩形所示。第二层次和最高层次指标分别通过加权计算而得出。

直接投资（FDI），是指不同国籍的经济行为当事人（个人、组织、机构等）为了在别国取得经营管理控制权的投资行为。直接投资包含流入（in）和流出（out）两个方面，又根据是存量还是流量，直接投资开放度分为：*FDI* 存量/*GDP*、*FDI* 流量/资本形成、对外投资存量/*GDP*、对外投资流量/资本形成。

间接投资（FII），是指不同国籍的经济行为当事人（个人、组织、机构等）为了在别国取得资产所有权（其形式如股票、债券等证券）的投资行为。间接投资也包含流入（in）和流出（out）两个方面，间接投资开放度以流入或流出的证券投资在本国二级证券市场总额中所占的比重来表示。

以上开放度[①]只是单纯地从数量维度（或者说规模维度）来考察贸易领域、资本领域的对外开放度，其实，还须加入质量维度方面的考察[②]，如高科技和机电产品净出口比重、外商企业的直接投资利税贡献比重、外商企业直接投资吸收就业比重等。

这个综合开放度体系作为一个研究框架还可以将对外经济合作等国际经济活动领域纳入进来，进而产生更为准确的经济开放度指标。

（二）影响经济开放度大小的因素

影响一个国家对外经济开放程度的因素很多，主要有以下几个方面的因素。

第一，经济发达程度。一般来说，在市场经济条件下，经济越发达意味着交易活动范围越广、交易越密集，国内贸易和对外贸易水平也会越高，因而对外开放程度越高。

第二，自然资源禀赋。通常，自然资源丰富的国家对外资源的依赖程度低，从而开放程度低；自然资源缺乏的国家不得不依赖资源的国际市场，因而开放程度高。

第三，经济结构的差异。经济结构，包含产业结构、就业结构、消费结构等，如果一个国家经济结构的内部供求比较平衡，其开放程度相应地就比较低；反之，如果存在供求缺口，就很可能需要从国外来弥补，其开放程度相应地就比较高。

第四，在世界经济中的地理区位。有的国家或地区得天独厚，拥有较多的天然良港、便捷陆路，商业交集密布，其经济开放度就可能较高；有的国家或地区位置荒僻，山高水远、交通艰险、商业交集稀疏，其经济开放度自然就会较低。

另外，经济政策、政治制度、文化习俗、宗教观念、历史传统等因素也会对开放度造成不同的影响。

以上各因素往往都不是孤立存在的，都不是单独地对开放度产生影响，而是综合地起作用。

（三）各国经济之间的相互依赖性

在开放经济中，各国经济通过世界市场连接在一起，基于各自的资源禀赋和国情融入世界产业体系，彼此之间相互依赖相互影响。这种依赖与影响是通过以下两个基本效应而实现的。

溢出效应。当一国国内总需求和国民收入增加时，就会增加对国外产品的需求，于是与之有贸易关系的国家的国民收入就会增加。这种影响被称为“溢出效应”。

回波效应。由于溢出效应作用，别国的国民收入增加后，会通过扩大进口反过来引起最初产生溢出效应的国家的国民收入再增加。这种影响就是“回波效应”。

追求利益增进的各国通过溢出效应和回波效应在彼此间形成稳定的经济往来关系，这种相互依赖性造就了不同国家各自的对外经济开放度。

---

① 部分参考了 http：//wenku.baidu.com/view/f39d6cfc04a1b0717fd5dd76.html。

② 参见王发明.对外开放综合评价指标体系的基本框架：以杭州为例[J].改革，2008(9)：51-57；施祖辉.测定经济对外开放程度的几个指标[J].预测，1990(4)：36-40，49.

二、国际收支平衡表

如果说，经济开放度大体反映了一国经济融入世界经济体系的深度，那么国际收支平衡表则集中体现了一个国家同其他国家的经济往来的活动内容及其活动水平。

从统计核算的角度看，国际收支平衡表将一国经济同世界经济连接了起来。

（一）国际收支平衡表概述

国际收支，有狭义和广义之分。狭义的国际收支，是指在某一时期内（通常为一年），一国或地区同其他国家或地区清算到期债权债务所发生的外汇收支的总和。广义的国际收支，是指在某一时期内（通常为一年），一个国家或地区与其他国家或地区之间进行的各种经济交易的系统记录。后者是目前国际货币基金组织以及学术界对于国际收支最为广泛的理解。

国际收支平衡表，是反映一定时期一国或地区同外国的全部经济往来的收支流量统计表。它是对一个国家或地区与其他国家或地区进行经济技术交流过程中所发生的贸易、非贸易、资本往来以及储备资产的实际动态所做的系统记录，是国际收支核算的重要工具。

国际收支平衡表以特定的形式记录、分类、整理一个国家或地区国际收支的详细情况。通常，采用复式记账原则，外汇收入记入贷方，外汇支出记入借方。国际贸易中，出口商品，资金流入；进口商品，资金流出。国际投资中，外商向国内投资，资金流入；外商撤资，资金流出；本国向外投资，资金流出；本国撤回投资，资金流入。这些资金的流出和流入不会是完全相等的，如果流入大于流出，就是顺差（也称收支黑字）；如果流出大于流入，就是逆差（也称收支赤字）。

国际收支平衡表的主要用途。通过国际收支平衡表，可综合反映一国的国际收支平衡状况、收支结构及储备资产的增减变动情况；可分析影响国际收支平衡的基本经济因素；可为制定对外经济政策，采取相应的调控措施提供依据；可为其他核算表中的国外部分提供基础性资料（国际收支平衡表在国民经济核算体系中的位置和功能见表 7-1）。

（二）国际收支平衡表构成

国际收支平衡表由经常项目、资本与金融项目、储备与相关项目以及净差错与遗漏四大部分构成①。

（1）经常项目。经常项目主要反映一国与他国之间实际资源的转移，是国际收支中最重要的项目。经常项目包括货物（贸易）、服务（无形贸易）、收益和单方面转移（经常转移）四个项目。经常项目顺差表示该国为净贷款人，经常项目逆差表示该国为净借款人。

（2）资本与金融项目（有时统称资本项目）。资本与金融项目反映的是国际资本流

---

① 有的教材中，将储备与相关项目作为金融项目的一部分，从而整个国际收支平衡平由三部分构成。

动，包括短期或长期[①]的资本流出和资本流入，是国际收支平衡表的第二大类项目。其中，资本项目包括资本转移和非生产、非金融资产的买入或出售，前者主要是投资捐赠和债务注销，后者主要是土地和无形资产（专利、版权、商标等）的买入或出售；金融项目包括直接投资、证券投资（间接投资）和其他投资（包括国际信贷、预付款等）。

（3）储备与相关项目。储备与相关项目包括外汇、黄金和分配的特别提款权等。其中，特别提款权 SDR，是以国际货币基金组织（IMF）为中心，利用国际金融合作的形式而创设的新的国际储备资产，是国际货币基金组织按各会员国缴纳的份额，分配给会员国的一种记账单位，用于弥补国际收支逆差，也可用于偿还 IMF 的贷款，又被称为"纸黄金"。

（4）净差错与遗漏。为使国际收支平衡表的借方总额与贷方总额相等，编表人员人为地在平衡表中设立该项目，来抵消净的借方余额或净的贷方余额。

表 10-1 是 2013 年上半年的中国国际收支平衡表（简表），从中可以看到各个项目的主要构成，以及借贷平衡关系。

表 10-1　中国国际收支平衡表（简表）（2013 年上半年）

项　目	差　额	贷　方	借　方
1. 经常项目	984	12 789	11 805
1.1　货物和服务	1 024	11 544	10 520
1.1.1　货物	1 576	10 577	9 001
1.1.2　服务	−552	967	1 519
1.2　收益	−2	991	993
1.3　经常转移	−38	254	292
2. 资本与金融项目	1 188	6 877	5 689
2.1　资本项目	24	27	3
2.2　金融项目	1 164	6 850	5 686
2.2.1　直接投资	776	1 475	699
2.2.2　证券投资	241	454	213
2.2.3　其他投资	147	4 921	4 774
3. 储备资产	−2 035	6	2 041
3.1　货币黄金	0	0	0
3.2　特别提款权	1	1	0
3.3　在基金组织的储备头寸	5	5	0
3.4　外汇	−2 041	0	2 041
3.5　其他债权	0	0	0
4. 净差错与遗漏	−135	0	135

资料来源：网易财经. http://money.163.com/13/0927/21/99QCSQ7400253B0H.html.

国际收支平衡表中四大项目之间的基本关系：

国际收支总差额 = 经常账户差额 + 资本与金融账户差额 + 净差错与遗漏　(10-2)

国际收支总差额 + 储备资产变化 = 0　(10-3)

① 金融领域里的时间划分，通常一年以内为短期，一年以上为长期。

$$各项差额 = 该项的贷方数字减去借方数字 \quad (10\text{-}4)$$

即

$$经常账户差额 + 资本账户差额 + 储备资产变化 + 净差错与遗漏 = 0 \quad (10\text{-}5)$$

在人们的日常思想交流中，有时会将国际收支平衡与国际收支平衡表中的平衡相混淆，其实二者是有所不同的。国际收支平衡（或不平衡）是经济生活中的事实，而国际收支平衡表中的平衡是复式记账原则的账面结果。二者存在一定的联系，国际收支平衡表的记录要以事实为对象，但形而上的平衡表毕竟不同于事实。两者的区别与联系可见表 10-2。

表 10-2　国际收支平衡与国际收支平衡表中的平衡的区别

项　　目		自主性交易（事先交易）	调节性交易（事后交易）
国际收支	平衡	出口＝进口	补缺的短期国际资本＝0
	不平衡	顺差，或逆差	补缺的短期国际资本＜0，或＞0
国际收支平衡表		借方＝贷方（国际收支平衡表上总是平衡的）	

第二节　国际分工与贸易

一、比较优势与专业化生产

对于在国际间展开贸易的可能性，可用机会成本和生产可能性曲线来予以阐释。为了简化分析，下面采用 2×2 模型，即 2 个国家 2 种产品模型。

假定有两个国家：一个是发展中国家（简称食品国）和一个是发达国家（简称芯片国）。两国都生产和消费两种产品：食品和芯片。这两种产品的日产量及其机会成本如表 10-3 所示。

表 10-3　产品和机会成本

项　　目	食　品　国	芯　片　国
食品日产量	108 吨	120 吨
芯片日产量	或 36 块	或 120 块
生产食品的机会成本	1/3 块芯片	1 块芯片
生产芯片的机会成本	3 吨食品	1 吨食品

表中体现了两国的资源可能形成的专业化生产能力和生产产品的机会成本。从表中还可以看出：

在生产食品上，食品国有相对比较优势，生产一吨食品只需付出 1/3 块芯片的代价，而芯片国生产 1 吨食品要付出 1 块芯片的代价；

在生产芯片上，芯片国有相对比较优势，生产 1 块芯片只需付出 1 吨食品的代价，而食品国生产 1 块芯片要付出 3 吨食品的代价。

根据产品数量关系，可以写出两国的全部生产可能性组合，下面仅分别写出 3 种组合，如表 10-4 所示。

表 10-4　食品国和芯片国的生产可能性组合

食品国的生产可能性			芯片国的生产可能性		
组合	食品	芯片	组合	食品	芯片
a	108	0	A	120	0
b	24	28	B	60	60
c	0	36	C	0	120

从横向比较可以看出，食品国是发展中国家，芯片国是发达国家。在每一种产品组合（同时也是消费水平）上，后者的产出量（消费量）都高于前者。问题是：差别如此悬殊两国还能进行专业化分工和贸易吗？

二、贸易条件和贸易的利益

针对上述问题，回答是：能够展开专业化分工和贸易，其关键不在于生产能力的大小，而在于两国是否存在生产的相对优势。在 2×2 模型中，食品国比芯片国在食品生产上具有相对优势，而芯片国比食品国在芯片生产上具有相对优势，这就为两国进行专业化分工和贸易奠定了基础。

当然两国是否实际展开国际分工和贸易还要看贸易条件是否合理。贸易条件，指两国产品交换的比例关系，或者说是出口产品价格对进口产品价格的比率。当进口产品价格上涨时，意味着贸易条件恶化了，此时要用更多数量的本国产品去换取外国产品；反之当进口产品价格下跌时，意味着贸易条件改善了，此时可用较少数量的本国产品去换取外国产品。贸易条件是否合理，决定了两国是否会展开贸易活动以及贸易活动展开的程度，从而决定两国是否进行专业化分工，再进而决定两国是否能在专业化分工和贸易中获取比自给自足更大的利益。

对于食品国来说，如果贸易条件是 3 吨、4 吨甚至更多食品换 1 块芯片时，那还不如自己生产芯片，自给自足。如果是 2 吨、1 吨甚至更少食品换 1 块芯片时，那何乐而不为？

对于芯片国来说，如果贸易条件是 1 块芯片换 1 吨、0.5 吨甚至更少食品时，那还不如自己生产食品，自给自足。如果是 1 块芯片换 2 吨、3 吨甚至更多食品时，那就更好了。

假定双方谈妥的贸易条件是：2 吨食品换 1 块芯片——这是双方都乐意接受的。于是，食品国专门生产食品 108 吨，用其中的 80 吨食品换取来 40 块芯片，此时消费组合为（28 吨食品，40 块芯片）。芯片国专门生产芯片 120 块，用其中的 40 块芯片换取来 80 吨食品，此时消费组合为（80 吨食品，80 块芯片）。与未专业化分工和贸易之前的消费水平相比显然提高了许多。从图示 10-2(a)、(b)中看得更清楚：

图中，虚线为展开国际贸易后两国的消费可能性曲线；两国间进口出口相互对应，如发展中国家出口食品 80 吨即为发达国家进口食品 80 吨。

国际贸易利益如图中阴影部分所示，这是进行国际贸易后新增的消费效用。在两国

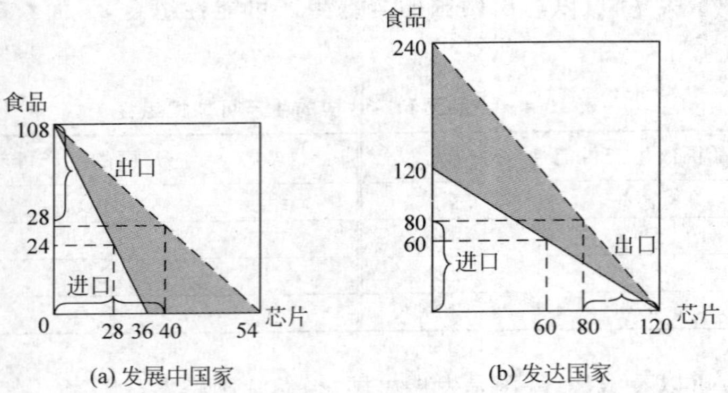

图 10-2 国际贸易前后的生产可能性曲线与消费可能性曲线

交易意愿一致的条件下，各国可在自己的消费可能性曲线上选择消费组合；两国交易意愿一致意味着两国之间的消费组合并不是任意的，而是成对的。

对比展开生产专业化分工和国际贸易前后，世界经济利益和国别经济利益有如下变化。

如果两个国家都自给自足，那么世界的总利益为($b+B$：食品 84 吨，芯片 88 块)；如果按照比较优势进行专业化生产，则食品国专门生产食品，芯片国专门生产芯片，那么世界的总利益为($a+C$；食品 108 吨，芯片 120 块)，世界总产出和总消费多出了食品 24 吨、芯片 32 块。显然总利益要比自给自足时大得多。

如果两个国家都自给自足，食品国的总产出和总消费是(食品 24 吨，芯片 28 块)，芯片国的总产出和总消费是(食品 60 吨，芯片 60 块)；专业化生产和展开贸易后，食品国的总产出和总消费多出了(食品 4 吨，芯片 12 块)，芯片国的总产出和总消费多出了(食品 20 吨，芯片 20 块)。

三、国际贸易利益的来源

第一，来自两国在具有相对优势的领域进行专业化分工的利益。国际贸易使两国可以在各自专长的生产领域发挥出最大的生产效率(如图 10-3 中所示，更多的企业转移到生产效率高的经济领域，公司数量由 C_1 增加到 C_2)。

第二，来自规模经济和市场扩大的利益。国际贸易使国内生产者和消费者都能够从经常伴随大规模生产、营销和批发而来的每单位成本降低中受益(如图 10-3 中所示由市场规模较小时的较高单位成本 S_1 下降到市场规模较大时的较低单位成本 S_2)。

第三，来自市场更具竞争性而带来的收益。国际贸易促进了国内市场的竞争，使得消费者能够购买到更加廉价的各种消费品(如图 10-3 中所示产品价格由 P_1 下降到 P_2)。

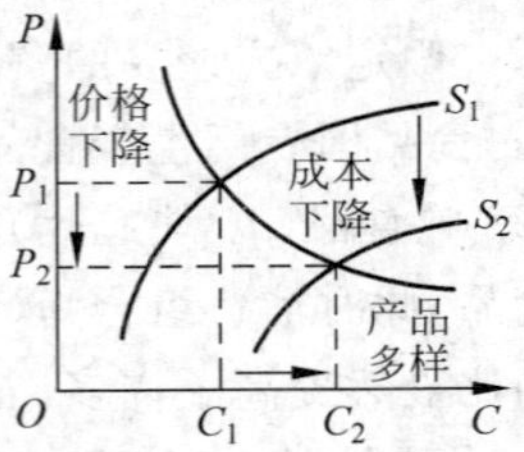

图 10-3 市场扩大带来的贸易收益

第四，来自两国特有的资源禀赋和生产技术的交换收益。在这一点上，国际贸易使得两国可以获得本国不能生产的产品，扩大了本国的消费品品种范围(如图 10-3 中所示公司数量由 C_1 增加到 C_2 时意味着产品品种更加多样化)。

图中，纵轴 P 为产品价格水平，横轴 C 为市场上公司数目。S_1、S_2 曲线斜率逐渐变小是因为随着参加竞争的企业数目 C 的增加，价格水平会不断下降。

四、国际贸易的经济效应

第一，就业效应。在自由贸易时，各国专门生产一种产品，这将极大地改变该国的就业结构。在芯片国，芯片产业成倍增长(日产量由 60 块增加到 120 块)，而食品产业完全消失。这意味着该国的劳动力和其他资源将从食品产业流向芯片产业。食品国的资源流动则正好相反，劳动力和其他资源由芯片产业流向食品产业。贸易的增长将会改变一国的产业结构，从而改变就业结构。

第二，利益分配效应。世界福利增加，各国按自己的资源条件进行专业化生产，可以使资源得到最有效的运用，同样的资源可以生产出更多的产品，这样世界福利增加了；各国福利变动，在世界福利增加的条件下，各国分享的新增福利份额大小取决于贸易条件，合理的贸易条件能使国际分工参与国双赢，不合理的贸易条件会导致零和分配结果。

第三，要素价格均等化。贸易前，由于各国要素禀赋的差异，要素价格有所不同。廉价要素造就产品低价格。贸易后，由于对方国家需求的刺激，具有低价格优势的出口产品生产规模扩大了，随着廉价要素需求的增加，要素市场价格便会随之上升；原本要素昂贵的国家其要素价格则因对本国产品需求减少，进而对要素需求减少，而使要素价格水平降低，这样，各国的要素价格趋于均等化。

第四，产品价格均等化。如果各国都生产同类产品，自由贸易前，各国的同类产品价格有所差异，自由贸易后，使得各国产品在世界范围内进行竞争，结果使各国的产品价格水平趋于相等，而且是趋向于最低的价格水平。

第三节 外汇与汇率制度

一、外汇与汇率的标价方法

(一) 外汇

生产的国际专业化分工导致国际贸易，国际贸易必然伴随货币运动，但是各国有自己独立的货币和货币制度，各国货币不能在他国国境内流通使用，于是“国际主义的贸易与国家主义的货币”造就了外汇。

外汇(Foreign Exchange)概念有静态和动态两种。

外汇的静态概念。这一概念又分为狭义和广义两种。狭义的静态外汇，是指以外币表示的可用于进行国际间结算的支付手段，具体来说，即为以外币表示的银行汇票、支票、银行存款等。广义的静态外汇，是指一切以外币表示的资产，具体来说，包括外国货币（纸币、铸币）、外国支付凭证（票据、银行存款凭证、邮政储蓄凭证等）、外国有价证券（政府债券、公司债券、股票等）、特别提款权、其他外汇资产。

外汇的动态概念。这一概念是指一个国家的货币，借助各种国际结算工具，通过涉外或境外金融机构，兑换成另一个国家的货币，以清偿国际间债权债务关系的一个交易过程。

人们通常所说的“外汇”是指狭义的静态外汇。

外汇有如下三个基本特点：国际性，即外汇必须是以外币表示的国外资产；可兑换性，即外汇必须能兑换成以其他货币表示的支付手段；可偿性，即外汇必须是在国外能得到清偿的债权，拒付的汇票和空头支票都不是外汇。

（二）汇率

1. 汇率的一般含义

在国际经济交往中，进口商需要外汇以购买外国商品，为此进口商要用本币去兑换外汇（外币、外币支付凭证等），即买入外汇；出口商需要将卖给外国人商品所得的外汇兑换为本币，即卖出外汇。这样，作为买卖对象，外汇也像普通商品一样有了价格，即汇率(Exchange Rate)。汇率亦称“外汇行市或汇价”，是一国货币兑换另一国货币的比率，是以一种货币表示另一种货币的价格。

汇率按照不同的标准，可以划分为不同的类别：买入汇率、卖出汇率和中间汇率；基本汇率和套算汇率；即期汇率和远期汇率；名义汇率、实际汇率和有效汇率；官方汇率、市场汇率；等等。

2. 汇率的标价方法

(1) 直接标价法。

直接标价法，又称支付汇率或本币计价汇率，是指以一定单位（如1元或100元等）的外国货币作为标准，折算成若干数量的本国货币来表示汇率的方法。也就是说，在直接标价法下，以本国货币表示外国货币的价格。当今世界上大多数国家都采用直接标价法。

在直接标价法下，如果一定单位的外国货币折算的本国货币的数额增大，说明外国货币币值上升或本国货币币值下降，称为外币升值，或本币贬值；如果一定单位的外国货币折算的本国货币的数额减少，说明外国货币币值下降或本国货币币值上升，称为外币贬值，或本币升值。外币币值的上升或下跌的方向和汇率值的增加或减少的方向正好相同。

(2) 间接标价法。

间接标价法，是指以一定单位（1元或100元等）的本国货币为标准，折算成若干数量的外国货币来表示汇率的方法。在间接标价法下，以外国货币表示本国货币的价格。目前美国、英国、欧元区对其他国家货币采用这种汇率标价法，不过，英镑对欧元采用直接标价法；美元对英镑、对欧元也沿用直接标价法。

在间接标价法下，如果一定单位的本国货币折算的外国货币数量增多，称为外币贬值，或本币升值；如果一定单位的本国货币折算的外国货币数量减少，称为外币升值，或本币贬值。在间接标价法下，外币币值的上升或下跌的方向和汇率值的增加或减少的方向相反。

（三）名义汇率与实际汇率

1. 名义汇率、实际汇率的含义

名义汇率，是指两个国家通货的相对价格，表示能用一国的货币兑换另一国的货币所依据的比率[①]。譬如，1 美元兑换 6 元人民币。名义汇率没有考虑两国物价水平的情况。人们提到两个国家之间的“汇率”时，通常指的就是名义汇率。一般用大写英文字母 E 来表示名义汇率。

实际汇率，是指两国产品的相对价格，表示在名义汇率和两国物价水平给定的情况下，能按什么比率用一国的产品交换另一国的产品。譬如，在 1 美元兑换 6 元人民币、美国和中国液晶电视机国内价格给定的情况下，美国用 1 台液晶电视机可以交换得 1.2 台中国液晶电视机（如下面的例子所示）。实际汇率考虑了两国物价水平的情况。实际汇率可以用来反映本国商品的国际竞争力。一般用小写英文字母 e 来表示实际汇率。

2. 实际汇率的计算

由于实际汇率是两国产品的相对价格，因此要将以各自货币标注的产品价格转换为共同的计价货币标注的价格才能比较。实际汇率的计算分两种情况。

第一种情况，单一产品的实际汇率的计算。

举例：假设中国和美国都生产和销售同一规格的液晶电视机，在中国其价格为 1 000 元人民币/台，在美国为 200 美元/台。为了比较此款液晶电视机在中国和美国的价格，要将它们转换为共同的计价货币（如人民币，或美元，此例中为人民币）。如果按照名义汇率 1 美元可兑换 6 元人民币（间接标价法），则在美国用人民币计价的此款液晶电视机为每台 200 美元×6（人民币/美元）＝1 200 元人民币。于是有相对价格水平，即实际汇率：

$$\text{实际汇率 } e=\frac{(6\text{ 元人民币 / 美元})\times(200\text{ 美元 / 美国液晶电视机})}{1\,000\text{ 元人民币 / 中国液晶电视机}}$$

$$=\frac{1\,200\text{ 元人民币 / 美国液晶电视机}}{1\,000\text{ 元人民币 / 中国液晶电视机}}=1.2\times\frac{\text{中国液晶电视机}}{\text{美国液晶电视机}}$$

计算结果表明，美国用 1 台液晶电视机可以交换得到 1.2 台中国液晶电视机。可解读为：在美国买 1 台液晶电视机的价格是在中国买 1 台液晶电视机价格的 1.2 倍，换句话说，在美国买一台液晶电视机的钱，在中国可买到 1.2 台，美国液晶电视机相对昂贵。这意味着，若两国液晶电视机生产厂商在国际市场上竞争，美国的厂商将处于下风。

上式可以理解为

$$\text{实际汇率}=\frac{\text{本国（美国）商品的价格（换算为人民币价格）}}{\text{贸易伙伴国（中国）商品的价格（人民币价格）}}\tag{10-6}$$

一般地，如果将其他国家（Rest of the World，ROW）设定为一个国家，只有一种货币，一个价格水平 P_w，一个单一的 GDP，本国的价格为 P，则有

---

① 或可表述为“一个国家货币折算成另一个国家货币的比率，表示两国国家之间货币的互换关系”。见高鸿业．西方经济学（宏观部分）[M]．5 版．北京：中国人民大学出版社，2010：529。

$$实际汇率 = \frac{本国商品换算为 ROW 货币的价格}{ROW 商品的价格} = E \times \frac{P}{P_w} \quad (10\text{-}7)$$

第二种情况，一揽子产品[①]的实际汇率的计算。

如果要计算一揽子产品在两国（本国和 ROW 国）交换的实际汇率，设 E 为间接标价法的名义汇率，即用外币表示的本币价格，P_w 为以外币表示的其他国家商品价格水平，P^* 为以本币表示的本国商品价格水平，e 为实际汇率，则有

$$实际汇率 e = 名义汇率 E \times 物价水平比率 \quad (10\text{-}8)$$

即

$$e = E \times \left(\frac{P^*}{P_w}\right) \quad (10\text{-}9)$$

式中：E 为间接标价法。

显然，如果实际汇率<1，外国产品（例子中的中国产品）就相对昂贵，而本国产品（例子中的美国产品）相对便宜；如果实际汇率>1，外国产品（例子中的中国产品）就相对便宜，而本国产品（例子中的美国产品）相对昂贵。

以上是采用间接标价法的情形。如果式中的名义汇率 E 采取直接标价法，则括号内的以本币表示的本国商品价格水平 P^*、以外币表示的外国商品价格水平 P_w 在分数线的上下位置颠倒，实际汇率 e 为

$$e = E \times \left(\frac{P_w}{P^*}\right) \quad (10\text{-}10)$$

式中：E 为直接标价法。

此时，评价的视角转换到外国去了（依据计算结果中分式表示的关系），如果实际汇率<1，外国产品（例子中的中国产品）就相对便宜，而本国产品（例子中的美国产品）相对昂贵；如果实际汇率>1，外国产品（例子中的中国产品）就相对昂贵，而本国产品（例子中的中国产品）相对便宜。

（四）名义贸易加权汇率与实际贸易加权汇率

一般来讲，一个国家有多少个贸易伙伴国就会有多少个双边汇率。从其中的某一个双边汇率是无法了解该国汇率全貌的，而采用贸易加权计算出来的汇率则可以较好地衡量一国汇率的总体状况。

类似于前面讨论过的汇率划分为名义汇率和实际汇率，贸易加权汇率也分为名义贸易加权汇率和实际贸易加权汇率。

名义贸易加权汇率（Trade-weighted Exchange Rates），又称有效汇率（Effective Exchange Rate），是以贸易量比重为权数，用以反映一国货币对主要贸易伙伴国货币整体汇率水平的汇率指数。

它的计算分为四个步骤：①选择一揽子有代表性的样本国货币；②根据该国与样本国的经贸联系程度计算出贸易权数；③计算出本国货币与样本国货币的双边汇率；④用

---

① “一揽子产品”，有时称“一篮子产品”，是经济核算用语，表示一组固定的有代表性的产品与劳务。同样一组产品，在一个国家的不同年份其平均价格可能是不同的，在同一年份的不同国家其平均价格可能也是不同的。由于篮子中的产品和劳务的组合是固定，因此，通过比较可以看出物价水平的变化或差别。

这些贸易权数分别乘以本国货币与样本国货币的双边汇率，再加总得到有效汇率。

在一国货币的名义有效汇率的计算过程中，确定该国的主要贸易伙伴国的个数及其相应的贸易权数是一个非常重要而又烦琐的问题。IMF 组织测算成员有效汇率时，一般选择该国前 20 名贸易伙伴国，将每一贸易伙伴国对该国的进出口贸易量在该国与伙伴国的全部净出口贸易量中所占的比重确定为贸易权数，该国货币的名义有效汇率等于本国货币对这 20 个国家货币的名义汇率的加权平均数。计算公式如下：

$$A\text{国货币的名义有效汇率} = \sum\left(A\text{国对}\,i\,\text{国的双边名义汇率}\times\frac{A\text{国对}\,i\,\text{国贸易量}}{A\text{国与伙伴国的全部贸易额}}\right) \tag{10-11}$$

有效汇率是一个非常重要的经济指标，通常被用于度量一个国家贸易商品的国际竞争力，可以反映一国货币是坚挺还是疲软，也可以被用于研究货币危机的预警指标，还可以用于研究一个国家相对于另一个国家居民生活水平的高低。

实际贸易加权汇率，与名义贸易加权汇率有所不同，不仅考虑了贸易伙伴国的贸易权重，还考虑了相关国家货币的国内购买力的变化，即物价水平的变动。

实际贸易加权汇率的计算与名义贸易加权汇率的计算非常相似，只要将上述计算公式中的"A 国对 i 国的双边名义汇率"替换为"A 国对 i 国的双边实际汇率"即可。

下图 10-4 是美国 1973—2003 年间名义汇率和实际贸易加权汇率的动态变化关系。

图中"名义汇率"和"实际汇率"是指贸易加权算法下的汇率。从图中可以看出，名义贸易加权汇率与实际贸易加权汇率的变化有着较高的同步性。

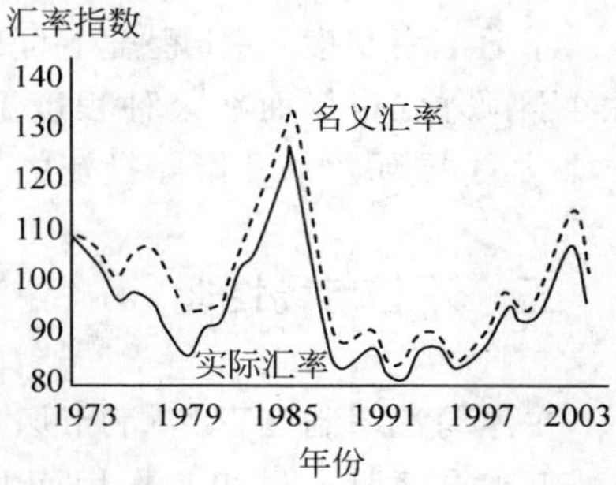

图 10-4 名义贸易加权汇率与实际贸易加权汇率

二、汇率制度

汇率制度，是指确定各国货币比价的原则和方式、货币比价变动的界限规定、调整货币比价变动的手段，以及维持货币比价稳定所采取的措施的总称。

汇率制度包括固定汇率制度和浮动汇率制度两种基本类型。

（一）固定汇率制度

固定汇率制度，是指两国的货币比价基本固定，外汇汇率的波动界限被规定在一定的幅度之内，如果外汇市场上两国汇率的波动超过规定的幅度时，有关国家有义务进行干预的制度。第二次世界大战后的布雷顿森林体系、欧洲货币体系实行的都是固定汇率制度。

固定汇率制度的运行，是在固定汇率制下，一国中央银行随时准备按事先承诺的价格进行本币与外币的买卖。当市场汇率与某国官方固定汇率出现差距时，该国中央银行就会用本币向套利者购买外币，或动用外汇储备购回本币，从而增加或减少本币的货币供给，直到市场均衡汇率下降或上升到固定汇率水平为止。

采取固定汇率制度，一定程度上有利于国际贸易的发展，保持国内经济的稳定，减少金融风险。但是，为了维持汇率的界限，各国必须有足够的黄金和外汇储备，以熨平汇率的波动幅度，这可能会导致黄金的流失和外汇储备的缩减，在国际金融危机时期黄金的流失和外汇储备的缩减甚至可能失控。

（二）浮动汇率制度

浮动汇率制度，是指对本国货币与外国货币的比价不加以固定（即不公布官方汇率），也不规定汇率波动的界限，而任由外汇市场根据供求状况的变化自发决定本币对外币的汇率。浮动汇率制度又可以分为以下两种。

第一种，自由浮动汇率制。自由浮动汇率制，指中央银行不公布官方汇率，对外汇市场不采取任何干预措施，汇率完全由外汇市场的供求力量自发地决定。

第二种，管理浮动汇率制。管理浮动汇率制，指中央银行不公布官方汇率，只是对外汇市场进行某种程度某种形式的干预，主要是根据外汇市场的供求情况售出或购入外汇，以通过对外汇供求的影响来调整汇率。

浮动汇率制度，一定程度上可以防止外汇储备的大量迅速流失，也可以在一定时期内通过干预外汇市场而在某种程度上实现本国的经济目标。但是，汇率波动频繁、暴涨暴跌，增加了国际贸易和国际投资的风险，不利于国际经济的稳定。

三、外汇市场均衡

在浮动汇率制度下，外汇市场上的均衡外汇汇率和均衡外汇交易量都是由外汇供给和外汇需求两股力量相互作用而共同决定的，见图 10-5。从经济学观点看，外汇也是一种商品。汇率既然是两种商品之间的兑换率，当然就是外汇市场买卖双方交易达成的市场价格。这一价格正好使外汇市场上对外汇的需求和对外汇的供给达到均衡。

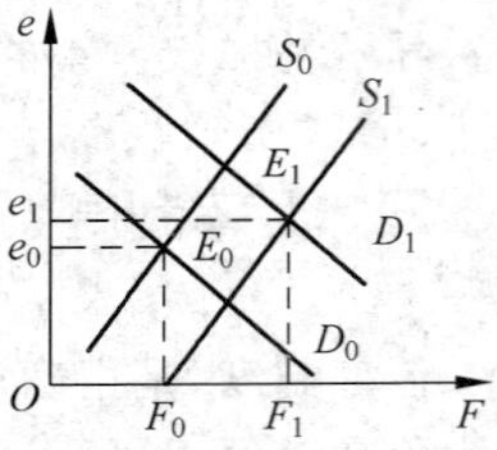

图 10-5　外汇市场均衡及均衡的变动

举例说明。假设外汇市场只有美国和法国两个国家进行美元和欧元的兑换活动。可以把欧元看作是一种商品，如果欧元“商品”价格升高，即欧元可以兑换更多美元时，持有欧元“商品”的人就愿意向外汇市场提供更多的欧元“商品”，因此欧元“商品”的供给曲线是向右上倾斜的 S_0。相反，当欧元“商品”价格下降，即兑换欧元所需的美元减少时，人们就愿意用美元去购买更多的欧元“商品”，因此欧元“商品”的需求曲线是向右下倾斜的 D_0。欧元“商品”的供给曲线与需求曲线的交点 E_0 就是外汇市场的均衡点。纵轴是欧元“商品”以美元表示出来的价格，即间接标价法的汇率，横轴为欧元的交易数量，e_1 为均衡汇率，F_0 为均衡欧元交易量。

图 10-5 中，S 为欧元供给曲线，D 为欧元需求曲线，e 为汇率，F 为欧元交易量，E 为均衡点。

外汇市场均衡的原理与本教程微观部分第二章介绍的一般市场均衡原理相同。同样遵循需求定理、供给定理和供求定理。外汇市场均衡点的变动，如图中 $E_0 \rightarrow E_1$ 所示，在此不予展开分析。

四、汇率变动对国际贸易的影响机理

（一）汇率变动对国际贸易的影响

汇率变动对国际贸易的一般影响可以有两种表述。

一种是用直接标价法的汇率概念表述。直接标价法下，当汇率上升，就意味着本国货币贬值，出口产品的国内定价虽然没变，但是相对于购买力上升的外币来说变得便宜了，这将刺激外国对本国出口产品的消费欲望，从而增加出口；外国产品的定价虽然没变，但是相对于购买力下降了的本币来说变得昂贵了，抑制了本国人对外国产品的消费欲望，从而减少进口；出口增加同时进口减少，由此扩大了净出口。反之则反是。

一种是用间接标价法的汇率概念表述。间接标价法下，当汇率上升，就意味着外国货币贬值，出口产品的国内定价虽然没变，但是相对于购买力下降的外币来说变得昂贵了，这将抑制外国对本国出口产品的消费欲望，从而出口减少；外国产品的定价虽然没变，但是相对于购买力上升了的本币来说变得便宜了，刺激了本国人对外国产品的消费欲望，从而增加进口；出口减少同时进口增加，由此缩小了净出口。反之则反是。

根据上文指出的“名义贸易加权汇率与实际贸易加权汇率的变化有着较高的同步性”，用第二种汇率表述，可以得出：实际汇率与净出口呈反方向变化。美国 1973—2001 年间净出口与实际汇率的关系见图 10-6。

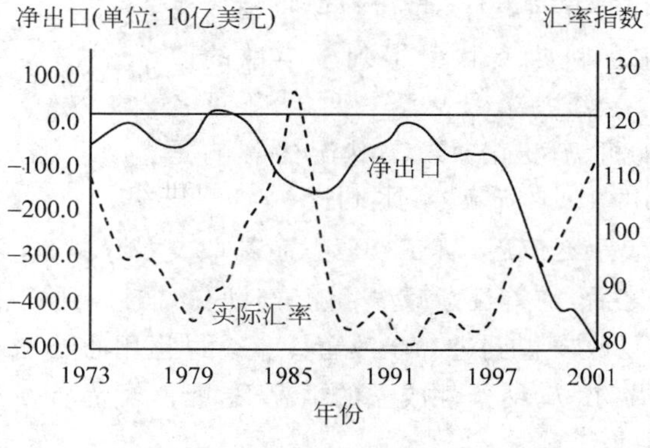

图 10-6　净出口与实际汇率的关系

（二）马歇尔-勒纳条件

国际经济生活中，时不时有个别国家动用本币贬值手段，冀求改善本国贸易收支状况恶化的局面或压制国际经济竞争对手。实际上，本币贬值对国际贸易的影响并不像人们想象的那样简单，具体如何影响还要视外贸商品的弹性状况与汇率变动效应的时间过程而定。

一国货币相对于他国货币贬值，能否改善该国的贸易收支状况，主要取决于贸易商品的需求价格弹性和供给价格弹性。这里要考虑 4 种弹性：本国出口商品的需求价格弹性，本国出口商品的供给价格弹性，外国出口商品的需求价格弹性（也可以理解为本国进口商品的需求价格弹性），外国出口商品的供给价格弹性（后 2 个弹性是从外国视角看的）。

在假定两国都处于非充分就业，因而拥有足够的闲置生产资源使出口商品的供给具有完全弹性的前提下（即假定本国和外国的出口商品的供给弹性无穷大），贬值效果便取决于商品的需求价格弹性。需求价格弹性是指价格变动所引起的商品需求数量的变动程度。如果数量变动率大于价格变动率，需求价格弹性便大于 1；反之，数量变动率小于价格变动率，需求价格弹性便小于 1。只有当货币贬值国的进口需求价格弹性与出口需求价格弹性之和的绝对值大于 1 时，贬值才能改善贸易收支。如果用 D_x 表示他国对货币贬值国的出口商品的需求弹性，D_m 表示货币贬值国进口需求弹性，则当 $D_x+D_m>1$ 时，贬值可以改善贸易收支。此即马歇尔-勒纳条件。

（三）J 曲线效应

但是，本国货币贬值后，最初发生的情况往往正好相反，经常项目收支状况反而会比原先恶化，进口增加而出口减少。其原因在于最初的一段时期内由于消费和生产行为的“黏性作用”，进口和出口的贸易量并不会发生明显的变化，但由于汇率的改变，以外国货币计价的出口收入相对减少，以本国货币计价的进口支出相对增加，从而造成经常项目收支逆差增加或是顺差减少。经过一段时间后，这一状况开始发生改变，进口商品逐渐减少，出口商品逐渐增加，使经常项目收支向有利的方向发展，起初渐渐抵消原先的不利影响，之后经常项目收支状况得到根本性的改善。这一变化过程可能会维持数月甚至一两年，根据各国不同情况而定。因此汇率变化对贸易状况的影响是具有“时滞”效应的，如图 10-7 所示。

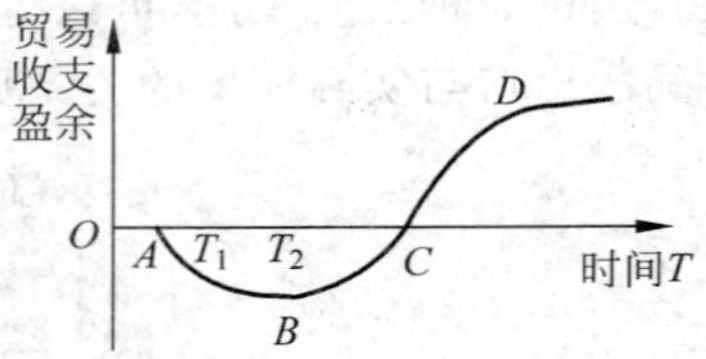

图 10-7　J 曲线效应

图 10-7 中，A-B，表示贬值后，从 T_1 开始，贸易收支持续恶化，逆差逐渐扩大；到 T_2 时，逆差达到最大值；之后，逆差逐渐减少；随着时间的推移，到 C 点贸易收支恢复平衡，再经过 C 点往 D 点贸易收支得到进一步改善。整个过程用曲线描述出来，形似向右躺下的英文字母 J，故在马歇尔-勒纳条件成立的情况下，贬值对贸易收支改善的时滞效应，被称为 J 曲线效应。

本币贬值对贸易收支的有利影响之所以要经过一段时滞后才能反映出来，其原因在于以下两点。

第一，在贬值之前已签订的贸易协议仍然必须按原来的数量和价格执行。贬值后，凡以外币定价的进口，折成本币后的支付将增加；凡以本币定价的出口，折成外币的收入将减少，换言之，贬值前已签订但在贬值后执行的贸易协议下，出口数量不能增加以冲抵出口外币价格的下降，进口数量不能减少以冲抵进口价格的上升。于是，贸易收支趋向恶化。

第二，即使在贬值后签订的贸易协议，出口增长需要有一个时间过程，这个时间过程包括外贸企业认识到增加出口有利可图的时间、拍板决策增加出口产品生产的时间、组织生产资源的时间、产品生产周期的时间。至于进口方面，进口商有可能会认为现在的贬值是以后进一步贬值的前奏，换句话说，怕以后外国商品变得更贵，从而加速当前订货，之后认识到不会再贬值了，而减缓订货速度甚至减少进货。出口进口两头在改善国际收支上的作用效果要过一段时间才能显现出来。

第四节　国民收入决定：*IS-LM-BP* 模型

一、国际收支均衡

在第七章、第八章中，主要阐释了一个国家在封闭经济条件下的内部均衡，而在开放经济条件下，宏观经济的均衡不仅要考虑内部均衡的实现，还必须考虑外部均衡的同时实现。

宏观经济的外部均衡体现在国际收支均衡上，而在国际收支平衡表中最重要的是经常项目和资本项目(资本与金融账户简称)。经常项目余额等于出口减去进口，资本项目余额等于资金流入减去资金流出。国际收支余额为经常项目余额加上资本项目余额。国际收支均衡，即国际收支余额为 0，可以通过两种方式来实现，一是经常项目余额为 0，同时资本项目余额也为 0；二是经常项目余额和资本项目余额均不为 0，但两项目余额之和为 0。前者可以说是后者的特例。无论以哪种方式实现了国际收支均衡，官方储备变动量都将为 0。

基于上述思路，下面分别给出经常项目余额的函数式、资本项目余额的函数式和国际收支均衡关系式。

（一）经常项目余额函数 *CA*

经常项目余额，即净出口。在经常项目函数中，出口 X 主要受外国收入水平 Y_w(同方向变化)、外国边际进口倾向 m_w(同方向变化)、预期实际汇率 e(间接标价法下，反方向变化)的影响；进口 M 主要受本国收入水平 Y(同方向变化)、本国边际进口倾向 m[①](同方向变化)、预期实际汇率 e(间接标价法下，与进口同方向变化)的影响。上述关系的逻辑式表述如下：

出口

$$\begin{aligned}&X = f(Y_w, m_w, e)\\&Y_w\uparrow \rightarrow m_wY_w\uparrow \rightarrow \text{外国进口}\uparrow \rightarrow X\uparrow\\&e\uparrow \rightarrow \text{外国进口}\downarrow \rightarrow X\downarrow\end{aligned} \tag{10-12}$$

进口

$$\begin{aligned}&M = f(Y, m, e)\\&Y\uparrow \rightarrow mY\uparrow \rightarrow \text{本国进口}\uparrow \rightarrow M\uparrow\\&e\uparrow \rightarrow \text{本国进口}\uparrow \rightarrow M\uparrow\end{aligned} \tag{10-13}$$

① 表示边际进口倾向，有的教材用小些英文字母 m，有的教材用希腊字母 γ。

经常项目余额等于出口减去进口：

$$CA = X - M$$
$$= X(Y_w, m_w, e) - M(Y, m, e) \tag{10-14}$$

由于外国收入水平、外国边际进口倾向不是本国能够施加影响的，因而如果仅仅考虑本国收入水平、本国边际进口倾向、实际汇率变动的影响，则有

$$CA = X(e) - M(Y, m, e) \tag{10-15}$$

设出口包含两个部分，一部分是跟实际汇率变动无关的“自发性出口”q，可以理解为，外国由于对本国某些生产资源和产品的强烈依赖，而必须从本国进口；一部分是跟实际汇率变动有关的“引致性出口”[①]se，令 s 为实际汇率变动 1%所引起的出口减少量（间接标价法下，出口变动与汇率变动呈反方向包含），譬如，若 s 等于 -180，当实际汇率 e 变动 3%，则出口量减少 540。公式中直接将 s 的符号提出来，有出口函数：

$$X(e) = q - se \tag{10-16}$$

进口也包含两个部分，一部分是跟本国国民收入有关的 mY，m 是边际进口倾向，等于 $\Delta M/\Delta Y$；一部分是跟实际汇率变动有关的 ze，z 为实际汇率 e 变动 1%所引起的进口增加量，或者说进口增量对实际汇率变动的反映系数，譬如，若 z 等于 200，当实际汇率 e 变动 3%，则进口量增加 600。有进口函数：

$$M(Y, m, e) = mY + ze \tag{10-17}$$

至此，经常项目余额函数可以写为

$$CA = (q - se) - (mY + ze) \tag{10-18}$$

式中：实际汇率 $e = (E \times P^* / P_w)$（间接标价法表示）。

实际汇率变动同时导致出口与进口向相反方向变动，因此对经常项目余额的影响要么是（实际汇率降低时）加倍增加经常项目余额，要么是（实际汇率升高时）加倍减少经常项目余额。

假定预期实际汇率 e 是稳定的，即 $\Delta e = 0$，那么 $s\Delta e = 0$、$z\Delta e = 0$，则有

$$CA = q - mY \tag{10-19}$$

（二）资本项目余额函数 *KA*

在资本项目余额函数中，资本项目余额的数量主要受本国利率水平 r（同方向变动），外国利率水平 r_w（反方向变动），预期实际汇率水平 e（反方向变动），国际资金流动对利率变动的反应系数 σ（也可以理解为资金在国际间流动的难易程度）等因素的影响。

以上因素对资本项目余额的影响解读如下：当本国利率水平提高时，会有持续的外国资金流入；反之，当本国利率水平降低时，会有持续的本国资金流出，本国利率水平与资本项目余额呈同方向变动。当外国利率水平提高时，会有持续的本国资金流出；反之，当外国利率水平降低时，会有持续的外国资金流入，外国利率水平与资本项目余额呈反方向变动。当预期实际汇率水平提高，即本币升值时，进口和对外投资活动增强，本国资金

---

① 编者根据前文关于“自发”、“引致”的定义（见第八章消费一节）而沿用的表述。

将会流出。当预期实际汇率水平降低，即本币贬值时，出口和外来投资活动收缩，外国资金将会流入，预期实际汇率水平与资本项目余额呈反方向变动。资金在国际流动对利率变动的反应系数大小，反应系数大能较快改变资本项目余额；反之，反应系数小则资本项目余额当前状态变化慢。

将资本项目余额记为 KA，有

$$KA = KA(r, r_w, e, \sigma) \tag{10-20}$$

假定预期实际汇率 e 是稳定的，即 ne 中的 $n=0$，且外国利率水平 r_w 为常数，则有

$$KA = \sigma(r - r_w) \tag{10-21}$$

当 $r-r_w>0$，即国内利率高于外国利率，有资金净流入，资本项目余额黑字；$r-r_w<0$，即国内利率低于外国利率，有资金净流出，资本项目余额赤字。

（三）国际收支均衡

国际收支余额等于经常项目余额与资本项目余额之和。设 B 为国际收支余额，CA 为经常项目余额（出口减去进口），KA 为资本项目余额（资本流入减去资本流出），则有

$$B = CA + KA \tag{10-22}$$

若 $B>0$，表示国际收支顺差；若 $B<0$，表示国际收支逆差。$B=CA+KA$ 就是国际收支函数。

短暂的国际收支顺差或逆差对于一个国家宏观经济的运行或许不会产生太大的影响，但是长期的国际收支顺差或逆差就会给宏观经济运行带来严重后果。各国通常的做法是尽力保持国际收支均衡。当经常项目出现逆差时，就通过资本项目吸收外国资金流入；反之，当经常项目出现顺差时，就通过资本项目向外国流出资金。这样就能维持国际收支平衡，保持币值稳定、汇率稳定，避免国家信用风险、债务危机、银行危机、金融危机。

设 BP[①] 为国际收支均衡，并设预期实际汇率 e 是稳定的，且外国利率水平 r_w 为常数，则有国际收支均衡恒等式：

$$BP = CA + KA = 0 \tag{10-23}$$

$$CA = -KA \tag{10-24}$$

当出现贸易顺差时，为使国际收支平衡，必须用资金净流出来抵消；当出现贸易逆差时，为使国际收支平衡，必须通过资金净流入来平衡。CA 与 KA 变动方向必须是相反的（KA 原定义为资金净流入），贸易顺差（CA 为正）带来资金流入，此时以资金净流出（$-KA$）来抵消；贸易逆差（CA 为负）带来资金流出，此时以资金净流入（KA）来平衡。

二、国际收支均衡曲线的推导、斜率和截距

（一）国际收支均衡曲线的推导

从前面经常项目余额函数（亦即净出口函数 NX）$CA=q-mY$ 可知，经常项目余额 CA 与本国国民收入 Y 呈反方向变化，在净出口-国民收入坐标系中，净出口曲线向右下

① 注意区别国际收支余额 B 与国际收支平衡 BP。

倾斜。

从前面资本项目余额函数 $KA=\sigma(r-r_w)$可知，在 $r-r_w>0$ 的范围内，KA 与国内利率 r 同方向变化。为了推导出国际收支均衡曲线，设 K 为资本净流出变量，即 $K=-KA$。根据 KA 与国内利率 r 的关系，可进一步推知 K 与国内利率 r 反方向变化，在本国利率-资金净流入坐标系中，资金净流出曲线向右下倾斜。

国际收支平衡的条件是 $CA=-KA$，即 $CA(Y)=K(r)$，在净出口-资金净流出坐标系中，净出口与资金净流出相等的均衡线为 45°线。

据此就可以推导出国际收支均衡曲线(简称 BP 曲线)，如图 10-8 所示。

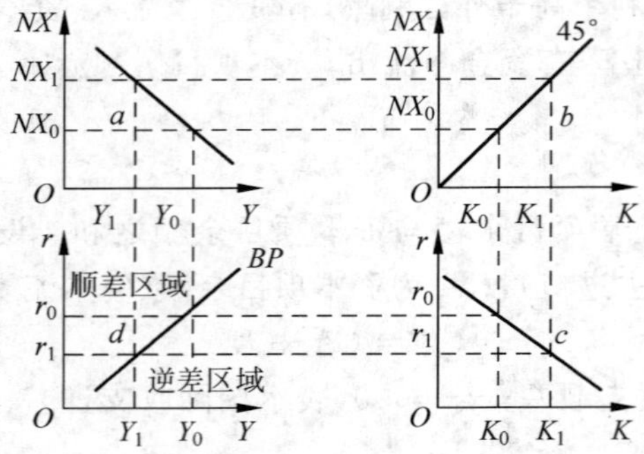

图 10-8　BP 曲线的推导

BP 曲线的含义：

第一，BP 曲线表示的是使经常项目余额与资本项目余额之和为零，即国际收支均衡的各种利率水平与国民收入水平的组合。

第二，BP 曲线向右上方倾斜，它表明：在国际收支均衡的条件下，一个较高的利息率水平，将对应一个较高的国民收入水平；相反，一个较低的利率水平将对应一个较低的国民收入水平。

第三，BP 曲线以外的任何一点都是国际收支失衡的利率和收入的组合。具体说，在 BP 曲线左上方的所有点都是表示国际收支顺差，即 $CA>-KA$；在 BP 曲线下方的所有点都表示国际收支逆差，即 $CA<-KA$。

利用图 10-8 也可以判断非均衡点的国际收支状态是顺差还是逆差。判断方法见第九章里关于 IS 图形、LM 图形中非均衡点的分析，读者可以自行推演。

（二）国际收支均衡曲线的斜率和位置

根据国际收支均衡条件 $CA=-KA$，有国际收支均衡曲线 BP 的表达式，式中括号部分为 BP 曲线在纵轴 r 上的截距：

$$r=\left(r_w-\frac{q}{\sigma}\right)+\frac{m}{\sigma}Y \tag{10-25}$$

1. BP 曲线的斜率

从公式中等式右端带有 Y 的因子中可以看出，BP 曲线的斜率主要受两个因数的影响。一是本国边际进口倾向 m，边际进口倾向越大，BP 曲线越陡峭，边际进口倾向越小；

BP 曲线越平坦。一是国际资金流动的难易程度 σ，国际资金流动的难度越小，即资金在国际间的流动对利率变动越敏感，BP 曲线越平坦；国际资金流动的难度越大，即资金在国际间的流动对利率变动越不敏感，BP 曲线越陡峭。

2. BP 曲线的位置

BP 曲线在纵轴 r 上截距的高低，确定了 BP 曲线在坐标平面的位置，在 r 轴上截距越低，从水平方向看 BP 曲线离 r 轴越远，如图 10-9 所示。从公式中表示截距大小的括号项来看，BP 曲线的位置受世界利率 r_w、"自发性出口"q、国际资金流动的难易程度 σ 等三个因素的影响。

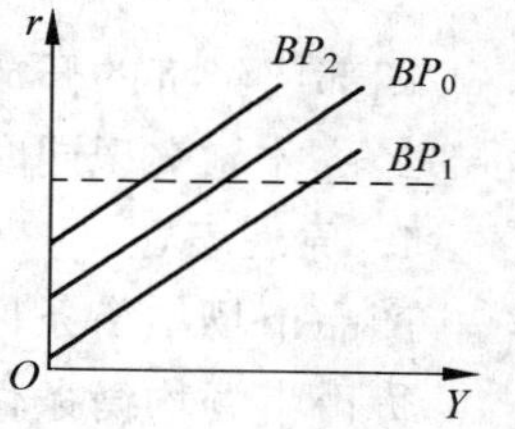

图 10-9　BP 曲线的移动

其实，影响 BP 曲线位置的不止以上三个因素。一般来说，物价水平的变化和汇率的变化将引起净出口函数或净资本流出函数的变化。例如汇率的变化，如果其他条件不变，本国货币贬值，将促进出口增加，同时抑制进口，从而引起净出口增加，进而导致 BP 曲线右移。反之，本国货币升值将会引起净出口减少，BP 曲线左移。因此这个图也可通过 BP 曲线的移动来表示本币的贬值或升值，以 BP_0 为基准 $BP_0 \rightarrow BP_1$ 意味着本币贬值，$BP_0 \rightarrow BP_2$ 意味着本币升值。或者说，以 BP_0 为界限，右下区域本币贬值，左上区域本币升值。本国物价水平变化对净出口、净资本流出，从而对国际收支平衡的影响，以及用 BP 曲线的移动来反应物价水平的变动，读者可以自行推导。

（三）影响国际收支平衡的主要因素

第一，价格水平。在经常项目中，进出口商品价格水平的变动会使国际收支平衡发生变化。如果国内商品价格水平上升，在汇率保持不变的情况下，本国产品和劳务在国外的市场价格提高，竞争力减弱，减少了本国产品和劳务的出口；而外国同类产品和劳务的在国内的市场价格相对下降，竞争力增强，增加了外国产品和劳务的进口。如果此时资本净流出不变，就会使本国的国际收支状况恶化。反之，如果国内商品价格水平下降，则会使国际收支状况改善。

第二，利率水平。利率的变动首先影响资本项目。在本国利率水平不变而外国利率水平提高，或外国利率水平不变而本国利率水平下降时，意味着本国利率水平相对较低。此时，外国对资本的吸引力相对增强，致使资本流出增加；而本国对资本的吸引力相对减弱，致使资本流入减少，进而导致资本净流出增大。在产品和劳务净出口不变的情况下，国际收支状况将会趋于恶化。反之，在本国利率水平不变而外国利率水平降低，或外国利率水平不变而本国利率水平提高时，在产品和劳务净出口不变的情况下，国际收支状况将会趋于改善。

第三，汇率[①]水平。汇率水平变动同时影响经营项目和资本项目。如果汇率上升，意味着本国货币贬值，导致进口减少，出口增加，加大对国内产品的总需求，同时总需求增加又会引起利率上升，引致资本流入，使得国际收支状况大幅改善。反之，如果汇率下降，意

① 此处汇率使用直接标价法，即 1 单位外币＝若干单位本币。

味着本国货币升值，导致进口增加，出口减少，减少对国内产品的总需求，同时总需求减少又会引起利率下降，引致资本流出，使得国际收支状况迅速恶化。

三、开放经济下的国民经济内部均衡与外部均衡

（一）开放经济条件下国民经济内部和外部同时均衡

四部门经济的开放经济条件下，经济社会必须同时满足下列均衡条件，其内部经济和外部经济才能实现同时均衡。

1. 原理表达

产品市场均衡条件： $y = c + i + g + nx$ (10-26)

货币市场均衡条件： $m = L$ (10-27)

国际收支均衡条件： $CA = -KA$

2. 因子解读

产品市场[①]： $c=C_a+bY, i=I_a-dr, g=G_0, nx$[②]$=(q-se)-(mY+ne)$

货币市场： $m=M_0/P, L=L_1/P+L_2/P=ky-hr$

国际收支： CA（即产品市场的 nx），$KA=\sigma(r-r_w)$

3. 内部经济和外部经济同时均衡方程组[③]

将上述因子分别代入相应的方程，整理后联立，得

$$\begin{cases} y = \dfrac{C_a + I_a + G_0 + q}{1-b+m} - \dfrac{d}{1-b+m} \times r - \dfrac{s+n}{1-b+m} \times e & IS\text{ 方程} \quad (10\text{-}28) \\ y = \dfrac{1}{k}\left(\dfrac{M_0}{P}\right) + \dfrac{h}{k} \times r & LM\text{ 方程} \quad (10\text{-}29) \\ y = \dfrac{q}{m} - \dfrac{\sigma}{m} \times (r - r_w) - \dfrac{s+n}{m} \times e & BP\text{ 方程} \quad (10\text{-}30) \end{cases}$$

在 IS-LM 模型中加入 BP 曲线后，就形成了一个开放的宏观经济模型，即 IS-LM-BP 模型，如图 10-10 所示：当 IS、LM、BP 三条曲线恰好都经过 E 点时，将会有唯一的一组利率和国民收入（r^*，Y^*）可以使产品市场、货币市场（此两市场合成一国的“内部经济”）和国际收支（体现着一国的“外部经济”）同时达到均衡，即内外经济同时均衡。

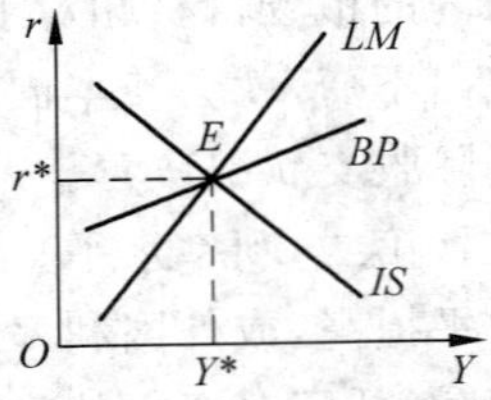

图 10-10 IS-LM-BP 模型

（二）开放经济条件下国民经济内部和外部非同时均衡

开放经济条件下，国民经济内外同时均衡只是一种理想，通常的情况下，内部经济与外部经济并未同时实现均衡。从 IS-LM-BP 模型图中可以看出，E 点为唯一的内部均

① 为表达方便，产品市场中各因子大写英文字母缩写亦表示消除物价水平表达后的实际量。

② 实际净出口 nx 等式中的 s 表示出口增量对实际汇率变动的反应系数，n 表示进口增量对实际利率变动的反应系数。

③ 该均衡方程组由编者（黄泽民）参考国内外相关教材，整理、补充、推导而成，供教学参考、选用。

衡-外部均衡同时均衡的均衡点，是最佳状态，除此之外，坐标系平面上的任何点都是非内部-外部同时均衡点。

E 点以外的非均衡点又分两种基本情况。

1. 两个市场均衡、一个市场不均衡①

从理论上说，两市场均衡、一市场不均衡可以有下列三种情形，即国民经济状态落在某两条曲线的交点上，如图 10-11 中交点 E_1、E_2、E_3 所示。

E_1 表示产品市场和货币市场同时均衡，而外部市场不均衡；

E_2 表示产品市场和外部市场同时均衡，而货币市场不均衡；

E_3 表示货币市场和外部市场同时均衡，而产品市场不均衡。

2. 三个市场都不均衡

根据资本国际流动的难易程度，BP 曲线可以呈介于垂直到水平之间的任何倾斜状态，即可在 LM 曲线左侧(如图 10-12)，抑或在 LM 曲线右侧，但三条曲线都将第一象限分割为 6 个区间。三个市场都不均衡的国民经济状态落在 6 个不均衡区间内。

下面以 BP 曲线在 LM 曲线左侧为例，说明各种不均衡组合(若 BP 曲线在 LM 曲线右侧，不均衡组合读者可根据图 10-12 推演)。

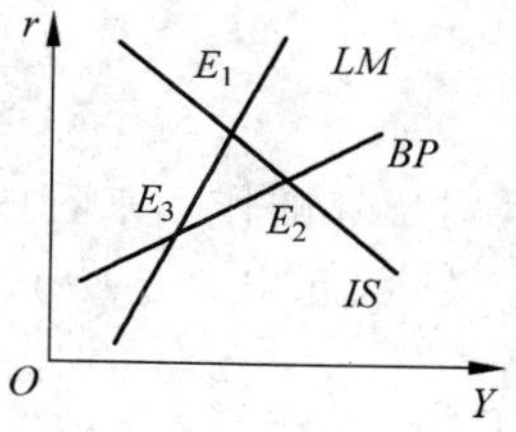

图 10-11　两个市场均衡、一个市场不均衡

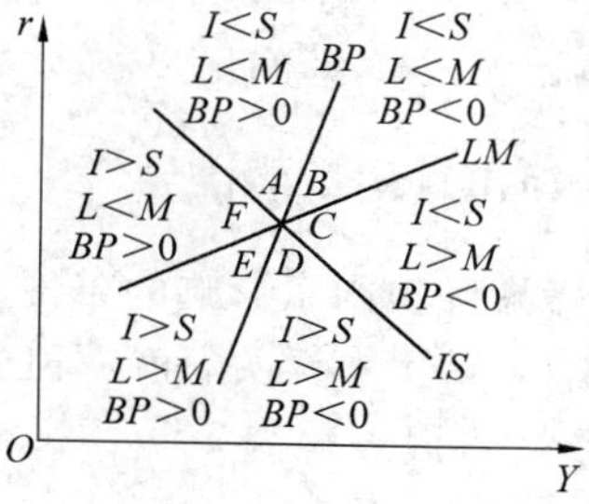

图 10-12　非同时均衡区

为了清楚地辨别开放经济条件下的各种非均衡状态，下面分别给出产品市场、货币市场、国际收支的非均衡区间划分及其经济含义示意如图 10-13 所示。

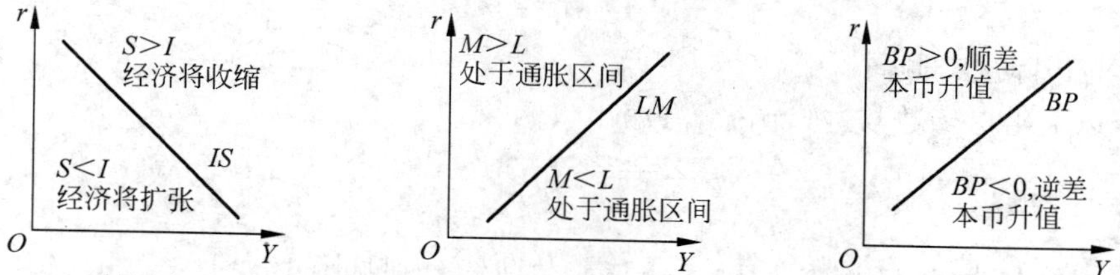

产品市场　　货币市场　　外部市场

图 10-13　非均衡区间经济含义

① 外部经济，从某种意义上可由“外汇市场”来指代，理论根据是，当国际收支均衡，就不存在顺差或逆差，本币与外币的兑换率可以再具体币种上有波动，但在国际收支均衡大格局下，汇率总体稳定，这种情况与外汇交易量大小无关，只要外汇供求同步增加或同步减少，汇率水平就不会发生波动。在这个意义上，可用外汇市场指代外部经济，把外部经济当作一个“市场”。

四、开放经济下国民收入决定简单模型

（一）开放经济中的总需求

开放经济条件下国民收入的决定除了可以用前面介绍的 *IS-LM-BP* 模型来分析和求取，还可以用 *Y-AE* 模型来分析和求取。在第 8 章国民收入决定简单模型中也得出了四部门经济的国民收入决定，但是下面的四部门经济的国民收入决定模型与之最大的不同是，前一模型中净出口 NX 是给定的、不变的，后一模型中净出口 NX 是由收入决定的、变化的。

新的四部门经济国民收入决定简单模型的原理是，先求出净出口函数及其曲线，然后迭加到三部门经济的总支出函数及其曲线上，就可以确定四部门经济的国民收入。

开放经济条件下，由于存在进出口贸易，所以总需求与封闭经济条件下的情况有所不同。此时，决定均衡国民收入水平的不再是国内总需求，而是对国内产品的总需求。对国内产品的总需求包括国内对国内产品的总需求以及国外对国内产品的需求。

$$国内总需求 = C + I + G$$

$$国外对国内产品的需求 = NX$$

$$（国内国外）对国内产品的总需求 = C + I + G + NX$$

式中：$NX=X-M$，即净出口。

（二）净出口函数的推导

在不考虑其他因素影响的条件下，仅仅从国内收入对出口的作用来看，一国的出口与该国国民收入的大小无关，而与外国的收入水平变动有关，因此出口是一个外生的自发变 X_a，出口函数可以表述为

$$X = X_a = q \tag{10-31}$$

同样，在不考虑其他因素影响的条件下，仅仅从国内收入对进口的作用来看，一国的进口与该国国民收入的大小有关，而与外国的收入水平变动无关，因此进口是一个内生变量 M，进口函数可以表述为

$$M = M_a + mY \tag{10-32}$$

式中：m 为边际进口倾向。

综合以上出口函数与进口函数，有净出口函数：

$$\begin{aligned} NX &= X - M \\ &= q - M_a - mY \end{aligned} \tag{10-33}$$

出口函数曲线、进口函数曲线、净出口函数曲线分别见图 10-14(a)、(b)、(c)。

在净出口坐标轴中，进口为反向变化因素，因此其曲线为绕水平轴的反向曲线，即随国民收入增加而向右下倾斜的曲线。净出口曲线的斜率等于反向进口曲线的斜率，在净出口坐标轴上的截距为当 Y_0 时（$X-M$）的差额。

净出口函数曲线 NX 向右下方倾斜，表明净出口 NX 也是收入的函数，并随着收入 Y 的增加而下降。如图 10-14(c)所示，当收入为 Y_X 时，净出口 NX 等于零，此时的收入水平为外贸平衡收入。

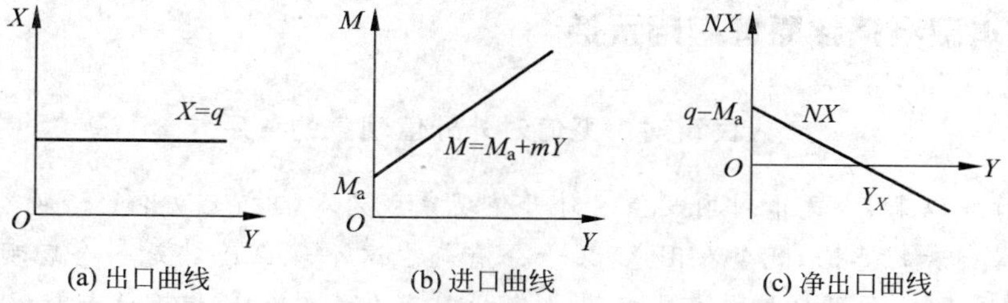

图 10-14　出口曲线、进口曲线、净出口曲线

净出口绝对量也可以用图 10-15 来表示。

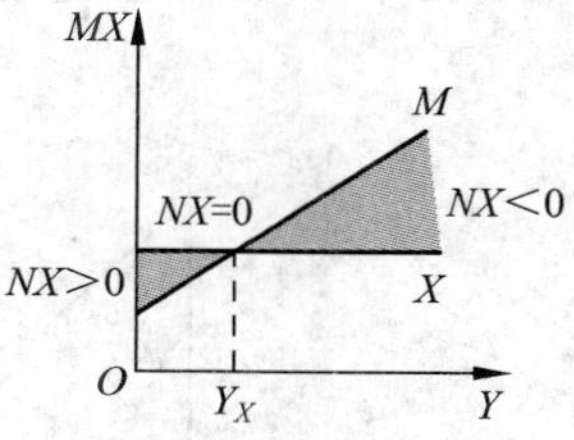

图 10-15　净出口量

（三）四部门经济总需求曲线及其均衡

在三部门经济总需求上叠加净出口量可以形成四部门经济总需求曲线。四部门经济总需求曲线与45°线相交，即为四部门经济均衡，或四部门经济国民收入决定。

在三部门经济总需求上叠加净出口（以三部门经济总需求曲线 $AD_3=C+I+G$ 为基线叠加，$NX>0$ 时向上叠加，$NX<0$ 时向下叠加），有三种情况，如图 10-16 所示。

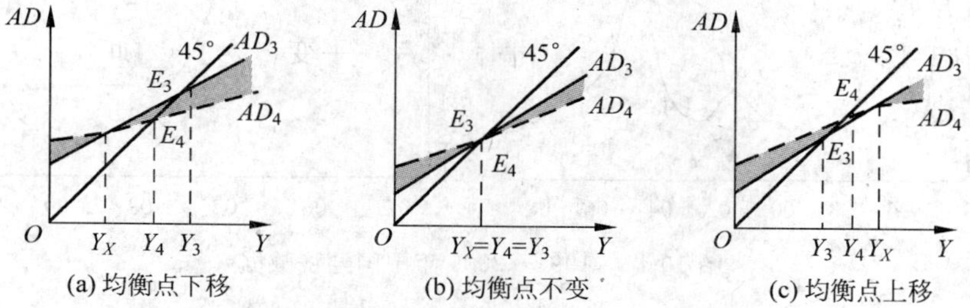

图 10-16　四部门经济的均衡点

图中，长划虚线为四部门经济的总需求曲线 AD_4，与三部门经济的总需求曲线 AD_3 相比，对应净出口大于零的部分，曲线抬高了，而对应净出口小于零的部分，曲线降低了。

四部门经济的总需求曲线与45°线相交形成新的均衡 E_4，与三部门经济的均衡点 E_3 相比，位置可能变低、可能不变、可能变高了。具体判断依据如下：

如果 $X-M>0$，则交点的位置上移；

如果 $X-M=0$，则交点的位置不变；

如果 $X-M<0$，则交点的位置下移。

本章经济学原理应用示范

人民币对内贬值对外升值现象的背后

一段时间以来，人民币对内贬值对外升值现象成为人们广泛议论的话题，从字面上看有点像希腊智者的悖论，既令人困惑，又十分有趣。这个现象已然是一个客观事实(统计数据见图 10-12)，本文只想在事实数据的基础上用本章学过的模型去描述它，进而探讨这一现象的背后意义。

图 10-17 是支持本文观点和议论的一些经济数据，包括 1994—2009 年以来的 GDP 增长率、CPI 指标、货币供给量 M_2 变化率、外贸顺差变化率、2005—2010 年人民币兑美元动态变化。

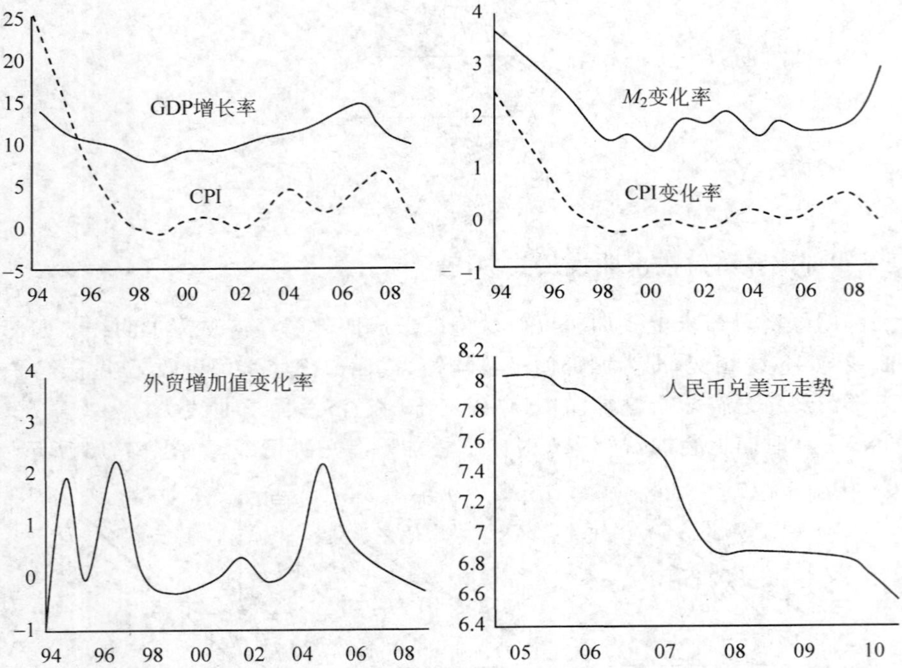

图 10-17　1994—2009 年中国经济数据

图中，GDP 增长率以 2007 年为基年计算，CPI 以上年消费品物价水平为 100%，CPI 变动率即为消费品物价水平变动表示的通货膨胀，外贸增加值变化率贸易顺差增加量占上年顺差总量的比率。

1994—2009 年间我国的宏观经济处在一个什么状态呢？数据表明，大多数年份都呈现经济增长、通货膨胀、对外贸易顺差。根据本章的 *IS-LM-BP* 原理，可知宏观经济在产品市场、货币市场、对外贸易上都不处于均衡状态，标注在模型中如图 10-18 所示(仅标注 1994 年和 2009 年两个年份)。

在 *IS-LM-BP* 模型中标注总产出比较容易，查找出相关年份的实际 GDP，确定其在

Y 轴上的位置就可以了(文中的实际 GDP 数值以 2007 年为基年计算)。纵轴上的实际利率标注是个问题，现成能查到的是中央银行存款利率调整值，并不是市场利率值，因为我国目前还是实行金融管制，对内有利率管制，对外有汇率管制。一般在模型的纵轴上标注实际利率，由于我国实行利率管制，在模型的纵轴上只能参考存款利率调整值进行模糊标注。CPI 是比较上年的消费品物价水平，由此可以认为 2009 年的物价水平高于 1994 年的物价水平，根据第九章介绍的利率水平和物价水平同方向变动原理，可知 2009 年的利率水平应当高于 1994 年的利率水平。这样就可以在纵轴上进行相对标注了。在根据本章介绍的三个市场都不均衡的判断，可以得到如图 10-18 所示的 1994—2009 年 *IS-LM-BP* 模型。

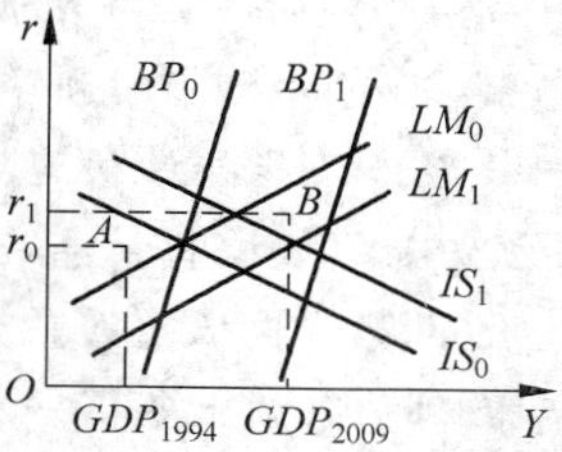

图 10-18 1994—2009 年中国宏观经济运行 *IS-LM-BP* 模型

模型展示了人民币对内贬值对外升值现象，1994 年和 2009 年的宏观经济状态(A、B)都在各年的 LM 曲线的左上侧(通货膨胀区域——人民币对内贬值)、BP 曲线的左上侧(顺差区域——人民币对外升值)。

有人要问：中国何以在二三十年来以使世界惊愕的经济增长速度发展，若回答曰"低成本增长"这就抓住了根本，其中最关键的低成本就是廉价劳动力。

中国是从 1992 年开始经济体制根本性转型的，计划经济时期的劳动力低报酬成为市场经济伊始的低工资，我国工资率水平的起点十分低下。计划经济时期几乎不存在通货膨胀现象，进入市场经济后通货膨胀紧紧缠绕着我国的宏观经济运行。在这种情况下，即使劳动者的名义工资水平有所增长，实际工资水平提高也十分缓慢。这就为企业经营留下了巨大的利润空间，使得新生企业家群体产生了极其强劲的扩张生产规模冲动，白手起家，利用资本运作，扩张事业。于是货币供给量迅速响应而快速扩张，规模逐年扩大，如图 10-18 所示，从 1994 年的 LM_0 膨胀到 2009 年的 LM_1。当然，生产扩大所引起的货币供给量增多只是 LM_1 的一部分，并不是全部(其他方面的贡献后边将提到)。

全国生产规模的逐年扩大为政府创造了越来越充沛的税收源泉，我国的税收总额急剧增长，使得中央政府和地方政府财政预算的盘子越来越大。政府主导型的经济增长体制使得城建工地遍布全国一、二、三线城市、工业开发区，所有省会城市都已建或在建耗资巨大的地铁项目，编织触角至遥远地带的高速公路、高速铁路网络……这些都导致 IS_0 向 IS_1 推移。巨大的政府支出形成对货币供给量的一部分贡献，在 LM_0 到 LM_1 的变化中起了重要作用。

对外开放，加入世贸组织，为中国的企业家们打开了充满无限商机的世界天地。来料加工、外企入驻无不看中中国低廉的劳动力。中国制造行销全球，带来了连年的巨额贸易顺差；从跨国公司到普通外资制造企业的进驻，加上投机性热钱的涌入，带来了不小的资本项目顺差。对外经济活动规模不断扩大，致使 BP_0 移向 BP_1。在我国外汇管制体制下，我国外贸企业将收获的外汇向中国银行结汇，于是官方外汇储备越滚越大(据报，2014 年余额达 4 万亿美元之巨!)，而结汇后中央银行为此而扩大了货币供给量，构成了 LM_0 到 LM_1 的变化。若注意到，我国实行的是人民币钉住美元的汇率制度，而美元事实上对欧元等世界重要货币贬值，可以想见非常便宜的中国制造产品对世界市场有多么巨大的冲击力，外贸、资本项目双顺差构成人民币升值的强有力支撑。

如果仅从官方经济数据看，许多宏观经济现象是不得解的。譬如，中国近二十年来有高达9%～10%的年经济增长率，一个侧面的表现是长期以来中小企求贷无门，地下金融波涛暗涌，而官方公布的利率却非常低。再譬如，在银行业利润普遍高于制造业利润的国度里国民经济还能持续快速增长，这与利息率必须小于平均利润率的规律是相悖的。其实，官方公布的是控制利率，不是市场利率。中央银行的低水平存款利率调整值事实上就是固定化的货币扩张政策。金融领域具有很高的垄断性，正因为垄断，商业银行可以在很低的存款利率基础上获得一个很大的贷款利率调整空间，巨大的存贷款差为银行带来任何一个生产性行业所不能带来的利润。在这种金融环境下，生产性行业不仅能生存，还能获得利润，唯一的秘密是生产性行业劳动力低成本。

扩张性货币政策必然导致货币供给量的不断增加，当货币供给量增长速度超过经济增长速度必然要产生通货膨胀，当事实通货膨胀总体上走在通货膨胀预期之前，它就能造成生产的人工成本的降低，产生扩张效应，国民经济就能继续增长。微观上，由于存有巨大的利润空间，商业银行乐于落实扩张性货币政策，生产性企业虽然利润空间相对小些且有进一步缩小的趋势，但现有的利润空间仍然能够产生足够的生产扩张动力。用*IS-LM-BP*模型的语言来说，只要宏观经济状态处于*A*、*B*，*IS*曲线、*LM*曲线、*BP*就会继续向右移动。

本章经济学原理应用指引

1. 国际收支平衡表

(1) 分析国际收支差额，并找出原因，以便采取相应对策。

(2) 分析国际收支结构，为指导对外经济活动提供依据。

(3) 分析外部冲击对本国生产活动、物价水平、市场利率、汇率变动的影响。

2. 马歇尔-勒纳条件和*J*曲线效应

(1) 分析本币贬值对改善对外贸易收支的效果。

(2) 分析本币贬值的效应过程。

3. *IS-LM-BP*模型

(1) 分析产品市场、货币市场、国际收支相互之间的关系。

(2) 分析财政政策、货币政策对四部门经济各主要变量的影响。

本章小结

虽然进出口贸易在一个国家的对外经济活动中占有重要地位和很大比重，但是常见的以外贸开放度来衡量一个国家的对外经济开放度是不全面的，还应当包含到资本流动、金融往来、经济合作等领域，采用加权计算方法，形成综合性更强、准确性更高的经济开放度指标。

一个国家与世界其他国家的经济往来可以通过国际收支平衡表来反映。国际收支平衡表由经常项目、资本与金融项目、储备与相关项目、净差错与遗漏项目等四个项目组成。采用会计的借贷记账原则与方法对涉外经济活动进行统计核算。国际收支平衡表上的平衡是一种账面平衡，并不表示现实的国际收支是平衡的。国际收支平衡表是国民经济核算体系的一个组成部分，对于反映和分析一个国家的对外经济活动十分简洁实用。

比较优势原理揭示了在国际间进行专业化生产分工并展开相互贸易所产生的巨大利益，只要贸易条件合理，任何国家都能够从专业化分工与贸易中取得比一个国家闭关自守的经济大得多的利益。国际贸易利益来源于生产专业化分工、规模经济、市场扩大、更强的市场竞争、特有资源和生产技术交换。国际贸易具有就业效应、利益分配效应、要素价格均等化效应、产品价格均等化效应。

国与国之间的经济往来必然伴随着不同国家货币的相互兑换，其兑换比例称为汇率。汇率有直接标价法和间接标价法两种标价方法，依被标价的货币是外国货币还是本国货币而定。在现实生活中还要区别名义汇率和实际汇率，前者含有相关国家物价水平变动的因素，后者则剔除了物价水平变动因素。汇率的确定与汇率制度有关，固定汇率制度下汇率由官方机构确定和调整，浮动汇率制度下汇率由外汇市场的供求关系来确定。本币贬值对一国的国际收支状况的影响比较复杂，要根据马歇尔-勒纳条件和 J 曲线效应来加以研判。

国际收支均衡不必要求经常项目和资本项目各自平衡，只要这两个项目之和能够平衡就可以了，此时官方外汇储备增量为零，外汇汇率基本保持稳定。推导出来的国际收支均衡曲线 BP 在 r-Y 坐标系中为一条向右上方倾斜的曲线，其斜率受边际进口倾向 m 和资本国际流动难度 σ 的影响，其位置受对外经济往来的自主性因素和汇率水平波动的影响。

四部门经济均衡除了要实现内部均衡，即 IS-LM 均衡外，还要同时实现外部均衡，即国际收支均衡 BP，形成 IS-LM-BP 均衡。四部门经济的国民收入是由 IS-LM-BP 的唯一均衡点决定的，均衡点之外的非均衡状态可用 IS、LM、BP 曲线分割出来的 6 个区间来描述。除了用 IS-LM-BP 模型来阐释四部门经济国民收入的决定，还可以用国民收入决定简单模型来阐释，第八章的简单模型将净出口 NX 当作是一个固定的量叠加在三部门经济的总支出曲线上，本章中的净出口 NX 是出口函数和进口函数共同确定的，是一个随国民收入变化而变动的量，将它迭加到三部门经济的总支出曲线上，形成四部门经济的总支出曲线，该总支出曲线与表示收入-支出均衡的 45°线的交点便决定了四部门经济的国民收入。

关键概念

对外开放程度，是指一个经济体的涉外经济活动在其全部经济活动中所占的比重，以及嵌入世界经济活动的深度。通常用外贸开放度(又称外贸依存度)来衡量。

国际收支平衡表，是用会计的记账原则和方法，反映一定时期一国同外国的全部经济往来的收支流量统计表。它是对一个国家与其他国家进行经济技术交流过程中所发生的贸易、非贸易、资本往来以及储备资产的实际动态所做的系统记录，是国际收支核算的重要工具。

直接标价法，又称支付汇率或本币计价汇率，是指以一定单位（如 1 元或 100 元、10 000 元等）的外国货币作为标准，折成若干数量的本国货币来表示汇率的方法。**间接标价法**，是指以一定单位（1 元或 100 元、10 000 元等）的本国货币为标准，折算成若干数额的外国货币来表示汇率的方法。

名义汇率，是指在社会经济生活中被直接公布、使用的表示两国货币之间比价关系的汇率，名义汇率又称"市场汇率"。**实际汇率**，是将名义汇率（现实汇率）经过相对物价指数调整后得到的汇率。实际汇率反映了以同种货币表示的两国商品的相对价格水平，表明一国的产品与另一国的同一产品交换的比率，从而反映了本国商品的国际竞争力。

BP 曲线，是 r-Y 坐标系中表示能够使得经常账户余额与资本账户余额之和为零，即国际收支均衡的众多利率水平与国民收入水平组合点连接而成的曲线。

对国内产品的总需求，包括国内对国内产品的总需求以及国外对国内产品的需求，是四部门经济中的总需求。

复习思考

选择题

1. 在国际收支平衡表中平衡是指（　　）。

A. 经常账户余额为零　　B. 资本账户余额为零
C. 两账户余额之和为零　　D. 国际收支实际平衡

2. 决定国际贸易利益分配格局的关键因素是（　　）。

A. 绝对比较优势　　B. 相对比较优势　　C. 资源禀赋　　D. 贸易条件

3. 若汇率由＄100 兑换￥618 变为兑换￥605，则中美贸易（　　）。

A. 不利美国改善贸易逆差　　B. 有利美国对华投资
C. 有利中国扩大出口　　D. 促使中国增加进口

4. （　　）情况下贬值可以改善贸易收支。

A. 出口需求弹性 $D_x>1$　　B. 进口需求弹性 $D_m>1$
C. $D_x+D_m=1$　　D. $D_x+D_m>1$

5. 国际收支均衡曲线 BP 的斜率受到（　　）的影响。

A. 汇率水平　　B. 贸易双方国内物价水平
C. 边际进口倾向　　D. 贸易双方国内利率水平

6. 短期内开放经济下国民收入决定于（　　）。

A. 国内总需求　　B. 国外对国内产品的需求
C. 对国内产品的总需求　　D. 国内生产能力

简答题

1. 影响国际收支平衡的主要因素有哪些？
2. 国际贸易利益的来源是什么？
3. 马歇尔-勒纳条件的经济含义是什么？

计算题

考虑一个由下列关系式组成的宏观经济模型[①]：

$$Y = C + I + G + X$$
$$C = 220 + 0.63Y$$
$$I = 400 - 2\,000r + 0.1Y$$
$$M = (0.158\,3Y - 1\,000r)P$$
$$X = 600 - 0.1Y - 100EP/P_w$$
$$EP/P_w = 0.75 + 5r$$

式中：政府支出 $G=1\,200$，货币供给 $M=900$，其他国家物价水平 P_w 为 1.0，本国物价水平 P 为 1.0。

1. 分别写出 *IS*、*LM*、*IS-LM* 公式；
2. 求解本模型所决定的 Y、r 值；
3. 求解本模型所决定的 C、I、X 和 E 的值。

思考题

1. 如何整体把握开放经济下国民收入决定？需要考虑哪些重要的宏观经济变量？
2. 通过本币贬值改善对外贸易收支需要考虑哪些条件？实现过程是怎样的？
3. *IS-LM-BP* 模型有何实际应用价值？

---

① 转引自罗伯特·E. 霍尔，戴维·H. 帕佩尔. 宏观经济学：经济增长、波动和政策[M]. 6 版. 沈志彦，译. 北京：中国人民大学出版社，2007：336-337.

第十一章 宏观经济运行基本问题

学习目的

1. 了解失业、通货膨胀、经济周期、经济增长。
2. 了解失业的存量-流量模型、贝弗里奇曲线。
3. 了解奥肯定律、菲利普斯曲线原理、经济增长原因。
4. 了解失业-通货膨胀-经济周期-经济增长关联。
5. 学会运用本章原理和方法分析宏观经济运行问题。

第一节 失 业

一、人口中的劳动范畴与失业的存量-流量模型

（一）人口中的劳动范畴

从社会经济视角来看，一个国家或地区的总人口可以划分为劳动适龄人口和非劳动适龄人口；在劳动适龄人口中又可以划分为就业人口、失业人口、不在劳动力人口；就业人口和失业人口之和构成了经济活动人口，他们属于劳动力大军；不在劳动力人口和非劳动适龄人口之和构成非劳动力人口，他们不属于劳动力队伍。表 11-1 中的数据是假设的，目的是为了说明各劳动范畴之间的关系。

表 11-1 人口中的劳动范畴关系

<table>
<tr><th>总人口</th><th>适龄群落</th><th>劳动状态</th><th>群落归属</th></tr>
<tr><td rowspan="4">100 万人</td><td rowspan="3">劳动适龄人口
70 万人</td><td>就业人口 50 万人</td><td rowspan="2">劳动力人口
经济活动人口
（属于劳动大军）
65 万人</td></tr>
<tr><td>失业人口 15 万人</td></tr>
<tr><td>不在劳动力人口
5 万人</td><td rowspan="2">非劳动力人口
（不属于
劳动力队伍）
35 万人</td></tr>
<tr><td colspan="2">非劳动适龄人口 30 万人</td></tr>
</table>

劳动适龄人口，通常是指年满 16 周岁及以上的人口，不设劳动年龄上限[①]；相应地，非劳动适龄人口指不满 16 周岁的人口。

就业人口，指在劳动统计调查期间达到劳动年龄、已参加有报酬的社会工作、在职的劳动者人数；失业人口指在统计时被确定为达到劳动年龄、有工作能力、但在一段时间没有职业、正在寻找有报酬的社会工作，或虽有职业但工作时间没有达到规定标准(即不充分就业)的劳动者人数[②]。

不在劳动力人口，指达到劳动年龄，或因生理心理精神方面残疾，或因丧失参加社会工作意愿，或因非正规社会职业不领取经济报酬(公益劳动、志愿劳动、义务劳动，家务劳动)、或因特殊社会身份属性(全日制在读学生，服役军人，刑期内劳教人员)等脱离市场经济活动的人口。

现实中，由于统计技术上的困难，就业人口、失业人口、不在劳动力人口之间的边界有时难以清晰界定。譬如，怎样判断"有无参加社会劳动意愿"以便在脱离工作岗位的人群中区别出失业人口和不在劳动力人口？怎样在"不充分就业"的在职人群中区分出就业人口和实际失业人口？"隐蔽的就业"人口到底归属哪一类劳动范畴？[③]

从上述人口的劳动范畴关系中可以获得如下劳动指标(以前述例子的数据说明)：

(1) 劳动力人口＝就业人口＋失业人口＝50 万人＋15 万人＝65 万人

(2) 就业率＝就业人口/劳动适龄人口＝50 万人/70 万人×100％＝71.4％

(3) 失业率＝失业人口/劳动力人口＝15 万人/65 万人×100％＝23.07％

(4) 劳动力参与率＝劳动力人口/劳动适龄人口＝65 万人/70 万人×100％＝92.85％

(二) 劳动者的劳动状态转换

劳动适龄人口在短期内一般是相对稳定的。在正常情况下，短期内一个国家或地区总人口和人口结构不会发生迅速而大量的变动，因此劳动适龄人口也不会发生显著波动。

劳动者的劳动状态则不是永远固定不变的。每一个劳动者在其劳动生涯中可能会经历就业、失业、不在劳动力状态的转换。作为一个群体，劳动适龄人口在时间截面上划归为相应的就业人口、失业人口、不在劳动力人口，见图 11-1[④]。

(三) 失业的存量-流量模型

如果以符号 e(Employment)表示"就业"，以符号 u(Unemployment)表示"失业"，以符号 n(Not Labor)表示"非劳动力"(包含全日制在校学生、现役军人、家庭妇女、"垂头丧气者"(即找工作屡经失败，失去继续找工作意愿的失业者)等)。符号组合的字母顺序表示从某一种状态转换到另一种状态，如符号 eu 表示从就业状态转变为失业状态。可以根据劳动者的劳动状态转换关系建立失业存量-流量模型[⑤]，如图 11-2 所示。

---

① 法定退休年龄不等同也不作为劳动年龄上限，退休后只要还有劳动能力仍然可以参加有报酬的社会劳动。

② 民间调查机构的失业人口数据与官方劳工机构的失业登记数据可能存在出入。

③ 详细解释见顾建平，陈瑛. 宏观经济学[M]. 北京：中国财政经济出版社，2008：307-308.

④ 改编自约翰·B. 泰勒. 宏观经济学[M]. 李绍荣，李淑玲，等，译. 北京：中国市场出版社，2007：82.

⑤ 详细解析见杨河清. 劳动经济学[M]. 北京：对外经济贸易大学出版社，2010：193-196.

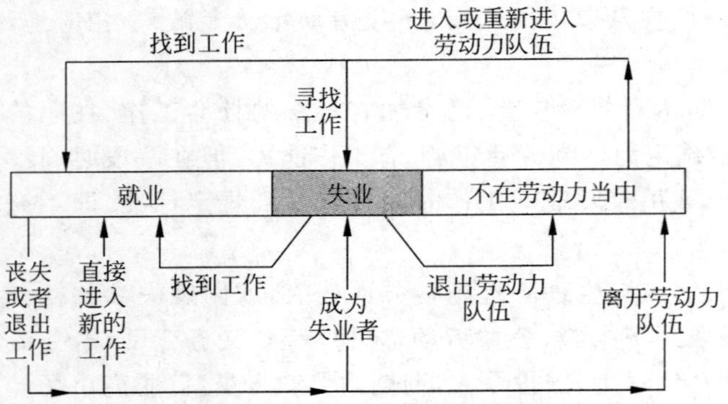

图 11-1　劳动者的劳动状态转换

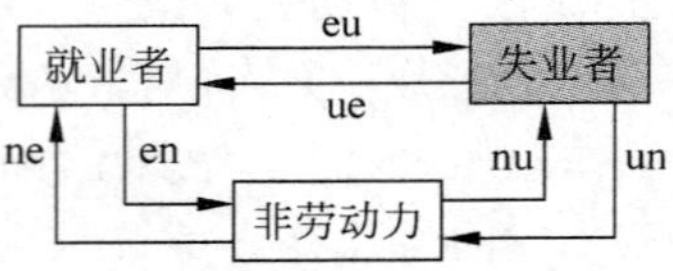

图 11-2　失业的存量-流量模型

图中，矩形内代表一定的存量，箭头上代表一定的流量，核心问题是失业，故将该模型称之为“失业的存量-流量模型”。

如若劳动力市场大体上处于均衡状态，流入和流出失业状态的流量基本相同，那么某一群体的失业率就取决于下列各种劳动市场流量，它们对失业率的作用方式是不同的。各种流量与失业率之间存在如下函数关系：

$$u = f(P_{en}^{+}, P_{ne}^{-}, P_{un}^{-}, P_{nu}^{+}, P_{eu}^{+}, P_{ue}^{-}) \tag{11-1}$$

式中：失业率 u 为 f 中各种流量的函数；P_{en} 为就业者中变为非劳动力的人员所占的比例；P_{ne} 为非劳动力中变为就业者的人员所占的比例；P_{un} 为失业者中变为非劳动力的人员所占的比例；P_{nu} 为非劳动力中进入劳动力队伍但尚未找到工作的人员（即失业者）所占的比例；P_{eu} 为就业者中成为失业者的人员所占的比例；P_{ue} 为失业者中成为就业者的人员所占的比例。

在失业的存量-流量模型中，各变量右上部的加号“+”表示该变量的增加将提高失业率，而减号“−”则表示该变量的增加将降低失业率。因此，该等式表示，对于一个人口群体而言，在其他条件一定的情况下，那些自愿或非自愿离开工作岗位，从而成为不在劳动力或失业人口所占比例的上升将会提高失业率，而那些从非劳动力队伍进入劳动力队伍但没有找到工作的人员所占比例的上升，也同样会提高失业率；那些脱离失业状态从而成为就业者，或脱离劳动市场的人员（即变为非劳动力人口）所占的比例越大，则失业率就会越低；那些进入劳动力队伍之后马上找到工作的人所占的比例越大，则失业率就会越低。

以下内容专门讨论劳动者的劳动状态转换图形中的失业问题（图 11-1 中阴影部分）。

二、失业的类型

（一）失业的基本类型及其区别方法

失业可分为正常性失业和非正常性失业两大类，共有五种类型①。

① 大多数经济学教材只介绍摩擦性失业、结构性失业、周期性失业三种类型的失业，把技术性失业归到结构性失业中去，而没有提到季节性失业。

1. 正常性失业

当经济社会在长期里达到均衡从而实现了充分就业状态，在此状态下仍然存在着的失业现象，称为自然失业。

自然失业包含以下四种基本类型：摩擦性失业、季节性失业、技术性失业和结构性失业。

（1）摩擦性失业

摩擦性失业，是指在经济体存在职位空缺条件下，劳动者在不同的职业之间、地区之间、生命周期的不同阶段变动工作，由于信息不畅和岗位匹配需要时间而引起的暂时性失业。表现为首次求职过程中的等待，更换新工作、新职业过程中的赋闲。摩擦性失业的特点是：所涉行业较广，人数众多，年轻人居多；主动寻优行为，属理性选择；失业期较短，变动工作时多有周全考虑。摩擦性失业，即使在经济处于充分就业的状态时也会存在，其性质是劳动者和工作岗位匹配过程中所形成的短期性失业，属于正常性失业。

（2）季节性失业

季节性失业，是指由于某些生产活动的季节性特点或消费需求的周期性变化所导致的失业。这两种失业有时会交叉。受气候变化规律影响的行业有农业、建筑业、榨糖业等，受消费需求周期性变动影响的行业有旅游业、学生商业街等。季节性失业的特点是：行业性，行业的经济活动与季节变换密切相关；规律性，经济活动在一年中有淡旺季、高峰和低谷之别；失业持续期的有限性，劳动者对失业时期有准确信息。季节性失业影响较大，但是无法避免，属于正常失业。

（3）技术性失业

技术性失业，是指由于使用新的机器设备和材料，采用新的生产工艺和新的生产管理方式，导致社会局部生产节省劳动力而形成的失业。这是技术进步引起的失业。从长期看，技术进步不影响劳动力需求总水平，对就业的影响主要表现为劳动时间的缩短。从短期看，技术进步导致生产要素替代劳动力造成了失业，这是效率提高的必然结果。技术性失业的特点有：产品的需求弹性与失业呈反方向变化；工资弹性与失业呈反方向变化；技术进步对低技能劳动力影响较大；技术进步对年龄大的劳动者影响较大。技术进步是社会生产力发展的必然趋势，技术性失业属于正常性失业。

（4）结构性失业

结构性失业，是指由经济结构（产业结构、产品结构、地区经济结构）的变动造成的劳动力供求结构失衡引致的失业。在经济发展过程中，收入结构变化导致消费结构变化，消费结构变化引致产业结构、产品结构、地区经济结构变化，而劳动力结构无法完全同步变化，从而出现劳动力市场上的供求矛盾，表现为劳动力的技能结构、年龄结构、文化结构、区域结构的失衡，导致空缺与过剩并存的结构性失衡，这里的结构性过剩即为结构性失业。结构性失业的特点有：与产业的兴衰、经济的地区转移、生产技术的进步相关；结构性失业的持续期较长；不同于摩擦性失业，摩擦性失业不带有技术进步因素的影响，而结构性失业内含技术进步的作用。结构性失业的性质，是劳动者的工作技能或工作特征与工作要求之间持续的不相匹配所形成的失业。结构性失业属于正常性失业。

2. 非正常性失业

从根本上说，这种失业是由于总需求不足以为求职者创造足够多的工作机会而产生的失业，成为需求不足的失业。需求不足的失业在经济周期的各阶段都可以存在，然而在衰退阶段表现得最为显著，这种失业又称为周期性失业，属于凯恩斯所说的非自愿失业。由于它是总需求方面因素造成的，而总需求变动具有短期性，因而这种失业具有短期性质。

经济周期有高涨、衰退、危机、复苏四个阶段。在经济周期的衰退和危机阶段，经济总量失衡，总需求小于总供给，企业因产品销售不畅，压缩产出而导致失业率上升。周期性失业的特点有：全局性失业，失业范围最大，失业人数众多；因经济周期的深度不同，各个周期的失业率存在较大差异；失业群体的平均失业持续时间比其他类型的失业更长；由于经济周期无法科学预测，持续期影响的深度与广度具有不确定性。周期性失业是一种最严重、最常见、最难对付的失业类型。周期性失业属于非正常性失业。

将以上失业类型归纳起来如表 11-2 所示。

表 11-2　失业的分类与类型

时间	性质	类　型
长期	正常	摩擦性失业：由于信息不畅和岗位匹配需要时间而引起的暂时性失业
长期	正常	季节性失业：生产季节性或消费周期性变动导致厂商对劳动力的需求波动
长期	正常	技术性失业：因新的生产工艺和新的生产管理方式节省劳动力导致的失业
长期	正常	结构性失业：由经济结构的变动造成的劳动力供求结构失衡引致的失业
短期	非正常	周期性失业：经济周期各个阶段上需求不足导致的失业

（二）失业的基本类型的区别方法

贝弗里奇曲线（Beverdige Curve），以英国的经济学家威廉·贝弗里奇命名，用来表明职位空缺与失业人数怎样在经济周期中变化的曲线，可以用来帮助区别和理解摩擦性失业、结构性失业和周期性失业等失业类型。

建立如图 11-3 所示的坐标系，纵轴表示经济中职位空缺的数目 V，横轴表示失业人数 U。职位空缺意味着存在过度劳动力需求，失业人数意味着存在过度劳动力供给。45°线是一条充分就业线，线上的点表示职位空缺数目与寻找工作的数目相等；在 45°线左上区域内的点表示劳动的需求过大，45°线右下区域内的点表示劳动的供给过大。

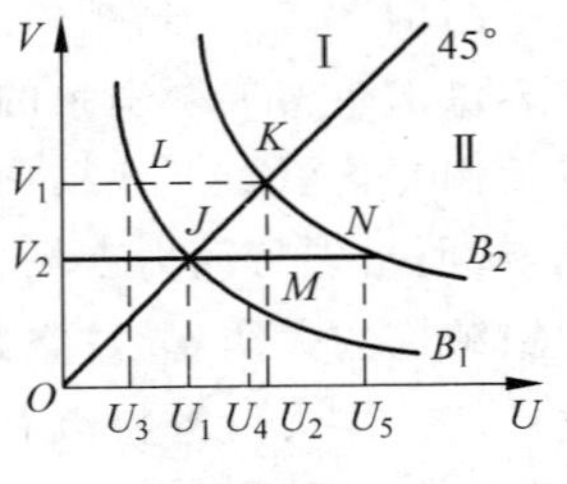

图 11-3　各种失业类型的区分

充分就业状态下，仍然存在一定数目的失业，它们或是属于摩擦性失业，或是属于结构性失业，可用自然失业来概括。在 45°线上的点是表示充分就业的点，如图 11-3 中的 J 点，存在着 U_1 的失业人数，这里的失业可能是摩擦性失业，也可能是结构性失业，从图上看不出来。需要引入时间概念。职位空缺 V_1 在总量上等于求职者人数 U_1，如果职位空缺与求职者能够很快地匹配，

则 U_1 失业为摩擦性失业；如果匹配要持续一段时间，则 U_1 失业为结构性失业。U_1 的失业人数中最有可能是包含两种类型的失业者。

与充分就业相对应的自然失业水平是很多的。当摩擦性失业或结构性失业的人数越来越多越多，45°线向外延伸的就越长。譬如延长到 K 点时失业人数便上升到 U_2，职位空缺与求职者数目同时增加，意味着有可能存在更大的劳动力流动量，或者是失业者寻求工作的时间更长，或者可能是雇主要求的技能与失业者所拥有的技能之间的结构不平衡在加大。不过，只要一个经济体处于充分就业状态上，自然失业增多提高并不能说明宏观经济运行出了问题，影响自然失业率变动的因素见下文分析。

现在引入贝弗里奇曲线。贝弗里奇曲线反映的是失业人数与职位空缺（又称"空岗"）之间的反向变动关系：经济衰退时失业人数增加、企业提供给社会的空岗减少；经济繁荣时失业人数减少、企业有大量的空岗对劳动者虚位以待。经济正常状态时失业与空岗也同时存在，这里的失业就是前面提到的自然失业，换句话说，在 45°线上的每一点都有一条向右下方倾斜的曲线经过（如图中的 B_1、B_2），这些曲线就是贝弗里奇曲线。45°线左右两侧代表经济繁荣与衰退状态，贝弗里奇曲线以凸向原点的非线性形态穿过繁荣-衰退状态连续体，表明在劳动市场的任一给定结构上，职位空缺与失业人数在经济周期过程中的变化趋势。

45°线将坐标系区分为两个区间：经济上升状态下劳动力需求大于劳动力供给的区间Ⅰ，经济衰退状态下劳动力需求小于劳动力供给的区间Ⅱ。当失业率从任一充分就业状态如点 J 开始，沿着贝弗里奇曲线 B_1 移到 L 点，便处于经济上升时期，失业率将为 U_3，这时 $U_3<U_1$，意味着就业者要加班加点或兼职；若沿 B_1 移到 M 点，便处于在经济衰退时期，失业率为 U_4。当整个经济从上升时期运行到经济衰退时期，即 $L\to J\to M$，差值 (U_4-U_1) 就是周期性失业，其他的失业余值 (U_1-O) 可归结于摩擦性失业和结构性失业。

如果失业人数随着时间推移而增加，譬如达到图中的 N 点，这时的失业类型因宏观经济的运行状态的不同而不同。如果宏观经济运行处于深度衰退状态，大范围的工厂倒闭失业人数 U 增加，而空岗增加微弱甚至没有，比如停留在 V_2，此时 (U_1-O) 为摩擦性失业和结构性失业，(U_5-U_1) 为需求不足失业。如果宏观经济运行处于复苏进程中，即走向正常，经过一段时间空岗在不断增加，比如由 V_2 过渡到 V_1，此时 (U_1-O) 较多地为摩擦性失业，(U_2-U_1) 较多地为结构性失业，而 (U_5-U_2) 基本上为周期性失业（或者说需求不足失业）。

三、失业的衡量

（一）衡量失业的基本指标

衡量一个国家或地区在一定时期内失业状况的基本指标是失业率。失业率是一个反映整体经济状况的指标，又是每个月最先发表的经济数据，素有经济指标"皇冠上的明珠"之誉。图 11-4 是美国 1930—2010 年失业率动态。

公众接触到的失业率指标，一是官方统计与公布的；二是民间机构调查与公布的。

失业率数据通常是按照失业的国际标准通过抽样调查获取的。失业的国际标准，是指在家庭调查统计期间，随机抽取的调查对象被证实为失业者须满足四个标准：第一，年满 16 岁以上（此标准确定调查对象属于劳动适龄人口）；第二，在调查周内，家庭农场或家庭企业的雇用成员不属于失业，不管他们是否拿工资，也不管其工作时限的长短（此标准排除非失业人口）；第三，在调查周之前的四周，失业者必须已经积极寻找工作一段时期，或在四周内准备开始工作（此标准确定调查对象有积极的求职愿望）；第四，无论属于上面哪类情况，失业者必须做好在本周内开工的准备（此标准确定调查对象有参加社会工作的能力）。

第一个指标，调查期间内的实际失业率：

$$\text{失业率} = \frac{\text{失业人口}}{\text{劳动力人口}} \times 100\% \tag{11-2}$$

或

$$\text{失业率} = \frac{\text{失业人口}}{\text{就业人口} + \text{失业人口}} \times 100\% \tag{11-3}$$

举例：设某地区有劳动力人口 100 万人，在调查周内有失业人数 10 万人，这样，失业率为 10%。

第二个指标，考虑了平均失业周数的年失业率：

$$\text{年失业率} = \frac{\text{失业人口}}{\text{劳动力人口}} \times \frac{\text{平均失业周数}}{52\text{周}} \times 100\% \tag{11-4}$$

举例：设某地区有劳动力人口 100 万人，失业人数 10 万人，其中 2 万人失业 48 周（即 11 个月），8 万人失业 4 周（即 1 个月）。年失业率为 2.46%，即大约 2.5 万人全年失业。

这一种失业率是调查期间内失业率指标的拓展，可以用来说明一年跨度里的平均失业率。

第三个指标，平均失业持续期的长度：

$$\text{年人均失业周数} = \frac{\sum \text{失业者的失业周数}}{\text{失业人数}} \times 100\% \tag{11-5}$$

另一种算法[①]是，失业持续时间 D_u 等于失业存量 U 占失业流出量 F 的比例，单位为年：

$$D_u = \frac{U}{F} \tag{11-6}$$

譬如，某国某年的失业总人数为 109 万，同年由失业转为就业的人数有 299 万，则平均持续时间为 1.09/2.99=0.36（年）或 133 天。

平均失业持续长度从一个侧面反映了失业的严重程度，可以对年失业率做补充解释。若失业率相同而平均失业持续期较短，则可认为失业为正常性失业；若失业率相同而平均失业持续期较长，则可认为劳动力市场中存在非正常失业，即周期性失业。

以上是在调查期间得到的截面失业率数据，若对失业率进行长期追踪，可以得到动态

---

① 见约翰·斯罗曼. 经济学[M]. 6 版. 郭庆，赵志耕，译. 北京：经济科学出版社，2008：409.

失业率数据。图 11-4 是美国 1930—2010 年失业率动态。

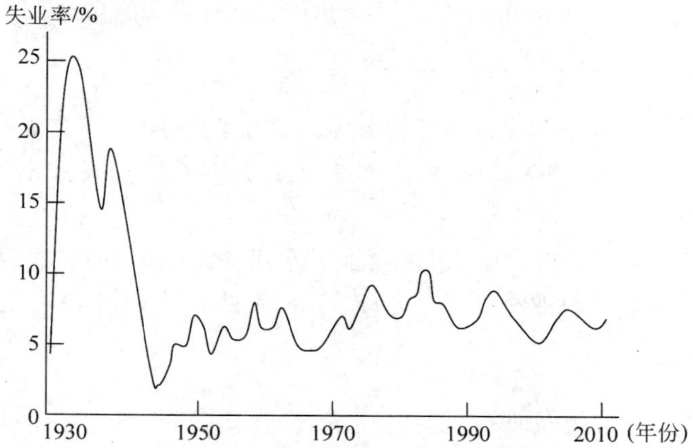

图 11-4　美国 1930—2010 年失业率动态

（二）自然失业率的衡量

以上实际失业率 U 包含了长期均衡条件下的自然失业率 U_n 和短期经济波动下的需求不足失业率(即周期性失业率)U_c[①]，可记为

$$U = U_n + U_c \tag{11-7}$$

1. 自然失业率定义式(1)

当社会经济在运行中没有受到经济周期波动的影响，此时的就业称为充分就业。但充分就业并非人人都有工作，仍然有人处在失业状态中，如摩擦性失业、结构性失业和自愿性失业[②]，此类失业与总需求水平、与经济运行周期无关，不能被消除，是一个经济社会的常态，因此它们被统称为自然失业。

自然失业人口是摩擦性失业人口、结构性失业人口与自愿性失业人口之和。自然失业人口与总劳动力人口的比率就是自然失业率。自然失业率是一个国家能够长期持续存在的最低失业率，是一种常态的失业率，即正常的失业率。大多数经济学家估计自然失业率为 5%左右。根据自然失业的人口构成来描述，有自然失业率定义式(1)：

$$\text{自然失业率} = \frac{\text{自然失业人口}}{\text{劳动力人口}} \times 100\% \tag{11-8}$$

$$\text{自然失业率} = \frac{\text{摩擦性失业人口} + \text{结构性失业人口} + \text{自愿性失业人口}}{\text{总劳动力人口}} \times 100\% \tag{11-9}$$

2. 自然失业率定义式(2)

从劳动力市场的流量均衡来看，如果失去工作的劳动者和找到工作的劳动者的数量相同，则失业率就会处于稳定状态。设 α 为就业者成为失业者的概率，E 为所有就业人

---

① 无论是民间发布的调查失业率还是官方发布的登记失业率都包含常态下的自然失业率和经济周期过程中的需求不足失业率。

② 也有观点认为自愿性失业为劳动者主观不愿意就业所致，无法通过经济手段和政策来消除，因此不在经济学所研究的范围内。据此，从计算公式中剔除。

口，β为失业者成为就业者的概率，U为所有失业人口，有$\alpha E=\beta U$。设L为全部劳动力人口$(E+U)$，这样，$E=L-U$，将此式代入$\alpha E=\beta U$，于是有自然失业率定义式(2)：

$$\frac{U}{L}=\frac{U}{E+U}=\frac{\alpha}{\alpha+\beta} \tag{11-10}$$

U/L就是自然失业率。从中可见，如果流入失业的概率α提高，则自然失业率会提高；反之，如果流出失业的概率β提高，自然失业率会下降。如果流出失业的概率提高，表明失业的时间缩短了。

数字举例。设：就业人口100人，由就业转失业率10%，即有10人处于这种状态；失业人口20人，由失业转就业率50%，亦即有10人处于这种状态。此时失业处于稳定状态，自然失业率为$\frac{20}{100+20}=\frac{10\%}{10\%+50\%}=16.67\%$。

以上两个公式只是自然失业率的理论定义式，在实践上，可用一个长时间里的平均实际失业率来粗略估算自然失业率。

3. 影响自然失业率变动的因素

1999年自然失业率，加拿大为8.5%，德国为7.8%，英国为6.7%，意大利为10.4%，澳大利亚为7.0%，日本为3.9%，香港地区为4.1%[①]。美国的自然失业率1948—1985年约为5.6%(以此期间平均失业率推算)，2000年后降至5%甚至更低[②]。中国的自然失业率1997年为3.778%，2003年上升到5.416%，此后开始下降，2009年回落到4.132%[③]。可见，各国自然失业率有所不同；虽说自然失业率相对稳定，但也不是一成不变。

致使自然失业率提高的因素[④]包括：①效率工资，效率工资的实施提高了工资水平，这样，一方面使工作岗位减少，一方面使寻找高工资的劳动者增多，平均求职时间拉长；②工会工资贴水，在工会取得成功的市场上，工资和工作条件能够得到改善，这样有工会工资贴水的岗位，求职者多但成功机会小，增加了搜寻时间；③最低工资，这是政府对低工资工人的劳动力市场的干预，最低工资水平往往大大高于没有最低工资法干预的市场工资率，受最低工资影响的工作难以找到，得到这样的工作要付出较大的时间和精力；④失业保险，失业保险的存在使失业者改变了求职策略，在接受低工资的工作上挑挑拣拣，延长了求职的搜寻时间。以上种种求职时间的延长，都意味着摩擦性失业的增加，提高了自然失业率。

致使自然失业率降低的因素包括：①朝阳产业，快速成长的产业有许多工作岗位虚位以待；②求稳心理，随着年龄增长劳动者愈加追求工作稳定，个人工作转换趋于减少；③工会失势，劳动大军加入工会比例下降，工会工资贴水减少，其对提高自然失业率的作用就减弱了；④失业者接受失业津贴的比例下降、失业津贴增长没有工资增长块。此类因素都会降低自然失业率。

---

① 见 http://wenku.baidu.com/view/5acbf375a417866fb84a8ee2.html。

② 见 http://forex.cnfol.com/070320/134,1505,2807433,00.shtml。

③ 都阳，陆旸. http://www.cf40.org.cn/plus/view.php? aid=3749。

④ 改编自罗伯特·E.霍尔，戴维·H.帕佩尔.宏观经济学：经济增长、波动和政策[M].6版.沈志彦，译.北京：中国人民大学出版社，2007：64-66.

四、周期性失业的影响

（一）失业的消极影响

第一，失业造成劳动力资源的浪费。一是数量上的浪费，不同于机器之类的资源长期闲置仍能保持其绝大部分效能，劳动年龄以内，劳动力闲置一年就浪费一年，无法弥补；二是质量上的损失，失业中断了劳动者边干边学的进程，成为技术上的落伍者。

第二，失业造成社会财富损失。本可由失业工人创造的社会财富没有被创造出来，相当于这部分财富被扔掉，降低整个国家为公众提供福利的能力。这一损失可用GDP缺口来表示，其结果为负值，表示失业给社会带来的经济损失：

$$GDP\text{ 缺口} = \text{实际 } GDP - \text{潜在 } GDP \tag{11-11}$$

第三，失业导致经济不平等。失业扩大了收入分配的差距，加剧两极分化。高失业率会造成失业与贫困的恶性循环，因为低技能的劳动者（集中在体力劳动者、有色人种、青少年）人群收入低又容易失业，失业率高且失业持续时间长。

第四，失业造成失业者的困苦和人格尊严的伤害。失业者在贫困和痛苦中挣扎，特别是长期失业者，一旦失业持续期超过领取失业救济金的资格标准（24周或其他时间标准），失业救济金也会被取消，从而不得不求助于社会救济，沦为社会救济的对象，承受巨大的心理压力，严重影响个人情绪和家庭生活。

失业还会在一定程度上影响社会治安，引发犯罪现象，甚至危及社会稳定。为了维护社会正常的生产生活秩序需要付出巨大的维稳费用，这是对社会总产出的进一步扣除。

由于失业造成极大的经济和社会危害，许多经济学家都把克服失业作为政府的首要宏观经济目标，凯恩斯的划时代巨著《就业、利息和货币通论》，就把关于失业问题的研究放在了首位。

（二）失业的积极影响

首先，失业对社会的积极影响。市场经济中失业的存在不以人的意志为转移，失业也有某种意义上的积极作用。失业为经济周期发展起着“蓄水池”的作用。以失业缓解市场经济体制的危机，失业人口的存在为经济上升预备了廉价劳动力。失业的强迫机制迫使全体劳动人口不断提高自身素质，从而提高社会就业质量。失业有利于提高工作效率，全员就业不能促成劳动生产率的提高，适当失业对于提高社会劳动生产率有一定经济作用。失业是劳动力资源优化配置所必须付出的代价。

其次，失业对劳动者个人的积极影响。一定时间的失业是人尽其才所必要的，包括：在职业生涯任何阶段上的岗位匹配，劳动者只有通过一定的搜寻，才能找到与自己气质、性格、能力、知识、爱好等相适应的职业，初次入职或途中跳槽都会发生一段时间的失业；知识经济的发展，要求劳动者终身学习，否则就会在日新月异的生产技术进步中落伍，在劳动力市场的竞争中被淘汰，有些情况下需要脱产出来进行知识更新或储备，这在某种程度上将以一定时间的失业为代价，不过，这些损失能够得到更大的回报。

第二节　通货膨胀

一、通货膨胀的界定

通货膨胀，不会在金本位制度下发生，而在纸币制度下往往是一种常态。见图 11-5 美国半个世纪以来的通货膨胀率动态。

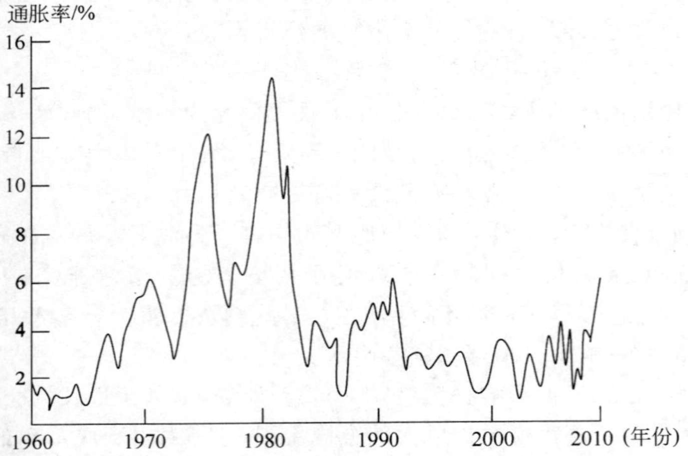

图 11-5　美国 1960—2010 年通货膨胀率动态

通货膨胀，是指一个经济体在一定时期内物价水平普遍地、显著地、持续性地上涨[①]。通货膨胀必然包含物价水平上涨，而物价水平上涨并不直接等于通货膨胀。

在理解通货膨胀定义时，必须把握以下四点。

第一点，物价水平是指"全体"产品和劳务的平均价格水平。不是指某一种或某几种产品和劳务的价格，而是做了加权平均化处理的所有产品和劳务的总体物价水平。

第二点，物价水平"普遍"上涨。物价上涨不是少数产品和劳务而是所有产品和劳务的物价水平都在上涨、不是局部地区而是调查范围内所有地区的物价水平都在上涨。

第三点，物价水平"显著"的上涨。如果每年的物价水平尽管是持续上涨但上涨幅度很小，那就不能说是通货膨胀，譬如 3%以下的物价水平持续上涨[②]。

第四点，物价水平"持续"上涨。通常以半年为单位观察，如果连续两个季度物价水平不断上涨，则可认为发生了通货膨胀。

① 马克思主义经济学认为，在本质上，当流通中纸币发行量超过它所代表的贵金属货币需要量，就发生通货膨胀，表现为物价上涨，纸币贬值。

② 也有观点认为，只要符合其他通货膨胀特征，无论物价水平涨幅大小都可认为是通货膨胀。

二、通货膨胀的分类

划分通货膨胀的标准很多，以下介绍几种主要的分类。

（一）按照物价水平上涨的速度划分

第一，爬行的通货膨胀。它是指每年物价上涨的幅度在3%以内的通货膨胀，且不存在通货膨胀预期。老百姓几乎感觉不到它的压力，有的经济学家认为爬行的通货膨胀是实现充分就业的一个必要条件，被认为是有益无害的通货膨胀。

第二，温和的通货膨胀。它是指每年物价上涨的幅度在3%～10%以内的通货膨胀。它使老百姓感到一定的压力，当过了5%之后通货膨胀渐渐提速，人们心理压力逐渐增大，通货膨胀预期加重。

第三，奔腾的通货膨胀。它是指两位数的通货膨胀，即年物价水平上涨幅度在10%～100%之间的通货膨胀。此时货币购买力迅速下降，引发民众抢购商品，挤兑存款，推动物价水平迅速升高，民众预期物价水平将进一步上升，加剧通货膨胀，进入通货膨胀螺旋，这种情形对一国经济和人民的生产生活造成严重的不利影响。

第四，恶性通货膨胀，又称超级通货膨胀。它是指年物价上涨幅度在100%以上的通货膨胀。发生时，民众对货币完全失去信心，物价水平猛烈上涨，最终价格体系紊乱，经济生活秩序失常，严重的可能会导致社会经济崩溃，引发社会动乱。

萨缪尔森将通货膨胀程度划分为：温和的通货膨胀，即1位数的通货膨胀；急剧的通货膨胀，即2～3位数的通货膨胀；恶性通货膨胀，即万倍甚至更大的通货膨胀。

（二）按照对价格体系影响的差别划分

第一，平衡的通货膨胀，指每一种产品和劳务的价格都按相同比例上升，时间上同步变动，这种通货膨胀并不改变价格体系，价格信号能够正确传递相关经济信息，不会误导经济参与者的经济行为，对宏观经济运行并无重大影响。

第二，非平衡的通货膨胀，指各种产品和劳务的价格上升比例互不相同，时间上非同步变动，这种通货膨胀扭曲了价格体系，混乱的价格信号误导经济参与者的行为，对宏观经济运行起扰乱作用，对生产生活造成不利影响。

以上所指的产品和劳务包括各种生产要素商品和各种生活消费品。

（三）按照人们的预期程度划分

第一，未预期到的通货膨胀，包括未预期到物价水平上涨的出现，或已经预期到物价水平上涨但没预料到上涨速度之快。这种突发的、未预期到通货膨胀会使货币工资率的增长滞后于物价水平的上涨，从而扩大了利润空间，至少产生暂时性扩大就业、扩大总产量的效应，即所谓的通货膨胀扩张效应。

第二，预期到的通货膨胀，当现实经济生活存在比较常态的通货膨胀，人们就会按照现时的通货膨胀率预估未来的通货膨胀率，进而采取相应的应对行动。如工会在物价水平上涨前根据预期到的通货膨胀率要求增加工资，这样通货膨胀的短期扩张效应就不会发生了。这种通货膨胀又被称为惯性的通货膨胀。

（四）按照与经济增长的联系划分

第一，恢复性通货膨胀，是指在通货紧缩后经济萧条、物价过低的情况下为了促进经济的恢复和发展，人为地增加货币供应量，使物价回升到正常水平所呈现的通货膨胀。这种通货膨胀具有回归正常货币流通量的性质，有利于经济增长。

第二，适应性通货膨胀，又称过渡性通货膨胀，是指与经济增长几乎同步的那种通货膨胀，属于一种正常的伴随性的通货膨胀。总产出增加，产品和劳务的交易量扩大，相应地扩大货币流通量，以此完成正常交易和保持物价水平稳定。

第三，停滞性通货膨胀，简称滞胀，是指在经济增长停滞甚至衰退时所发生的物价水平上升的通货膨胀。这是一种反常的通货膨胀现象，一般情况下，经济衰退会伴随通货紧缩，而不是通货膨胀。

（五）按照通货膨胀的成因划分

第一，需求拉上的通货膨胀。需求拉上型通货膨胀，是指总需求超过总供给所引起的一般物价水平的持续显著上涨。表现为主要或绝大多数产品和劳务供不应求，价格变动处在上升通道中。

需求拉上型通货膨胀发生的前提是经济社会处在“供给约束”状态，譬如社会生产力发展不够，或经济资源利用接近饱和的繁荣阶段，此时若私人部门的自发性需求扩大，或政府扩大购买需求，或中央银行扩大货币供给量等，都会导致总需求的增加，从而引发需求拉上型通货膨胀。

如图 11-6 所示，总供给曲线 AS，“供给约束”意即总供给受自身因素影响不会迅速响应总需求的变动而保持不变。当总需求扩张由 AD_1 移动到 AD_2 时，均衡点由 a 变为 b，物价水平也随之被拉升了。

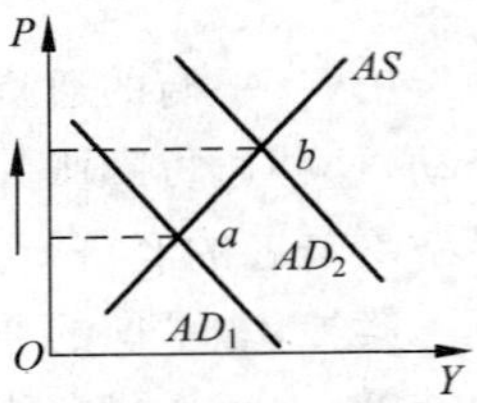

图 11-6 需求拉上型通货膨胀

第二，成本推动的通货膨胀。这种通货膨胀表现为由于某些主要生产要素的价格上升而导致一般物价水平持续显著上升，其背后往往是市场垄断势力对重要生产要素的价格和产量的操控，见图 11-7。这种通货膨胀又有两种情况。

工资推动的通货膨胀。其形成过程是，在不完全竞争的劳动力市场，工会组织垄断了劳动力供给，致使生产的人工成本即工资率上升；企业主通过提高商品价格将上升的人工成本转嫁给消费者；物价水平上升反过来又刺激工资率上升，形成工资-价格螺旋。这使总供给曲线 AS_1 向左上方移动到 AS_2，促成了工资推进的通货膨胀。

利润推动的通货膨胀。在不完全竞争市场中，垄断企业和寡头企业这类市场垄断势力，通过限制重要产品的产量和操控产品价格谋取高额垄断利润，以其产品作为中间产品的其他下游企业不得不轮番提高产品价格、减少产量，总供给由 AS_1 移动到 AS_2，进而引致物价水平普遍上涨。

第三，混合型通货膨胀。这种通货膨胀是由需求拉上和成本推动共同作用所导致的通货膨胀。需求拉上与成本推动物价水平循环上升的过程见图 11-8。

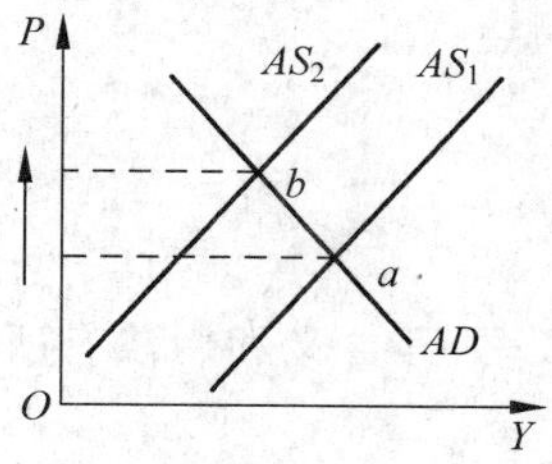

图 11-7　成本推动型通货膨胀

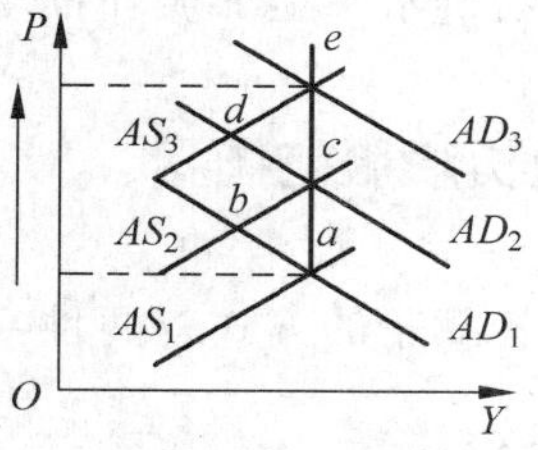

图 11-8　混合型通货膨胀

AS_1 和 AD_1 最初均衡点为 a。由于工资成本上升或垄断利润提高，AS_1 移动到 AS_2，由于总需求 AD_1 保持不变，均衡点移到 b，此时产生成本推动型通货膨胀。此时的总产出低于充分就业的总产出，失业增加，对此，政府通过经济政策刺激经济，总需求由 AD_1 移动到 AD_2，AD_2 和 AS_2 的均衡点为 c，物价水平又上升了，这是需求拉动型通货膨胀。工资和原材料等生产投入价格的提高，导致总供给由 AS_2 收缩到 AS_3，与总需求 AS_2 的均衡点为 d，再次出现成本推动型通货膨胀。此时的总产出又再次低于充分就业的总产出，失业增加，对此，政府又要通过经济政策刺激经济，总需求由 AD_2 移动到 AD_3，新的均衡点为 e……如此需求拉动型通货膨胀和成本推动型通货膨胀循环发生，促使物价水平持续上升。

第四，结构性通货膨胀。结构性通货膨胀是指在总供给和总需求处于均衡情况下，由于经济结构性因素的变动引起的一般物价水平持续显著上涨。结构性因素的变动包括需求结构的变动、各部门劳动生产率差异的变动、各部门开放程度差异的变动等。

假定，在一个经济社会中，起初总供给等于总需求，同时供给结构与需求结构相匹配。若此时需求结构变化了，对某些产品的需求增加，其市场价格因而上升；而对另一些产品的需求减少，但其价格因为原先的合同约束而没有变动，这样总体物价水平便上涨了。

在不同部门劳动生产率提高幅度存在差异的情况下，如果劳动生产率增幅低的部门的工资增长率向劳动生产率增幅高的部门的工资增长率攀比，就会导致结构性通货膨胀。举例说明，如果 A 部门的劳动生产率提高 5%，该部门的工资增长率亦为 5%；如果 B 部门的劳动生产率仅提高 3%，该部门却要求的工资增长率亦为 5%；这时全社会的平均生产增长率为 4%，平均工资增长率为 5%。当平均生产增长率与平均工资增长率相同时，不会发生通货膨胀；当平均工资增长率超过平均生产增长率时，就会发生通货膨胀。

第五，国际传导型通货膨胀。这是从国内国外区别来看的通货膨胀，本质上还是归类于需求拉动和成本推进的通货膨胀。当一国从国外进口原材料和生活消费品时，如果这些商品的国外价格上升而本国对它们的需求价格缺乏弹性时，就很容易引起国外通货膨胀的传入，而导致本国的通货膨胀。

第六，预期的通货膨胀。在现实经济生活中，一旦形成通货膨胀，便会持续一段时期，这种现象被称之为通货膨胀惯性，对通货膨胀惯性的一种解释是人们会对通货膨胀做出的相应预期。预期是人们对未来经济变量做出一种估计，预期往往会根据过去的通货膨胀经验和对未来经济形势的判断，做出对未来通货膨胀走势的判断和估计，从而形成对通货膨胀的预期。预期对人们经济行为有重要的影响，人们对通货膨胀的预期会导致工资水平上涨和物价水平上涨循环推动，使通货膨胀具有惯性。

三、通货膨胀的衡量

衡量通货膨胀的方式有两种：物价指数和通货膨胀率，其含义和用法有所不同。

（一）物价指数

物价指数，是核算期物价水平相当于基期物价水平倍数的百分数表达，表示核算期物价水平比基期物价水平"提高到什么程度"或"降低到什么程度"，用以反映物价水平向上或向下的波动状态。物价指数的一般计算公式如下：

$$\text{物价指数} = \frac{\text{核算期产品和劳务的总价值}}{\text{基期产品和劳务的总价值}}$$

$$PI = \frac{\sum p_t \times q_t}{\sum p_{t-1} \times q_t} = \frac{P_t}{P_{t-1}} \times 100\% \tag{11-12}$$

式中：为了比较方便，设核算期为 t，基期为 $t-1$；q_t 为核算期各种商品的数量；p_t 为核算期各种商品的价格；p_{t-1} 为基期同样商品的价格；大写 P_t、P_{t-1} 分别为核算期和基期的产品和劳务的总价值。

（二）通货膨胀率

通货膨胀率，是从一个时期到另一个时期的物价水平变动量同上期（基期）物价水平比较的百分数表达，表示从基期到核算期物价水平的"变动量大到什么程度"，用以反映物价水平向上或向下的**波动幅度**。通货膨胀率计算的公式如下：

$$\text{通货膨胀率} = \frac{\text{核算期价格指数} - \text{基期价格指数}}{\text{基期价格指数}} \tag{11-13}$$

$$\pi_t = \frac{P_t - P_{t-1}}{P_{t-1}} = \frac{\Delta P_t}{P_{t-1}} \times 100\% \tag{11-14}$$

四、通货膨胀对经济的影响

（一）通货膨胀对收入和财富分配的影响

通货膨胀不利于靠固定的货币收入维持生活的人。这类人包括领取救济金、退休金的人，依靠房租、地租、利息等固定收入的人，工薪阶层、公务员以及靠福利和其他转移支付维持生活的人。他们在相当长时间里所获得的收入是不变的，当遇到通货膨胀时，其货币购买力减少，从而生活水平下降。

通货膨胀使靠变动收入维持生活的人得益。这类人包括签订指数化工资合同工会的会员，通过利润获得收益的企业主。他们的货币收入会走在价格和生活费用上涨之前，反倒因通货膨胀而收益。而使工资收入者受损，使利润收入者受益。

通货膨胀对储蓄者不利。这类人包括银行存款者，以保险金、养老金、固定价值证券财产等储资养老的人。他们的固定价值储资在通货膨胀中实际价值会下降，他们的经济利益遭受损失。

通货膨胀在债权人和债务人之间发生收入再分配作用。如果债务是按固定利率支付的，则急剧的通货膨胀可能会使债务人得益，而使债权人受到损失。前者的收益往往是以后者的牺牲为代价。

通货膨胀对人们所拥有的财产的影响有不同情况。这方面的影响主要取决于人们拥有的财产或债务的种类。家庭财产中的储蓄、银行存款和购买的各种债券等，其实际价值随物价的上涨而下降；而房屋、土地、黄金等，其价格随物价的上涨而提高，实际价值不变或上升。

通货膨胀使政府和国家得益。在实行累进个人所得税下，通货膨胀提高了名义收入水平，使得更多个人的收入进入更高的纳税档次，从居民户手中把大量再分配的财富带到公共部门①。

以上统称为通货膨胀的再分配效应。

（二）通货膨胀对产出和就业总水平的影响

通货膨胀对产出和就业总水平的影响与预期和时间长短有关。一般来说，短期内，预料之外的需求拉上型通货膨胀会使产品价格的上涨高于货币工资率的上涨，利润空间拉大，企业会增雇工人扩大产出，使就业增加和国民产出增长。长期里，附加预期的通货膨胀会使工资水平与物价变动的“时差”消失，通货膨胀的扩张效应因而消失。

通货膨胀对产出和就业总水平的影响与通货膨胀的成因和通货膨胀率的大小有关。许多经济学家认为，温和的或爬行的需求拉动型通货膨胀对产出和就业将有扩大作用，这是因为产品的价格水平会跑在工资和其他资源的价格前面，拉大了利润空间，刺激企业扩大生产，增加就业。超级通货膨胀导致经济崩溃。成本推动型通货膨胀会使总产出和就业减少，这是因为在总需求不变的情况下，成本推动型通货膨胀使得原先既定的生产资金在成本价格提高的情况下只能买到较少的生产要素，从而生产规模缩小，就业减少，总产出下降。

以上统称为通货膨胀的产出效应。

（三）通货膨胀对资源配置的影响

在市场经济中，价格对资源配置具有重要的调节作用。价格水平上升的不平衡导致不同行业或扩张或收缩；在通货膨胀中，各行业产品和劳务的价格与成本上升往往具有盲目性，因而会扰乱价格体系，引起资源配置的失调，降低整体经济的效率。

在通货膨胀中受影响最大的是现金的价格。通货膨胀会导致现金的实际利率为负，因此，发生通货膨胀时，人们会挤兑银行存款，抢购、囤积实物（甚至次品废品），从而引起资金资源的极大浪费。

---

① 参阅高鸿业．西方经济学（宏观部分）[M]．5版．北京：中国人民大学出版社，2010：518.

（四）通货膨胀对汇率变动的影响

20 世纪 70 年代后，随着浮动汇率取代了固定汇率，通货膨胀对汇率变动的影响变得更为重要了。当一国发生通货膨胀，意味着该国货币代表的价值量下降。在国内外商品市场相互紧密联系的情况下，一般地，通货膨胀使国内物价上涨，会引起出口商品的减少和进口商品的增加，导致贸易逆差，从而对外汇市场上的供求关系发生影响，导致该国汇率向下波动。同时，一国货币对内价值的下降必定影响其对外价值，削弱该国货币在国际市场上的信用地位，人们会因通货膨胀而预期该国货币的汇率将趋于疲软，把手中持有该国货币转化为其他货币，从而导致汇价进一步下跌。按照一价定律和购买力平价理论，当一国的通货膨胀率高于另一国的通货膨胀率时，则该国货币实际所代表的价值相对另一国货币在减少，该国货币汇率就会下降。反之，则会上升。

例如，20 世纪 90 年代之前，日元和原西德马克汇率十分坚挺的一个重要原因，就在于这两个国家的通货膨胀率一直很低。而英国和意大利的通货膨胀率经常高于其他西方国家的平均水平，故这两国货币的汇率一下处于跌势。

第三节　经济周期

一、经济周期及其阶段

（一）经济周期的含义

经济周期，又称商业周期或景气循环，是指国民总产出、总收入、总就业等总体经济活动的增长和收缩交替出现的过程，是一种发生在长期里国民总产出总体趋势向上运动中的短期社会经济波动现象。

对“增长与收缩”有两种不同的解释：一种是基于国民总产出上升与下降的解释，称为古典型经济周期，如图 11-9(a)所示；另一种是基于经济增长率上升和下降的交替过程的解释，称为增长型经济周期，如图 11-9(b)所示。

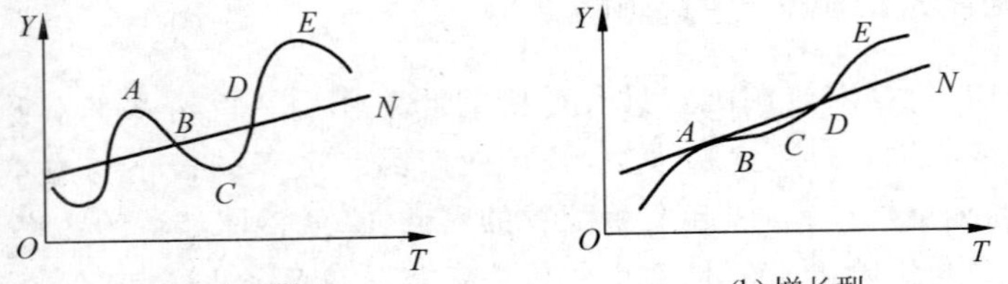

(a) 古典型　　(b) 增长型

图 11-9　经济周期

两种经济周期定义各有道理，各有适用，当然其研究结论会有所差异。

基于国民总产出的经济周期解释是最常见的经济周期解释，本教程后面的阐释以这种解释为依据。

理解经济周期概念时应该注意以下几点。

(1) 经济周期是市场经济中不可避免的经济波动。自 1825 年英国爆发资本主义历史上第一次生产过剩性经济危机以来，社会经济总是在扩张与收缩交替的过程中运动，已成为各市场经济国家的普遍现象。

(2) 经济周期是总体经济活动的波动。不是社会经济局部的扩张与收缩的交替，而是包括国民总产出、总收入、投资和储蓄、物价水平、利润率和利息率、总就业人数等所有宏观经济主要变量的增长与收缩的交替。

(3) 一个经济周期包含增长与收缩两个大的阶段。增长阶段可以划分出复苏和扩张两个小阶段，收缩阶段可以划分出衰退和萧条两个小阶段。

(4) 各个周期的时间长短并不完全一样。各个经济周期的完整循环时间长度、各阶段经历时间长度以及总产出规模不会是完全一样的，其原因是影响社会经济运动的基础性因素和条件发生了改变。"二战"前的经济周期与"二战"后的经济周期有所不同，工业经济社会的经济周期与知识经济社会的经济周期也不一样。

（二）经济周期的阶段

1. 划分节点的差异

经济周期划分为收缩与增长两个大阶段，这在经济学界已经取得了基本共识，但在衰退、萧条、复苏、扩张小阶段划分上各家观点略有差异，分歧主要体现在划分节点的选取上。

一种典型的划分是以虚拟的"正常水平"为划分的依据，如图 11-10(a)所示，趋势线 N 表示宏观经济运动的正常水平，定义由 A 到 B 为衰退，B 到 C 为萧条，C 到 D 为复苏，D 到 E 为扩张。

另一种典型的划分是以实际的顶峰(或谷底)水平为划分的节点[①]，如图 11-10(b)所示。设定 A 为本周期起点，B 节点国民收入水平与上一周期顶峰国民收入水平持平，D 节点与本周期起点水平相当，E 点为本周期顶峰。定义由 A 到 B 为衰退，B 到 C 为萧条，C 到 D 为复苏，D 到 E 为扩张。本教程以此种划分为依据。

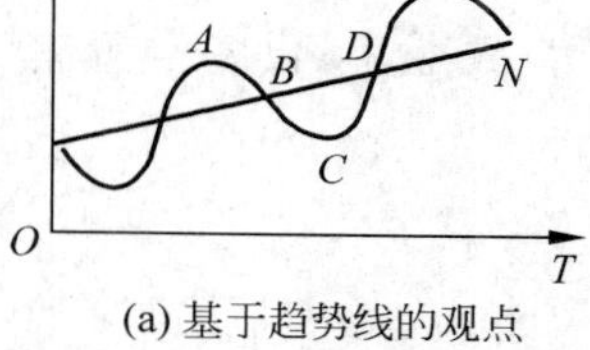

(a) 基于趋势线的观点

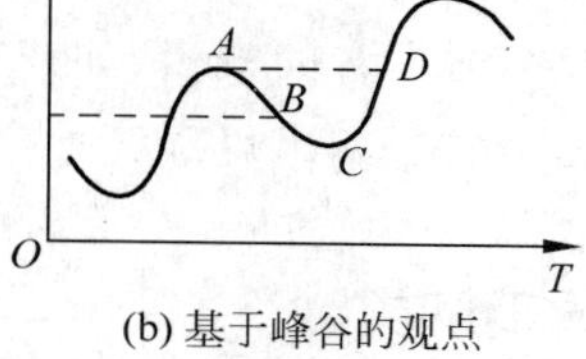

(b) 基于峰谷的观点

图 11-10　经济周期内部阶段的划分

图中，一个经济周期的时间长度为从上一周期的顶峰到下一周期的顶峰，或从上一周期的谷底到下一周期的谷底所经历的时间。

---

① 编者认为以实际的顶峰或谷底水平为划分节点比较科学、实用。见罗伯特·C. 盖尔. 经济学：基本原理与热点问题[M]. 2 版. 邹薇，译. 武汉：武汉大学出版社，2007：82.

2. 经济周期各阶段状态

衰退阶段[①]。这时期，生产普遍过剩，产品大量积压，产品价格整体下跌，产量水平不断下降，失业逐渐增加，净投资为零，甚至连正常的更新投资也无法进行，企业家中普遍弥漫着对未来经济前景的悲观情绪。

萧条阶段。这时期，社会经济活动进一步向谷底跌落，商业活动几近停顿，大面积失业，工资水平大幅度下降，大量生产设备闲置，企业利润降至低位甚至为负数，商业银行和其他金融机构的资金贷不出去，股市冷清，厂商都不愿意增加投资，最终跌入社会经济运动的最低点。

复苏阶段。这时期，社会经济开始走出低谷，消费渐渐增加，积压存货减少，企业家开始更新固定资本，商业银行和其他金融机构的信贷活动渐渐活跃，人们的消费和投资心理预期向好，产品价格逐渐回升，利率也开始提高，就业量增加。

扩张阶段。这时期，消费和投资强劲增长，价格水平快速上升，劳动力、资本、土地等生产要素供给趋于紧张，商业银行和其他金融机构加大贷款力度，产品价格、工资水平、利率上升，利润迅速增加，通货膨胀气氛显现并积累，人们的收入大幅增加，过度消费，产能过剩，整个社会出现虚假繁荣，社会经济升至最高点，为下一轮收缩做了铺垫。

从趋势上看，社会经济活动水平是上升的，但每个经济周期的顶峰水平不一定超过上一个经济周期的顶峰水平。经济周期波动会使经济体系内的自动调节因素起作用，使得波动幅度减缓，到了宏观经济运行完全失衡时，就会通过经济危机，以破坏生产力和销毁产品的形式，强制性地恢复市场经济的正常运行。

3. 判断经济周期各阶段的经济指标

判断经济周期处于哪个阶段，主要依据产品和劳务的产出总量、销售量、产能比例、资本借贷量、物价水平、工资率水平、利息率、利润率、消费者信心指数、制造业采购经理指数、就业量等宏观经济指标。

宏观经济变量按其在经济周期中的变动方向可分为顺周期变量、逆周期变量和无周期变量三类。顺周期变量是指那些在经济增长时上升、经济收缩时下降的变量，如 GDP、物价水平、货币流通量、社会消费总额、固定资产投资总额；逆周期变量指那些在经济增长时下降、经济收缩时上升的变量，如产成品存货、失业率、设备空置率、坏账；无周期变量与经济周期波动无关，如出口额。

二、经济周期的类型

基钦周期，短周期或短波。英国经济学家约瑟夫·基钦于 1923 年提出了存在着一种 40 个月（3～4 年）左右的小周期，而一个大周期则包括两个或三个小周期。基钦认为，这

① 美国经济学家爱德华·里默的观点也很值得注意，他认为美国国家经济研究局（NBER）关于经济周期的两个类别（衰退与扩张）的定义不太准确，也是不够的，应该分为衰退、复苏、正常增长、增长停滞和加速增长。有时候，正常增长时期会以增长停滞而结束，这就为衰退做好了准备。有时候增长停滞后会出现加速增长。爱德华·里默. MBA 宏观经济学——模型与故事[M]. 何华，谢志龙，译. 北京：中国财政经济出版社，2010：107，110-111。

种小周期是心理原因所引起的有节奏运动的结果，而这种心理原因又是受农业丰歉影响食物价格所造成的。后人将这种小周期称为“基钦周期”。

朱格拉周期，中周期或中波。法国经济学家朱格拉于1862年出版的《法国、英国及美国的商业危机及其周期》一书中，认为危机或恐慌是经济社会不断面临的三个连续阶段中的一个，这三个阶段是繁荣、危机和清算。这三个阶段反复出现就构成经济周期，周期波动平均时长为9～10年。后人于是将这种周期称为“朱格拉周期”，汉森则把这种周期称为“主要经济周期”。

康德拉季耶夫周期，长周期或长波。俄国经济学家康德拉季耶夫于1926年在《经济生活中的长度》根据美国、英国、法国一百多年的批发物价指数、利息率、工资率、对外贸易提出资本主义经济中存在着50～60年一个的周期，故称“康德拉季耶夫”周期。另有一些长周期理论，其中马克思主义世界经济长波体系认为，1857年以来的世界经济按波动情况可划分为三个长波，长度各为50年，即1857/1858年到1907/1908年为第一波段，1907/1908年到1957/1958年为第二波段，1957/1958年到2007/2008年为第三波段(包含未来年份，不完整)①。

库兹涅茨周期，也是一种长周期。美国经济学家库兹涅茨1930年提出了存在一种与房屋建筑相关的经济周期，这种周期平均长度为20年。这种长周期又称建筑业周期。

熊彼特周期。熊彼特在他的两卷本《经济周期》(1939年版)中对前三种经济周期作了高度综合与概括。他认为前三种周期尽管划分方法不一样，但并不矛盾。每个长周期中套有中周期，每个中周期中套有短周期。每个长周期包括6个中周期，每个中周期包括3个短周期。熊彼特还把不同的技术创新与不同的周期联系起来，以三次重大创新为标志，划分了三个长周期：第一个周期，从18世纪80代到1842年，是“产业革命时期”；第二个周期，从1842年到1897年，是“蒸汽和钢铁时期”；第三个周期，1897年以后，是“电气、化学和汽车时期”。

三、经济周期的成因

(一) 外因论

外因论认为，周期源于经济体系之外的因素——太阳黑子、战争、革命、选举、金矿或新资源的发现、科学突破或技术创新等。

(1) 太阳黑子理论。太阳黑子理论把经济的周期性波动归因于太阳黑子的周期性变化。因为据说太阳黑子的周期性变化会影响气候的周期变化，而这又会影响农业收成，而农业收成的丰歉又会影响整个经济。太阳黑子的出现是有规律的，大约每11年左右出现一次，因而经济周期大约也是每11年一次。该理论由英国经济学家杰文斯于1875年提出。

(2) 创新理论。创新是奥地利经济学家J.熊彼特提出用以解释经济波动与发展的一个概念。所谓创新是指一种新的生产函数，或者说是生产要素的一种“新组合”。生产要素新组合的出现会刺激经济的发展与繁荣。当新组合出现时，老的生产要素组合仍然在市场上存在。新老组合的共存必然给新组合的创新者提供获利条件。而一旦用新组合的技术

---

① 可参见董聪聪.世界经济长波导论.http://wenku.baidu.com/view/ea8e1b175f0e7cd18425369a.html。

扩散，被大多数企业获得，最后的阶段——停滞阶段也就临近了。在停滞阶段，因为没有新的技术创新出现，因而很难刺激大规模投资，从而难以摆脱萧条。这种情况直到新的创新出现才被打破，才会有新的繁荣出现。总之，该理论把周期性的原因归之为科学技术的创新，而科学技术的创新不可能始终如一地持续不断地出现，从而必然有经济的周期性波动。

(3) 政治性周期理论。政治性周期理论把经济周期性循环的原因归之为政府的周期性决策（主要是为了循环解决通货膨胀和失业问题）。政治性周期的产生有三个基本条件：第一，凯恩斯主义的国民收入决定理论为政策制定者提供了刺激经济的工具；第二，选民喜欢高增长、低失业、低通胀的时期；第三，政治家喜欢连选连任。

（二）内因论

内因论认为，经济周期源于经济体系内部，是在市场机制作用下，由收入、成本、投资此类内部因素共同造成的必然现象。

(1) 纯货币理论。该理论主要由英国经济学家霍特里在 1913—1933 年的一系列著作中提出的。纯货币理论认为货币供应量和货币流通度直接决定了名义国民收入的波动，而且极端地认为，经济波动完全是由于银行体系交替地扩张和紧缩信用所造成的，尤其以短期利率起着重要的作用。现代货币主义者在分析经济的周期性波动时，几乎一脉相承地接受了霍特里的观点。

(2) 投资过度理论。投资过度理论把经济的周期性循环归因于投资过度。由于投资过多，与消费品生产相对比，资本品生产发展过快。资本品生产的过度发展促使经济进入繁荣阶段，但随之而来的资本品过剩导致经济进入萧条阶段。

(3) 消费不足理论。消费不足理论的出现较为久远，早期有西斯蒙第和马尔萨斯，近代则以霍布森为代表。该理论把经济的衰退归因于消费品的需求赶不上社会对消费品生产的增长。这种不足又源于国民收入分配不公所造成的过度储蓄。该理论一个很大的缺陷是，它只解释了经济周期危机产生的原因，而未说明其他三个阶段。

(4) 心理理论。心理理论和投资过度理论是紧密相连的。该理论认为经济的循环周期取决于投资，而投资大小主要取决于业主对未来的预期。预期却是一种心理现象，具有不确定性的特点。当人们预期乐观时，增加投资，经济步入复苏与繁荣，当预期悲观时，减少投资，经济则陷入衰退与萧条。随着人们情绪的变化，经济也就周期性地发生波动。

四、经济周期模型

在西方经济学理论界，有许多解释经济周期机理的理论和模型，著名的有英国卡尔多的收入决定模型，用投资和储蓄的关系来解释经济周期运动机理；美国汉森-萨缪尔森的乘数-加速数模型，用乘数和加速数相互作用的过程来解释经济周期运动机理；英国希克斯的经济周期模型，该模型是在乘数-加速数模型基础上，以经济增长为背景的经济周期模型。下面主要介绍乘数-加速数模型。

这一模型依据的是两部门经济恒等式 $Y=C+I$，由三个方程组成：

$$C_t = C_a + bY_{t-1} \tag{11-15}$$

$$I_t = I_a + \omega(C_t - C_{t-1}) \tag{11-16}$$

$$Y_t = C_a + bY_{t-1} + I_a + \omega(C_t - C_{t-1}) \tag{11-17}$$

式中：边际消费倾向 $b=\Delta C/\Delta Y$；加速数 $\omega=I/\Delta Y$；自发消费为 C_a，自发投资为 I_a。

若已知 b、ω、C_a、I_a、C_t、C_{t-1} 各项数值，就可以推算出每一期的国民收入。

下面以表 11-3 数据例子说明。假定 $b=0.6$，$\omega=1.5$，从第一时期开始的两个时期中，引致消费均为 60 亿元，自发投资是 30 亿元，国民收入是 100 亿元。假如第三时期自发投资增加 10 亿元，则这 10 亿元自发投资不会对本期的引致消费和本期的引致投资产生影响，而在第二、三期消费没变，所以引致投资为 0。因此，第三期增加自发投资 10 亿元，使本期收入只增加 10 亿元。但在第四期，引致消费会由 60 亿元增加到 66 亿元，从而使引致投资增至 9 亿元。以后各期也随之发生变动。假定以后每期自发投资均为 40 亿元，则每期国民收入变化过程如下：

根据 $Y_t=C_a+bY_{t-1}+I_a+\omega(C_t-C_{t-1})$，有

第三期 $110 = 10 + 60 + 40 + 1.5(70 - 70)$

第四期 $125 = 10 + 66 + 40 + 1.5(76 - 70)$

第五期 $138.5 = 10 + 75 + 40 + 1.5(85 - 76)$

第六期 $145.2 = 10 + 83.1 + 40 + 1.5(93.1 - 85)$

表 11-3　乘数效应和加速数效应共同作用下的经济周期运动　　单位：亿元

时　期	自发消费 C_a	引致消费 bY_{t-1}	自发投资 I_a	引致投资 $\omega(C_t-C_{t-1})$	国民收入 Y	收入增量 ΔY
1	10	60.0	30	0	100.0	
2	10	60.0	30	0	100.0	0
3	10	60.0	40	0	110.0	10.0
4	10	66.0	40	9.0	125.0	15.0
5	10	75.0	40	13.5	138.5	13.5
6	10	83.1	40	12.1	145.2(P)	6.7
7	10	87.1	40	6.1	143.2	−2.0
8	10	85.9	40	−1.8	134.1	−9.1
9	10	80.5	40	−8.2	122.3	−11.8
10	10	73.4	40	−10.7	112.7	−9.6
11	10	67.6	40	−8.6	109.0(T)	−3.7
12	10	65.4	40	−3.3	112.1	3.1
13	10	67.2	40	2.8	120.0	7.9
14	10	72.0	40	7.2	129.2	9.2
15	10	77.5	40	8.2	135.7	6.5
16	10	81.4	40	5.9	137.3(P)	1.6
17	10	82.4	40	1.5	133.9	−3.4
18	10	80.3	40	−3.1	127.2	−6.7
19	10	76.3	40	−6.0	120.3	−6.9
20	10	72.2	40	−6.2	116.0	−4.3
21	10	69.6	40	−3.9	115.7(T)	−0.3
22	10	69.5	40	−0.3	119.2	3.5

表中数据表明，第 6 期为峰顶(P)，第 11 期为谷底(T)。第 16 期、第 21 期为另一周期的峰顶(P)和谷底(T)[①]。

第四节 经济增长

一、经济增长的界定

在考察国民经济的长期变动时，人们经常会涉及两个既紧密联系而又相互区别的一对概念：经济增长与经济发展。

（一）经济增长与经济发展的区别与联系[②]

1. 经济增长

经济增长(Economic Growth)，是指一国在一定时期内生产的产品和劳务总量的增长，即国民财富或社会财富的增加。现代意义上的经济增长包含双重含义：一是居民所需要的产品和劳务总产出量的增加；二是潜在生产力的扩张。

从时间角度来看，有两种经济增长现象[③]，一种是短期内增强对生产能力的利用导致了经济增长，一种是长期里生产能力的扩张导致了经济增长。这两类经济增长中主导的宏观变量是不同的。在短期里，经济资源与生产技术水平是给定的，经济增长只能在限定条件下由刺激总需求而发生；在长期里，经济增长需要总需求增加的带动，但经济增长的最终实现决定于总供给的增加，即经济资源的扩大和生产技术水平的提高。以上两种经济增长如图 11-11 所示。

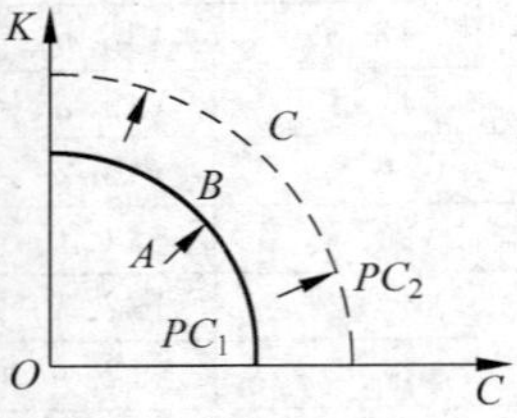

(a) 两类经济增长

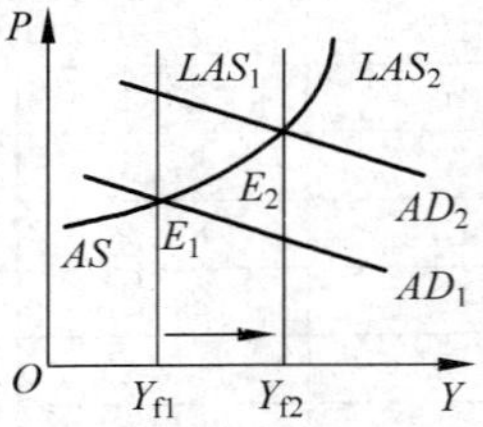

(b) 长期经济增长

图 11-11 经济增长的两种表述

图中，C 为消费品，K 为资本品，PC 为生产可能性曲线，LAS 为长期总供给曲线(也有写为 $LRAS$ 的)，AS 为短期总供给曲线，AD 为短期总需求曲线。

---

① 转引自许纯祯，耿作石. 西方经济学教程[M]. 吉林：吉林大学出版社，1994：615-617.

② 部分参考 http://www.baike.com/wiki/%E7%BB%8F%E6%B5%8E%E5%A2%9E%E9%95%BF%E7%8E%87。

③ 参见布拉德利·希勒. 当代经济学[M]. 8 版. 豆建民，等，译. 北京：人民邮电出版社，2003：276-277. 教科书中称为“类型”，若从实现方式看，这样表述是贴切的，而从时间角度看，似乎表述为“现象”更为准确——编注。

短期内，A 到 B 的经济增长是可以实现的，这是现有生产力充分利用的结果，但无法再持续增长下去，因为已到达了生产可能性边界，如图 11-11(a)中 PC_1 所示。长期里，只有 LAS_1 向 LAS_2 不断拓展，均衡点 E_2 才有可能实现，如图 11-11(b)中 $LAS_1 \rightarrow LAS_2$ 所示，即经济增长可以持续下去，条件是生产可能性空间向外扩张，如图 11-11(a)中 $PC_1 \rightarrow PC_2$ 所示，AS 才有可能继续向上延伸，从而 AD_2 才有可能与之交于 E_2 点，实现长期里的经济增长。正是出于这个原因，经济学家通常用潜在 GDP 的变化来定义经济增长，如图 11-11(b)中 $Y_{f1} \rightarrow Y_{f2}$ 所示。经济增长包含了总产出的增加也体现了生产力的扩张。于是，经济增长一般是指长期里的经济增长。

2. 经济发展

经济发展(Economic Development)，不仅包括经济增长，还包括国民的生活质量提高，经济结构的改善，经济制度进步，经济环境和谐发展，以及人自身的现代化。

经济发展与经济增长的关系。经济增长不一定代表经济发展，而经济发展一定包含经济增长。下面是两个著名的例子。

例 1：A 国每生产 1 吨钢材需要 2 吨的煤，而同样生产 1 吨钢材 B 国只要 1 吨的煤，那么从 GDP 的角度讲，假设暂不考虑其他原辅材料的情况下，用煤生产钢材就是两国全部的经济事件，那么 A 国的 GDP＝1 吨钢材＋2 吨煤，而 B 国的 GDP＝1 吨钢材＋1 吨煤。所以 A 国的 GDP 是大过 B 国的，但是很显然 A 国的生产效率是落后于 B 国。

例 2：假如美国高速公路上相向而来两辆汽车错身而过则对本年度 GDP 统计上不会有任何的影响；反而，如果两辆车发生了车祸，则需要出动警车、消防车、救护车，并且增加了清理路面的工作，保险金的赔偿以及未来新车的需求，这在 GDP 上可能会有上百万美元的增加。然而这一事件的本质是一个意外，而不是生产力的发展。

经济发展是反映一个经济社会总体发展水平的综合性概念。一般而言，经济发展问题通常是在发展经济学中进行专门研究。而宏观经济学中，则侧重研究经济增长理论，即经济总量的增长或增加。

3. 经济增长的好处与代价

经济增长的好处主要体现在以下几点。

第一，能够提高人们的消费水平和增强国力。当经济增长速度超过人口增长速度，人均实际收入就会增加，人们的物质消费水平就能得到提高；总产出增加，税源扩大，国家就能够动用更多的资源，举办更大的事业，推进社会的发展。

第二，有助于避免或解决其他宏观经济问题。经济增长包含生产潜能的增长，当生产潜能的增长速度超过人们增加收入的需求增长速度，就能避免通货膨胀，避免国际收支赤字，避免劳资在利益分配上的零和博弈纷争，可以增强社会保障能力。

第三，使收入更容易地再分配给穷人。收入增长了，政府就可以在不使富人利益受到损失的情况下将收入再分配给穷人，在没有利益摩擦的条件下，更有效地进行扶贫济困项目。

第四，人们的环境保护意识得到增强。随着人们在经济增长条件下解决了基本生存问题，人们就会将注意力转向提高生活质量的生活环境问题，更加关注清洁宜居环境，有了经济增长提供的经济基础，人们也会更加注重绿色生活。

经济增长的代价有以下几个方面。

第一,经济增长可能会暂时性地压缩当前消费。经济增长的实现需要事先投资的扩大,在总收入一定的情况下势必要压缩当前消费,这是经济增长的机会成本。付出与享受分配在不同代际,这或许有些不公平。

第二,引发负面的社会效应。如果一国过度追求物质增长,就会使人们更贪婪、更自私、更不关心社会。社会越工业化,暴力、犯罪、孤独、与压力相关的疾病、自杀、离婚以及其他社会问题很有可能上升。

第三,加大环境成本。社会越富裕,消费水平提高,消费品品种越多,消费活动范围越大,消费所产生的污染加重,废弃物的排放量和扩散范围扩大,消费水平越高环境为此付出的代价即环境成本越大。

第四,不可再生资源迅速枯竭。如果经济增长是通过低利用率的生产技术来实现的,那么,经济增长越快,不可再生资源的消耗速度越快,最终将导致经济增长不可持续。

第五,财富积累两极分化。如果促进经济增长的最终手段是加大激励(如降低较高的所得税率),则经济增长会使富人更富,而穷人只能很少甚至根本得不到经济增长的好处。

（二）经济增长的基本类型

经济增长有两种基本类型：外延型和内涵型。

外延型经济增长,是由可获得的生产要素的增加而引起的,也可以称为没有技术进步的经济增长。更多的生产要素意味着更大的生产能力,但并不意味着这些生产要素被更有效地利用。在总产量增加的同时,每单位总要素投入的产出量并没有改变,但这并不等于说个别要素的单位投入的产出量不会发生变化。如果资本存量增加就会使单位劳动投入的产出量增加,单位资本投入的产出量就会减少；如果劳动力增加快于资本存量增加,会使单位劳动投入的产出量就会减少,而单位资本投入的产出量则会增加。外延型经济增长的典型是增加劳动和资本的投入。

内涵型经济增长,是由生产要素的生产率提高所引起的,也可以称为有技术进步的经济增长。内涵型经济增长可以在投入的生产要素数量不变的情况下得以实现。它包括总生产要素生产率的提高和各单个生产要素生产率的提高。在相同的生产资源投入情况下,内涵型经济增长比外延型经济增长能有更大的总产出量,从而获得更高的人均国民收入,满足人们更大的需求,生活水平得到更快的提高。

二、经济增长的测度

经济增长率,也称经济增长速度,是核算期国民生产总值与基期国民生产总值的比较。它是反映一定时期经济发展水平变化程度的动态指标,也是反映一个国家经济是否具有活力的基本指标。它的大小意味着经济增长的快慢,意味着人民生活水平提高所需的时间长短,这是政府、学者和社会各界都非常关注的指标。

如果变量的值都以现价计算,则计算出的增长率就是名义增长率,反之如果变量的值都以不变价(以某一时期的价格为基期价格)计算,则计算出的增长率就是实际增长率。

在测度经济增长时，一般都采用实际经济增长率。

（一）经济增长率

经济增长率，用以衡量时间长度为一年的经济增长程度（根据研究的需要，时期单位也可以为半年、季度，其结果则为半年经济增长率、季度经济增长率）。可分为 GDP 增长率和人均 GDP 增长率。

1. GDP 增长率

若用 Y_t 表示 t 期的 GDP，Y_{t-1} 表示上一期的 GDP，则以国内生产总值表示的经济增长率为

$$G = \frac{Y_t - Y_{t-1}}{Y_{t-1}} \times 100\% \qquad (11\text{-}18)$$

比如，按 1990 年价格计算，我国 2003 年的 GDP 是 61 687.9 亿元，2004 年的 GDP 是 67 548.2 亿元，那么，2004 年的经济增长率就是 9.5%。

2. 人均 GDP 增长率

若用 y_t 表示 t 期的人均 *GDP*，y_{t-1} 表示上一期的人均 GDP，则人均经济增长率可以表示为

$$g = \frac{y_t - y_{t-1}}{y_{t-1}} \times 100\% \qquad (11\text{-}19)$$

（二）年均增长率

年均增长率，用以衡量各年经济增长率不同的若干年里经济的平均增长程度（譬如，10 年里各年的经济增长率不同，求这 10 年每年的平均经济增长率）。可分 GDP 年均增长率和人均 GDP 年均增长率两个指标。

1. GDP 年均增长率

GDP 年均增长率，可用来反映一国或地区经济实力变化速度。*GDP* 年均增长率有两种计算方法。

(1) 开方法。若用 Y_1 表示时间跨度为 n 年的第一年的国内生产总值，Y_n 为末尾一年的国内生产总值，则 n 年内平均经济增长率为

$$G = (Y_n / Y_1)^{\frac{1}{n}} - 1 \qquad (11\text{-}20)$$

(2)“逐年链接”法。对于一段时期实际 GDP 的平均增长率，可以通过计算逐年间增长率然后用“链接法”来求得。譬如，要计算 2000—2010 年间实际 GDP 的平均增长率，可以先分别计算 2000、2001、2002、…、2010 的年度增长率，然后链接求取。方法如下所示：

2000　2001　2002　…　2009　2010

10.25　12.25　…　9.85　%各年增长率

11.25　（随计算的年份增加而变动）10.65　%平均增长率

把 10.25%和 12.25%链接后就得到了两年间的平均增长率 11.25%，如此，将 2003—2010 年的增长率链接上去，就能通过中间一行计算出最下一行的算术平均数，最终求出

2000—2010 年这 10 年里的实际 GDP 平均增长率 10.65%。

2. 人均 GDP 年均增长率

人均 *GDP* 年均增长率，可用来反映一国或地区人们生活水平的变化速度。

若用 y_1 表示第一年的人均 GDP，y_n 表示末一年的人均 GDP，则人均 GDP 的年均增长率可以表示为

$$g = (y_n/y_1)^{\frac{1}{n}} - 1 \tag{11-21}$$

比如，按 1990 年价格计算，中国 1952 年人均 GDP 为 242.6 元，2004 年人均 GDP 为 5 196.5 元，则按照这个公式计算，这 52 年人均 GDP 年均增长率为 6.07%。

如果年均经济增长率比较小的话，也可以按照指数的形式来计算，GDP 年均增长率的计算公式是 $G=(\ln \cdot Y_n/Y_1)/n$；人均 GDP 的年均增长率的计算公式是 $g=(\ln \cdot y_n/y_1)/n$。比如，以 1996 年美元来衡量，美国的真实人均国内生产总值(GDP)从 1870 年的 3 340 美元上升到 2000 年的 33 330 美元，则按照这个公式计算，美国这 130 年的人均 GDP 的年均增长率是 1.8%。

微小的年均经济增长率差别在经历较长时间后就会显示出巨大的经济差别，时间越长差别越大。如表 11-4 所示的阿根廷与法国 50 年的生活水平差别。

表 11-4　阿根廷与法国 50 年人均 GDP 差异　　单位：美元

国家	1950 年人均 GDP	增长率	2000 年人均 GDP
阿根廷	6 340	1.1%	11 006
法国	5 429	2.9%	22 358

注：以 1996 年美元衡量。

（三）翻一番的时间长度

用以计算国民生产总值翻一番的所需要的年数，称为 70 规则。

设 n 为翻一番所需要的年数，x 为增长率的百分数值(去掉%号)，翻番时长的计算公式如下：

$$n = 70/x \tag{11-22}$$

假如，某国实际 GDP 每年增长率为 5%，那么经过 70/5=14 年其经济总量将翻一番。2008 年中国 GDP 总量 300 670 亿元，以 30 万亿元计。如果今后每年能以增长率 10%发展，那么 70/10=7 年之后 GDP 总量将达到 60 万亿元。

三、经济增长因素分析

经济增长因素分析是研究经济增长的源泉，并度量它们所起的作用，以寻求促进经济快速增长的途径和方法的理论。

（一）经济增长因素的划分

决定经济增长的因素多而复杂，不只是经济方面的因素，还有社会方面、政治方面的

因素，等等。就经济方面的因素而言，大致可以划分为直接因素和基本因素两类。

经济增长的直接因素，包括经济中的投入因素（如劳动积累、资本的积累），影响劳动生产率的因素（如规模经济、技术进步）。

经济增长的基本因素，包括那些对一国积累生产要素的能力以及投资于知识生产的能力产生影响的因素（如人口增长、贸易制度、金融部门的影响力、一般宏观经济环境、收入分配、政府规模、地理的影响以及政治、社会环境等）。

基本因素对经济增长间接起作用，是直接因素的深层次来源，或直接因素发挥作用的社会性能力、社会文化环境。

可以将经济增长与其影响因素之间的关系用下列生产方程表达出来：

$$Y_t = f(L_t, K_t, R_t, A_t, S_t) \tag{11-23}$$

式中：t 表示某时期；Y_t 为经济总产出；L_t 为劳动投入；K_t 为资本存量；R_t 为自然资源；A_t 为该经济应用知识的储量；S_t 为上述基本因素集合。

经济学家索洛、肯德里克、丹尼森和库兹涅茨等人对经济增长因素分析各有贡献，分别简要介绍如下。

（二）索洛对经济增长因素的分析

索洛（R. Solow）在 20 世纪 50 年代曾根据美国 1909—1949 年间的数据资料对经济增长的源泉和因素进行了分析。他假定社会的宏观生产函数为

$$Y_t = A_t f(K_t, L_t) \tag{11-24}$$

式中：Y_t、K_t、L_t 分别为 t 时期的总产出、投入的资本量和投入的劳动量；A_t 为 t 时期的技术状况。

经过求 ΔY 和 $\Delta Y/Y$ 处理，有

$$\frac{\Delta Y}{Y} = \left(\frac{MP_L \times L}{Y}\right)\frac{\Delta L}{L} + \left(\frac{MP_K \times K}{Y}\right)\frac{\Delta K}{K} + \frac{\Delta A}{A} \tag{11-25}$$

式中：$\left(\frac{MP_L \times L}{Y}\right)$为劳动收益在总产出中所占的份额，记为 α；$\frac{\Delta L}{L}$为劳动投入增量，记为 G_L；$\left(\frac{MP_K \times K}{Y}\right)$为资本收益在总产出中所占的份额，记为 β；$\frac{\Delta K}{K}$为资本投入增量，记 G_K；另记总产出增量$\frac{\Delta Y}{Y}$为 G_Y。得到经济增长率的分解式：

$$G_Y = \alpha G_K + \beta G_L + G_A \tag{11-26}$$

式中，G_Y 为经济增长率；G_A 为技术进步增长率，又称全要素生产率的增长率，它是指在所有投入不变时作为生产方法改进结果而导致产量增加的幅度；G_K、G_L 分别为资本和劳动的增长率；α、β 分别为分别是资本和劳动的产出弹性。

从经济增长率的分解式中可知，产出由劳动、资本和技术进步决定，或者说经济增长的源泉是劳动、资本和技术进步。

$$\text{产出增长} = \text{劳动份额} \times \text{劳动增长} + \text{资本份额} \times \text{资本增长} + \text{技术进步} \tag{11-27}$$

索洛的衡量和计算技术进步所做贡献的方法，被叫作“剩余法”或“索洛剩余”。这对于分析经济增长问题是一个重要贡献。

（三）肯德里克的全要素生产率分析

在索洛之后，肯德里克(J. Kendrick)通过对美国的国民收入统计资料的整理，对全要素生产率进行了更深入的分析，以此来确定生产率提高与要素投入量增加对经济增长的贡献，并于1973年出版了《美国战后1948—1969年生产率趋势》一书。

在研究中，肯德里克将生产中的投入要素分为劳动和资本两项，再把劳动和资本的生产性服务的报酬分为工资和资本收益，然后将产量与投入要素之比定义为要素生产率。要素生产率的主要内容有技术进步（含新技术的发明和应用、管理水平的提高、劳动生产率的提高）、技术创新的扩散程度、资源配置的改善、规模经济等。将产量与全部投入要素量之比称为全部要素生产率，将产量与部分要素量之比称为部分要素生产率。

做此规定后，肯德里克分别分析了1889—1957年和1948—1966年两个时间段内美国私人经济增长过程中全部要素的生产率。分析结果表明：1889—1957年间的3.5%的经济增长率，其中1.7%归因于要素投入的增加，1.8%是要素生产率提高的结果。而1948—1966年间的4%经济增长率，其中1.5%是要素投入量增加结果，2.5%为要素生产率的提高所导致。从两个时间段的分解结果可以看出，来自于技术进步的要素生产率的提高对经济增长的贡献在增大。这说明，在现代经济增长中，技术进步对经济增长的决定作用越来越大。

（四）丹尼森对经济增长因素的分析

在肯德里克研究的同时，美国经济学家丹尼森(E. Denison)也对美国的经济增长做了分析估算，以此来确定各个影响因素对经济增长所做的贡献，并比较各个影响因素的相对重要性。他把经济增长因素分为两大类6因素。丹尼森利用美国1929—1982年的历史统计数据，对经济增长因素进行了考察与分析，分析结果①见表11-5。

表11-5　美国总国民收入增长的源泉（1929—1982年）　　单位：%

增长因素	增长率	占增长的百分比
一类：总要素投入	**1.90**	65.07
(1) 劳动	1.34	45.89
(2) 资本	0.56	19.18
二类：单位投入的产出	**1.02**	34.93
(3) 知识进展	0.66	22.60
(4) 资源配置	0.23	7.88
(5) 规模经济	0.26	8.90
(6) 其他因素	−0.13	−4.45
国民收入	**2.92**	100.00

计算结果表明：①劳动力增加对经济增长的贡献相当大，部分原因在于劳动的产出弹性相对较大，劳动增长率就占有较大的权重；②资本增加对经济增长的贡献不到劳动

① 多恩布什·费希尔．宏观经济学[M]．北京：中国人民大学出版社，1977：226.

力增加对经济增长贡献的一半；③知识进展对经济增长的贡献比资本增长对经济增长的贡献要大一些，约占第二类增长因素“单位投入产出”贡献的 2/3，据此，丹尼森的结论是：知识进展是发达资本主义国家最重要的增长因素；④资源配置状况对经济增长也做出了重要贡献，比如劳动者转换工作、农村劳动力的流动等，都导致了产量或收入的增加；⑤规模经济对经济增长的贡献接近 10%，因为规模的扩大使得单位产量的投入更少，可以节约生产资源，从而带来规模经济效应。

（五）库兹涅茨对经济增长因素的分析

美国经济学家库兹涅茨(S. Kuznets)是利用统计分析方法对经济增长的因素进行分析的。通过对国民收入产值及其构成部分的长期估算、分析和研究，对各国经济增长的比较，他认为在一系列影响经济增长因素中，有三个因素最为主要，即知识存量的增加、劳动生产率的提高和经济结构的优化。

第一，知识存量的增加。库兹涅茨认为，随着社会的发展与进步，人类社会迅速增加了技术知识和社会知识的存量，当这种存量被利用的时候，它就成为推动经济增长的重要源泉。当然，知识本身并不直接是生产力，它转化为现实生产力需要一系列的诸如劳动力的训练、对适用知识的判断、企业家克服困难的能力等中介因素。在这些中介因素的作用下，知识才会转变为现实的生产力。

第二，劳动生产率的提高。现代经济增长的重要特征是人均产值的高增长率，通过对劳动投入和资本投入对经济增长贡献的长期分析，库兹涅茨认为，人均产值的高增长率来自于劳动生产率的提高。

第三，经济结构的优化。发达资本主义国家的经济增长过程中，经济结构迅速转变。比如，农业活动转向工业活动，再由工业活动转向服务性行业。与此相对应，劳动力的部门分配和社会产值比重也发生变化，第三产业劳动力数量占社会劳动力数量的比例和第三产业产值占国民收入的比重不断上升，特别在现在的一个世纪里，这两个比例迅速变化，这都是经济结构迅速变化的结果。同时，生产规模由家庭企业、独资企业发展到全国性甚至跨国性的大公司。发达国家现在的总体增长率与经济结构的变化速度比其现代化之前的要高得多。库兹涅茨也认为，不发达国家传统的生产技术和组织方式、劳动力在农业部门占有太大的比重、制造业结构不能满足现代经济的要求、需求结构变化缓慢、消费水平低等因素或状况，不能形成对经济增长的强有力的刺激。

第五节 失业率-通货膨胀率-经济增长率关联

一、失业率变动-通货膨胀率的关联

（一）短期菲利普斯曲线

菲利普斯曲线因其丰富的经济学内涵，自问世以来经济学家们就进行不断深入的研究，由短期菲利普斯曲线演变到长期菲利普斯曲线。

菲利普斯曲线由新西兰经济学家 W. 菲利普斯于 1958 年在《1861—1957 年英国失业率和货币工资变动率之间的关系》一文中最先提出。原始菲利普斯曲线如图 11-12(a)所示。此后，经济学家对此进行了大量的理论解释，尤其是萨缪尔森和索洛将原来表示失业率与货币工资变动率($\Delta w/w$)之间交替关系的菲利普斯曲线发展成为用来表示失业率与通货膨胀率($\Delta P/P$，记为 π)之间交替关系的曲线，如图 11-12(b)所示，这也是现在经济学教科书中最常见的菲利普斯曲线。

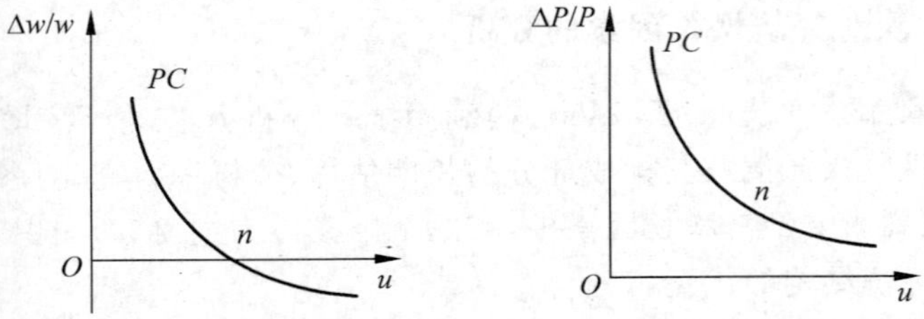

(a) 原始菲利普斯曲线　　(b) 一般菲利普斯曲线

图 11-12　菲利普斯曲线的演变

在原始菲利普斯曲线中，$\Delta w/w$ 为工资水平变动率，u 为失业率，n 为自然失业率。菲利普斯曲线向右下方倾斜，说明失业率与工资水平变动率呈反方向变动，两者之间存在替代关系。在 n 点左侧，经济处于高涨阶段，劳动力供给紧张，工资水平呈加速上升趋势，就业率提高；在 n 点右侧，经济处于衰退阶段，劳动力供给过剩，工资水平呈加速下滑趋势，就业率下滑。

由于工资是物价的重要构成部分，物价水平与工资水平之间存在一定的同步关系，特别是存在物价水平变动预期的情况下，两者的变动具有更大的一致性，因此经济学家们用更一般的物价水平取代工资水平变动率。然而，一般物价水平与工资水平变动率还是有一定的差别，对宏观经济现象的解释也有所不同。

短期菲利普斯曲线表明，失业率与通货膨胀率之间存在替代关系。

（二）长期菲利普斯曲线

短期菲利普斯曲线的失业率与通货膨胀率之间的交替关系，是在价格上涨没有被预期的情况下发生的。长期里人们必然会有预期。于是，长期菲利普斯曲线变成了一条垂线，见图 11-13。

图中，PC 为短期菲利普斯曲线，u_0 为自然失业率，对应的通货膨胀率为 π_1。在长期里，社会经济处于充分就业状态。起初，人们的工资率对应于(不是等于)π_1。当政府采取措施扩大生产，降低失业到 u_1，此时对应的通货膨胀率为 π_2。此时的物价水平高于原先的水平，短期内由于人们没有预期到，工资没有相应变动，结果导致实际工资下降。当人们预期到时，自然要求提高工资水平，与 π_2 持平。此时由于工资水平提高，企业缩减生产规模，对劳动力需求减少，失业率回到 u_0。如果政府再次采取

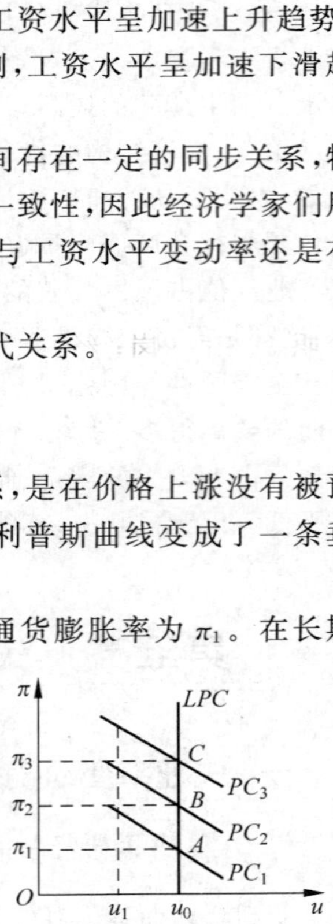

图 11-13　长期菲利普斯曲线

刺激经济增长的政策，以上过程将重复，最终导致通货膨胀率不断上升，菲利普斯曲线由 A 点变到 B 点，再到 C 点。于是形成了垂直的长期菲利普斯曲线 LPC。

统计数据显示，长期菲利普斯曲线的调整期为5～10年。

长期菲利普斯曲线表明，失业率不受通货膨胀率变化的影响。

二、失业率变动-经济增长率的关联

奥肯定律(Okun's law)，由美国经济学家阿瑟·奥肯提出，是一条经验统计规律，用来近似地描述失业率和实际GNP变动(即增长率)之间的交替关系。其内容是，失业率每高于自然失业率1%，实际GNP便低于潜在GNP3%；反之，失业率每低于自然失业率1%，则实际GDP便高于潜在GNP3%。例如，假定失业率为8%，比自然失业率高2%，那么按照奥肯定律，实际GNP就比潜在GNP低6%。其一般公式为：

$$\frac{Y-Y^*}{Y^*}=-a(u-u^*) \tag{11-28}$$

式中：Y、Y^* 分别为实际GNP和潜在GNP；u、u^* 分别为实际失业率和自然失业率；a 为比例常数，在奥肯定理中为3。

奥肯定律所揭示的这种关系并不是十分严格，它只是说明了，产量增加3%时，就业人数上升大约1%。实际上就业率可能并没有提高那么多，原因可能是产量的增加是通过工人加班加点来达到的，而非由于增加就业人数；也可能是社会上从事第二职业人数增多，实际就业量并没有变化。这些原因会使得就业率的增加小于GDP增长率。

奥肯定律表明，失业率与经济增长率呈反方向变化关系。

这条规律在中国的国情下并不灵验①。因为，当中国正在为经济高速增长欢呼时，却发现失业率也在增长。其主要原因是，中国整体生产技术水平的逐步提高，新机器新工艺取代了越来越多的简单劳动；所有制和企业体制改革的推进，国有企业大面积改革，导致国企职工大量下岗；经济增长方式的转变，传统产业的衰退也在某种程度上助长了失业率的提高。这些因素一方面促成了中国经济的快速增长，另一方面也伴随着较高的失业率。

虽然如此，中国的特殊经验并不完全否定奥肯定律。奥肯定律可能更加适合市场经济高度成熟的国家的经济状况。从理论上说，奥肯定律是一个非常有价值的经济学研究题材。

三、经济停滞-通货膨胀的关联

(一) 经济滞胀的含义

经济学上的“滞胀”是指生产停滞、失业率增加和通货膨胀并存的经济现象。生产停滞是经济滞胀的一个重要表现形式。由美国学者D.格林沃尔主编的《现代经济词典》把

① 蔡昉.为什么“奥肯定律”在中国失灵？[J].宏观经济研究，2007(1)：71-75.

“停滞”解释为“实际产量或收入不变、下降或虽增长但大大慢于所能达到的增长速度”。因此，滞胀时期的生产停滞并不是仅仅指资本主义经济周期中危机阶段生产的下降和停滞，它是一种跨越经济周期长期存在的现象。因此，1970 年到 1982 年美国所经历的经济危机及经济缓慢增长阶段基本上属于“滞胀”阶段。

经济滞胀机理。在经济学中，如果 AD 不变，AS 曲线发生位移，则会产生物价水平与国民收入反方向的运动。当 AS 的水平下降，物价水平会上升，国民收入则下降，这样出现经济发展停滞甚至倒退和通货膨胀共生的“滞胀”现象，如图 11-14 所示。

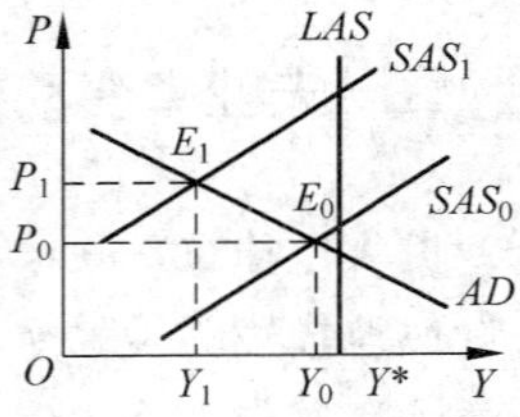

图 11-14　经济滞涨

图 11-14 中 LAS 为长期总供给曲线，AD 为总需求曲线，这两条曲线不发生位置的移动。如果经济体遭遇农业歉收、外汇市场的波动、石油价格的上涨等经济冲击，总供给曲线可能由于投入的生产要素价格发生变动而发生位置的移动。

由于生产要素投入的价格(或成本)的上升，使得企业在同等产量条件下，要求更高的物价水平，或者在同等价格水平下，被迫减少产量。从而短期总供给曲线 SAS_0 曲线向左上方移到 SAS_1，使原先接近潜在国民收入 OY^* 的产量 OY_0 减少至 OY_1。均衡点由 E_0 移动至 E_1，物价水平由 P_0 上升到 P_1。结果是总产出水平减少，物价水平提高，出现“滞胀”。显然，由于影响宏观经济的某些外部因素的作用，使总供给状况恶化。20 世纪 70 年代中东国家对西方国家的石油禁运是造成美国经济滞胀的重要原因之一。

(二) 关于经济滞胀的几种观点

1. 海勒的微观部门供给异常论

海勒认为，滞胀是由微观经济部门的供给异常引起的。例如，20 世纪 70 年代世界性的石油危机、农产品供应短缺和价格暴涨推动了通货膨胀。但是，通货膨胀实际上并没有促进生产的发展，推动就业问题的解决，反而使一些与石油、农产品相关的生产部门因成本上升过高而产品销量下降、生产萎缩、失业增加，从而导致经济陷入滞胀。

2. 萨缪尔森的微观财政支出结构的变化说

萨缪尔森认为，滞胀是由财政支出结构的变化造成的。由于国家福利的建立，政府财政支出中有很大一部分用于各种福利开支。福利开支不同于公共工程的支出，它只是弥补了失业者的家庭收入，使得失业者不急于寻找工作。因此福利开支不断增加的结果是：一方面扩大了家庭收入，使得经济萧条时期物价不下降，甚至促进了通货膨胀；一方面又无助于消除失业，从而形成了滞胀。

四、长期里通货膨胀-产出-失业的关联

在长期里，宏观经济运行有以下几个方面的状态。

1. 长期里的产出状态

假设中央银行保持名义货币增长率 g_m 不变。在长期里，失业保持不变。在奥肯定

律中 $u_t = u_{t-1}$ 意味着 $g_{yt} = g_y$。也就是说，产出以正常增长率增长。

2. 长期的通货膨胀率状态

由于货币增长率等于 g_m，且产出增长率等于 g_y，总需求关系导出的通货膨胀率为常数，并且满足下式：

$$g_y = g_m - \pi \tag{11-29}$$

移项得

$$\text{通货膨胀率} = \text{名义货币增长率} - \text{产出增长率} \tag{11-30}$$

即

$$\pi = g_m - g_y \tag{11-31}$$

式中：定义等式右边 $g = g_y$ 为调整的名义货币增长率。

3. 长期里的失业状态

通货膨胀率保持不变，有 $\pi_t = \pi_{t-1}$，在菲利普斯曲线上意味着 $u_t = u_f$。因而在长期，失业率等于自然失业率。

长期的通货膨胀和失业的动态调整。如图 11-15 所示，在长期，失业率等于自然失业率，经济必定处于垂线 $u = u_f$ 上的某一点；通货膨胀必定等于调整的货币增长——名义货币增长率减去潜在产出增长率之差，这由水平线 $\pi = g_m - g_y$ 表示。

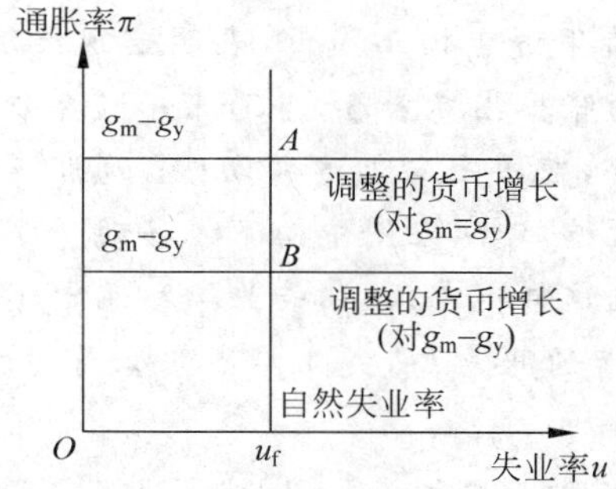

图 11-15　长期的通货膨胀、产出与失业

结论是，在长期，产出以正常增长率增长，货币增长率决定通货膨胀率，失业率等于自然失业率。

本章经济学原理应用示范

对美国 20 世纪 70 年代经济滞胀的解析

图 11-16 出自曼昆著名的《经济学》(宏观分册)一书。在这幅图中可以看到美国 1961—2000 年间的失业和通货膨胀状况。

1. 看图的一般规则

失业率和通货膨胀率是描述宏观经济运行状态的两个主要指标。在利用这两个指标来观察宏观经济时一定要注意指标随时间推移而带有的方向性。一般地，就失业指标来说，当失业率随年份变化而提高，表明宏观经济趋于衰退或者进入危机状态，在图中向右

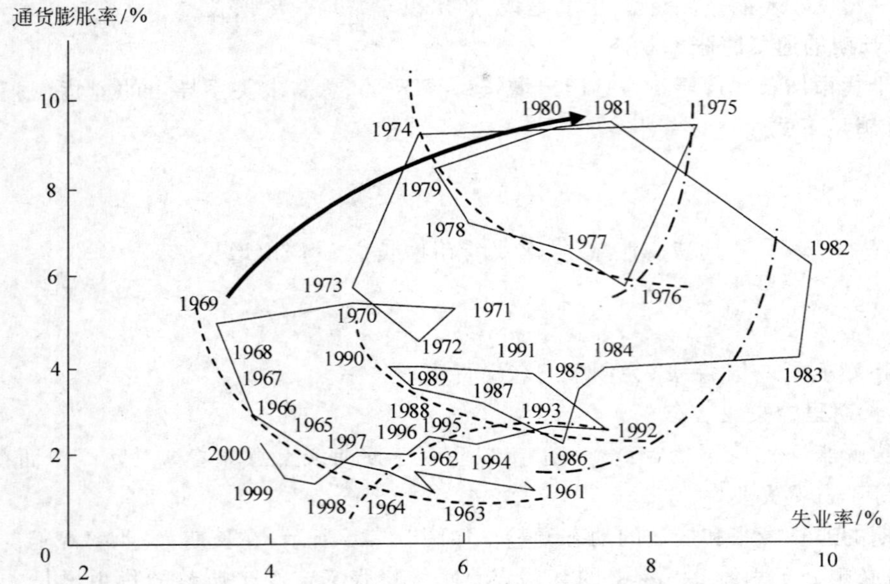

图 11-16　美国 1961—2000 年的通货膨胀与失业

方移动。反过来，当失业率随年份变化而降低，表明宏观经济趋于扩张或者进入繁荣状态，在图中向左方移动。就通胀率指标来看，当通胀率随年份变化而提高，表明消费与生产双旺，宏观经济有扩张趋势，在图中向上方移动；当通胀率随年份下降而提高，表明消费与生产双软，宏观经济有收缩趋势，在图中向下方移动。

根据以上论述，可以得到这样一个认识，失业率和通货膨胀在描述宏观经济状态时是互相反证的：失业率低意味着通胀率高，失业率高意味着通胀率低。这正是早期菲利普斯曲线的观点。

2. 原始菲利普斯曲线、移动与变形

这幅图给人的最初印象是曲线游走杂乱无序，其实却有某种规律隐藏其中。通过细心观察可以发现，存在两种随时间变动的基本曲线：凸向原点的曲线和向右上方倾斜的曲线。前者如 1961—1969 年、1976—1979 年、1981—1982 年、1986—1990 年、1998—2000 年时段上的曲线（图中以点虚线表示），后者如 1969—1971 年、1971—1972 年、1972—1974(1975)年、1974(1975)—1976 年、1979—1981 年、1982—1986 年、1992—1998 年时段上的曲线（图中以点画线表示）。

上述矢量曲线都比较容易辨认，实际上在更长一点的时间跨度里可以观察到由两种基本曲线复合构成的螺旋运动曲线，如 1969—1981 年间包含了（一小一大）两个螺旋链接，1982—1998 年间包含了一个（扁豆形）的螺旋（示意黑线未画出，以免遮盖年份标示）。

凸向原点的曲线符合原始菲利普斯曲线原理。

但在图中存在着多条原始菲利普斯曲线，1961—1969 年曲线→1972—1973 年曲线→1976—1979 年曲线→1981—1982 年曲线的移动是向外扩展的，按照自由主义经济学观点，这种原始菲利普斯曲线的移动正是“滞胀”的体现；而 1981—1982 年曲线→1986—

1989年曲线→1998—2000年曲线的移动则是“滞胀”的反转，这种“反滞胀”[①]在经济学上没有获得解释。

向右上方倾斜的曲线，当其射线向外，即为名副其实的“滞胀”，但与前面提到的“滞胀”还是有所不同；当其射线指向原点，这是所谓的“反滞胀”。显然，无论矢量方向如何，这种曲线都是原始菲利普斯曲线的彻底变形。

3. 对美国20世纪70年代滞胀的解释

20世纪70年代美国经历了历史上罕见的“经济滞胀”，从1969年进入衰退直到1981年摆脱衰退，其间虽然有两次反转（图中矢量线掉转方向向原点运动），但是长时间的经济低迷给美国民众的生活和美国社会的发展带来巨大的负面影响。生产停滞、失业率增加和通货膨胀长期并存，阶级矛盾、种族冲突、反越战、反政府加剧，吸毒、迷茫、犯罪等社会问题严重。其菲利普斯曲线趋势如图中黑色矢量线所示。

导致美国经济滞胀的原因主要有以下几点[②]。

第一，最根本的原因是当时的美国经济缺乏实体经济增长点。一方面，战争对美国消费和经济增长的刺激正逐渐消失。“二战”积累起来的被抑制的对固定资产、住宅建筑、耐用消费品的需求，以及朝鲜战争和越南战争的刺激，这些因素在20世纪70年代以后已经逐步消失。另一方面，科技发展处于低潮。经过“二战”后近20年的科技高潮后，到20世纪70年代初，第三次科技革命的推动力已经明显减弱。直至70年代末80年代初，全世界范围内以微电子技术、生物工程、新型材料、宇航工程、海洋工程、核能技术等尖端技术的应用为主要标志的新技术革命的新科技革命才再掀高潮。此外，美国在世界市场上的出口贸易额开始下降。1947年美国出口额占世界出口额的约1/3，1970年再降到15.5%。美国从1971年首次出现了13.03亿美元的对外贸易逆差，此后，除了1973年、1975年为小额顺差外，其余年份均为逆差。

第二，扩张性财政政策和处于转型期的货币政策直接推动了通货膨胀。第二次世界大战后，美国数届政府皆奉行赤字财政政策，不断扩大政府开支，借以刺激经济回升，提供大量就业机会。“二战”后至1981年为止的36个财政年度，有27个财政年度有赤字。在1970年至1979年的10年中，政府的财政赤字预算达5 128亿美元。为了弥补财政赤字，美国政府还发行了大量的国债。1970年国债额为370亿美元，1975年国债额为5 332亿美元，1980年国债发行额达到9 077亿美元。扩张性财政政策没有起到刺激经济增长的作用，反而如火上浇油般推高了通货膨胀。自布雷顿森林体系崩溃后，美联储的货币政策逐步由利率目标向数量目标过渡。但是，受到凯恩斯主义的影响，美联储在实际操作中，仍是把利率作为货币政策体系的首要地位。因此，在此转变阶段，货币政策不稳定，再加上，高通货膨胀背景下，利率波动较大，最终导致了货币供应量过大。在极高的通货膨胀时期，名义长期利率和总需求之间的关系既不稳定，也不能预测。因此，在滞胀期间，美联储的货币政策没有能够帮助经济增长，反而推高通货膨胀，此外，银行信贷业务扩张也对通货膨胀的产生起到了推波助澜的作用。

第三，能源和食品价格上涨使通货膨胀直接上升至两位数。1973—1974年中东“十

---

① 编者用语，以描述这种经济社会和经济学界所期待的宏观经济现象，该语汇是否成立或是否有意义，有待学术界评鉴。

② 根据 http://wenku.baidu.com/view/689897e981c758f5f61f6754.html 整理。

月战争"爆发，欧佩克为制裁西方，联手削减石油出口量。国际油价从每桶3美元涨到12美元。而与此同时，西方发达国家的经济开始衰退。其机理是，生产率与石油价格关系密切，石油价格上涨会导致生产率下降；石油价格的上涨直接推动了通货膨胀率。石油以最终消费品和中间产品这两种形式影响物价的走势。另一方面，由于粮食供应不足，粮食价格上涨幅度较大，1973年和1974年，美国食品和饮料价格上涨幅度分别达到13.2%和13.7%；1978年和1979年，上涨幅度分别达到9.7%和10.7%。

第四，布雷顿森林体系崩溃与美元贬值。石油价格的上涨从表面上看由石油危机所引发，但实际上也与美元持续贬值不无关系。1970年布雷顿森林体系崩溃后美元持续贬值，而1975年美国与海湾国家相继签订的协议中规定只用美元进行石油结算。这样随着美元持续贬值，石油价格就不断攀升，构成输入性的成本推动型通货膨胀，是由禁运加剧了通货膨胀的严重程度。

本章经济学原理应用指引

1. 失业理论

(1) 了解劳动力人口结构。

(2) 用失业的存量-流量模型分析劳动力动态转换。

(3) 用贝弗里奇曲线分析失业类型，准确制定相关政策。

(4) 准确把握自然失业率，了解可开掘的社会生产潜力。

2. 通货膨胀理论

(1) 用各种物价水平指数分析、预测物价水平变动趋势。

(2) 从各个角度分析导致通货膨胀的原因，找出相应控制对策。

(3) 通过通货膨胀效应机理，把握通货膨胀发生过程，以利过程控制。

3. 经济周期理论

(1) 把握经济周期各阶段特征。

(2) 分析、预测宏观经济发展走势。

(3) 了解导致经济周期的成因，准确制定相关对策。

4. 经济增长理论

(1) 分析经济增长因素、动力。

(2) 寻找经济增长路径。

5. 奥肯定律、菲利普斯曲线

(1) 用奥肯定律分析社会生产潜力。

(2) 用菲利普斯曲线判断经济体是否处于健康运行状态。

(3) 联立奥肯定律、菲利普斯曲线和总需求理论刻画宏观经济运行。

本章小结

失业、通货膨胀、经济周期、经济增长是宏观经济运行中最为重要的四个基本现象。这四大现象分别表现在劳动力闲置上、表现在货币的购买力上、表现在宏观经济的运行状态上、表现在社会财富的创造上，虽然表现不同但都有一个共同之处：都与稀缺的生产资源的利用效率紧密相关，因此而成为宏观经济运行的四大问题。

失业是宏观经济运行的首要问题，因为在所有生产力要素中劳动力是唯一具有能动性、创造性的要素，而且由于劳动力要素的生产能力具有生命周期、不可存储的特征，劳动力闲置，即失业，是生产资源的最严重的浪费。从性质上看，失业可分为自愿性失业与非自愿性失业两大类。从基本类型上，失业分为摩擦性失业、季节性失业、技术性失业、结构性失业，周期性失业（或称需求不足的失业），前四类为正常失业，可概括为自然失业；最后一类属非正常失业。失业的存在对国民经济产生消极和积极的影响，鉴于消极影响更为显著，需要政府予以高度重视与适当干预。

通货膨胀本质上是由于流通中纸币流通量超过它所代表的贵金属货币需要量所致。通货膨胀可以定义为一定时期物价水平普遍地、显著地、持续性地上涨。通货膨胀必然包含物价水平上涨，而物价水平上涨并不直接等于通货膨胀。从成因上，有需求拉动的、成本推动的、结构变动引致的三种基本类型通货膨胀；至于国际传导的（又称输入的）通货膨胀，实际上并不是一个独立的通胀基本类型，可以是前几种类型的混合。通货膨胀的经济效应有再分配效应和扩张效应。总的来说，通货膨胀对市场价格体系产生扰动，给出错误价格信号，会导致生产资源的错误配置，因而需要政府予以某种程度的干预。

经济周期是市场经济运行所固有的特征。经济周期通常具有复苏、繁荣、衰退、萧条四个阶段。在萧条阶段，生产资源被严重闲置，人们生活水平下降；在繁荣阶段，生产资源处于高度紧缺、物价飙高、工资收入被较严重侵蚀；这两种情况所造成的大落大起都给宏观经济运行和人们生活带来震荡。这是市场机制失灵的一个突出表现，对于这种宏观经济运行的过大起伏需要来自外部的力量予以熨平。关于经济周期的成因西方经济学家有内因论和外因论。马克思主义经济学对于资本主义经济周期有着更为触及本质、更为深刻的分析。

经济增长是各国政府和社会追求的一个重要宏观经济目标。经济增长是人民富足、生活水平提高、社会繁荣昌盛、文明进步、国力强盛的物质基础。经济增长是通过生产资源的利用来实现的，宏观经济学中把导致经济增长的原因分为两大类：直接原因（因素）和基本原因（因素）。丹尼森的经济增长因素分析具有很强的运用价值。经济增长路径也是经济增长的一个重要影响因素。西方经济学家关于经济增长的理论发展大体经历了新古典增长理论和内生增长理论两个阶段。

宏观经济运行的四大问题并不是孤立存在的，彼此间有一定的关联。菲利普斯曲线揭示了失业率和通胀率之间的变动规律；奥肯定律反映了失业率同经济增长率之间的变化规律；滞涨理论反映了20世纪六七十年代一些主要西方国家所发生的通胀率与经济增长率之间的变动关系。这些理论或模型虽然在经济学界还有争议，实证结果不是那么完美，但却有很高的理论价值。

关键概念

失业，是指达到劳动年龄、具备工作能力具有劳动意愿的劳动者，经过一段时间的积极谋求工作，但尚未得到就业机会的状态。这种状态意味着劳动者失去了运用生产资料进行生产活动的机会，从而也失去了获得劳动报酬的机会。

通货膨胀，在本质上，当流通中纸币发行量超过它所代表的贵金属货币需要量，就发生通货膨胀，外在表现是物价上涨，纸币贬值。通货膨胀，是指某一经济体一定时期内物价水平普遍地、显著地、持续性地上涨。

经济周期，又称商业周期或景气循环，是指国民总产出、总收入、总就业等总体经济活动的扩张和收缩交替出现的过程，是一种发生在国民总产出总体趋势向上运动的长期里的社会经济波动现象。熊彼特周期，每个长周期中套有中周期，每个中周期中套有短周期。每个长周期包括 6 个中周期，每个中周期包括 3 个短周期。

经济增长，是指一国在一定时期内生产的产品和劳务总量的增长，通常是以一年实际国内生产总值的增加值来衡量，或以人均国内生产总值的年增长率来表示。经济增长是经济发展的基础，但经济增长不一定意味着经济发展。

菲利普斯曲线，反映短期内失业与通货膨胀之间的关系，菲利普斯曲线向右下倾斜，表明失业率与通货膨胀率呈反方向变动，两者之间存在替代关系。

奥肯定律，是一条经验统计规律，用来近似地描述失业率和实际 GNP 变动之间的交替关系。其内容是，失业率每高于自然失业率 1%，实际 GNP 便低于潜在 GNP3%；反之，失业率每低于自然失业率 1%. 则实际 GDP 便高于潜在 GNP3%。

复习思考

选择题

1. 下列属正常失业的是（　　）。

A. 摩擦性失业　　B. 季节性失业　　C. 周期性失业　　D. 结构性失业

2. 通货膨胀是指（　　）价格水平上涨。

A. 主要商品和劳务　　B. 所有商品和劳务

C. 3%以上幅度的　　D. 连续两个季度的

3. 大规模的固定资本更新通常发生在经济周期的（　　）。

A. 衰退阶段　　B. 萧条阶段　　C. 复苏阶段　　D. 扩张阶段

4. 下列属于经济增长的“社会环境因素”的是（　　）。

A. 人口增加　　B. 劳动投入增加　　C. 资本存量　　D. 收入分配

5. 在长期菲利普斯曲线中（　　）。

A. 失业率为自然失业率　　B. 失业率为市场均衡失业率

C. 失业率不受通胀率影响　　D. 曲线向右下方倾斜

6. 经济滞涨可能由于（　　）变动所致。

A. 农业歉收　　B. 外汇市场波动

C. 石油价格上涨　　D. 政府财政赤字增加

简答题

1. 失业对社会经济造成怎样的影响？
2. 通货膨胀对社会经济有哪些效应？

3. 经济周期各阶段呈现出怎样的宏观经济运行状态？

计算题

1. 假设经济由如下三个函数来描述：

$$u_t - u_{t-1} = 0.4(g_{yt} - 3\%) \quad \text{(奥肯定律)}$$

$$\pi - \pi_{t-1} = -(u_t - 5\%) \quad \text{(菲利普斯曲线)}$$

$$g_{yt} = g_{mt} - \pi_t \quad \text{(总需求)}$$

式中：u 为失业率；π 为通货膨胀率；g 为产出增长率。

要求：(1)经济的自然失业率是多少？(2)假设失业率等于自然失业率，通货膨胀率为 8%。产出增长率是多少？货币供给量是多少？①

2. 假定一个经济只生产两种产品：理发和银行服务业。经过两年，价格 P、质量 Q 和生产单位产品所需的工人数 N 如下表所示。

理发业和银行业经济数据

行业	第 1 年			第 2 年		
	P_1	Q_1	N_1	P_2	Q_2	N_2
理发业	10	100	50	12	100	50
银行业	10	200	50	12	230	60

要求：(1)每年的名义 GDP 是多少？(2)用第 1 年的价格计算，第 2 年的实际 GDP 是多少？实际 GDP 的增长率是多少？(3)用 GDP 平减指数计算的通货膨胀率是多少？(4)用第 1 年的价格计算，在第 1 年和第 2 年，单位工人的实际 GDP 是多少？整个经济第 1 年到第 2 年的劳动生产率的增长是多少？②

3. 假设有奥肯定律：

$$\frac{Y - Y^*}{Y^*} = -3(u - u^*)$$

式中：u 为失业率；u^* 为自然失业率；Y 为 GDP；Y^* 为潜在 GDP。失业率用分数表示。假定自然失业率为 6%，即 $u^* = 0.06$。

要求：(1)利用以下失业数据，计算 1990—1995 年每年的 GDP 缺口。u 分别等于 5.6%、6.8%、7.5%、6.9%、6.1%和 5.6%。(2)在同样的年份，GDP 分别为(单位 10 亿美元)5 744 美元、5 917 美元、6 244 美元、6 550 美元、6 931 美元和 7 246 美元。利用这些数据和(1)的答案，计算每年的潜在 GDP。潜在 GDP 的平均增长率是多少？③

思考题

1. 贝弗里奇曲线有什么应用价值？

2. 奥肯定律真的在中国失灵吗？

3. 怎样看待经济体制转型以来中国经济的快速增长？

---

① 金圣才. 布兰查德《宏观经济学》笔记和课后习题详解[M]. 2 版. 北京：中国石化出版社，2010：106.

② 金圣才. 布兰查德《宏观经济学》笔记和课后习题详解[M]. 2 版. 北京：中国石化出版社，2010：135-136.

③ 改编自罗伯特·E. 霍尔，马可·利伯曼. 经济学：原理与应用[M]. 2 版. 毛文博，译. 北京：中信出版社，2003：77.

第十二章 宏观经济政策及其效果

学习目的

1. 了解宏观经济政策的政策目标。
2. 掌握宏观财政政策的基本内容。
3. 掌握宏观货币政策的基本内容。
4. 了解开放经济下宏观经济政策的效果。
5. 学会运用本章原理和方法分析宏观经济政策问题。

第一节 宏观经济政策概述

一、政府干预宏观经济运行的理论依据

（一）凯恩斯主义的有效需求不足理论

1929 年资本主义世界经济大萧条充分暴露了自由市场的经济弊端，催生了经济学史上具有里程碑意义的巨著《就业、利息与货币通论》，凯恩斯主义的有效需求不足理论奠定了政府干预经济生活的理论基石，凯恩斯主义的经济政策主张成为现代宏观经济政策理论体系的先导。

有效需求，指商品的总供给价格和总需求价格达到均衡时的社会总需求。有效需求并不一定在任何时候都等于实现充分就业的国民收入所要求的社会总需求，其缺口便是有效需求不足，如图 12-1(a)产品市场中 AD_0-AD_f 两条曲线距离所示。

凯恩斯认为有效需求不足是最终造成萧条与失业的主要原因。那么，有效需求不足是如何形成的呢？凯恩斯用以下三大基本心理规律予以解释。

1. 边际消费倾向递减的心理规律

凯恩斯认为，在现期收入给定的条件下，消费需求量的大小在很大程度上取决于消费习惯，而最基本的消费习惯是边际消费倾向递减。凯恩斯认为在下面情形中存在边际消费倾向递减：第一种情形，在人们收入增加的时候，消费也随之增加，但消费增加的比例不如收入增加的比例大；第二种情形，如果收入增

加的变动是暂时的，那么，收入增加的相当部分就会被储存起来，收入不稳定的个人通常具有较低的边际消费倾向；第三种情形，萧条时期人们对未来收入的悲观预期致使人们将收入中更大的部分储存起来以防未来收入的减少，因而现期消费变得更少。

2. 资本边际效率递减的心理规律

资本边际效率递减规律，是指企业家预期，随着投资的增加从投资中获得的利润率(即预期利润率)将因增添的资产设备的成本提高和生产出来的产品数量的扩大而趋于下降。其机理是：从微观角度来看，企业在选择投资项目时，总是先选择预期收益较高的项目，然后才考虑预期收益较低的项目，从而随着投资增加，资本边际效率递减。从宏观角度来看，随着投资增加，对资本品的需求增加会导致资本物品的价格上升，之后产品的过度供给会导致产品价格的下降，生产成本上升和产品价格下降两头挤压致使资本边际效率递减。

3. 灵活偏好的心理规律

灵活偏好的心理规律，是指人们愿意保持更多的货币，而不愿意保持其他资产形态的心理偏好。凯恩斯认为，灵活偏好是由交易动机、预防动机和投机动机决定的。这三种动机致使人们偏好持有货币，尤其是预防动机，使人们在面对诸多不确定性时，不敢放手消费，不敢轻易购置其他金融资产，而是选择持有货币。

这三条基本心理规律并不是各自独立起作用的，当宏观经济趋于繁荣，企业家们对未来经济前景渐渐变得过度乐观，即使利率上升、资本品价格提高也阻挡不住非理性投资的扩大，忽然间投机者对未来经济前景转而悲观失望，资本边际效率递减心理在企业家们中间蔓延开来，宏观经济开始走下坡路，人们的灵活偏好心理就会大增，边际消费倾向递减心理进一步增强，这三条心理规律循环作用，致使人们步入不敢消费-不敢投资-(收入减少)更不敢消费-(产品需求减少)更不敢投资的怪圈，造成总需求减少，国民经济收缩，于是宏观经济陷入了无生机的萧条之中。

简单说，边际消费倾向递减的心理规律引起消费不足，边际资本效率递减的心理规律引起投资不足，灵活偏好的心理规律最终也会造成消费和投资不足，三条基本心理规律的效应叠加在一起，便造成了有效需求不足。其实，这种有效需求不足是资本主义市场经济的常态，在经济周期的各阶段严重程度不同，在经济周期的繁荣顶峰，有效需求不足在人们盲目乐观背后日渐加剧，最终引爆经济危机，导致大面积失业。

(二) 主要宏观经济问题及其政府的干预

凯恩斯的有效需求不足理论对经济危机和失业现象作了有力的说明，并从克服经济危机和失业的角度推论出政府对宏观经济生活干预的必要性，实际上，其他宏观经济问题，如通货膨胀问题、经济增长问题、内外经济均衡等问题，也需要政府进行必要的干预，基本的干预方针如图 12-1 所示。

图中上部为劳动力市场，其中 W/P 为实际工资水平，D、S、N、N_f 分别为劳动力市场的劳动力需求、劳动力供给、劳动力数量、劳动力充分就业量。图中下部为产品市场，其中 P 为物价水平，Y 为国民收入，AS 为总供给，AD 为总需求，E 为均衡点，Y_0、Y_1 为短期市场均衡国民收入，Y_f 为充分就业的国民收入水平。上下部贯通虚线表示劳动力市场的均衡就业量和产品市场的总产出之间的对应关系。

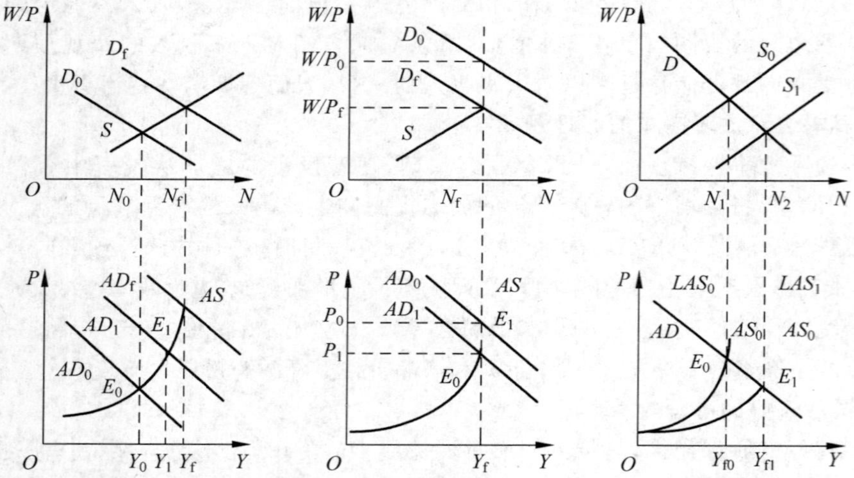

(a) 减少失业　　(b) 消除通胀　　(c) 持续增长

图 12-1　宏观经济问题及其政府的干预

图 12-1(a)中的(Y_f-Y_0)表示存在着有效需求不足的缺口。对于这种短期宏观经济问题，政府要采取宏观经济政策措施来刺激总需求的增加，其解决之道是，使总需求由 AD_0 向右移动，比如移动到 AD_1 甚至更向右，使国民收入由 Y_0 增加到 Y_1 以至更多，使就业人数 N_0 向 N_f 靠拢，努力接近充分就业的国民收入水平，以尽量消除三大心理规律作用对国民经济的负面影响，如非计划库存增加、国民收入相对收缩、消费与投资需求疲软、失业率偏高等。

图 12-1(b)中的(P_0-P_1)表示，短期内充分就业状态下，总需求过于旺盛所产生的物价水平虚高部分，即总需求的扩张没有带来总产出的增加，只是推高了物价水平。政府要采取宏观经济政策措施来压缩总需求，其解决之道是，使总需求由 AD_0 向左移动，比如移动到 AD_1，以消除通货膨胀给国民经济带来的危害，如货币贬值、居民实际支付能力下降、价格体系扭曲、生产的人工成本偏高($W/P_0-W/P_f$)以及其他要素价格畸高等。

图 12-1(c)中的($Y_{f1}-Y_{f0}$)是社会经济长期的增长，是市场劳动力供给增多的结果(即劳动力供给由 S_0 移动到 S_1)，或者是生产技术水平提高的结果(劳动生产率提高，人工成本相对下降，即总供给曲线位置下移，分别用长期首尾两个时点的短期总供给 AS_0 和 AS_1 表示)。这一类的经济增长主要源自于生产要素的增加，如劳动力资源总量、土地资源总量、矿产资源储藏量、生产性资本存量、生产技术水平等的增加与提高。这种社会生产能力的增长并非完全能由市场经济的自发作用达成，政府要采取宏观经济政策措施来刺激总供给的增加，如政府鼓励生育、鼓励技术移民、增强基础教育、加大国家级科学技术研究力度等。

二、宏观经济政策目标及其相互之间的关系

以上分析表明单靠市场自发均衡 E_0 不足以消除失业、通货膨胀，不能够自动实现社会经济的增长，需要政府进行相应的干预。要想实现恰到好处的干预，要求政府首先明确

宏观经济政策目标，并处理好宏观经济政策目标之间的关系。

（一）主要宏观经济政策目标

政府是以宏观经济政策来干预宏观经济运行的。宏观经济政策，指国家或政府为了达到预定的宏观经济政策目标而制定的指导原则和干预措施。政府的宏观经济政策目标主要有以下四种。

1. 充分就业目标

充分就业，是指包含劳动在内的一切生产要素都以愿意接受的价格参与生产活动的状态。充分就业包含两种含义：一是指除了摩擦失业和自愿失业之外，所有愿意接受各种现行工资的人都能找到工作的一种经济状态，即消除了非自愿失业就是充分就业；二是指包括劳动在内的各种生产要素，都按其愿意接受的价格，全部用于生产的一种经济状态，即所有资源都得到充分利用。失业意味着稀缺的劳动力资源的浪费和生产资料资源的闲置，从而使经济总产出下降，社会总福利受损。失业造成的成本是巨大的，而克服失业同样要付出代价，政府要在这两者之间寻求平衡点，以作为充分就业政策的目标。

2. 物价稳定目标

物价稳定，是指物价总水平的稳定。一般用价格指数来衡量一般价格水平的变化。现实中，物价指数总是处在变动之中。稳定价格不是要求每种商品价格固定不变，也不是要求价格总水平固定不变，而是要求价格指数相对稳定，即允许保持一个低而稳定的通货膨胀率。所谓低，比如通货膨胀率在1%～3%；所谓稳定，就是指在相当长时期内能使通货膨胀率维持在大致相同或可控的水平上。此外，政府还要利用通胀率和失业率的交替关系来确定物价稳定政策的政策目标。

3. 经济增长目标

经济增长，是指在一个特定时期内经济社会所创造的人均产量和人均收入的持续增长[①]。其内涵包括：维持一个合理的经济增长率；培育一种经济体持续增长的能力。一般认为，经济增长与就业目标是一致的。经济增长会增加社会福利，但并不是增长率越高越好。这是因为经济增长一方面要受到各种资源条件的限制，不可能无限地增长，尤其是对于经济已相当发达的国家来说更是如此；另一方面，经济增长也要付出代价，如造成环境污染，引起各种社会问题等。因此，经济增长政策目标应该理解为实现与本国具体国情相符的适度增长率。

4. 国际收支平衡目标

国际收支平衡，是指一国在同其他国家的经济交往中，资金的流出量和资金的流入量大体平衡，当出现贸易逆差时吸收国外资金流入，当出现贸易顺差时引导资金流往国外。国际收支平衡的政策目标是：在保持国际收支基本平衡的前提下，根据本国国情和发展需要，促进与国外的贸易与金融往来，保持汇率水平基本稳定，维持一个适度的外汇储备，维护同世界各国的和谐经济关系。

---

① 高鸿业.西方经济学(宏观部分)[M].5版.北京：中国人民大学出版社，2010：459.

（二）宏观经济政策目标之间的关系

以上四大宏观经济政策目标之间并非完全内在一致，彼此间存在着互补、交替、混合三种基本关系。互补关系，是指一个目标的实现对另一个目标的实现有促进作用。交替关系，是指一个目标的实现对另一个目标有排斥作用。混合关系，是指一个目标的实现对另一个目标的实现既有一致的一面又有矛盾的一面。理论上，四大宏观经济政策相互间的具体关系如下。

1. 物价稳定目标和充分就业目标之间的关系

根据菲利普斯曲线的经济学原理，通货膨胀率与失业率存在此消彼长的关系，失业率的反面是就业率，因此，要维持实现充分就业目标，就要牺牲一定的物价稳定；而要维持物价稳定，则必须以若干程度失业率的提高为代价，二者之间存在着交替关系。

2. 物价稳定目标与经济增长目标之间的关系

根据菲利普斯曲线推论，稳定物价很有可能抑制经济增长，促进经济增长就难保物价水平不上升，即二者是交替的关系。在不存在通货膨胀预期的条件下，稳定物价有利于经济增长；在衰退阶段，经济增长有助于阻止物价水平进行下跌，即二者是互补的。总之，二者之间可能存在着混合关系。

3. 物价稳定目标与国际收支平衡目标之间的关系

一般情况下，GDP 增长，国民收入增加，国内物价上升，同时进口增加，国际收支中逆差因素增大，因此抑制物价水平的货币紧缩政策，将会导致经济增长变缓，进口减少，逆差缩小，国际收支趋于平衡；当国际收支趋于平衡，汇率变动较小，内外利率差收窄，有利于国内物价水平的稳定。即二者之间存在着交替关系。

4. 充分就业目标与经济增长目标之间的关系

根据奥肯定律，每减少 1%失业率，将导致 GDP 增长率提高 3%，失业率降低即就业率上升，就业率上升意味着趋近充分就业，越是接近充分就业，经济增长越显著；而经济增长了，就业率就会上升，趋近充分就业。可见二者之间存在着互补关系。

5. 充分就业目标与国际收支平衡目标之间的关系

由于充分就业与经济增长内在一致，所以充分就业与国际收支平衡之间的关系如同经济增长与国际收支平衡之间的关系。

6. 经济增长目标与国际收支平衡目标之间的关系

若经济迅速增长，就业增加，收入水平提高，引起进口贸易增长，导致国际收支状况相对恶化；而要消除逆差，在出口由外国需求因素决定而本国对此不可控的情况下，必须压缩进口，若进口的恰是经济增长所需的原材料、外国先进设备和生产技术，则有可能引起经济增长缓慢乃至衰退。即二者之间存在着交替关系。

总之，实际经济运行中，要同时实现四大宏观经济政策目标非常困难，因此，在制定经济政策时，必须对经济政策目标进行价值判断，权衡轻重缓急和利弊得失，确保一两个阶段性重点目标，兼顾其他目标，使之形成总效果相对良好的匹配组合，然后再确定目标的实现顺序和目标指数高低，使所选择和确定的目标体系成为一个可操作的有机整体。诸项宏观经济政策目标关系如表 12-1 所示。

表 12-1　诸宏观经济政策目标关系

经济政策	物价稳定	充分就业	经济增长	国际收支平衡
物价稳定	0	－	*	＋
充分就业	－	0	＋	－
经济增长	*	＋	0	－
国际收支平衡	＋	－	－	0

表中，"＋"表示目标关系一致；"－"表示目标关系矛盾；"＊"表示目标关系既有一致的一面，又有矛盾的一面；"0"表示政策目标自身。

实践中，各宏观经济政策目标之间的关系未必如上述所言。譬如，中国一方面经济高速增长，一方面国际收支连年顺差，与原理明显相悖。其实，这种情况的出现是由于中国实行的是低成本增长战略和钉住美元的汇率管制政策。因此，要了解一个国家各宏观经济政策目标之间的关系，还要结合这个国家的具体国情和其他宏观经济因素。

三、宏观经济政策分类

宏观经济政策可以从不同角度进行分类。可以根据政策目标来划分(如前所述)；可以根据是否反周期划分为稳定化政策和增长性政策；可以根据人为介入的方式分为斟酌使用的政策和自动稳定器；可以根据政策作用的市场方向划分为需求管理政策和供给管理政策；可以根据政策执行时间长度划分为短期管理政策和长期管理政策；可以根据政策工具的性质划分为财政政策和货币政策；可以根据政策作用区界划分为对内调控政策对外调控政策；等等。表 12-2 是一个简略的分类关系。

表 12-2　宏观经济政策各种分类关系示意

经济政策	财政政策		货币政策	
对内经济政策	需求管理财政政策	供给管理财政政策	流动性(货币)政策	利率(货币)政策
对外经济政策	进口管理财政政策	出口管理财政政策	外汇储备(货币)政策	汇率(货币)政策

需求管理政策，是政府短期内通过调节总需求来达到一定政策目标的宏观经济政策。需求管理政策的目标主要是增加就业、稳定物价和熨平经济波动。需求管理政策的政策工具主要是财政政策和货币政策。需求管理政策是以凯恩斯的有效需求理论为基础制定的，是凯恩斯主义所重视的政策工具。

供给管理政策，是政府通过对总供给的调节来达到一定的政策目标的宏观经济政策。供给管理政策的目标主要是长期里的经济增长。如鼓励技术进步的优惠政策、鼓励储蓄鼓励投资的金融财政政策、着力开掘经济潜力的人力资本政策与就业政策。当然有的供给管理政策兼具长短期效用，如收入政策。

国际经济政策，是政府通过对国际经济关系的调节来达到内外经济均衡的宏观经济政策。主要包含：国际贸易政策，着眼点是通过进出口补贴、关税等政策工具调节对外贸易的顺差或逆差；国际金融政策，着眼点是配合国际贸易政策、吸引外资、稳定汇率、理顺国内外金融关系。此外，还有国际技术贸易与技术合作政策、人力资源国际流动政策、区域经济合作政策，等等。

四、宏观经济政策时滞

宏观经济政策是一个体系，它包含经济政策主体、经济政策对象、经济政策目标、经济政策手段等基本构成要素，同时也包含传递机制、时机把握、实施阶段、效力扩散等经济政策效应过程。下面简要介绍宏观经济政策时滞问题。

宏观经济政策时滞，是指从需要采取宏观经济政策行动的情况出现，经过制定政策过程，直至政策部分乃至全部发挥效力的时间分布间隔，如图 12-2 所示。

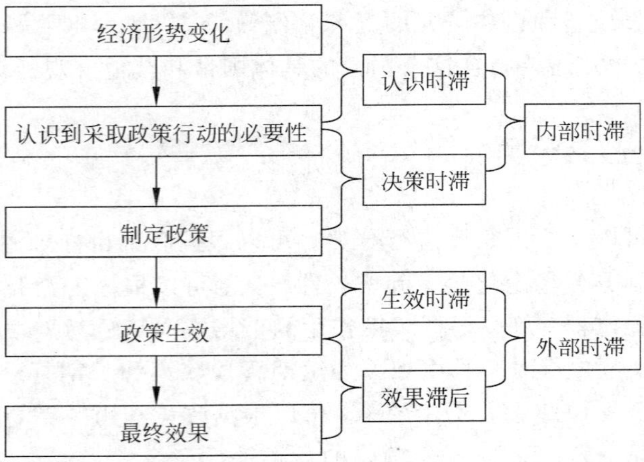

图 12-2 宏观经济政策时滞

宏观经济政策时滞从大的方面可分为内部时滞和外部时滞。

内部时滞，指从需要采取政策行动的情况出现，直至政府当局采取该行动之间的一段时间。内部时滞的长短取决于当局对经济形势的把握程度、介入干预的主动程度，信息监测系统和政策决策系统运行效率的高低。这种时滞可以很短，更可能很长。

外部时滞，指从政府当局采取政策行动到国民收入发生变动的时滞分布。外部时滞是指的当一项政策进入反应通道，在其传导机制的流程环节上，因某些人为因素或经济环境条件的暂时不齐备而出现的反应滞后。

宏观经济政策时滞具体种类①有以下四种。

1. 认识时滞

认识时滞是指宏观经济运行的某些方面客观上需要调整与政府决策官员意识到这种调整的必要性之间的时间差距。这种时差通常可能长达数月之久。缩短此类时滞的主要办法是搞好动态宏观经济运行监测、预测、研判。

① 另可参见约翰·斯罗曼.经济学[M].6 版.郭庆旺，赵志耕，译.北京：经济科学出版社，2008：550。该教程将财政政策时滞归为 5 种：认识时滞、行政时滞、决策时滞、执行时滞、效果时滞。

2. 决策时滞

决策时滞是指从认识到干预的必要性，到可选干预方案的形成，再到干预方案的拍板或法定程序的确认的时间差距。决策时滞的长短与宏观经济问题的性质、复杂程度、专家咨询与政策设计团队水平、所涉政府部门数目多寡、政党利益纠缠、议会和法律程序繁简有关。

3. 生效时滞

生效时滞是指从政策颁行、组织部署、配套措施、相关方面协调，到政策落地所耗费的时间。生效时滞的长短与政策的新旧、政策相似度、有无以往同类政策实施经历和经验、有无预案等有关。

4. 效果时滞

效果时滞是指政策落地后实际效果完全显现的时间长度与预计效果完全显现的时间长度的差别。这种情况很可能是因为忽略了某些落实政策的主客观条件因素，临阵补齐而耽搁的时间。

第二节　基于需求管理的宏观财政政策

一、宏观财政政策概述

（一）宏观财政政策的构成

政府的财政预算有两项基本功能：维持国家机器运转和调节宏观经济运行。政府通过财政预算来实施宏观财政政策。

宏观财政政策，是指为了提高就业水平、防止通货膨胀、减小经济波动、实现经济稳定增长、保持内外经济平衡而对政府收入和支出水平所做的决策。宏观财政政策是国家干预经济的主要政策之一，常常用于短期需求管理。

宏观财政政策从是否需要主动人为干预可分为斟酌使用的财政政策和自动稳定器。斟酌使用的财政政策有明显的人为介入特征，如评估经济形势、政策方案抉择、组织人力贯彻落实经济政策；自动稳定器无须人为介入，主要体现为制度设计，只要经济形势状态达到或满足制度设定的触发条件，经济政策即可自动生效。

国家财政预算由政府收入和支出两个方面构成，其内部构成见表12-3。

表 12-3　宏观财政政策的主要内容

项　目	斟酌使用的政策	自动稳定器
收入	税收	
	公债	
	出售政府资产	
支出	政府购买	
	政府转移支付	失业救济金等
		农产品价格维护
		累进个人所得税

（二）宏观财政政策传递机制

宏观财政政策的目的，是通过财政政策 F_p 的运用，变动政府需求、引导私人消费与投资，进而调整总需求 AD，经由财政政策的乘数 K_f 作用，最终影响总产出 Y。

宏观财政政策的传递机制和作用链条可以表示如下：

$$F_p \text{——} AD \underset{K_f}{\text{——}} Y$$

在此，F_p（Fiscal Police）表示各种财政政策（如政府购买 G，政府转移支付 TR，税收 T）；K_f 表示各种财政政策乘数（如政府购买乘数 K_G，政府转移支付乘数 K_{TR}，税收乘数 K_T）。

二、斟酌使用的财政政策工具

（一）政府购买政策

政府购买，是指政府对私人部门产品和劳务的购买，如购买机关办公用品、政府雇员服务、国防战备物品，为兴办公共工程项目和提供公共服务而对私人部门产品和劳务的购买。政府购买支出是决定国民收入大小的主要因素之一，其规模直接关系到社会总需求的增减。购买支出对整个社会总支出水平具有十分重要的调节作用。

$$\text{政府} \underset{\text{商品（价值）}}{\overset{\text{购买（支出）}}{\rightleftharpoons}} \text{私人部门}$$

政府购买属于注入因素，增加能导致国民收入增加，减少则导致国民收入减少。作为自发支出变量的增量，政府购买支出全额进入总需求，没有漏出，因此政府购买支出对国民收入的乘数效应较大。

政府购买支出对国民经济的影响力度可用政府购买乘数（即政府购买对国民收入的放大倍数）来反映：

$$K_G = \Delta Y / \Delta G \tag{12-1}$$

式中：K_G 代表政府购买乘数，$K_G = 1/(1 - MPC)$；MPC 为边际消费倾向 b（即 $\Delta C/\Delta Y$），所以政府购买乘数又写成：

$$K_G = 1/(1 - b) \tag{12-2}$$

政府购买变动对国民收入的影响为

$$\Delta Y = K_G \times \Delta G \tag{12-3}$$

比如，政府增加政府购买（ΔG）1 000 亿元，边际消费倾向 b 为 0.75，在其他条件不变的情况下，将导致国民收入增加（ΔY）4 000 亿元。

（二）政府转移支付政策

政府转移支付，是指政府在社会保障、社会福利、社会救济和贫困补助、政策性补贴、救灾救难等方面的支出。政府转移支付本身不能算作国民收入的组成部分，它所做的仅仅是通过政府将初始收入的一部分在不同社会成员或群体之间进行转移和重新分配，但政府转移支付的变动能够影响国民收入水平。

$$\text{政府} \xrightarrow{\text{转移支付}} \text{私人部门}$$

政府转移支付也属于注入因素，但单向流动，其增加能导致国民收入增加，减少则导致国民收入减少。作为自发支出变量，由于经过私人部门环节，受私人收入-支出习惯的影响，仅将从政府方面获得的收入的一个百分比用于支出而参与连锁经济反应，因此，在同等支出数额情形下其乘数效应较政府购买支出乘数略小一点。

政府转移支付政策对国民经济的影响力度可用政府转移支付乘数（即政府转移支付对国民收入的放大倍数）来反映：

$$K_{\mathrm{TR}} = \Delta Y/\Delta TR \tag{12-4}$$

式中：K_{TR}代表政府转移支付乘数；TR 代表政府转移变量。由于民众一般不会把政府发放的转移支付全部消费掉，而是按边际消费倾向 b 来消费，所以实际发生作用的政府转移支付为 $b\Delta TR$ ，从而政府转移支付乘数为

$$K_{\mathrm{TR}} = b/(1-b) \tag{12-5}$$

政府转移支付对国民收入的影响为

$$\Delta Y = K_{\mathrm{TR}} \times \Delta TR \tag{12-6}$$

比如，政府增加政府转移支付（ΔTR）1 000 亿元，边际消费倾向 b 为 0.75，在其他条件不变的情况下，将导致国民收入增加（ΔY）3 000 亿元。

（三）税收政策

税收，是政府收入中最主要的部分，它是国家为了实现其职能按照法律预先规定的标准，强制的、无偿的取得财政收入的一种手段。

税收结构包括税种、起征点、税率等。任何一个构成的调整都会导致税收的变动进而影响国民收入。

$$\text{政府} \underset{\text{税收（增税）}}{\overset{\text{税收（减税）}}{\rightleftharpoons}} \text{私人部门}$$

政府税收属于漏出因素，也是单向流动（分别为增税和减税），其增加会导致国民收入减少，减少则导致国民收入增加。作为自发变量，由于经过私人部门环节，受到私人部门收入-支出习惯（即边际消费倾向 b）的影响，参与连锁经济反应税收数量并非初始税收总额全部，而是 $b\times$初始税收总额。

税收政策对国民经济的影响力度可用税收乘数（即政府税收变动量同它所导致的国民收入的减少量之比）来反映。税收乘数分两种情况。

第一种情况，实行定量税的税收乘数。所谓定量税，是指无论私人部门的应税收入大小政府都按照一个固定的税额征税。定量税的税收乘数表明税收绝对量变动对总收入的影响，其公式为

$$K_{\mathrm{T}} = -b/1-b \tag{12-7}$$

式中：K_{T} 为税收乘数，为负值，因为正的税收将导致国民收入的减少。

举例，假设政府增税 100 亿元，边际消费倾向为 0.8，则税收乘数为 $K_T=-0.8/(1-0.8)=-4$，意味着国民收入将减少 400 亿元（4×100 亿）。

第二种情况，实行比例税的税收乘数。所谓比例税，是指政府按照一定的税率征税，征收上来的税收数量因私人部门收入大小不同而不同。比例税的税收乘数表明税率变动对总收入的影响，其公式为

$$K_{T} = -b/[1-b(1-t)] \tag{12-8}$$

式中：K_T 代表政府税收乘数；b 表示边际消费倾向；t 表示边际税率①。

举例，同样假设政府增税 100 亿元，边际消费倾向为 0.8，并假设边际税率 t 为 60%，税收乘数为 $K_T=-0.8/[1-0.8(1-0.6)]=-1.176$，意味着国民收入将减少 117.6 亿元(1.176×100 亿)。

以上两种税赋情况下下税收变动对国民收入的影响可一般地表述为

$$\Delta Y = K_{T} \times \Delta T \tag{12-9}$$

政府购买支出政策、政府转移支付政策、税收政策被视为最重要的三大宏观财政政策，各项属性比较如表 12-4 所示。

表 12-4　三大财政政策工具比较

财政政策	作用对象	变量性质	作用力度	灵活性
政府购买政策	私人部门	注入性	$\Delta Y=K_G\times\Delta G$	时滞长，不灵活
政府转移支付政策	私人部门	注入性	$\Delta Y=K_{TR}\times\Delta TR$	时滞长，不灵活
税收政策	私人部门	漏出性	$\Delta Y=K_T\times\Delta T$	减容易，增困难

（四）平衡预算政策

平衡预算是与赤字预算相对的概念。在这里，平衡预算是指政府净税收增量与政府支出增量相等的预算。政府支出的增加导致总需求的增加进而总产出的增加，净税收的增加则导致总需求的减少进而导致总产出的减少，两者的综合作用即为平衡预算政策的作用。

根据前面政府支出政策和税收(固定税)政策的分析，以及 $\Delta G=\Delta T$，有

$$\begin{aligned}\Delta Y &= K_G \times \Delta G + K_T \times \Delta T \\ &= [1/(1-b)]\Delta G + [-b/(1-b)] \times \Delta T \\ &= [(1-b)/(1-b)] \times \Delta G(\text{或 } \Delta T)\end{aligned}$$

$$\Delta Y = \Delta G(\text{或 } \Delta T) \tag{12-10}$$

从而得到平衡预算乘数 K_B：

$$K_B = \Delta Y/\Delta G = 1 \tag{12-11}$$

比如，某年政府税收增加了 500 亿元，同时政府购买增加了 500 亿元，预算平衡，结果是当年的国民收入增加 500 亿元。这种情况与人们的一般感觉不一样。人们感觉是，既然政府的税收和支出相同，两者作用抵消了，对国民经济就不会有影响了，实际情况正好相反。

---

① 边际税率通常被人们简化理解为税率。

三、挤出效应

为了简化分析，以上关于斟酌使用的财政政策效力（即乘数效应导致总产出结果变动）的讨论都只是单因变量分析，仅涉及产品市场，只考虑了私人部门的消费习惯，还没有考虑私人部门其他方面的反应。在现实经济生活中，宏观财政政策的反应不是那样简单的。当一项宏观财政政策出台，或许会引起一系列宏观经济变量的连锁反应，在产品市场和货币市场之间交互作用，引起私人部门的正向反馈或负向反馈。挤出效应就是一个涉及多经济变量、产品市场和货币市场两市场、私人部门负向反馈的典型宏观财政政策现象。

（一）挤出效应原理

挤出效应，指政府支出的增加所引起的私人消费或私人投资降低的效果。

挤出效应的发生机制。挤出效应的经典解释是：财政支出扩张意味着货币需求量增加，在货币供给量给定情况下，引起利率上升，利率上升抑制私人部门支出，特别是抑制私人部门投资，私人部门的产出因而减少。这里涉及了 G、r、I 和决定 r 的货币需求 L、货币供给 M 等变量，涉及了产品市场和货币市场。

如图 12-3 所示，政府支出增加，IS_0 移动到 IS_1，政府支出增加导致的总产出增加应为 $\Delta Y = K_G \times \Delta G$，即 Y_0 增加到 Y_1，但实际总产出仅仅增加到 Y_1，这是因为政府支出增加导致利率水平由 r_0 上升到了 r_1，致使私人投资减少 $I_0 I_1$，从而私人产出减少，减少的绝对量为（$Y'-Y_1$）。这就是政府支出的挤出效应。

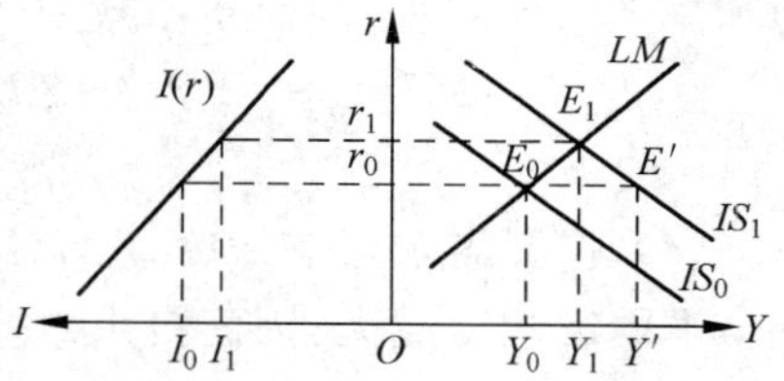

图 12-3　扩张性财政政策的挤出效应

（二）产生挤出效应的其他情况

除了前述典型的挤出效应，广义的挤出效应还包括以下几种情况。

第一种情况，政府向公众借款引起政府和私人部门在借贷资金需求上的竞争，私人部门的资金减少了，从而私人部门产出减少。

第二种情况，政府通过在公开市场上出售政府债券来筹资。政府抛售政府债券使债券价格下降，根据“债券价格＝债息/市场利率”，利率必然上升。利率上升减少了私人投资，引起了挤出效应，而挤出效应的大小取决于投资的利率弹性，投资的利率弹性大则挤出效应大。

第三种情况，政府通过增加税收来为其支出筹资。在这种情况下，增税减少了私人收入，使私人消费与投资减少，引起了挤出效应。而挤出效应的大小取决于边际消费倾向，边际消费倾向大，则税收引起的私人消费减少得就多。

第四种情况，在开放经济中，固定汇率制条件下，当政府支出增加引起价格水平上升，削弱了本国商品在世界市场上的竞争能力，从而出口需求减少，私人投资相应减少。

如果挤出效应的大小以私人资本被挤出而导致的总产出减少量与政府扩大支出而导致的总产出增加量之比的绝对值来表示，短期中，当经济还没有实现充分就业时，挤出效应小于1大于0，但在长期中经济已经实现了充分就业时，挤出效应则为1。由此得出，短期里，扩张性财政政策有一定的作用，但在长期里，扩张性财政政策只会引起通货膨胀。

（三）影响挤出效应的主要因素

（1）支出乘数的大小。政府支出增加会使利率上升，乘数越大，利率提高使投资减少所引起的国民收入减少也越多，挤出效应越大。

$$\Delta G\uparrow \rightarrow \Delta Y\uparrow \rightarrow \Delta L\uparrow \rightarrow \Delta r\uparrow \rightarrow \Delta i\downarrow,(\Delta Y = k_g\Delta G)$$

$$k_g \text{ 大(小)} \text{———} \Delta i \text{ 多(少)}$$

（2）交易性货币需求对产出水平的敏感程度。货币需求函数 $L=ky-hr$ 中 k 越大，政府支出增加引起的一定量产出水平增加所导致的对货币的交易需求增加越大，使利率上升的越多，挤出效应越大。

$$\Delta G\uparrow \rightarrow \Delta Y\uparrow \rightarrow \Delta L(L_1)\uparrow \rightarrow \Delta r\uparrow \rightarrow \Delta i\downarrow,(\Delta L = k\Delta Y)$$

$$k \text{ 大(小)} \text{———} \Delta i \text{ 多(少)}$$

（3）投机性货币需求对利率变动的敏感程度。即货币需求函数中的 h 越小，货币需求稍有变动，就会引起利率的大幅度变动，因此当政府支出增加引起货币需求增加所导致的利率上升就越多，因而挤出效应越大；反之，h 越大，挤出效应越小。

$$\Delta G\uparrow \rightarrow \Delta Y\uparrow \rightarrow \Delta L(L_2)\uparrow \rightarrow \Delta r\uparrow \rightarrow \Delta i\downarrow,(\Delta L_2 = h\Delta r)$$

$$h \text{ 大(小)} \text{———} \Delta i \text{ 多(少)}$$

（4）投资需求对利率变动的敏感程度。敏感程度越高，一定量利率水平的变动对投资水平的影响就越大，因而挤出效应就越大；反之越小。

$$\Delta G\uparrow \rightarrow \Delta Y\uparrow \rightarrow \Delta L\uparrow \rightarrow \Delta r\uparrow \rightarrow \Delta i\downarrow,(\Delta L_1 = d\Delta r)$$

$$d \text{ 大(小)} \text{———} \Delta i \text{ 多(少)}$$

这四个因素中，支出乘数基本上取决于边际消费倾向，而它一般被认为是稳定的；预防性和交易性货币需求对产出水平的敏感程度 k 取决于支付习惯和制度，一般认为也较稳定；这样，投机性货币需求及投资需求对利率的敏感程度就成为决定挤出效应大小的主要因素。

在凯恩斯主义极端情况下，货币需求对利率的变动的弹性无限大，而投资需求的利率弹性为0，几乎不影响私人投资，因而政府支出的挤出效应为0，财政政策效果极大；在凯恩斯区间中有效。

在古典主义极端情况下，货币需求对利率变动的弹性为0，而投资需求的利率弹性极大，政府支出导致的利率微小变化，立即对私人投资产生挤出作用，形成完全的挤出效应，致使财政政策毫无效果。

四、内在稳定器

内在稳定器，又称为自动稳定器，是指经济系统本身存在的一种会减少各种干扰对国民收入冲击的机制，能够在经济繁荣时期自动抑制通胀，在经济衰退时期自动减轻萧条，无须政府采取任何行动。这些具有自动调节经济运行功能的政策措施称为经济的内在稳定器，属于自动性财政政策。

在财政的收入与支出两个方面都有一些具有自动稳定经济运行的政策，典型的有以下三种。

（1）政府支出的自动变化。主要是政府转移支付方面，包括失业救济金和其他社会福利支出。譬如，经济萧条时，符合救济条件的失业人数增多，失业救济金和其他社会福利支出相应增多，遏制了失业造成的支付能力的下降，尽量维持总需求量，进而使国民经济运动波幅不至于过大。

（2）农产品价格维持制度。经济萧条时，国民收入下降，农产品价格降低，政府依照农产品价格维持制度，按支持价格收购农产品，可使农民收入和消费维持在一定水平上。经济繁荣时，国民收入增加，农产品价格上升，这时政府减少对农产品的收购并抛售农产品，限制农产品价格上升，从而减少了总需求的增加量。

（3）累进的个人所得税。经济衰退时，国民收入水平下降，个人收入减少，若税率不变，政府税收会自动减少，个人可支配收入占个人收入比率相对提高，累进的个人所得税会使政府税收下降幅度超过个人收入下降幅度，从而起到抑制衰退的作用。经济繁荣时，情形反过来，国民收入水平上升，个人收入增多，若税率不变，政府税收会自动增加，个人可支配收入占个人收入比率相对降低，累进的个人所得税会使政府税收上升幅度超过个人收入上升幅度，从而起到抑制通货膨胀的作用。

内在稳定器的机制是设置了政策发生作用的启动点，即生效条件，当现实经济变量超过启动点，它就自动发生作用，超过幅度越大，其作用力度也就越大，熨平经济波动的效果就越明显。当然，内在稳定器只能起到减缓经济波动幅度的作用而不能根本消除经济波动。

第三节　基于需求管理的宏观货币政策

一、宏观货币政策概述

（一）宏观货币政策的构成

在当今大多数市场经济国家，财政调控功能和货币调控功能通常分别由行政当局和中央银行执掌。中央银行负责制定与实施宏观货币政策。

宏观货币政策，是指政府根据宏观经济调控目标，通过中央银行对货币供给和信用规模的管理来调节信贷供给和利率水平，以影响和调节宏观经济运行状况的经济政策。

宏观货币政策从是否需要主动人为干预可分为斟酌使用的货币政策（含选择性货币政策工具）和单一规则。斟酌使用的货币政策有明显的人为介入特征，如评估经济形势、政策方案抉择、下达指令贯彻落实货币政策；单一规则无须人为介入，体现为制度设计，自动发挥作用。

中央银行的货币调控对象主要是货币供给量和基准利率水平，其调控的内部构成见

表 12-5，它们都可以成为政府的斟酌使用的政策工具，即相机抉择的政策工具。

表 12-5　宏观货币政策的主要内容

项　目	斟酌使用的政策	单 一 规 则
货币供给量	法定存款准备金率	按一个稳定比率增加货币发行量
	再贴现率	
	公开市场操作	
基准利率水平	调整联邦利率水准	

（二）宏观货币政策传递机制与作用方式

宏观货币政策的目的，是通过货币政策 M_p（如法定存款准备金率、再贴现率、公开市场操作）的运用，经由货币创造乘数 K_M 作用，调整货币供给量 M，引起市场利率 r 变动，引导私人消费与投资，从而影响总需求 AD，最终影响总产出 Y。

宏观货币政策的传递机制和作用链条可以表示如下：

$$M_p \underset{K_M}{——} M\text{-}L \underset{r}{——} AD —— Y$$

宏观货币政策对货币市场的作用方式有三种，见图 12-4。

一是宏观货币政策通过商业银行系统的反应来影响货币供给量。法定准备金率、再贴现率、公开市场操作都能够直接影响商业银行准备金，进而影响商业银行的放款规模，再影响货币市场上的货币供给量。

二是宏观货币政策通过公众的反应来影响货币供给量。再贴现率、公开市场操作能够诱导公众在债券市场买卖短期国债的行为，直接影响货币市场上的货币供给量。

三是宏观货币政策通过对利率体系的作用来影响货币供给量。再贴现率具有基准利率的功能，经由它最终左右市场利率，既能够影响货币供给量，也能够影响货币需求量。

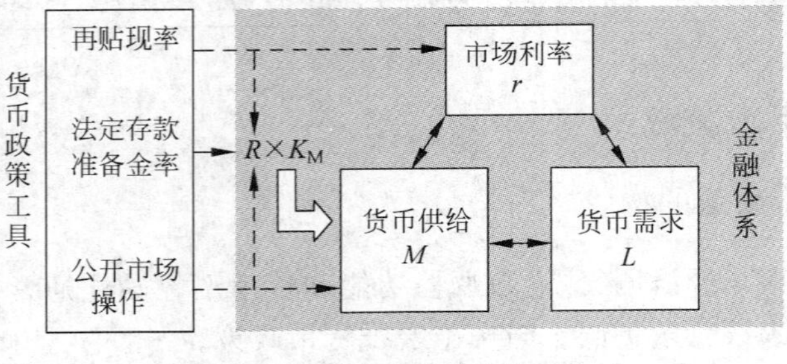

图 12-4　宏观货币政策的作用方式

（三）货币定义（分层）对货币政策中间目标确定的意义

由于中央银行货币政策的调控对象是流通中（即货币市场中）的货币供给量 M，所以货币定义的宽窄直接关系到货币政策的作用范围以及作用效果。货币定义在第九章曾做过简单介绍，为帮助理解货币定义的经济含义，简要重复如下，货币由窄到宽的定义[①]是：

M_0＝通货及其辅币，流动性最强；

M_1＝M_0＋活期存款，是范围最狭窄的货币供应量；

M_2＝M_1＋在所有存款机构的小额定期存款，是中等范围的货币供应量；

M_3＝M_2＋所有存款机构的大额定期存款＋商业银行、储蓄贷款机构的定期存款协议，是宽范围的货币供应量；

M_4＝M_3＋公债、国库券等。

M_0 和 M_1，也称为交易货币，称为狭义货币；M_2、M_3、M_4 等称为广义货币。广义货币与狭义货币的划分是相对的。

通过货币定义对货币作了分层。货币层次划分的目的，是为了把握流通中的不同层次货币的特点、性质、运动规律以及它们在整个货币体系中的地位。对不同层次货币特性的了解有助于中央银行进行精细的货币调控。

M_1 代表着经济中的现实购买力，是流动性最强的货币，对通货膨胀或通货紧缩有最大且最直接的影响力。M_2 不仅反映现实的购买力，还反映潜在的购买力，M_2 中的定期存款是商业银行贷款能力的基本后盾。在某一时期的宏观经济运行过程中，若 M_1 增速较快，则消费和终端市场活跃；若 M_2 增速较快，则投资和中间市场活跃。若 M_2 过高而 M_1 过低，表明投资过热、需求不旺，经济有转入衰退进程的风险；若 M_1 过高 M_2 过低，表明需求强劲、投资不足，有物价水平上涨的风险。

对货币分层及其经济含义的了解有助于中央银行对货币市场形势的判断和对货币政策目标的确定与调整。

（四）货币政策目标

货币政策目标包含最终目标、中间目标和操作目标。

货币政策的操作目标，通常是指被定量的货币发行量、法定准备金率、再贴现率、公开市场就业量。

货币政策的最终目标，是指中央银行货币政策的实施，经过一定的传导过程，将其影响导入一国经济的实际领域，达到既定的调控效果。货币政策的最终目标一般可概括为：充分就业、稳定物价、经济增长、国际收支平衡和金融稳定。

货币政策的中间目标，是指处于操作目标和最终目标之间，在一定的时期内和某种特殊的经济状况下，能够以一定的精度达到的目标。

货币政策中间目标选取的标准：可测性，即作为中间目标的变量必须能准确和迅速地进行量的测度；可控性，即中间目标的具体变量应便于货币管理当局运用政策工具有效地驾驭和控制；相关性，即中间目标必须同货币政策最终目标高度相关，要具有类似于

---

① 我国对货币层次的划分：M_0＝流通中现金；狭义货币（M_1）＝M_0＋企业活期存款＋机关团体部队存款＋农村存款＋个人持有的信用卡类存款；广义货币（M_2）＝M_1＋城乡居民储蓄存款＋企业存款中具有定期性质的存款＋信托类存款＋其他存款；另外还有 M_3＝M_2＋金融债券＋商业票据＋大额可转让定期存单等。其中，M_2－M_1 是准货币，M_3 是根据金融工具的不断创新而设置的。

自变量与因变量之间的那种函数关系；抗干扰性，指所选择的金融变量的变化能够有效抵御其他因素的影响，能够独立发挥作用，使中央银行能够准确把握政策的适当与否和力度。

主张国家干预的凯恩斯主义和主张经济自由的货币主义在货币政策中间目标的确定上有很大区别，可以从其货币政策传导机制的不同看出来。

凯恩斯主义的货币传导机制为：

存款准备金→货币供给量→利率→投资→总支出→总产出

货币主义的货币传导机制为：

货币供给量→总支出→总产出

凯恩斯主义认为一般均衡条件下利率的变动对总支出始终有着极大影响，而强调"利率"在整个传导机制中的作用；货币主义认为利率在货币政策传导机制中不起主要作用，而强调"货币供给量"在整个传导机制中的直接效果。

实践中，货币政策的中间目标一般不止一个，而往往是由几个金融变量组成的中间目标体系。货币政策中间目标不是永远不变的，而是根据宏观经济运行的具体情势而调整的。

（五）金融体系和金融市场

货币流通要经过金融体系才能进行，宏观货币政策只有通过金融体系才能发挥作用。在现实中，世界各国的金融体系互有差别，难以用一个相对统一的模式进行概括。

从广义角度来理解，金融体系大体上包括金融调控体系、金融企业体系（组织体系）、金融监管体系、金融市场体系、金融环境体系五个方面。

从狭义角度来理解，金融体系包含银行体系和非银行体系，其顶端是中央银行。中央银行是货币发行银行、银行的银行、国家的银行、宏观货币政策的制定者和执行者。银行系统主要由各职能政策银行和商业银行组成；非银行系统由各类基金、保险公司、金融公司、抵押公司等组成。

金融市场，狭义上是指资金供求者之间的直接融资，广义上是指一切进行资金交易的市场。金融市场按金融交易的期限，分为货币市场和资本市场。货币市场的构成：银行同业拆借市场、票据市场、国库券市场、回购协议市场、大额可转让定期存单市场、货币市场基金。资本市场主要包括：股票市场、债券市场、投资基金市场。金融市场按金融交易程序分为一级市场（初级）、二级市场（次级）。

金融工具，按时间长短划分为短期金融工具和长期金融工具，短期金融工具包括票据（汇票、本票、支票）、信用卡、大额可转让定期存单、国库券、货币市场共同基金，长期金融工具包括股票和债券。金融工具的特征：偿还性、流动性、风险性、收益性。

二、酌情使用的宏观货币政策工具

（一）法定存款准备金率

1. 法定存款准备金率的含义

法定存款准备金率，是指中央银行以法律形式规定的商业银行将其吸收存款的一部分上缴中央银行作为准备金的比率。

变动法定存款准备金率的直接作用就是影响商业银行的放贷规模。比如，某商业银行吸收存款 100 万元，若法定存款准备金率为 20%，则该商业银行只能放贷 80 万元；若法定存款准备金率降为 10%，则该商业银行可以放贷 90 万元。这里的 80 万元、90 万元是商业银行可以动用的存款。

2. 法定存款准备金率政策的传递机制

法定存款准备金率政策的传递机制见图 12-5。

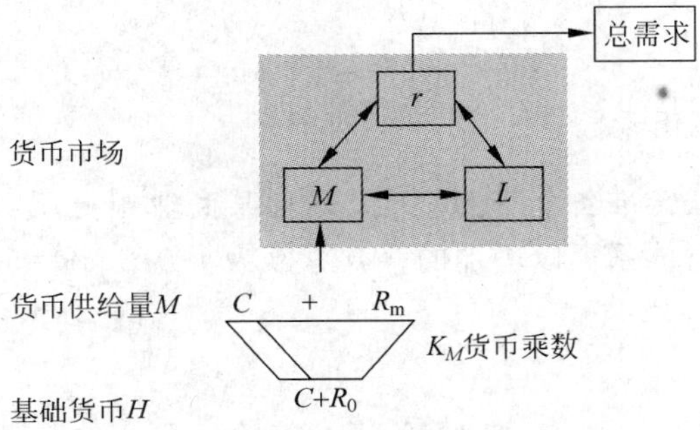

图 12-5　法定存款准备金率政策的传递机制

其中，基础货币由非商业银行系统持有的通货和商业银行系统掌握的原始活期存款两部分构成。基础货币被称为"高能货币"(其数量记为 R)。高能货币能够通过商业银行的货币创造机制，形成倍数(乘数)K_M 于自身的货币供给量，与再贴现率、公开市场操作产生的货币供给量一起，构成货币市场中最终的货币供给量 M。

3. 商业银行系统的货币创造机制

变动法定存款准备金率的最终效果是改变货币市场中的货币供给量，而这种改变是通过商业银行系统的货币创造机制来实现的。见表 12-6。

表 12-6　商业银行的货币创造过程　　单位：万元

存　款　人	银 行 存 款	银 行 贷 款	存款准备金
甲(存入	A 银行)100	80(给乙)	20
乙(存入	B 银行)80	64(给丙)	16
丙(存入	C 银行)64	51.2(给…)	12.8
…	…	…	…
合计	500	400	100

商业银行系统的货币创造机制假定银行的客户会将其一切货币收入以活期存款形式存入银行，法定准备金率为 $r_d=20\%$。当甲客户将 100 万元存入自己有账户的 A 银行，A 银行按法定准备金率保留 20 万元之后，将余下的 80 万元向乙企业贷款，乙企业得到贷款后并不直接提取现金，而是把贷款作为活期存款再存入同自己有业务往来的 B 银行账户，以便随时开出支票。B 银行获得了这笔存款，在按法律规定提取了 20% 的法定准备金后，又将其贷款给丙企业，丙企业同样也不提取现金，而是存入与自己有业务往来的 C

银行账户……如此循环存款贷款，商业银行体系在增加贷款的同时，促成了体系内存款的增加。由于存款就是货币，商业银行通过贷款而增加的存款就是商业银行在业务活动中所创造的货币，最终，商业银行体系创造的存款会使流通中的货币数量呈倍数增加。

货币市场上最终形成的货币供给量取决于流通中现金和商业银行最初存款的数量，以及后续商业银行能够动用的存款数额，该数额又取决于法定存款准备金率。若以 R 代表最初存款，以 D 代表存款总额即创造出来的货币供给量，以 r 代表法定准备金率（$0<r<1$），商业银行体系能够创造出的货币总量用公式可表示为

$$D=\frac{R}{r_{\mathrm{d}}}=\frac{1}{r_{\mathrm{d}}}\times R \tag{12-12}$$

式中：$k=\frac{1}{r_{\mathrm{d}}}$就是简单货币乘数。

上述例子表明，在法定准备金率为 20%、最初某商业银行所吸收的存款为 100 万元的情况下，整个商业银行体系可以增加的存款总额为 100/20%＝500（万元）。

（二）再贴现率

1. 再贴现率的含义

按传统商业习惯，客户向商业银行申请贷款时，通常用商业票据做抵押，商业银行在扣除利息后，再贷款给客户，因而称贷款为贴现，贷款利率称为贴现率。若商业银行遇到资金周转困难，可用贴现的商业票据向中央银行申请抵押贷款，即再贴现。尽管商业银行现在主要是用所持有的政府债券向中央银行申请担保贷款，但习惯上仍称中央银行的贷款利率为再贷款利率或再贴现率。再贴现意味着中央银行向商业银行贷款，从而增加了货币投放，直接增加货币供应量。

2. 再贴现率政策的作用机制和商业银行对再贴现率政策的反应

当家庭或企业持有未到期票据而急需用钱时，可以将债券拿到商业银行贴现。同理，当商业银行持有未到期票据而急需用钱时，也可以将债券拿到中央银行贴现，即再贴现。见图 12-6。

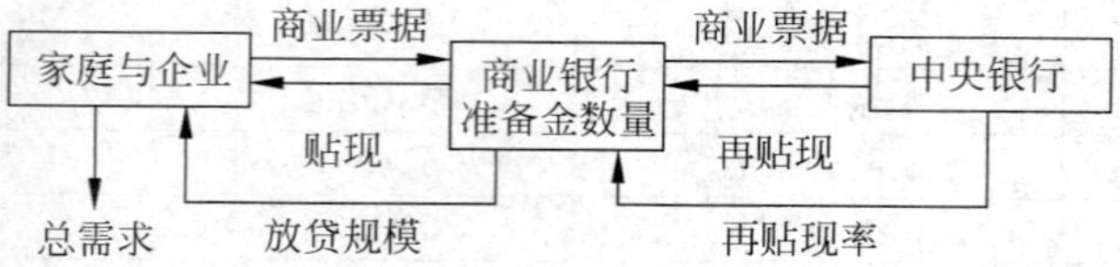

图 12-6　再贴现率政策的作用机制

商业银行是否进行再贴现取决于再贴现的成本和收益。再贴现率，可以理解为商业银行向中央银行再贴现商业票据的预扣利率，预扣掉的资金就是再贴现的成本。商业银行在考虑是否将一张商业票据向中央银行贴现时，会将再贴现率与银行间拆借利率比较，以选择较小成本的筹集资金方式。通过再贴现增加商业银行的运营资金后，商业银行可从扩大了的贷款业务中获取银行利润，这是再贴现的收益。再贴现收益的大小受到获利机会、商业银行经营运作能力、商业环境和宏观经济形势的影响。

3. 再贴现率政策的运用及其效力

中央银行就是利用上述商业银行对再贴现率政策的反应诱导商业银行的行为。当中央银行认为宏观经济形势过冷，需要货币政策来刺激经济时，中央银行就放松银根，调低再贴现率，降低商业银行再贴现的成本，使之愿意贴现商业票据，获得央行贷款，壮大自身准备金，从而扩大商业贷款业务。反之，当中央银行认为宏观经济形势过热，需要再贴现率政策来收缩经济时，中央银行就收紧银根，调高再贴现率，提高商业银行再贴现的成本，使之不愿意贴现商业票据，不去求取央行贷款，也就不会增加自身准备金、扩大商业贷款业务了。

再贴现率的高低在一定程度上反映了中央银行的政策意向，具有一种告示作用：提高再贴现率，呈现紧缩意向；反之，降低再贴现率，呈现扩张意向，对短期市场利率具有较强的导向作用。

再贴现率政策是诱导性的，其效力不仅与中央银行的决策有关，还与商业银行对再贴现率政策的反应有关。商业银行是否决定再贴现，除了考虑再贴现的成本因素外，还要考虑再贴现的收益因素，贴现行为的主动权掌握在商业银行手中，如果商业银行出于其他原因对再贴现率缺乏敏感性，则再贴现率的调节作用将大打折扣，甚至失效。多种因素的作用使得再贴现率政策的效力具有不确定性。

再贴现率具有调节灵活的优点，但也不宜频繁变动，否则给人以政策意向不明确的印象，使商业银行无所适从。此外，再贴现率的调节空间是有限的。

（三）公开市场业务

1. 公开市场业务的含义

公开市场业务，又称公开市场操作，是指中央银行在债券的二级市场上买卖债券的行为。

债券在一级市场上发行，在二级市场上交易和流通。央行和公众(家庭与企业)在二级债券市场上的经济关系如图 12-7 所示。

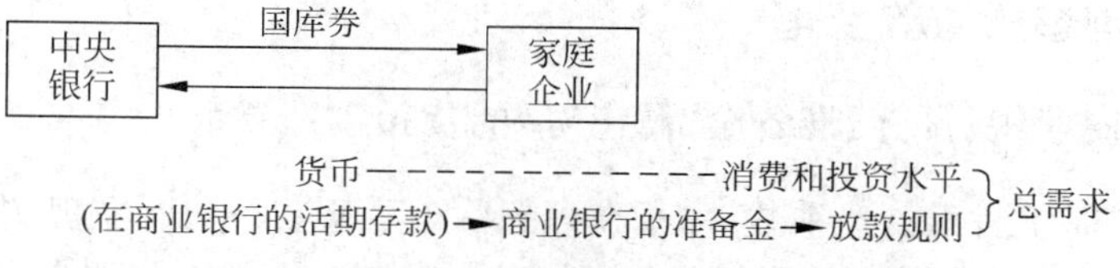

图 12-7　公开市场操作政策的传递机制(卖出短期国库券为例)

图 12-7 的经济含义是，当央行为了达到收缩经济的政策目的而在公开市场卖出短期国库券时，公众(家庭和企业)用货币(在商业银行的活期存款)来支付，致使初始的活期存款数量减少，商业银行的准备金缩小，从而基础货币 H 减少，在货币创造乘数 $1/r_d$ 不变的情况下，导致货币供给量 M 减少。

当中央银行买入债券(图中中央银行和家庭企业之间改为反方向箭头)，中央银行向商业银行支付货币，公众在商业银行的活期存款增加，致使初始的活期存款数量增多，即基础货币 H 增多，在货币创造乘数 $1/r_d$ 不变的情况下，导致货币供给量 M 增多。

2. 公开市场业务政策的运用

运用公开市场业务，可通过对货币供给量的调节来调整利率，并通过利率的变动来调节总需求，达到宏观经济政策的目标。经济繁荣时，通货膨胀严重，于是中央银行在金融市场上卖出有价证券，会使银行系统准备金减少，在货币创造乘数的作用下，导致货币供给量成倍减少和利率上升。这样，私人的投资和消费支出就会下降，通货膨胀得到缓解。经济衰退时做法相反。同前两种货币政策工具相比，公开市场业务具有明显的优势，主要是：主动性强、灵活性高、调控效果和缓、震动性小以及影响范围广等。三大宏观货币政策工具的比较如表 12-7 所示。因此，公开市场业务是最重要的货币政策工具。

表 12-7 三大宏观货币政策工具比较

货币政策工具	作用对象不同	灵活性不同	精确性不同	公开性不同
法定存款准备金率	货币创造乘数 $1/r_d$	一年一次	较不确定	公开性较强
再贴现率	基础货币 H	几周/几月一次	最不确定	公开性较强
公开市场业务	基础货币 H	可每日进行	最为精确	公开性较差

（四）选择性货币政策工具

随着中央银行宏观调控作用重要性的加强，货币政策工具也趋向多元化，出现了一些可供选择使用的新措施，如消费者信用控制、直接信用控制和间接信用指导等。

消费者信用控制，是指中央银行对不动产以外的各种耐用消费品的销售融资予以控制。

直接信用控制，是指中央银行以行政命令或其他方式，直接对金融机构尤其是商业银行的信用活动进行控制。

间接信用指导，是指中央银行通过道义劝告、窗口指导等办法来间接影响商业银行等金融机构行为的做法。

利率上限规定，是指中央银行规定商业银行和其他储蓄机构定期存款和储蓄存款的利率上限。

三、货币创造乘数的变化

（一）考虑商业银行部门准备金“漏出”后的货币创造乘数

前面讨论了简单货币创造乘数，那是在理想状态下所获得的。在现实经济生活中，对于商业银行所吸收的活期存款，即商业银行展开贷款业务的准备金，除了要按照相关法律提取出法定存款准备金，还会有商业银行没有贷放出去的准备金（称为超额准备金），以及客户未将得到的贷款全部存入商业银行而抽取出一定比例的现金（被视为现金漏出），这样进入商业银行系统货币创造过程的准备金就会缩小，如图 12-8 所示。

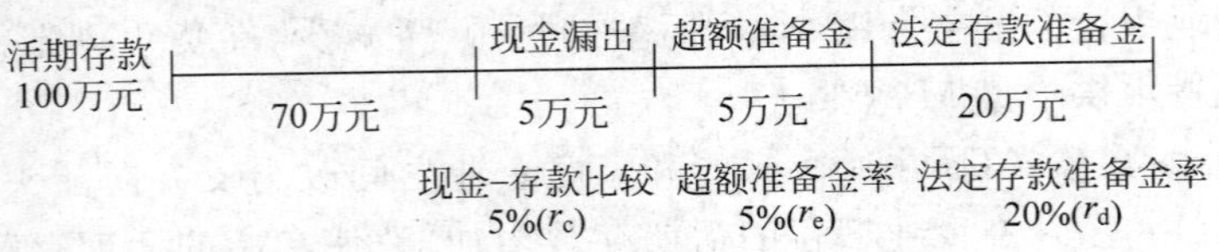

图 12-8 货币创造乘数的变化

在这种情况下，货币创造乘数就会缩小：

$$k=\frac{1}{r_d}\text{——缩小—}\rightarrow k=\frac{1}{r_d+r_e+r_c}$$

根据上述例子，在初始准备金 R 为 100 万元、新的货币创造乘数 k 为 0.3 的情况下，创造出来的货币供给量 D 为 333.3 万元，而不是简单货币创造乘数 0.5 条件下的 500 万元。

（二）进一步考虑非商业银行部门持有的"通货"后的货币创造乘数

以上只讨论了商业银行部门的初始准备金 R(称为基础货币，包含法定的 R_d 和超额的 R_e)，这是存款扩张的基础。除了商业银行部门的准备金，非商业银行部门所持有的通货 C_u 也具有创造货币的能量，因此，两者之和成为"高能货币"或"强力货币"H。

高能货币　　$H=C_u+R_d+R_e$　　(12-13)

货币供给　　$M=C_u+D$　　(12-14)

式中：D 为经过货币创造过程后形成的货币供给量；M 即货币定义中的 M_1。

$$\frac{M}{H}=\frac{C_u+D}{C_u+R_d+R_e} \tag{12-15}$$

上式分子、分母同除以 D，有新的货币创造乘数：

$$\frac{M}{H}=\frac{r_c+1}{r_d+r_e+r_c} \tag{12-16}$$

式中：M/H 即为考虑非商业银行部门持有的通货以后的、新的货币创造乘数 k。

四、"单一规则"

单一规则，又称稳定货币增长率规则，是指货币当局或中央银行按一个稳定的增长比率扩大货币供应。单一规则的完整含义是：排除了利率、信贷流量、自由准备金等因素，仅以一定的货币存量作为控制经济唯一因素的货币政策。

单一规则是美国货币学派代表人物 M. 弗里德曼作为相机抉择货币政策(即权衡性货币政策)的对立面提出的。弗里德曼认为，由于货币扩张或紧缩对经济活动和价格水平的影响有"时滞"，故货币当局或中央银行采取相机抉择的货币政策必然产生过头的政策行为，对经济活动造成不利的影响，这是西方国家产生通货膨胀的重要原因，因此主张应实行单一规则的货币政策。

可供选择的"单一"规则有：①货币数量保持不变，即货币增长率为零。由于美国每年经济实际增长率约为 3%，人口增长率为 1%～2%，因此这种规则将使物价每年下降 4%～5%。名义工资与物价水平均下降，在通货紧缩条件下也能充分就业。但名义工资下降会遭到工人反对，难以顺利进行。②按人口增长率(或劳动力的增长率)确定货币量的增长率，保持货币工资不变。由于经济增长率约为 3%，商品价格水平将降低 3%，这将遭到资本所有者的反对，亦难顺利进行。③以经济增长率与人口增长率之和为货币供应量增长率。以美国为例，货币供应量年增长率为 4%～5%，这样既可以保持物价水平稳定，也不会使名义工资下降，可以保证经济的均衡发展。弗里德曼认为，这是"最适当的规则”。他建议，美国货币供应量年增长率应稳定在4%～5%，除此之外，政府不用对经济进行其他形式的干预，完全让市场自发调节，保持经济均衡。

西方经济学界对“单一规则”有两种不同的反应。赞同此规则的经济学家认为，由于反周期货币政策所需要的理论知识和技术手段的不完善，而且多重货币政策目标难以兼顾，相机抉择会导致过头的政策行为，因此，单一规则是可取的。反对此规则的经济学家认为，单一规则以完全的自由市场经济为条件，并不适合于现当代。货币政策时滞虽然会降低反周期效果，但不会使其效果为零。而且货币当局可以吸取经验教训，改善操作技术，提高权衡性货币政策的效果。基于以上理由，各国的货币当局仍多以权衡性货币政策来干预经济。

第四节　宏观经济政策的运用与效果

一、斟酌使用的宏观经济政策工具运用的原则

斟酌使用的宏观经济政策工具（以下简称宏观经济政策）主要是用来熨平宏观经济运行波动的，所以又称为“反周期政策”或“稳定化政策”，见图12-9，削减宏观经济波动幅度，使曲线所示的宏观经济运行尽可能靠近曲线 N 所表示的充分就业状态，因此，宏观经济政策工具运用的原则是“逆经济风向行事”。

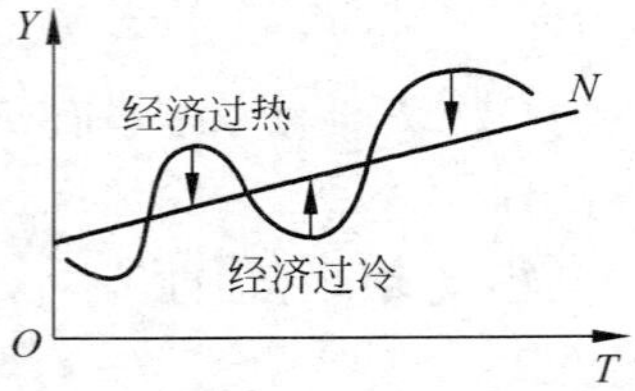

图12-9　宏观经济政策运用原则：熨平经济波动

宏观经济运行过热，就用宏观经济政策工具降温；反之，宏观经济运行过冷，就用宏观经济政策工具加温。政府要审时度势，主动采取宏观经济政策措施，以稳定总需求水平，进而使国民经济接近物价稳定的充分就业水平。总之，要根据国民经济具体的运行情况来运用宏观经济政策工具，这就是所谓的“相机抉择”与“斟酌使用”宏观经济政策，又因为斟酌使用的宏观经济政策的作用是在充分就业状态下的总需求基础上对现实总需求的反向调整，所以又称为“补偿性宏观经济政策”。很显然，此类宏观经济政策带有人为干预的性质。

二、斟酌使用的宏观经济政策的运用

（一）宏观财政政策工具的具体运用

1. 宏观财政政策工具的运用

根据作用方式，财政政策分为扩张性财政政策与紧缩性财政政策。

扩张性财政政策，是指在经济萧条时期，通过财政分配活动来增加或刺激社会总需求，以防止经济衰退所产生的各种负作用的政策措施。

紧缩性财政政策，是指在经济高涨期，通过财政分配活动减少或抑制社会总需求，降

低经济过热所产生的各种负作用的政策措施。

在一个特定的宏观经济状态下，怎样确定下一步是采取扩张性财政政策还是收缩性财政政策呢？

假定当前的宏观财政政策组合是 t、G、TR。这套政策组合在充分就业条件下能产生预算盈余 BS^*，而在当前产生预算盈余 BS。

当 $BS^*-BS>0$，要将当前的政策组合改变为扩张性的；

当 $BS^*-BS<0$，要将当前的政策组合改变为收缩性的。

宏观财政政策的具体运用如表 12-8 所示。

表 12-8　财政政策工具的运用

宏观经济运行状态	政策性质	政府购买 ΔG	政府转移支付 ΔTR	税收结构税率 t	政策目标
过冷	扩张性	增加	增加	降低	增加总需求
过热	紧缩性	减少	减少	提高	减少总需求

扩张性财政政策，具体包括：扩大国家预算规模、减税、扩大国家信用规模和财政赤字等。紧缩性财政政策，具体包括：缩小国家预算规模、增税、减少国家信用规模和财政盈余等。可见，扩张性财政政策和紧缩性财政政策的各项措施在原理上是一致的，只是方向相反而已。

2. 宏观财政政策的效果

宏观财政政策的效果同 IS 曲线和 LM 曲线的斜率有关，也和所处的经济周期阶段有关。

(1) IS 曲线斜率与宏观财政政策效果的关系

宏观财政政策效果与挤出效应有关，而挤出效应大小与 IS 曲线的斜率有关。IS 曲线的斜率体现了投资变动对利率变动的敏感程度。IS 曲线的斜率小，即 IS 曲线平坦，表示投资变动对利率变动的反应敏感，即反应系数大，一项扩张性财政政策使利率上升时，使私人投资下降的较多，挤出效应大，换句话说，宏观财政政策效果小，如图 12-10(a)所示；反之，IS 曲线的斜率大，即 IS 曲线陡峭，表示投资变动对利率变动的反应不敏感，即反应系数小，一项扩张性财政政策使利率上升时，使私人投资下降的较少，挤出效应小，换句话说，宏观财政政策效果大，如图 12-10(b)所示。

数字举例如下。对应于图 12-10(a)，设政府实行一项扩大政府支出的财政政策 ΔG，IS_0 移到 IS_1，$\Delta Y_G=K_G\times\Delta G=5$，为图中 Y_0Y'，而实际总产出增量是 3，为图中 Y_0Y_1，这意味着私人投资被挤出，被挤出的私人产量为 $5-3=2$，即相当于图中 Y_1Y'的量。对应于图 12-10(b)，设政府实行同样的一项扩大政府支出的财政政策 ΔG，IS_0 移到 IS_1，$\Delta Y_G=K_G\times\Delta G=5$，为图中 Y_0Y'，而实际总产出增量是 3，为图中 Y_0Y_1，这意味着私人投资被挤出，被挤出的私人产量为 $4-3=1$，即相当于图中 Y_1Y'的量。

(2) LM 曲线斜率与宏观财政政策效果的关系

挤出效应的大小与 LM 曲线的斜率有关，图 12-10(c)显示，当 LM 曲线水平时，发生完全乘数效应，即扩张性财政政策实施后，有 $\Delta Y_G=K_G\times\Delta G$，此时利率不变，没有影响私人投资，扩张性财政政策获得了完全的政策效果。图 12-10(d)显示，当 LM 曲线垂直时，

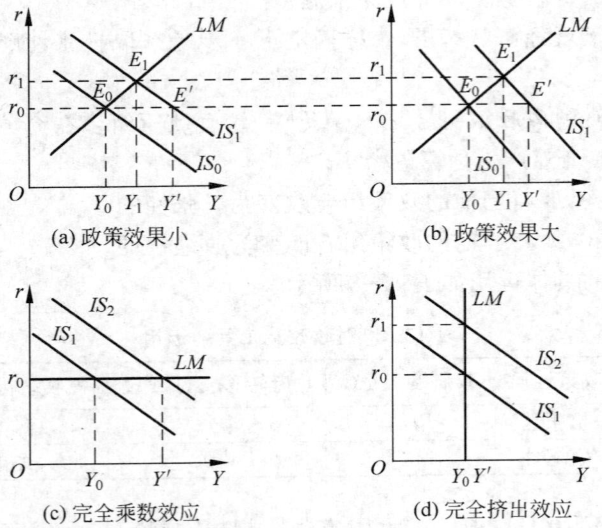

图 12-10 宏观财政政策效果

发生完全挤出效应，即扩张性财政政策实施后，有 $\Delta Y_G = K_G \times \Delta G$，但由于利率上升，私人投资减少，因私人投资减少而减少的私人产出同 ΔY_G 一样多，均衡产出 Y' 与 Y_0 相比没有变化。而介于水平与垂直之间的 LM 曲线的斜率对宏观财政政策效果的影响是，随着 LM 曲线由水平变化到垂直，宏观财政政策效果越来越小。

(3) 经济周期阶段与宏观财政政策效果的关系

总产出从 0 到充分就业的国民收入 Y_f 的过渡，代表了经济周期由不景气到繁荣的过渡任何时候都有财政政策和货币政策的配合。假定货币政策不发生改变，同样力度的财政政策在经济周期的不同阶段其政策效果是不同的。如图 12-11 所示，同样力度的扩张性财政政策在经济不景气阶段和在接近经济繁荣阶段所导致的总产出数量是不同的。

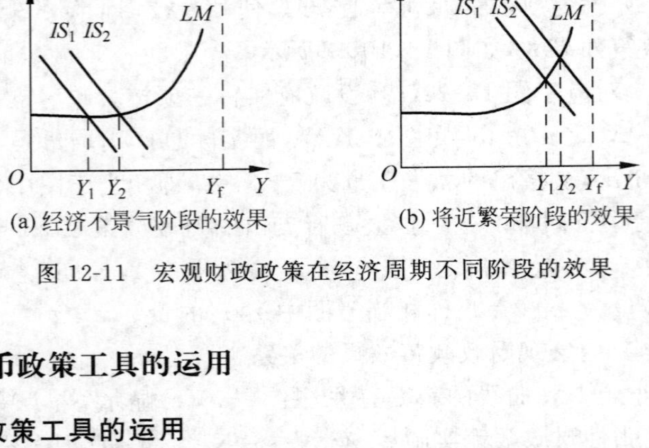

图 12-11 宏观财政政策在经济周期不同阶段的效果

（二）宏观货币政策工具的运用

1. 宏观货币政策工具的运用

根据作用方式，宏观货币政策分为扩张性货币政策与紧缩性货币政策。

扩张性货币政策，是指在经济萧条时期，通过扩大货币流通量来增加或刺激社会总需求，以防止经济衰退所产生的各种负作用的政策措施。

紧缩性货币政策，是指在经济高涨期，通过压缩货币流通量来减少或抑制社会总需求，降低经济过热所产生的各种负作用的政策措施。

在一个特定的宏观经济状态下，怎样确定下一步是采取扩张性货币政策还是收缩性货币政策呢？其依据可参考前文确定财政政策性质的依据。

宏观货币政策工具的具体运用如表 12-9 所示。

表 12-9　货币政策工具的运用

宏观经济运行状态	政策性质	法定储蓄准备金率	再贴现率	公开市场操作	政策目标
过冷	扩张性	降低	降低	买入	增加总需求
过热	紧缩性	提高	提高	卖出	减少总需求

2. 宏观货币政策的效果

(1) *IS* 曲线斜率与宏观财政政策效果的关系

IS 曲线的斜率小，表示投资变动对利率变动的反应敏感，即反应系数大，一项扩张性货币政策使利率下降时，私人投资会有较大幅度的增加，从而总产出增加较多 Y_1Y_3，宏观货币政策效果大；反之，*IS* 曲线的斜率大，表示投资变动对利率变动的反应不敏感，即反应系数小，一项扩张性货币政策使利率下降时，私人投资并不会有较大幅度的增加，从而总产出增加较少 Y_1Y_2，宏观财政政策效果小。如图 12-12(a)所示。

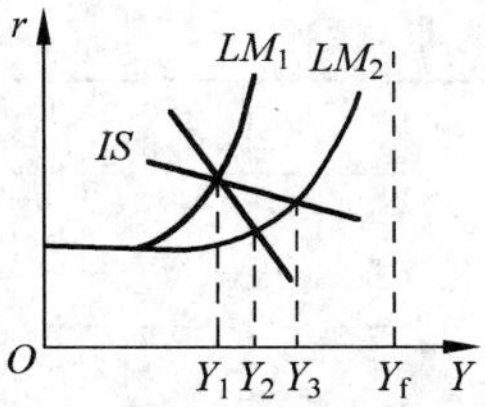

(a) 货币政策效果因IS斜率而异

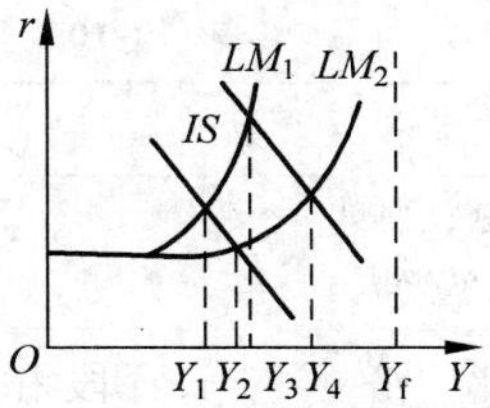

(b) 货币政策效果因LM斜率而异

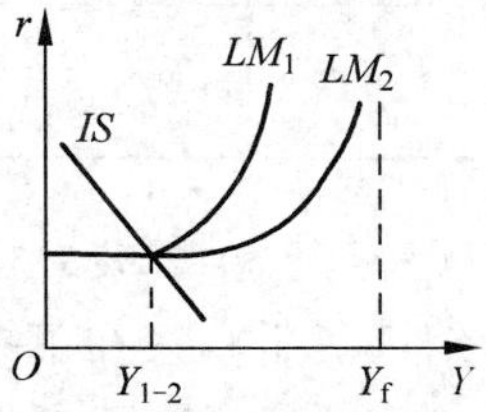

(c) 处于不景气阶段的效果

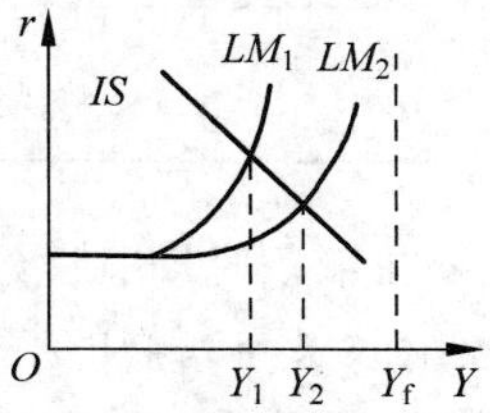

(d) 将近繁荣阶段的效果

图 12-12　宏观货币政策的效果

(2) *LM* 曲线斜率与宏观财政政策效果的关系

LM 曲线的斜率小，表示货币需求对利率变动的反应敏感，即利率稍有变动就会使货币需求变动很多，因而货币供给量变动对利率变动的作用较小，从而增加货币供给量的政策对私人投资和总产出影响较小，宏观货币政策效果小，如图 12-12(b)中 Y_1Y_2 所示；反之，即 *LM* 曲线陡峭，表示货币需求对利率变动的反应不敏感，即利率要有较大变动才能

使货币需求有略为明显的变动，因而货币供给量变动对利率变动的作用较大，从而增加货币供给量的政策对私人投资和总产出影响较大，宏观货币政策效果大，如图 12-12(b)中 Y_3Y_4 所示。

(3) 经济周期阶段与宏观财政政策效果的关系

如同宏观财政政策工具一样，宏观货币政策工具在经济周期的不同阶段，其政策效果也会有所不同。LM 曲线的凯恩斯区间、中间区间、古典区间，也是大致对应着国民收入水平很低、渐高、过热的宏观经济状态。

假定财政政策给定，当增加一定数量的货币发行或降低某一百分率的法定存款准备金率时，在经济不景气阶段，其政策效果很不明显，如图 12-12(c)所示，LM_1 变动到 LM_2，总产出几乎没有变动 Y_{1-2}；而增加同样数量的货币发行或降低同一百分率的法定存款准备金率，在将近繁荣阶段，其政策效果就比较明显，如图 12-12(d)所示，LM_1 同样变动到 LM_2，总产出从 Y_1 较明显地增加到了 Y_2。当经济进入到充分就业状态，加大货币发行量或大幅调低法定存款准备金率同样也不能够增加总产出，此时社会生产能力已经达到极限。

3. 宏观货币政策效果的非对称性

从以上扩张性货币政策在经济周期不同阶段的运用，可以看出其效果大小是不同的，收缩性货币政策在经济周期不同阶段的运用也有类似情况。同样的政策有大小不同的效果，称之为“非对称性”。这些非对称性是由在经济周期不同阶段公众流动性偏好程度不同所造成的，见表 12-10。

表 12-10 货币政策效果的非对称性

货币政策效果	萧条时期	繁荣时期
公众的流动性偏好强度随经济形势变化	变大	变小
扩张性货币政策的正效果 $\Delta Y/\Delta(M_0/P)$	变小 $K_m\downarrow$	变大 $K_m\uparrow$
紧缩性货币政策的负效果 $-\Delta Y/-\Delta(M_0/P)$	变小 $K_m\downarrow$	变大 $K_m\uparrow$

扩张性货币政策在萧条时期刺激经济增长的作用不大，在繁荣时期作用变大致使经济更加过热(这种政策效果与人们的期待相悖)；紧缩性货币政策在萧条时期压缩国民经济的作用很小，在繁荣时期则有较大的抑制经济过热的作用(这正是人们所期待的政策效果)。

货币政策的时滞，相比较财政政策而言，货币政策的内部时滞短(主要体现在生效时滞短)，外部时滞长(传导的路径长)。

(三) 宏观经济政策工具组合

宏观经济政策工具组合及其效果如表 12-11 所示。

表 12-11　宏观财政-货币政策组合及其效果

<table>
<tr><th>调整目标</th><th colspan="3">政策组合</th><th>效果图示</th></tr>
<tr><td rowspan="4">促增长
稳物价</td><td>政策搭配</td><td>直接影响</td><td>间接影响</td><td rowspan="4">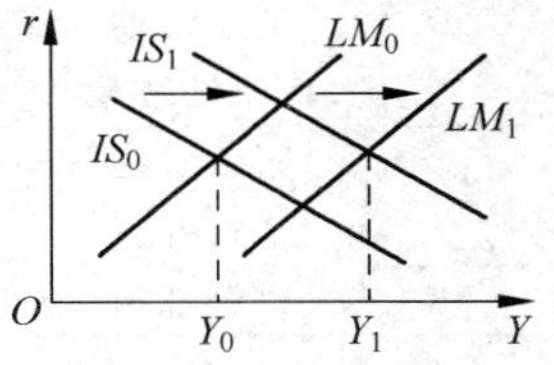
</td></tr>
<tr><td>松财政</td><td>Y↑</td><td>r↑</td></tr>
<tr><td>松货币</td><td>r↓</td><td>Y↓</td></tr>
<tr><td>合成影响</td><td colspan="2">Y↑，r 不确定</td></tr>
<tr><td rowspan="4">抑过热
稳物价</td><td>政策搭配</td><td>直接影响</td><td>间接影响</td><td rowspan="4">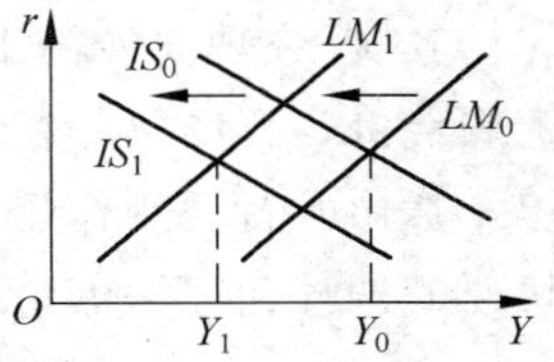
</td></tr>
<tr><td>紧财政</td><td>Y↓</td><td>r↓</td></tr>
<tr><td>紧货币</td><td>r↑</td><td>Y↓</td></tr>
<tr><td>合成影响</td><td colspan="2">Y↓，r 不确定</td></tr>
<tr><td rowspan="4">稳收入
降物价</td><td>政策搭配</td><td>直接影响</td><td>间接影响</td><td rowspan="4">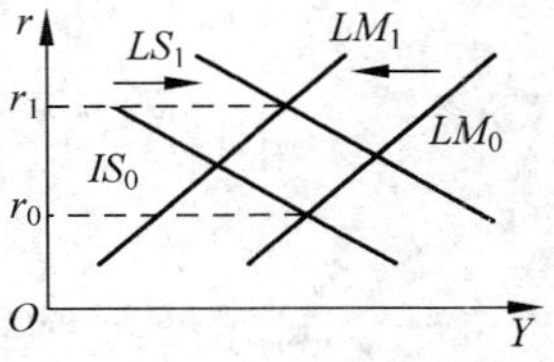
</td></tr>
<tr><td>松财政</td><td>Y↑</td><td>r↑</td></tr>
<tr><td>紧货币</td><td>r↑</td><td>Y↓</td></tr>
<tr><td>合成影响</td><td colspan="2">Y↑，r 不确定</td></tr>
<tr><td rowspan="4">稳收入
促投资</td><td>政策搭配</td><td>直接影响</td><td>间接影响</td><td rowspan="4">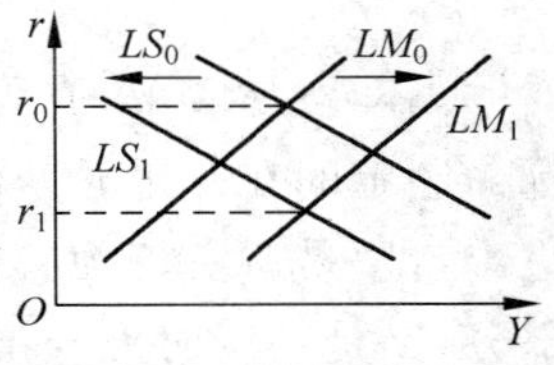
</td></tr>
<tr><td>紧财政</td><td>Y↓</td><td>r↓</td></tr>
<tr><td>松货币</td><td>r↓</td><td>Y↑</td></tr>
<tr><td>合成影响</td><td colspan="2">Y 不确定，r↓
若 Y 不变，Y 中投资品占比↑</td></tr>
</table>

三、不同观点的宏观经济政策主张

在政府介入宏观经济运行的问题上，经济自由主义和国家干预主义的基本经济观点与经济政策主张有很大区别。

经济自由主义的基本经济观点，认为市场机制是近乎完美的，相信市场中的大多数人是理性的，他们选择的结果体现在价格机制上，价格机制最终导致市场出清，达到帕累托最优。市场经济运行有其内在的“自然规律”，政府的积极政策干预只会起到干扰作用，他们更多地主张依靠市场经济制度本身的机制和力量来稳定宏观经济的运行，譬如依靠财政制度的内在稳定器，以及货币发行的“单一规则”。

国家干预主义的基本经济观点，认为市场机制存在失灵，在宏观经济失衡时无法通过市场机制自身的作用和力量使其恢复到均衡状态，需要政府的相机抉择，有斟酌地运用宏观经济政策对宏观经济运行状态予以矫正。相信政府是理性的，有能力的，政府的相机抉择的宏观经济政策能够熨平经济周期波动，实现宏观经济稳定运行，推动经济增长。

经济自由主义和国家干预主义的经济政策主张见表 12-12。

表 12-12 经济自由主义和国家干预主义的政策主张

政策与政府规模	经济自由主义	国家干预主义
萧条时期 扩张性政策	减收(减税) T_0↓或者 t↓	增支 TR↑或者 G↑
繁荣时期 紧缩性政策	减支 TR↓或者 G↓	增收(增税) T_0↑或者 t↑
政府规模	缩小	扩大

其实，在现实经济生活中，财政制度的内在稳定器和单一货币发行规则构成政府稳定宏观经济运行的第一道防线，鉴于内在稳定器在稳定宏观经济波动上作用的有限性，以及单一货币发行规则作用的宽泛性、缓慢性，也需要斟酌使用的宏观经济政策做短时、定点、快速的调控。完善的市场经济制度体系才是国民经济长期稳定发展的保障。

第五节 开放经济下的宏观经济政策

一、国际贸易政策

国际贸易政策，亦称对外贸易政策，是指一国政府根据本国的政治经济利益和发展目标而制定的在一定时期内的进出口贸易活动的准则。它集中体现为一国在一定时期内对进出口贸易所实行的法律、规章、条例及措施等。它既是一国总经济政策的一个重要组成部分，又是一国对外经济政策的一个重要组成部分。

（一）对外贸易政策的目的和类型

对外贸易政策的目的主要有：保护本国的市场，扩大本国产品的出口市场，促进本国产业结构的改善，积累资本或资金，维护本国对外的经济、政治关系，促进经济发展与稳定。

对外贸易政策的类型，从国际贸易的历史考察，以国家对外贸的干预与否为标准，可以把对外贸易政策归纳为三种基本类型：自由贸易政策、保护贸易政策和管理贸易政策。

自由贸易政策，是指国家对商品进出口不加干预，对进口商品不加限制，不设障碍；对出口商品也不给以特权和优惠，放任自由，使商品在国内外市场上自由竞争。自由贸易政策产生的历史背景是资本主义自由竞争时期(18 世纪至 19 世纪)，主要在英国、荷兰等首先进入资本主义，且在经济上和竞争上占有优势的国家实行。

保护贸易政策，是指国家对商品进出口积极加以干预，利用各种措施限制商品进口，保护国内市场和国内生产，使之免受国外商品竞争；对本国出口商品给予优待和补贴，鼓励扩大出口。在不同的历史阶段，保护贸易政策由于其所保护的对象、目的和手段不同，可以分为重商主义的、保护幼稚工业论的、超保护贸易政策的、新贸易保护主义的保护贸易政策。

管理贸易政策，又称协调贸易政策，是指国家对内制定一系列的贸易政策、法规，加强对外贸易的管理，实现一国对外贸易的有秩序、健康的发展；对外通过谈判签订双边、区域及多边贸易条约或协定，协调与其他贸易伙伴在经济贸易方面的权利与义务。管理贸易政策是20世纪80年代以来，在国际经济联系日益加强而新贸易保护主义重新抬头的双重背景下逐步形成的。在这种背景下，为了既保护本国市场，又不伤害国际贸易秩序，保证世界经济的正常发展，各国政府纷纷加强了对外贸易的管理和协调，从而逐步形成了管理贸易政策或协调贸易政策。管理贸易是介于自由贸易和保护贸易之间的一种对外贸易政策，是一种协调和管理兼顾的国际贸易体制，是各国对外贸易政策发展的方向。

（二）对外贸易政策的实施措施

各国的对外贸易政策的具体实施措施主要包括关税措施、非关税措施、出口管理措施等。

1. 关税措施

关税(Customs Duties；Tariff)是进出口商品经过一国关境时，由海关对进出口商品所征收的一种税。关境是一国征收关税的领域。关税的纳税人虽然是进出口企业，但是企业可用增加商品价格的方法，将关税负担转嫁到消费者身上，所以说消费者是关税的直接承担者。

关税种类很多。按商品运动形式分为进口税、出口税、过境税；按征税目的分为以增加国家财政收入为目的的财政关税和以保护本国产业和市场为目的的保护关税；按征税方法分为从量税、从价税和复合税；按使用范围和待遇等级分为无差别关税和差别关税；另外还有报复性关税、抵消性关税、互惠关税等。

实施关税的经济效应。进口国实施关税的直接经济效应是：使产品价格升高，国内部分需求由进口转向国内生产，国内生产扩大，增加国内就业，减少外贸赤字，价格水平上升造成消费者剩余损失，以消费者承当高价格水平带来的财政收入增加，以消费者支出增加带来的企业收入增加，消费者剩余损失和企业成本上升造成的社会福利损失。

2. 非关税措施

非关税措施，又称非关税壁垒，是指关税以外的一切限制进口的措施。非关税措施繁多，主要有：进口配额，是一国为了保护本国生产和改善国际收支状况，对某种商品在一定时期内的进口数量或金额实行限制的贸易措施，是非关税措施中最常见的一种，对经济的影响在许多方面同关税的影响是一样的；自愿限制出口，是进口配额的一种特殊形式，是出口国在进口国的要求和压力下，不得不“自愿”地限制某些商品在一定时期出口该国的数量；技术性贸易壁垒，进口国以维护消费者利益与安全为由，把有些技术、卫生、包装方面的标准定得极其复杂苛刻，以期限制某些商品的进口。

3. 出口管理措施

出口管理措施包括两个方面：鼓励出口和管制出口。出口鼓励措施主要有出口信贷、出口信贷国家担保、出口补贴、商品倾销、外汇倾销等。出口管制措施管制的对象主要包括战略物资及其有关的先进技术资料，国内生产所需的原材料、半成品及国内市场供应不足的某些必需品，实行“自动”出口控制的商品，实行许可证出口管理的商品，为了实行经济制裁而对某国或某地区限制甚至禁止出口的商品，重要的文物、艺术品、黄金、白银等。

二、国际金融政策

国际金融政策是一国宏观经济政策的重要组成部分，涉及国际收支调节政策、汇率制度选择政策、外汇政策、国际储备调节政策、资本流动政策和货币金融危机处理政策等。下面主要对国际收支调节政策、汇率制度选择政策做一简要介绍。

（一）国际收支调节政策

在现实经济生活中，国际收支平衡[①]是偶然现象，不平衡则是常态，因此，需要经常对失衡的国际收支进行调节。为了顺利而有效地调节国际收支，首先必须研究国际收支不平衡的原因，然后才能采取有针对性的措施来进行调节。

1. 国际收支不平衡的原因

各国发生国际收支不平衡的原因繁多且复杂，这些原因中既有一般的原因，又有特殊的原因。就一般原因来说，国际收支不平衡分为以下五种类型。

（1）周期性不平衡（Cyclical Disequilibrium），是指一国经济周期波动引起该国国民收入、价格水平、生产和就业发生变化而导致的国际收支不平衡。如，在经济衰退阶段，国民收入减少，总需求下降，物价下跌，会促使出口增长，进口减少，从而出现顺差；而在经济繁荣阶段，国民收入增加，总需求上升，物价上涨，则使进口增加，出口减少，从而出现国际收支逆差。

（2）货币性不平衡（Monetary Disequilibrium），又称价格性不平衡（Price Disequilibrium），是指一国货币增长速度、商品成本和物价水平与其他国家相比，发生较大变化而引起的国际收支不平衡。譬如，国内发生通货膨胀，本国商品价格外币标价升高，导致出口减少；相比之下，进口商品便宜，引致进口增加，二者作用造成国际收支逆差。货币性不平衡可以是短期的，也可以是中期的或长期的。

（3）结构性不平衡（Structural Disequilibrium），是指当国际分工的结构（或世界市场）发生变化时，一国经济结构的变动不能适应这种变化而产生的国际收支不平衡。各国都有本国国情条件下长期形成的经济结构。若在某一时期，世界市场对某国的出口需求或对该国进口的供给发生变化，而该国经济结构不能灵活调整以适应国际分工结构的变化，则会产生国际收支的结构性不平衡。

（4）收入性不平衡（Income Disequilibrium），是指由于各种经济条件的恶化引起国民收入的较大变动而引起的国际收支不平衡。国民收入持续增加了，进口一般也会随之增

---

① 国际收支平衡可分为静态平衡与动态平衡、自主平衡与被动平衡。静态平衡，是指一国在一年的年末，国际收支不存在顺差也不存在逆差；动态平衡，不强调一年的国际收支平衡，而是以经济实际运行可能实现的计划期为平衡周期，保持计划期内的国际收支均衡。自主平衡，是指由自主性交易（即基于商业动机、为追求利润或其他利益而独立发生的交易）实现的收支平衡；被动平衡，是指通过补偿性交易（即一国货币当局为弥补自主性交易的不平衡而采取调节性交易）而达到的收支平衡。

加，这样就有可能引起国际收支状况改变，以至转为逆差。这种不平衡通常具有长期性。

（5）临时性不平衡（Temporary Disequilibrium）。临时性不平衡是指短期的由非确定或偶然因素引起的国际收支不平衡。这种性质的国际收支不平衡，程度一般较轻，持续时间也不长，带有可逆性，因此，可以认为是一种正常现象。

上述五种类型的国际收支不平衡是由一般原因造成的，另有一些国际收支不平衡是由诸如国家类型的不同等特殊原因造成的，本教程不予展开论述。

2. 国际收支不平衡的自动调节

短期国际收支失衡对一国经济运行或许无大妨碍，但若长期持续失衡，无论是顺差还是逆差，对其经济的均衡、健康发展就非常不利了，因此，各国政府都非常重视对国际收支失衡的调节。国际收支的调节大体可分为两类，一类是自动调节，另一类是人为的政策调节。

国际收支自动调节，是指由国际收支不平衡引起的国内经济变量变动对国际收支的反作用过程、自动矫正过程，属于自动调节。在不同的货币制度下，自动调节机制会有所差异。在国际间普遍实行金本位制的条件下，一个国家的国际收支可通过物价的涨落和现金（即黄金）的输出输入自动恢复平衡。在不兑现的纸币流通制度条件下，黄金流动虽已不复存在，然而，价格、汇率、利率、国民收入经济变量对于国际收支自动恢复平衡仍发挥着一定的作用，由此形成价格的自动调节机制、汇率的自动调节机制、国民收入的自动调节机制、利率的自动调节机制等。在纸币流通条件下，国际收支自动调节机制的正常运行具有很大的局限性，往往难以有效地发挥作用，因为它要受到各方面因素的影响和制约。

自动调节机制充分发挥作用要满足三个基本条件：纯粹的自由经济；进出口商品的供给和需求弹性较大；国内总需求和资本流动对利率升降有较敏感的反应。这些条件在当前不可能完全具备，致使国际收支自动调节机制往往不能有效地发挥作用。因此，当国际收支不平衡时，各国政府往往根据各自的利益采取不同的经济政策，使国际收支恢复平衡。

3. 国际收支不平衡的政策调节

国际收支的政策调节，是指国际收支不平衡的国家通过改变其宏观经济政策和加强国际间的经济合作，主动地对本国的国际收支进行调节，以使其恢复平衡，属于人为调节。对于国际收支失衡政府可以选择采取以下调节政策。

（1）外汇缓冲政策。外汇缓冲政策，是指一国运用所持有的一定数量的国际储备，主要是黄金和外汇，作为外汇稳定或平准基金（Exchange Stabilization Fund），来抵消市场超额外汇供给或超额外汇需求，从而改善其国际收支状况。它是解决一次性或季节性、临时性国际收支不平衡的简便而有力的政策措施。

（2）财政政策。财政政策主要是采取缩减或扩大财政开支和调整税率的方式，以调节国际收支的顺差或逆差。财政政策主要是通过调节社会总需求和国民收入的水平来起作用的，这一过程的最中心环节是社会上企业和个人的“需求伸缩”，它在不同的体制背景下作用的机制和反应的快捷程度是不一致的，这取决于其产权制约关系的状况。

（3）货币政策。货币政策主要是通过调整利率来达到政策实施目标的。调整利率是指调整中央银行再贴现率，进而影响市场利率，以抑制或刺激需求，影响本国的商品进出口，达到国际收支平衡的目的。但是，利率政策对国际收支不平衡的调节存在着一些局限性。

(4) 汇率政策。汇率政策是指通过调整汇率来调节国际收支的不平衡。这里所谓的"调整汇率"是指一国货币金融当局公开宣布的货币法定升值与法定贬值，而不包括金融市场上一般性的汇率变动。汇率调整政策是通过改变外汇的供需关系，并经由进出口商品的价格变化，资本融进融出的实际收益(或成本)的变化等渠道来实现对国际收支不平衡的调节。当国际收支出现逆差时实行货币贬值，当国际收支出现顺差时实行货币升值。因此，一般只有当财政、货币政策不能调节国际收支不平衡时，才使用汇率手段。

(5) 直接管制政策。在某种情况下，各国还必须采取直接的管制政策来干预国际收支。直接管制政策包括外汇管制和贸易管制两个方面：外汇管制方面主要是通过对外汇的买卖直接加以管制以控制外汇市场的供求，维持本国货币对外汇率的稳定。从而影响本国商品及劳务的进出口和资本流动，调节国际收支不平衡。贸易管制方面的主要内容是奖出限入。在奖出方面常见的措施有：出口信贷、出口信贷国家担保制、出口补贴。而在限入方面，主要是实行提高关税、进口配额制和进口许可证制，此外，还有许多非关税壁垒的限制措施。实施直接管制措施调节国际收支不平衡见效快，同时选择性强，对局部性的国际收支不平衡可以采取有针对性的措施直接加以调节，不必涉及整体经济。

(6) 国际借贷。国际借贷就是通过国际金融市场、国际金融机构和政府间贷款的方式，弥补国际收支不平衡。国际收支逆差严重而又发生支付危机的国家，常常采取国际借贷的方式暂缓国际收支危机。但在这种情况下的借贷条件一般比较苛刻，这又势必增加将来还本付息的负担，使国际收支状况恶化，因此运用国际借贷方法调节国际收支不平衡仅仅是一种权宜之计。

(7) 国际经济、金融合作。如前所述，当国际收支不平衡时，各国根据本国的利益采取的调节政策和管制政策措施，有可能引起国家之间的利益冲突和矛盾。因此，除了实施上述调节措施以外，有关国家还试图通过加强国际经济、金融合作的方式，从根本上解决国际收支不平衡的问题。

人为的政策调节相对来说比较有力，但也容易产生负作用(如考虑了外部平衡而忽视了内部平衡)，有时还会因时滞效应而达不到预期的目的。

(二) 汇率制度选择政策

汇率制度，是指一国货币当局对本国货币汇率水平确定、汇率变动方式等所做的一系列安排或规定。具体内容主要包括：确定货币汇率的原则与依据；维持与调整汇率的办法；管理汇率的法令，体制和政策等；确定维持与管理汇率的机构，如外汇管理局、外汇平准基金委员会等。

1. 汇率制度的类型

汇率制度可分为固定汇率制、浮动汇率制以及介于两者之间的汇率制。

固定汇率制，又可根据演变历程分为以下三种。金本位制下的固定汇率制，各国货币都有法定含金量，汇率以两国货币的含金量之比即铸币平价为基础自发形成，可自由铸造、自由兑换。布雷顿森林体系下的固定汇率制，是以"双挂钩"为基础的，即美元与黄金挂钩(35 美元＝1 盎司黄金)，国际货币基金组织其他成员国货币与美元挂钩(实行固定比价即平价，允许波动的幅度为±1%)。货币局制下的固定汇率制，是指在法律中明确规定本国货币与某一外国可兑换货币保持固定的兑换率，并且对本国货币的发行作特殊限制以保证履行这一法定的汇率制度。其中，货币局制的特点是，通常要求货币发行必须以一定(通常是百分之百)的外国货币作为准备金，并且要求在货币流通中始终满足这一准备金要求。这一制度中的货币当局被称为货币局，而不是中央银行。因为在这种制度下，货币发行量的多少不再完全取决于货币当局的主观愿望或经济运行的实际状况，而是取决于可用作准备的外币数量的多少，货币当局失去了货币发行的主动权。

浮动汇率制，按政府是否干预，分为自由浮动或清洁浮动(指一国货币当局不进行干预，完全听任外汇市场供求关系决定本国货币的汇率)和管理浮动或肮脏浮动(指一国货币当局按照本国经济利益的需要，随时进行干预，以使本国货币汇率符合自己的利益)；按浮动的形式，分为单独浮动(指一国货币不同任何外国货币有固定比价关系，其汇率只根据外汇市场供求状况和政府的干预程度自由浮动)和联合浮动(指几个国家组成货币集团，集团内各国货币之间保持固定比价关系，而对集团外国家的货币则共同浮动)；按钉住货币种类的数量，分为钉住单一货币浮动和钉住一篮子货币浮动；等等。

介于固定汇率制和浮动汇率制之间的有：爬行钉住制(它有两个基本特征：第一，实施国在短期内负有维持某种平价的义务，这使它属于固定汇率制；第二，这一平价可以频繁地、小幅度地调整，这又使它属于浮动汇率制)；汇率目标区制(广义的汇率目标区制，是泛指将汇率浮动限制在一定区域内，例如中心汇率的上下各 10%的汇率制度；狭义的汇率目标区，特指美国学者威廉姆森于 20 世纪 80 年代初提出的以限制汇率波动范围为核心的一整套内容的国际政策协调方案)。

表 12-13 是汇率制度的一个大体分类。

表 12-13　汇率制度的分类

固定汇率制	……介于……	浮动汇率制
金本位制下的固定汇率制	爬行钉住制度	钉住单一货币浮动
布雷顿森林体系下的固定汇率制		钉住一篮子货币浮动
货币局制下的固定汇率制	汇率目标区制	有限弹性浮动
		较大弹性浮动

2. 固定汇率制与浮动汇率制的优缺点比较

固定汇率制的优缺点。优点是：有利于国际经济交易的发展，降低交易成本；使各国政府不能采取不负责任的宏观经济政策；有利于抑制国际投机活动。缺点是：使各国政府在很大程度上丧失了经济政策的自主权；便利于通货膨胀的国际传递；由于可调整的固定汇率制度下的汇率调整往往不及时，会造成一系列不良后果。

浮动汇率制的优缺点。优点是：增加本国政府经济政策的自主性，从理论上说，纯粹的浮动汇率制可使各国单凭汇率政策来实现国际收支的平衡，因而此时国内经济政策可以被专门用来对付国内经济目标；有利于开展国际经济交往；汇率变动对经济冲击作用小；对外汇投机活动起到抑制作用；浮动汇率制还可以对外部的冲击起到一定的阻隔作用；可减持储备，提高外汇资源利用效率。缺点是：妨碍国际贸易和投资的顺利进行；使一国更加具有通货膨胀倾向；汇率波动对国内资源的配置形成不利影响。

3. 影响一国汇率制度选择的主要因素

汇率制度的选择是个非常复杂的问题，理论界存在许多争论。一般认为，影响一国汇率制度选择的主要因素有以下四个方面。

(1) 本国经济的结构性特征。如果一国是小国，那么它就较适宜采用固定性较高的汇率制度，因为这种国家一般与少数几个大国的贸易依存度较高，汇率的浮动会给它的国际贸易带来不便；同时，小国经济内部价格调整的成本较低。相反，如果一国是大国，则一般以实行浮动性较强的汇率制度为宜，因为大国的对外贸易多元化，很难选择一种基准货币实施固定汇率；同时，大国经济内部调整的成本较高，并倾向于追求独立的经济政策。

(2) 特定的政策目的。这方面最突出的例子之一就是固定汇率有利于控制国内的通货膨胀。在政府面临着高通胀问题时，如果采用浮动汇率制往往会产生恶性循环。例如，本国高通胀使本国货币不断贬值，本国货币贬值通过成本机制、工资-收入机制等因素反过来进一步加剧了本国的通货膨胀。而在固定汇率制下，政府政策的可信性增强，在此基础上的宏观政策调整比较容易收到效果。又如，一国为防止从外国输入通货膨胀而往往选择浮动汇率政策，因为浮动汇率制下一国的货币政策自主权较强，从而赋予了一国抵御通货膨胀于国门之外、同时选择适合本国的通胀率的权利。可见，政策意图在汇率制度选择上也发挥着重要的作用。再例如，出口导向型与进口替代型国家对汇率制度的选择也是不一样的。

(3) 地区性经济合作情况。一国与其他国家的经济合作情况也对汇率制度的选择有着重要影响，例如，当两国存在非常密切的贸易往来时，两国间货币保持固定汇率比较有利于相互间经济关系的发展。尤其是在区域内的各个同家，其经济往来的特点往往对它们的汇率制度选择有着非常重要的影响。

(4) 国际国内经济条件的制约。一国在选择汇率制度时还必须考虑国际条件的制约。例如，在国际资金流动数量非常庞大的背景下，对于一国内部金融市场与外界联系非常紧密的国家来说，如果本国对汇率市场干预的实力不是非常强的话，那么采用固定性较强的汇率制度的难度无疑是相当大的。

三、开放经济下的宏观经济政策及其效果①

在展开开放经济环境、固定汇率制度下或浮动汇率制度下宏观经济政策效果分析之前，需要弄清楚以下图形中有关 BP 曲线的经济含义。见图 12-13。

---

① 改编自约翰·斯罗曼. 经济学[M]. 6 版. 郭庆旺，赵志耘，译. 北京：经济科学出版社，2008：709-712.

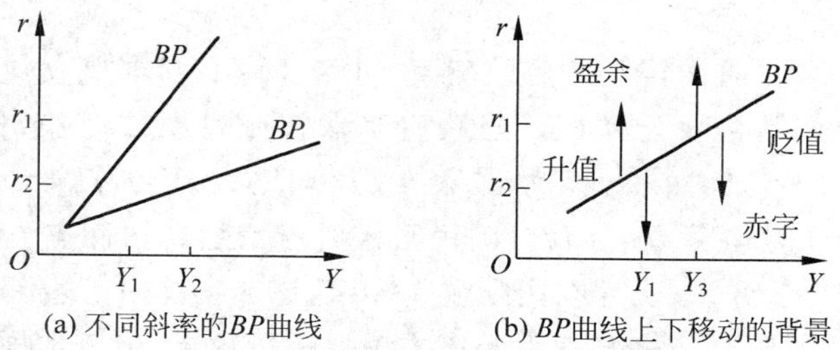

图 12-13　BP 曲线状态的经济含义

(1) BP 曲线的斜率。BP 曲线的斜率取决于两个因素。一是边际进口倾向 m[①]$=\Delta M/\Delta Y$。m 越大，表明随着国民收入的增长，会有更大程度的进口响应，导致经常项目赤字，需要更大量的资本项目盈余，以求得国际收支平衡，要诱使大量资本流入，需更大地提高利率水平，由此 BP 曲线变得越发陡直。二是国际资金流动对利率变动的反应系数[②] $\sigma=\Delta K/\Delta r$（设 K 为国际资金供给量，r 为国内利率水平）。σ 越小，表明国民收入增加后为吸引资金流入来恢复国际收支均衡所需利率上升幅度越小，因而 BP 曲线将越平坦。

(2) BP 曲线的上下移动。BP 曲线为向右上方倾斜的曲线，以 BP 曲线为界，其左上方区域表示国际收支盈余，将导致本币汇率升值，进而造成净出口缩减，国际收支盈余空间被压缩，BP 曲线向上移动；其右下方区域表示国际收支赤字，将导致本币汇率贬值，进而造成净出口扩大，国际收支赤字空间被缩小，BP 曲线向下移动。

(一) 固定汇率制度下的宏观经济政策

1. 固定汇率制度下的宏观财政政策

根据 BP 曲线的倾斜程度，分两种情况来讨论。

一种情况是，BP 曲线较 LM 曲线平坦，处于 LM 曲线的下方，这意味着边际进口倾向较小且国际资金供给富有弹性。当政府采取扩张性财政政策，即增加政府支出和(或)减少税收，使得 IS 曲线向右移动，导致国民收入增加，进而引起第一类货币需求增加，在货币供给量相对不变的情况下，促使利率上升。若在封闭经济中，均衡点会从原先的 A 点(r_1, Y_1)移到 B 点(r_2, Y_2)，这时产品市场与货币市场同时均衡 IS_2-LM_1，国民收入有所增加。均衡点位于开放经济模型的国际收支均衡线 BP 上方，表明存在国际收支盈余，该盈余是由于较高利率引起资本账户盈余，且资本账户盈余大于由国民收入增加引起的经常项目赤字。资本项目盈余反映着资本流入本国，引起货币供给增加，于是导致 LM 曲线向右移动，最终在 C 点达到产品市场-货币市场-外汇市场同时均衡 IS_2-LM_2-BP，其均衡状态是(r_3, Y_3)，国民收入再次增加。国际收支变化的货币效应是财政政策效力增强。开放经济条件下的扩张性财政政策取得明显的政策效果：$Y_3-Y_1>0$。如图 12-14(a)

① 见本教程第十章第四节。有的教材用 γ 表示。

② 见本教程第十章第四节。有的教材表述为“国际资金的供给弹性”。

所示。

另一种情况是，BP 曲线较 LM 曲线陡直，处于 LM 曲线的下方，这意味着边际进口倾向较大且国际资金供给缺乏弹性。当政府采取扩张性财政政策，即增加政府支出和(或)减少税收，使得 IS 曲线向右移动，均衡点由 A 点(r_1, Y_1)移到 B 点(r_2, Y_2)，这时产品市场与货币市场同时均衡 IS_2-LM_1，国民收入有所增加。均衡点位于开放经济模型的国际收支均衡线 BP 下方，表明存在国际收支赤字，该赤字是由于边际进口倾向较大且国际资金供给缺乏弹性所致，较高利率引起资本项目小量盈余，但资本项目盈余小于由于国民收入增加引起的经常账户赤字。国际收支赤字导致资金流出本国，引起货币供给减少，于是导致 LM 曲线向左移动，最终在 C 点达到产品市场-货币市场-外汇市场的同时均衡 IS_2-LM_2-BP，其均衡状态是(r_3, Y_3)，国民收入反而减少了。国际收支变化的货币效应使财政政策效力减弱。开放经济条件下扩张性财政政策取得了一定的政策效果：$Y_3 - Y_1 > 0$，但不如前一种情况下的政策效果来得明显。如图 12-14(b)所示。

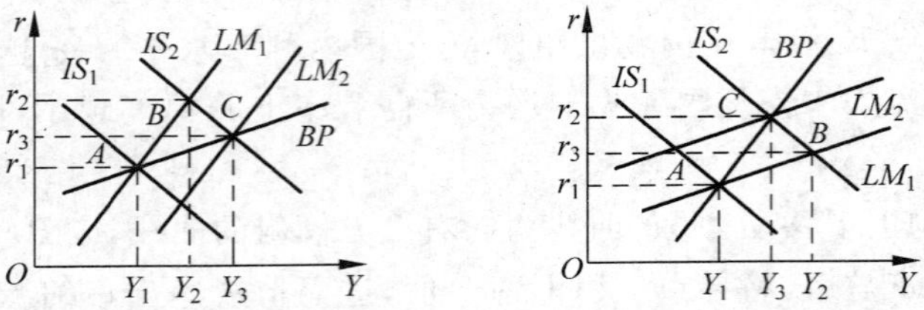

(a) BP曲线较平坦的情况下　　(b) BP曲线较陡直的情况下

图 12-14　固定汇率制度下的扩张性财政政策效果

2. 固定汇率制度下的宏观货币政策

根据 BP 曲线的倾斜程度，同样也分两种情况来讨论。

一种情况是，BP 曲线较 LM 曲线平坦，处于 LM 曲线的下方。扩张性货币政策，如中央银行通过从公众手中购买债券来增加货币供给，使 LM_1 曲线向右移动到 LM_2 位置，货币供给增加，均衡点从 A 点(r_1, Y_1)移到 B 点(r_2, Y_2)，利率水平下降，国民收入增加，在封闭经济中，这时产品市场与货币市场同时均衡 IS_2-LM_1。均衡点位于开放经济模型的国际收支均衡线 BP 下方，国民收入增加产生的额外需求被引向购买外国产品，即国际收支赤字，同时较低利率水平导致资本项目赤字，资金净流出，国内货币存量减少，以至于重新回到 LM_1 的位置，经济再回到原来的均衡点 A。如图 12-15(a)所示。

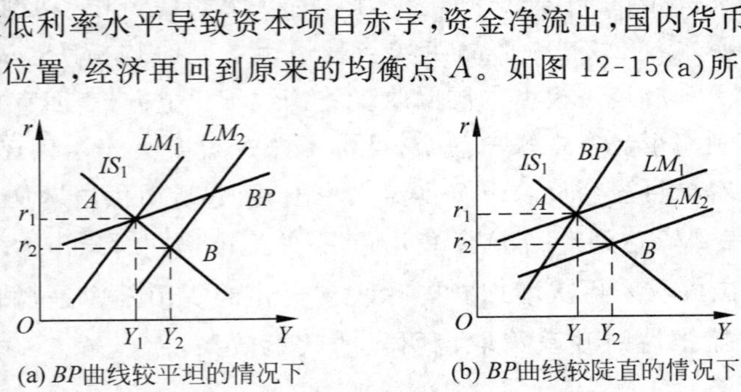

(a) BP曲线较平坦的情况下　　(b) BP曲线较陡直的情况下

图 12-15　固定汇率制度下的扩张性货币政策效果

也可以做这样的解释：中央银行通过从公众手中购买债券来增加货币供给，这会使 LM 曲线向右移动，降低了本币汇率。但是，固定汇率下，由于中央银行承诺按固定汇率交易本币与外币，套利者对汇率下降做出的迅速反应是向中央银行出售本国通货，导致货币供给和 LM 曲线回到其初始位置。因此，固定汇率下货币政策通常是无效的。

另一种情况是，BP 曲线较 LM 曲线陡直，处于 LM 曲线的上方。扩张性货币政策，如中央银行通过从公众手中购买债券来增加货币供给，使 LM_1 曲线向右移动到 LM_2 位置，货币供给增加，均衡点从 A 点(r_1, Y_1)移到 B 点(r_2, Y_2)，利率水平下降，国民收入增加，在封闭经济中，这时产品市场与货币市场同时均衡 IS_2-LM_1。均衡点同样位于开放经济模型的国际收支均衡线 BP 下方，国际收支赤字，重复前一种情况的调整过程：重新回到 LM_1 的位置，经济再回到原来的均衡点 A。如图 12-15(b)所示。

总之两种情况分析的结论是，在固定汇率制度下，单独使用货币政策对国民收入和就业并无长期影响。需要扩张性财政政策的配合，扩张性货币政策才会取得增加国民收入的效果。

（二）浮动汇率制度下的宏观经济政策

1. 浮动汇率制度下的宏观财政政策

根据 BP 曲线的倾斜程度，分两种情况来讨论。

一种情况是，BP 曲线较 LM 曲线平坦。如图 12-16(a)所示。当政府实行扩张性财政政策时，IS 曲线向右移动到 IS_2，与 LM 曲线交于 B 点，新的均衡点位于 BP 曲线的上方，此时利率上升，导致国际收支盈余，进而使本币汇率升值，BP 曲线向上移动。本币汇率升值导致出口减少、进口增加，总需求减少使 IS 曲线向左回移到 IS_3，达到新的均衡点 C。比较起来，开放经济浮动汇率制度下扩张性财政政策的效果小于封闭经济下的扩张性财政政策的效果：$Y_1Y_3 < Y_1Y_2$。

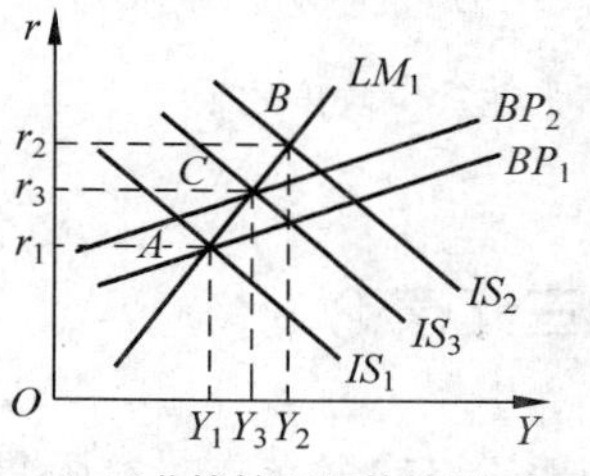

(a) BP曲线较平坦的情况下

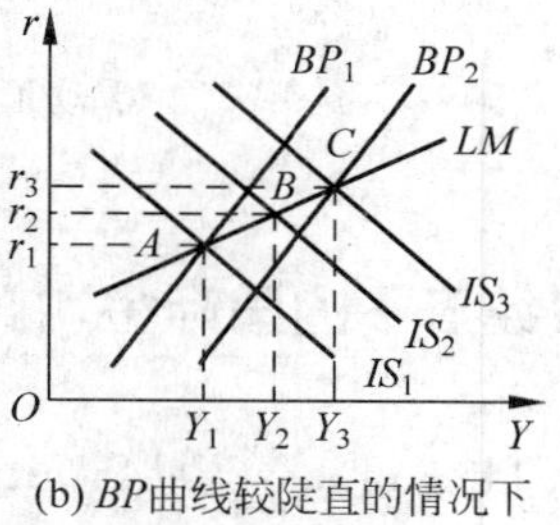

(b) BP曲线较陡直的情况下

图 12-16 浮动汇率制度下的扩张性财政政策效果

另一种情况是，BP 曲线较 LM 曲线陡直。如图 12-16(b)所示。当政府实行扩张性财政政策时，IS 曲线向右移动到 IS_2，与 LM 曲线交于 B 点，新的均衡点位于 BP 曲线的下方，此时利率上升，资本项目余额有盈余，但由于边际进口倾向较大且国际资金供给缺乏弹性所致，国民收入增加引起了更大量的经常项目赤字。国际收支赤字导致着资金流出本国，使本币汇率贬值，BP 曲线向下移动到 BP_2。本币汇率贬值导致出口增加、进口减少，总需求增加使 IS 曲线进一步向右移动到 IS_3，达到新的均衡点 C。结论是，开放经济浮动汇率制度下扩张性财政政策的效果明显大于封闭经济下的扩张性财政政策的效果：$Y_1Y_3 > Y_1Y_2$。

2. 浮动汇率制度下的宏观货币政策

根据 BP 曲线的倾斜程度，分两种情况来讨论。

一种情况是，BP 曲线较 LM 曲线平坦。如图 12-17(a)所示，当中央银行实行扩张性货币政策时，LM 曲线向右移动到 LM_2，在封闭经济条件下，均衡点为 B 点，该点位于 BP_1 曲线下方，出现国际收支赤字。此时若为开放经济，本币汇率贬值，致使 BP 曲线向下移动到 BP_2，总需求增加使 IS 曲线移动到 IS_2，达到最后均衡点 C，产品市场、货币市场、外汇市场同时达到均衡 IS_2-LM_2-BP_2。浮动汇率制度下，扩张性货币政策产生了明显的促进国民收入增加的效果，Y_1-Y_3。

另一种情况是，BP 曲线较 LM 曲线陡直。如图 12-17(b)所示，当中央银行实行扩张性货币政策时，LM 曲线向右移动到 LM_2，在封闭经济条件下，均衡点为 B 点，该点同样位于 BP_1 曲线下方，出现国际收支赤字。此时若为开放经济，本币汇率贬值，致使 BP 曲线向下移动到 BP_2，总需求增加使 IS 曲线移动到 IS_2，达到最后均衡点 C，产品市场、货币市场、外汇市场同时达到均衡 IS_2-LM_2-BP_2。浮动汇率制度下，扩张性货币政策产生了促进国民收入增加的效果，但由于边际进口倾向较大且国际资金供给缺乏弹性所致，其国民收入增长量相对于前一种情况略为小一些，Y_1-Y_3。

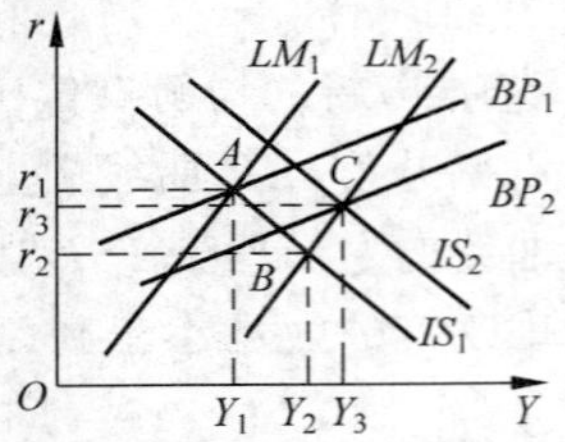

(a) BP曲线较平坦的情况下

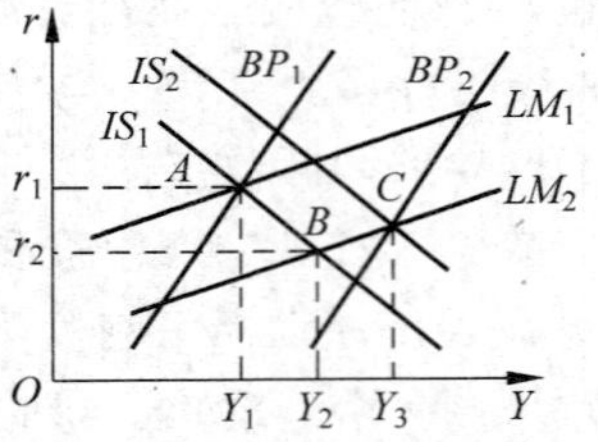

(b) BP曲线较陡直的情况下

图 12-17　浮动汇率制度下的扩张性货币政策效果

四、开放经济下的国际金融政策选择的三元悖论

三元悖论(The Impossible Trinity)，也称三难选择，其含义是：本国货币政策的独立性、汇率的稳定性、资本的完全流动性这三个经济政策目标不能同时实现，最多只能同时满足两个目标，而放弃另外一个目标，即在图 12-18 中，只能实现三角形一条边上的两个目标。

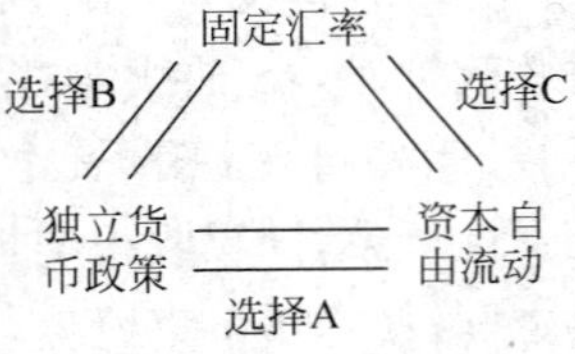

图 12-18　三元悖论

(1) 保持本国货币政策的独立性和资本的完全流动性，必须牺牲汇率的稳定性，而实行浮动汇率制。这是由于在资本完全流动条件下，频繁出入的国内外资金带来了国际收支状况的不稳定，如果本国的货币当局不进行干预，亦即保持货币政策的独立性，那么本币汇率必然会随着资金供求的变

化而频繁地波动，也就是说，无法维持固定汇率，即选择A。利用浮动汇率制的汇率调节有助于国际收支平衡，但对于发生金融危机的国家，货币信心危机的存在会大大削弱汇率调节的作用，甚至起到恶化危机的作用。当汇率调节不能奏效时，为了稳定局势，政府的最后选择是实行资本管制。

(2) 保持本国货币政策的独立性和汇率稳定，必须牺牲资本的完全流动性，实行资本管制。在金融危机的严重冲击和汇率贬值无效的情况下，唯一的选择是实行资本管制，实际上是政府以牺牲资本的完全流动性来维护汇率的稳定性和货币政策的独立性，即选择B。大多数经济不发达的国家，比如中国，就是实行的这种政策组合。这一方面是由于这些国家需要相对稳定的汇率制度来维护对外经济的稳定；另一方面是由于它们的监管能力较弱，无法对自由流动的资本进行有效的管理。

(3) 维持资本的完全流动性和汇率的稳定性，必须放弃本国货币政策的独立性。资本完全流动时，在固定汇率制度下，本国货币政策的任何变动都将被所导致的资本流动的变化而抵消其效果（见前“固定汇率制度下的宏观货币政策”效果分析），本国货币丧失自主性，即选择C。在这种情况下，本国或者参加货币联盟，或者更为严格地实行货币局①制度，基本上很难根据本国经济情况来实施独立的货币政策对经济进行调整，最多是在发生投机冲击时，短期内被动地调整本国利率以维护固定汇率。可见，为实现资本的完全流动与汇率的稳定，本国经济将会付出放弃货币政策的巨大代价。

实践中，在1944年至1973年的“布雷顿森林体系”中，各国“货币政策的独立性”和“汇率的稳定性”得到实现，但“资本自由流动”受到严格限制。而在1973年以后，“货币政策独立性”和“资本自由流动”得以实现，但“汇率稳定”不复存在。

三元悖论理论高度抽象，只考虑了极端的情况，即完全的货币政策独立、完全的固定汇率和完全的资本自由流动，并没有论及中间情况。因而该理论在具体目标选择问题分析方面存在一定的局限性。

本章经济学原理应用示范

运用经济学原理分析中国经济问题应特别注意国情因素

——以利率市场化、外汇管制放松为例

1. 运用经济学原理分析现实经济问题时应注意的问题

当同学们学过了经济学课程，在运用教科书中的经济学原理分析现实经济问题时，却常常遇到分析结果与客观事实不甚相符的情况，由此产生种种困惑：中国的 *LM* 曲线为什么跟 *IS* 曲线一样是向右下方倾斜，而不是像教科书上的向右上方倾斜的呢②？中国连年经济持续增长的同时失业率也在上升，怎么跟奥肯定律说的不一样呢③？中国长期对

---

① “货币局”见“汇率制度分类”。

② 见胡海鸥.中国特色的 *IS-LM* 曲线与宏观政策效应[J].上海经济研究，2001(9)：71-75.虽然还未获公认，也不失为一家之言。

③ 见蔡昉.为什么“奥肯定律”在中国失灵——再论经济增长与就业的关系[J].宏观经济研究，2007(1)：11，14，27.

外经济双顺差(外贸顺差、资金净流入)，用一般原理难以自圆其说，等等。这也不解，那也不通，汇集多了就可能引起同学们对经济学理论有用性的怀疑。

其实，经济学教科书中的经济学原理，经过反复论证、去伪存真而沉淀下来，虽说不能保证百分之百正确无误，但绝大部分是科学的、可信的，至于因表述而产生的歧义或错误，那又另当别论。经济学原理，是基于成熟的市场经济而建立起来的，为使其具有典型性、一般性，做了许多重要的假设，包含了许多隐含前提。这些都在经济学教科书的开篇做了提示，然而这些重要的提示却常常被忘记。忘记了"具体问题要具体分析"的原则，忘记了在分析具体经济问题时要放松假设，即把原先为了分析的简便而舍掉的非典型因素拉回来，以便将特殊因素引入分析框架，使分析更加接近经济生活现实。

在分析中国实际经济问题时要加入什么条件呢？广义地说，那就是中国的国情因素。中国现有的市场经济体制是从计划经济体制转型而来的，时间从 1992 年算起也不过短短的二十来年，因此带有这样那样旧的体制痕迹①。在货币领域就包括利率管制和汇率管制，换句话说，在分析中国经济时，要把利率管制、汇率管制的因素考虑进来，在新的假设条件下，运用经济学原理同样可以正确理解中国经济问题的实质，解开种种中国经济谜团，包括中国经济高速增长的秘密。

2. 利率政策和汇率政策的传导机制与中国货币管理体制的演变

利率、汇率本是市场经济中两种基本的、也是最重要的价格，当某一经济主体想利用利率、汇率来达到自己的经济目的时，它们就被当作杠杆，当这个主体是政府时，由于政府行为具有国家行为强制性的属性，它们就成为将政府经济意图强行输入宏观经济运行体的国家政策。显然，利率管制、汇率管制属于国家货币政策的范围。图 12-19 是利率政策、汇率政策传导机制示意图。

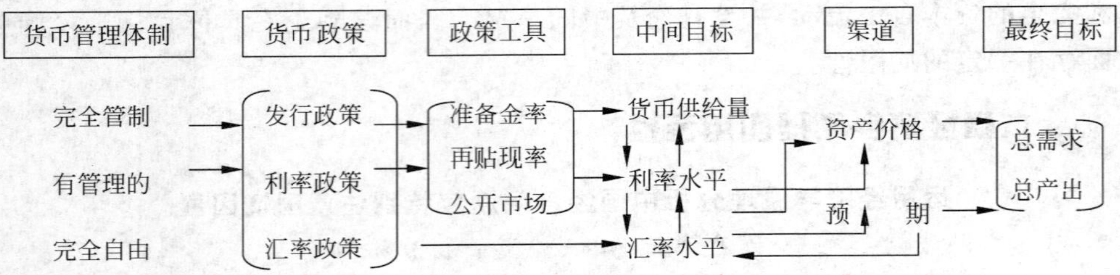

图 12-19　利率、汇率政策传导机制

理论上，货币管理体制有三种基本类型：统制，即完全管制；彻底放任的完全自由制度；以及介于前两者之间的有某种自由度的管理制度。现实中，完全放任的货币管理制度是不存在的。完全管制的货币制度和有自由度的管理制度二者之间不仅有管理强度上的差异，还存在本质上的差别，前者不是以市场供求决定为基础的，而后者是以市场供求决定为基础的。政府在这两种货币管理制度中实际上并不能够自主选择，而是由具体国情来决定的，并且由国情的变化决定货币管理制度的演进。

货币管理体制是一个复杂的系统，其中包含着利率管制和汇率管制。利率管制和汇

① 这类旧残余现今有被改革后的某些既得利益集团固化的倾向，形成深化改革的新阻力。

率管制是我国实行改革开放后的低成本发展战略和外向型经济增长战略的重要制度支撑。利率管制和汇率管制给我国带来了20多年的快速经济增长，但其负面影响和后果也日益显现：国内经济结构扭曲，同时对外经济失衡。工资、利率、汇率等要素价格和资源环境成本长期被低估，经济基本面出现多重失衡，造成了大量负外部性，双顺差也难以长期持续。

随着我国市场经济的发展，计划经济体制遗留下来的货币管理制度越来越不适应发展形势的需要，改革势在必行。

我国自1996年起开始利率市场化方面的探索，2004年加快了推进利率市场化的步伐，我国开始具备利率调控经济增长的基本条件，微观主体对利率等价格敏感性和承受性有较大提高，2004年以来仅对存贷款利率实行基准利率下的利差管理，2012年6月进一步允许存款利率上浮并扩大贷款利率下浮空间①。

人民币汇率制在1994年初并轨，实行单一的、以市场供求为基础的、有管理的浮动汇率制，但在相当长时期为事实上的钉住美元的固定汇率制，这也为“中国制造”创造了极为有利的货币条件。此后，我国国际收支顺差持续累积，并开始导致出现人民币升值的预期。2005年7月21日开始汇改，实行以市场供求为基础、参考一篮子货币进行调节、有管理的浮动汇率制度②。

3. 利率市场化、外汇管制放松对中国经济增长方式转型的重大影响

目前我国利率管制和汇率管制的改革只是开了个头，利率弹性和汇率弹性有所增强，在宏观经济运行中的价格杠杆功能渐渐明显起来，在推动经济结构优化、产业升级、对外贸易结构调整、实现经济可持续发展方面的积极作用有所显现，虽然作用也是有限的，但这是一个渐进的过程。

随着我国利率市场化和外汇管制放松的进一步推进，终将要过渡到由市场供求关系起决定作用的有管理的货币管理体制，中央银行退出在利率水平和汇率水平决定上的主导作用，而改行引导作用，以此去掉旧体制痕迹，同其他领域的深化改革一道，最终实现向完整意义的市场经济体制的转型。

这样的转型不是没有代价的，当市场利率和市场汇率确定其价格决定地位后，中国必然要面临价格体系的恢复性调整，各种价格恢复其市场本位。利率将从目前的低位进入一个上升通道，人民币也将在一个时期里持续对外升值。利率水平上升带动生产的人工成本和其他投入品的成本上升，对出口有抑制作用，国外市场相对收缩；人民币升值会使投入要素进口增加，发生三个效应：一是外国资金的持续流入；二是外国要素进口替代国内要素供给；三是资本品替代劳动力。贸易顺差将随利率上升而逐渐减少，资本项目盈余将持续增加但随贸易顺差减少其增幅慢慢降低，最终国际收支由顺差而趋于平衡。人口红利的逐渐丧失，要素价格的恢复性上升，中国逐渐丧失低成本优势，国外市场相对收缩，这些因素将倒逼中国改行科技进步和更加注重内需的经济发展道路，以效率来抵消

① 参见苏应蓉，李楠. 汇率波动对利率政策绩效的影响机理分析[J]. 宏观经济研究，2014(2)：45-51.

② 李宪铎，黄昌利. 新汇改后人民币实际有效汇率对出口的影响：2005Q3—2013Q3[J]. 宏观经济研究，2014(4)：32-40.

投入成本的上升，以内需的扩大来弥补出口市场的相对缩小。

这样的代价是值得的，以此换来市场经济体制的完善，换来更有效率的市场机制自动均衡功能，真正实现政府经济职能的转换，实现经济增长方式的根本性转型。在更加完善的市场经济体制机制大前提下，遏制国内资源急速耗竭，纠正收入分配严重失衡，理顺社会经济关系，摆脱在国际产业价值链低端的长期滞留，减少国际贸易摩擦，用共同接受的市场经济理念和原则处理国际经济矛盾以降低冲突。

本章经济学原理应用指引

(1) 宏观经济政策目标理论可用于政策目标组合设计。

(2) 宏观经济政策乘数原理可用于估计经济政策简单作用效果。

(3) 挤出效应原理可进一步分析产品市场和货币市场相互作用下财政政策的效果。

(4) 货币创造机制原理可帮助分析准备金率政策效果和商业银行系统的运行效率。

(5) 宏观经济传导机制原理可用于准确把握影响政策效果的关键因素。

(6) 宏观经济政策工具组合原理可用于预估经济政策搭配的大致效果。

(7) 三元悖论原理对国际金融政策选择有一定的分析价值。

本章小结

凯恩斯的有效需求不足理论是政府干预宏观经济影响的重要理论基础，该理论认为边际消费倾向递减、边际投资效用递减和流动偏好等三大基本心理规律造成了有效需求不足，而严重的有效需求不足导致经济危机的发生和大面积失业的出现，这是市场机制无能为力的，需要政府进行必要的干预。

政府有责任积极介入宏观经济生活，以期实现充分就业、稳定物价、经济增长和内外均衡的政策目标。这四大宏观经济政策目标并非完全内在一致，彼此间存在着互补、替代、混合的关系。宏观经济政策是一个庞大的政策体系，从不同的角度或需要，可以划分出不同的类别，而具体应用的政策往往是由多种政策相互嵌套所形成的政策组合。最重要的宏观经济政策工具有宏观财政政策工具、宏观货币政策工具。政府运用宏观经济政策工具构成的技术手段，按照宏观经济政策组合设定的线路与策略，去实现宏观经济政策目标。

宏观经济政策按照是否内含人为因素，可以分为斟酌使用的政策和能够自动起作用的政策。了解这一点具有重大经济意义，当宏观经济运行发生某种偏离时，若自动稳定器能起到同样好的纠偏作用，就不应当采用斟酌使用的经济政策，因为后者往往由于政策设计的瑕疵、政策时滞的存在，在把握不当的情况下可能会带来不良的作用或造成更大的偏差。然而，自动稳定器和单一货币规则都有其自身作用的局限性，不可能解决一切宏观经济问题，斟酌使用的宏观经济政策是政府干预经济社会不可避免的选择。

宏观财政政策包含政府购买政策、政府转移支付政策和税收政策三大政策工具，宏观货币政策包含法定存款准备金率政策、再贴现率政策和公开市场业务政策三大政策工具。每一种政策工具都有自己独特的传递机制。某种政策工具的发力，经由之间宏观经济变量的转换和传递，被乘数效用机制（如财政政策乘数，或货币创造乘数）放大，通过诸如市场利率、物价水平此类的经济杠杆，引导私人部门的消费与投资，影响总需求，最终影响总产出。各种宏观经济政策工具发生作用是有条件的，作用也不一定是单向放大的，在某些情况下同时还会伴随逆向作用过程，如挤出效应，或多或少抵消了政策目标效果；或在政策效果的展现过程中，由于某种反应环节的缺陷、漏出甚至瓶颈，或大或小地减弱了政策效果。

当宏观经济政策的着眼点放在熨平宏观经济运行的波动上，那么，相应的宏观经济政策可以称为"反周期政策"，或"补偿性政策"，其经济政策运用的原则是"逆经济风向行事"。当宏观经济低迷时，采用扩张性政策；当宏观经济过旺时，采用收缩性政策。通常是根据调控宏观经济运行的目标要求，采用松紧搭配的宏观财政政策和宏观货币政策组合。宏观财政政策和宏观货币政策及其组合，其实际政策效果也不是固定不变的，同样的单项政策或政策组合在经济周期的不同阶段政策效果很可能是不同的，或者说，具有非对称性。这是在政策设计时必须充分注意到的。

开放经济下，宏观经济运行环境发生了新的变化，政府面临着内外经济均衡的艰巨问题，宏观经济政策体系因之而扩大了许多，增添了国际贸易政策、国际金融政策、国际经济合作政策、国际区域经济和一体化政策等。除了国际商品市场外，外汇市场也发挥着极其特殊、影响非常巨大的作用。一个国家的宏观经济政策在封闭经济和开放经济条件下其效果是不同的，在开放经济环境中处于固定汇率制和处于浮动汇率制度下其宏观经济政策效果也会呈现呈极大的差别。固定汇率制度下，财政政策有效而货币政策无效；浮动汇率制下，财政政策无效而货币政策有效。

关键概念

有效需求，指商品的总供给价格和总需求价格达到均衡时的社会总需求，是能够决定实际总产出和就业量的社会总需求。

宏观经济政策，指国家或政府为了达到预定的宏观经济政策目标而制定的指导原则和干预措施。**宏观经济政策时滞**，是指从需要采取宏观经济政策行动的情况出现，经过制定政策过程，直至政策部分乃至全部发挥效力的时间分布间隔。

宏观财政政策，是指为了提高就业水平、防止通货膨胀、减小经济波动、实现经济稳定增长、保持内外经济平衡而对政府收入和支出水平所做的决策。**宏观货币政策**，是指政府根据宏观经济调控目标，通过中央银行对货币供给和信用规模的管理来调节信贷供给和利率水平，以影响和调节宏观经济运行状况的经济政策。

挤出效应，指政府支出的增加，引起市场利率水平的上升，从而将私人消费或私人投资排挤出经济活动领域，最终导致总产出相对缩减的效果，亦即政府投资替代私人投资的效果。**货币创造机制**，是指在边际消费倾向一定的条件下，通过调整法定存款准备金率，初始基础货币经过客户和商业银行之间的反复存贷而使货币供给量呈倍数增长的反应机理。

斟酌使用的宏观经济政策，是指政府根据宏观经济运行情势为达到宏观经济政策目标而制定、执行与操控的经济政策。**内在稳定器**，又称为自动稳定器，是指实现设定触发条件，逆向调控社会总需求的变化，而能自动促进社会经济趋于稳定的经济制度装置。单一规则，是指排除了效率、信贷流量、自由准备金等因素，仅以一定的货币存量作为控制经济唯一因素的货币政策，即货币当局或中央银行按一个稳定的增长比率扩大货币供应的政策。

汇率制度，是指一国货币当局对本国货币汇率水平确定、汇率变动方式等问题所做的一系列安排或规定。**三元悖论**，也称三难选择，是指本国货币政策的独立性、汇率的稳定性、资本的完全流动性三个经济政策目标不能同时实现，最多只能同时满足两个目标，而放弃另外一个目标。

复习思考

选择题

1. 下列组合关系正确的是(　　)。

A. 物价稳定-充分就业：互补　　B. 物价稳定-充分就业：替代

C. 充分就业-经济增长：互补　　D. 物价稳定-经济增长：混合

2. 自动稳定器是(　　)。

A. 属于非人为干预政策　　B. 功能优于斟酌使用的经济政策

C. 一定程度抑制经济波动幅度　　D. 能够完全平抑经济波动

3. 挤出效应的大小取决于(　　)。

A. 支出乘数的大小　　B. 货币需求对利率变动的敏感程度

C. 物价水平　　D. 投资需求对利率变动的敏感程度

4. 扩张性货币政策组合包含(　　)。

A. 提高法定存款准备金率　　B. 降低法定存款准备金率

C. 提高再贴现率　　D. 央行卖出短期国债

5. 调节国际收支的政策包含(　　)。

A. 外汇缓冲政策　　B. 财政政策和货币政策

C. 汇率政策　　D. 直接管制政策

6. 下列选项下的政策有效的是(　　)。

A. 固定汇率制下的财政政策　　B. 固定汇率制下的货币政策

C. 浮动汇率制下的财政政策　　D. 浮动汇率制下的货币政策

简答题

1. 造成有效需求不足的三大基本心理规律是什么？如何起作用？

2. 不恰当的斟酌使用的宏观经济政策会造成什么样的经济后果？

3. 影响挤出效应大小的因素有哪些？

计算题

1. 假设货币需求为 $L=0.20Y$，货币供给量为 200 亿元，消费 $C=90$ 亿元 $+0.8Y_d$，税收 $T=50$ 亿元，投资 $I=140$ 亿元 $-5r$，政府支出 $G=50$ 亿元。试问：(1)政府支出乘数、均衡收入、利率水平、投资额是多少？(2)若其他情况不变，G 增加 20 亿元，均衡收入、利率水平、投资额是多少？(3)是否存在挤出效应？

2. 假定现金-存款比率 $r_c=C_u/D=0.38$，准备金率（包括法定的和超额的）$r=0.18$，试问：(1)货币创造乘数是多少？(2)若基础货币增加 100 亿元，货币供给变动多少？

3. 假定法定存款准备金率为 0.12，没有超额准备金。再假定通货总需求等于 0.3 倍的存款。试问：(1)如果总准备金为 400 亿元，货币供给水平是多少？(2)如果法定存款准备金率提高到 0.20，货币供给将变化多少？假定总准备金保持在 400 亿元不变。(3)若中央银行在公开市场上购买了 10 亿元的政府债券，货币供给将如何变化？（要求法定存款准备金率保持在 0.12 不变。）

思考题

1. 如何运用宏观经济政策组合？

2. 中央银行如何选择货币供给量调控目标？

3. 中国实行钉住美元的汇率政策，这对中国的国际经济关系产生怎样的影响？

附录 复习思考参考答案

第一章 市场供求与市场均衡

选择题

1. A 2. A 3. A 4. A,B 5. C 6. C

计算题

1. 答：商品需求的价格弹性$=\dfrac{\text{需求量变化的百分比}}{\text{价格变动的百分比}}$

如果是微小变动或者题目中出现具体的需求函数(特别是连续函数而非离散函数)，那么多采用点弹性的计算方法；如果是较大变动，通常采用平均价格和平均需求量作为分母。即弧弹性中点公式的计算方法。所以本题的计算选择弧弹性的计算方法。

商品需求的价格弹性公式为

$$e_{dp}=\frac{\Delta Q_d}{\Delta P}\times\frac{P_1+P_2}{Q_{d1}+Q_{d2}}$$

代入数值为：

$$0.6=\frac{10}{P-1}\times\frac{P+1}{55+45}\Rightarrow P=1.4$$

2. 答：因为 $e_d=\dfrac{\dfrac{\Delta Q_d}{Q_d}}{\dfrac{\Delta P}{P}}=-0.15$，又已知$\dfrac{\Delta Q_d}{Q_d}=-0.1$，即可得$\dfrac{\Delta P}{P}=\dfrac{2}{3}$，即 $\Delta P=\dfrac{2}{3}\times 1.2=0.8$(美元)，所以汽油价格应上涨 0.8 美元。

3. 答：

(1) 均衡时 $Q_d=Q_s$，即 $60-2P=30+3P$，得 $P=6, Q=48$。

在均衡点的需求弹性为

$$e_d=-\frac{P}{Q}\cdot\frac{dQ_d}{dP}=-\frac{6}{48}\times(-2)=0.25$$

在均衡点的供给弹性为

$$e_s = \frac{P}{Q} \cdot \frac{dQ_s}{dP} = \frac{6}{48} \times 3 = 0.375$$

(2) 政府课税后，设每件产品的销售价格为 P，则需求函数不变，供给函数变为 $Q_s'=30+3(P-5)$，由 $Q_d=Q_s'$，得 $60-2P=30+3(P-5)$，解得 $P=9$，$Q=42$。

所以政府税收为

$$T = tQ = 5 \times 42 = 210$$

每单位产品的税收，生产者分担为：6－(9－5)＝2，消费者分担为：9－6＝3。

第二章　消费者行为

选择题

1. A　2. D　3. B　4. A　5. C　6. A

计算题

1. 答：原有 $U=4X+Y^2=4\times4+4^2=32$，则现在应有 $4X+3^2=32$，解得 $X=23/4$。

2. 答：

(1) 预算约束式为：$4X+4Y=144$，简化后得 $Y=36-X$。

代入效用函数得：

$$U = XY = X(36-X) = -X^2 + 36X$$

效用极大化条件为：

$$\frac{dU}{dX} = -2X + 36 = 0$$

所以：$X=18$，代入预算约束式得：$Y=18$，代入效用函数可得：$U=324$。

(2) X 的价格变化后的预算约束式为：$9X+4Y=144$，简化后得 $Y=36-\frac{9}{4}X$。

代入效用函数得：

$$U = X\left(36 - \frac{9}{4}X\right) = -\frac{9}{4}X^2 + 36X$$

效用极大化条件是：

$$\frac{dU}{dX} = -\frac{9}{2}X + 36 = 0$$

所以：$X=8$，分别代入预算约束式及效用函数得：$Y=18$，$U=144$。

(3) 假设 X 的价格变化后要维持最初的效用水平 $U=324$ 所需的收入为 M，那么，其预算约束式为：

$$9X + 4Y = M$$

所有的已知条件为：

$$9X + 4Y = M, \quad XY = 324$$

整理后得：

$$M = 9X + \frac{4 \times 324}{X} = 9X + \frac{1\,296}{X}$$

M 的极小化条件为：

$$\frac{dM}{dX} = 9 - 1\,296X^{-2} = 0$$

所以：$X=12$，代入效用函数及预算约束式分别得：$Y=27$，$M=216$。

也就是说，价格变化后，若能将收入提高到 216，分别购入 12 单位 X 和 27 单位 Y，可恢复到最初 324 的效用水平，这一情形就是图 2-20 中的 B 点所显示的。

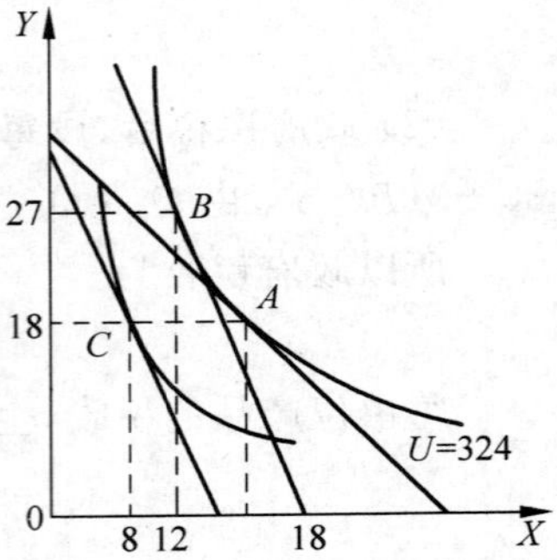

图 2-20 替代效应和收入效应

(4) 替代效应就是从 A 点到 B 点的效应，替代效应为－6(即 12－18)。收入效应为 B 点到 C 点的效应，收入效应等于－4(即 8－12)。

3. 答：

(1) 因为 $U_X=50-X$，$U_Y=100-2Y$；由消费者均衡条件知 $\frac{U_X}{P_X}=\frac{U_Y}{P_Y}$，即

$$\frac{50-X}{4} = \frac{100-2Y}{P_Y} \qquad ①$$

$$4X + YP_Y = 672, \quad X = \frac{672 - YP_Y}{4} \qquad ②$$

由①、②式得

$$Y = \frac{1\,600 + 472P_Y}{32 + P_Y^2}$$

(2) 当 $P_Y=14$ 时，

$$Y = \frac{1\,600 + 472 \times 14}{32 + 14^2} = 36$$

(3) $X \cdot P_X = Y \cdot P_Y = M$，$X=\frac{M-YP_Y}{P_X}$，$\frac{dX}{dM}=\frac{1}{P_X}$，当 $P_X=4$ 时，X 的需求收入弹性为 $\frac{1}{4}$。

(4) 当 P_Y 下降到 5 元时，在保持原有的消费水平不变的情况下，相当于收入增加了 $(14-5)\times 36=324$(元)，这是他愿意入会的最大代价。

(5) 当会费为 222 元时，由于 $222<324$，故他愿意入会，此时可支配的收入水平 $672-222=450$(元)。

第三章　生产与成本

选择题

1. C　2. D　3. C　4. D　5. A　6. A

计算题

1. 答：平均产量函数为：$AP_L=21+9L-L^2$，边际产量函数为：$MP_L=21+18L-3L^2$。

(1) AP_L 递增，得 $9-2L\geqslant 0$，$L\leqslant 4.5$，由 $AP_L<MP_L$ 得 $21+9L-L^2<21+18L-3L^2$，$L<4.5$。所以，当劳动投入量小于 4.5 时，生产过程处于第一阶段。

(2) 由 AP_L 递减得 $9-2L<0, L>4.5$，由 $MP_L \geqslant 0$ 得 $21+18L-3L^2 \geqslant 0$ 得到 $L \leqslant 7$，$4.5<L \leqslant 7$。所以，当劳动投入量大于4.5而不大于7时，生产过程处于第二阶段。

(3) 由 $MP_L<0$，得 $21+18L-3L^2<0$ 得到 $L>7$，所以，当劳动投入量大于7时，生产过程处于第三阶段。

2. 答：$MU_L=8L^{-\frac{2}{3}}K^{\frac{2}{3}}$，$MU_K=16L^{\frac{1}{3}}K^{-\frac{1}{3}}$，根据最优要素投入组合条件：$MU_L/P_L=MU_K/P_K$，即：$8L^{-\frac{2}{3}}K^{\frac{2}{3}}/4=16L^{\frac{1}{3}}K^{-\frac{1}{3}}/8$，从而得到最优要素投入比例：$L=K$，结合生产函数得到：$L=K=Q/24$，因此，长期成本函数：$C=4L+8K=12Q/24=Q/2$。

3. 答：由 MC 微分得：$TC=3Q^3+2Q^2+5Q+a$，$a=-250$，所以

$$TC=3Q^3+2Q^2+5Q-250$$
$$AC=TC/Q=3Q^2+2Q+5-250/Q$$
$$VC=TC-FC=3Q^3+2Q^2+5Q$$
$$AVC=VC/Q=3Q^2+2Q+5$$

第四章 市场结构

选择题

1. C 2. C 3. A 4. C 5. C 6. A

计算题

1. 答：

(1) $MR_1=105-2Q_1$，$MR_2=60-0.4Q_2$，$MC=15$，实行价格歧视，则有 $MR_1=MR_2=MC$，从而可以得到 $Q_1=45$，$Q_2=112.5$，$P_1=60$，$P_2=37.5$，$\pi_1=2\,025$，$\pi_2=2\,531.25$，$\pi=\pi_1+\pi_2=4\,556.25$。

(2) 企业实行统一价格则企业的需求曲线为 $Q=405-6P$，$MR=135/2-1/3Q$，根据 $MR=MC$，从而得到，$Q=157.5$，$P=41.25$，$\pi=4\,134.375$。

2. 答：

(1) 已知总成本函数为 $LTC=0.1q^3-4q^2+50q$，则平均成本函数 $LAC=LTC/q=0.1q^2-4q+50$，欲求 LAC 的最小值，只要令 $LAC'=\mathrm{d}LAC/\mathrm{d}q=0$，即 $(0.1q^2-4q+50)'=0.2q-4=0$，得 $q=20$。所以 $LAC=0.1\times400-4\times20+50=10$，长期均衡为 $P=LAC=10$。

(2) 由(1)知厂商长期平均成本最小时价格为 $P=10$，此价格即为行业长期均衡价格(因为只有行业长期均衡时产品价格才等于最低平均成本)，则 $9\,000-100P=9\,000-100\times10=8\,000$。

(3) 由(1)、(2)知单个厂商的均衡产量为 $q=20$，行业长期均衡产量为 $Q=8\,000$，该行业厂商数为 $Q/q=8\,000/20=400$(家)。

3. 答：已知厂商的短期成本函数为 $STC=0.1Q^3-3Q^2+10Q+200$，则短期边际成本 $SMC=\mathrm{d}STC/\mathrm{d}Q=0.3Q^2-6Q+10$，又知市场价格 $P=100$，根据利润最大化条件 $P=SMC$，得 $100=0.3Q^2-6Q+10$，解方程得：$Q_1=30$，$Q_2=-10$(舍去)，所以厂商的短期均

衡产量为 $Q=30$。

利润 $\pi=TR-TC=100\times30-(0.1\times30^3-3\times30^2+10\times30+200)=2\,500$

第五章　一般均衡理论与福利经济学

选择题

1. D　2. B　3. A　4. C　5. D　6. D

计算题

1. 答：根据福利最大化条件：福利函数曲线与生产函数相切：$q_2/(q_1+1)=1/2$，从而解得：$q_2=1.5$，$q_1=2$。

2. 答：设每担粮食的价格为 1，每头猪的价格为 P，于是甲村农户的收入约束为

$$P\cdot X_{甲}+Y_{甲}=30P+200 \quad ①$$

乙村农户的收入约束为

$$P\cdot X_{乙}+Y_{乙}=25P+300 \quad ②$$

猪、粮食的总量约束分别为

$$1\,000X_{甲}+2\,000X_{乙}=80\,000 \quad ③$$

$$1\,000Y_{甲}+2\,000Y_{乙}=800\,000 \quad ④$$

由效用函数及 $MRS_{XY}=P$，可得

$$Y_{甲}=P\cdot X_{甲} \quad ⑤$$

$$Y_{乙}=1/3\ P\cdot X_{乙} \quad ⑥$$

根据瓦尔拉斯定理，前四式中只有二式是相互独立的，将⑤式代入①式，可得

$$2P\cdot X_{甲}=30P+200 \quad ⑦$$

将⑥式代入②式，可得

$$P(4X_{乙}-75)=900 \quad ⑧$$

由③式，可得

$$X_{甲}=80-2X_{乙} \quad ⑨$$

将⑨式代入⑦式，可得

$$P(130-4X_{乙})=200 \quad ⑩$$

由⑧式和⑩式，解得 $X_{乙}=30$。

将 $X_{乙}=30$ 代入⑧式，可得 $P=20$；

将 $P=20$、$X_{甲}=20$ 代入⑤式，可得 $Y_{甲}=400$；

将 $P=20$、$X_{乙}=30$ 代入⑥式，可得 $Y_{乙}=200$；

于是有

(1) $P=20$，即市场均衡时 1 头猪与 20 担粮食相交换；

(2) 每年甲村农户年消费 20 头猪、400 担粮食；

(3) 每年乙村农户年消费 30 头猪、200 担粮食。

3. 答：

(1) 若社会福利 $W(U_A,U_B)=U_A+U_B$，当 $U_A=100$、$U_B=0$ 时，社会福利最大为 $W=100$。

(2) 若社会福利 $W(U_A,U_B)=\min(U_A,U_B)$，当 $U_A=U_B=33.33$ 时，社会福利最大为 $W=33.33$。

(3) 若社会福利函数 $W(U_A,U_B)=U_A0.5,U_B0.5$，当 $U_A=25$、$U_B=50$ 时，社会福利最大为 $W=35$。

第六章　市场失灵与微观经济政策

选择题

1. B　2. D　3. B　4. B　5. D　6. B

计算题

1. 答：

(1) 牧场净收益最大的养牛数将由 $P=MC$ 即 $1\,000=10X$ 给出，解之得 $X=100$。

(2) 若该牧场有 5 户牧民，每户牧民分摊的成本是

$$(5X^2+2\,000)\div 5=X^2+400$$

于是养牛数将是 $1\,000=2X$，得 $X=500$。

若该牧场有 10 户牧民，每户牧民分摊的成本是：

$$(5X^2+2\,000)\div 10=0.5X^2+200$$

于是养牛数将是 $1\,000=X$，得 $X=1\,000$。

(3) 从中引起的问题是牧场因放牧过度，数年后牧场荒芜，这就是“公地的悲剧”。

2. 答：

(1) 垄断厂商生产时，市场需求函数即该厂商的需求函数。由 $Q=1\,000-10P$ 可以求得边际收益 $MR=100-0.2Q$。由成本函数 $C=40Q$ 求得边际成本 $MC=40$。根据利润最大化原则 $MC=MR$，即 $40=100-0.2Q$。得产量 $Q=300$。可以求得价格 $P=70$，利润 $\pi=9\,000$。

(2) 根据帕累托最优原则，价格等于边际成本，即 $P=100-0.1Q=40=MC$，得产量 $Q=600$。可以求得价格 $P=40$。

(3) 垄断厂商生产时，$Q=300$，$P=70$，消费者剩余。

$CS=\int_0^{300}(100-0.1Q)\mathrm{d}Q-PQ=4\,500$。帕累托最优情况下，$Q=600$，$P=40$，消费者剩余 $CS=\int_0^{600}(100-0.1Q)\mathrm{d}Q-PQ=18\,000$。由垄断生产造成的社会福利净损失等于消费者剩余的减少量扣除垄断利润，即 $18\,000-4\,500-9\,000=4\,500$。

3. 答：在政府没有补贴时，厂商能生产的产量为私人企业利润最大的产量。根据 $MC=MR$，即 $12=2Q-40$，得产量 $Q=26$。政府补贴后，厂商的边际收益增加到 16 元。令 $MR=MC$，即 $2Q-40=16$，得：$Q=28$。因此帕累托最优状况下，政府补贴后增加的产量为 2 个单位。

第七章　国民收入核算与国民经济基本恒等式

选择题

1. B　2. D　3. B　4. D　5. B　6. B

计算题

1. 答：

(1) 国民收入＝雇员佣金＋企业支付的利息＋个人租金收入＋公司利润＋非公司企业收入
＝1 758.7＋253.5＋52.6＋186.4＋115.2
＝2 366.4

(2) 国内生产净值＝国民收入＋间接税＝2 366.4＋270.1＝2 636.5

(3) 国内生产总值＝国内生产净值＋资本消耗补偿
＝2 636.5＋342.5
＝2 979

(4) 个人收入＝国民收入－(社会保险税＋公司利润)＋政府支付的利息＋政府转移支付
＝2 366.4－(284.3＋186.4)＋115.3＋435.7
＝2 446.7

(5) 个人可支配收入＝个人收入－个人所得税＝2 446.7－412.5＝2 034.2

(6) 个人储蓄＝个人可支配收入－个人消费支出＝2 034.2－1 518.6＝515.6

2. 答：

(1) 名义 $GDP_{2004} = \sum i$ 产品(2004 年) 价格 $\times i$ 产品(2004 年) 数量 ＝ 1 435

名义 $GDP_{2008} = \sum i$ 产品(2008 年) 价格 $\times i$ 产品(2008 年) 数量 ＝ 2 482

名义 $GDP_{2012} = \sum i$ 产品(2012 年) 价格 $\times i$ 产品(2012 年) 数量 ＝ 3 675

(2) 实际 GDP

① 以 2004 年为基期

实际 $GDP_{2008} = \sum i$ 产品(2004 年) 价格 $\times i$ 产品(2008 年) 数量 ＝ 1 916

实际 $GDP_{2012} = \sum i$ 产品(2004 年) 价格 $\times i$ 产品(2012 年) 数量 ＝ 2 355

② 以 2008 年为基期

实际 $GDP_{2004} = \sum i$ 产品(2008 年) 价格 $\times i$ 产品(2004 年) 数量 ＝ 1 662.5

实际 $GDP_{2012} = \sum i$ 产品(2008 年) 价格 $\times i$ 产品(2012 年) 数量 ＝ 3 062.5

③ 以 2012 年为基期

实际 $GDP_{2004} = \sum i$ 产品(2012 年) 价格 $\times i$ 产品(2004 年) 数量 ＝ 2 037.5

实际 $GDP_{2008} = \sum i$ 产品(2012 年) 价格 $\times i$ 产品(2008 年) 数量 ＝ 2 991

(3) 经济增长率

① 名义经济增长率

2008 年比 2004 年,经济增长率＝(名义 GDP_{2008} －名义 GDP_{2004})/名义 GDP_{2004}
＝(2 482－1 435)/1 435
＝0.730＝73.0%

2012 年比 2008 年,经济增长率＝(名义 GDP_{2012} －名义 GDP_{2008})/名义 GDP_{2008}
＝(3 675－2 482)/2 482
＝0.481＝48.1%

2012 年比 2004 年,经济增长率＝(名义 GDP_{2012} －名义 GDP_{2004})/名义 GDP_{2004}
＝(3 675－1 435)/1 435
＝1.561 ＝156.1%

② 实际 GDP 增长率

2008 年比 2004 年,经济增长率＝(实际 GDP_{2008} －基期 GDP_{2004})/实际 GDP_{2004}
＝(1 916－1 435)/1 435
＝0.335 ＝33.5%

2012 年比 2008 年,经济增长率＝(实际 GDP_{2012} －基期 GDP_{2008})/实际 GDP_{2008}
＝(3 062.5－2 482)/2 482
＝0.234＝23.4%

2012 年比 2004 年,经济增长率＝(实际 GDP_{2012} －基期 GDP_{2004})/实际 GDP_{2004}
＝(2 355－1 435)/1 435
＝0.641 ＝64.1%

(4) 计算 GDP 平减指数(以 2004 年为基期)

2008 年 GDP 平减指数＝名义 GDP_{2008}/实际 GDP_{2008} ＝2 482/1 916＝129.5%

2012 年 GDP 平减指数＝名义 GDP_{2012}/实际 GDP_{2012} ＝3 675/2 355＝156.0%

3. 答:

(1) 储蓄＝个人可支配收入－消费
＝4 500－4 000 ＝500

(2) 投资＝私人储蓄＋政府储蓄＋国外部门储蓄
＝500＋(－150)＋(－100)＝250

其中,预算盈余即为政府储蓄,外贸余额即为国外部门储蓄。

(3) 根据 $GDP=C+I+G+(X-M)$

政府支出＝6 000－4 000－250－(－100)＝1 850

第八章　国民收入决定:*Y-AE* 模型

选择题

1. C　2. A　3. A　4. C　5. D　6. C

计算题

1. 答：根据储蓄＝总收入－消费，边际消费倾向＝消费增量/总收入增量，平均储蓄倾向＝储蓄/总收入，可利用 Excel 计算得表中阴影显示的结果。

总收入	消费	储蓄	边际消费倾向	平均储蓄倾向
9 000	8 000	1 000	—	0.111
10 000	8 800	1 200	0.8	0.120
11 000	9 650	1 350	0.85	0.123
12 000	10 600	1 400	0.95	0.117
13 000	11 500	1 500	0.9	0.115

2. 答：

(1) 均衡 GDP 为 12，即总支出曲线 $AE(Y)$ 与均衡线 45°线交点所决定的总产出。

(2) MPC，边际消费倾向，即总支出曲线的斜率，可利用图中已有数据求出：

$$MPC=(13.6-10.4)/(14-10)=0.8$$

(3) $Y=10$ 时，$IU=10-10.4=-0.4$，出现短缺；

$Y=12$ 时，$IU=12-12=0$，供求均衡；

$Y=14$ 时，$IU=14-13.6=0.4$，供给过剩。

3. 答：

(1) 根据总收入＝总支出，可以找出均衡 GDP。原表右侧加“总支出”一列。

实际 GDP Y	消费 C	投资 I	政府购买 G	净出口 NX	总支出 $C+I+G+NX$
8 000	7 300	1 000	1 000	－500	8 800
9 000	7 900	1 000	1 000	－500	9 400
10 000	8 500	1 000	1 000	－500	10 000
11 000	9 100	1 000	1 000	－500	10 600
12 000	9 700	1 000	1 000	－500	11 200

(2) MPC＝消费增量/收入增量＝600/1 000＝0.6

(3) $\Delta Y=1/(1-MPC)\times\Delta NX=1/(1-0.6)\times 400=1\,000$

由于净出口赤字减少到－100，总支出＝10 600＋400，总收入＝10 000＋1 000，于是，新的均衡 GDP 为 11 000。

第九章　国民收入决定：*IS-LM* 模型和 *AS-AD* 模型

选择题

1. B　2. B　3. D　4. D　5. A　6. C

计算题

1. 答：

(1) 产品市场均衡

$$Y=C+I=(100+0.8Y)+(150-6r)$$

$$Y = 1\,250 - 30r \qquad (IS)$$

货币市场均衡：

$$m = L,\quad 150 = 0.2Y - 4r$$

$$Y = 750 + 20r \qquad (LM)$$

(2) 两个市场同时均衡

$$1\,250-30r=750+20r \qquad (IS\text{-}LM)$$

求得均衡利率 $r=10$，再代入(IS)或(LM)，得均衡产量 $Y=950$。

2. 答：

(1) IS：$Y=(200+0.25(Y-200))+(1\,500+0.25Y-1\,000r)+250$

$$Y=3\,800-2\,000r \qquad (IS)$$

LM：$1\,600=2Y-8\,000r$

$$Y=800+4\,000r \qquad (LM)$$

同时均衡：　$3800-2\,000r=800+4\,000r$

求得均衡利率 $r=0.5$，再代入(IS)或(LM)，得均衡产量 $Y=2\,800$。

(2) 当政府支出增加到 400 时，有

$$Y=(200+0.25(Y-200))+(1\,500+0.25Y-1\,000r)+400$$

$$Y=4\,100-2\,000r \qquad (IS)$$

同时均衡：　$4\,100-2\,000r=800+4\,000r$

求得均衡利率 $r=0.55$，再代入(IS)或(LM)，得均衡产量 $Y=3\,000$。

新的消费 $C=200+0.25(3\,000-200)=900$

原先消费为 $200+0.25(2\,800-200)=850$

结果：利率上升 0.05 即 5%，总产出增加 200，消费增加 50。

(3) 当货币供给增加到 $m=1\,840$ 时，有

$$1\,840=2Y-8\,000r$$

$$Y=920+4\,000r\ (LM)$$

同时均衡：　$3\,800-2\,000r=920+4\,000r$

求得均衡利率 $r=0.48$，再代入(IS)或(LM)，得均衡产量 $Y=2\,840$。

新的消费 $C=200+0.25(2\,840-200)=860$

原先消费$=200+0.25(2\,800-200)=850$

结果：利率降低到 0.48 即下降了 2%，总产出增加 40，消费增加 10。

3. 答：

(1) $AD=AS$，$4\,500-1\,500P=1\,500+500P$，则均衡价格 $P=1.5$，代入 AD 或 AS，得均衡产量 $Y=2\,250$。

(2) $4\,500-1\,500P=1\,000+500P$，均衡价格 $P=1.75$，物价水平上升 0.25；代入 AD 或 AS，得均衡产量 $Y=1\,875$，总产出减少 375。

(3) $5\,000-1\,500P=1\,500+500P$，则均衡价格 $P=1.75$，物价水平上升 0.25；代入 AD 或 AS，得均衡产量 $Y=1\,875$，总产出减少 375。

第十章　开放经济下的国民收入决定：*IS-LM-BP* 模型

选择题

1. C　2. D　3. D　4. D　5. C　6. C

计算题

1. 答：

(1) 产品市场均衡　　$Y=AE$

$$Y=C+I+G+(X-M)$$

$$Y=(220+0.63Y)+(400-2\,000r+0.1Y)$$
$$+[(600-0.1Y-100EP/P_w)-(0.158\,3Y-1\,000r)]$$

整理后，有

$$Y=2\,345+0.471\,7Y-1\,500r$$

$$Y=4\,438.8-2\,839.3r \qquad (IS)$$

(2) 货币市场均衡　　$M=L$

货币供给量为 900，货币需求量等于总需求，于是有

$$900=2\,345+0.471\,7Y-1\,500r$$

$$Y=3\,180.0r+3\,063.4 \qquad (LM)$$

(3) 两个市场同时均衡

$$4\,438.8-2\,839.3r=3\,180.0r-3\,063.4 \qquad (IS\text{-}LM)$$

2. 答：从上式 *IS-LM* 中解得

$$r=1.246,\quad Y=898.88$$

3. 答：

(1) $EP/P_w=0.75+5r$

将 $r=1.246, P=1.0, P_w=1.0$，代入上式，得名义汇率为 $E=6.98$。

(2) 将 $Y=898.88$ 代入消费函数 $(220+0.63Y)$，得 $C=786.3$。

(3) 将 $r=1.246, Y=898.88$ 代入投资函数 $(400-2\,000r+0.1Y)$，得 $I=-2\,002.112$。

(4) 将 $Y=898.88, E=6.98, P=1.0, P_w=1.0$ 代入投资函数 $(600-0.1Y-100EP/P_w)$ 得 $X=-187.888$。

第十一章　宏观经济运行基本问题

选择题

1. ABC　2. BCD　3. C　4. AD　5. AC　6. ABC

计算题

1. 答：

(1) 根据菲利普斯曲线，令

$$\pi-\pi_{t-1}=-(u_t-5\%)=0$$

解得：自然失业率 $U_n=5\%$。

(2) 因为失业率等于自然失业率，根据奥肯定律：

$$u_t-u_{t-1}=0.4(g_{yt}-3\%)=0$$

解得：产出增长率 $g_{yt}=3\%$。

代入总需求关系式得货币供给量增长率：

$$g_{yt}=g_{mt}-\pi=3\%+8\%=11\%$$

2. 答：

(1) 第 1 年的名义 $GDP=100\times10+200\times10=3\,000$；第 2 年的名义 $GDP=100\times12+230\times12=3\,960$。

(2) 用第 1 年的价格计算，第 2 年的实际 $GDP=100\times10+230\times10=3\,300$；第 2 年的实际 GDP 增长率 $=(3\,300-3\,000)/3\,000=10\%$。

(3) 用 GDP 平减指数计算，以第 1 年为基期，则第 1 年的物价水平 $P_1=10$；第 2 年的物价水平 $P_2=12$，则

$$通货膨胀率\ \pi=(P_2-P_1)/P=20\%$$

(4) 用第 1 年价格计算：

第 1 年的单位工人的实际 $GDP=3\,000\div(50+50)=30$

第 2 年的单位工人的实际 $GDP=3\,300\div(50+60)=30$

结论：第 1 年到第 2 年的劳动生产率的增长为 0。

3. 答：

利用 Excel，将相关数据代入下表。

实际 GDP	充分就业的 GDP	实际失业率	自然失业率/%	就业缺口/%	GDP 缺口/%	潜在 GDP 增长率/%
5 744	5 745.2	5.6	6	−0.4	1.2	
5 917	5 914.6	6.8	6	0.8	−2.4	2.948 5
6 244	6 239.5	7.5	6	1.5	−4.5	5.493 2
6 550	6 547.3	6.9	6	0.9	−2.7	4.933 1
6 931	6 930.7	6.1	6	0.1	−0.3	5.855 8
7 246	7 247.2	5.6	6	−0.4	1.2	4.566 6

(1) 表中 GDP 缺口一栏显示了各年 GDP 缺口；

(2) 表中第二栏显示了充分就业的 GDP 的变化，即每年的潜在 GDP；

最后一栏为逐年潜在 GDP 增长率，计算得潜在 GDP 的平均增长率为 4.759%。

第十二章　宏观经济政策及其效果

选择题

1. BCD　2. AC　3. ABD　4. BD　5. ABCD　6. AD

计算题

1. 答：

（1）从消费函数中可见边际消费倾向 b 为 0.8，故有政府支出乘数：

$$K_G = 1/(1-0.8) = 5$$

由于

$$\begin{aligned} Y &= C + I + G \\ &= (90 + 0.8(Y-T)) + (140-5r) + 50 \\ &= (90 + 0.8(Y-50)) + (140-5r) + 50 \end{aligned}$$

$$Y = 1\,200 - 25r \quad (IS)$$

由于

$$M = L$$

$$200 = 0.2Y$$

$$Y = 1\,000 \quad (LM)$$

联立 IS、LM，有

$$1\,200 - 25r = 1\,000$$

解得：均衡利率 $r^* = 8$，均衡产量 $Y^* = 1\,000$。

将 $r^* = 8$ 代入 $I = 140 - 5r$，得投资额 $I = 100$。

（2）政府支出改为 70

$$Y = (90 + 0.8(Y-50)) + (140-5r) + 70$$

$$Y = 1\,300 - 25r$$

联立 IS、LM，有

$$1\,300 - 25r = 1\,000$$

解得：均衡利率 $r^* = 12$，均衡产量 $Y^* = 1\,000$。

将 $r^* = 12$ 代入 $I = 140 - 5r$，得投资额 $I = 80$。

（3）比较政府支出变动前后，私人投资额减少了 20，有挤出效应。

2. 答：

（1）根据货币乘数公式

$$R = (1 + r_c)/(r_c + r) = (1 + 0.38)/(0.38 + 0.18) = 2.46$$

（2）若增加基础货币 100 亿元，则货币供给增加为

$$100 \times 2.46 = 246(\text{亿元})$$

3. 答：

（1）根据已知条件，$R_{总} = 1.3R$，$400 = 1.3R$，解得 $R = 307.7$，亦得通货为 92.3。

$$\begin{aligned} \text{货币供给量 } D &= \text{货币乘数} \times R_{总} \\ &= 1/0.12 \times 400 = 8.33 \times 400 = 3\,332(\text{亿元}) \end{aligned}$$

（2）若准备金率提高到 0.2，则货币乘数为 $1/0.2 = 5$。

$$\begin{aligned} \text{货币供给量 } D &= \text{货币乘数} \times R_{总} \\ &= 1/0.2 \times 400 = 5 \times 400 = 2\,000(\text{亿元}) \end{aligned}$$

货币供给量减少 $3\,332 - 2\,000 = 1\,332$(亿元)

（3）中央银行购买 10 亿元政府债券，相当于增加通货 10 亿元，按照通货与商业银行准备金分配比例，通货为 $92.3 + 10 = 102.3$(亿元)，相应地商业银行准备金为 341 亿元。

$$\begin{aligned} \text{货币供给量 } D &= \text{货币乘数} \times R_{总} \\ &= 1/0.12 \times 443.3 = 8.33 \times 443.3 = 3\,692.69(\text{亿元}) \end{aligned}$$

参考文献

[1] 罗伯特·S.平狄克，丹尼尔·L.鲁宾菲尔德.微观经济学[M].7版.高远，朱海洋，范子英，张弘，译.北京：中国人民大学出版社，2009.

[2] 曼昆.经济学原理：微观经济学分册[M].5版.梁小民，梁砾，译.北京：北京大学出版社，2009.

[3] 保罗·萨缪尔森，威廉·诺德豪斯.经济学[M].18版.萧琛，译.北京：人民邮电出版社，2008.

[4] 哈尔·R.范里安.微观经济学：现代观点[M].8版.费方域，译.上海：格致出版社，上海三联书店，上海人民出版社，2011.

[5] 沃尔特·尼克尔森.微观经济学理论：基本原理与扩展[M].9版.朱幼为，译.北京：北京大学出版社，2008.

[6] 保罗·克鲁格曼，罗宾·韦尔斯.微观经济学[M].2版.黄卫平，曾景，丁凯，译.北京：中国人民大学出版社，2012.

[7] 高鸿业.西方经济学(微观部分)[M].5版.北京：中国人民大学出版社，2010.

[8] 周加来.西方经济学课程题解[M].北京：高等教育出版社，2006.

[9] 聚英教育培训中心，金融考试研究中心.2010年金融联考复习指南[M].厦门：厦门大学出版社，2009.

[10] 尹伯成.西方经济学简明教程[M].上海：上海格致出版社，上海人民出版社，2008.

[11] 罗伯特·E.霍尔，马可·利伯曼.经济学：原理与应用[M].2版.毛文博，译.北京：中信出版社，2003.

[12] 斯坦利·L.布鲁伊，坎贝尔·R.麦克康耐尔.麦克康耐尔 & 布鲁伊经济学[M].李绍荣，李淑玲，译.北京：中国人民大学出版社，2008.

[13] 罗伯特·C.盖尔.经济学：基本原理与热点问题[M].2版.邹薇，译.武汉：武汉大学出版社，2007.

[14] 詹姆斯·D.格瓦特尼，理查德·L.斯特鲁普，卢瑟尔·S.索贝尔.经济学：私人与公共选择[M].9版.梁小民，等，译. 北京：中信出版社，2003.

[15] 约翰·斯罗曼.经济学[M].6版.郭庆旺，赵志耕，译.北京：经济科学出版社，2008.

[16] 约翰·B.泰勒.宏观经济学[M].5版.李绍荣，李淑玲，译.北京：中国市场出版社，2003.

[17] 保罗·萨缪尔森，威廉·诺德豪斯.宏观经济学[M].17版.萧琛，译.北京：人民邮电出版社，2004.

[18] 曼昆.经济学原理(宏观经济学分册)[M]. 4版.梁小民，译.北京：北京大学出版社，2006.

[19] R.格伦·哈伯德，安东尼·P.奥布赖恩.经济学(宏观)[M].王永钦，丁菊红，许海波，译.北京：机械工业出版社，2007.

[20] 阿瑟·奥沙利文，史蒂芬·M.谢菲林.经济学(下册)[M].杜焱，侯利，谷东萍，等，译.北京：北京大学出版社，2001.

[21] 欧文·B.塔克.现代微观经济学[M].2版.秦熠群，译.北京：中信出版社，2003.

[22] 詹姆斯·D.格瓦特尼.经济学——私人与公共选择[M].9版.梁小民，梁砾，译.北京：中信出版社，2004.

[23] 方欣，崔海潮.西方经济学[M].北京：科学出版社，2005.

[24] 许纯祯，耿作石.西方经济学教程[M].吉林：吉林大学出版社，1994.

[25] 高鸿业.西方经济学(宏观部分)[M].5版.北京：中国人民大学出版社，2010.